郭寿生 海军研究文集

马骏杰 张 伟 陈美慧 编

山东画报出版社

说　明

　　本文集着重收录郭寿生在各个历史时期研究海军、海战及其相关问题的论文，为方便读者参考起见，文章顺序以发表时间排列。

　　郭寿生在各类杂志上发表的文章数量不少，本文集主要选录能直接反映他的海军建设思想的论文，介绍海军技术以及与海军建设关系不甚紧密的文章，不在选取之列。由于我们掌握的期刊种类和期数不全，遗漏在所难免。

　　民国期刊发行时间跨度大，印刷质量、纸张成色有较大差异，有些期刊编排、文字等错漏较多，纸张质量较差，造成个别字迹不清，难以辨认，为文集汇编带来了一定困难。对于文章中明显的错误，我们直接予以纠正，对于难以判断正误的用词，则用"（）"标出，以保持原貌；对于模糊、漏印或其他难以辨认的字词，用"□"代替，连载文章有缺期者，用"……"表示，并加以注明。

　　本文集所选文章均注明期刊名称，文章内容所涉及的专业词语以及需要说明的其他字词，我们尽量进行注释。

　　本文集所辑录的文章，均是全文登录，对于有些文章存在的观点和方法上的不妥，为保持文章原貌，不作处理。

　　由于我们掌握的资料不够充分，编辑能力有限，错误和疏漏一定不少，敬请读者批评指正。

编　者

丁酉年春于山东烟台

郭寿生与民国海军（代序）

  郭寿生，福建闽侯（今福州市）人，出生于1900年，幼年时寄养于舅父黄展云家中。黄是早年追随孙中山的同盟会员，也是后来福州市著名的国民党元老。受舅父影响，郭寿生少年时代即产生革命思想。1916年，他考入烟台海军学校，开始海军生涯。当时，北洋军阀控制着海军教育，学校生活笼罩于黑暗之下，学生思想受到沉重压制，郭寿生产生了改革海军教育制度的迫切愿望。1919年爆发的五四运动使他的思想受到一次猛烈冲击，这年年底，他作为参与者之一，随79名同级学生罢课南下上海，发起了震动全国的学潮。尽管这次斗争并未达到目的，但参与者受到了磨炼。回校后，郭寿生与同学李之龙等人秘密组织读书会，阅读《新青年》等进步书刊以及李大钊、陈独秀等人的文章，接着又与李之龙以通讯会员身份参加了李大钊、邓中夏等发起的北京大学马克思学说研究会，与中国早期马克思主义者建立了联系。郭寿生说："1920年间，我与同学李之龙密组读书会，开始研究三民主义、马克思资本论入门、社会主义理论和苏联革命史实，尤其爱读《新青年》杂志，而我思想的前进受《新青年》影响最大。"[1]

  1921年6月，李之龙因不满海军当局克扣军饷、压迫学生，鼓动校役百余人罢工，被开除学籍。离开烟台时，与郭寿生"互约各自继续奋斗"[2]。1921年7月，李之龙离开烟台来到上海。当时正值中国共产党在上海召开第一次全国代表大会，李之龙结识了参加大会的代表董必武、陈潭秋、李汉俊以及陈独秀等人，并向他们介绍了烟台海军学校学生与军阀统治进行斗争的情况，特别提到具有强烈革命愿望的郭寿生。当年秋天，

---

[1]《郭寿生自传》（1951年手稿），第7页。
[2]同上，第8页。

党中央就派邓中夏、王荷波先后来到烟台，与郭寿生取得联系，介绍郭寿生加入了中国社会主义青年团，并指定他负责在海军中开展团的工作。郭寿生为唤起青年学生的革命热情，壮大团组织力量，"在海校里秘密组织马克思主义研究小组，韩廷杰、曾万里、梁序昭先后参加。嗣以海军学校不许学生离校作任何活动，只有利用文字的宣传先作海军革新的运动，来吸引海军同志，乃决定发行一种专刊，定名《新海军》月刊"，由郭寿生担任主编。该刊的宗旨和内容包括："（一）讨论海军兴革的问题，研究海军实用的学术。（二）提高海军的教育，增加海军军人的知识。（三）改正海军军人的思想，促进海军军人的觉悟。（四）改善海军军人的生活，解除海军士兵的痛苦。（五）打破封建畛域的观念，力求海军的统一团结。（六）建设足以自卫的海军，防止帝国主义者的停略。"该刊与《中国青年》系同型同时刊物，均由中国共产党开设的上海书店印行。[1] 然而，该刊后来因批判海军学校教育制度，引起了北京政府海军部和校方的疑忌，被迫停刊，并下令将其列入违禁品。《新海军》月刊前后共出刊四期。

对于民国海军中萌动的进步力量，中国共产党十分注重保护和培养。1922 年春天，党指派中国铁路总工会党团书记罗章龙前往山东巡视，罗章龙特意来到烟台，会见了郭寿生。1987 年 5 月，山东烟台的王景文先生专程赴北京，就早期烟台海军学校党团组织活动情况访问了罗章龙。在谈到会见郭寿生的情况时，罗章龙侃侃而谈：

> 早在1919年五四运动的中后期，我们北京的学生就跟各省的学生会建立了联系，我当时负责北大学生会工作，与山东的王尽美有接触。1920 年我们成立了马克思学说研究会后，王尽美常到北京，联系就更多了。1921 年党成立后，我在北方区委负责工运工作，经常到山东、河北、河南、山西以及东北等省巡视，所以山东党团组织情况，我是比较了解的……
>
> 1922 年春，我任北方区委的组织委员，管理党团组织的发展工作。……对于烟台海军学校情况，我在去视察之前就有所了解，因为一方面，郭寿生是北大马克思学说研究会会员，多少有点联系；更重要的是王荷波同志曾向我汇报过郭寿生的情况。
>
> 1922 年春天，我先到济南，由王尽美等同志陪我视察了一些地方，后来到青岛，再由青岛市的同志派人陪我去的烟台。

---

〔1〕《郭寿生自传》（1951 年手稿），第 8—11 页。

到了烟台之后，秘密找到了郭寿生。……郭寿生这个人当时给我的印象是聪明、能干，很有头脑，很有胆量。[1]

1922 年夏天，郭寿生在烟台海军学校修业期满，被派往南京鱼雷枪炮学校学习。在这期间，他担任南京共产主义青年团书记，参与了津浦铁路的工人运动。郭寿生还记得，"当时参加团的工作的同志有东南大学谢远定、彭振钢等，后来都为党而牺牲了。当时也参加过津浦铁路工人运动，时常夜间过江，由工人用手推车接送，在浦镇草棚屋里开会；党中央常派王荷波来指导我们这种工作，他是中国铁路工人运动的组织者和领导者。"[2] 1923 年春天，在王荷波、恽代英等共产党员的介绍下，郭寿生由社会主义青年团团员转为中国共产党党员。

1923 年底，郭寿生这一班的学生在鱼雷枪炮学校修完预定的课程，按照海军教育制度的规定，本应派到练习舰上学习舰课，但海军司令杜锡珪顾虑这班学生曾闹过很大的学潮，还闹过工潮，有许多激进分子，若派舰练习，恐怕要出乱子，因此又把这班学生寄驻烟台海军学校，以"应瑞"舰舰课班名义学习舰课。回校后，郭寿生发现，《新海军》月刊的停办使"新海军运动"失去了喉舌，学生们感到失望。他表示，不能因此挫折而灰心，乃与下一年级同学曾万里、梁序昭等讨论变换运动方式，决定在学校中秘密成立"新海军社"，并将其作为党团的外围组织，继续奉行《新海军》月刊所提出的宗旨，为革命的"新海军运动"打下基础。"新海军社"成立后，有许多同学踊跃参加，郭寿生根据党的指示做出规定，凡是"新海军社"成员，如能信仰共产主义而愿参加海军革命工作者，则介绍其加入社会主义青年团。他先后介绍了曾万里、梁序昭、韩廷杰、叶守桢、王靖、柯圣举、林祥光、高如峰、陈训滢、程法侃等入团。

为了解决"新海军社"可能存在的组织不够严密，行动不能一致的问题，郭寿生制订了《新海军社章程》，以求组织上的统一和各处同志的团结。"新海军社"设总社于烟台，设支社于上海、南京、马尾各处，在海军各舰艇、各机关则设立分社，各分社须受最近地方支社指导，因为舰艇是活动的性质，没有一定的驻所，故规定任何舰艇有分社组织的，开到某港埠时，该分社负责人，即须向其最近地方的支社报到，并作报告而

---

〔1〕王景文：《罗章龙谈视察烟台海校党团组织》，《港城星火与两所海军学校》，海洋出版社
1993 年 11 月版，第 75—76 页。
〔2〕《郭寿生自传》（1951 年手稿），第 11—12 页。

听其指挥领导。这样，"新海军社"逐渐走向正规。

1924 年 3 月 4 日，郭寿生在《中国青年》杂志第二十二期上发表了《中国海军状况及我们运动的方针》，明确指出"新海军运动"的目标是"要求'军人心性的改造'；'海军学校教育的改良'；'水手兵士生活的改良'；'打破各省畛域的私念'；'打倒国内的军阀'；'保护国外的华侨'。——尤其注意的：'谋建设足以自卫，防御列强侵略的海军，达到中华民族完全的独立'"。并号召广大的海军青年："你们要想振兴中国的海军，要把从前已失去的军港收回来，要想抵抗列强的侵略与掠夺，求中华民族的完全独立，除非你们努力来运动把海军改造起来，再没有别的好计策了。"这篇文章指明了中国海军的出路和"新海军运动"的方向，说出了广大爱国官兵的心里话，在海军内部产生了强烈反响。"新海军运动"开始在海军中蔓延，各地的海军下级军官和广大士兵从反抗长官的压迫开始，逐渐发展到与工农相结合，把反抗矛头指向北洋政府。

1924 年 1 月，国民党召开了第一次全国代表大会，通过了中国共产党员以个人身份加入国民党的决议，实现了国共合作。郭寿生清楚地认识到，要使"新海军运动"具有强大生命力，就必须与党的工作密切联系起来。于是他和"新海军社"成员一起在烟台积极开展国共合作工作。当时，国民党派遣王乐平办理山东党务，王乐平秘密来到烟台。先志中学教务主任崔唯吾是老同盟会员，他介绍郭寿生与王乐平取得了联系，共同会商帮助国民党在烟台建立党部事宜，郭寿生积极参与工作，并与曾万里、梁序昭一起以个人身份加入了国民党。国民党烟台党部的成立大会是在老同盟会员戚纪卿的私立医院——纪卿医院里举行的，郭寿生以执行委员兼宣传部长的身份出席了大会，会上决定在烟台海军学校设立第八区分部。

由于党在海军内部的工作开展得有声有色，1924 年初，中央局的陈独秀、王荷波向郭寿生发出书面指示，要求郭对烟台的各个方面的情况进行详细调查。遵照中央指示，郭寿生利用外出时机，对烟台政治、经济等状况进行了详细调查，于 2 月 9 日写成了《烟台调查》报送中央局。党中央对这份调查报告十分重视，将其作为典型材料在中央机关报《向导》周报上分四部分全文刊载。当年年底，在烟台海军学校诞生了烟台第一个中国共产党党小组，成员有郭寿生、曾万里、叶守桢等。

1924 年 12 月，郭寿生从烟台海军学校正式毕业，结束了近八年的海军学生生活，与曾万里、韩廷杰、梁序昭一起到舰队服役，在烟台的工作遂交给叶守桢、王靖等人负责。进入 1925 年，郭寿生先在"华安"舰上实习，后到"海筹"舰上任职。

当时的驻沪海军刚刚从一场军阀派系斗争的漩涡中摆脱出来，各舰官兵心神未定，加之"五卅惨案"激起了海军官兵的强烈愤慨，郭寿生感到，这是开展"新海军运动"的有利时机。他赋予"新海军运动"两大使命：一是求海军自身的改革；二是领导海军官兵积极参加革命的工作。[1] 中共中央派王一飞、刘重民经常与郭寿生联系，并介绍刚刚从苏联回国的共产党员王介山参加"新海军社"组织工作，陈独秀、恽代英、王荷波、邓中夏以及瞿秋白的爱人杨之华等多次在上海与郭寿生会谈，商讨如何发展"新海军社"组织，以造成革命的武装力量。

在党中央的帮助和指导下，郭寿生制定了当前"新海军运动"的方针："注重下层组织工作——士兵阶层，还要结合富有革命思想的下级军官，并注意于个别的秘密宣传。"在"新海军社"基础上，郭寿生又成立了"海军青年军官团"作为"新海军社"的外围组织。

不久，身在烟台的叶守桢因策动烟台海军学校学潮而被开除学籍，他离开烟台来到上海，烟台的工作另举林祥光等负责。叶守桢在上海的工作是负责与海军各方面的通讯联络。当时，党中央为扩大对海军的宣传，决定发行刊物，定名为《灯塔》月刊，由郭寿生担任主编，其封面所用的色板之灯塔图片是郭寿生亲手设计的，三色钢板是郭寿生托其大姑丈黄士俊向商务印书馆定制的，刊物由上海书店印刷，叶守桢负责收集稿件、校对和发行。

1926 年 7 月，郭寿生由"海筹"舰调派"建威"炮舰担任候补员。由于"建威"舰是艘逾龄旧舰，只能停泊于上海高昌庙黄浦江内，不能出海航行，这就为郭寿生开展工作提供了极大便利。此时正是北伐战争节节胜利之际，为配合战争，郭寿生将"新海军社"总社从烟台移到上海，进一步扩大"新海军社"组织，在上海海军江南造船所、南京海军鱼雷营、烟台海军学校、马尾海军学校、"建威"炮舰、"建康"驱逐舰、"拱寅"炮舰、海军总司令部，以及"华安""海筹""海容""楚有"等军舰上成立了分社。

海军中革命力量的壮大增强了郭寿生支援北伐的信心。7 月中旬，北伐军开进湖南，直逼长沙。北京政府派"应瑞"舰开赴武汉，帮助湖北督军防守武汉。郭寿生指示王介山、陈宝栋随"应瑞"舰赴鄂，等待北伐军围攻武汉时登上"应瑞"舰，率领"新海军社"成员发动起义。但由于经验不足，王介山等人的活动引起了"应瑞"舰舰长萨福畴的怀疑，

---

[1] 郭寿生：《悼念曾万里同志》，《中国海军》1947 年第 3 期。

王介山遂被拘送于武昌陆军监狱，在狱中受到严刑拷打，但他坚贞不屈，始终拒不供认。10月，叶挺独立团攻克武昌时，王介山获救。

北伐军攻克武汉后，北京政府海军向长江下游败退，集中于宁沪一带。"新海军社"成员有组织地潜伏于各舰队和岸上重要机关。此时，上海局势动荡，郭寿生召集郭友亨、陈嘉谟、林轰、韩廷杰等人，会商联合各舰人员响应北伐之事。突然，他接到了爱国军官、练习舰队司令李景曦和韩廷杰的密告，说舰队方面已经注意到了"赤化分子"在海军中的活动。不久又得到了海军总司令部将要假借协助前方运输工作的名义，将郭寿生和陈嘉谟两人调派南京第二舰队司令部加以软禁监视的情报。郭寿生立即向党中央做了汇报，中央指示郭寿生赶快离开"建威"舰。当夜，郭寿生将在舰文件全部烧毁，在郭友亨（当时兼代"建威"舰副长）的帮助下，来到事先预定的四马路旅馆，等待海军司令部派赴第一舰队的命令。不久命令下达，郭寿生领过川资费之后，没有到南京报到，而是与陈嘉谟一起潜伏于租界，郭寿生化名郭大中，陈嘉谟化名陈一枫。当司令部发觉郭寿生没有到南京报到时，立即密令通缉，郭寿生不得不转移活动场所。当时，黄展云之子黄东鄂在位于辣斐德路永裕里66号的汇源转运公司担任经理，郭寿生就利用这一场所召开"新海军社"全军代表大会，通过了修改后的《新海军社章程》，决定了参加北伐军革命军事行动计划，并"训令各社应绝对服从总社的命令，分发各种宣传品由各代表秘密带回，以备军事发动时，分别散发海军各机关，和一切舰艇；并派定沪队郭友亨、倪华鎏负责指挥，宁队由曾万里、王致光负责指挥"[1]。

随后，在中国共产党的直接领导下，"新海军社"成员参加了上海三次工人武装起义，促成了"新海军运动"与革命的结合。

北伐战争开始后，北伐军所向披靡，连克湖南、湖北、江西、福建，直逼上海。上海是北洋军阀掌握的海军总司令部所在地，也是海军人员和舰艇最集中的地方，国共两党同时在这里展开争取海军的工作。广东国民政府派出国民党中央委员、中央政治会议秘书长钮永建前往上海，主持党务和军事，并负责策反海军。他策反的重点是海军总司令杨树庄等高级将领，试图一举争取整个海军倒戈。但是，杨树庄等海军上层人士在形势尚未明朗前一直观望态度，故钮永建的策反迟迟未能奏效。共产党领导下的"新海军运动"注重下层组织工作，即注重士兵阶层和富有革命思想的下级军官的组织工作。

---

〔1〕郭寿生：《悼念曾万里同志》，《中国海军》1947年第3期。

士兵阶层和下级军官多系工农出身，富有革命性，故工作很快取得成效。

发动起义之前，郭寿生经罗亦农介绍与钮永建进行了一次会谈，协商海军如何配合起义的问题，郭寿生表示，"新海军社"所控制的舰艇，均可随时参加起义。他们约定，届时先由陆上人员在高昌庙附近施放焰火，海军"建威""建康"两舰见此信号即发炮攻击高昌庙兵工厂（原江南制造局），工人纠察队等武装则以炮声为号同时开始行动。郭寿生与钮永建会谈后，即将协商结果向中共上海区委的有关负责人罗亦农、赵世炎、汪寿华、王一飞、刘重民等做了汇报，并与他们反复研究了海军的行动计划，随后将计划通知了在驻泊高昌庙附近江面的"建威""建康"两舰上负责指挥行动的郭友亨和倪华銮。

1926年10月24日凌晨，到了预定起义的时刻，陆上负责焰火的金月石如期施放焰火，但没想到焰火均已失效，施放几次未果，此时有人已经注意金的行动，金遂放弃任务。军舰上的郭友亨和倪华銮见不到信号，为慎重起见未敢下令开炮。[1]岸上的工人纠察队等起义武装迟迟听不到舰炮声，以为行动取消，大部散去，只有少数人员冒险发动进攻，与警察发生冲突，但力量过单，遭到失败。这次起义失败，原因在于"暴动组织者，并无统一的行动计划，并无整个的军事指导，以致未能成功。"[2]

第一次工人武装起义失败后，中共上海区委在及时总结教训的基础上，准备发动第二次起义。1926年11月6日上午召开主席团会议，晚上又召开了有中央领导人参加的主席团特别会议，研究部署第二次武装起义准备工作。会议还专门讨论了海军问题。曾在苏联学习的罗亦农、汪寿华、王若飞、赵世炎等还特别指出，俄国十月革命中海军"阿芙乐尔"号巡洋舰炮轰冬宫具有十分重要的历史意义，中国革命要走十月革命的道路，就一定要争取海军参加起义。为加强海军工作，中共中央总书记陈独秀指示，要在上海区委领导下成立海军支部，凡有两名以上党员的舰艇即成立党小组。中共中央则特设海军工作三人会议，专门讨论海军问题，并任命王荷波、赵世炎为海军工作指导员。

1927年2月初，北伐军东路军进逼杭州。2月15日，中共中央召开紧急会议，决定在北伐军到达松江时，上海宣布总罢工，并组织第二次起义，配合北伐军夺取上海。第二天，中共上海区委召开全体会议，一致同意中央的决议。2月18日晚，上海总工会获

---

〔1〕《郭寿生自传》（1951年手稿），第25页。

〔2〕许玉芳、卞杏英编著：《上海工人三次武装起义研究》，知识出版社1987年3月版，第242页。

悉北伐军已到达浙江嘉兴，遂决定次日即举行总罢工。2月21日，中共中央虽已得知北伐军在嘉兴停止前进，但仍决定于22日将罢工转为起义。起义计划是：22日晚6时，以黄浦江上的"建威""建康"两舰发炮为信号，浦东工人纠察队百余人立即乘交通船驶近军舰，取得舰上枪械，再上岸攻打高昌庙兵工厂；其他各区工人队伍也同时行动，夺取军警的武器，然后占领敌军龙华司令部。

在此之前，中共中央军委书记周恩来已到上海，并直接领导郭寿生做海军参加起义的工作。在周恩来的亲自部署下，郭寿生特派韩廷杰、林聪如为联络员，及时向"建威""建康"两舰的郭友亨、倪华銮传达了起义密令。

2月22日，指挥这次起义的中共领导人均聚集于法租界辣菲德路冠华里启迪中学内，郭寿生依然负责海军行动。当时，周恩来指着上海黄浦江地图，计划由郭寿生统率便衣队从黄埔滩水路进军，等待抵达高昌庙之"建威""建康"两舰的到来，两舰到达后，从"建威"舰上携械登陆，进攻兵工厂。旋又因计划时间与航程均不及，而且这一行动须先经过孙传芳直接管辖的江苏省"超武"等舰的警戒线，恐遭发现，影响全局，乃改变计划，由郭寿生指派韩廷杰和林聪如两人为联络员，密令郭友亨和倪华銮指挥"建威""建康"两舰，于当日晚6时准时起义，不必等候陆上部队的进攻便可向敌方之龙华司令部及高昌庙兵工厂开炮。郭、倪二人接到命令后，在发动起义前，分别在各自舰上先令"新海军社"士兵把守各重要舱口，并将反对起义的副长王钧、大副叶鸿成、书记官邱梦孙、枪炮长杨峻天等软禁在后舱，没有发生流血事件便顺利控制了"建威""建康"两舰。

当晚6时，"建威""建康"两舰准时发炮，上海工人第二次武装起义正式开始。两舰"首向兵工厂开火，打了几炮发现白旗，兵工厂准备投降。兵工连都跑到街上了，以后炮火转向南城车站，一炮正打中了孙传芳的军车。此后向督办公署及卫戍司令部射击，于是他们都停止工作。因为督办公署和卫戍司令部接近法租界，所以有几个炮弹偶然落在法租界的区域内了；于是帝国主义有所藉口而加以干涉。在黄浦江停泊的几只法国兵舰要求中国兵舰停止开火，中国兵船在此种情形之下不得不停止开火"[1]。"建威""建康"两舰共发射炮弹二十余发。然而，浦东工人纠察队未能及时乘交通船去军舰取枪，致使南市工人纠察队孤军进攻兵工厂，伤亡严重。其他各区的起义队伍听到炮声后虽已行动

---

[1] 许玉芳、卞杏英编著：《上海工人三次武装起义研究》，知识出版社1987年3月版，第249页。

起来，但仅从军警手中夺得少量武器，而且未能按计划攻占各要点。

就在"建威""建康"两舰发炮打响上海工人第二次武装起义的同时，郭寿生代表"新海军社"海军青年军官团，持国民党党部敦请海军总司令杨树庄协助革命的三封信函，乘汽车前往法租界杜美路杨树庄寓所。郭寿生用冒名卡片获得了进入杨树庄寓所的许可，当时，杨树庄正准备召集参谋长吴兴宗以下要员会议，他们突见郭寿生到来，均为之惊愕。恰在此时，"建威""建康"两舰炮声响起，震动了法租界屋宇，杨树庄同时接到了司令部电话，知道是"建威""建康"开的炮，惶恐万状。郭寿生进了会客厅，即将姓名卡及三封信交给杨树庄，并简单说明来意，请杨树庄立即表态，统率舰队协助革命，并请他速令驻泊吴淞口外的"海容""海筹"等舰速即升火应变，以免吴淞口敌方炮台袭击。杨树庄对郭寿生说："何不事前与我商议，而遂行开炮呢？"郭寿生答道："这是协助对革命紧急的行动未便预告，请原谅！"[1]恰好蒋介石事先已将代表王元恭（共产党员）派往杨树庄处，也在反复请求杨树庄参加革命。但是，杨树庄以及其他将领因贪恋孙传芳、毕庶澄几十万犒赏费，想脚踏两只船，所以一直在观望局势的转变。此时起义海军的炮声隆隆不绝，杨树庄乃应王元恭提议，临时召开紧急会议，决定善后。郭寿生叮嘱王元恭，请他促使杨树庄尽快表明态度，参加革命，否则自己处于不利境地。语毕，郭寿生告辞退出。

就在国共双方均做杨树庄工作之时，上海警察厅长李宝章也打电话给杨树庄，质问杨："你们若要我走，我就走，何必开炮打我？"杨答道："舰上开炮恐系误会，待查明真相，即作答复。"当"建威""建康"两舰炮声停止时，杨树庄立即电话告知李宝章："查高昌庙军舰开炮，确系出于误会，因有可疑之船，对舰开枪，企图抢船，因此引起误会开炮。"[2]至此，杨树庄始终没有做出协助革命的行动。不仅如此，当日他还电告北京政府，报告了"建威""建康"两舰炮击兵工厂的情形："本晚六时，建威建康忽向岸上开炮二十余响，当饬驻淞各舰，严行戒备，以防不测。一面设法驰入高昌庙，镇摄一切，又与陆军方面切实疏解，使其不至误会，致成互击。幸承谅解。该舰亦即停止炮击。旋派员到舰详查此事，称系建威大副郭有（友）亨、建康大副倪华銮二人所为。郭倪于炮声停时，即已逃逸。该员竟敢被人煽惑，擅自暴动，殊属不法已极。该两舰舰长，

---

[1] 《郭寿生自传》（1951 年手稿），第 29 页。

[2] 同上，第 30—31 页。

事前未能预防，亦属咎有应得。除将该两舰舰长先记大过，听候查办，并将郭有（友）亨、倪华銮二人，严行缉拿，务获究办外，谨先电闻，所有善后事宜，容当续陈。"[1]

2月23日晨，中共中央和上海区委联席会议估计此次起义不能成功，决定停止暴动和总罢工，起义宣告失败。

上海第二次工人武装起义虽然又失败了，但共产党终于争取到海军"建威""建康"两舰参加起义。上海总工会在复工令中特别指出："革命的海军，开炮对敌人轰击，表示革命的工人与兵士联合的伟大征兆。"罗亦农在上海区委活动分子会议上也表示："这次运动纯为 C.P（即中共的英文简称）领导。钮惕生说，海军开炮，是 C.P 命令。这是不错的，可以表现我们的力量。"有人将首先发炮揭开上海第二次工人武装起义帷幕的"建威""建康"两舰视为中国海军的"阿芙乐尔"号。"新海军社"的《灯塔》月刊为此还出版了"二 二二"专号，以纪念"建威""建康"两舰的壮举。

第二次起义虽然意义重大，但给海军中党组织造成的损失也令人痛心。海军总司令杨树庄对"建威""建康"两舰擅自开炮大为震怒，立即下令查办。郭友亨、倪华銮得此消息，被迫率参加起义的官兵离舰，登岸潜入法租界。郭寿生事先已在租界内租下房屋，用以收容海军起义官兵及其眷属，幸而无一人伤亡。但他们离舰后，李宝章逮捕了"建威""建康"两舰员兵24人[2]，共产党在驻沪海军舰艇上的活动几乎完全停止了，"新海军社"也由原来的半公开转为秘密状态，《灯塔》月刊被迫停刊。

"建威""建康"两舰参加起义的消息传到南京，在"永绩"舰上任职的共产党员王致光和曾万里也准备采取行动，即要求舰长高宪申下令以舰炮拦击由津浦路南下的援沪鲁军。但驻宁海军第二舰队司令陈绍宽此时也因上海两舰开炮一事而加强了对所部的控制。他在召开舰长会议时，特别指示"永绩"舰舰长高宪申说："你舰副长王致光也有赶快投奔革命的意图，你要注意，不要让他也来个炮轰南京城。"结果，受到严密监视的王致光、曾万里被迫取消了起义计划。

以杨树庄为首的海军高级将领对革命本身并无认识，他们的政治取向完全以其自身和海军利益为依归，当钮永建代表国民党许以三十五万元军饷时，杨树庄便有了倒向国民党的意向。因此"建威""建康"两舰参加起义后，他加强了防范措施，以阻止共产

[1] 季啸风、沈友益主编：《中华民国史史料外编——前日本末次研究所情报资料》，第21册，广西师范大学出版社1996年10月版，第440页。
[2] 同上，第445页。

党在海军中的活动。就在这时，北京政府为加强上海的防护，派遣鲁军第八军军长兼渤海舰队司令毕庶澄率部进驻上海。杨树庄亦恐这支军队会对海军的行动不利，遂于1927年2月28日亲率在沪的13艘舰艇驶出吴淞口，集中驻泊于三夹水外之鸭窝沙。这样既可防止共产党再向舰上渗透，又能避免为北洋军阀陆军所制。

不久，第二舰队司令陈绍宽也率驻南京的全部舰艇顺江而下，抵达鸭窝沙与杨树庄所率的舰艇会合。杨树庄认为海军倒戈的时机已经成熟，遂在旗舰"海筹"号召开舰长以上军官会议，讨论有关起义事宜。会议决定，先派部分军舰前往九江与南昌的国民革命军总司令蒋介石联系，他们到达九江之日，即海军全军通电参加国民革命之时。1927年3月10日，"楚有""楚谦""楚同"三艘炮舰奉杨树庄之命驶离鸭窝沙锚地，冒险通过北洋军阀军队控制的吴淞、江阴、镇江、南京四要塞，于13日安全抵达九江。3月14日，杨树庄接到九江"楚有"等舰来电，随即率全体海军官兵发出通电，正式宣告归附国民革命军。

杨树庄率海军归附国民革命军，不论主观动机如何，客观上毕竟对革命有利，所以共产党方面对这一行动表示明确支持。中共中央军委还写信给海军官兵，希望他们拥护杨树庄，并发表《告市民书》，反对渤海舰队与奉鲁军，周恩来称此一做法为"草船借箭"。

3月20日，北伐军进抵上海近郊龙华，驻沪军阀军队陷入混乱。21日，上海工人在中共中央特委领导下发动第三次武装起义，以配合北伐军夺取上海。在准备起义的过程中，已离舰上岸的"新海军社"人员也积极参加各项工作，如林轰负责领导海军江南造船所工会并参加上海总工会工作，陈嘉谟则作为海军代表参加上海市民代表会议并任执行委员。"新海军社"的工作仍由郭寿生全面负责，中共中央特派王荷波直接领导。起义爆发后，"新海军社"部分海军官兵与江南造船所工人一起加入了南市区南路工人纠察队，一举攻占高昌庙敌兵工厂。到22日晚，工人武装已基本控制上海市区。当鲁军毕庶澄残部溃至吴淞企图夺船经水路逃离上海时，海军第二舰队司令陈绍宽率"海容"等舰出击，夺取吴淞炮台，起义工人则乘机占领了吴淞区。至此，上海工人第三次武装起义终于取得了胜利。

然而，正当中国共产党积极从事革命战争之际，蒋介石却于4月12日发动了震惊中外的四·一二政变，大肆捕杀共产党员和工人群众，使轰轰烈烈的革命战争夭折了。

四·一二政变后，"新海军社"被查封，郭寿生等人离沪前往汉口。郭在汉口与其同学李之龙取得联系，并在其协助下又在武汉组建了"新海军社"总社，继续在共产党领导下开展革命工作，但形势已经大不如前，"新海军社"的工作完全处于地下状态，工作人员或打扮成商人，乘汉口至上海的商船在长江中下游各地与海军舰艇上的官兵秘密联系；或是通知舰上同志寻机潜来汉口，在"新海军社"总社内接洽。由于海军已奉令进行"清党"，"新海军社"在海军中的活动极为困难，而其争取的对象又主要是士兵，在舰艇上也很难有所作为。

7月15日，汪精卫也在武汉发动了反革命政变，开始捕杀共产党员和革命群众。此时，"新海军社"已无法在武汉继续开展工作，总社人员四散隐蔽，郭寿生返回福建家乡。从此，郭寿生以及仍在海军服役的王致光、曾万里等人与共产党组织完全失去联系，共产党在海军中的活动也因此停止。

抗日战争时期，尽管无法积极从事党的工作，但郭寿生利用在国民政府海军中创办杂志的机会，不断反思中国海军建设问题，发表和传播建设强大海军的思想。他说："我们感觉到我国甲午战争的失败，虽由于敌我的海军力量的悬殊，以致演成海战败绩的结果，但此役的最大影响，不仅是辱国丧师，而是对于海防思想的破灭，社会观感由'海不能防'退化到'海不必防'的自堕民族雄心的境地，这一点，不仅我们在海言海的悲哀，而实关系于国运的消长，与国家的兴旺，正大且钜。此次抗战，海军人士以仅有的质量，而焦头烂额，封锁布雷尽了最大之责任，受了最大的牺牲，毕竟不能阻敌人海上的长驱直入，就是一个最大的教训。"有鉴于此，郭寿生、曾万里等为彻底改造社会心理，使人人充分认识海军建设的必要和建设的可能，乃创立"海军建设促进会"，创办《海军建设》月刊，搜集一切世界海军的材料，一方面向国民灌输海军常识，一方面敦促当局注意海军建设的途径，研究我国海防的过去、现在和将来。"刊物一出，各界争购，供不应求"[1]，共出刊24期。在此期间，郭寿生撰写了大量研究和介绍国内外海军情况的文章，包括《六十年来的德国海军》《鄂中会战与海军》《一九四〇年各国海军实力》《日寇为什么要在粤闽浙沿海登陆》《我国海防建设着重点在哪里？》《格陵兰大海战》《马塔班英意大海战》《大战中的海上封锁与海上自由问题》《太平洋战争战略的观察》、日本与美英海军实力研究》等，都产生了广泛影响。

后来，郭寿生几经周折，终于与党组织取得了联系。关于郭寿生的归队情况，林亨元有详细说明："我在上海做海军的工作比较多，特别是找到郭寿生以后，郭参加革命

---

〔1〕郭寿生：《悼念曾万里同志》，《中国海军》1947年第3期。

比较早，北伐时跟周总理在一起。吴克坚要我去跟他交朋友，经张汝砺介绍，先做朋友，一方面玩，一方面观察，了解他的思想行动，情况很好，与党有感情。以后吴克坚叫我公开告诉他：'周恩来同志叫你归队。'他听了很高兴。郭寿生当时在南京，是海军月刊社社长，已经是上校了。海军上校军衔很高，很多海军高级军官与他有关系。南京高级官吏很多，他能拿到很多情报，而且非常有价值。那时郭寿生介绍曾国晟与我联系。曾在海军界地位比较高，下面也有一定基础，他提供了作战地图、作战计划等，很解决问题，做了不少工作。当时做海军工作有个很有利条件，主要是乡土关系，福州人很多，海军总司令就是福州人。以后蒋介石叫桂永清做海军总司令，把陈绍宽拉下来，许多海军权力落到外省人手里，福州人非常不满意。这是我们工作的有利条件，也是我们工作的基础之一。"[1]

归队以后的郭寿生试图通过自己的努力恢复"新海军社"的活动，但由于环境所限没有实现。尽管如此，"新海军运动"产生的影响是久远的，它所造就的许多官兵后来都成为坚定的革命者。

郭寿生伴随了"新海军运动"的始终。解放战争时期，他参与了策动国民党第二舰队起义、保护江南造船所等工作。1949年8月，周恩来亲切接见他。9月，他出席了中国人民政治协商会议第一次全体会议，并参加了开国大典观礼式。同月，又被任命为中国人民解放军华东军区海军司令部研究委员会副主任。1955年1月中央军委授予他三级解放勋章。

1957年，郭寿生被错划为右派，受到不公正待遇。1961年3月31日，郭寿生因患肠癌在福州病逝，享年67岁。

纵观郭寿生的一生，参加党的早期革命工作四年，与党失去联系十多年，在这两个阶段中，"海军"与"革命"始终是伴随他左右的两样东西。在革命轰轰烈烈之时，他把海军作为革命的力量努力加以运用；在革命处于低潮、自己与党失去联系之时，他把革命理想埋于心底，利用在民国海军的职务之便，潜心研究海军在现代战争中的运用，研究和探索海军建设与发展的途径，给后人留下了弥足珍贵的文字资料，这些充满爱国激情的篇章，在今天依然散发着时代的气息。

在本文结束之时，让我们重温郭寿生的一段论述：

---

[1] 林亨元：《郭寿生归队》，《福州党史资料》1985年第4期。

　　为着我们祖国前途的百年大计，建设中国新海军，不仅是必要的，而且也是刻不容缓的工作。倘若有人说："将来中国，也永不会变成侵略的国家，似乎我们也便不需要强大的海军，来做侵略的工具。"这种说法，似是而非，还只是不成熟的思想。当然，我们是永久爱好和平的国家，决不会去侵略世界上弱小的民族，我们会是世界上和平的保障者，但这种保障，是需要实力为后盾的。百年来，历史的教训告诉我们，"和平不是没有武备的国家所能企求的"，唯其我们酷爱和平，更不能不加强我们自己保障和平的实力，为着来日我们自己国家的领土和主权的完整，更当迎头赶上建设我国的新海军。[1]

马骏杰

丁酉年春于山东烟台

---

　　〔1〕《新海军建设计划的研讨》，《新海军》1946 年第 2 期。

目　录

中国海军状况及我们运动的方针[1]

(1924 年 3 月)

一、中国海军状况

中国从一八八五年和法国在安南打了败仗以后，便谋振兴海军。一八九一年有海军衙门的创设，计成北洋海军二十营，铁舰快舰二十余艘，鱼雷六营，鱼雷艇数艘，以旅顺、威海卫为军港，常游行南洋各岛及朝鲜、日本等处。一八九五年和日本打了败仗，旅顺、威海卫全失，军舰有被抢的，有打沉的，于是全军歼灭，海军衙门因此亦就废了。以后旅顺、大连租借于俄（一九〇四年因日本打胜了俄国，旅大复转借于日本），威海卫借于英，胶州湾借于德（现由日本归还，改为万国商埠），广州湾借于法，为各国屯驻海军的军港。又毁了吴淞口炮台，开做商埠，并废了天津大沽炮台，北京、天津、上海都有各国军队驻扎。弄到现在中国破烂不堪的军舰，反没有停泊的军港了。

残败无用的中国舰队，大小不满六十艘，现在变成四分五裂，各靠着一方的势力讨生活。兹将他分叙出来作为参考：

（一）北方的舰队属于北京政府的，归南京杜锡珪总司令节制。内分做练习舰队，第一舰队，第二舰队。

练习舰队（司令杨树庄）——"应瑞""通济"（训练舰），驻闽。

第一舰队（杨树庄兼管）——"海容"（巡洋舰）；"联鲸""海鸿""海鹄""海鸥""海凫"（炮舰）；"定安""普安""华乙"（运舰）驻闽。"永健"（炮舰），驻长江。

---

[1] 此文发表于《中国青年》。

第二舰队（司令李景曦）——"建安""建威""楚泰""楚同""楚谦""江元""江利""江贞""甘泉"（炮舰）；"江鲲""江犀""拱辰""永安""建中""利通"（河炮）；"宿字""张字""湖鹰""湖鹏""湖隼""湖鹗"（鱼雷艇），驻长江。

（二）由粤北归的舰队，属于北京政府的，归青岛温树德节制。

"海圻"（巡洋舰），驻烟台。

"海琛"、"肇和"（巡洋舰）；"同安""豫章"（驱逐舰）；"楚豫""永翔"（炮舰），驻青岛。

（三）驻沪独立的舰队属于浙江卢永祥的，归林建章节制。

"海筹"（巡洋舰）；"永绩"（炮舰）；"建康"（驱逐舰）；"靖安"（练运舰）；"辰字""列字"（鱼雷艇）。

（四）东二省江防的舰队属于奉天张作霖的，归江防司令毛钟才节制。

"江亨""利捷""利绥"……（炮舰），驻哈尔滨。

（五）在粤的舰队归孙中山调动。

"永丰""舞凤"（炮舰）；"飞鹰"（雷炮）；"福安"（运舰），驻广州。

其次再将海军教育、制造、练营、煤栈、医院、联欢社各机关，列之如左：

教育机关——烟台海军学校（航海），福州马江海军学校（轮机、制造、飞潜、艺术四校），南京海军鱼雷枪炮学校，奉天葫芦岛海军学校，黄埔海军学校（取消），天津海军医学校，吴淞海军测量局。

制造机关——江南造船所，福州马江船政局，天津造船所。

练营及火药库——烟台海军练营——火药库，南京海军鱼雷营——火药库，上海高昌庙海军军械局。

煤栈——福州、厦门、上海、江阴、南京、大通、湖口、武昌、岳州、烟台。

医院——吴淞、烟台、南京、福州、上海、湖口、武昌。

联欢社——上海、北京、烟台、福州、南京、武昌……。

民国成立，海军帮助革命军打破南京。民国六年，因为北京政府强压解散国会，程璧光率一部分舰队，赴粤护法，这是海军对于民国的功绩。程璧光被刺，林葆怿不能坚守护法之业，林永模继起亦不能为革命出力，在粤海军渐失孙中山的信任，温树德等就乘这个机会演出排闽的大惨剧，海军内部的分裂，闽粤山东江苏人互相的倾挤，都从这一次发生而日趋于剧烈。在粤的舰队不久又分做在广州的拥护孙中山，在汕头归温树德的拥护陈炯明。中间在汕头"肇和"军舰的山东水手枪杀舰长盛延祺、江泽树，又是一幕山东人杀江苏人的惨剧。因为陈炯明依靠吴佩孚的接济以抵抗孙中山，吴乘这个机会运动粤舰北归，现在驻泊于青岛。二月十二号"海圻"军舰从青岛载陆战队来烟台，强占海军练营及煤栈，检查火药库及学校的枪械，洛吴从此势力可以达到山东一带，又可以藉着北归的海军以防御奉张。海军到处受军阀的利用，弄到自己不和，这真是海军的大不幸呀！

杜锡珪所管的北方舰队，在岳州及奉直两次的战争，帮助吴佩孚打了胜仗。以后有些军舰因为反对孙传芳带兵进闽，要达到闽省的自治，在沪宣布独立，依靠浙卢方面来了。驻在长江的"靖安"练运舰，"辰字"鱼雷艇，先后跑到上海来，因此驻在长江与在闽的舰队，被驻沪独立的舰队截做两段，不能联为一气。加以这次北归的海军在烟台强占练营，吴、杜大伤感情，北京派交通部吴毓麟南下调和杜、温的意见，苏齐又袒杜以拒吴。我们于此就可以证明北归的舰队与北方原有的舰队已不能合作，他们若是没有好法子来解决，恐怕终久难免要决裂呢。

东三省张作霖从奉直战争失败以后，积极的创设海军，近在奉筹款三百万，为兴办海军费，拟订购新式战舰八艘，兵船三十只，巡洋舰、运送舰二十只，改编海军八中队，以连山湾、葫芦岛两地为军港，除在葫芦岛已设一个海军学校外，又拟在哈尔滨再设一个。以我的推测，东三省的海军或且有振兴的希望。

我们观察中国海军过去的历史，现在的状况，可知它对外不足以抵抗列强的侵略，对内亦不足以改造中国的国家。它由统一的分做南北的，由南北的变为各省系的，完全寄生于各军阀之下以供人利用。北归的军舰，因为在粤数年没法修理，现在一点钟走不到三四海里，再过几年恐怕要走不动了。驻在各处的军舰，亦都是老朽腐败。然而军舰的老朽腐败，还可以修理增加起来，对于海军的军人，真是不容易改造。他们多半脑筋很简单，又缺乏思想，没有正当的宗旨，没有社会的知识，没有远大的计划，没有进取的精神，没有善良的教育。凡关于列强的侵略，军阀的压迫，世界的情形，社会的实况，他们完全置之不论不议。现在他们内部的分崩瓦解，各存畛域的私念，还不知闹到什么地步呢。

二、我们运动的方针

我们既已知道中国海军的状况，就应该想出种种运动的计划。运动的目标是什么？

怎样着手？向什么地方着手？我把我的意见写出来，希望全国青年们——特别是海军中青年们——指教。

（一）运动的目标：是要求"军人心性的改造"；"海军学校教育的改良"；"水手兵士生活的改良"；"打破各省畛域的私念"；"打倒国内的军阀"；"保护国外的华侨"。——尤极注意的："谋建设足以自卫，防御列强侵略的海军，达到中华民族完全的独立"。

（二）怎样着手：先联合较有思想、有毅力、有进取精神的学校学生，船上见习生、练习员、下级候补官，练营的练勇，船上的炮首、头目、水手，陆战队的下级军官与士兵……等，作积极的文字与口头的直接宣传。使他们变做有主义的、有思想的、有教育的、知道进取的军人。——尤极注意的是打破畛域的私念，因为有畛域之分，只有分裂与排挤而不能联合团结起来。这最是我们一切运动的大障碍。

（三）向什么地方着手：各个海军学校、练营、舰队、陆战队、医院并他们常聚会的地方。我们必须向那里边努力，同志愈加多，收效愈大。——尤极注意的就是：各个学校与练营。

新进有希望的海军青年们呀！你们不要看那腐败的海军而失望。只怕你们自己仍不自振作，那就没有法子了。你们要想振兴中国的海军，要把从前已失去的军港收回来，要想抵抗列强的侵略与掠夺，求中华民族的完全独立，除非你们努力来运动，把海军改造起来，再没有别的好计策了。眼前最可怕的就是国内的军阀要想利用你们，与你们内部自己的分裂。改造中国的责任，在你们的身上，你们千万要团结起来，向前奋斗呀！

最近列强海军政策实力与太平洋问题^[1]

(1929 年 10 月)

前　言

欧战终了后,有一个美国著作家说:"人类要是不能消灭战争,战争要消灭人类了。"看最近几年来的国际情形,人类消灭战争是万不能办到,人类被战争消灭,倒是十分可能的事了。我特注意的编成这一本单行本,就是要揭破帝国主义者的假装和平,预告列强正在准备比欧战更为惨酷的消灭更多人类的世界大战。

这里,运用辩证法的唯物论的见地,以说明帝国主义者为争取太平洋的霸权和中国支配权,而引起世界大战,其爆发的焦点当在太平洋上,和我们中国存亡有直接的关系。

我的主意,不但为使阅者对于国际形势得有个系统的认识,并指示国人以未来大战的自卫方法。所以这一本单行本,在这疾风暴雨的时代里极为需要,又可供国人研究远东与中国问题的一个良好的参考。

本书编好时,适在本届国际联盟会议闭幕之后,当英相麦克唐纳尔赴美的前一周,故对于联盟会议的裁军新提案,与明年一月要在伦敦开的海军缩减会议,皆有所预示。但太平洋的问题,决不能凭着军缩会议非战公约来解决,除非能把军备完全废除,帝国主义者都已消灭,人类最终能以互助、正义、公道来替代消灭人类的战争,则太平洋问题或得解决,世界的和平或可实现。

一九二九年双十节,郭寿生识于上海寓次

---

[1] 此书稿由华通书局出版。

第一章 绪 论

一九一四年到一九一八年的欧洲大战，是资本主义与帝国主义发达到了最后阶段开始崩溃的表现。当时全世界五十一个独立国，转入战争漩涡的计三十三国。在这一次的大战中，死亡了几多的性命，残废了几多的人类，荒废了多少的耕地，毁灭了多少的经济的存在，这些都是资本帝国主义所赐与我们人类的。在资本帝国主义第二次世界大战迫于眉睫的今日，我们回忆过去的牺牲，视察列强的扩张军备，便可以推测将来大战的牺牲的程度，还要千百倍于过去的。

从欧战到了现在，我们可以看出国际间发生了三种对立的现象。第一，战后发生了苏维埃社会主义共和国大联盟，使全世界分为两个敌对的阵营， 个是反资本帝国主义的大阵营，一个是全世界资本主义大联合的大阵营。第二，为半殖民地及殖民地的民族解放运动，与帝国主义对于半殖民地及殖民地的压迫战争。第三，德国退出了帝国主义列强斗争的舞台，代德国而起与英国争欧洲霸权的便是法国，代德国而起与英国争世界霸权的便是美国。这三种对立的现象，都有连带的利害关系，都有引起第二次世界的大战的可能。

然而战争的原因，在今日就是资本帝国主义，他自身无法避免战争，却孕育了战争。他对于半殖民地及殖民地实行压迫，便是要开拓其原料产地与市场，便是要取得中国之无限制的支配权，便是要破坏民族革命运动，这就是资本帝国主义的生死问题，这就是目前紧迫着的第二次世界大战的危险之基础。

现在距欧战还不过十年，但列强似乎已都把上次大战的惨祸忘掉了。大家都在扩张军备，准备第二次的大厮杀。如果拿战前英德的海军竞争，和目前帝国主义扩张军备的情形相比，其发展非常迅速，而尤以海军、空军、毒气体的竞争扩充为最剧烈。此外尚在秘密进行中的军备扩张计画，为我们所不能探得的，必有较战前更有可惊怖的，在这样严重的情势之下，希望世界和平，还不是梦想么？

最近和平运动军缩会议的呼声，一天高似一天，可是列强海军竞争到了最近时期特别紧张起来。从华府会议一直到了凯洛非战公约 [1] 签字之后，历次军缩会议的结果，不

---

〔1〕即《白里安—凯洛格公约》，亦称《非战公约》或《巴黎公约》。1927 年 12 月，法、美、英、德、意、日、印等 15 国在巴黎签订，由美国国务卿凯洛格和法国外交部长白里安共同促成。主要内容：公约参加国谴责使用武力解决国际争端，并且在它们的相互关系中，绝不把战争作为推行本国政策的（转下）

仅不能得到裁军的目的，而且反促进军备的扩张。每次会议的失败，统是使各国政府的战争的欲望，受得一次新刺激，而对于未来战争的准备，却更依着加速度进行。美国总统胡佛就职后宣言非战公约并不能阻止美国的国防准备，最先发起军缩非战公约的国家是这样的态度，其余各国更可想而知了。

事实上列强已都知道第二次世界大战是不可避免的了，而大战在最近时期内，却还不至于立即爆发，这惟一的原因，是为准备的时间还嫌不够。上次的大战预备了有三四十年，未来大战的规模必更大，战区必更广，战术必更精，自然必须有更较充分的准备才好。就最近国际情势的紧张，战争已不能十分久长，那么在这仅有的短期内，自然更非加紧准备不可了。

观资本主义的危机，帝国主义列强的对立，海军军备的扩张，知第二次世界大战之不可避免。而将来战争的中心必在太平洋，尤其是中国问题。中国问题便是第一次世界大战的巴尔干半岛。中国在未来的大战，不能袖手旁观，更不能坐而待毙，因未来的大战，是与中国存亡有直接密切的关系，凡是中华民族的国民，都应该赶快起来注意这个重大的问题，并求在这一次大战中怎样解决自己生存的方法。

第二章　华盛顿会议之回顾

欧洲在战前是世界的中心，由其殖民政策，管辖了世界的大部分，无论亚、澳、非、美都得为其臣服，受其政治的与经济的支配。战后形势为之一变，各国现都债台高筑，从前操纵世界市场，掌握世界财政的地位，现在是丧失以尽了。因了欧洲的衰落，代之而兴起的是美国掌握世界经济的霸权。政治的中心亦渐由欧洲舞台而移转于美国，美国的一举一动常左右着欧、亚两洲，甚而至于全世界。英国虽然打倒了德国，却又来了一个新强敌的美国。法国代替了军国主义的德国的地位，称霸于欧洲大陆，同时在太平洋上的日本，因了欧战称霸于远东，与美国成了对立的形势。

日本乘欧战列强之无暇东顾，藉英日同盟加入战团，占据青岛。于一九一五年五月

（接上）工具。在处理各国之间的争端或冲突时，只能用和平方法来解决。但在订约的同时，美、英、法等国都先后发表备忘录，声明和保留条件，以所谓"合法的防卫权"为借口，声称各国有权根据情况决定是否"诉诸战争"。同年8月31日，苏联宣布加入此公约。1929年7月24日，该约正式生效。1934年5月签约国已达63个国家。但该约后来并未发挥作用。

迫我国承认二十一条无理的要求，攫夺我国种种的权利。当欧战末期，又乘俄国革命出兵西比利亚，思攫夺俄人在满蒙及西比利亚的权利，但是师出无功。英美因为日本势力在中国的发展，打破列强在华的均势，有独霸远东的地位，皆心怀不满。尤其是美国，欲争夺太平洋的霸权，对于日本独占我国的权利，与其所主张的门户开放机会均等的主义不相容，因此愤怒最深。当时的国际形势，日本颇陷于孤立的地位，华府会议便是在这样的情势产生出来，就是列强联合以压迫日本的，不过美国为其主动而已。

华府会议为美总统哈定所发起，自一九二一年十一月开会，至次年二月闭幕。这次会议与太平洋及远东问题同其重要的便是裁减军备问题，世界主要五大海军国，英、美、日、法、意都在会议。美国务卿许士氏[1]宣布其裁减军备的标准，主维持现状。由此提案，美国主张各国放弃造舰计划，并废止某种旧舰。即美国放弃一九二六年计划，日本则放弃八八舰队的计划。其条约中最主要的，即主力舰上得到一个协定，英美各五，日本三，法意各一.六七，在此十年内为五国海军休养时期。对于太平洋防备之限制亦有规定，今再分述之如左：

一、主力舰限制。这一个协定实行后，在一九三一年前，五国军舰的排水量不得超过三万五千吨，军舰中配置大炮的口径不得超过十六吋。应保有其海军的主力如左表：

国别	主力舰数	吨数	炮力
英	二〇	五五八，九五〇	三四生（约一六吋）四八门 三八生…………一〇〇门 四〇生…………一八门
美	一八	五二五，八二〇	二〇生…………四四门 三六生…………一二四门 四〇生…………二四门
日	一〇	三〇一，三二〇	三六生…………八〇门 四〇生…………一六门
法	一〇	二二一，一七〇	三〇生…………六〇门 三四生…………三〇门
意	一〇	一八二，八〇〇	三〇生…………八五门

---

〔1〕即美国国务卿查尔斯·伊万斯·休斯（Charles Evans Hughes，1862—1948），法学家，历任纽约州州长、最高法院法官、国务卿。在担任国务卿任内，代表美国与德国签订合约，支持美国加入国联，筹划和主持了华盛顿海军会议。

法意两国因有多数的旧舰，从一九二六年起得置换新舰。为了接受这个协定，美国废了十五只新舰，日本七只，英国四只。在一九三一年前，英国舰数吨数都大过美国，但自一九三一年开始置换新舰，英美两国便列于同等，如下表：

国别	主力舰	吨数	比例数
英	一五	五二五，〇〇〇	五
美	一五	五二五，〇〇〇	五
日	九	三一五，〇〇〇	三
法	五	一七五，〇〇〇	一·六七
意	五	一七五，〇〇〇	一·六七

二、飞机母舰的限制。五国对飞机母舰的限制，英美各一三五，〇〇〇吨，日本一八，〇〇〇吨，法意各六，〇〇〇吨，其排水量不得超过二七，〇〇〇吨。但建造三三，〇〇〇吨的飞机母舰，不得超过二只，又不得配置八吋口径以上的大炮，其数目以十门为限。若在六吋口径以下的炮，则不受限制。对于主力舰及飞机母舰以外的限制，各依其基础标准的排水量，以一〇，〇〇〇吨为限，所备的炮不得经过八吋口径。

三、关于潜水艇的条项。对商船未行拘捕之前，因决定其是何性质，得命其服从临时的检查。若既受了警告而不服检查，得行拘捕。拘捕之后若不违抗航行至某地点之命令，不得向之攻击。但非将船员及船客移于安全的地点之后，不得施行毁坏。

四、太平洋防备的限制。英、美、日三国对本国的领土属地要塞及海军根据地，均各当维持其条约盖印时的现状，以后不得增大设备，而特规定其范围如次：

（一）美国在太平洋中现有的领土，或将来在太平洋中获得各岛屿的属地，均当受这限制。阿拉斯加及接近于巴拿马运河地带诸岛屿，而在阿留地安群岛以外的与夏威夷各岛，则不受限制。

（二）香港并在英国东经百十度以东之太平洋中所有的领土，或将来获得各岛屿的属地，均受这限制。对于加拿大海岸接近的诸岛，澳洲、新西兰则不受这限制。

（三）日本在太平洋中所有的岛屿及属地，如千岛群岛、小笠原群岛、奄美大岛、琉球群岛、枣济及澎湖诸岛，并日本将来在太平洋所获得各岛屿及属地，均当受这限制。

此外尚有耶普岛为加罗林群岛之一小岛，本属于德国，欧战为日本所得。但这小岛为海底电线的根据地，东达美领的关岛，西南达西里伯岛之马那多，北通我国的上海。耶普岛若为日本所得，则旧金山、香港、马尼拉三线所集中的关岛，将大失其效用。即自美国以至我国、印度，尤其是菲律宾的通信，要受阻碍，因此美国主张国际共管，今乃成为两国共同管理的形式。

又条约规定一九三七年满期，若缔约国不于期满两年前通知修改或解决，则该条约仍继续有效，至提出通知后二年为止。在这条约中，英美两国的海军力为同等，日本则为世界第三海军国，军力当英或美百分之六十，其军力足以保持远东的势力，使不受美国的侵入。至于法意则为第四、第五海军国，惟法国海军须分为大西洋与地中海二方面，而意大利则可集中于地中海、亚得里亚海，以威胁法国与摩洛哥的交通。

但是华府会议所限制的只限于主力舰，其他如潜艇、巡洋舰、飞机（母舰）的建造，则仍无一定的限制，而陆军限制简直没有谈到。法国反对潜艇的限制，英国反对巡洋舰的限制，这样裁军会议的成绩，实在微乎其微，自此以后，主力舰的竞争虽暂告中止，然其他战争所用的新器及补助舰的竞造则未有已。

第三章　国际联盟与军缩

国际联盟成立于一九二〇年，当时加入的计四十一国，在美总统威尔逊的本意，以为联盟是国际正义与协力的具体表现，由联盟的力量，可以使各国间彼此的敌意得以缓和。然联盟理事会的组织适得其反。英、美、法、日、意五国是常任理事国，有无上的权力，后以美国不加入联盟，只剩了四国。至一九二六年九月德国加入联盟，乃复成五国。小国之得为非常任理事国，派代表出席于理事会者，初为四国，一九二二年九月增至六国，至一九二六年九月则增至九国。截止一九二八年九月，第九次联盟总会，加入联盟的国家计五十四国，现在世界上还没有加入的有俄、美、土、埃及、阿富汗、厄瓜多、墨西哥、巴西与科斯泰利加为加入后而退出者。而我中国在世界在亚洲无论就人口与土地言，都占着重要的地位，每年担任联盟经费五十万，却列在最低等，与加拿大、印度、巴拿马等自治领地及小国同其地位。老实说，国际联盟是强国的联盟，弱小国家不过只供其陪座而已。与其说是促进世界和平的机关，勿宁说是列强藉以缓和其内部的冲突，以延长世界大战的组织。

联盟规约序言中明白的说："兹为提倡国际协力，达到不恃武力而保持国际和平与稳固起见，各缔约国允遵下述条件，即国与国间的关系，全以光明正大出之，确立国际法律，规律各政府的行动，团体人民彼此所订条约，当保存公正的原理，而互相尊重之，以组织国际联盟。"又规约第八条云："联盟公认为维持和平起见，当力减国家军备至最少限度，以无碍保持国家安全与共同维持国际义务的实施为度。"接着下文又说："联盟理事会斟酌各国地理的位置与情势，作成裁减军备计划，以供各国政府的审议与决定。"由这规约，于是每年联盟会议照例有关于裁减军备的提案。然所谓裁与不裁，还是由各国的自由，所谓维持和平是否裁减军备以后即可办到？常人心理谁不希望和平，今不求消除战争的原因，而以裁减军备即可致于和平，殊未免自欺欺人。所以欲求和平，须消除战争的原因，使世界各国民族一律自由平等，做到完全废除军备，则和平或可有望。今列强尚藉国际联盟以压迫剥削弱小民族，一方面用以缓和自己内部的冲突。实际上各国的军事秘密，除了其国的参谋本部，是谁也不能知道的。历年以来，不过对于毒气的使用等等，有点决定，别的毫无成绩。

一九二六年，德国加入联盟，为促进裁减会议的召集，乃有裁减筹备委员会的成立。至一九二八年十一月第四次会议，苏俄代表李维诺夫在痛责各国无裁减诚意之后，提出立即废除陆海空军案，但列强都无裁军的诚意，亦无结果。今年四月第六次会议，俄代表李维诺夫仍继着去年完全废除军备一案之修正案，即军备减半案。次之我国代表蒋作宾提出的，有极充足的理由的废除强迫征兵制度案，但是都没有结果。最后美代表吉勃生发表了一个海军宣言，主张于分级限制之外，再定伸缩办法，当时英、法、日诸国虽都表示赞美之意，但是到底只得了一个消极的表面的结果。总之裁军筹备委员会虽开了六次会议，依然不能使列强减少些军备，所谓裁军筹备委员会简直等于虚设了。

过去的联盟会的裁军会议既无成绩可言，现在已到了第十届国际联盟全体会议，即在今年九月二日开幕，参加者计五十三国。这一次会议的议程中，以英国代表薛西尔提出限制陆军案为最重要。当此案未行提出之前，由《小巴黎人报》披露其秘密，谓系薛西尔送交军缩委员会数国代表者，内列四点：

（一）准备之限制与缩减，应否海、陆、空三者同时并行。

（二）对于有训练的军队，究应限制其人数或服役年限，抑两者都加以限制。

（三）数量上之限制，应取直接的，抑取间接的，例如规定各国军备预算，即此种限制之一。

（四）军缩委员会是否准备承认设立国际管理机关。

十九日，英国代表果然以限制受训练的后备兵与战用品提议案，提交联盟会，并切实声明陆军的限制与海军的限制及减缩为同一的重要。后卒以法、意、日等国的反对，致薛西尔将军缩提案自动撤销，但仍保留其限制与减少战品，最后议会仅采纳其提案。我们对于这一次国际联盟会关于裁军会议的结果，更感觉到列强间只有自私自利，所谓裁减军队限制军备绝非联盟会议所能做到的，不过多开了一次会议，多加了一场纠纷，徒使列强对于军备扩张热，反以促进世界第二次大战的迫近。

第四章　日内瓦军缩会议之失败

一九——年的华府会议，对于军备裁减，虽然得到了一些结果，在短时期内限制了英、美、日三国海军主力舰队的扩充。可是在别方面，因华府会议条约的实施，反使各国对于巡洋舰及各种补助舰的竞造。裁减海军问题，不但不能彻底解决，而且反生出许多的纠纷，列强海军的竞争是比以前更为剧烈了。

当初美国提议于巡洋舰、向导舰[1]及驱逐舰的总吨数，以英美各四五〇，〇〇〇吨之限制，然以潜水艇问题，遂告中止。其于补助舰问题，更发生困难，会议结果，仅能满足美总统哈定限制单个巡洋舰大小之提案。即限造巡洋舰不得超过一万吨，其炮备不得超过八吋口径，至于各国巡洋舰总吨数问题，始终未能具体解决。于是英日两国则酌量进行其代舰建造计划，而各从事于万吨装八吋口径大炮之巡洋舰。至于美国，则采取暂缓程序。截止一九二六年止，各国各式巡洋舰的数目，其已完成或尚在建造中的如左：

国别	巡洋舰数	吨数
英	六三只	三八〇，六七〇吨
美	四〇只	三三四，五六〇吨
日本	四三只	二八九，七〇一吨

在此数内，有新建造万吨级巡洋舰如左：

---

〔1〕亦称"领袖驱逐舰"，是驱逐舰中的指挥舰，往往由最新式驱逐舰担任。

国别	巡洋舰数	
英	十一只（在建造中）	二只（经议会批准）
美	二只（在建造中）	六只（经议会批准）
日本	六只（在建造中）	四只（在计划中）

就上列之数，美国巡洋舰的势力远逊于英日两国，于是美国的海军扩张派大起恐慌，而增造巡洋舰的呼声，纷然以起，共和党亦多附和之。然素抱经济主义之柯立芝总统，则漠然置之。甚至海军军备预算案中，对于一九二四年已经批准建造的巡洋舰，亦无规定发给的明文，因而海军扩张派大哗。国会左祖总统，而上院则通过拨付一百二十万金镑建造巡洋舰三只，上院与国会竞争甚烈，结果由调解委员会修改为四十五万金镑始罢。

美国国内既难节减军备，柯立芝总统遂于国宪所容许范围内，采取一国际方略，于一九二七年二月十日，向英、法、日、意四国发送国书，提议召集裁减海军会议。当时英日两国都答应预会，惟法意两国婉辞谢绝，不愿参加。法的主张以为补助舰问题，关系较小的海军国极为密切，非三数强大的海军国所能断定。且裁减军备系整个的问题，列强的海军力应各规定一总吨数，听其各自按据情形，斟酌分配。意国则谓：军备的裁减须求普遍，不应专裁其一，意国以特殊的处境关系，碍难承认。但于英、美、日三国开军缩会议于日内瓦的时候，法意二国却仍以旁听者的资格而出席。

大会于六月二十日开幕，其主要目的，就美总统口里说为："保持和平"及"节省军费"，至于一切野心的暴露，当一律摒绝无余。宣言中有"缔结诸国，当无一国独持有强大的海军，足以威胁其他各国的主权者。"于第一次会议，三国代表各披露其提案，对于海军军备的限制，及避除竞造军舰，由三种方法解决之：

（一）限制各个舰只大小，及各级舰炮的口径。

（二）限制吨量的总额。

（三）延长舰龄的限制。

英国偏重于（一）（二）二点，故其提案如左：

（一）将主力舰的协定舰龄，由二十年延至二十六年。

（二）其他的舰龄，另定如左：

（1）八吋炮巡洋舰二十四年。

（2）驱逐舰二十年。

（3）潜水艇十五年。

（三）主力舰的排水量，由三万五千吨减至三万吨。

（四）战斗舰的备炮，由现定十六吋减至十三吋半。

（五）飞机母舰排水量，由二万七千吨减至二万五千吨。

（六）飞机母舰的备炮，由八吋减至六吋。

（七）承认五．五．三的比率，适应于备炮八吋、排水量万吨级的巡洋舰。

（八）大号巡洋舰的只数问题，保留在大会讨论。

（九）于万吨级巡洋舰的数目既经规定后，各国建造轻式巡洋舰以七千五百吨、备炮六吋为限。

（十）关于排水量的限制如左：

（1）向导舰一千七百五十吨。

（2）驱逐舰　千四百吨。

（十一）驱逐舰的备炮以五吋口径为限。

（十二) 大号潜艇以一千六百吨为限，小号以六百吨为限，其备炮均以五吋口径为限。

美国的提案，则另根据一种理由如左：

（一）华府会议，于主力舰比率及原则的协定，均适用于巡洋舰、驱逐舰及潜水艇。

（二）日内瓦所协定的条约，应与华府会议的条约相毗连。

（三）为他日限制海军军备计，将补助舰分为四类：前三类均须受限，惟第四类，系无重要的战斗力，则不受此限。此四类列之如下：

（1）巡洋舰级——三千吨至一万吨的海面战斗舰。

（2）驱逐舰级——海面战斗舰的全体，在六百吨至三千吨，速率在十七浬以上者。

（3）潜艇级——海底作战各式舰只。

（4）不受限制的舰级——舰只战斗力之不关重要者，则保留由专门委员规定之。

（四）各级补助舰的排水量，依华府会议的比率，加以限制。

按华府会议对于排水量总吨额的限制如左表：

国别	巡洋舰级	驱逐舰级	潜艇级
英美	二五〇，〇〇〇吨至三〇〇，〇〇〇吨	二〇〇，〇〇〇吨至二五〇，〇〇〇吨	六〇，〇〇〇吨至九〇，〇〇〇吨
日本	一五〇，〇〇〇吨至一八〇，〇〇〇吨	一二〇，〇〇〇吨至一五〇，〇〇〇吨	三六，〇〇〇吨至五四，〇〇〇吨

日本提案本身，其优点在简约，实际上对于原有依据吨额的比率所存在而有效的舰只予以承受。然对于已批准而尚未动工的吨额，与于执行计划期间已满年龄的舰只诸问题，亦均注意。

于各国提案中，其比较的标准，彼此不同。英国注意于舰级的规定，及炮径的大小；而美国则主以总吨额为比例的基础。然总吨额是否考证实力的标准，实属一种难题。实际上总吨额的制限则较有伸缩力，惟因其支配之能自由，而失其制限的功效。至于任何舰级中，加以总吨额，亦不能作为标准。因一舰级中亦有强弱之别，及运用支配的可能。吨额或可用为总量大小的标准，然于实际上战斗舰队的效力，系视其炮力与速度而定。再于比较时，其定率并不只限于主要舰级，如战斗舰、巡洋舰等，系于一级中更分类别，例如装甲巡洋舰或轻巡洋舰等。今仅于总吨额中求一平均的方式，实非易事。华会条约，曾采用吨量为战斗舰实力的权衡，然当时所公认的比率，系仅限于单独一级战斗舰而言。是项总吨额的空架，而再填入无定数的舰只，故引起英国的反对。

美代表坚持谓彼等于巡洋舰的建造，于总吨额四十万吨之中，可容尚待缩减的余地。于万吨级巡洋舰，应于二十五万吨的限额内自由建造，并备八吋径的炮，这与英国主张七千五百吨备炮六吋口径者利害冲突。美国提案既公布后，英日方面均不满意，于是取缔各国续造万吨巡洋舰的计划与军备节省，都成失望。当时尚无一国有万吨级巡洋舰为数至二十五只者，（按英当时有万吨巡洋舰十五只，美八只，日本八只）英国遂提议修改原案为十五只，而美方则于舰只数目的修改不欲通融。英以为于舰别未明白规定以前，而先规定一定吨额的提案，似碍难承认其成立。美方则坚持谓于总吨量尚未确定以前，大号巡洋舰的数目无从规定，于是谈判因之中止。

谈判既难继续进行，日本于是提议对于万吨级的巡洋舰，以英美各十二只，日本八只的比率，作调协的余地，其他类巡洋舰则不得超过七千五百吨，炮备不得超过六吋口径。英代表对此新提案，颇表赞同。于是同回伦敦，延至七月二十八日复返日内瓦，遂有卜立子满的新提案，大要谓于万吨巡洋舰的限制，则规定十二与十二与八之比率，于巡洋舰、驱逐舰、潜水艇总吨额，则规定英美各五十九万吨，日本三十八万吨，此外各国尚可保留总吨额百分之二十五，以补充已逾年龄巡洋舰之用。然而卒以美国的反对，致会议决裂。是年八月十四日，美国国会遂将准备将前冬通过而尚未拨付为建造六只万吨级巡洋舰的款项，列入次年的预算案内。从此以后，各国即开始补助舰的竞争，英国因裁军会议一时中止的造舰计划，至此遂复重提。

论这次军缩会议失败的原因，实由于英美两国主张的不同，亦即由于两国利害的冲突，英国因为属地遍各州，到处都设有海军根据地，故在他还是以舰型炮径较小者为便利。换言之，即主张舰类个别制限。但是在美国的形势就不同，他没有英国那样到处有海军根据地，而以属地岛屿孤离远海，一旦有事，海军出动必须远离本国，所以主张舰型炮径较大。换言之，即主张总吨数制限，在此制限内，各国欲建造大舰或小舰都可以自由。又英国以为美国若具有一万吨级的巡洋舰而炮径八吋，以与英国七千五百吨而炮径六吋者比较，虽总吨数相同，其实不是同等，而为美国的军力优于英国。又美国觉得英国到处有根据地，还有许多到战时可以改成舰队的商船，美国若与之相颉颃，当然须有大巡洋舰在八千吨以上，并配有八吋炮者。这样的勾心斗角，尔虞我诈，俱以会议作为扩张军备的张本，自然是一场毫无结果。反之多这军缩的会议，引起了以后军备的扩张，所以有人说，这不是裁军会议，而为军备扩大会议，的确的是这种情形吔。

第五章　英法军事协定之内幕

英美海军的竞争，于最近两年来益趋剧烈，美国在华盛顿会议后的计划，一九二四年十二月通过于议会者，是建造一万吨级巡洋舰八只，驱逐舰十二只，潜水艇四只，其中巡洋舰二只虽已动工，而其他舰船则在停顿中。至日内瓦会议决裂，于是决定停顿中的六巡洋舰即造完成。同时其大海军派更提出所谓二十年计划，复减为五年计划，仍不得通过于议院，于是减为预算七亿七千万美金，增建一万吨级巡洋舰十五只，一万三千八百吨飞机母舰一只，至一九二八年三月乃通过于下院，二九年一月得上院批准，决于三年内完工。

原来美国对于英国的海军，不仅要求均等，且进而要求海上的自由，故英美间的对抗是无法可以调和的。因之英国为控制美国，于一九二八年七月，秘密的与法国订了《英法海军协定》，想联合欧洲各国以打消美国在裁军会议的提案，不意这个秘密协定，由苏俄《赤星报》披露了，内容是：

（一）太平洋中英法舰队的共同动作，分割地中海为英法两势力。

（二）在包括苏俄的欧洲以外的地域中，发生协约国的一国的军事行动时，其他之一国以空军援助协定国；在地中海沿岸，预想有反于英法两国利益之军事行动的国家时，分担空军的活动地域。

（三）交换东洋诸国的军事调查报告。

关于协约的第一条对于太平洋的共同动作，分明是英国对抗美国的；于第二条则是对苏俄及意大利的；至于第三条，则是对于中国及苏俄的。

到了一九二八年七月间国际联盟常会，张伯伦[1] 始正式发表协定的内容，虽然否认英法军事协定的广及海、陆、空三方面，然而这种密约的一部分是事实，则无可疑了。即据其所发表的，为英国舰类个别制限论与法国总吨数制限论的妥协，英国对于法国陆军的设施，取宽大的态度，而法国在一万吨级巡洋舰上则对英让步，但受英法海军协定的影响特大且直接的，自然是美国，由华府会议所规定的五．五．三之比，从而由这种协定而倾覆了。

其次所谓将来海军军备限制案的基础之海军军备协定的内容，也完全和美国的利害相反。美国在地势上，一方沿太平洋，一方沿大西洋，万吨大巡洋舰及大洋航行用的潜水艇，都感到必要。反之英国以属地散居各方，军舰不宜于大，而宜于小与高速度，故英须建造多数小巡洋舰。法国所必要的便是保护海岸线，而为美国所主张全废的潜水艇所限。关于补助舰限制的冲突，自三国军缩会议以来，每触必发。但是这一次的海军协定，关于这一点，英法都得到谅解。可是于美国又怎样的不利呢？只看以下所示的主要条款，便明白了。

（一）关于万吨巡洋舰，各国总吨数制限必得均等，但各国实际上于国防有必要的范围内，得建造之。

（二）潜艇亦适用（一）之原则。

（三）潜艇区别为六百吨以上及六百吨以下二种，六百吨以下的潜艇不受这限制。

当英法以此协定通告签字华会条约的美、日、意三国时，日本即发出覆文，表示赞成，其内容秘不宣布，这分明是田中内阁拟乘英美发生龃龉的机会，与英法联络以牵制美国。至于意大利对于《英法海军协定》的覆文，其内容如左：

（一）英法海军协定仅限制大型军舰，意国主张以各国军舰总吨额为裁军的单位。

（二）承认海军的最低限度比率，但意国较欧洲各国的比率不能更少。

（三）主张海、陆、空三种军备共同裁减。

（四）主张裁军应普及全世界各国。

---

[1] 约瑟夫·奥斯汀·张伯伦（Joseph Austen Chamberlain, 1863—1937），英国政治家、保守党党员，英国首相阿瑟尼·维尼·张伯伦的异母兄。1929 年任鲍尔温内阁的外交大臣，任职期间主持缔结了《洛迦诺公约》和《白里安—凯洛格非战公约》。

（五）各国可于总吨数范围内，应其国防所需，自由增造军舰。

看意国覆文的意旨，亦反对英法海军协定，惟采取总吨数主义，而非分类的裁减，与美国的主张不同。美国对于这个协定的答覆，与以强烈的反对，其意旨所在，大致如：

（一）六吋炮的巡洋舰及六百吨以下的潜艇，都不加以限制，实有反海军制限一般的原则。

（二）像英国那样具有优等商船的国家，一旦战争发生，是立即可以架上六吋炮而武装起来的。

（三）但是美国既少海军根据地，又是领有大西洋与太平洋，所以大巡洋舰实为必要，而英法协定则加以限制，对于小巡洋舰却不然。

（四）即是潜艇，美国觉得亦有大型的必要，然英法协定则加以限制，英法二国只求自己的利便，把六百吨以下的不列在制限之内。

美总统柯立芝除致牒反对《英法海军协定》外，并声明将继续其造舰程序，建造一万吨潜艇（按：应为巡洋舰）二十三只，而美国军舰在一九三一年裁军大会举行以前，将不再拆除。至休战纪念日，柯立芝对众演说："谓美国若不拒绝《英法海军协定》，则法的陆军与英的海军将无限制可言，而限制的原则，则将废弃了。美国占优势的军舰，英法协定限制之，而彼等占优势者，则又拒绝限制。若照英国原议而行，则英国将有巡洋舰六十八只，而美国则仅有十只，战事与人类进步相反，惟自卫最周密的国，最不易受人的攻击，是以维持充分海陆军为美国的责任，美国海岸线延长，而商务发达，军舰要多于他国云。"在美总统演讲扩张海军的必要之后，美海军部继之而公布美国新海军根本政策一文，其大意谓：美国鉴于目下各国航空的发达，和时代环境的变迁，应有新式海军的建设。即美国急需大型巡洋舰，美海岸线最长，而军港无多，小型巡洋舰不敷应用，故拟增造一万吨大巡洋舰，至于补助舰仍力主五·五·三的比率，其大意与柯立芝的主张相同。若于一九三一年应开第二次裁军会议以前，英美间不成立协定，则补助舰问题将永久不能解决，势必影响于主力舰及飞机母舰。

其实英法协定表面虽为海军限制，其内中的意义实为英国联法以制美，他方面则为法国结英以抑德。名义上虽谓为了和平，裁减军备，然而却是外交家合纵连横的把戏。其后卒以美国的坚决反对而不得不宣布废止。然英法间精神上的谅解，可说多少尚还存在。但目下英国既没有与美相争的财力，除取外交上反美的政策，更无他道。今后与《英法海军协定》类似的外交，势必相继发现于国际的舞台。

第六章　凯洛非战公约之影响

非战公约没有成立以前，国际法上对于战争为国家实现其国策的手段，虽没有种种的限制，然从未认战争为罪恶，更无足以制裁战争的成文法典。当世界大战后，欧人惧战争的惨祸，极思有以歼灭足以发生战争的恶因。英相洛德乔治氏，乃有处大战责任者以刑罚的提议，但协约国和平会议责问委员会拘于法律论，以认侵略战为犯罪，在国际法上未曾有这种的规定，拒而不许，于是国际和平主义者，都感觉到非战运动法典的必要。一九二〇年，美上院议员诺芝克司氏，介绍芝加哥律师非战运动的主倡者雷佛森氏于上院，劝协约国于和约中，加入禁止战争的明文，然仍无结果。诺氏死后，上院外交委员会长波拉，继承他的意志进行甚烈。一九二七年四月六日，法外长白里安，乘大战十周（年）纪念时，作美法缔结两国永久非战条约的提案，六月二十日向美国务卿凯洛提出法美永久友好条约的草案，内容是：

（一）缔约国以法美人民的名义，严谨宣言，惩恶战争并捐弃战争为国家政策的工具。

（二）所有法美间各项争端或冲突，无论其性质若何，起因若何，其惟一解决的方法为和平的方法。

同年十二月二十八日凯洛答覆法国云：捐弃为国家政策工具的战争一事，用意很好，但能使主要列强均能加入，更为有效。这便是法国主张两方条约，美国主张多方条约，经几许曲折，卒之依照草案，加以凯洛修正，于一九二八年四月中旬，美国对英、德、意、日四国，致劝告加入共同缔结多方条约之通牒。各国对于美国的提议，回答最早的是德国，其次为意为英，惟英国虽表示同意，但主张与英国有特别关系的地方，为保卫防护起见，应保有行动的自由。最后到了五月，日本亦表示赞同，共开六国会议以为讨论。美国更进一步，劝曾签字于《罗加诺条约》各国，如波兰、比利时、捷克亦共加入，至八月廿七日在巴黎始正式签字，美国国务卿凯洛亲自来法出席，照会我国外交部请我国正式加入，旋由外交部提出国民政府及中央政治会议议决加入，派施公使肇基为全权代表，就近签字，正式加入非战公约。其全文如左：

（一）用各该国人民之名义，郑重宣告彼等罪责，依赖战事，以解决国际纠纷，并排斥于各国间相互关系以战争为施行国家政策之工具。

（二）各缔约国互允各国间设有争端，不论如何性质，如何发端，均当用和平方法解决之。

（三）本约应由各缔约国依照本国宪法批准，俟各该国咸将批准文件送往华盛顿存案后，本约在缔约国间，即发生效力。本约于发生效力后，应有长时间的公开，以便其他世界各国的加入。各国加入本约的文件，应在华盛顿存案。存案以后，本约在现加入国与以前缔约国之间，即发生效力。

美国政府负责将本约及批准文件或加入文件之证明抄本各一册，送与缔约各国及以后加入本约各国之政府，美国政府并愿负责于批准文件或加入文件送请存案后，即行电达各该政府。

本约缮写兼用英法两国文字，两约本有同等效力，各全权均经签字盖印，以照信守。一九二八年八月二十七日在巴黎签订。

查当时加入非战公约者连我国，共计卅二国，但捷克斯拉夫则不在内，加入者有阿富汗、中国、亚尔巴尼亚、古巴、奥地利亚、丹麦、布加利亚、多米尼加共和国、埃及、拉多维亚、爱莎多尼亚、里比里亚、爱低奥比[1]、立陶宛、芬兰、危地马拉、尼加拉珪、匈牙利、挪威、冰洲（埃斯兰）[2]、巴拿马、秘鲁、葡萄牙、罗马尼亚、苏联共和国、塞尔维亚、暹罗、西班牙、土耳其、瑞典、波斯等国。

惟非战公约成立的时候，正《英法海军协定》的疑云迷漫国际政局之际，凯洛本拟由伦敦以至爱尔兰，至此亦托故返国，英美关系表现尖锐的痕迹。但关于非战公约，美国仍继续进行。

一九二九年七月，中俄以中东路发生问题，中俄绝交后，苏俄增兵满洲边境，时向中国挑衅，而日本一部分野心家，复加以过分的恶意的宣传，阴为俄助，一时战云密布，几有山雨欲来风满楼之概。十九日美国国务卿史汀生根据非战公约，发出劝告中俄两国以非武力的形式解决。二十四日美总统胡佛在华盛顿当众宣布《凯洛非战公约》，即日发生效力，旁听者有世界四十一国的外交代表，于是野心勃勃的日本，不得不稍事顾忌，而非战公约对于世界虽发生无甚大的效力，然于中俄问题，则有很大的影响。今关于签订非战公约的中美往来电文附录如左：

美国马克谟公使来电："南京外交部王部长勋鉴：本公使受本国政府之命，谨请贵

---

〔1〕即埃塞俄比亚。

〔2〕即冰岛，亦译成"义斯兰地亚岛""伊斯兰""伊司郎得""埃斯兰"等。

部长转呈贵国政府,以大日本天皇已于七月二十四日,按照一九二八年八月二十七日在巴黎议订之非战公约第三条第三节之规定,正式批准并通知美国政府,其余各国政府,在该日以前,业经批准,故该公约第三条第一节之需要已备,按该条之规定,该公约于是日起即发生效力,阿富汗、亚尔巴尼亚、奥地利亚、布加利亚、中国、古巴、丹麦、多米尼加共和国、埃及、爱沙尼亚、爱低奥比、芬兰、危地马拉、匈牙利、爱丝兰、拉多维亚、里卑利亚、立陶宛、荷兰、尼加拉珪、挪威、巴拿马、秘鲁、葡萄牙、罗马尼亚、塞尔维亚、捷克斯拉夫、暹罗、西班牙、瑞典、土耳其等国,前均已批准该公约,本公使谨代表本国政府,向贵部长声明,该公约于是日起,对各该国同时发生效力,波斯政府于七月二十五日批准非战公约,故于是日起,该公约对波斯已发生效力,谨此通知。"

中国外交部长王正廷覆电:"马克谟公使勋鉴:贵公使七月廿七日来电,通知一九二八年八月廿七日在巴黎所订之非战公约,于一九二九年七月二十四日起发生效力,业已收到,无任感谢,中华民国政府及人民,向来均主张和平,反对战争,本国政府暨人民以及本部长,均深信该公约发生效力以后世界和平必可得永远的保障也。贵公使来电,尤为本国政府及人民所欢迎,因现值中俄国交暂时停顿之际,更足表现中国精神之所在也。中国政府及人民依照其向来和平之倾向,及崇拜公理反对战争之信仰,始终服从非战公约之精神,坚决主张和平,并宣言愿与苏联共和国以和平办法解决两国间之纠纷。上述公约之成立,与中国人民之心理,正相吻合,本部长谨代表国民政府道贺贵政府助成此项空前之公约。以上各节并请贵公使转呈贵国政府为感,复颂勋祺。"

第七章　最近军缩会议之趋势

自一九二〇年以来,英美两国间外交上的关系,均注意于限制海军军备的问题。美国对于英国先要求海军均等,后又劝诱英国接受均等的原则。第一次的尝试,为一九二〇年的华府会议,第二次为一九二七年的日内瓦会议。在美人意中,两次会议结果均告失败,因英政府的政策仍为海军派所操纵,坚持保持其海上优越的地位,其要求的集中点,为巡洋舰问题。

华府会议与各国建造军舰以十年的休息,而对于巡洋舰仅限制为一万吨、八吋炮,至于造舰则不加限制,于是引起各国竞造一万吨的巡洋舰。美国对此军缩的矛盾,遂于日内瓦第二次军缩会议,提议巡洋舰的限制。英主张其传统的优越,美则要求平等,相持不下，日本虽斡旋其间，谈判终于决裂，仍归于竞争的状态。当时英美两国对于补助舰制限所主张的异点如左：

（一）关于巡洋舰。英分为一万吨、八吋炮，及七千五百吨、六吋炮两种，前者加以限制，后者无限制。美国则主张制限一定合计的吨数。

（二）关于潜艇。英主张大型潜艇加以限制，六百吨以下无限制；美则主张在一定合计之吨数内，大小两种均加以限制。

按是届英美冲突的实情，英国系欲对于交战国侵略实力，成立平等，而对于防御航线的巡洋舰，则听各国的需要酌量建造。至于美国方面，则坚持规定吨位总数的均等。按其原则，各方得自由建造一万吨、八吋炮的舰，或七千五百吨、六吋炮的舰，一听其本国的取决。这种理由自表面看来，美国确然允英以算术的均等，苟按美国原则所得的结果，美国并不须六吋炮径的防御巡舰，以保护其航路，将用其全数吨位以从事建造一万吨、八吋炮的巡洋舰。至此英国不得不受迫而择取两种的办法之一。其一即效法美国造一万吨巡洋舰以维持战斗力，如是则不得不牺牲其所需要的防御巡舰；其二如欲顾全建造防御巡舰，则不得不承受战斗力的卑劣。按照英国所持之技术上的理由，六吋炮的巡舰于战时必不能当八吋炮的巡舰，因后者能在远处攻击前者，而前者则无法抵抗。英美的主张根本上已立于冲突的地位，故日内瓦会议决裂之后，英国不得不与法订成海军协定，以与美对抗。法抛弃总吨数制限主义，承认舰种别主义，制限一万吨、八吋炮的巡舰，六吋炮巡舰及六百吨以下的潜艇，不再限制之列，承认英国舰种的自由建造，阻止美国造舰计划。

当日内瓦军缩会议之时，美国对英人拒绝彼之要求，自然极为愤怒，继因发现英法协定的诡计，而感情愈见激昂，美国大海军扩张的计划，遂于本年二月五日，以大多数通过三年间一万吨巡洋舰十五只，飞机母舰一只，经众院表示承认。然而美国这数年来为何积极的注意于国防问题呢？究其原因有如左列：

（一）美共和党握了政权将近八年，其采用实施的经济政策，早告成功。产业界的繁荣达于极点。日盘旋于政治家的脑筋里，则为用什么方法以保持这样繁荣及国民生活标准的向上问题。

（二）美国物产富足，除樟脑、锡等须求海外的供给外，余皆由自给，因生产的过剩，不能不力求输出，以为代偿。

（三）依以上的理由，美政府与人民一致，以发达国外资源及市场获得为唯一的政策。

（四）从来世界，处于英国势力支配之下，今美国产业发达，宜求与英立于均衡的地位。

然美国欲向世界发展，势必与英国随时发生冲突，其在太平洋与日本复立于竞争的地位，故美以英为第一目标，日本为第二目标。

美国海军扩张的由来既如上述，但均被制限与造舰计划，美欲督促国际的协定的成立，必具备不劣于各国的海军力，故实行增舰乃为美国裁军协定的一种方法。惟就现在英美巡洋舰比较，美实较逊于英。若至一九三三年美新造舰计划完成时，美有八吋炮巡舰三十二只，英仅二十二只，则英美亦不能立于均等的地位。假如依美海军扩张派的所望，与英保其均衡，万一英与法或日本缔结攻守同盟，美即欲保持均势亦不可得了。

当美国扩张海军案传播之时，英驻美大使苛瓦德，在华盛顿声称：英国将提倡新裁军会议，颇引起世界的注意，英外部否认此说，谓系苛氏个人的意见。其实英政府对于海军限制问题，将出于慎重对美交涉，遇有机会，何尝不愿为双方的协定。而在美国增舰案亦附以规定，谓将来军备制限成立国际协定时，大总统得以权宜停止巡舰全部或一部的建造，是为一种对英缓和的政策。从实际观察，军缩会议，两国政府皆有其意，即两国人士颇有提议英美互让施行裁军的协定，并希望速开第二华府军缩的会议。

今从英国方面来看，自工党组阁以后，对于军缩会议，英美间信使往来，交换意见颇有急转直下的趋势。就英工党外交的政策中，不难预料军缩会议的前途或可顺利进行。工党的外交政策，以和平两字相标榜，据其所言，英国现在的外交局面，日在惊波骇浪之中，其原因实有下列五种：

（一）对俄之断绝国交。

（二）莱因撤兵[1]未实行。

（三）一九二七年八月日内瓦海军军缩会议的失败。

（四）一九二八年七月《英法海军协定》。

（五）英美关系未能圆满。

上述各项，均系保守党内阁所造成，工党内阁力反前辙。一九二八年十月二日，工党全国大会所发表的外交决议案，其内容如次：

---

〔1〕第一次世界大战后，法、比、英、美四国获得在德国莱茵区的驻军权和行政干预权。1926年9月，德国加入国联，1928年，德国要求修改赔款计划，企图以履行赔款为条件要求协约国撤出在莱茵区的驻军。1929年6月，以美国银行家杨格为主席的专家委员会提出的一份新的德国赔款计划，即"杨格计划"。德国坚持以协约国占领军撤出莱茵区为接受"杨格计划"的条件。8月29日，德、英、法、比四国签订莱茵区撤兵协议。1930年1月20日，"杨格计划"正式通过。6月，协约国军队全部撤出德国领土。德国结束了战后的半占领状态，为进一步摆脱《凡尔赛和约》的限制创造了条件。

（一）政府对于国际联盟决议的仲裁和解等法律协约，应一律无条件批准。

（二）非战公约，宜求其切实废止战争。

（三）《英法海军协定》，立时声明作废。

（四）英国政府对于一切与军备缩小有关的条约，应改去反对的态度。

（五）莱因所驻外国军队，应一律无条件撤退。

麦克唐纳尔更为明白的说："此次决议案，乃对于保守党内阁的外交质问书，吾人在外交上的质问，归结有下列二点：

（一）保守党内阁在日内瓦海军缩减会议，何以毫无建树？自一九二四年以来，政府在外交上的设施，均有碍于和平。

（二）外交失其独立权，英国在国际间迄无和平的表示，外交上的目标，令人不可捉摸。德国且加盟于国际联盟及《凯洛非战公约》，英国政府尚日言扩张军备，令人怀疑莫解。"

麦氏最后下一断语："吾人应舍弃'足以发生战争……'的前提，尽瘁于和平的事业。"观麦氏的演说，及工党的决议案，可知其外交政策的一般，实大有影响于军缩会议的前途。

一九二九年七月二十四日，麦氏在下院宣称："政府已决定停止'塞莱'号与'诺桑白伦'号两巡洋舰的工程，取消潜行艇'梅资通'号与两潜舰的建造，并延缓船坞工作，及其他海军工程。并拟将一九二九年海军建设的程序取消，待入秋后再定去取。他将于今年十月往间游美国，以求增进和平及军缩主义。又谓列强皆承认英美之首先协定为造舰全部协定之必要事件，一俟此路既开，即可邀请一九二一年参加华会的列强开一会，以期成就范围广大的协定。至于最后协定，则不妨在另一地点批准之，而此地点最好由美国指定，藉以承认美国总统之功，然后将经过工作呈报国际联盟会裁军筹备委员会，至是列强可进行裁军筹备会的工作。依据协约国在凡尔赛之诺言，及和平公约办理裁减他种军备的困难重要问题，英政府于海军协定之后，将会同他国注其全力以赴之，是时全部裁军大会当可举行云。"当麦氏在下院宣布英国海军建筑计划一部分暂停进行后，美胡佛总统即起而附和，于同时发表宣言，美国拟造之巡洋舰三只，暂不装置龙骨，以待与英国最后协定海军同等问题。

九月四日，英相在日内瓦联盟会议，宣称英美对于军缩的谈判已大有进步，谓二十条件中，仅有三条件尚未解决。兹将其所谓业已解决的十七条件列录于左：

（一）全部和谐，须切实与《凯洛非战公约》相连结，且须完成海军之合作，而非对抗。

（二）英美间的海军比率，须适用于各级军舰。

（三）以缩减海军为目的，而非仅仅限制。

（四）海军分若干年陆续缩减，其法在军舰废旧时，不补新舰。

（五）加长军舰服务年限。

（六）驱逐舰与潜行艇吨数，须切实限定。

（七）码尺之适用，仅以驱逐舰为限。

（八）小巡舰改为警务舰一类，不得照大巡舰之同样标准计算之。

上述尚未解决的三条件，必极为重要而属最难解决的问题。设不增加美国现在的巡洋舰力，则英国何能维持巡洋舰的充分舰数。再限制战舰最大的吨数，低于华会所议定的，殆亦在未解决三条件中之一。

九月十八日，英相麦克唐纳尔发表请求书，分致法、意、日三国政府，请参加关于海上军缩之五国会议，此会拟于明年一月第三星期内在伦敦举行。美政府亦将出同样请求书，届时英美两国政府将提出英美间初步办法的详情，报告大会。现在英美间办法的要点如下：

（一）驱逐舰。英美对此事可根据排水量吨数之平等而获解决。

（二）潜水艇。英国主张潜水艇不得用于战事，美国现愿相助。

（三）巡洋舰。英国应有装八吋炮的十五只，装六吋炮的三十五只，共三十三万九千吨。美国得装有八吋炮巡舰二十一只，装六吋炮巡舰十五只，共三十一万五千吨。

但英国提议美国只应有装八吋炮巡洋舰十八只，而非二十一只，再其总吨数不得超过三十万吨，现双方尚未议妥。英美已通知被请诸国，设不得各国完全予以同情的合作，则不能有美满的结果。而限制驱逐舰及潜艇吨数问题，尤不可无各国的合作。

英美间军缩交涉进行，英、美、法、意、日五国军缩会议将成具体化的消息达到日本以后，日朝野虽表欢迎，但对于美国务卿九月十三日声明，对于英政府所要求巡洋舰吨数最少限度为三十四万吨一点，表示肯定态度，日外务省方面为之大吃一惊。盖以非战公约已告成立，征之向日军缩会议历史，所常视为过大的巡洋舰最少限度，今竟许英国以三十四万吨，则所谓军缩会议，事实上反为扩大军备。日本政府确因对策的必要，其态度为世人所注意的，大致如左列方针参加会议：

（一）对五国会议之招请，表示参加之意。

（二）观察英美最后交涉结果，及法意形势变移，由日本立场研究充分对策。

（三）日本始终以缩少为目的之既定方针，进行一切，且希望关系各国，不陷于声称军缩却成军扩的状态。

（四）阁议潜水艇问题，日本国防必要之武器，断不能赞成其废止或大削减。

日本对本届军缩会议的态度，经外务军部大藏省各方面，从政治的技术及财政上之见地，以日本的国防安全为基本而加以研究，于九月十七日阁议，始决定巡洋舰始终保有英美之七成，于是确保七成遂为日本之绝对的根本方针。至军缩会议为使不招致军备扩张之结果，藉以减轻国民的负担。实现真正的军缩起见，将采立于指导地位的态度。又有一部极力主张废止预备交涉，一气召集正式会议，藉以避免专门家之技术的意见冲突，并依据各国之和平政策及诚意之结晶，努力谋理想的实现。其军部当局，主张此案之具体的见解，可总括如左：

（一）补助舰艇，保有英美之七成，既为日本的根本方针，故特于轻巡洋舰亦主张之。

（二）八吋炮的大型巡洋舰，若定为英美之七成，则日本除包含现在建造中之十二只外，尚有建造的必要，惟可因驱逐舰减少而谋调节。

（三）对驱逐舰，日本不固执维持现有势力，若承认英美之七成，可缩少约二万七千吨。

（四）为主力舰，日本对英美所提议之舰龄延长，舰型缩小等，不唱异议，而其结果可以节省很大的经费。

（五）要之日本所欲主张的，系欲使军缩会议的协定，始终为军备缩少的实现，而其结果，可以减轻各国国民的军费负担，以期国际和平的精神，得益彻底于各国。

（六）至于潜水艇问题，在海岸线甚长，防御极难的日本，为保障国防上的安全起见，乃绝对必要的。故对于潜艇全废问题，完全不能同意。但日本从政治的见地，对于禁止潜艇在海岸攻击普通商船的协定可以同意。惟此外尚有一部，主张要求保有财政上作战上之最少限度的，若依此见解，则主张补助舰队与英美同率亦可。

日本对于军缩会议的态度既如上述，而法意两国对于英美间军缩协定的态度，极堪注意。据法意一般舆论，对英美的单独谈判，颇为不满。以为英相麦克唐纳尔拟由英美两国首先决定，对于其他海军国，仅拟征求其意见，殊非公平的办法。法国外交界，则力主应由五大海军国一律参加以行总括的协议。金以麦克唐纳尔声称英美虽行单独交涉，于其交涉中，其他海军（国）仍可表示意见，或报告必要事项。而英美协商结果，如成立了协定，他国纵有反对意见，势必归于无效。不但如此，英美两国如就潜水艇有所议决，甚至于废止潜水艇，则注意潜水艇的法国海军，必受极大的打击。再据九月二十三日日内瓦消息：联盟会法意代表接洽两国一致应付明春海军减缩会议，已有接近的现象。

闻法国准备抛弃驱逐舰、潜水艇及其他小军舰，须优于意国的要求，即对于主力舰亦对意让步。意大利对法的让步将以赞助法国增加潜水艇要求为报酬，因潜艇确为法国保卫海岸的必要物。还有极堪注意的，即两国主张英国应以直布罗陀海峡交还西班牙，其所持的理由，为英国地中海的舰队，其战斗力远胜于法意两国海军合有的力量。

今据以上列强对于下届军缩会议的态度，详加以研究，则英美海军协定，对于军缩会议悬而未能解决的，有以下的四大难关：

A 英美交涉所提议的潜艇全废案，为日、法、意三国所绝对反对，该问题须考虑日、法、意三国的立场，所以这个问题未能解决，在军缩会议必影响于补助舰吨数。

B 法国的补助舰，于欧战之后，占列强中的第一位，现有势力为二十五万吨，法更拟扩张至三十九万吨。因法国的主力舰对英美之五·五为一·七五之比，故法国为国防计，主张增加补助舰，必不肯接受英美强制的比率。若英美承认法国的扩张，则各国的补助舰比率毫无定准，断难实行限制或减少。

C 在英美交涉悬而未决之美国方面所追加要求的八吋炮、万吨巡洋舰三只，英国自然反对。盖以英美协定所定巡洋舰总吨数，英国三十四万吨，美国三十万五千吨。一万吨级巡洋舰英国十五只，美国十八只，美国后更要求三只，因此悬而未决。美国是否于他点上与英妥协，或英国让步，现虽不明，但美国若于十八只以外更有三只，则与军备缩小的本旨相矛盾。且日本现有势力，仅有八吋炮巡洋舰十二只，不足额数尚有三只，在日本方面以为有扩张的必要。

D 法意若主张英国以直布罗陀海峡交还西班牙，无异要断绝英本国与地中海及东亚澳洲的联络，扼制英海军的咽喉，这必为英国极端反对的。

上述四要点，为明春五国军缩会议的最难解决的问题，列强间或因此而发生冲突，而重演第二次日内瓦军缩会议之失败。则未来的英、美、日各国对于海军的竞争，更无限制，而第二次的世界大战必因由于海军的竞争而开演于太平洋上。反之，若这一次会议顺行无阻，不至破裂，而得一个解决或得一种妥协，然观察目前国际间列强对立尖锐的形势，与过去军缩会议的历史，在事实上凡每开过一次军缩的会议，其所得的结果，对于列强的海军力只有扩大并没有减少。而况在这一次会议未开之先，英美间对于巡洋舰更求增加只数与吨量，对于其他舰种更可想而知了。英美的协定是预备作军扩的会议，英相麦克唐纳尔之赴美，是促进这军扩会议的实现。不过给我们相信的，即列强间或因开过这一次会议可相安于一时，一旦军备有了相当的实力而更有更精密的战争技术，遇了国际间发生了不能用政治解决与自己利害有绝对冲突的问题，则必诉诸武力，而可惨的世界大战必然开始。

编者完稿时，英国致日、法、意三国政府参加五强海军会议的请求书尚未发出，到了双十节日始见《申报》登载，兹特附录于后，以作本章的参考。该请求书内称："英相麦唐纳与驻英美大使道威斯已缔结以非战公约为起点之一种临时非正式协定，而海军同等之一种原则已告成立，可于一九三六年十二月二十一日达到。英美于谈话时，承认应考虑一九二二年华盛顿条约所载之大战舰补换程序。英美政府对于双方所同意废除之潜艇问题，承认非与其他海权国会商，不能达到此问题之最后解决。"文中又声明："英政府将以其对于大会所将讨论各事件之意见，通知各被请国，并愿接到被请国发表其意见之同样文件。末又希望大会可制出一种本文，以便利国际联盟军缩筹备委员会之工作。"

第八章　英国海军政策与实力

英国为议会政治政党的国家，政府有时由保守党执政，有时由自由党执政，有时由工党执政，故其国家的内政外交与国防策划，不免时有显著的变化，独于海军的政策很少变更。欧战之后，英国发生许多的难题，其中尤以近来膨大的英帝国应用何种的方法，得以结合维持，这为今日英国执政所最苦心焦虑的。

英帝国的成立，由其本国富有煤铁，为其生产工业地，又有世界各处殖民地，为其原料供给地。将殖民地产出的原料输入本国，加工制造，再行输出销售于全世界，以完成其经济上共存共荣的愿望。故于本国与各地间的海上交通与联络，有确保安全的必要。以海军控制海上，为英国生存的绝对要件，故英国视经济政策与海军政策两相并用的。盖英人以为苟丧失海上的交通，即足以使其国的灭亡，以这种的关系，英国海军政策与美国截然不同的。

英国于欧战前，虽用其传统性的海军政策，以控制世界海上为目的，然至战后，世界形势为之一变，则传统性的海军政策，不得不随之改变，今择其要点如左：

（一）英国于过去几世纪，在欧洲常以第二位强大的海军国为目标，而与之竞争，西班牙、荷兰、法国西、德意志莫不受其压服。直至欧战之后，欧洲竟无一国海军力足以对抗英国的主力舰队。但英国虽可以减轻欧洲各国海军的威胁，而在东亚太平洋方面，则有美日两国竞争造舰，于英国大部分的自治领土，有许多的利害关系，若搁置任其所为，势必动摇英国海军的地位。而况欧洲的形势尚在浑沌之中，东亚方面又无足供容纳大舰的根据地，故英国此时，欲派遣有力的主力舰，足以对抗美日两国海军主力的侵犯，实处极困难的状况之下。

（二）英日同盟废除的结果，对于保护东亚通商，自不能依靠日本海军，当然由本国负担这个重任。

（三）对岸的法国，正在建设强大的航空军，故从来英国国防上所恃为金城铁壁的二十浬英法海峡，今日已无可靠。

（四）举英国的有力主力舰，对于潜艇不特无能为力，而法国且极力建造潜艇，以窥其侧，这在英国为梦寐所不能忘的威胁痛苦。

（五）英国自欧战后，疮痍至今尚未完全恢复，应付此等新发生的事件，单靠本国国防费的负担，自属不可能的事，势必将国防费分摊于各自治领土。从前英本国之能代表全英帝国，掌握军事外交的全权者，虽有许多其他的理由，而英本国负担国防费的大部分，是为重要之点，今因不堪负担，而必请求各自治领土，为多额的分担。则英人虽因大英帝国国防的关系，亦不得不十分考虑各自治领土的意思。若征求各领土的意见，则各自治领土所主张，各以自己的利益为前提，亦属人情之常。英人固然唱说其根据地的三岛为英国的心脏，若心脏遇刺，全身即死，故英本国国防计划不可忽视。而在澳洲、新西兰则主张建筑新嘉坡根据地，较之英国的防空计划，尤为重要。若谓印度恐未必遽认英本国即为印人的心脏。故其国防策划的决定，不能不考虑此等地方的利害，而后谋及大局的利益。

英国应付此等新变局，从欧战以至今日，其所取海军的政策，大概如左：

A 于北海主作战方面，变更其历来对德的海军政策所设备的北海根据地，用以封锁洛习斯港者，加以缩小。另于新嘉坡设置根据地，以便向太平洋方面进出动作。并于交通路线要点之亚丁、多林克、马利等处，为添补供给煤油的设备。

其支配舰队，则以地中海为重点，集合新式高速率战舰于此地，恢复英法协商以前的状况，与之共成第二位的本国舰队，并送最新式巡洋舰于东印度舰队。据英国杂志所载，如"肯德"式（Kent）一万吨巡洋舰竣工，即为派遣东亚之用。

地中海为英、法、意、西班牙、希腊、土耳其各国国际冲突之区，亦属海军关系复杂之地，于此处常备最有力的舰队，应时势的需要，或召回本国，或派往东亚，实属进出便利的计划。

又英国视印度为宝库，故对印度时加以威胁，尽死力以维持地中海与印度的交通。英国既据有直布罗陀（Gibraltar）与马尔他（Malta），又握苏彝士运河的实权，视埃及为其囊中物，故去年秋间国防会议，决议维持地中海交通路线，因地中海实为英国国防的锁钥。

B 由封锁德国潜艇所得的经验，而特注意于对法潜艇及空中的防御。因欲达这种的目的，乃根据华府条约所规定的主力舰航空母舰的比率，以维持英国之用。又于补助舰，则如华府军缩所声明，除一万吨巡洋舰外，须备有轻巡洋舰六十只，驱逐舰约二十万吨。至于潜艇，若他国能予同意上列全部的舰数，亦有全数废除的意思。因欲维持此等伟大的海军力，现在极力劝告各自治领土，使其协助本国的国防。

以上所说的是英国最近海军的政策，今将其现有海军力及正在建造与计划中的军舰，分列如左：

舰别	现有舰数	在建造中	在计划中
战斗舰	一六	——	——
战斗巡洋舰	四	——	——
巡洋舰	五二	九	三
轻巡洋舰	三一	——	六
飞机母舰	七	一	——
向导舰	一六	二	一
驱逐舰	一四〇	一八	八
潜水艇	五二	一八	六
鱼雷艇	——	——	——
装甲海防舰	三	——	——
布雷艇	——	——	——
侦查艇	六	——	——
炮舰及传达舰	——	——	——
江防炮舰	一八	一只	——
扫雷艇	三八	二只	——
水面飞机	二〇〇〇		

英国舰队中，有战斗巡洋舰四只，其凶猛与其速力足以驱逐敌方巡洋舰之来袭，或为攻击敌人的舰队，在舰队之先以探报敌方的军情，亦能速趋前方应战，其速率之高，又能远避战斗舰与潜艇的攻击。其主力舰的炮备，没有一只不及十三时半的口径，其十只战斗舰，三只战斗巡洋舰则装十五时，新造两战斗舰则装十六时。"福德"号（Hood）为今日世界最大的战舰，排水量计四万二千吨。飞机母舰多由他舰改造，"鹰"（Eagle）为战斗舰改造，"凶猛"（Furious）"勇敢"（Courageous）"光荣"（Glorious）三只为欧战时三巡洋舰所改造，独"黑梅斯"（The Hemes）则原定造为母舰。又英人以欧战所得轻巡洋舰的经验与（战）斗之舰队共因工作所收的利益，现与日本正极力竞造此新式的军舰，因此种军舰以油燃烧，速力炮力与航远力均强，较一九一〇年以前的装甲巡舰，以煤燃烧航行迟缓者大有差别。英日各已进行建造一万吨的新舰，其中最强的英国有十六只，其七只为肯德（Kent）类，四只为"伦敦"（London）类，三只为"诺福克"（Norfolk）类，均无已完成。今且令建造八百吨之"约克"（York）类七只（中有一只现已造成）。这种虽为较小的巡洋舰，为华府会议所限制，均装八时炮，英造这种巡舰，全数为六十二只，现已造成或在建造中的不下五十二只。今日只看英国军港分布各处，煤站遍于各要隘与交通要道，如何藉以增加舰数而厚其军舰的力量，则易看出英国今日巡洋舰的实力。

第九章　美国海军政策与实力

美国是一个自给自足的国家，要封锁世界各国都没有像封锁美国的困难，这与拿破仑封锁大陆是一样的情形，就这一点而论，美国的设备海军与英国的设备海军，其意旨是截然不同的。设美国海军至于完全消灭时，他的地位与其国防当然亦不能完固，但是美国对于海军问题，不致视为生死的关头。因为美国海军的任务为拥护其国家政策的工具，现其国家的政策，未必即像建国时代以清教徒规条为基础，单由正义人道所发生的自由、平等、博爱的纯洁观念。今实为门罗主义[1]，泛美主义[2]，对中国的门户开放

---

　　〔1〕门罗主义是1823年12月2日美国总统门罗提出的美国对外政策的原则，主要内容是宣布任何欧洲强国都不得干涉南北美洲的事务，否则就是对美国不友好的表现。门罗主义在美国外交史上具有重要地位，标志着美国对外政策的一个重要转变：即由以单纯摆脱欧洲控制为重点转向开始重视自身影响的扩大。同时，门罗宣言被视是美国谋求美洲霸权的开始，是美洲体系建立的标志。
　　〔2〕发端于美洲人民团结抵御欧洲殖民主义侵略，争取民族独立斗争的主张和运动。1826年，在西蒙·玻利瓦尔的倡议下，美洲国家在巴拿马举行会议，成立泛美联盟以维护美洲国家的独立运动。（转下）

机会均等各种主张，故其海军政策的对象较属简单的。

美国海军虽分为太平洋与大西洋两舰队，一旦有事，则由巴拿马运河，随时都可以集中于一方的海面，且专在太平洋集合新颖的舰队，以为策应。如屡次军缩会议所声明，美国欲于英、美、日之间，将华府条约，主力舰五·五·三的比率，适用于各种的舰艇。日内瓦军缩会议，美英间的主张因大炮口径仅争二吋之差，而致会议决裂。关于这二吋问题，两国代表所声明的，各以本国海军政策为立场，并非真有意于裁减军备。要之美国的策划，在太平洋方面，无论比哪一国海军，均要占绝对的优势。在大西洋方面，则以与英国海军力同等为目标，其主要的海军政策如左：

（一）确立世界第一位的海军，规定准据主力舰比率，而建设海军以维持而运用之。

（二）以充实战斗能力为训练的目的，虽在平时亦不断努力向上。

（三）编练海军，使适应于太平洋与大西洋任何部分的作战。

（四）关于海军力之充实方针，置战斗力于首位，以海外经济战之保护为次位。

（五）关于海战的术力与机力，务促其发达，且努力为其进步之先驱。

（六）尽一切手段以拥护美国的利益，尤其努力于海外贸易的发展。

（七）海兵队配乘于现役诸舰，警备根据地的陆上设施，守备其他的重要地点，且维持必要时，得即应远征队派遣的兵力。

美国的海军政策既如上述，今将其最近海军力分列如左：

舰别	现有舰数	在建造中	在计划中
战斗舰	一八	——	——
战斗巡洋舰	——	——	——
巡洋舰	三二	八	一五
轻巡洋舰			
飞机母舰	三	——	一

（接上）美国政治家亨利·克雷为泛美主义做了理论上的阐述。1923 年美国总统门罗提出"美洲是美洲人的美洲"的口号，反对欧洲国家干涉美洲国家事务。门罗主义以泛美主义为幌子，实际上是要排挤其他国家在拉丁美洲的势力，使得美洲成为美国人的美洲。为了独霸拉丁美洲，美国在 19 世纪积极策划建立泛美体系。1889—1890 年举行第一次泛美会议并成立美洲共和国国际联盟，1920 年正式建立泛美联盟，1947 年同其他美洲国家签订美洲国家互助条约，并于次年建立美洲国家组织，以加强对拉丁美洲国家的侵略、干涉和控制。

（续表）

舰别	现有舰数	在建造中	在计划中
向导舰	——	——	四
驱逐舰	三〇九	——	八
潜水艇	一二二	二	四
鱼雷艇	——	——	——
装甲海防舰	一	——	——
布雷艇	——	——	——
侦察艇	——	——	——
炮舰及传达舰	一一	——	——
江防炮舰	一一	——	——
扫雷艇	四二	——	——
水面飞机	一〇〇〇		

美国海军对于战斗舰，素重炮力、铁甲，与保护的周到，而置速率于不顾。因其军港无多，主力舰能抵抗敌舰在公海上的攻击，采取这种政策似为适当。其最新三只战斗舰，则装十六吋的大炮，其余九只均装十四吋。但美国战斗舰的速率皆不及英日两国，不免使舰队感受困难，而海军实力亦因之减少。

列强从未建造新式飞机母舰达于华府会议限制之外，最大的舰现已造成的，为美国"萨勒托革"（Saratoga）类两只。又美国巡洋舰有七千五百吨的"俄马哈"（Omaha）类十只，装置六吋炮，华府会议时正在建造。并续令建造一万吨类八只，其中仅"班萨科拉"（Pensacola）与"盐湖城"（The Salt Lake City）实有进步。美人谓其缺乏适当的军港，而求补偿其不足，惟一的方法，则为建造大巡洋舰，因其有独具远航力，适合于长久停留海上而作远距离的航行。至于旧式巡洋舰多半均属无用，易受各种攻击，因其速率迟缓，航远力太弱，于军事上毫无价值，今美国尚保留二十二只，计一七九，四二五吨。

综观上表，知美国尚乏向导舰（即领袖驱逐舰），每于舰队操演运用驱逐舰时，即感觉缺乏向导舰的关系是怎样重大的。今驱逐舰在美国舰队中，势力最为雄大，在欧战时所收效果甚大，足以制胜潜艇的恫吓。美国尚有旧式小鱼雷艇未列于表中者三十只，计二八，五一五吨。

潜艇共分两类，大的可长居海上。美国潜艇中，有 T 类三只，以欧战所得的经验，自知设备不完，现均已废弃不用。其 V 类六只，即为这种潜艇的发源。至于较小的潜艇，则有五十只。惟 S 类潜艇，堪以航行于港外的，皆属于欧战时造成，其效率虽不如最近英日的所造，然在军事上颇有价值，美国有这种潜艇，实增加其海军力不少，惜以军港不足，致感极大的困难。

各国飞机母舰所载飞机的数量，当与舰体成一正比例，即有小母舰而装载稍多的飞机，实属于例外的。美国的大飞机母舰，速率优越，战术特殊，故能运载大队的战斗飞机，速趋于生死关头的境地。即战斗舰与巡洋舰，亦皆装有飞机，其配置亦较优于英日两国。现今美国对于飞艇，力求发达，作为海军的臂助，其所计划建造飞艇的五年程序亦已进行。

又另造飞机以供巡洋舰之用，且作海军的预备队，所以今日美国关于此项战斗利器的效率与数目，已驾乎他国海军之上。因为空军亦为海军军备的一部，美国现已力求进步，以应其海军的需要。

华府会议，虽限定主力舰及飞机母舰的标准，并仅限制特种巡洋舰的最大体积，而五·五·三的比率在美人早视为一种定立的原则。设非美国于条约上，赞同不在菲律宾萨摩亚、阿留地安或关岛设立炮台，则日本必不肯限制其各种的军舰。华会条约并不提及亚洲大陆，故英人在香港对岸的九龙租借地的扩充问题，至今未能解决，且该约在东经度一百十度以东的各岛，新嘉坡亦在内，亦不能适用。

总而言之，舰队除各舰势力平均外，又必须精锐，始足以维持其国家的政策，并足以防护本国属地，以免敌人的进攻，这样才能符合其适当海军的名称。美人谓其欲以主力舰的势力经验策略等，而求完成这种的任务，必需大巡洋舰、向导舰、驱逐舰、潜水艇等以为战斗舰队之助。因有这几种舰的补助，足供保护商业，且能保护美国在加勒比海与太平洋至于檀香山的利益。又谓其海军力不敷保护其远东的属地，亦不能抵其军港的不足，惟能使其舰队成为有力的组织，且能永保反抗将来的战争。

第十章　日本海军政策与实力

在今日国际上海军势力均衡的形势中，日本是进行哪一种的海军政策呢？凡是中华民族的国民，皆当特别注意而急起建议，或积极的帮助政府建设中华的新海军以防备我们隔壁敌人的侵略。因为日本帝国主义者的炮舰政策，除与英美竞争太平洋的霸权外，直接的就是用以侵略中国的工具。今后我国若不力筹巨款从速建设足以自卫防御侵略的海军，恐怕不及十年后，就要被这隔壁敌人的炮舰政策征服了。况且除了日本之外，还有许多的帝国主义者不断的向我中国进攻，我们还不加紧的努力吗！

当中日战争之前，日本海军政策的对象，在于中国的海军。在日俄战争之前，其目标即转而对俄国的东亚舰队的势力，而求所以制胜的方法。然则今日日本是取何种的海军政策呢？因日本欲保持其帝国的地位，及求向外的发展，则必须有其自卫的武器，与向外侵取的实力。其欲达到这种的目的，最低的限度，必用左列的手段：

（一）于太平洋西岸，日本应尽量发挥其海军武力，不得弱于任何一国所派遣的海军兵力。又无论对于哪一国的海军，应以足操胜算为目标而维持其兵力。设日本自信难操胜算的程序时，则日本与英美海军力的比率亦不得减少。

于华府会议，日本所受主力舰的限制，与英美为五.五.三的比率，以此制限及补助舰、潜水艇等，设可自信能完成自卫的目的，虽属三与五之比，日人以为尚须注意。

（二）要维持日本与东亚大陆间的交通路线，须备必要的兵力，因日本与英国同属不能自足自给的岛国，若欲谋其国的生存，必须仰给资源于海外，此等资源的地方，概列如左：

（1）由美洲大陆来的。

（2）由海峡殖民地[1]以西来的。

（3）由亚洲大陆来的。

日本的交通路线，与英国的交通路线，虽同系岛国，然有不同之点。因英国交通路线的两端，都是英国的领土，而日本交通路线的一端，多为外国。故在战时，欲维持甲乙丙三部，仅属于理想，非可常能期待的。在这种形势之下，日本最小限度，单对亚洲大陆的交通路线，无论如何，非努力维持不可。以上三者，是日人常以宣示于中外，为其海军政策的纲领。以下所列的，为日本最近的海军力：

舰别	现有舰数	在建造中	在计划中
战斗舰	六	——	——
战斗巡洋舰	四	——	——

〔1〕英国在东南亚的殖民地。1786 年，英国东印度公司从吉打苏丹处割占槟榔屿，1800 年又在其对面的吉打海岸取得一大片土地，称为威斯利省。1805 年的槟榔屿为东印度公司第四大管区。1824 年，东印度公司又获新加坡和马六甲，1826 年将其与槟榔屿管区合并成为海峡殖民地。1830 年，海峡殖民地降为孟加拉总督管辖下的驻扎管区，1851 年改属英印总督，1867 年升为王家直辖殖民地。首府原在槟榔屿，1832 年移往新加坡。后可可群岛、圣诞岛和拉布安岛并入。第二次世界大战中被日本占领。

（续表）

舰别	现有舰数	在建造中	在计划中
巡洋舰	三四	七	——
轻巡洋舰	——	——	——
飞机母舰	五	——	一
向导舰	——	——	——
驱逐舰	一〇一	一〇	八
潜水艇	六九	八	——
鱼雷艇	——	——	四
装甲海防舰	——	——	——
布雷艇	三	一	一
侦察舰	三	——	——
炮舰及传达舰	三	——	——
江防炮舰	八	二	——
扫雷艇	一〇	二	——
水面飞机	五〇〇		

　　日本舰队中有战斗巡洋舰四只，具有高速率与猛烈远射的炮力，常运行于纵横密布的根据地，对于其本国特有价值。日本战斗舰装配十六吋炮有两只，其战斗巡洋舰均装十四吋炮。又飞机母舰"加贺"（Kaga）为战斗舰改造，速率在二十五浬以上。"赤城"（Akagi）为战斗巡洋舰改造，其实力较强于英国的飞机母舰。华府会议后，日本建造巡洋舰极为急进，如上表所列，皆属新式之舰。"那智"（Nachi）类的一万吨舰四只现已造成。其旧式巡洋舰今尚保留十五只，计八九，一七六吨，其中于一九一〇年所造的"筑摩"（Chikumas）类三只，运用于国内各港。日本舰队的潜艇多为战后所造，效力最大，式样最新，以运用于国内各岛的防御范围。

第十一章　法意海军政策与实力

　　法国在欧战前因地理的位置与德国的关系，皆以陆主海从为目的，以能匹敌奥意两国海军为标准。大战以后，除对英国外，在大陆方面，尽力维持其第一位的海军力，对于意大利、西班牙两国的海军，常取优越的势力为标准，以确保本国与非洲北部殖民地的联络，求完全掌握地中海西部的制海权。又于北海大西洋两方面，则备德俄海军的复兴为主眼，对于欧洲大陆诸国，尤以意大利、西班牙两国的海军若不生变化，主力舰暂时当中止建造。举全力以图补助舰艇的充实，更竭力维持潜水艇及优势航空军，以补水上武力的不足，以收最经济的国防的实效。

自欧战后，其海军计划的进行，可分为三种：（一）扩张航空军[1]；（二）新设重油轻油贮蓄池；（三）求海军工业的统一。一九二二年间确立第一期的计划，新造补助舰三十四只，以一九二六年为完成期。又有一九二四年更立第二期新计划，制造巡洋舰六只，驱逐舰三十九只，及潜水艇三十二只，共计九十二只，此项新计划以一九三二年为完成期。今将其现有的海军力及正在建造与计划中的军舰，分列如左：

舰别	现有舰数	在建造中	在计划中
战斗舰	九	——	——
战斗巡洋舰	——	——	——
巡洋舰	一五	四	四
轻巡洋舰	八	二	四
飞机母舰	一	一	
向导舰	七	一二	一二
驱逐舰	五四	八	
潜水艇	五二	四〇	一三
鱼雷艇	七		
装甲海防舰	——		
布雷艇		一	
侦察艇	三	二	五
炮舰及传达舰	五六		
江防炮舰	一〇	一	
扫雷艇	二六		
水面飞机	四〇〇		

意国在战前，常以奥国海军为目标，战后无奥国的舰队，亚得里亚海无异是意国的池沼，故意国专以与法国舰队同等势力为目标。其最低限度于东部地中海，亦须努力谋占优势。现首相莫索里尼，以复兴罗马帝国的理想，唱伸张国威的高调，对外主张强硬

---

[1] 即海军航空兵。

的政策，故极切望建设强大新锐的海军。但因于财政政治现状，到底不能有建设大舰队的希望。又因法国并不企图大舰的建造，故对于主力舰的计划亦已中止，以其造舰费的全部，而从事于补助舰的建造。同时尽其全力注意于海军士气的振作，与化学兵器、弹药、电气、兵学的改善，并设实验研究的机关，以求增进能率。虽以舰数不足，但以形而上之力以补之，求常备的海军与充实的空军，得以相互防卫本国的海岸线并确保输入粮食及原料的航路。在本国势力之下，以求发展散布海外的殖民地，故于北非洲之突尼斯、小亚细亚，不断的而谋活动。兹将其现在的海军力及在建造中与计划中的军舰分列如左：

舰别	现有舰数	在建造中	在计划中
战斗舰	四	——	——
战斗巡洋舰	——		
巡洋舰	一四	二	——
轻巡洋舰	二三		
飞机母舰	一		
向导舰	一一	一二	
驱逐舰	六五	四	四
潜水艇	四五	七〇	九
鱼雷艇	四三	——	
装甲海防舰	——		
布雷艇	——		
侦察艇	一〇四	四	
炮舰及传达舰	七	——	——
江防炮舰	二七	——	——
扫雷艇	四四	——	——
水面飞机	一五〇		

第十二章　列强在极东对立之形势

在第一次世界大战以前，英国惟一的敌人，无论在军事上，或在经济上，都是指着德国。大战以后，美国以战时的迅速发展，握了世界财政与经济的实力，更进一步而与英国争海上的霸权。而向以世界霸主自诩的英国，他国内的组织是全靠着世界贸易以维持的，世界贸易的退步，实无异英帝国的衰落。不过英国在经济上虽然失势，在军事上却还是占着优势。他的领土占全世界陆地四分之一，在战略的形势上，在海军的军力上，他还保着霸者的地位。若论美国，其殖民地甚少，其握财政与经济的霸权，只是在金元与钞币上面，故美国欲求保其金元的安全，必须有以武力为保障，因此便与英国发生了海军的竞争。

英国在世界的霸权，既为美国所动摇，于是两国的轧轹，两国的对立，便必然地日益深刻化尖锐化了。英国因痛感到美国的崛起，而自己经济的力量则日低落，只得运用政治的手段以与之对抗。

英美间对于市场原料的争夺，资本输出的竞争，亦极为激烈。凡世界各地，如欧洲、南美、加拿大、澳洲、印度以及中国，但见美国贸易的百分比日益增高，经济势力远驾英国之上，美国舰队之耀武于澳洲，实表明其中的意义，于是在这形势中，乃有英法继续协约的酝酿。到了日内瓦海军会议，英美的争斗遂益露骨的表现于外。一九二八年七月英法协定的成立，就是英国用政治的手段以对抗美国的。又美国在全美洲大陆既握了极大的势力，又与英国自治领地的关系，日益亲密，且相互交换外交代表。如加拿大，倘若英美一旦发生战事，他的地位就很难维持，势必折入美国。又如澳洲因怕日本的侵入，他的政治家已明白表示愿从能保卫太平洋的利权者之后。还有美国在爱尔兰颇有势力，一九二八年秋，凯洛去爱尔兰却不走伦敦，可知其中的默契了。

英国处处既陷于不利的地位，尤其在太平洋上处处受美国的欺侮，故急起建筑新加坡军港。新加坡军港问题，在前次麦克唐纳尔执政时，曾经否决了，可是保守党鲍尔温代麦氏而起，即由建议而进于实行建筑。现麦氏又登台，乃主停止建筑，但能否成为事实，犹属一种疑问。美国的舞台，除了美洲大陆以外，便只剩下太平洋，今见英国建筑东方大军港，又岂肯默尔而息。所以胡佛当选总统以后，即努力芳色卡海湾[1]的建立，与尼加拉瓜运河的开凿[2]，这样一来，太平洋上密布了战云，而趋于危险的状态。

---

〔1〕即旧金山湾，亦译称圣弗朗西斯科湾，位于美国西部加利福尼亚州旧金山，是世界最佳天然港湾之一。时任美国总统赫伯特·胡佛支持修建了旧金山·奥克兰海湾大桥。

〔2〕尼加拉瓜位于中美洲中部。由于该国特殊地理位置，早在19世纪初，不少学者就提出了开凿尼加拉瓜运河沟通大西洋、太平洋的设想。1884年，美国就运河开凿计划与尼方正式签署政治意（转下）

英美间的对立不但表现于其他各处，尤其是近来美国向中国侵略的事实，处处与英国在中国的利益冲突。英国侵略中国已有其根深蒂固的历史，美国却不然，她在中国原来就无根据地，所以他要侵略中国，便主张门户开放，利益均等的口号。但中国的东北部为日本的势力范围，在长江、珠江流域又为英国的势力范围，无论美国在中国哪一方面走，不是遇着敌人英国，便是碰着敌人日本。可是事实上美国的势力已侵入到我国的内部来了，所以英美、日本在中国的明争暗斗愈趋于激烈。今后中国的问题，已成为列强短兵相接的问题，如不幸第二次大战发生，中国便是第一次大战的巴尔干半岛。我们如果得不到自强的方法，便做第二次大战的牺牲品了。

日美对立的程度，并不在于英美之下，不过英美对立为的是争取世界的霸权，日美对立仅集中于太平洋，设第二次世界大战到来之时，英、美、日三国最后决战的战场必在中国。

日本以人口生殖率的增加，移住美国大陆及夏威夷各地的日人，总计在三十万以上，四年前美国的移民法案，便是限制日本移民的积极手段。华盛顿会议关于军缩的限制，力谋英日同盟的解体，要驱逐日本在中国的势力的企图，更表现日美对立的激化。关岛成为美国在太平洋中的海军根据地，复于去年通过新造舰的计划，使日本更觉不安。日本的八八舰队造舰计划，又使美国引以为忧，所以美国有太平洋的海陆空大演习，日本去年也就针锋相对而有海陆空的大演习。我们更可以看出日美对中国问题利害的冲突，日本以满蒙的特殊地位的口号而侵略中国，美国以门户开放机会均等为口实而侵略中国。美国极力和中国政府要好，拉拢中国资本家向中国投资，日本便力谋中美结合的破裂。日本出兵山东演成济南惨案，引起中国人的仇恨，美国则乘此机会，以收买中国人的欢心。日本在目前利于速战，美国则利于缓战，因美国军舰的速率多不及日本，太平洋上的军港尚不足以抵抗日本舰队的袭击。所以日本对中国采取武力政策，处处向美国挑战，美国则用和平的方法向中国进攻，以避免与日本冲突。然而这不过一时的现象，只要美国的海军达到相当的程度，日美因中国问题而爆发的战争，最后是不可避免的。

（接上）向书，但最终因尼加拉瓜境内存在的火山隐患而放弃。1909年，美国首次出兵尼加拉瓜，实行长期占领。1912年，美国在尼加拉瓜建立了军事基地，开始殖民统治。1914年，巴拿马运河通航，开凿尼加拉瓜运河的计划即束之高阁。1925年8月，由于中美洲人民的抗议和尼加拉瓜人民的反抗，美国被迫撤军。1926年，美国又卷土重来，借口保护侨民，派兵入侵并企图长期占领。1927年7月起，奥古斯托·塞萨尔·桑地诺领导尼加拉瓜人民开展反对美军占领的游击战争，迫使美军于1933年撤离。

第十三章　列强在太平洋之地位与海军力

欧战以前海军重心完全在北海，战后又移到远东太平洋来了。这种重心移转的原因：第一，是日本在东亚突起，和她在东亚的地位；第二，是美国因为她的太平洋殖民地关系，和在中国的势力，也望着太平洋方面进展；第三，是新加坡海军根据地设立，从这个根据地可以支配澳洲、新西兰和印度的海上治安，操纵着英国四分之三的版图，四分之三大不列颠的人口。

太平洋经欧战之后，形势大变。美国以巴拿马运河的开通，控制着大西洋与太平洋。列强为求市场与原料，均向太平洋方面发展，于是太平洋遂成为列强逐鹿的中心。我们试打开太平洋地图来看列强的形势，则东西隔着大洋相对峙的有中美两国，在亚洲大陆的近旁则有日本。南方太平洋通印度洋的门户上则有英国与荷兰、法国占有了安南，算在太平洋亦有一席地。俄国背着北冰洋在亚洲大陆的北方，对于太平洋雄视着。所以现在就太平洋这个舞台上的演员言，有中、美、日、英、法、荷、俄七国。中国的地位，在太平洋上最为重要，为世界现在惟一广大的市场，原料产地及资本输出地，实际上所谓太平洋问题即是中国问题。列强之竞欲向太平洋谋发展，或谋太平洋的霸权者，即是为中国的这一块肥沃的土地。

列强向太平洋求发展的路，即求入我中国的路，除惟一陆路外，其余都为海道，故以太平洋时代的到来，海军竞争乃日见重要，陆路在北方，即由满蒙南下，以窥我黄河流域诸省，此路数百年来，便是北方蛮族人寇我中原时所屡次经由的，而现在的俄国即由此路以侵我，日本则由满蒙与山东并进，简直欲占取我北方诸省。惟日本若欲在我国遂其独占的侵略，则非掌握太平洋的霸权不可。而欲掌握太平洋的霸权，则当谋管理太平洋交通的要路，因此日本在我国的行动，处处须受与太平洋有利害关系的英美二国的监视。

美国现在是世界上最兴盛的工业国，掌握世界经济的霸权，为了原料产地及市场之竞争，与英日立于对峙的地位。因为在我国没有领地及特权，然其制造品与资本的输入，日益进展，所以美国的政策，主张门户开放与机会均等。若以日本势力的进展而为其独占，这是美国的大害，故美国非反对不可。美国之所以强迫日本退出青岛，并使英国解除对日同盟，都是为要争夺太平洋的霸权。

至于英国与日本，则由英美的对抗关系言，英或将联日以抗美，然英国亦恐惧日本在远东的着着发展。英国的自治领地如加拿大、澳洲、新西兰，其对日本的态度与美国相同，他们都一致的排斥日本移民。如加拿大，其经济的关系，则美国实比英国还深，因此英日同盟在伦敦方面仍想继续，卒以加拿大与澳洲的反对而满期解约。又以日本在太平洋的势力日益发展，足以危及英国东方的利权与印度的威胁。因此想在远东布置防备，有新加坡筑港的实现，这表示筑港是为的战斗，若为保护航路，巡洋舰已足应付，用不着大规模的军港与重大的战舰。而在远东，能与战时派战舰至新加坡附近者，则惟日本。因与美国相距甚远，新加坡至日本东京，其距离恰如波士顿至直布罗陀，以三千浬的间隔，自然不足以威胁日本。但是有了新加坡，英国与印度、澳洲、新西兰、威海卫的舰队即可以有联络，可以出没于太平洋上以威胁日本了。

又以美国资本之向中国侵入，亦使英国怀着恐惧，而加以彼此本有对抗的关系，实使英日有重复结合的可能。但是英若合日以抗美，则英国的各自治领地，必将助美以抗日，这是英、美、日三国关系中最值得注意的。

列强由太平洋以窥我中国的海道有二：即新加坡为由印度洋入太平洋的门户，在英国的掌握，巴拿马为由大西洋以入太平洋的门户，在美国的手中。此外还有二路，都是非常迂远的，一由澳洲南岸以入太平洋，一由法克兰群岛经好望角以入太平洋，这二路俱在英人手中。我们观察太平洋的形势，谁欲支配太平洋以独占我国，则列强非争有为太平洋门户的诸岛不可。因为此等岛屿控制轮舶的交通与海底电线，在形势上是非常重要。日本以战后获得战前德领赤道以北的太平洋岛屿的全部，这实使在太平洋正中之夏威夷与菲律宾间的美国横断太平洋的通路，为之切断，而使日本有战略上的优势。

以上所述，是列强在太平洋上之形势，将来英美日的战争中心，必集中于太平洋，而战争的胜败，则看其海军力的强弱而定，所以在太平洋上列强的海军力，尤堪注意的。今将各国在太平洋的海军势力列表如左：

国别	舰队	舰名	舰种	排水量（吨）	速力（浬）	主炮	附注
英国	驻华舰队	Hawkins	轻巡洋舰	九，七五〇	三〇	十九生的炮七门	此外尚有小舰五只，潜水艇是一只，潜水母舰三只，特务舰一只，内海炮舰十五只
		Windictve	同前	九，七五〇	三〇	十九生的炮六门	
		Carlisle	同前	四，一九〇	二九	十五生的炮五门	

国别	舰队	舰名	舰种	排水量（吨）	速力（浬）	主炮	附注
英国	驻华舰队	Despatch	同前	四，七六五	二九	十五生的炮六门	此外尚有小舰五只，潜水艇是一只，潜水母舰三只，特务舰一只，内海炮舰十五只
		Danae	同前	四，六五〇	二九	十五生的炮六门	
	东印度舰队	Effingham	轻巡洋舰	九，七五〇	三〇．五	十五生的炮七门	此外尚有小舰三只，特务舰一只
		Emlrald	同前	七，一〇〇	三三	十五生的炮七门	
		Cairo	同前	四，一九〇	二九．〇	十五生的炮五门	
	澳洲舰队	Brisbane	轻巡洋舰	五，四〇〇	二五．五	十五生的炮八门	此外尚有驱逐舰二只，飞机母舰一只，小舰二只
		Sydney	同前	五，四〇〇	二五．五	十五生的炮八门	
		Melbourne	同前	五，四〇〇	二五．五	十五生的炮八门	
		Adelaide	同前	五，五五〇	二五．三	十五生的炮九门	
	新西兰舰队	Dunedin	轻巡洋舰	四，六五〇	二九	十五生的炮六门	此外尚有小舰二只
		Diomede	同前	四，七六五	一六．五	十五生的炮六门	
		Phiomel	飞机母舰兼练习舰	二，五七五	一六．五	十二生的炮八门	
美国	亚洲舰队及配置太平洋方面之舰队	Huron	巡洋舰	一三，六八〇	二二．二	二十生的炮四门	此外尚有炮舰六只，水上炮舰三只，驱逐舰二十一只，特务舰七只，潜水艇十二只，飞机母舰扫海舰四只
	配置太平洋方面及夏威夷以东之舰队	Nevaka	战舰	二五，七〇〇	二〇．五	三十六生的炮六门	此外尚有驱逐舰四十一只，潜水艇三十六只，轻巡洋舰一只，特务舰船二十一只，航空母舰三只，Eagle艇三只

（续表）

国别	舰队	舰名	舰种	排水量（吨）	速力（浬）	主炮	附注
美国	配置太平洋方面及夏威夷以东之舰队	Oklahoma	同前	二五，七〇〇	二〇.五	同前	此外尚有驱逐舰四十一只，潜水艇三十六只，轻巡洋舰一只，特务舰船二十一只，航空母舰三只，Eagle 艇三只
		Arizona	同前	三一，四〇〇	二一.五	同前	
		Pennsylvania	同前	三一，四〇〇	二一.五	同前	
		New Mesico	同前	三二，〇〇〇	二一.〇	同前	
		Ldaho	同前	三二，〇〇〇	二一.〇	同前	
		Mississippi	同前	三二，〇〇〇	二一.〇	同前	
		Tennessee	同前	三二，三〇〇	二一.〇	同前	
		California	同前	三二，三〇〇	二一.〇	同前	
		Maryland	同前	三二，六〇〇	二一.〇	四十一生的炮八门	
		Colorado	同前	三二，六〇〇	二一.〇	同前	
		West Virginia	同前	三二，六〇〇	二一.〇	同前	
		Seattle	巡洋舰	一四，五〇〇	二三.三	十五生的炮四门	
		Omaha	轻巡洋舰	七，五〇〇	三三.七	十五生的炮十一门	
		Buffalo	假巡洋舰	一一，四五〇	一一.五	八生的炮四门	
日本	太平洋舰队全部	山城	同前	三〇，六〇〇	二二.五	同前	
		伊势	同前	三一，二六〇	二三.〇	同前	
		日向	同前	三一，二六〇	二三.〇	同前	
		长门	同前	三三，八〇〇	二三.〇	四十生的炮八门，高射炮四门	
		陆奥	同前	三三，八〇〇	二三.〇	同前	
		金刚	巡洋舰	二七，五〇〇	二七.五	三十六生的炮八门	
		比睿	同前	二七，五〇〇	二七.五	同前	
		比睿	同前	二七，五〇〇	二七.五	同前	
		榛名	同前	二七，五〇〇	二七.五	同前	
		雾岛	同前	二七，五〇〇	二七.五	同前	
		加古	一等巡洋舰	七，一〇〇	三〇.〇	二十生的炮八门	
		古鹰	同前	七，一〇〇	三〇.〇	同前	

（续表）

国别	舰队	舰名	舰种	排水量（吨）	速力（浬）	主炮	附注
日本	太平洋舰队全部	青叶	同前	七，一〇〇	三〇.〇	同前	
		衣笠	同前	七，一〇〇	三〇.〇	同前	
		妙高	同前	一〇，〇〇〇	三三.〇	十二生的炮十门	
		那智	一等巡洋舰	一〇，〇〇〇	三三.〇	同前	
		足柄	同前	一〇，〇〇〇	三三.〇	同前（建造中）	
		羽黑	同前	一〇，〇〇〇	三三.〇	同前（建造中）	
		爱宕	同前	一〇，〇〇〇	三三.〇	同前（建造中）	
		高雄	同前	一〇，〇〇〇	三三.〇	同前（建造中）	
		利根	二等巡洋舰	四，一〇〇	二三.〇	十五生的炮二门	
		筑摩	同前	四，九五〇	二六.〇	十五生的炮八门	
		平户	同前	四，九五〇	二六.〇	十五生的炮八门	
		矢矧	同前	四，九五〇	二六.〇	十五生的炮八门	
		天龙	同前	三，五〇〇	三一.〇	十四生的炮四门	
		龙田	同前	三，五〇〇	三一.〇	十四生的炮四门	
		球磨	同前	五，五〇〇	三三.〇	十四生的炮七门	
		多磨	同前	五，五〇〇	三三.〇	十四生的炮七门	
		北上	同前	五，五〇〇	三三.〇	十四生的炮七门	
		大井	同前	五，五〇〇	三三.〇	十四生的炮七门	
		木曾	同前	五，五〇〇	三三.〇	十四生的炮七门	
		长良	同前	五，五七〇	三三.〇	十四生的炮七门	
		五十铃	同前	五，五七〇	三三.〇	十四生的炮七门	

（续表）

国别	舰队	舰名	舰种	排水量（吨）	速力（浬）	主炮	附注
日本	太平洋舰队全部	名取	同前	五，五七〇	三三．〇	十四生的炮七门	
		由良	同前	五，五七〇	三三．〇	十四生的炮七门	
		鬼怒	同前	五，五七〇	三三．〇	十四生的炮七门	
		那武畏	同前	五，五七〇	三三．〇	十四生的炮七门	
		那珂	同前	五，五九五	三三．〇	十四生的炮七门	
		川内	同前	五，五九五	三三．〇	十五生的炮七门	
		神通	同前	五，五九五	三三．〇	十四生的炮七门	
		夕张	同前	三，一〇〇	三三．〇	十四生的炮七门	
		若宫	飞机母舰	五，八七五	一一．〇	八生的炮二门	
		凤翔	同前	九，五〇〇	二五．〇	十四生的炮四门	
		加贺	同前	——	——	（建造中）	
		赤城	同前	二六，九〇〇	二八．五	二十生的炮十门（建造中）	
		韩崎	水雷母舰	一〇，五〇〇	——	八生的炮一门	
		驹桥	同前	一，二三〇	一三．九	八生的炮三门	
		迅鲸	同前	八，五〇〇	一六．〇	十四生的炮四门	
		长鲸	同前	八，五〇〇	一六．〇	十四生的炮四门	
		常磐	敷设舰	九，八八五	二一．二五	二十生的炮四门	
		阿苏	同前	七，八〇〇	二二．〇	十五生的炮八门	
		胜力	同前	二，〇〇〇	一三．〇	十二生的炮三门	

国别	舰队	舰名	舰种	排水量（吨）	速力（浬）	主炮	附注
日本	太平洋舰队全部	浅间	一等海防舰	九，八八五	二一．二五	二十生的炮四门	
		八云	同前	九，七三五	二〇．〇	二十生的炮四门	
		吾妻	同前	九，四二六	二〇．〇	二十生的炮四门	
		出云	同前	九，八二六	二〇．七五	二十生的炮四门	
		磐手	同前	九，八二六	二〇．七五	二十生的炮四门	
		春日	同前	七，七〇〇	二〇．〇	二十五生的炮一门	
		日进	同前	七，七〇〇	二〇．四〇	二十生的炮四门	
		满洲	二等海防舰	三，九一六	——	八生的炮二门	
		明石	同前	二，八〇〇	一九．五	十二生的炮二门	
		对马	同前	三，四二〇	二〇．〇	十五生的炮六门	
		千岁	同前	四，九九二	二三．五	二十生的炮二门	
		淀	一等炮舰	一，二五一	二二．二	十二生的炮一门	
		千早	同前	一，二六三	二一．〇	十二生的炮一门	
		安宅	同前	八二〇	一六．〇	十二生的炮一门	
		最上	同前	一，三五〇	二三．〇	十二生的炮二门	
		宇治	二等炮舰	六二〇	一三．〇	八生的炮四门	
		隅田	同前	一二六	一三．〇	六生的炮二门	
		伏见	同前	一八〇	一四．〇	六生的炮二门	
		鸟羽	同前	二五〇	一五．〇	八生的炮二门	

（续表）

国别	舰队	舰名	舰种	排水量（吨）	速力（浬）	主炮	附注
日本	太平洋舰队全部	嵯峨	同前	七八〇	一五.〇	十二生的炮一门	
		势多	同前	三三八	一六.〇	八生的炮二门	
		坚田	同前	三三八	一六.〇	八生的炮二门	
		比良	同前	三三八	一六.〇	八生的炮二门	
		保津	同前	三三八	一六.〇	八生的炮二门	
		海风	一等驱逐舰	一，一五〇	三三.〇	十二生的炮二门	
		山风	同前	，五〇	二二.〇	十二生的炮二门	
		浦风	同前	九〇七	二八.〇	十二生的炮一门	
		矶风	同前	一，二二七	三四.〇	十二生的炮四门	
		江风	同前	一，三〇〇	三四.〇	二十生的炮二门	
		谷风	同前	一，三〇〇	三四.〇	十二生的炮四门	
		峰风	同前	一，三四五	三四.〇	十二生的炮四门	

此外与"矶风"级同等的还有三只，即"滨风""天津风""时津风"。又与"峰风"级同等的还有十四只，即"泽风""冲风""岛风""滩风""矢风""羽风""汐风""秋风""夕风""太刀风""帆风""野风""波风""沼风"。

舰名	舰种	排水量	速力	主炮
第一号	一等驱逐舰	一，四〇〇吨	二四浬	十二生的炮四门

与第一号同等的共九只，第二号、第三号、第四号、第五号、第七号、第九号、第十一号、第十三号、第十七号。

舰名	舰种	排水量	速力	主炮
第十九号	一等驱逐舰	一，四四五吨	三四浬	十二生的炮四门

与第十九号同等的共六只，即第二十一号、二十三号、二十七号、二十九号、三十号、三十三号，还有未起工的五只。

舰名	舰种	排水量	速力	主炮
樱	二等驱逐舰	六〇〇吨	三一浬	十二生的炮一门
橘	同前	六〇〇吨	三一浬	十二生的炮一门
桦	同前	六六五吨	三一浬	十二生的炮一门

与"桦"级同等的共九只，即"榊""枫""桂""梅""楠""柏""松""杉""桐"。

舰名	舰种	排水量	速力	主炮
桃	二等驱逐舰	八三五吨	三一.五浬	十二生的炮三门

与"桃"级同等的共四只，即"樫""桧""柳"。

舰名	舰种	排水量	速力	主炮
楢	二等驱逐舰	八五〇吨	三一.五浬	十二生的炮三门

与"楢"级同等的共二十六只，即"桑""椿""槙""榉""榎""枞""榧""榆""栗""梨""竹""柿""栂""菊""葵""萩""薄""藤""苇""菱""莲""堇""蓬""蓼"。

舰名	舰种	排水量	速力	主炮
第二号	二等驱逐舰	九〇〇吨	三一.五浬	八生的炮二门

与第二号级同等的共八只，即第四号、六号、八号、十号、十二号、十六号。

舰名	舰种	排水量	速力	主炮
白露	三等驱逐舰	三八一吨	二九.〇浬	八生的炮六门
三冒	三等驱逐舰	三八一吨	二九.〇浬	八生的炮六门
第一号	扫海艇	七〇〇吨	二〇浬	十二生的炮二门
潮	扫海艇	三八一吨	二九浬	八生的炮六门

与第一号同级的五只，与"潮"同级的十七只。

舰名	舰种	排水量	速力
伊第五十一号	一等潜艇	一，四〇〇吨	——
伊第五十二号	同前	一，四〇〇吨	——
伊第五十三号	同前	——	——
伊第一号	同前	一，九七〇吨	——
吕第一号	同前	六八九吨	一三浬
吕第三号	同前	六八九吨	一八浬
吕第十一号	同前	七二〇吨	一八浬
吕第十三号	同前	七四〇吨	一四浬
吕第十六号	同前	七五〇吨	一六浬
吕第二十九号	同前	六六五吨	一三浬
吕第五十一号	同前	九〇〇吨	一七浬
吕第六十一号	同前	九九九吨	一六浬

此外还有三十七只，与吕第一号同等的一只，第三号同等的二只，第十一号同等的一只，第十三号同等的二只，第十六号同等的九只，第二十六号同等的二只，第二十九号同等的三只，第五十一号同等的八只，第六十号同等的四只，未成的三只。

舰名	舰种	排水量	速力
波第一号	三等潜艇	二八六吨	一二浬
波第三号	同前	二九一吨	一二浬
波第六号	同前	三〇四吨	一〇浬
波第七号	同前	三九〇吨	一二浬
波第九号	同前	四八〇吨	一五浬
波第十号	同前	四五〇吨	一七浬

此外还有四只，与波第一号同等的一只，波第三号同等的二只，波第七号同等的一只。

特务舰——练习特务舰（"敷岛""富士"）、标的舰[1]（"摄津"）、测量舰（"武藏""大和""淞江""胶州"）、工作舰[2]（"关东"）、运送舰[3]（"高崎""青

---

〔1〕供舰炮射击训练时，拖曳目标的军舰。

〔2〕亦称修理舰，具有在海上修理舰船及兵器等必要设备之能力的舰种，它是海上临时修理的工场。

〔3〕即运输舰。

岛""剑畸""洲崎""室户""习岛""野间""能登吕""知床""襟裳""佐多""鹤见""尻矢""石郎""神感""隐户""早鞆""鸣户""间宫")、破冰舰("大泊")。以上合计二十九只。

各舰年龄,巡洋舰中最大的不过十六年,驱逐舰不过十三年,潜水艇不过八年。

日本有三大军港,吴、佐世保、横须贺,各设立一海军司令部,每部设兵工厂及造船厂各一所。横须贺及吴的两兵工厂,规模较大,能造四万吨以上的战舰。至佐世保及舞鹤的两兵工厂,仅能造巡洋舰及小炮舰。此外尚有私立造船厂,共计八所,就中以长崎的三菱造船厂,神户的川崎造船厂,为最有名。尤可注意的为造船的材料,日本能自供给,不必他求。矢田的帝国造铁公司,每年能产出十九万吨的铁板条,并有制钢厂,设于室兰函馆。

法国。Jules Michelet 装甲巡洋舰一二,六〇〇吨,二二.八浬,十九生的炮四门,此外还有河用炮舰五只,测量舰三只,炮舰七只。

意大利。Libia 轻巡洋舰,三,八〇〇吨,二二浬,十五生的炮三门。

荷兰。De Zevenprovinlien 巡洋舰,六,五三〇吨,一六.三浬,二八生的炮二门。Java 巡洋舰七,〇五〇吨,三一.三浬,十五生的炮十门。

此外还有驱逐舰六只、潜水艇十一只、敷设舰六只、潜水母舰一只、炮舰四只、测量船三只。

俄国。驱逐舰五只、特务舰[1]三只、破冰船五只、小炮舰十八只(在黑龙江方面)。

葡萄牙。Republica 巡洋舰,一,二五〇吨,一七.〇浬,十二生的炮二门。

此外还有炮舰二只,小炮舰一只。

暹罗。炮舰六只,驱逐舰三只,水雷(舰)四只。

第十四章　新加坡筑港问题

英国系以印度洋为中心,而建立一大英帝国。所以从大西洋来,有其直布罗陀海峡为他的门户,经过地中海的马耳他岛,希腊塞普罗斯岛,处处都得到联络。再经过苏彝士运河,便是他的地中海之东方门户。再往东走,亚丁又是红海的门户。出红海以达到印度洋。再往东走便达到了新加坡。再折向东北,经香港以至上海,北达威海卫。香港、

---

〔1〕担任特种任务的军舰。

上海、威海卫是英国侵略东亚，尤其是侵略中国的大本营。而新加坡为印度洋至太平洋的门户，为欧亚交通惟一的要道，是英国对太平洋作战的海军根据地，藉以保护印度、澳洲、新西兰各处殖民地，以及诸小岛得到联络。

英国因为印度远离本国，倘使遇有敌国海军加以袭击的时候，印度必致陷于绝境。所以英国在远东不能不增加海军的力量，以资防守。于是始决议建筑新加坡军港，并组织印度海军。印度海军的编制方法，将印度旧有战舰部队作为战斗主力，定名印度海军，各舰至养成充分战斗能力时，即以戒备印度洋、波斯湾及印度政府所管辖沿海各港湾。至于新加坡筑港问题，其最近所计划的军港位置，并非在新加坡本岛，乃是在新加坡岛与马来半岛分峡的旧峡通道的东面，是峡阔约一英里，水面极浅，战舰不能直入，故必须加以开浚，使海水深入，而后战舰方能畅行无阻。两岸平坦的地方，现在正积极建设海军煤栈、油库、军械所及坚固的炮台。油库所储的油是供舰队六个月之用，港内则兴建足以同时容纳战舰二只的船坞二所，和适合新造最大战舰用的三个浮船坞，以收进战退守的便利。距离军港地方三英里与萨巴凡河（Sabawang）之间的一块平地，辟一大飞机场，现已逐渐完成，此场占地六百英亩，内设停船棚两处，足容四架水面大飞机。其无线电台常与伦敦通消息，并在城中建筑欧式民房兵垒，其东方直布罗陀计划，与太平洋问题实有密切的关系。

今欲知新加坡在太平洋上位置的重要，参看附图，即可明白。图中以新加坡为中心，画两同心圆，其半径一为一千五百浬，一为三千浬，以指其距离的关系。荷属东印度群岛，以及菲律宾群岛，法属安南，英属暹罗与孟加拉湾，都在小圈内，外圈适达日本。自新加坡至各要港的航程，以海里计之如左：

长崎，二，四一五浬；

香港，一，四五四浬；

马尼拉，一，三七〇浬；

达尔文港（在澳洲之西北），一，九六七浬；

加尔各答，一，六四六浬；

玛德拉斯，一，五九一浬；

可伦坡——锡兰，一，五八五浬。

新加坡为一小岛，商港在南端，城中居民五十万，军港在北部，有广大寄碇所，四周有小山环卫，至海外通于附近荷属、英属各岛者，则备有水雷电网，以资防御。自马耳他至新加坡的航程计三十一日，英国的主力舰不能到马耳他船坞修理或取资粮食燃料者，皆需要此港。此岛有栈道与大陆联络，栈道中有水槽流通，有最优汽车路与双轨铁道。设有战事发生，可自马来海峡，附近印度洋各口岸，从陆路运输接济。此港建筑成功，可称为完备的军港，可大增英国太平洋印度洋舰队的活动，使英国属地在此范围内，得同受其国的保障。

一九二四年三月十八日，英海军总长阿米立氏在其国会陈述新加坡军港重要的理由："新加坡在世界上，为英国重要之区，既为英属最富饶最发达之地，又为印度的门户，英国四分之三的领土，均绕于是洋，如英属印度东非洲等。英国四分之三的属民亦环聚于此，然英国在此大地并无一港足以造舰修舰。英国与英属的商业，每年经过此洋的，辄值十亿镑，商船与货物的总价值，浮渡此洋的，每分钟值一万六千万镑。新加坡位置适中，足以防护全区，有显著的成效。设不幸而为敌人所有，则无他处足以当这重大的责任。英舰队之能驰援澳洲、新西兰，藉新加坡为其惟一必经的兵站。英国不能自巴拿马运河或好望角，派舰过洋以至澳洲、新西兰，其惟一路线只有经过新加坡。舰队一日在新加坡，则一日可遍布各属护卫属土，其所处的地位，实最优美。"当此筑港计划提出国会讨论时，大受攻击。然其筑港工程并不因受反对而停止进行，其一九二九年新加坡根据地全部设施预算案之伟大，极堪注意，特列之如左：

项目		继续费预定总额	一九二八年三月末以前之支出额
一	重油槽设备费	一，〇一〇，〇〇〇镑	九三五，五〇〇磅
	附属机械费	五二，〇〇〇镑	
二	根据地设备费	六，九一七，〇〇〇镑	六九三，〇〇〇镑
	附属机械费	八一〇，〇〇〇镑	
	备品费	二三，〇〇〇镑	
三	克兰基无线电管理所费	一六，〇〇〇镑	四，四二五镑
	所属机械费	三，五〇〇磅	
	备品费	二〇〇镑	
四	浮船渠	九七〇，九四三镑	九六一，二八二镑
五	航空基地建设费	五七六，〇〇〇镑	二〇六，五〇〇磅
六	陆上防御设备费	一，一五〇，〇〇〇镑	一四二，〇〇〇镑
	总计	一一，五二八，六四三镑	二，九四二，七〇七镑

我们既明白新加坡在太平洋上的位置，与英政府筑港伟大的计划，便知道英国在远东极欲确立海军根据地，使本国及属地联成一气，要是太平洋发生问题，英国的海军不难连络一体，归纳于海军最高指挥之下，而实行其鲁杰大将在规划远东海军所建设的急应编制：

（一）击破敌国的主力舰队。

（二）担任补助事务的补助舰队。

（三）保护英国海上的联络之安全的必要部队。

（四）地方防备所必要的补助部队。

新加坡不仅为英国的海军根据地，实则建筑新加坡多由英之太平洋各属所促成，如澳洲、新西兰、纽芬兰、加拿大之拥护与捐助建筑费，实大有力，其意在英国防御制度之下，而得保护的利益。即荷属东印度也很赞成英国设立军港，以便同时合作，保护领土。如太平洋发生战事，英若不守中立，日本是很难得占领荷属所有诸群岛的。事实上，新加坡军港又予日本以一大威胁，因距台湾只一，六〇〇场（浬），而对于菲律宾，却予以重大的打击。又英国有香港在附近防制日本的新加坡侵略的野心。因为今后凡经过新加坡的海船，无不感受极重大的制限，英国现在建造中的巡洋舰，即系适合新加坡军港而设计。

今后新加坡军港建筑的成功，遂使英国能在极东经常地保持有力的海军。从这种事实，便可证明英、美、日争夺太平洋的支配权，已到了短兵相接的程度。

第十五章　太平洋战争之海军的地位与其结果之推测

未来大战，从英、美、日间对立的形势看来，战争的中心必在太平洋。在太平洋中，除了日本的领土，得保持与本国直接联络以外，至于英美两国则全恃其海军维持各领土的联络，故在未来大战中，海军实站在极重要的地位。但以海军作直接的决战，在事实上是不可能的，因为海军的作用，不在于直接的决战，而在于海上的封锁与破坏敌国与其殖民地的联络。在太平洋战争中，海上的封锁，比在欧战时更成为最重要的战略。欧战时德奥的失败，并非其战斗力的薄弱，实因于协约国的海上封锁。而物质缺乏，来源断绝，给养困难，为其失败的主因。英、美、日三国除了美国能自给自用外，英日两国的生命，都完全须借助于殖民地的供给，尤其是日本须仰给于东亚大陆的中国，所以未来的大战，其主要的决定点当在海上的封锁与隔绝敌人本土与殖民地的联络。

从最近的统计和视察，美国的海军力已将与英国立于同等的地位，只有速力还不及英国。英国因为殖民地散布各处，为顾虑到远距离的航行计，不能不重视速力。又因考虑与殖民地的联络计，于华府会议之后，复提出关于巡洋舰不受该条约的限制。而战斗舰体积的限制，实给予美国很大的利益。然战斗舰的限制，美国并不是为和平与军缩而如此，其实与他有直接利害的关系。因为巴拿马运河为美国国防的枢纽，有这运河，美国便无须在太平洋与大西洋各设特种舰队。一旦有事，调遣舰队，亦无须绕航南美，自华盛顿至旧金山可缩短距离至八千启罗米突。然以巴拿马的幅员有限，若比战斗舰较大的军舰，即不能通过，美国之所以努力于芬色卡海湾之取得，这是一个重大的原因。美国欲求不丧失巴拿马运河在战略上的价值，所以首先提出战斗舰体积的限制。

在华府会议以后，列强虽放弃新的战斗舰的建造，惟对于所谓补助舰——巡洋舰、潜水艇的建造计划，开始猛烈的竞争。若美国能实现这种计划，则不及数年，美国海军便立于世界莫可与京的地位。而况现在建造中的军舰及旧军舰的改造益加增大，这在海军军备的竞争力方面，有重大的作用。在这一点以美国的富力已具有压倒英国的优势。设使英美在太平洋发生战争，就地理的经济的以及战略的地位观察，美国已先得优势。

英国的生存，和海上的支配权，殖民地以及其他市场的结合，有直接的关系。计于每一星期内，英国须有六百万吨食粮与二千万吨的原料的输入，因此每月须有三千万吨以上的排水量的商船一千四百只出发海外，又须有同量的船只在世界各地装货及卸货。如一旦战事发生，若英国于二三星期中停止输入，则其国内所受经济的动摇便不堪设想。美国如能断绝英国海上的交通，即可使其降服。至于美国则有全美洲的支配权，所有战时的必要品与粮食都足以自给，而无待于海外的接济。

英国的殖民地及领土，散布全世界，从而为防御计，英国的海军不得不分散于各地。设各殖民地及领土能守相当的长时期的孤立，即可取得胜利。反之，美国殖民地少，亦不如英国之分散，所以美国海军应战甚易，且能集中，有先发制人的利益，能冒险实行决定的海战，又依其目的亦可避免海战。并且更有重要的一点，即是纵令美国孤立于其殖民地及世界市场之外，甚或美国的殖民地被敌人占领，美国亦不至因此而感受致命的打击。即令丧失了殖民地与世界市场，美国仍可继续战争。

今就英国自己的立场看来，非到敌人强烈的挑拨海上决战时，不至随意采取海上的决战。例如在欧战中，英国采取封锁德国政策，德国为突破此封锁政策起见，挑拨英国海战，结果英国不得不与德国在朱特兰（Jutland）决个胜负。但在太平洋的战争中，海上是否能行真正的决战的战斗，这是一个疑问。因为海军不比陆军，若遇损失或遭重大的牺牲，很难补充。且舰队的建造非经数年之久，亦无法补充，若受经济的束缚，即欲补充亦不可能，故列强都尽可能地避免海上的决战。然而英美在太平洋上，若不经海上的决战，其胜负便无从期待。

在地势上看来，值得英国攻击的，而又于英国方面为有利，而能早日决定其战争之命运的惟一攻击目标，就只有巴拿马运河。但横于美国前面的西印度群岛，与美国只距离八五〇浬，而英国远在四，〇〇〇浬以外，若英国对巴拿马运河进攻时，美国海军便可先发制人而占领西印度群岛。

以上所述，太平洋的英美战争，必属于一种的海上封锁战争。即长时期妨害敌国与其殖民地及世界市场的结合，同时又确保自身之此种结合的一种海上小战斗。欧战以后，世界经济及帝国主义侵略政策的重心为亚洲，尤其是中国。因而欲确保中国海上及太平洋上的统制权，便是今后一般决战的目标。在中国海上因地势的关系，日本具有支配的地位，但日本为经济所限，不能独自支配与独霸太平洋。故世界霸权的夺取已成英美互争的形势。今就英人爱斯尔登、提尔登门对于太平洋问题所讨论的结果谓："英美在太平洋是决不会发生战事的，对于中国问题，英美都是共同合作取一致行动，使中国能够自己振作，去改良自己，同时并避免一切冲突。譬如一九二七年外交团宣言，就是一个证据。虽然英美不会发生冲突，但是如果有第三国与英或美开战时，不见得两国取一致行动的。如巴拿马及关岛发生了问题，英国没有利害关系，决不会加入。同意的新加坡及澳洲发生了事故，美国也不会帮忙的。现在有可能性的只有日本，将来发生的冲突，能使战争实现。"这样看来，即在英人口中所谓第三国（日本）与英或美开战时，不见得取一致的行动，可知日美发生战争，若与英国有利害冲突时，英国必出而参加战斗。因为太平洋上的支配权问题，就是世界的支配权问题，美若战胜日本，即可取得太平洋的霸权，这便是英国不能袖手旁观的，所以英国建筑新加坡军港，使英国在太平洋上能常常的保持有力的海军，以应战神的降临。

以上所说的是关于英美两国的战争，以下所讨论的是日美战争的问题。日本常欲掌握太平洋的海权而自为霸者，故其发展当以海军为重，亦必须多有海军根据地，以保护最广的贸易航路不足，更辅以陆军，故海军的价值随根据地而增减。如中国、印度、美国等有很长的海岸线，日本仅以陆军攻之，颇难致其死命，故必须于太平洋上占有若干的海军根据地，始有支配他国的权力。日本之野心在占领散布于太平洋上的海军根据地，及支配太平洋上的一切航路。三十四年前，日本一扫中国在太平洋上的势力，二十四年前，再扫俄罗斯在太平洋的势力，北部亚细亚的地位，全归于日本的掌握。北海道则支配鄂霍次克海及北部西比利亚海岸；日本岛支配日本海、南部西比利亚海岸，及黑龙江一带之地，次顺左右渤海湾及其海岸，及东三省、山东，南至扬子江口的中国海；而九州诸岛及台湾，握扬子江至福建南端的支配权。从军事上言之，日本今已掌握香港以北亚细亚海岸的全权。

在今日与日本争太平洋的霸权者，惟一美国。我们试先将美国研究一下：他在太平洋上有重要的属地，和中国有很多的贸易，在商业上他决不肯让人，而坚持其保留远东贸易的自由政策。并且在几年前的移民律，很招日本发生恶感。日本咧，他在太平洋最忌恨的是美国，其所欲得的美国属地，以成其为太平洋上的霸者之梦，即在太平洋中间之夏威夷（檀香山）与在东南方之菲律宾群岛，美国此等领土对于日本有二种价值，一为固有的富源，一为军略的价值。菲律宾的富源二倍于日本本土，其军略的价值，足以使日本支配东亚全部，且能支配欧洲达东亚的一切航路，故日本占领此等诸岛，较之占领朝鲜、台湾更为必要。假定美日开战，第一步美国所应做的，是将太平洋属地如夏威夷及菲律宾连成一气，除非美国在菲律宾附近有强有力的海军，恐怕日本占领菲律宾美国阻止不住。因菲律宾距台湾只有二八〇浬，台湾自一八九四年从中国手里夺过去以后，日本已将台湾造成了军事上的重镇，等于西方的直布罗陀海峡，所以日本很容易将菲律宾占领，使美国没有夺回的机会。并且从日本到菲律宾也不过两日的海程，日本接近于菲律宾各处有很多第一等军港接济。日本海军所能做的是将马尼拉海防打破，然后再用运送舰装载许多陆军上陆，从海岛地势方面着想，这种秘密进攻，易收效果。菲律宾群岛若落于日人之手，则列强在东亚及太平洋上的势力自必打破，此等南方海峡皆将化为对马海峡，不许他人通过，故掌握菲律宾的主权，实为日本称霸东亚及太平洋所必要。于是从堪察加半岛达印度洋继续岛屿的城壁可告成功，对于西洋可自由封锁东亚的门户，而达其宿望。若此等海岸要地筑成要塞，则无论哪一国皆不易侵犯。

菲律宾群岛以外，太平洋中之夏威夷群岛亦为最要地点，此岛之有价值，在居于太平洋的中心，从任何最近港湾，其距离皆在一千海里以上，为美日交通必经之地，在该岛有海军船坞可以修理一切的船舰。珠港及火奴鲁同是群岛中的重要地点，为东方太平洋的守卫，如果日本要从远东来侵略美国太平洋沿岸，非先将这些阻碍打破不成功。

照现在的情形看来，最使美人恐惧的，就是在岛内的十几万日本住居的移民，一旦日美开战，可以使美国失掉管理权。所以美国的舰队，对于防外来的侵略及内部纷乱的方法，是很可以注意的。今后能够保护夏威夷治安问题，完全须视海军自己能力如何的布置。

日本不独重视菲律宾及夏威夷群岛，其在欧战时占领南太平洋德领马夏尔加罗林群岛，在军略上的地位，亦属非常的重要。加罗林群岛中的马剌加尔（Maracar）港可容停泊巨大的军舰，西至菲律宾东岸仅四百八十浬，若以每小时速率二十海里巡洋舰航行其间，只须一昼夜即可直达。此外尚有许多良港，各岛附近之珊瑚礁湖，到处林立，尤为军舰潜水艇之投锚或埋伏之地。日本既得这重要群岛，足以包围菲律宾，而使之如在囊中。若当时日本不速对德宣战，先行占领，则必归英海军占领无疑，是与日本掌握太平洋海权的野心多所不利。此种包围菲律宾的计划，当然深为美国所忌，故于欧战告终，国际联盟开第一次会议时，此等诸岛，虽决定归于日本领辖，但绝对禁止其设军事上的防备，这个外为减少菲律宾的危险而设计。然实际上日本对于诸岛早已暗中设防，假使太平洋一旦风云险恶，日本在太平洋群岛所积极计划的各种军事预备，随时都有实现以供战争利便的可能。

加罗林群岛中最大的是耶普岛（Yap），此岛是个顶重要海电传达站，在一九二一年美日定了条约，美国承认日本占领耶普岛，但是日本承认美国在岛中建设海电站。耶普岛在交通上为澳洲与荷属东印度群岛、英属新基尼、美属菲律宾、中国、日本所必经过的海道，其中可以暗藏潜艇、驱逐舰，以断绝上面所说各地的交通。

在马尔荫群岛（Marianne Islands）中，有个可注意的关岛（Guam），这不仅是这群岛中最大的一个，而且是太平洋海岛里面最重要的一个。此岛以外有群岛十六包围着，并且各岛都有良好海港，可以停泊潜艇及驱逐舰。距马尼拉（Manila）只一千五百英里，与旧金山相隔五千英里。关岛在军事上的重要是不可限量的，如果将关岛武装起来，无论哪一国也不容易侵入菲律宾。从前美国并不注意于关岛军事的建设，自巴拿马运河通后，海军势力移向太平洋，该岛遂占了重要的地位。

就以上所讨论的太平洋战争，以地势而论，多半是海战，所以日本必须在大战期内，将海运交通保护，使国内原料供给不致发生恐慌。海军只可暂以支持一时，到了重要关头，仍然受着经济支配，谁能够支持较久，即能得最后的胜利。在现在的日本，还谈不到经济独立，因为日本的原料来源完全取诸中国，日本想把中国由他支配也是这个道理。假如日美发生战争，在日本方面，必然夺取菲律宾，而同时将太平洋由欧战所得来的群岛，加以潜艇掩护，水雷设置，正如德人在欧战时将北海封锁一样。第二步日本必会想将巴拿马运河交通断绝，使美国东西舰队不能互相呼应，而美国由东至西海军必改航马其嵩海峡。现在日本飞机发达，或者有取巴拿马的可能，所以美国近来在巴拿马会操的时候，对于两运河口的飞机袭击，特别加以注意。假定日本能将夏威夷及菲律宾占住，美国的舰队灭了一半，日本仍然不能使美国受很大的创痛。就是到了那个情形，日本的胜利终久被美国的工业及经济所抵抗，决不能再进一步，而使美国作城下之盟。但是美国失去了土地必然想法恢复，美国必须运送很多的军队过海，不过行动须极秘密，而潜艇活动须特别加以制止，这完全是一个海上的问题，与争城夺地不同，像美国这样富足，这个问题也不难解决，不过是时间问题罢了。如美国将夏威夷及菲律宾恢复以后，美国就要取攻势了，日本就不得不防守自己的本国。美国空中武力及海上战舰可以合作起来攻袭日本沿岸城池。然而美国决不孤注将海空军一掷，以作万一之举。美国知道日本是仰给外面原料的国家，用经济方法来封锁日本是惟一的政策，结果日本因原料缺乏，必然大起恐慌，社会上必然发生大变化。故日美战争，日本主要战争的目标，一方须确保岛国的防御，及与东亚大陆的结合，即与朝鲜及满洲的结合。他方则为破坏美国与中国的结合。日本在战略上的地位，因其为群岛所结成的国家，与朝鲜及满洲又仅隔一衣带水，若于此海峡施行水雷封锁，则美国海军便不能接近日本海与黄海。反之美国海军，果真欲紧迫日本时，势必不顾一切，排除以上各种困难，以进出中国海上，而实行破坏日本与东亚大陆的结合，盖除歼灭日本海军以外，这是予日本以致命伤的惟一方法。如果这种计划成功，则日本海军纵令能动员与战斗，然非不断的受朝鲜煤炭的供给与中国粮食各种原料的接济不可，所以美国只有由这种输入的断绝方法，才可以降服日本。然而美国要实行这种封锁，必受很大的牺牲，而中国必受其最大的损害。

美日战争中在政治方面，中日的关系与战争有很大的影响，假使我国以原料钢铁、煤矿、粮食不断的供给日本，日本情形必然较好。但日本不顾中日共存的关系，不断的向我国侵略压迫，我国若为维持东亚和平起见，使战争范围不致扩大，决不愿将原料供给交战国，而况日本帝国主义是中国最大的仇敌，岂有帮助他的道理。我们虽如何善忘，亦必记得远之如马关条约，近之如廿一条，前年的济南大惨案。最后我们不能免日本采取武力手段强占中国，以保护原料供给来源，设立根据以备运输。但是日本的强霸手段必定会引起欧洲各国来武装干涉，其原意不过为保持各国在中国的商务利益而已。假定日本胜利，则东方霸权日本可以独得，中国的富源必受他支配，或者廿一条件又可以再向我国提出，除非由于欧洲各国武力的干涉，日本必然以武力收管中国，他就可以永久得着他的原料来源。不过如果日本失败，美国必在太平洋称霸，以他的经济能力，处处都不会使他的地位失败。然即让美国战胜日本，日本的命运决不会变更。假定以欧战后所施于德国条约，施之于日本，也不能改变许多事实。因为以前所用于武装的精力，可以在工商业上努力，无论军事条约如何严厉，决不能碍及工商业，在地理上日美两国，决不能以一战而解决太平洋问题。

总结以上由英美与日美的利害冲突与对立的形势，必引起战争，尤以美日战争最为可能。而且美日战争的决定的胜负，可多在太平洋的海战上的海上封锁，同时其他各国，均随其利害关系，以与某方结为同盟，结果必演成太平洋的大战。但这一次的大战，非同欧战只影响及于我国山东一隅，其直接影响于中国的当十百千万于欧战，尤其是与中国存亡有莫大的关系。恐我国将为比利时之续，或为朝鲜第二，若不及早图谋，他日必有噬脐莫及之悔，深望国人急起注意中国对于将来大战的自卫问题！

第十六章　太平洋战争与中国

战争的危机确是一天迫近了一天，英美间争霸世界的竞争，太平洋上日美的风云都是非常激化，目前的紧张形势比之一九一四年欧洲大战勃发以前的情势，实在有过之无不及。中国问题无疑地是爆发这次世界大战的重要导火线，所以我们做中国人的，对于这第二次的世界大战更应在事先切实注意深深研究，不要使自己徒然供战争的牺牲。

我们既知未来的大战决不能幸免，而战争尚未即爆发者，因列强都在军事的准备中，所未定的不过是时日迟早的问题。就我的观察，如果太平洋战争起于英美，则日俄两国必来侵害我国。因为英美发生战争之后，必演成像欧战时的局面，日本必师故智乘列强无暇顾及中国，向我大肆侵略。俄国亦一定要趁此机会来扰乱一下，恐怕中国将要陷于恐怖的时代了。

其次日美战争的可能性，比英美战争格外的容易实现，倘不幸而实现，我国一定陷于极困难的地位，因为将来的日美战争，根本上是为着中国问题的。我们对于这次大战，决不能抱着乐观。故我们所急欲研究的，即至美日开战时，我国应取如何的方针？今就我所能想象的不外三种：非助日以攻美，即助美以攻日，不然惟有严守局外的中立。

我国自甲午对日战争失败了以后，被迫订了《马关条约》，割台湾，失朝鲜。日本又乘俄国失败，东三省南部为其势力范围，更进而侵略满蒙。乘前次大战，欧美列强无暇东顾，时取山东为已有。廿一条约之要求，几欲降我为朝鲜。其他借款政策军事协定，延珲出兵，济南惨案，无一不是包藏着祸心。日本不是达到并吞中国的地步，对我的侵略压迫决无停止的一日。若我国助日攻美，是无异助敌以增敌人的力量，以速自己的灭亡。其祸将不减于日俄战争的韩日攻守同盟，败则与日分罪，胜亦难免做了朝鲜第二，这是自取灭亡的道路，故助日攻美的政策是绝对不可行的。

美国自与我国订交以来，不断的提倡中美亲善，故很少恶感。但美国对我所谓门户开放机会均等的政策，不外是较为和平的经济侵略，如其无此野心，在中国与日本亦无利害的冲突，更何至于开战。惟资本帝国主义间争夺太平洋的霸权与在中国支配权，是无可讳言，终必至于一战。一旦美日开战，若论中美的国交，似应负援助的义务，共惩东方的暴德。然察我国的现状，海军不足以自守，在海上助战当然不能，陆军亦徒有名无实，难当日本的暴威。美国又隔在太平洋彼岸，远水不能救近火，其结果不外中国独与日本陆军相战而已。其所受的损失，殆不可计算，而美国所得军事上的利益，恐亦微乎其微。这种的政策，极为危险，中国亦决不可行的。

中国助日攻美不可，助美攻日又不能，然则我国应取哪一种的政策呢？惟有严守局外的中立，这就是我们现在所应研究的问题。不观当日俄战争时，中国曾守中立，又于日本对德宣战攻青岛时，中国亦曾守中立。因俄德两国有租借地，战场波及于我国领土内，当时政略上所感的困难，外交上所受的痛苦，地方上所遭的损害，已罄竹难书，最后不能不指划一定区域，做两国交战场，而中国所守的为不完全之部分的中立而已。然日俄战争，中国划定辽河以东交战场，日俄两国利害相当，故对于中国尚无违言。至于日攻青岛则不然，中国割龙口以东为战场，即招德奥二国以为违反中立而再三严重抗议，卒保留其将来要求赔偿损害的权利而止。幸德奥战败，我国亦加入战争，为联合国之一员，故在和会时，关于此点，未惹起何等难关。设德奥战胜，则其所要求的赔偿，恐其酷烈在当年二教士被杀之上。中国冒这样的危险以划战地，而日本尚不满足，更侵犯我的中立闯入内地，于此可知中国非有相当的武力，虽对日本守善意的部分中立，亦难免其侵略的祸害，而况欲守严正的局外中立，岂不是很难的事么？美日战争时，美国在我国无所谓租借地，日本虽有租借地，美国亦难顾及，且两国胜败，大概当以海上封锁与海战决之，故中国似无划战地的必要。然到了那个时候，政略上所受的困难，决不因此而少减，且恐更有甚于日俄日德之战。这是何故呢？因为日本对美作战，将以中国为其物资供给地，设不得我国供给，则日本决不能与美作战。今试证以日人之言，则对于日本的计划更为明显，当美国参议院讨论山东保留问题时，日本陆军中将佐藤次郎，于《东京朝日新闻》发表一文，题为《美国海陆军果足畏乎》，其中一段云："美国军队，纵不能攻击我日本，然战事旷日弥久，时我帝国得无穷于军需品及粮食品之供给问题乎，然而此事惟保持与中国连络不绝，则无庸忧虑。但中国国民之一部，与美国相呼应，而起排日运动，与我国以不利之影响，此举不能保其必无。惟此等排日行动，在平时颇感烦累，然战时能用武力解决，殆不成问题。"又《大日本杂志》论太平洋战争，"中国若加入美国时我国当以中国为敌，不须顾虑，而攻击席卷之。"由此可知日人对我的肺腑。换言之，即日美开战时，日本的一切军需品、粮食品，都必须取于中国，日本与中国连络不绝，则日本决无缺乏军需品、粮食品的忧虑。至中国国民的排日运动，在平时日本尚忌惮各国，故颇感其不便。若日美开战时，其对中国，一定要效德之侵比，不管我国的中立，调动朝鲜、满洲的驻军，霸占我国北部，俾得一切军需用品予取予求于我国。日本陆军的主要目的，即在征服中国，使美日战争时，日本保有军需品的供给而已。

当上半年日本举行太平洋海军大操之后，继续的在东京、大阪等处，举行大规模之防空大操演，及全国总动员操演。前次太平洋大操演，其假想敌为美国，而这一次东海海军大操演计划，则完全以中国为假想敌。据日本海军部发表，海军航空两本部，于本年四月中旬，在东中国海举行操演，除舰队外，优劣的航空队一律参加。由吴军港出"赤城""凤翔""加贺""若宫"等飞机母舰督战，操演时期为一个月，飞机母舰由吴军港出发，停泊于东海的中央。横须贺航空队中，侦察飞机及攻击飞机二十架，由追横飞机场出发掩护东海的空军。假定战线为琉球群岛以内，由台湾海峡以至朝鲜海峡之长距离战线。上海、青岛亦在假想战斗的之列。由旅顺军港包围黄海，吴军港舰队分途罗列于东海上各主要地点，横须贺飞机队任战线全部的掩护工作。操演科目，分攻守两种，攻击计划，注重东南部，防守计划注重两部。

我们只看日本陆军的言论，与两次海军的操演即知日本对美作战的计划，已存心破坏中国的中立，日本之敢于对美言战者，以视中国如囊中物。中国若果如日本的意，以供给其军需、粮食，则中国对美所负国际法上的责任异常重大，而谓中国为美国的直接敌国亦非过言。此时中国政略上的困难，决非如日俄、日德战争时划定战地可比。若中国果欲严守中立，对于两方无所偏袒，则日本的物资立即枯竭，战局自难支持，是又为日本存亡之所关，其必用武力向我要挟强令供给无疑，是中国又不能不以日本为敌，这真所谓处于左右为难的困境。

以中国今日的现状推测，虽十年二十年之后，恐亦无维持武装中立的能力。结局中国不是为日俄战争的朝鲜，便是为欧洲战争中的比利时，供日本马蹄的蹂躏。二者必居其一，前者徒事苟安，与加入日本攻美无异，不特丧失中国的人格，且留将来无穷的祸害，恐终难免做朝鲜的第二。后者徒受牺牲，虽足以鼓励民气，然损失过巨，将来难以恢复，二者皆非我国民的所愿。我们所欲的，惟速整顿武装，尤其是急谋建设足以自卫防御维持中立的海陆空军，俾彼时得以武装维持中立。中国须具有实力，使日本不敢侵犯，使彼能自悟侵犯中国徒为有害无益的牺牲。

第十七章　结　论

国际帝国主义和他所领导的国际联盟，这几年来努力世界和平的成绩，是已经暴露于全世界了。他们这些一切瞒人的企图，什么军备缩少会议，什么非战公约，都不过是欺骗世界被压迫的弱小民族和一部分的民众罢了。这种口蜜腹剑的阴谋，你虞我诈的惯技，终是被揭穿了帝国主义的原形，证明了虚伪的和平主义者的谎语。这些徒负虚名的军缩会议，一纸空文的非战公约，都不能遮掩事实。尽管和平运动做得怎样热闹，实际上则危机四伏，战云密布！所以这种运动，可称为战前的一种预备，大战的一种信号，不特不能消灭战争的危险，反而增加战争的速度。

从华府会议以至明春的伦敦会议，都是帝国主义者制造战争的把戏，试演互相欺骗的魔术。考之列强海军的政策与其海上实力的扩充，都是作未来大战的准备。更进而观察列强在极东对立的形势，知已在摩拳擦掌，只待炮声一响，脱下和平的假面具，即下手大厮杀！我们所希望的和平之神，谁也不能保障她的来临！

事实上已指示这第二次世界大战是不可避免的，我们无用悲伤，也不用畏惧，因为资本帝国主义发展到最后的阶段之互坏作用，只有战争是他解决这个大矛盾惟一的方法。战争发生的地点必然要在太平洋，中国将为帝国主义的狼吞虎噬的中心！被压迫民族只有由破碎帝国主义的羁绊，才能获得真正的独立。被压迫民族只有由支持反帝国主义的国家，才能达到打到帝国主义的目的。被压迫民族只有赶紧建设足以自卫的军备，才能巩固反帝国主义的联合战线，中国人应该猛醒，从三民主义的下面，来努力民族独立运动，遵守总理遗嘱："……联合世界上以平等待我之民族共同奋斗。"这就是给我们一条临难解危的道理呵！

华侨与海军[1]

（1931 年 5 月）

一

国家建设海军，对内是用以保护海权，维持治安；对外是用以发扬国光，拥护国际正义，讲求国际联络，并用以为外交后盾，保护本国的海外移民。我国海军缔造于前清同治元年，经左宗棠、沈葆桢、李鸿章惨淡经营，得成立海军基础。光绪四年，沈葆桢奏定各省协款，每年解南北洋各二百万两，专储为筹办海军之用，预定在十年之内，成立南洋、北洋、粤洋海军三大支。嗣以清政府提海军协款二千余万，建筑颐和园，又以数百万提办朱家山河工[2]，于是海军无从建设了，遂致有中法中日两役之败。后来虽陆续向英德日订造军舰，然至国民政府成立前计全国海军不过四万余吨，还不及外国一巨舰的吨数。自海军部成立后，竭力筹划，始有新造军舰，连旧舰统算起来，总数仍不上十万吨。以此弱小的海军力，只求维持本国治安，尚嫌不足，遑论其他。但我们不能因此而放弃海权与护侨的责任，放弃了海权，则中国永无自由独立的希望；不设法保护华侨，则中华民族，无从向外发展，将永远受帝国主义者的压迫。

陈代部长[3]已经说过："国家的强弱，全看领海权为比例，领海完全与否，全看海军。十九世纪所谓霸权政策者，就是海上竞争，如果海权能够扩张，那末工商业可制胜。"

---

〔1〕此文发表于《海军期刊》。

〔2〕1882 年，两江总督左宗棠为解决水患，组织湘军凿成由滁河通向长江的分洪道——朱家山河，该工程西起张家堡，接通滁河，东达浦口入长江，长达 120 多里，耗时两年完成。据说左宗棠在该工程中动用了南洋水师军费，从而影响了南洋水师的建设。

〔3〕即陈绍宽。1929 年 6 月，国民政府在南京成立海军部，其时海军部长杨树庄兼任福建省政府主席，部务由政务次长陈绍宽代理，故在此称陈代部长，下文称陈次长。

因为有了海军，则对外贸易，方才得到保障。"我们试检阅海关报告表，就可以知道每年进口货超过出口货不下数万万元。在这比较之下，每一年中，我们漏出去外国的金钱，可以说都是由海道流出，要是有完备的海军，有护商的能力，有充分的海权，何至有这现象。海权伸张，国家自然日臻富强了。"

陈代部长又说："先要伸张海权，对外贸易，才有发达的希望，所以海军不特关系国防，就是抵制帝国主义者经济力的压迫，尤不能不靠海军来做后盾。我们国民，很有在国外经商的，南洋群岛马来半岛，从前不过一块荒芜的岛，瘴疠的地域，我们同胞，具坚决进取的心志，抱忍苦耐劳的精神，垦荒开矿，为异族所难能的。英总督曾称赞说：'马来半岛得到今日的地位，都是华侨劳力功绩的结果。'在这种情形之下，若是我们国家有强大的海军来保护侨商，我们经济力伸张的程度，怕不远在各国之上么。从前满清政府不理会侨商，那么不用说了，就是光复以后，政府对于侨胞，也不曾实际地来帮助他发展。其实政府并不是不护助侨商，不想扩张国家经济力，都为的没有充分完备的海军，无法可尽保护的责任。而华侨所在地的政府，偏乘着我们海军未强，外交无力的关头，种种凌虐我侨胞，一切苛捐杂税，像人头税、入口税、居留税、旅行税，……还有对于侨民所置的商轮，勒令注册入籍，挂他国旗，尽量压迫，无所不至。有时候还要惨杀华侨，来施展他的淫威。侨胞呻吟于铁蹄之下，政府又无力为严重的交涉，又没有军舰可以派往保护，所以每况愈下，浸成今日侨胞悲惨的地位。所以随便一个国家，要是没有充备的海军，外交便没有后盾，侨民便陷于孤苦无告的状态，这是极该注意。"上述陈次长所训示的，今后我国的海军，非积极讲求建设不可，这实是绝对的真理。

二

我们现在所欲讨论的，为保护华侨的问题，欲解决这个问题，要先明白海军过去与华侨的关系。在前清同治十年，船政派严复等十八人，并外学堂学生，乘"建威"练习舰，巡历新加坡槟榔屿各口岸，这为我国海军第一次与南洋华侨发生关系。光绪元年，复派萨镇冰等乘"扬武"练舰，游历新加坡、小吕宋、槟榔屿各埠，至日本而还。光绪三十三年，北洋派何品璋为队长，乘"海筹""海容"两舰，巡视西贡、新加坡各处。西贡长官，举三事以表有待：不问华侨刑事十日，我国军舰员兵，得随处游玩，并为之指引。中外商民来船参观者，日以千计，侨商额手相庆。三江闽粤的侨商，分日设谦欢迎，称祖国军舰，自从"建威"抵埠后，久无继至者，相隔四十余年。今复重见，极为快事。此次军舰巡视南洋，使在地政府，不敢轻视，并因以有待华侨。即此可以证明我国若常川派舰巡视南洋，即可提供华侨在南洋的地位，同时使侨胞知道有海军的必要。随后南洋华侨商会成立，清政府派杨士奇乘"海圻""海容"两舰，由上海出发，巡视斐律宾、西贡、曼谷、巴达维亚、三宝垄、泗水、日惹、梭罗、汶岛、新加坡、槟榔屿及大小霹雳等埠。此次巡视的范围更广了。三十四年，萨镇冰请每年派舰游历南洋，宣慰华侨，朝议允行。至宣统元年二月，商部派王大贞随"海圻""海容"两舰巡视南洋，宣慰华侨，由吴淞启轮，过香港，历新加坡、巴达维亚、三宝垄、泗水、巴里、坤甸、日惹、望加锡、西贡等埠，至四月始先后回华。三年一月，派"海琛"军舰巡视西贡并荷属各埠，商部亦派赵从蕃同往慰问华侨。在这数次巡视的范围，只限于南洋方面，至欧美各处，还未曾到过。同年三月，程璧光奉命率"海圻"军舰赴英贺英皇加冕。五月抵英，适遇墨西哥大乱，外侨多被排斥惨杀，驻墨代办公使沈艾孙，请派舰保护，"海圻"顺道过纽约、古巴抵墨西哥，加意保护华侨。美总统嘉慰备至，绅民侨商，极为欢迎。至回国时，国内革命已推倒满清政府，建立中华民国。此次巡行欧美，为我国有海军以来的创举。墨西哥之乱，若非"海圻"前往保护，则我华侨将无噍类了，这又可见国家须有海军，方能谈到保护华侨，华侨若无海军保护，便无法解除痛苦。

<h2 style="text-align:center">三</h2>

我们已经知道了过去海军与华侨的关系，更要明白海外华侨的状况，而后才晓得我们职责的所在。从前中国政府，对于移民问题，毫未注意，故无保护的办法。在明末清初的时候，官宪禁止中外人来往，若查获秘密航海的人，便严加处罚。所以当时斐律宾、东印度发生虐杀中国人的事情，中国政府完全不管。至一八六○年，在北平与英国订了条约[1]，才认定中国移民的权利。后来我国陆续派了公使及领事，前往各国保护华侨，但是事实上还是受彼国人的压迫，经济的、社会的待遇，都有差别，或遭暴徒袭击，或被官厅限制，精神上、物质上所受的损失，不可胜数。这都是由于我国没有海军做外交

---

[1] 1860 年 10 月 24 日，清政府与英国签订了《中英北京条约》，其中规定："凡有华民情甘出口，或在英国所属各处，或在外洋别地承工，俱准与英民立约为凭，无论单身或愿携带家属一并赴通商各口，下英国船只，毫无禁阻。"

的后盾，没有实际力量来保护华侨的结果。

华侨总数究有若干，我国政府尚无精确的统计，且华侨分布的区域，非常广泛，各该地官厅的调查，也多付关如，所以很难明了华侨的确数。三十年前，维廉威尔斯说，华侨约占中国人口百分之一。本世纪初叶，历史家模尔斯说，南洋的华侨约七百万人。又一九一九年，健氏计算如左：

日本及其属领：四，〇〇〇，〇〇〇人；英国属领：一，〇〇〇，〇〇〇；欧洲及欧洲大陆属领：七〇〇，〇〇〇；中南美：五〇〇，〇〇〇；美国及其属领：一八〇，〇〇〇；共计：六，三八〇，〇〇〇。

这个统计，把暹罗、缅甸、蒲鲁尼舍拉瓦克及法属的华侨，没有计算进去。又民国十四年，我国政府曾令各地领事调查一次，共计五，一三五，二九三人，还没包含全部的华侨，实在数目，必定更多。据各方面推算，现在各处的华侨大约总数在千万人以上。

二十世纪以前，我国人移住外国的，如西比利亚、安南、暹罗等处与大陆连接的地方，则藉两脚或车马来往。至于与大陆离开的地方，则用民船航海，这种民船，最大的长可四百尺，宽可八十尺，有五六十个舱位，能乘二三百人。广东、福建方面的人，几百年来，全仗这种大民船，向南洋各处发展。迨汽船出现，航海更便，于是我民族渐由南洋前向其他各处发展了。

现在南洋的华侨，总数不下七百万人，澳洲和中南美为数甚少，欧洲、非洲也很少，北美和西印度较多，西比利亚和日本又多一些。这些华侨的系统，可分为二，一个系统，是向西比利亚和日本方面发展的，山东和河北等省的人便是；一个系统，是向南洋群岛、美洲、澳洲、太平洋沿岸发展的，福建和广东等省的人便是。北方的华侨多半在农工方面谋生活，南方的华侨，却在商业方面占很大的优势，而从事采矿植木和做工的也不少。

近百年来，我国政府对于华侨没有提携的方法，又乏保护的力量，外人存嫉妒之心，肆摧残之毒，而其艰苦忍耐，日进不已。凡各地工商农矿各种实业，多在华侨的掌握，隐操经济势力的实权。至其对于祖国的贡献，则在平时，每年有巨万之款输入，至足为弥补我国贸易每年入超损失之助。若在国内发生重大事故，更能一致声援，每收良效。而中国革命的产生，华侨为其基础。此后的海军建设，亦必赖其协助。彼帝国主义者，挟其强大的海军以为后盾，到处压迫我侨胞，使我华侨的地位，永无改善之日。近数年来，华侨所受的虐待，更甚往昔。遗产的没收，税捐的繁重，意外的损失，土人的仇视，已足使艰难缔造的侨胞，感受覆没的危险。而入美者见摈于美，入荷者被斥于荷，其他若英若斐若法若暹若日种种限制，与日俱来。其在苏俄者，产业被其没收，生命遭其杀戮，即使有陆续去国的同胞，大多漂流异域，失业无依。谋一工糊口的，已觉其难如登天。则今后华侨，能否保其固有的地位，实成一绝大的问题。彼列强不惜糜巨量金钱，建设军舰，巡视各处，以为殖民地移民的后援。而我侨胞，即其固有的地位，亦将不能保持，实足痛心。

今当统一完成，百废俱举，海军建设，实为急务。而对于保护海外华侨，亦不可缓。陈次长素极关心海外侨胞的痛苦，时时发表于言论。闻已积极筹备派舰宣慰华侨，这不独是我海外侨胞的福音，实有民国以来的创举，其关系于华侨前途的利益甚大。因为有了海军时常派舰巡视各处华侨，使在国内外的人民，得有切实联络，不致隔阂，不独增进华侨与祖国经济的关系，且足以弥补我国贸易每年入超的损失。凡从前侨民之受居留政府的不平等待遇，与今后驻外公使、领事与在地政府交涉事件，都可以藉我海军做后盾，据理力争，以达胜利。又华侨在外航业，亦必须海军为之保障，使在各地设立公司，购置船舶，往来经商各地，不至再受压迫，不只商务赖以发达，必能促起华侨为祖国竞争于世界商场。这不过举其重要数端，凡这种种重大的责任，都应由我海军负担，至于最低限度，也要想法巩固目前华侨的地位。

忆我海外侨胞不见祖国的军舰已二十年，现在又将重见了。我想各地侨胞，必有极热烈的欢迎。但宣慰自宣慰，欢迎自欢迎，若徒注意于形式上的来往，而不求所以护侨的切实办法，则宣慰与欢迎，都是空的。今日海军欲达护侨的目的，侨胞欲解除自身的痛苦，最要的必须"华侨与海军合作"，因为国内虽已统一，国家财政极为困难，建设海军，很不容易，建造一支巡洋巨舰，非数百万数千万不成。现在海军无舰可派，勉强派舰巡视各处，均系老龄旧式战斗力薄弱细小的军舰，且航行迟缓，一旦海外有事，均难应付。故今日海军必须建造新式巨大的军舰，才能够乘风破浪，远涉重洋，到各处巡视保护华侨。我华侨必须以自卫的决心，集资协助海军建设，或组织振兴海军协会，到处进行宣传，期于最短期间，建立中华民国护侨舰队，则我国政府可时常派舰巡视慰问各处华侨，近如南洋、日本、苏俄，远如欧美非澳各洲，均可直达，并藉以考察海外工商业、教育，预防海盗，保护中外商旅，传达国内外消息，讲求国际联络，发扬中华民族国光。这不独是我海外侨胞的幸福，亦中国兴强的始基。愿我海外的侨胞，与海军的同志，本总理亲爱精诚的精神合作到底，以求伸张海权，巩固我华侨的地位。

收回中国江海主权[1]

（1931 年 6 月）

江海主权，就是领水权，按国际公法的意义，凡属于一国的江海湖沼等，为其主权所及的，得称之为领水。但领水的范围很广大，欲求明晰，可分别江海两部分，江的部分，即包括领水之河川湖沼等全部在内，惟国际的河川湖沼及运河等，按国际公法，须照关系国间条约规定，行使其主权。海的部分，则有领海公海之分。当十六七世纪之际，领海之说，还没有大定，各国每私将近其国的一部分公海，当作领海，颁布公海领有法令，征收公海船舶通过税，或自定渔业独占权，这均属违理的。后来国际公认，以距低潮点之三海里的距离，为一的领海，仍须以内国法令公布，其距离以不违反国际公法为原则。而最近以弹着远近为一国领海距离之说，亦时见采用。领海之外，即为公海，各国得自由享用之。简单的说，江海主权的意义，"就是一国的领海，自己得自由支配之，并得运用其所具有的性质，以完其江海的效用，为绝对不许外人的享有，以致丧失其利权的。"

江海所具有的性质很复杂，含有自然性、经济性、政治性、交通性、军事性，没有不藉国家主权的保护，以为之运用，增进自己的富强，而免启人的觊觎。我国江海主权的丧失，多规定于不平等条约，自由支配，已不可能。而江海所具有的各种性质，反为外人利用，自己所有权，竟不得自由享用之，诚属可痛之事。查我国江海主权的丧失，虽由于不平等条约的规定，而其最大原因，实由于军事上的失败，故我们欲求收回已丧失的主权，不可不先研究江海主权丧失之关于军事性的。今分说如下：

---

[1] 此文发表于《海军期刊》。

一、租借地

各国租借我国港湾，多作为远东海军根据地之用，因此我国国防，根本为之破坏。观世界大陆国，重陆军，海洋国，重海军，陆海双性国，则陆海军并重。海洋国，不能无海军根据地，凡海洋港湾，以及可以供用海军的岛屿，均为海军成立的要素。英国有强大的海军，亦必有其星罗棋布的军港、要港、根据地、停泊所、燃料供应所，以及造船所等，以为之根基，维系巩固，使英国而无此等海军根据地，则其海军等于无根的飘萍，可一扫而尽。法为陆海双性国，其对于海军根据地，亦极力经营，故在大西洋及海峡方面，于东喀基卡雷置要港，于占堡布拉斯的罗尔音特陆许福置军港，其在地中海方面，则于土伦置军港。推之日本、美国、意大利等国，亦均重视海军根据地。近世军事家论海防，分海防为三线，御敌于海上的为上策，御敌于本国海岸的为次策，御敌于本国岸上的为下策。而御敌于海上，又可分为三线，一攻敌于敌人的海岸港湾，二邀击敌人于海上，三击敌于本国近海。其能如此运用，没有不藉海军根据地以为之策源。我国以国防性质言，可称为陆海双性国，处此情形，陆防当重，而海防更不可缺。然论我国海防，则所藉以为海军根据地的港湾，南自南海，北至黄海北岸，其间海岸线延长一万三千余里，而其咽喉险要之处，殆已无不以租借地名义，由不平等条约以断送之而无遗留。兹将各国在我国的租借地，分别述之。

德租胶州湾 光绪二十三年十月（一八九七年），德国以山东曹州杀德教师二名，德皇命海军少将齐德黎，率铁甲巡洋舰一艘，二等巡洋舰三艘，先赴胶州湾，又任显理亲王为极东巡洋舰队司令长官，率大舰队，续向胶州湾出发，占领青岛。清政府不得已，于次年二月十四日，与德公使海靖订胶州湾租借条约，以九十九年为期。湾内各岛屿，及湾口与口外海面之群岛，又湾东北岸，自阴岛东北角起，划一线东南行，至崂山湾止；湾西南岸，自齐伯山岛对岸划一线，西南行至笛罗山岛止。又湾内全水面，以最高潮为标之地，为租借区域。租借区域，德国得建筑炮台，中国军舰、商船来往，均照各国往来船舶待遇。自胶州湾水面潮平点起，周围一百里（中国里）之陆地，为中立地，主权虽归中国，然中国若驻扎军队，须先得德国之许可，但德国军队，有自由通过之权。查德自一八九○年以来，凡在外殖民地，统归于外务部殖民局管辖，独对于胶州湾，则令其海军部管辖，其用意，实以胶州湾为其远东海军根据地。至欧战时，日本以海军占领胶州湾，于民国十一年，以中日解决山东悬案条约，开放为商埠。

俄租旅顺大连　光绪二十三年十一月二十五日，俄国以德占胶州湾为口实，命西伯利亚舰队入旅顺口，旋以防御他国侵犯满洲为词，要求租借旅顺大连二港。次年三月，俄公使巴布罗福与李鸿章、张荫桓订租借条约[1]，界地自辽东西岸亚当司港起，穿亚东山背，至辽东岸猫子湾，划一线，以其南之水陆为租借区域，中国人民无使用之权。又自辽东西岸盖平河口起，经岫岩沿小洋河，至大孤山港，划一线，以其南至租借线界以内之地，为中立之地。中立地东西岸附近水面诸岛屿，归俄国享用，复同时约定庙列群岛，不得让与他国。俄国以旅顺为海军军港，而以大连为通商港，惟兼于二地，建筑炮台营寨，中国军队不准在界内居住。俄国积年所望东洋方面的不冻港，得全达其目的。光绪三十一年，日俄战争，俄败于日，我国依中日新订东三省条约规定，将全部俄国租借旅大所享的权利，移与日本。民国四年，复展长原租借期间二十五年，为九十九年。于是日本遂以旅顺为其海外的军港，而为侵略满蒙的根据地。

英租威海卫、九龙　英国藉口俄租旅大，强迫租借威海卫。光绪二十四年五月十三日，英公使玛德纳特与庆亲王订租借条约[2]，以二十五年为期，凡威海卫内的水面全部，港内刘公岛及诸岛屿，与沿湾滨岸，达内地十哩（合中国三十里）之地，皆为租借区域。又格林维基东经一百二十一度四十分以东的海岸（即宁海州以东至荣成角之北海岸）及附近，为中立地，归中国管辖，但英国得于域内择地戍兵卒，筑炮台，为一切防护，与适用诸事务。又域内除中国兵外，不许他国兵进入。同年，又以法租广州湾，足以危害香港为名，强迫租借九龙半岛[3]，以九十九年为期。自大鹏湾之西角起，沿大鹏湾北岸，以一直线横贯九龙半岛，沿深州湾北岸，与西方小半岛，出外海，以一直线南下，至南大澳岛（大屿）西南海面，东折横过香港南端，向东与大鹏湾南下直线相会合，凡湾内九龙半岛全部，香港附近大小四十余岛屿，又大鹏湾深州二湾及香港附近水面，悉为租借区域。湾内水面，中国兵船仍可使用，此即世所称香港拓界交涉。依以上两租借条约，英国在远东，竟有两大海军根据地。

---

〔1〕《中俄会订条约》，又称《中俄旅大租地条约》，1898 年 3 月 27 日在北京签订，条约规定旅顺、大连湾及附近水面租与俄国，租期 25 年。

〔2〕《订租威海卫专条》，1898 年 7 月 1 日在北京签订，条约规定将威海卫及附近水面和全湾沿岸 10 英里以内的地方租借给英国，租期 25 年。

〔3〕《展拓香港界址专条》，1898 年 6 月 9 日在北京签订，条约规定从深圳湾到大鹏湾的九龙半岛的全部，租与英国，租期 99 年。

法租广州湾　光绪二十五年，法以均势为名，又以广州湾附近遂溪县法士官二名，宣教师一名，被地方杀害，派提督克尔若尔率舰队直逼港内，于十月十四日，强迫租借广州湾，以九十九年为期。其界地，陆地自遂溪县所属通明港起，沿官道北至满墟，东北转至赤坎，更东进调神岛北部，东至吴川县所属西炮台后面之间，水面自吴川县之海口外三海里（合中国十里）之水面起，沿岸西进，至南通明港口外三海里之间。又东海岛（即湛川岛）、碙州岛之全部，亦为租借区域。于租借区域内，法国得为军事上设备，惟中国船舶，在湾内往来，得准中国各通商口岸一律待遇。广州湾内水深，东口、南口狭小，足防外敌，法国据此为海军根据地，一足以为安南方面的防卫，一足以扶殖两广的利益，且与香港对峙，以保与英国成平衡之局。

意国要求租借三门湾　当各国齐向中国提出要求时，意大利亦欲援例，于中国海面得一海军根据地，光绪二十五年一月，派地中海军舰数艘，向中国海出发，同时命驻北京公使玛尔七诺，向总理衙门，要求租借三门湾，为意国东洋海军根据地，总理衙门严行拒绝。英国以其要求有妨碍英国在舟山群岛的势力范围，提出抗议，租借遂未见实行。

我国收回租借地的运动，始于欧战后巴黎和会，当时本应归我接收的胶州湾，由和会定约交与日本延至华盛顿会议之后。中日解决悬案，始由日本还我，但许以种种条件，青岛改为商埠，胶州湾变为商港，我国不能利用之为一个完全军港，仍无补于我国江海的主权。法国对于归还广州湾，不过口头答应，尚未见于实行。英对九龙，不肯交还。威海卫虽于去年由我收回，但有附带条件，仍不能为我国的军港。

二、削平大沽炮台及驻兵山海关与秦皇岛

《辛丑条约》，我国丧失主权特多，其关于江海军事性的，该约第八款："大清国允将大沽炮台及有碍京师至海道之各炮台，一律削平。"又第九款："中国允许各国……留兵驻守，以保京师至海道无断绝交通之虞，其驻兵之处，系黄村、廊坊、杨村、天津、军粮城、塘沽、芦台、唐山、滦州、昌黎、秦皇岛、山海关。"

三、外舰航行沿海及内江

按国际公法，凡一国领海港湾，得由外舰航行，但遇有违犯停泊国意思时，得令其

退出。至于内江，则禁止外舰出入。我国以有不平等条约的关系，外舰自由出入各沿海港湾，尤于公共租界或专管租界所在的区域，外舰云集，一时无由制止，然此犹可说为国际一般所许。至于沿江内河，亦时见外舰扬旗驰突，毫无限制，这实大丧失我国的主权。且各国对于我国时施其炮舰的政策，如汉口、南京、万县、上海、广州，惨案迭生，肇祸无已。其他如武装军队，上陆游行，水兵示威，交涉时起，此虽由于不平等条约为之厉阶，而实因为我国没有强有力的海军，拒绝外舰进来。

查不平等条约之关于外舰航行，始于前清咸丰八年的中俄条约，该约第五款规定，俄国在中国通商海口，设立领事馆，为查各海口驻扎商船居住规矩，再派兵船在彼停泊，以资保护。又同约第六款，俄国兵货船只，在中国沿海地方，遇有修理损坏，及取甜水买食物者，准进中国附近未开之海口，按市价公平收买。及同年中美条约第九款，规定大合众国官船，在通商海口游弋巡查，或为保护贸易，或为增进才识，近至沿海各处，如有事故，该地方大员，当与船中统领，以平行礼仪相待，以示两国和好之谊。如有采买食物，汲取淡水，或须修理等事，中国官员自当襄助购办。按其大旨，当时外舰航行，尚限于我国海口，迨至同年中法条约第二十九款，则称大法国皇上，任凭派拨兵船，在通商各地方停泊，弹压商民水手，俾领事得有威权。同约第三十款，复称大法国兵船，往来游弋，保护商船，所过中国各口均以友谊接待，其兵船听凭采买日用生物，若有坏烂，亦可购料修补，俱无阻碍，其意义，已与前约大异，且进迫更紧，是外国军舰航行范围，已由海口进一步，而推之各通商口岸，沿江商埠，此为违越国际公法之始。继同年中英续约第五十二款规定，英国水师，别无他意，或因捕盗，驶入中国，无论何口，一切买收食物甜水，修理船只，地方妥为照料。船上水师各官，与中国官员，平等相待。至此，外舰航行，又进一步。所谓无论何口者，系概况之辞，在我国解释，意指条约内所规定的各通商口岸而言，而外人依文影射，扩大其义，则谓于条约所规定各通商口岸以外，凡外舰所能到的内河地方，即非通商口岸，亦为包括在内。曲事诠解，推演愈张，事与理违，一切不顾。此为外舰航行范围，突破条约规定原义之始，从此各国与我订约，关于军舰航行一节，以中英续约意义之广，于彼有利，相与承袭，不肯稍易。而外舰航行内河，及成为牢不可破之例。乃至日葡等国，本与我国关于军舰航行，无条约之规定者，亦援引前例，以享其权利。俄美法等国，转而效尤，以自取消其原定有限制的规定。其他如比、意、挪威、丹麦、荷兰、西班牙等国，亦效法中英续约意义，以自由规定其军舰航行我的范围。此外关于外舰航行范围，而与我国订有平等条约者，惟瑞典、秘鲁、巴西、墨西哥四国而已。观各约规定之许外舰航行于我国，非谓补充煤水，即以购买食物，保护商民，修理船只为辞，揆其订约之始，亦有相当限制，以为容纳对方要求的条件，奈因我国没有实力，使其履行原约，遂至主权完全丧失。

我国江海主权之具有军事性的，为各国侵占，不能完整，既如上所述，其具有经济性政治性交通性的，依不平等条约，亦将丧失殆尽。我们若不思所以挽救的方法，则我国将有亡国的危险。今拟办法如下：

（一）没有到期的商约，要一律交涉修改。

（二）关于江海主权的重要事项，如收回租借地、沿海贸易权、内河航行权，急须提前交涉。

（三）收回江海主权，应注重实际，无附带条件。

（四）江海主权之事，关于国际通例，有可由我国自动规定者，如若干海里为领海区域，我国前以没有明令规定，动起国际纠纷。今后应以明令公布，以免纠纷。至以何项海湾，为我国内海，亦应以明令规定，以杜觊觎。

（五）我国利用外资，此后关于江海事项者，订约时，亟应郑重，免再蹈前此覆辙。

（六）关于江海主权之不平等条约修改的标准，其所规定的，须为一般国际公法所许，且须为双方平等的，总以不丧失我国主权为要。

我国江海主权的丧失，既由于不平等条约的缔结，则江海主权的收回，亦惟藉不平等条约的改订，以为之实现。但缔结不平等条约的原因，实由于军事上的失败，故欲废除不平等条约，当从军事上整理着手，而振兴海军，实为急务。因海军关系江海主权全体，平时全赖其保护，已失的主权，又赖其收回，及既收回之后，恐其复失，又须赖其保护。今欲收回江海主权，一面固须改订条约，一面还要努力振兴海军。

世界大战日本海军之战绩^[1]

(1931 年 6 月)

一、作战之目的

民国三年八月，日本和英国有攻守同盟的关系，对德国宣战，当时德国在太平洋有两个舰队，一为巡洋舰队，一为混合舰队。巡洋舰队内，有装甲巡洋舰 "Scharnhorst" "Cnciscnau" 两艘，轻巡洋舰 "Nuenberg" "Leipzig" "Dresden" 三艘，总司令为史秘少将。该队当时巡弋何处，不得而知，大约总在太平洋中马沙尔加罗林群岛之间。混合舰队，有炮舰、驱逐舰，与奥之轻巡洋舰 "Kaisiun" "Elizeberth" 驻泊于青岛。

当时日本对德宣战，其海军在太平洋中作战有三种目的：

（一）攻取青岛，使史秘统率的舰队没有根据地，并毁灭德国在胶州湾内的混合舰队。

（二）搜灭史秘少将所领的舰队。

（三）保护协约国方面的商船。

以上的任务，第一，除英国海军稍加辅助之外，概归日本负责；第二，除日法俄及澳洲舰队协助之外，概归英国驻华舰队总司令 Jenam 负责；第三，则归各国海军负责。

二、攻取青岛

日本对德宣战后，海军中将加藤定吉率第二舰队，计旧式战舰三艘，海防舰"冲岛"、

---

〔1〕此文发表于《海军期刊》。

"见岛"二艘，装甲巡洋舰"磐手""常磐""八云"三艘，轻巡洋舰"秋津洲""高千穗""最上""淀"四艘，及驱逐舰之小队，封锁青岛。同时海军中将加藤友三郎率第一舰队，计战舰"摄津""河内""安艺""萨摩"四艘，巡洋舰"矢矧""平户""新高""笠置"四艘，及驱逐舰四小队，游弋于黄海及中国海北部之间，掩护开往青岛的运兵船及协约国航路。

民国三年八月二十七日，加藤定吉率第二舰队，正式宣布封锁青岛，与英战舰及驱逐舰"Usk"巡视青岛海口，并扫灭德水雷区域。九月，水雷区域肃清，海陆军同时进攻。十一月七日，青岛陷落，所有驻泊胶州湾内的奥国巡洋舰，"Kaisiun""Elezeberth"，德国炮舰"Itio""Tigdr""Luchs"三艘，驱逐舰"九十"号一艘，全被毁灭。至于日本方面，只损失巡洋舰"高千穗"一艘，驱逐舰"白妙"一艘，"三十三"号鱼雷艇一艘。

三、在印度洋之作战

青岛陷落之后，德史秘少将统率的舰队，及其余零星的军舰，在太平洋及印度洋中异常活动，日本海军遂增派舰队，到各处助战。八月二十六日，加藤上校率装甲巡洋舰"伊吹""筑摩"两艘，开往新加坡，协助英国驻华舰队，搜索史秘的舰队。然于爪哇海内及其西面，始终没有看见敌舰的踪迹。

九月十日，德国于战前从青岛偷出的轻巡洋舰"哀姆吨"号，忽发现于孟加拉湾，击沉英商轮数艘，当时在新西兰及澳洲军队，须急赴欧战战场，要急用军舰护送，因此日本巡洋舰"伊吹"号，奉命开往新西兰护送运兵船，"筑摩"开往孟加拉湾，协助英国舰队，搜灭德舰"哀姆吨"，后以"哀姆吨"横行海上，出没无常，极难搜索，不得已又增派千波智次郎中将，统率"常磐""八云""伊吹""日进""生驹""矢矧""平户"七巡洋舰，警备印度洋方面。

十一月九日晨，日巡洋舰"伊吹"，随同英巡洋舰"新金山""悉尼"护送从新西兰及澳洲出发的大队运兵船，将近吉岑岛（Cacas）时，忽接该岛无线电台的报告，知"哀姆吨"在该岛附近。英舰"悉尼"闻报，赶往该处，始将德舰"哀姆吨"击沉，千波智次郎所率的舰队，始派分各处，除"伊吹"号仍护送运兵船直至 Aden，余多折回太平洋，归于山屋他人中将指挥，搜寻史秘的舰队。

四、在中国海之作战

日德在远东开战时，日本海军少将村上格一，率第三舰队，计有巡洋舰"对马""最上""淀""嵯峨""宇治""隅由""伏见""鸟羽"八艘，游弋于东海之南与黄海之间，保护海运商船，巡哨敌人输送舰。

当青岛攻陷，与"哀姆吨"击沉之后，新加坡忽发生兵变，村上格一即率舰队，协同俄法军舰输送水兵登岸，平定乱事。后来司令长官屡次更动，其担负巡防任务，包括中国海、爪哇海、班达海、苏禄海、西里伯海及印度洋北面的区域。

五、在太平洋之作战

民国三年九月中旬，海军中将山屋他人，率第一南遣分队，计有战斗巡洋舰"鞍马""筑波"二艘，巡洋舰"浅间""磐手"两艘，及驱逐舰一队，游弋于马沙尔及格罗林岛附近，搜索史秘的舰队。十月初旬，又遣松村龙确少将，率第二南遣分队，计有旧式战舰"对马"一艘，巡洋舰"矢矧""平户"二艘搜索敌舰，并占据马沙尔及格罗林岛。后因敌舰渺无踪迹，疑史秘舰队，必出没于萨摩亚及大赫的，后闻敌队已向南行。至此，英日海军议定三路围攻之计：第一路，英分队由南美北上，第二路，联军分队由北美南下，第三路，山屋他人中将所率的分队，由当士港向西北行，迫得史秘的舰队，由太平洋南下而至福格林岛。十二月八日之战，德舰队除轻巡洋舰"Dresden"外，其余的均被英舰队击沉于福格林岛附近。

六、在美西岸之作战

史秘舰队击沉之后，日本海军在太平洋上除搜索德轻巡洋舰"Dresden"外，无甚任务。当三年八月传闻德巡洋舰两艘出没于北美海岸时，只有加拿大军舰"Rainbow"在那里防守，航路非常危险。日本海军因此命森山义三郎少将，率旧战舰"肥前"，装甲巡洋舰"出云""浅间"会同英舰"New Castle"及加拿大军舰"Rainbow"游弋于美国西岸。澳洲巡洋舰"Australian"一艘，亦加入此队，即上述由北美南下的第二联军分队。

同年三月十日，德巡洋舰"Prinztitle Friederick"为美国解除武装，"Dresden"亦沉没。至数月之后，日本舰队始全部撤回。

七、在地中海之作战

欧战延长数年，德军抵抗甚强，日政府于民国六年二月，派佐藤皋庄少将率巡洋舰"出云"一艘，及第十、第十一、第十五驱逐舰三小队，往地中海助战。当时协约国方面海军，在地中海有三种任务：

（一）封锁奥匈舰队于亚得里亚海。

（二）封锁土耳其达达纳尔海峡。

（三）保护来往商船及运兵船，防灭敌人潜水艇。

日本的舰队担任第三项的任务，约两年有余，总计警卫舰船，有七百八十八艘。

八、在西比利亚近海之作战

日本因俄国革命，及德奥俘虏骚扰，会同英美两国，为保护协约国权利起见，于民国七年一月派加藤宽治少将，率巡洋舰"朝日""石见"两舰，及附属舰一艘，后改为"三笠""肥前"及驱逐舰二艘，往海参崴驻防。八月，日本派兵于西比利亚助战，马良橘中将率第三分队全部，共计旧式战舰"香取""鹿岛"两艘，巡洋舰"阿苏""千早"两艘，驱逐舰两小队，及海军无线电队一营，防护运送。

世界最初航海家之事迹及汉诺探险史^{〔1〕}

（1931 年 7 月）

我们如认为有记述大航海家之功绩的必要，就要从最早说起，并须包括说明阿哥（Argo）航程，与富有技术的奥狄秀斯（Odysseus）之漂泊，毕竟谁能作此记述。阿哥远征队（Argonauts）的故事——哲孙（Jason）与其同行勇士从帖撒利（Thessaly）乘船往求金羊毛（Golden Fleece）（即牧羊名 Chrysomallus 之金毛）——与奥狄秀斯漂泊的事迹，均根据于事实，是无可疑的。但这种事实，均出于神话及稗史，仍难辨其真伪的。

哲孙探险的稗史，似为描写昔日希腊人，企图探寻黑海陆地，进与那里居民发生商业的关系。历史家所述，亦不过如是。奥狄秀斯从事航海，乃在推来（Troy）陷落之后，即史家所述，亦不过说他们在探险及通商之过程上，更进一步而已。

荷马（Homer）叙事，可使我们相信，希腊攻下推来，经十年之包围——考古家指称，纪元前一一九三年至一一八四年——战争起因，由于推来人劫掳希腊妇女，颇普（Pope）叙述当时情况，曾作一首短诗：

> 巨衅都因倾国来，
>
> 细故常教战衅开。

这是根据于历史的，此次战祸延长甚久，其起因不外为争金钱权利而已。一方为欲霸占他人的财富，他方则怕丧失自己的利权。希腊人蓄意已久，始起而攻击推来，非只

---

〔1〕此文发表于《海军期刊》。

因于妇人之被掳夺，实欲管理达达尼尔（Dardanelles）——为商旅往来的孔道。由于哲孙惨淡经营取来的，推来陷落，此地始行开放。至于阿哥探险之事，是继奥狄秀斯之后。

由地中（海）发掘希腊旧文化的遗迹，舍利曼（Schliemann）、亚搭尔伊文思（Sir Arthur Evans）与其同件，已于咏征伐推来之诗。Iliad——荷马所作——说其许多真相，我们可信其中必含有很多奥狄秀斯的事迹。以此事实基于哲孙之故事，或有一日的发现，我们在未能决定时期中，当承认世界航海之鼻祖，腓尼基人（Phoenicians），当较早于希腊人。

腓尼基之红人，为一种著名的褐色水手——来自阿刺伯（Arabia），这种民族移植叙利亚（Syrih），约在纪元前一五〇〇年，在一世纪又半世纪中，建立许多城市，太尔（Tyre）及西顿（Sidon）为当时世界商业的中心，后来他们又开辟殖民地及商栈，环绕于地中海沿岸，迦太基（Carthage）则为他们巨大的堡垒。在北非洲——因古诗中有叙述带多女王（Gueen Dido）的故事，与历史上有记载汉尼拔（Hannibal）的武功，而得扬名于后世——建立于纪元前八五〇年。

迦太基人以牧畜为生，住居于波斯湾（Persian Gulf）沿岸，精通航海术，在希兰（Hiram）之前（约纪元前九七五年）太尔国王，与所罗门（Solomon）竞争伟功，他们已将其航海术，流传于远方，驾驶构造完备之船，远航于地中海范围之外。

在巴黎卢甫耳（Louvre），可以看到昔日腓尼基大划船的模型，后来船身之构造更大，惟其形式，仍不改变桨之布置一律，单桅在船之中央，四方帆及桅盘（Crow's-nest），则便于领航。其帆则专为使船进行之用，其桨如外轻团（Vikings）长船所用的，常由于自由民驾驶，其速率，每日可航行一百里。

我们已经说过，他们乘船探险，远出地中海之外，法老锡提第一（Pharaoh Seti Ⅰ）屡次计划开通苏彝士运河（约在纪元前一三〇〇年），使由此路线，往求金属及香料，经示巴京城（Sheba's Capital）（约近今日亚丁 Aden）而到印度及锡兰各处，寻取棉织物及象牙，向西航行，出直布罗陀或赫邱利石柱（Pillars of Hercules），当时他们巡行至非洲之西北岸，及西班牙之西岸，竟冒险至康瓦尔（Cornwall），搜寻铜锡，以供给太尔制造所之用。

他们之探险航行，那里有一更确实的证明，就是直接记载探险所经过的事实，而介绍于我们的。这种航行之记述，只说明迦太基航海家汉诺（Hanno）探险之事迹，其伟大之名，实出于他人之上。

约在纪元前五二〇年，迦太基国王派汉诺统带六十大划船，移民于摩洛哥（Morocco）沿岸，当他返国之后，航海者将其冒险探航的功绩，刻于一青铜牌额，立于摩勒克（Molech）之寺院，此牌后经毁灭，幸希腊对于此事的记录，尚藏有译本，托马斯福克涅（Thomas Falconer）译述如下：

当我们航行经过了石柱，离开那里两天，我们建立第一个的城市，定名Thymaterium。在此之下，为一片旷野，进而向西，抵索罗埃斯（Soloeis），为利比亚（Libya）海角，遍地产生树木，我们即在那里建筑一个寺院于坡赛顿（Poseidon）。再前进，经半日的路程，东行抵一离海很远之湖，湖中满生芦苇，那里有许多象，及其他野兽。

我们过了此湖，约有一日的航程，在近海地方，建立 Cariconticos and Cytte 阿克累（Acra）、米利大（Melita）及阿蓝比斯（Aramdys）各城市。后抵 Lixus 大河，其流经过利比亚，在此岸上，为 Lixitae 游牧种族，以牧羊为生。我们与其相处多时，颇为相得。

我们得他们之指引，沿岸边经过一荒芜的地方，转向南行，过了两日，折而向东，又过了一日，在一海湾深凹处，发现一个小岛，周围约有三〇三四·五呎，即在那里辟为殖民地，定名塞尼（Cerne）。计我们的航程，可以判定塞尼与迦太基之位置，实在一直线上，因为由迦太基至石柱航程之距离，实等于由石柱至塞尼航程之长。

我们顺克累斯特河（Chretes）至一湖，湖中有三个岛屿，大于塞尼。再向前进，经一日的航程，至湖之极端，则为悬崖削壁，阻于蛮人，不能前进。蛮人身盖兽皮，以石头向我们乱掷，阻止我们登岸。后来船驶到塞内加尔河（The Senegal River），河面范围广阔，有许多鳄鱼及河马，出没其间。

向南航行，经过十二日，沿岸均受 Aethiopians 人的阻碍，他们还没有接近我们，即已逃避。他们的语言，不能明瞭，即让 Lixitae 人，亦必不能了解。到了末日，我们接近大山，满山皆是树木。在丛林中，带有一阵的香气，和美丽的彩色。一路只见高山峻岭。航行两天，始出广阔海面，两边均系大陆，又是一片平原，时见夜里火光。……向前航行五日，近于陆地，等到一大湾时，就在那里装水。……湾内有一大岛，岛中有一咸水湖。在白昼时，岛上除树木之外，别无所见。到了夜里，则见许多焚火，并听见笛鼓铙钹之声，混杂呼喊。此时，我们很有点骇怕。传道师即引导我们，放弃了此岛。

快快的前进，我们过了一个地方，只见焚火，一道火光，落于海上，预料此地酷热，难以通过，我们加速进行，有许多可怕事。过了四日，在夜里发现一个地方，满布火光，在其中央，有一最高之火，似达云霄，至白昼时，我们始知为一座高山，称为天车（Chariot of the Gods）。于第三日之后，我们离开那里。……抵一海湾，在湾之最远处，为一个大岛，聚居很多蛮人，妇女占大部分，皮肤有毛，通译者称之为大猩猩（Gorillae），我们很难向他追捕。但这种蛮人，均远避我们，跑到悬崖削壁之上，以石子自卫。有三个女猩猩，为我们所获，他们以牙齿及两手，向监视者抵抗。我们没有法子，使其屈服，最后只好把她杀死，剥削其皮，带回迦太基。

以上所述的大猩猩，或称为人猿，汉诺最早说明这种动物，他与这种蛮人决斗，似此航海家，已决意带回国去。他突然停止其叙事，最后只谓："我们缺乏粮食，不能再向前进。"

希腊译本，记述这一篇的故事，有环航 Periplus 或 Circumnavigation 之字，因此，普林尼（Pliny）及后来的著作家，对此记事，误认汉诺有绕行非洲之事。但探航非洲，实出于腓尼基的航海家——或不只一个人，希多德罗（Herodotus）对于此事就有记述。

约在纪元前六二○年，据历史家说，法老尼科（Pharaoh Necho）派数艘船，由腓尼基人驾驶，命其向赫邱利石柱，经过地中海，回来埃及。他们由埃及出发，经过厄立特利亚海（Erythraean Sea）入南大洋，到了秋天，他们登岸，随处都可以看见种植谷类，等待收成之后，再继续航行，这样经过了两年，还没有到了第三年，他们已经绕行赫邱利石柱，返航本国了。

这篇故事的实况，久为人所怀疑，现在已由考古家证实，希罗多德对于此事之记述，极为留心，最后始下断言，当他说到"他们返国时"，他们自述——我在我的部分，并不相信他们，或有别人相信——于绕航利比亚时，他们看见太阳在于他们的右方。

这里附带说明，在法老尼利之前，就有人航行其同一的航路，后来再没有人重行此路。我们所知道的，只有一直等到发科达伽马（Vasco da Gama）。

美国海军之参加欧战[1]

（1931 年 8 月）

美德未宣战之前，协约国在海上，仍可自由向美国采办粮食、军需品。至民国六年四月七日，美德宣战，当时德国已开始实行无限制潜艇战争的政策，协约国和中立国的商船，被德国潜艇击沉的不少，协约国在法军队的饷械和人民的粮食，均将难以接济了，且以攻击潜艇之术未备，德潜艇之威力，几将与协约国海军争衡，这为当时海上的形势。当时美国海军力，有巨大的战斗舰数艘，驱逐舰约五十艘，潜艇四十五艘，并巡洋舰数艘，论其战斗力亦为不弱。但动员令一下，缺乏官员士兵，极以不足分配为可虑。

此时美国海军，要以全力帮助欧美交通的自由，时间以愈快为妙，不然，协约国就有迫不及待而遭失败的危险。当时美国舰队中，以驱逐舰队助战为最得力，第一次派出驱逐舰六艘，于五月三日抵英海口琴兹吞。七月五日，会集于此者，有三十五艘。十一月，美国驻欧舰队之驱逐舰，增至五十二艘，快艇二十七艘，分驻于英法各海口以保卫来往商船。这一年中，适为德国潜艇攻击最烈的时期，协约国幸得美国驱逐舰队的协助，减少了许多的损失与危险。

美国除以驱逐舰队担任警卫之外，又有商轮警卫队，在德潜艇区域内，保护海上交通，并在远海搜灭敌人潜艇，及后来新出的巡洋潜艇（Submersible Cruiser）（或称可潜巡洋舰）。美国在欧的巡洋舰，多半担任此项任务，然以在欧缺少煤炭，故巡洋舰回来装煤时，即离商船而让驱逐舰单独任警卫之责。总计大西洋方面的商轮警卫队，美巡洋舰担任百分之四十五，其功效可想而知。六年十二月，又派出战斗舰一分队，来欧助战。当初只有五艘，随后增至九艘，因运油船缺乏，多烧煤而不用油，其中五艘到欧后，即加入英

---

[1] 此文发表于《海军期刊》。

国舰队内，两次在北海参加作战。

美国因英国得潜艇抵抗潜艇的效验之后，亦于六年秋间，派潜艇二十艘赴欧助战，内以七艘，驻于 Berehaven，其余的驻于亚速尔群岛。战时，驻于 Berehaven 的潜艇，前后共见德国潜艇二十一艘，向其放射鱼雷。有一次，德国潜艇，对美国潜艇放射鱼雷，但未出管，即自爆炸沉没，于此可见以潜艇攻击潜艇，亦不见十分顺利。而其最大的功用，在使敌艇在水面行驶有所畏惧，以减其攻击商船的锐力。

美国未宣战之前，因严守中立的政策，致海军筹备不完，至德国实行潜艇攻击政策之后，美国始加紧组织港防，派遣舰队及防御潜艇等事，继因力求扩充本国的军舰，一时海军人员，由十万六千八百人增至三十五万零六百人。其作战计划，采取攻势，故停造战斗舰，而专造驱逐舰，以为攻击毁灭潜艇之用，总计除原□□□□□□□□□□□□□□□□□□□□ bchaser 三百五十艘，并攻击潜艇□□□□□□□□□□□□□□□□□□□□设海上航空计划，并加紧着手预备□□□□□□□□□□□□□□□□□□□□□□□艇的出路。当这种计划还没有完全成立时，战事即已停止。

当警卫商船之法实行后，德国潜艇，不得不冒险袭击驱逐舰，藉以反守为攻。然美国又倡用水中炸弹，以炸毁潜艇。协约国驱逐舰装载水中炸弹，由四枚增至三十余枚之多。查美国驱逐舰，前后遇敌一百五十余次，击沉德国潜艇两艘，毁坏十六艘。美舰被击沉与撞沉的各两艘。又被毁坏与撞伤的各一艘。

美国第一批造成的灭潜水艇[1]，计五十五艘，拨归法国海军应用，续成的三十六艘派往科佛岛（Corfu）防守奥特兰多海峡。中途，忽遇敌潜艇二艘，幸无事而过，于民国七年六月，始抵该岛。又续成的六十六艘，于同年五月至八月间，先后抵英，分配各处应用。最后造成的十八艘，于十一月，抵直布罗陀，此时对奥已休战，遂将这十八艘的灭潜水艇，移作截击由奥回德的潜艇。总计前后造成灭潜水艇一百二十艘，各装有水中听音机及小炮一尊，专为攻击潜艇之用。统计听音机打听潜艇在水中行动四十八次，发觉潜艇二十四次，掷炸弹四百余枚。又在亚得里亚海击沉敌潜艇三艘，在地角（Land's End）击沉敌艇一艘。在科佛的灭潜水艇队，当协助英意联合巡洋舰攻击奥国都拉索海口时，多收功效，击沉敌潜艇两艘。

---

〔1〕即反潜艇。

战事开始时，英海军多主张封锁北海北部的出口，若不封锁南部英吉利海峡，则徒封锁北海北口，决无用处。英国虽尽力封锁海峡，但始终未能阻止德国潜艇的偷渡。后来因暗埋水雷区域，并严加巡防，得到功效，始着手封锁北口出路。然用铁网及水雷，一时见效甚难，若用寻常水雷，为数过多，断难办到。因此，美国海军部另造一种新式的水雷，可减少平常所用水雷之数至三分之一。民国六年十一月，英美海军，同意共造这种障碍物，在苏格兰设立水雷根据地两处，预备商轮二十四艘，专载水雷用品，并改装商船八艘，为布雷艇。民国七年六月，第一次美国布雷艇，由英舰队保护，于三点半钟之内，分布水雷五千五百七十个，内有百分之八十为封锁北海的北口，其最快的速度，有一次于二点五十分之内，共分布五千五百二十个，除有一艇为敌击沉之外，人物均无损失。计德国潜艇，被击沉没或毁坏的，共六艘，这尚在防御障碍物未完成造成之前。若战期再延长下去，则北海南北口都经封锁，除了地中海外，德国潜艇攻击的政策，必归于失败。

美国在宣战时，空中战斗力及航空人员，均感缺乏。后以英国海军飞机攻击潜艇，收到功效，美国始预备一大规模的计划，在欧洲设立航空站，共计在法十八处，在英七处，在意七处。又在英设立最大的航空站 Killingholme，专为攻击德国海军根据地，后因种种困难致废弃这种计划，所有的飞机，均移为英国海岸攻击敌人潜艇之用。总计美国在 Killingholme 航空站的飞机，警卫商船共六千二百三十四艘，巡防线约六万英里，攻敌潜艇十次，毁坏敌潜艇两艘。美国海军飞机攻击敌潜艇三十九次，除巡防探察攻敌飞机之外，在比利时一带，共掷炸弹八十吨。至休战时，美国共有飞机二百二十五架。

美国海军根据地，虽远隔重洋，而在欧战的军需品，皆归自己运输接济，除入坞油船及重伤船只，由协约国修理外，其余皆由本国自给。这为美国海军的优点，故虽在远地作战，可不求助于人。当时美国驻欧海军总司令，兼海军全权代表西门氏中将，指挥美国海军作战辅助协约国战胜德奥，多出自西门氏一人之力，且能与英国海军协力同心，和衷共济，故能收事半功倍之效。

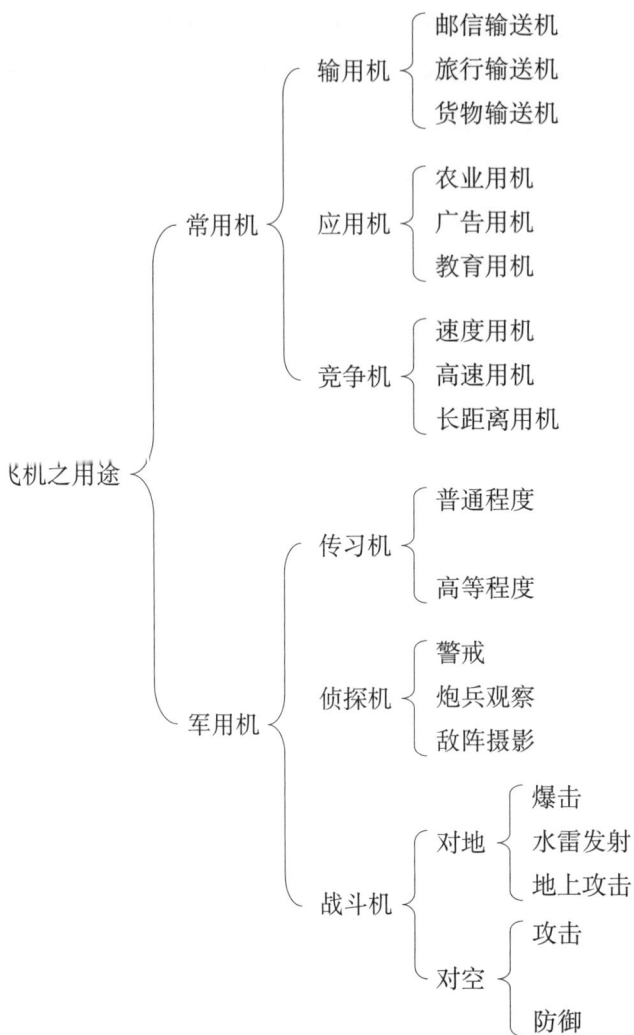

飞机之用途
- 常用机
  - 输用机
    - 邮信输送机
    - 旅行输送机
    - 货物输送机
  - 应用机
    - 农业用机
    - 广告用机
    - 教育用机
  - 竞争机
    - 速度用机
    - 高速用机
    - 长距离用机
- 军用机
  - 传习机
    - 普通程度
    - 高等程度
  - 侦探机
    - 警戒
    - 炮兵观察
    - 敌阵摄影
  - 战斗机
    - 对地
      - 爆击
      - 水雷发射
      - 地上攻击
    - 对空
      - 攻击
      - 防御

收回引水权之必要[1]

（1931 年 9 月）

一、引水人与引水船

引水，或称领港，各国对于本国各港口，均置有引水人及引水船。引水人为航路引导人，即行船之向导，须先经政府考验，果熟悉港道，始给凭证，准其充作引水。引水船，则专为引水人领有管理引水事务之机关，或长官所给字据者之用。查各国通例，港口引水船，分界引水，不得挽越，凡船欲进港，须先示号，觅雇引水，其无引水而擅行进口者，即处以罚金，或禁止前进。

二、我国丧失引水权略史

引水事业，与海权、军事、商业均有重要关系，非本国人，不得充任，尤为各国之通例。我国自通商以来，海口及内江，竟令外人得以充当此项业务，喧宾夺主，弊端百出，言之痛心。查外人在华得营引水业务，系前清同治六年，海关总税务司赫德所主张，其所订《引水章程》第二款曰："凡华民及有条约各国之民，有欲充引水者，均准其一体充当之。"是即将我国之引水权，分送与外人。当时我国各口引水人数，按照前清同治七年九月十日赫德呈覆前清总理衙门文内，称"同治六年五月三十日起，七年五月十一日止，各口引水人，计二百零三名，内有华人一百零三名，英人四十名，美人三十五名，葡人十名，丹人六名，瑞人六名，荷兰人二名，奥人一名。"是订立《引水章程》后，为期

---

[1] 此文发表于《海军期刊》。

87

不过一年，外人已占半数。现在各海口引水，竟至尽属外人，其营业执照，均由海关颁给。

考外人引水人数，增加如此之速，有两种原因，第一，据《引水章程》所载，"考选局乃由于理船厅约同各领事，并通商局所组织"，则考选权操于外人。外人投考者，可通融办理，而我国大权旁落，当然归于失败。第二，外人之保险公司，对于用外人为引水之商船，其保险费低廉，而用中国人为引水者，其保险费特贵，以致通商口岸之引水，外人日益增多。而我国人，日见减少，此为又一原因。据去年调查所得，我国沿海引港人数，如左表：

港口	华	英	美	日	法	德	其他
安东	三	○	○	四	○	○	○
营口	○	二	○	一	○	○	○
天津	○	五	一	一	○	一	○
青岛	三	一	○	○	○	○	○
上海	○	二○	五	四	五	一	四
宁波	二	○	○	○	○	○	○
温州	三	○	○	○	○	○	○
福州	六	○	○	○	○	○	○
厦门	○	一	○	○	○	○	一
汕头	○	一	一	○	○	○	○
广州	二三	○	○	○	○	○	○
总计	四○	三○	七	一二	五	二	五

今上海、天津引水尽属外人，此二处不独为中国南北二大商埠，上海且有为世界第二大商埠之趋势，船舶进出最多，而引水权乃均操于外人之手。其他通商口岸，外人亦占多数，至于长江引水，由外人充任者，亦有四十余人之多。回顾《引水章程》，施行至今，已达六十余年，当时主办者昧于事理，至此万国绝无仅有之事，贸然行之，遗留今日无限之创痛。

三、引水权丧失所受之损害

我国自前清赫德订立《引水章程》之后，江海各港口之引水权，几全握于外人手中，华人不过依附其下，此不但与该章第二款所载中外人民一体充当之规定相远，且中国若在战时，各口无一华人引水可以雇用，而外人引水为敌船向导，亦无法可以制裁。中法之役，有案可证。查光绪十一年，法舰炮击我国口岸，闽港损失最大，是年六月下旬，由我海关注册之美人引水，引领法舰深入闽江，载在《慕尔氏公法》，各国公法学者，引为奇谈。当时我国舰船沉没之多，将士死亡之众，实《引水章程》为之厉阶。又庚子联军大沽之役，亦因有外人充当引水，致导敌深入，我军乃遭败绩，重为城下之盟。回忆往事，谁不为之椎心泣血。

民国十五年夏，英舰炮击四川万县，我国引水，不与领船，英舰停泊江中，寸步难移。广州于五卅惨案发生，粤人不与英人引水，英舰不得涉西江一步，倘彼若得外人引水，则我国所受之损害，奚只万县与广州一隅。

引水权之丧失，不独影响于我国之国权海防，且影响于我国航业与人民之生计。外国船舶因得外人引水，未受限制，得在我国江海港口，出入无忌，侵夺我国航权，霸占我国航业，至绝我国人之生计，此为海关洋员管理各口引水之流弊，与引水权丧失后我国所受之损害。

四、引水权与国权海防军事之关系

国家之领水主权，实与领土主权同其重要。而领水权诸要素中，尤以引水权一端，最为重要。因引水权为国家门户之向导，海防固否之枢纽，各国对于此种主权，维护惟恐不周，防御惟恐不严，故其法律之规定，非属于本国人民不准充当此项职务，用以防患于先，而虑国内形势秘密之外泄。其重要理由有四：

（一）领水关系国权，况于门户出入，为明地方主权计，外船入境，更不得自由航行，应得地方官之许可，须由本国人为之带领。

（二）各国引港业务权，直接监督于地方官之下，故此项职责，专属于本国人。且引水向导，属于地主之事，自应为本国人专利之营业。

（三）引水在领水内，带领外国船舶，行经海口要塞，有警戒外人撮影绘图及防止他种窥探之责任。

（四）一国港口，军事上防御之安全与否，对于引水人之国籍，至有关系。盖港口防御，布置无论如何缜密，在战时决不能一概封锁，而必有通航之路无疑，设引水而非本国人，则敌人自可利用收买，即有巩固防御亦同虚设。故世界各国，对于自国港口，绝无以引水权授之外人之事。综合以上各种理由，知引水权之关系于我国国权海防军事至大，万万不能容外人参列其间，非求迅速彻底收回不可。

五、收回引水权

据阿本型氏之公法中，"凡滨河海之国，在其领水以内，皆有完全主权，能拒绝外人引水……"我国为独立国家，当然可以拒绝外人引水。考外人所以操纵我国引水权，一般人均谓其托根于不平等条约，然实际上，外籍引水人，在不平等条约中，原无根据，不过由赫德得有前清总理衙门之批准，于是我国自有引水权，从此无形断送。盖赫德当时将引水人之考选及监督权限，划归彼属下之河泊司执掌，而实际上河泊司之监督各引水人，并不对中国负责，转对各条约国之领事及外国总商会负责，因事实上，从始至终，对我国人，决未予以训练及考选。总理衙门不省个中关系，遂致无端，丧失主权。查赫德所拟之《引水章程》，仅由当时总理衙门批准，并非国际协定可比，尽可立时取消，且取消此项章程，当较他种条约为易，因总税务司，亦系我国之官吏，官吏所订章程，政府尽可随时修改或取消之。况第十款注明："以上十款，仍系试办之章程，若犹有未妥之处，可随时酌拟更订。"今此种章程，已行之六十余年，有害而无利，理应取消更订。

且税务司为整理海关课税之事，而河泊司亦只应以经营港务为限，对于考选引水，乃属我国海政范围内之事，绝不能由外籍税务司、河泊司越俎代庖也。

总理遗嘱，以及最近国民会议及国府宣言，均以取消不平等条约，为政府与国民今后最重要之工作，则此种不平等条约庇护下之税务司、河泊司，均在废止之列。况所包办之考选引水制度，即同治六年之《引水章程》，尤应立即废止，迅以明令，规定中国各港口引水人，应由中华国民充之，凡非中国人，不得充当引水，并限定于最短时期，须将现有外籍侵占之各口引水职权，一律收回，以免外人觊觎，以固我国海防。

六、收回引水权中之先决问题

引水权之应立即收回，是毫无疑义。但引水权收回之后，对于引水业务所负之责任，及引水人才之训练，实为重要。若对于此种问题，未先解决，则对于出入港口之船舶及航行事项，均感极大困难，必引起种种纠纷。且彼外籍引水人，必藉此延长税务司属下之河泊司执掌引水人监督及考选权限，更可利用以我国暂时缺乏引水相当人才为口实，务使凡有船舶出入之条约国国民，均能在中国港口，投考为引水人，以达其包办我国考选引水人之目的。故收回引水权之先决问题，为引水人才之训练。

海军部有鉴于此，故于去年即设立引水传习所，以资训练引水人才。办法先从扬子江入手，次第推行各地，藉以恢复完整之主权。其引港权收回办法，则拟自民国二十二年一月一日起，实行将引港业务，完全属于我国人民，一方规定外人停职之期，一方导国人以航术之教练。现江海引水试验，考试院即将按照引水人考试条例之规定，主权业已确定，旧章自应废止。此项发令之执行，以及监督引水业务，考选引水人，均由海军部办理。

海军部引水传习所，于去年成立，第一届考验及格发给证书者二百四十九人。今年六月一日，第二次考验及格发给证书者共七十九人。但中国海岸辽阔，港湾甚多，将来军舰、商船逐步建设，人才绝不够用，必须继续努力，训练引水人才。而引水人员，对于技能，当力求进步，对于引水业务，均能负责，则我国引水事业，自可日益发达，必能于无形之中，将中国既失之引水权，完全收回。

煤与油对于海军利益之比较[1]

(1931 年 11 月)

"煤炭与油用为军舰燃料，孰为优劣？"已成各海军国研究之问题，现在正在计划考虑中，虽采用燃油锅炉，已见实行。惟当初以油为燃料，未有彻底之试验。其应用范围，尚未推广，并未估量其有无利益。后经战争之经验，始能确定用油为燃料实有利益。今欲解决此种问题，须就以下各项研究之：

(一) 作战之利害

(二) 能力之强弱

(三) 人员之配置

(四) 燃料之供给

作战之利害。军舰用油为燃料，其所发蒸汽有至大能力，能继续不断，直到舰上所存燃料用尽为止。无须增加人力，其速率之增减不觉甚难。其所费之时间，比于烧煤锅炉者，亦较为经济。至烧煤之军舰，则非经清煤之后，超过于一限定之时间，不能使其以全速力进行，是时若再欲继续工作，须有充分煤炭供给于锅炉，实有许多困难也。用油可以汲取于舰中之任何部分并不费事，若用煤炭须以人力处理取用之于舰中煤炭舱而煤炭舱又须接近于锅炉舱，方易增加煤炭于锅炉。煤炭消耗将尽时，又须费更大苦力以准备及处理多量之煤炭于锅炉，实为一极困难之事。

战舰之耐抗力，在作战时尤为需要。由战争之经验，显示燃油之军舰，其耐抗力约两倍于烧煤者。

用油之战舰，若欲加增燃料，比烧煤者较为敏捷容易。加油之速度为二又二分之一。

---

[1] 此文发表于《海军期刊》。

三倍于加煤者。且处理此种工作，无须增加人力。同时，又可从事于贮藏其他之军需品。又在海上进行中，仅出微烟。此为战略上所需要。而若为战术上之目的，同时亦仍可使其发出烟雾。烧煤之军舰，则无此种之利益。

能力之强弱。油之发热力为一、三以至一、四倍于煤炭。一吨威尔士（Welsh）烟煤所占贮藏所之空间，为 40 以至 43 立方尺。一吨油所占之空间，约 38 立方尺。又贮油舱，全部可以装油。而煤炭舱，因贮存破碎不平之煤炭，致有虚占其空间。

在军舰中之任何位置，无论房舱之大小，均可贮油。故得充分使用燃料，且可设置于适宜之场所，通过穴道，以供锅炉，亦不至于损伤。

前节已经说过，烧煤之军舰，煤炭贮存所须接近于锅炉舱。而舰中之燃料，尤求其能持久。故有一大部分之煤炭，务须贮藏于煤炭舱，不能接近于锅炉。因此，若不增加劳力，则不能保持继续其工作。在作战时，有许多军舰装载多量煤炭，贮藏于预备煤炭舱，不无阻碍作战之目的，故不如勿将此项煤炭置于舰中之为愈。虽有时亦可稍加以保存，但不如将其所占之地位与重量移作他用，较为得策。

烧煤之军舰，须配置许多防水门于主要房舱之隔壁，使煤炭能带送于锅炉舱。且须保护舱口与其他甲板，以求安排装运之便利。尤以锅炉舱在水线之下，须多开门位。若以油为燃料，则此舱口与门可以不用，而不漏水隔壁之效用愈大。其保护力亦因之增加，构造力更为坚固。他如各房舱之隔壁甲板等，足为燃料柜之界限者，仍有效力。而在一种情形之下，若作煤炭舱之界限，则不能保其有效也。最近战舰所载燃料之重量，约 30% 于其排水量。此种利益，是极有价值。

限制重量与节省空间，须提高供给燃料于锅炉之速力。烧煤之锅炉，在每方尺火床上所消耗之煤炭必甚多，须在于适当之限制，以保持锅炉之容量与重量。在此高速力所消耗之煤炭，极不经济，且须藉人工吹力。有大部分未燃烧之煤炭，或一部分已烧过之煤炭，常随气体由烟囱飞散。因此，锅炉之热面，均变为污秽。而通气管中，亦必为烟炱及煤灰所阻塞。其结果，使热之传力必大减，其效用更为减少。设再欲维持其蒸汽力，则在此情形之下，消耗煤炭必比前者更多。又用油为燃料，可任意受人支配。最近改良之燃料设备，在锅炉中之燃料，能尽量燃烧，不至虚耗。故其传热之效力并不因其范围之大小而减少，且能延长其最高之蒸汽力。

用煤炭为燃料，因人力之关系，使火床之范围，只限约长七尺六寸。惟燃油锅炉，则无此种限制，现时所用者其长为 21 尺。故于高速力之军舰，如燃烧煤炭，则须设备许多小锅炉。若用煤油，只备少数之大锅炉，即能产生同量之蒸汽力。其结果可以减少重量，节省空间，且于舰身之防水、隔壁亦甚有利。

煤油贮存舰中，极易由此舱移与彼舱，因此可以改正舰身之倾侧，而使其平稳，以免种种之损失。若欲将油汲出，可抽送于船外。此种便利至为重要。若论煤炭之与煤炭舱，则无此种便利。由此可以确定在一定之排水量，欲保留其他军事上之技能，则不能不计划一艘烧煤军舰与燃油者有同一之速率与耐抗力。而单就速率而言，用煤军舰之排水量，须超过于用油者，但不能小于20%至25%，即较大之军舰，其耐抗力比用油者，仍相差甚远。

设本国之军舰，用煤炭为燃料，而外国之军舰则用油为燃料。又我国军舰之排水量与其一致，则于每种限定之吨数（根据各国海军协约）必有被敌舰压倒之不利。

今若将用油之军舰而改变为用煤者，其内部之设备，非经一次之大变动与浪费，不能使用。此乃有害无益之计划，且益使其速率与耐航力减少。尤以驱逐舰或巡洋舰式之军舰，不能将其变动。

人员之配置。在一新式军舰中之轮机人员，有三人看守工作，便能使军舰在高速力继续进行。而欲使用煤之军舰，与用油者有相等之速率，则在烧煤军舰中，其轮机人员之配置，须两倍于用油之军舰。若在一只战斗巡洋舰式之军舰，其人员须增至约三百人。又在一只设置八吋径炮之巡洋舰，则须增至约一百二十人。

又为收容设备、粮食、饮料等，以供此所增加之人员，与其所增之重量与地位，对于军事上大有影响。

燃料之供给。海军依赖外国供给燃料，必受重大之苦累。最好能取给于本国所产之燃料。但为军事上利益计，用油是较为有利。今日世界，除美国与俄国外，其他海军国，多仰给于外国之油。故吾谓本国若缺乏此种燃料，虽不能不依赖任何国家或世界任何部分之供给，但必须预先充分贮藏此种燃料，并多设贮藏所于各地方，以备临时之需要。

波兰出海之路^{〔1〕}

（1931 年 12 月）

波兰之得有出海之路，实由于美国总统威尔逊宣言之结果。据其宣言中，波兰在其领土应有出海之路。当世界大战时，波兰立于英国方面，与德国为敌。至一九一九年和平会议^{〔2〕}结果，德国始让出一块土地，归于波兰。因此德国在地图上分为东西两段。此块土地称为波兰之通行道（The Polish Corridor），有海岸线，濒于波罗的海，位居但泽（Danzig）自由市之西，由西里西亚（Silesia）向北伸长，分东普鲁士，与德本国隔离。

波兰之被德俄奥三国瓜分，分前后凡三次。经一百五十年之束缚，现已恢复其政治独立之生命，并得有一海岸。其出海区域所增之面积，约有六千哩。回忆一七七二年腓特烈（Frederick）瓜分波兰^{〔3〕}时，欧洲地图已将波兰擦去，不过在历史上，留存其名而已。

波兰人占据波兰，经过几多时代，即考古家，亦不能断定之。波兰境内，皆为肥沃之地，四围环绕森林。昔日游牧种族侵入欧洲时，并未蹂躏其地。其后斯拉夫人在其东西两部，渐次繁殖，曾为亚洲人征服。当波兰强盛时，屡次驱逐土耳其及鞑靼民族于其境外。

昔日波兰常忙于征服其东部边境之扰乱，俄罗斯帝国兴起之后，屡向其侵略，波兰因此更无暇于抵抗其西方条顿武士团（Teutonic Knights）^{〔4〕}势力之侵入，继而东普鲁士建国于波兰境内，一跃而变为德意志联邦之领袖，且存支配世界之野心。波兰以邻邦

---

〔1〕此文发表于《海军期刊》。

〔2〕即巴黎和会。

〔3〕即第一次瓜分波兰。1772 年，日渐衰弱的波兰立陶宛联邦国土，包括已被俄罗斯统治的部分，遭到比较强盛的邻国奥地利、俄罗斯和普鲁士的瓜分，波兰国会于 1773 年被迫承认了这次瓜分。腓特烈为普鲁士国王，是第一次瓜分波兰的倡导者。

〔4〕十字军东侵期间，为保卫地中海东岸的十字军国家，于 1198 年在巴勒斯坦建立的宗教性封建军事组织。主要由德意志骑士组成。13 世纪初回到欧洲。

势力之增长，屡受帝国专制政治之压迫，使波兰处于孤立之地位。故波兰对于列邦，不得不显示其陆军之势力，团结其自身之力量，并联结欧洲之弱小国家，以巩固其地位。此种策略，乃为联合许多被压迫者以抵抗压迫者——即联合立陶宛（Lithuania）以防条顿武士团与俄罗斯之侵略，联合波希米亚人（Bohemians）及匈牙利人（Hungarians）以抵抗土耳其人及奥地利人之攻击，保护拉特维亚人（Latvia），以防俄罗斯，并联结脱离俄罗斯之乌克兰（Ukraine）。

波兰人处于此恶劣之环境，益使其与其他弱小民族努力于建立民主主义之政府、共和自由之国家，而效法于美利坚之独立与法兰西之革命。当世界大战时，波兰即起而反抗德奥俄三大强国，因其均为波兰之世仇也。至俄德奥失败之后，波兰遂得恢复其独立之自由。失败之国家，虽有变易其政府者，但仍能维持其国势。波兰若能继续保持其远大之计划，维持与失败国之亲善，实足以影响各国倾同于民主主义。吾人可断定复兴之波兰在于欧洲所处之地位，实足以维持欧洲之和平。此种伟大之工作，波兰能竭诚行之，在过去十年中已足以证明矣。

波兰之得有出海之路，可使欧洲安然无事，若一览地图即能知此危险地带之能行道与欧洲之和平关系极为重要。东普鲁士之被此通行道隔断，无异割去德国之拇指，今已呈衰落之象，因而德国在但泽与芬兰湾之势力，亦日渐减少。将来东普鲁士之渐被吞并于波兰，是亦无可疑也。然此为德国永久之损害，德政府与人民能否长此忍受之，实为一极大之疑问。故波兰之通行道，遂成为德国与波兰之主要争点。而解决此重大问题，由于凡尔赛条约，将来能否长久维持欧洲之和平，则未敢断也。

关于波罗的海之出路，在波兰方面是有极大之利益。惟查德人渐离去东普鲁士，而回于更兴盛之故乡。当德人移居出境，波兰人即移殖其地，故使波兰所造成之事业，更得长久之机会。待其根深蒂固，则德国对于境界之修正，愈觉不易矣。

波兰于一九二七年，在其通行道区域内调查户口，计有八五〇．〇〇〇波兰人，一二〇．〇〇〇德国人。当世界大战停止时，查德人移居出境者，竟超过三〇〇．〇〇〇人。后波兰人即移殖其地，故在实际状况已不能否认此通行道非波兰所有。

波兰独立，在和平会议之各国政治家，从未规定维斯杜拉河（Vistula river）之河口，划归于波兰境界之内。在维斯杜拉河口，为但泽自由市，其居民有百分之九十为德国人。在世界大战之前，其商业区横亘东西，故但泽极为兴盛。因此，自由市乃为一重要之海口，为柏林至东普鲁士哥尼斯堡（Konigsberg）之铁路或水路必经之交通线。

美总统威尔逊，主张波兰应有出波罗的海之路，故在此重要之交通线上，划出一块区域，为波兰南北之通路。在此通路之东，维斯杜拉河交流于东普鲁士与波兰之境内。在此通路之西，为波兰与德国之交界。若波兰取道于维斯杜拉河口，而出波罗的海，被但泽拒绝时，则波兰之出产品与工业品必无出路，须在此交通线内，另求一出路。至于波罗的海，且须藉此以抵制但泽之关税。因此，自由市与波兰为商业之竞争，必处于敌对之地位。若扩大其范围，则与波兰实有至大之危险。波兰因自感觉其痛苦与危险，若将此事求国际联盟之援助，实无希望。故决意开辟自己之港口。就在维斯杜拉河口岸之西十二哩，建设格带尼亚（Gdynia）港口。在十年前，此口在波罗的海岸，是毫无价值。斯时不过一渔村而已。但至今日，工商业已非常发达，几与但泽立于同等之地位。

在格带尼亚港之一端，波兰建设一海军根据地，于此处可以观察波兰之海军力。

海军官员二百四十人	海军士兵二千六十四人
炮舰二艘	驱逐舰二艘
鱼雷艇五艘	潜水艇三艘
扫雷舰四艘	测量舰一艘
运送舰一艘	练习舰二艘
浅水铁甲炮舰五艘	浅水炮舰六艘
浅水发动机船三十艘	

此外，连商船三十二艘，合计排水量为三万三千七百七十五吨。又浅水船舶约十二万吨，其中，有汽船一万吨。

格带尼亚为直达波兰中心及西利西亚铁道之起点，又为商业竞争之区。自从波兰设港以来，但泽经济状况日形衰落，因而在自由市之德国四十万居民须求助于德本国之救济。在欧战时，此地为德国领土之一部分，其居民亦曾为德国奋斗。格带尼亚之日益兴盛，吾人可预定其必取但泽而代之。而但泽财政之破产，实为德国之又一大损失。吾人对于波兰之出路，其关系于波德两国之兴衰，实有研究之价值也。

土耳其与西班牙在勒邦多之海战[1]

（1932 年 5 月）

当西欧人民致力于美洲新大陆的发现与殖民地的活动之时，东欧之一隅，忽有鄂托曼人创立一土耳其国。

土耳其本为突厥的遗族，在中国唐代常侵入中国内地，后为唐破灭，逐渐向西方移徙。至十三世纪之初，酋长苏利曼率部众数万人移居亚美尼亚。至其子爱尔图格罗，始占据小亚细亚鄂托曼立，始改号称王，定都于小亚细亚中央的昂哥拉，是为土耳其建国的起始。

后来土耳其势力逐渐发展，其实力较强于蒙古，在十四世纪中，渡过博斯普鲁斯海峡，侵入欧洲。先据加立波利，至拜牙即立，征服巴尔干半岛北部及爱琴海各岛。至纪元一三九六年大破匈牙利与德法联军于尼科波利，进逼东罗马都城君士坦丁。适蒙古帖木儿西征，遂放弃君士坦丁，与帖木儿决战。一四〇二年，大败于昂哥拉拜牙即被虏自杀，土耳其帝国一时遂告中绝，而东罗马得以苟延残喘又数十年。

帖木儿死后，土耳其因姆拉佐特第二之力，国势复振。纪元一四五三年，拜牙即曾孙马哈木第二，讨伐东罗马，攻陷君士坦丁，东罗马帝国遂亡。

其后土耳其的势力益向西进，十六世纪初，曾两次攻奥都维也纳，为查理第五所败，其势遂遏。然土耳其虽失败于陆，而在地中海沿岸各处仍甚有势力。马哈木第二创设海军，欲争夺地中海的控制权，为压服全欧之计。

土耳其建造军舰非常便利，又有名将巴巴洛萨为之计画，得扩张势力于海外。地中海的海权，至史立曼第二，已全入土耳其的手中。东至波斯，西至加立波利，南至非洲北岸。东部地中海几变为土耳其的内湖。虽以失败于维也纳，其势力仍甚强。至

---

〔1〕此文发表于《海军期刊》。

一五六六年以后，始呈衰弱的状态。当时西欧中最强盛的国家为西班牙，其王腓立第二继查理第五之志，占有欧洲最富庶的区域，又掌握旧基督教的教权。因见土耳其势力日大，乃与神圣罗马皇衰斯第五，及叶尼塞共和国，组织神圣同盟军，讨伐土耳其。

同盟舰队，共有军舰二百数十艘，战士八万人，其余小船无数。军舰中由六百吨至一千吨的不下数十艘。每舰前后甲板均架设炮塔，装置重炮，舷侧架有轻炮，实具近世战舰之雏形。世界之海上炮战，当以此次为起始。其影响于后来之造舰术及海战术甚大。

同盟舰队总司令官德斯特利牙为腓力第二的异母弟，在西班牙海军夙负盛誉，曾征服非洲的回教徒，屡建奇功。其部下又有名将德利牙及叶尼塞大将凡尼赛洛与罗马之哥伦那等随从。德斯特利牙率同盟舰队，会集于西西里岛东岸之美西纳附近相机进击。

土耳其海军则以柄林第二的妹婿白西牙为总司令官，率军舰三百艘，战士十万人，其势亦不可侮。水手数达一万五千人，多系被俘虏基督教徒的子弟。

土耳其舰队向希腊海岸西航，停泊于科林斯湾西口勒邦多之时，在美西纳的基督教同盟舰队已接到此种情报，立即出发，抵勒邦多之北而取攻势。

一五七一年十月七日，土耳其舰队分做三队列成横阵，白西牙率中央主力舰队在勒邦多湾口严阵以待。西班牙同盟舰队亦分三队，置主力舰队于中央。其右翼由西班牙副司令统率，左翼为叶尼塞舰队，又另编一预备队，共三十五艘，由叶尼塞大将拔尔倍利哥指挥，如敌队有隙可乘，则出其不意，向其袭击。此时双方实力相等，胜败颇难逆料。

开战之初，同盟舰队立于上风，略占优势。到了午时，已列成三浬长的横阵，以巨舰作先锋，冲入勒邦多湾，炮击甚烈。此时土耳其舰队，渐向左右散开，其右翼司令官西洛佐哥深悉地势，率队突出叶尼塞舰队的侧面，击沉敌舰八艘。拔尔倍利哥伤目，仍力战不懈。土耳其左翼舰队亦拟迂回同盟舰队之右，向其攻击，但为德利牙窥破，立即延长队形以阻之。是时德斯特利牙忽下集中舰队的命令，致为敌所乘，沉没数艘。在战术上，土耳其已占了胜利。

同盟军的中央舰队，此时亦开始接战，以旗舰"利亚尔"号直逼土之旗舰，双方短兵相接。西班牙舰队精于炮术，土舰队因大受损害，又因两方舰队均来应援旗舰，遂陷于混战的状态。

受伤的叶尼塞舰队司令官拔尔倍利哥仍奋勇指挥，大挫土耳其的右翼舰队，并击破其主力舰队，悬西洛佐哥首级于桅顶，敌胆为之寒。此时，敌方的右翼舰队殆已完全消灭。

同盟舰队中的预备队，见中央舰队已陷于混战之中，急来救援。土耳其中央舰队见而大恐，司令官白西牙战死，旗舰被捕，致全队消灭。同时，同盟舰队司令长官德斯特利牙亦受重伤。于此可以想见当时战事的激烈。

同盟舰队的右翼因受土舰队之压迫，陷于不利的状态。然德利牙仍能奋勇作战，得预备队之助，转成优势。土舰队知右翼与中央舰队均已失败，遂被迫逃走。

战争的结果，土耳其舰队存在者仅四十艘，被捕者一百三十艘，其余均被击沉没。计阵亡者二万五千人，被俘者五千人。同盟舰队损失甚少，战死者不过八千人。

土耳其因勒邦多之失败，对于海上，遂不能维持其现状，由全盛而入于衰落的时期。至西班牙则以战胜之结果，得称雄海上。

英法百年战争中斯类斯之海战^[1]

(1932 年 6 月)

一、中世纪海上之状况

抱有统一世界野心的西罗马于五世纪末为日耳曼所灭，其后约一千年间渐受基督教的感化，吸收希腊、罗马的文化而造成今日欧洲各国的形势。日耳曼民族虽居于北欧，其与外国竞争之舞台，则在于中欧。因此对于海上的生活，视上古腓尼基、希腊、罗马等国，以地中海为中心者不同，即对于造船的方法、海上的战术和所用的武器，亦皆不及从前。故在中世纪时代，各国均向大陆发展，绝不注意于海权的伸张。

上世纪中，在海上活动最可注意的为阿拉伯的兴起，建立萨拉森帝国，即中国所谓大食国。当时地中海的海权全在其掌握中，沿岸的岛屿几完全为其占据。但不久，忽自分崩瓦解，所有在海上的势力仅如昙花之一现。

诺曼人为日耳曼后起的民族，建立瑞典、挪威、丹麦诸国于斯干的那维亚半岛沿岸。诺曼人富有冒险性，以人口繁殖，不得不于海外求殖民地，乃建可载七、八十人的轻快船舶，冒着北海的风浪，殖民于法兰西、英吉利沿岸，向南侵入地中海，劫掠意大利、希腊各地；向东横断波罗的海，征服斯拉夫，建俄罗斯帝国。又西航大西洋，发现冰洲及格陵兰诸岛。进至北美殖民其地后，以殖民计划失败，故发现美洲的事迹，遂至湮没无闻。其实哥伦布发现美洲犹在诺曼人之后。

又在十九世纪中，称为世界海王的英国，实为诺曼族之丹人，侵入英吉利，与盎格鲁撒逊民族同化，久而融合成为今日大英。假使英国无诺曼人的血混入其间，则近世

---

〔1〕此文发表于《海军期刊》。

的英吉利恐未必能称雄于海上。

但当时日耳曼人之在海上活动，专以劫掠为事，而不注意海权，故远航各地，并无发生海战。观中世纪在海上活动者，除东有萨拉森，西有诺曼外，还有可注意的两事：一为意大利东部的威尼斯，与西部的热那亚，因欲独占地中海的商权，曾起数次的小海战，然终无结果而罢。一为北方汉撒诸市的兴起。当时各市因欲竞争波罗的海的商权，乃以虏卑克、汉堡布勒门诸市为中心，东至俄罗斯的诺伯哥洛特，西至荷兰的亚摩斯德登，组织汉撒同盟建设海军，以支配波罗的海的权利，又派同盟舰队征服丹麦，这为中世纪欧洲海上的状况。

二、英吉利海上之发展

英吉利的地势，以有英吉利海峡与欧洲大陆分离，独成一岛国。考英国发达史，与欧洲大陆各国完全不同，假使英与欧陆相连，则其向外发展殊难以想像，顾因有此海峡，遂在海上占有优越的地位。

英国在九世纪之末即有海军，当盎格鲁撒逊族大王亚勒弗烈时，因防丹人侵，略仿效诺曼船舶改造军舰，创设英国海军。可是到了后来，也就渐渐忽略。因此于纪元一〇一六年，丹王甘纽特率兵船侵入英吉利海峡，便占英格兰岛，过了五十年。因法兰西、诺曼底公爵威廉要求继承英格兰王位，亦率兵船侵入英吉利，于一〇六六年，在哈斯丁斯一战，遂据而创立诺曼王朝。

英格兰从亚勒弗烈王之后，因不注意海防，故屡被外敌侵入。在形势上，英格兰若失了英吉利海峡的控制权，则全岛即不能保守。纪元前五五年，罗马恺撒曾征服过英国一次，其后复有甘纽特和威廉之两次占领。观英国三次失地，均以海军不振为之厉阶，可为殷鉴。

后来英国海军日渐强大，虽以西班牙无敌舰队的势力，拿破仑控制英国的政策均不能加害于英国，因英已有控制海峡之权，兼有强大的海军为之保护的原故。

三、英法百年战争之原因

英格兰王国逐渐发展，内则颁布宪法，外则破灭北方的苏格兰，西方的卫尔兹。对于隔一海峡的法兰西，亦占有土地，遂以国力的发展，而起支配法兰西的野心。

法兰西喀旆王统断绝，腓立第六即英吉利王位，爱德华第三以其母为腓立第四之女，争取王位，欲并吞法国。因此，惹起百年战争，从纪元一三三九年起，一直到了一四五三年，战争才告停止。

英法百年战争，其远因则肇于经济的冲突。盖今日比利时之地，当时属于法兰德斯，南接于法的北竟（境），位于英的对岸，经济非常发达，工业又极一时之盛。英法二国对于此地，均有密切关系，各欲收入于自己的势力范围之下，觊觎之心蓄之已久。

开战之初，英国海军远逊法国，海峡的控制权因以动摇。于一三三七年法国舰队曾侵入英国的朴次茅斯港，有时侵入英吉利沿岸，任意抢掠。此事刺激英人对于海军自强的意识，至为深刻。乃竭力振起，不久军力已驾法国之上，而英吉利海峡的海权又复归其掌握。

四、斯类斯之海战

一三四〇年，英王爱德华第三率精兵三万乘战舰二百五十艘向法兰西进发。当时法国舰队有大船一百九十艘，与日内瓦的援军共碇泊于布鲁日之北斯类斯（Sluys）海面，早为英国舰队所探悉，即欲向其攻击。于八月二十二日乘午前潮涨，大军向斯类斯前进，以大舰当先，备弓挈手先向敌军射击。待其溃乱再以小船肉搏敌舰，从事俘获。这是英国船队的作战策略。

法国舰队，区分为四，各队均有铁锁相连，又在各舰帆柱上边，多备石弹，专待英舰来袭，施以轰击，这是法国防御的战略。

从前希腊、罗马的军舰，均用桡桨，此次英法二国海战，则全利用帆船，故帆船战争，实以此次为嚆矢。

是日，西北风大起，英国舰队徐徐向斯类斯前进，法国舰队望见敌舰，即转帆入斯类斯海口，英国舰队追随其后。至午前十一时，潮水高涨，两方舰队渐次接近。英国舰队认为时机已到，遂张帆预备攻击。但法国舰队误以为英舰退却之表示，遂取攻势而进逼之。

开战时，双方舰队合计四百艘，即入于混战状态，一方利用弓矢，一方利用石弹，均欲向敌舰冲锋。法军渐已不敌英国舰队的猛烈射击，故其第一舰队即起混乱，而先败北。英国舰队已占优势，攻击益烈，并乘敌舰措手不及之时，突入肉搏，锐不可当。因此，法舰狼狈溃退，其第四舰队系日内瓦的援军，因熟识于航海术，得乘机安然脱围而去。此次战争，接战不过三、四小时，胜败即已决定。法国舰队完全覆没，英国舰队损害极微，死者不过四千人，法国则丧失二万五千人。

经此海战之后，英国握有英吉利海峡的控制权，即将军队陆续开往法境，大败法军于阿金库尔，更进攻围奥尔良城，且夕可下。有农女约安达克，年十九岁，自称天使，起兵解围，依次恢复各地。至纪元一四五三年，除加来港外，失地完全恢复。计前后战争有百余年，故称为百年战争。其结果，英吉利虽未得甚大利益，而对于海权仍得保持。英国后来之得以向外发展，与此次战争，实有很大的关系。

英国海军破灭无敌舰队之始末[1]

(1932 年 7 月)

一、全盛时代之西班牙

土耳其于一四五三年占据了君士坦丁之后，西欧诸国逼于威势，常与土抗争，但对于欧局，无甚影响。惟一五七一年，西班牙威内萨罗马教皇组织联合海军大破土海军于希腊海口勒邦多[2]，其后西班牙遂握有地中海的海权，而称霸欧洲。

十五世纪末，哥伦布发现新大陆之后，美洲渐入于西班牙的势力范围，又以哥太士的远征，北占墨西哥，南服秘鲁，于是南北美的大部分，均为西班牙所有。又以麦哲伦周航世界的结果，太平洋中的岛屿，与斐律宾群岛，也入于西班牙的版图了。

当时各国均采佣兵制度，故兵力辄随国富以俱增。西班牙海陆军备，均极强盛，在十六世纪后半期，实有登峰造极之势。

西班牙海外势力既强，又在欧洲拥有广大的领土，意大利南部的那不勒斯，西西里北部的伦巴奥，今日之荷兰、比利时合并的尼德兰，以及法国北部和东北部的法兰斯孔德，均为其所有。贪得无厌的西班牙王腓力第二，殊不以广大的领土为满足。纪元一五八〇年，乘葡王位断绝之时，藉口亲属关系，欲继承其王位，派军队占领之，自兼为葡王。故葡在海外的领土，如巴西、东印度、锡兰、澳门及威德殖民地，亦均并于西班牙。

---

〔1〕此文发表于《海军期刊》。

〔2〕此战称勒班陀海战。1571 年 8 月，土耳其占领了隶属威尼斯的塞浦路斯岛，西班牙支持威尼斯，反对奥斯曼帝国的扩张政策。1571 年 10 月，土耳其舰队与西班牙—威尼斯联合舰队在扼希腊科林斯湾咽喉的勒班陀附近发生海战，当时土耳其舰队投入舰只 275 艘，西班牙—威尼斯联合舰队投入舰只 217 艘，土耳其战败，损失舰只 224 艘，被杀被俘官兵达 4 万人。土耳其的军事优势虽然受到削弱，但根据 1573 年 3 月签订的一项和约，仍然得到了塞浦路斯岛。

二、荷兰独立运动

腓力第二，素抱统一欧洲的野心，又仇视全欧的新教徒，动辄处以极刑，然新教徒势力愈盛。当时在尼德兰的南部，即今之比利时与尼德兰的北部，即今之荷兰，因欲求宗教信仰的自由和政治的独立，联合反抗西班牙。腓力第二即遣勇将阿尔卑，带兵前往镇压，同时荷兰亦以奥伦治亲王威廉为首领，与西班牙宣战。至一五七九年遂与比利时的旧教徒脱离关系，合北部七州，结成同盟，于一五八一年宣布独立，称荷兰共和国。

腓力第二，以阿尔卑不能镇慑荷兰，另遣白尔玛代之。白尔玛较阿尔卑尤为勇敢善战，荷兰此时几有不能支持之势。一五八四年，威廉又为腓力第二暗杀。荷兰愈觉危险，新教又丁厄运。

此时欧洲各地的新教徒，均以荷兰为根据地，见荷危急，均起援助。英女王依利萨伯亦为新教徒之一，令立斯太率军往援，法王亨利第三，亦遣其弟恩寿率兵往援，即德国的新教徒，亦群起响应，然均非白尔玛之敌。

当初荷兰之反抗西班牙，实为西班牙国内之事，继因新旧两教存亡问题，波及全欧，争端遂以扩大。

三、英国树立新教

十六世纪后半期，合荷兰和法国之力，尚敌不过西班牙，两国的新教徒，均感新教运命的危殆。因此，英国的倾向便大大值得注意了。

英王亨利第八即位，适当德国路德提倡新教与旧教为难之时，他本热心旧教，尤信仰罗马教皇，后因与喀德邻离婚，教皇靳之，亨利大怒，废除教皇之权，自为英国教主，以去教皇在英势力。至爱德华第六即位，始信新教，以改革案通过于国会，至其姊马利为英王，又信旧教，与腓力第二结婚，共通好于教皇，新教徒大受残害。马利死，其妹依利萨伯即位，仍遵爱德华改革案，提倡新教。旧教徒起而反对，欲迎立苏格兰女王马利为英王。腓力以马利本为法王，若兼主英国，其势力必更大，故援助依利萨伯。后以求婚不遂，又以援助马利为名，欲谋废立事泄，马利被杀。

统观腓力第二对于英王依利萨伯的所为，不过欲增加自己的势力。因荷兰和法国的新教势力均被制服，独遗英国未入势力范围，故不惜出此废立手段。英若新教灭亡，则法荷新教难以复活。然依利萨伯终未中计，腓力计穷，遂不得不用武力解决，因此两国就此起了战争。

四、英之海上发展

英荷二国在欧洲的形势，最宜于海上发展。以沿海多港湾交通利便，故二国在海军方面都很努力，商业方面也很注意。当腓力第二统治西班牙时，已有一部分不法的英国暴民专在海上劫掠西班牙商船，但当时一般人都认为这是一种爱国的行动。直至现在，还有不少文人著书称美其事迹。海盗中最出名的为屈雷克[1]，生于一五四〇年，死于一五九六年。他从一五七二年就开始劫掠西班牙的商船，先在墨西哥一带动手，把劫掠商船驱至巴拿马海峡，到了太平洋，屈雷克是第一个到过太平洋的英人。一五七七年，在南美西岸，劫掠一西班牙商船，挤压品值英金十五万镑，于一五八〇年经过东印度好望角、非洲西岸回国。这一次是英人的最初世界航行。一五八五年，他又带了二十五只船出发，抵美洲东岸，带了几种土产回来。一五八七年，他又毁灭了许多西班牙的商船，有时把劫掠物进贡于伊利萨伯，因此得了爵位。腓力第二已非常愤怒屈雷克的劫掠行为，今见女王奖以爵位，更加愤恨，乃对英提出严重抗议。但伊利萨伯对使者说，此事与英国无干，贵国若欲保在海上航行的安全，可以兵力保护。

腓力第二以英国曾以兵力援助荷兰独立，继又任屈雷克劫掠西班牙商船而不加禁止，又杀马利女王，积恨已深，忍无可忍，遂决意派遣无敌舰队征服英国。

五、无敌舰队之准备

英人在海上的劫掠行为，极为西班牙人所痛恨。今又树立新教，更为西班牙人所反对，

---

[1] 弗朗西斯·德雷克（1540—1596），英国航海家、殖民者。1567年参加霍金斯的船队，从事奴隶贸易和掠夺西班牙在加勒比海地区的殖民地。1577年12月，率5艘船驶离英国普利斯港，渡过大西洋，于1578年4月抵达南美。8月穿过麦哲伦海峡，驶入太平洋。然后沿美洲西海岸北上，途中洗劫西班牙在智利的殖民港口瓦尔帕来索，拦劫西班牙船只。航至北美沿岸后，折向西行，经摩鹿加群岛，绕过好望角，于1580年9月返回普利茅斯港，继麦哲伦之后，完成了第二次环球航行。伊丽莎白女王以资金和装备支持其海盗活动。1588年，在英国击溃西班牙"无敌舰队"的海战中，为英国舰队的主要指挥官之一。

故西班牙派遣无敌舰队的动机，实起于仇教，非仅为腓力第二侵略英国的野心。

首倡派兵征服英国的为一五六九年讨伐尼德兰的阿尔卑公爵，继其后的，则为圣大克虏兹候爵，他曾拟具征服英国的详细计划。腓力第二虽很赞成，然以他的计划，要建造大小战舰五百五十六艘，总吨数七万七千余吨，船上员兵九万四千人，规模太大，不易举行。仍欲避重就轻，用政治手腕制服英国。后以名将白尔玛极力赞助造舰计划，始采用原定计划。

马利女王既为伊利萨伯所害，西班牙知政治阴谋难以奏效，对于海军的准备愈急，并欲以秘密的手段出其不意而袭击之。然这种大计划，早为英国所洞晓，于是亦积极备战，先使屈雷克以小舰数十艘，分布于西班牙沿岸，及加的斯与里斯本各港口，先行焚毁西班牙的运输船，并尽力劫掠其商船。故西班牙于未攻击英国之前，已受很大的损失，因而影响无敌舰队的准备。至大舰队的准备将告成的时候，又发生总司令官的人选问题。圣大克虏兹生前，无敌舰队建造的计划均出于其手，自应以他为总司令。惜彼于一五八八年死了，致一时无适当人才，堪以胜任。腓力第二此时不于海军中选择人才，而以陆军上将锡德尼牙为海军总司令官，彼既无海军学识，又乏海上经验，甚至不惯于海上生活。虽出身高贵，而品性廉洁，智勇出众，以之统率陆军则可，若使其指挥海军则不宜。这实为无敌舰队致败的一种原因。

腓力第二见无敌舰队已准备完毕，欲乘英国对于防御上尚未布置就绪时，先发制人，遂下紧急命令，限舰队于一五八八年四月初旬出发。此时西班牙的舰队，虽依照克庐兹计画建造，然以急切中仅成大小战舰八十三艘，连运输船四十五艘，共一百二十八艘，大炮二千四百三十一门，船员总计三万人，与原定的计划相差很远，但战斗力仍为各国海军之冠。

无敌舰队出发的时候，并载有旧教僧侣三百人，系奉罗马教皇之命，预备征服英国后以为恢复旧教之用。此种计划，与元世祖于攻击日本之前，已先备置农具，备占领后作为垦殖之用，可谓同出一辙。

六、无敌舰队出发与英国备战

海战之先，必须握有制海权，为攻击之根据。腓力第二对此极为忽略，甚至欲求避免海战，只令舰队运送陆军三万六千人，至英海岸上陆，非到万不得已，勿轻与英海军开战。此实自贬无敌舰队的功用，且以之专作护送军队之用，是与克庐兹造舰的意旨，大大相反了。假使此时无敌舰队能先占有英吉利海峡的海权，则西班牙军队可以自由行动，乃计不出此。故其失败，不待战争，早已决定了。

无敌舰队总司令官锡德尼牙向腓力建议，须先打破敌国海军的主力，而后再求运送军队较为安全。然腓力刚愎自用，终不听他的献策。

一五八八年五月二十日，西班牙舰队由里斯本出发。过了几日，因中途遇风，散失了一部分。至六月九日，始到达预定的集合地，入于哥罗尼亚港。当无敌舰队未出发前，英人早料西班牙必有一日来袭，海军戒备，不敢稍懈。海军提督豪尼德，力请于女王伊利萨伯，从速扩张海军，以防外敌，女王从其议，照其计划实行。豪尼德又以无敌舰队必来袭击，不如先发制人，因伊利萨伯不以为然，遂止。

当英人得到西班牙舰队运送陆军上陆的报告，大起恐慌。女王乃激励国人奋起杀敌，应募者达五万人。富商则争以船舶供给海军，英人爱国心达于极点。然使西班牙大军，果登陆直迫伦敦，则以此素无训练的义勇兵，其数虽多，亦难以抗敌。惟英海军洞见自身弱点，故决计先破敌国海军，使其不得上陆。

英国海军的实力，军舰不过一百八十艘，其中虽有巨舰一百二十八艘，然舰质非常窳败，而五百吨以上的，仅十四艘。至于西班牙舰队，在五百吨以上的则有五十六艘，一千吨以上的有七艘。故英国海军势力，实差于西班牙很远。但因士兵素有训练，统率亦甚得人，如总司令官豪尼德、司令官屈雷克、夫洛比瑟和琴兹、西穆亚等，非由海盗出身，即为航海专家，其才能均出于锡德尼牙之上。西班牙舰队虽强，而其海军人才，则比不过于英国。

当时英国的主力舰队，均集中于普里穆斯军港，扼守英吉利海峡的入口处，另以西穆亚统率的舰队，警戒多维海峡北方之东喀基，以防敌军上陆。此时荷兰因与英国有与共存亡的关系，亦令龙仁德率舰二十七艘，加入西穆亚的舰队中，共担封锁比利时海岸的任务。

七、困于英吉利海峡之无敌舰队

集中于哥罗尼亚的无敌舰队，计有一百二十八艘，于七月十一日首尾冲接，延长六浬，作大半月形的纵阵，向英吉利海峡前进。其主力舰队置于中央，由锡德尼牙指挥之。

七月二十一日入英吉利海峡。英舰队在普里穆斯守候已久，两军接战，英军纵横击敌，进退自如。所发之炮，又时时命中。因此无敌舰队除动作极感困难，虽一面应战，而仍以前进为目的，故战况不甚激烈。英舰队向其追击，接战八小时，西班牙丧失战舰数艘。

英舰队操纵既极巧妙，因舰身轻小，进退又非常自由，屡迫敌舰，开炮之后，即行回避，后知敌方炮术与驾驶术甚劣，遂直樱其锋，敌士气益加不振，而英军遂愈得势。

无敌舰队因运送军队的任务未达，故欲避免战争。锡德尼牙以四十余艘战舰，另组一队，使抵御英国舰队，其主力舰队，则一意向北前进，以达其通过海峡的目的。这种战略，恰与日俄战争时，俄国主力舰队，欲入海参崴，而使少数军舰应战，情形极其相似。

其后，英舰队仍追蹑敌舰，东进海峡，时时对之攻击，但尚未至于大战时期。二十五日，在威地岛海面一战，虽较为激烈，然无敌舰队仍未停止前进。英舰队因补充药弹，故亦未追击。

西班牙舰队急欲与白尔玛统率的陆军，在东喀基附近联络，再将军队运至丹湼特岛上陆，另遣一军，在英吉利之北上陆。又以圭西公统率的军队，送至英西岸，三方并举，直迫伦敦，欲一举而使英国作城下之盟。因此在东喀基附近，备无数的平底船，专以输送陆军。当时白尔玛亦急与舰队联络，亦向东喀基前进，但以西穆亚与荷兰的舰队，扼守其间，未能达其目的，且对本国舰队亦不能通报军情。

八、格剌甫林之战

无敌舰队，更向前进，于七月二十七日到达加来海面，此处为英吉利海峡与北海交通的要道，位在多维海峡之东，系最近于英国的要港。

二十八日未晓，英国舰队遣大船八艘，满载引火物，乘流放火，烧断敌舰队的铁锁，并焚毁其巨舰三艘。又有三敌舰因烧断绳索而失却联络。无敌舰队一时陷于混乱的状态。锡德尼牙不得不命舰队全部出动，仍作大半月形纵阵，向东北而进。抵加来与东喀基中间之格剌浦林海面。至二十九日，双方舰队即于此处起了激烈的战争。

七月二十九日午前九时，西班牙的无敌舰队，因先受英国舰队的攻击，乃下令决战。英舰队总司令官豪尼德向敌队的中央，屈雷克与和琴兹的舰队，任左翼，压迫敌的先头；西穆亚的舰队任右翼，直冲敌队的后方。于是三面同时攻击，先从左右两翼，渐向中央直进。此时英舰队忽而接近敌舰开炮，忽而冲入敌队攻击西班牙舰队。因与陆军联络已经绝望，故兵士均无心应战。

此次海战，以帆船而装大炮，实为在海战中的第一次。西班牙因炮术不精，操纵不灵，其炮弹常越过英舰。冲锋时，又与英国以可乘之机，无法反攻，致激战终日，大受损害。而英国舰队亦以子弹缺乏，至午后六时，战争遂告终止。

大战结果，无敌舰队损失巨舰十六艘，死亡四千人。英国方面只丧失战舰一艘，死亡者不过二三百人而已。

格剌浦林之战，无敌舰队虽告失败，但其战斗力尚未完全消灭，特以精神疲敝不堪，即欲反攻，势已不能。次日乃召集会议，以决行止。当以子弹缺乏，又与陆军已失联络，不得已，遂决定回国。然以归途必经过英吉利海峡，仍不免受英舰队的攻击，且虑暴风，故最后始决定绕道苏格兰之北，回航大西洋，而后顺路回国。

九、无敌舰队遇难

当无敌舰队决定绕道苏格兰时，尚存战舰百余艘，由锡德尼牙统率。无如彼既不明航路，又昧于英国沿岸的形势。欲图侥幸驶出大西洋，危险已极。维过北海时，忽遇暴风，大小战舰都被吹散。抵苏格兰北岸奥克内群岛时，舰船已损失了不少，驶至爱尔兰西岸时，又遇暴风，舰船大半冲于悬崖，溺死者数千人，沉没者亦不少。其后在途中又发生瘟疫，死亡约一万人。抵哥罗尼亚时，舰船之残存者，不过六十五艘，且大半均已窳烂了。

观西班牙的无敌舰队，因大战而损失的，只有十六艘，死亡的不过四千人，因暴风而遭损失的舰数，竟超出三倍于战时。两次人员溺死者，约八千人，加以病死者一万人，又较战死的人数超出四倍半之多。故西班牙这次的失败，全由于缺乏航海经验，不知道趋避暴风，使无敌舰队倏忽归于消灭，尤以统率不得其人，为其失败最大的原因。

西班牙人见此情形，非常失望，即素好刚愎自用的腓力第二，亦殊胆落，而归咎于天之不己助。噫，真可怜呢！

此次无敌舰队失败的原因，可概括之如次：

一、海军缺乏统率人才。

二、战略错误，不知取得制海权。

三、将士缺乏斗志。

四、驾驶术与炮术未精，又乏应付谋略。

五、不知回航路线，而强为航行，及遭暴风而不知趋避。

十、无敌舰队破灭之影响

西班牙无敌舰队的破灭，其影响所及，为历史进程变迁的关键。西班牙以勒邦多一战，握有世界的海权，故国势日渐发展，二十年来，几将无敌于天下。然于此次战争失败之后，国势日益衰弱，世界海权几尽为英吉利与荷兰所占，制海权之关系于国家也如此。

无敌舰队失败之后，欧洲所有盛行新教的国家，渐次复形活动，群起与西班牙的旧教对抗，而树立新教坚实的基础。

英国战胜之后，对国内的旧教徒，极力铲除，对于海外的势力积极扩张。凡西班牙、葡萄牙二国往时在海外的势力，此时均由英国取而代之。又在北美咯尔勒掌的百都剌里建立女王伊利萨伯的纪念碑，在维基尼亚等处开辟殖民地。故英国在海上的势力至此益见确定了。

荷兰久处西班牙势力之下，亦因无敌舰队的破灭起而反抗，击破西班牙在其海陆的势力。腓力第二束手无策，竟于一五九八年忧愤而死，其子腓力第三即位，更无能为。不已于一六〇九年与荷兰订立休战条约。一六四八年，各国在威斯特发里亚开会，均承认荷兰为独立共和国。法国前以圭西公与西班牙订立密约，国王亨利第三无法抑制，因此法国几成为西班牙的保护国。今以无敌舰队破灭，乃于一五八八年十二月间，诱杀圭西公，后来亨利第三亦被旧教徒所害。至亨利第四即位，平定宗教之乱，颁布世界有名的《南特勅令》[1]，许人民信教自由。因此，国内政治日见清明，国力亦愈见发展了。

吾人最后视察格剌甫林海战之特点有三：一为扩大海战区域，启外海战争之端；一为发扬军舰威力，盖以帆船而置大炮，实为前此所未见。此外对于海权区的争夺，亦从地中海扩张至于大西洋。故这一次的海战，在世界海战史上，实含有重大的意义。

---

〔1〕法王亨利四世于 1598 年 4 月 13 日在法国西北部的南特城颁布的一项饬令，规定天主教为法国国教，同时承认胡格诺教徒享有信仰自由，允许他们在巴黎及其他几个城市以外的城市和许多农村做礼拜，胡格诺教徒同天主教徒享有同等的担任官职的权利，胡格诺教徒有权召集自己的宗教会议和政治集会。此饬令遭到罗马教皇和天主教会的激烈反对。1685 年，法王路易十四将该饬令完全废除。

日俄海战纪要[1]

(1932 年 9 月)

一、日俄开战原因

俄国当彼得大帝时，即筑圣彼得堡于波罗的海之滨，遗言又欲以君士坦丁为都，以出黑海和地中海，但扼于英法，不能如愿，乃侵略中亚细亚，欲从印度洋出海，又为英人所拒。最后转向东方侵略，另求一个出路。一八九一年，俄皇亚历山大决筑西比利亚铁路，由圣彼得堡以至海参崴，因此与日本的势力相遇于满洲和朝鲜。

日本欲扩张其势力于国力，若使俄国雄据满洲、朝鲜，以肆其侵略，其势殆非日本所能御。而日本人口有增殖，本国土地有限，其视海外之地可容其移殖的满洲、朝鲜以外，亦更无他处。此日人所以视满洲、朝鲜的所属为其国家的存亡问题。至于俄国，既不得志于欧洲，有海参崴固为良港，然由此入太平洋，鞑靼、宗谷、津轻、马对四海峡必经其一。鞑靼水道狭而且浅，仅容吃水十二英尺的汽船；宗谷夏日多雾，冬日多风雪；津轻全在日手；对马亦为日所扼，且海参崴冰期甚长，水道又浅，前无屏蔽，易为敌人所乘，实非十分良港。故俄人欲向太平洋出路，不能以得海参崴和东海滨省为已足，必须将满洲、朝鲜置于自己的势力之下。日人以与中国一战，而得朝鲜、辽东半岛，此俄人所痛心疾首，不能不联合德法二国，迫日本放弃辽东半岛。日本以处心积虑的大欲，劳师费财所得，无端为人劫去，且备受胁迫，大失国家的体面，自然深怒积怨于俄国。

日本为势所迫，竟将已经获得的土地交还中国，俄国在满洲获得特权的始基，即成立于此时。其事实的最初表现，为中俄道胜银行的设立和中东铁路的敷设权。这虽以维

---

[1] 此文发表于《海军杂志》。

持在东亚各国交通为目的，实侵略中国财政、经济和其他的利权。中东路由道胜银行经营的铁路，自西比利亚铁路后贝加尔线的加达罗夫斯东站起，横贯黑龙江、吉林二省，而与南乌苏里铁路的尼古里斯车站相联络。由是俄国首都圣彼得堡与海参崴之间，始成至便的直路，且藉此与北满一带的关系，更形密切了。

一八九七年十月，德国以宣教师在山东为匪所杀[1]，派舰占领胶州湾。次年，迫我订租胶州湾。俄亦援例派舰占据旅顺口，迫我订租旅顺、大连，并其附近区域，以二十五年为期。于此区域内，驻屯海陆军，设置相当的武备，且得敷设由中东路干线通大连湾的铁路，并由营口、鸭绿江间到海岸适宜的支路。是俄国前因中东路，本国与日本海的联络既已成功，今更一跃南下，于辽东半岛得一不冻港湾，并有中东路干线联络的计划。此路一成，是由俄都直入满洲，以哈尔滨为枢纽，东进则抵海参崴，南下则达旅顺、大连，左右纵横，毫无阻碍了。

中日战后，中国在朝鲜的势力完全消灭，日本当可视朝鲜为囊中物，但不久日人在朝鲜的势力转不敌俄。当中日开战时，日本即与朝鲜结攻守同盟，朝鲜自称独立国，改号韩国，然实多受日人干涉，所施各政，动遭一部党人的厌恶。而俄使威拔，机警善操纵，熟于韩国的内情，深与后宫一派相结。时日人大院君摄政，韩人排日的皆奉闵妃，倚靠俄国，以反对日本。党人的倾轧日甚一日，闵妃即以此被杀。到一八九六年一月，排日派起兵春川，汉城的卫兵均被调遣。俄水兵乘虚入汉城，韩王走俄使馆，内阁总理大臣金宏业被杀，排日派组织内阁，俄国在韩的势力大张起来。日本不得已，命驻韩公使小村寿太郎与俄使威拔订立协约，于五月十四日议定韩王还宫、另行任命大臣与日俄驻韩军队的数额。俄皇尼古拉二世加冕时，日派山县有朋为贺使，又与俄立一议定书，更协定韩国财政、军政、警察、电信等件之有关于两国的，于是日俄对韩的势力已立于对等的地位了。然俄在韩的举动，渐为韩人厌恶，声势日渐堕落。俄亦因新借旅大极力经营，无暇兼顾，对韩稍事让步。一八九八年四月二十五日，更命驻日公使罗善与日外务大臣西德次郎订结第二步协商，议定二国互认韩国主权独立，不干涉其内政。至练兵教官或财政顾问的任命，非经协商，不得任意处置，俄认日在韩有工商业的优越权。然俄人进取的野心，终不肯停止。一九〇〇年，租借栗九味浦，乘占领满洲的余势，更开始经营

---

[1] 即巨野教案。1897年11月1日夜，山东曹州巨野县民众闯进磨盘张庄教堂，杀死德国神甫能方济和韩理迦略而酿成的事件，为当时重大教案之一。该教案是中国人民反帝反封建的一次爱国事件，德国以此为借口，派军舰侵占胶州湾。

鸭绿江左岸，于是韩国领土的保全危如累卵，而日俄的战祸，至此已不能免，特待机而发耳。

二、日俄战前之交涉

日俄之战，既有一触即发之势，而一九〇〇年中国庚子之乱，实为战争的导火线。我国既与各国宣战，而东三省将军皆出兵向俄人攻击。俄以护路及平乱为名，调兵到西北利亚及旅顺二方面，将满洲各要地尽行占领。八月十四日，各国联军入北京，各国使馆解围，秩序亦渐恢复。十月，各国公使相会，与清廷议定媾和条约，拟撤各处驻兵，俄国独持异议。当开议时，即有关东省总督亚历塞夫胁增祺订立密约之说，其后又有俄政府与我驻使杨儒订立条约之说。日英德奥意美各国皆向中国政府警告，并同时质问俄国。俄置之不理。日再单独向俄通牒，请勿以此扰乱东亚的局势。各国亦有从中赞助。俄国不得已，乃撤回其新条约案。一九〇一年九月七日，各国与中政府已成立媾和条约，庚子事变至此告一段落。此时，英日两国鉴于远东的形势，欲共防俄，于一九〇二年一月三十一日，在伦敦缔结同盟[1]，俄法亦于此时结了同盟。日俄战争以前，各国在远东对立的形势于此极为显明了。

俄人并吞东三省的野心，既为各国所非难，乃于三月二十六日，与中国订立撤兵之约，以六个月为一期，分三期撤兵。至二次撤兵到期，俄态度忽变，非徒不撤，反向我国提出新要求。各国始知俄无撤兵诚意，而日俄的交涉即由此而起。

自满韩问题发生以来，日极望中俄得圆满协商，以期促使东亚的和平。不意俄于提出新要求后，即在鸭绿江着手军事行动。此时，俄人已决与日开战，故为挑衅。然日人仍欲与俄和平商议，于一九〇三年八月十三日，提出和平办法协约草案。俄则提出对案以胁日本。日外务大臣小村与俄使罗善交涉数次，于十月三十日更另具修正案，求俄考虑那修正案的内容。如第一次提案，尊重中韩的独立，保全其领土，俄应认日在韩的利益，及对韩改革，有与助言及助力，不得妨碍日在韩工商业的活动，不得反对保护此等利益的一切措置。并主张因以上的目的，或镇抚国际纷争所起的骚扰，得派军队至韩。至对

---

[1] 1902 年 1 月 30 日，英日两国为联合对付俄国在远东的扩张而签订第一次同盟条约，规定缔约国的一方在遭到第三国进攻时，另一方应保持中立；在第三国得到其他国家支持的情况下，则应提供军事援助。条约还保障英国在中国、日本在中国及朝鲜的非法利益。

俄所提出的足以加害于朝鲜海峡自由行驶的兵事工程，不得设置于韩国沿岸一项，改为满韩境上，如五十启罗密达。又日认俄在满洲的特殊利益，俄亦应认日在韩的特殊利益。俄保护该利益的行为，日认为俄的权利，俄亦不得妨碍日在满洲所得同上的权利。韩国铁路延长至鸭绿江时，不妨碍其与满洲铁路的联络。

小村与俄使谈判数次，俄使仅认关于韩国条件的修正，而关于满洲的条件，终不相下。延至十二月十一日，俄使忽向小村提出第二次修正案，协商的范围依然以韩国为限，不承认以军略上的目的，使用该国领土。中立地带，亦固执韩国三十度以北。其关于满洲，日本所认为有协定的必要的，坚持原案，将其修正案全部删除。惟日以满洲实为两国利害冲突的地域，有协商的必要，且要求关于韩国领土的使用不加限制。又主张如俄不愿跨满韩两侧作为中立地带，无宁将此项全行删除。至次年一月六日，俄覆日文，对韩的主张毫不肯让。若日认俄对韩的主张，俄愿认日及各国在满洲由中国所得的利益及特权。然俄既无绝对促使中国主权及领土的保证，即令承认尊重日本及各国在满洲的利益，亦恐无效。且日既认俄的主张，对于满洲及沿岸，为其利益范围以外，俄对韩亦应与以同样的保证方昭公允。一九〇四年一月十三日，日本更将此意送达俄政府，至一月三十日，仍无确答的日期。

日俄交涉至此，业已山穷水尽。于是日本始知于外交上决无解决的余地，遂于二月五日命栗野公使通告俄政府，决然中止交涉。两国的国交，遂因交涉停顿而破裂了。

三、日俄实力与其舰队行动

日本自中日战争后，极力扩充海军，同时并注意军队的教育训练。于一八九六年，造成第一期海军扩充案，次年更定第二期扩充案，均得议会的协助，遂着手建造军舰。至竣工时，日本军舰约有二十六万余吨。至一九〇三年四月上旬，在九州方面大演习，由是分常备舰队为二队。至十二月下旬，将常备舰队解散，新编成第一、第二及第三舰队，更以第一、第二舰队组织联合舰队，以东乡为第一舰队兼充联合舰队的司令长官，并为总指挥，在佐世保以备事变。以上村彦之丞为第二舰队司令长官，又以片冈七郎为第三舰队司令长官。该舰队停于吴军港及竹敷要港，以待后命。统计当时日本的海军，计有一等战舰六，二等战舰三；一等巡洋舰六，二等巡洋舰九，三等巡洋舰七，三等海防舰十，一等炮舰二，二等炮舰十四，通报舰四，驱逐舰十九，水雷母舰一，水雷艇六十二，海军现役军人，计三万一千余人。其中在各舰的，有一万六千余人，其余的在镇守府及各要塞。预备兵四千余人，后备兵约二千人。海军的政令掌握于海军大臣，作战的计划策定于海军司令部。海军区分为五处，即横须贺、吴港、佐世保、舞鹤，均设镇守府。惟室兰一区未设。

日本的陆军为征兵制，民年十七至四十，皆有服兵役的义务。先充常备兵，其中又分现役与预备役。现役的，陆军三年，海军四年。预备役的，陆军四年又四个月，海军三年。常备役满期，退为后备兵五年，再退为补充兵，再退为国民兵。其组织以师团为最大，合步兵二旅团（一旅团分两联队，一联队分三大队），骑兵三中队，炮兵六中队，工兵、辎重兵各二中队，而成师团。一师团有一万二千五百人，有近卫师团第一至第十二师团，合两师团而称军团。此为战时的编制。十三师团之外，有骑兵二旅团，战时为骑兵独立师团。又有野战炮兵六联团。此为日本的常备兵，其数约十六万。预备兵计有步兵五十二大队，骑兵十七中队，炮兵十九中队，数约五万。预备兵及国民兵的数目，皆倍于常备兵。故日本全国的陆军约在四十万左右。其政令掌握于陆军大臣，其作战的计划，则订于参谋本部。于东京置中东西三部都督。东部都督管辖第一、第二、第七、第八师管区；中部都督辖第三、第四、第九、第十师管区；西部都督管辖第五、第六、第十一、第十二师管区。

俄国的海军势力，实有五十一万余吨，有战舰二十八，一等巡洋舰十四，二等巡洋舰十二，三等巡洋舰十，一等炮舰四，二等炮舰二十七，驱逐舰三十九，水雷母舰十，水雷艇二百零七，将士计四万人。海军区分为四区：波罗的海、黑海、里海及太平洋。海军舰队，分为四队：波罗的海舰队、黑海舰队、地中海舰队及太平洋舰队。除了黑海舰队以达达纳尔海峡被封锁，无出海之望外，余皆可作战于东洋的。海军最高长官，为海军大元帅，以皇族任之，海军大臣为之佐。其下有海军本部会议、海军军令部、水路处、舰政处、技术会议、海军高等军法会议、司法处、卫生处、官报处、记录局、恩给局、印行局等。各海军区皆有军港，分为一、二等。一等有司令长官，二等有司令官。俄国海军又分为海战、陆战二部，在海称舰队，在陆称海军团。一海军团，自七至十五中队，一中队百五十人，一战舰四中队，其余各以舰的大小为差别。

俄国的陆军，其编制以军团为最大。一军团有步兵二师团，骑兵一师团，加以炮兵、工兵、筑城兵、电信队、架桥队、铁道队、马匹补给队，合计士官一千零三十人，兵士四万七千六百五十三人。全国有五十二师团，分为二十九军团。而在东西比利亚有二军团。

此外，又有近卫兵、芬兰兵、哥萨克兵、高加索兵，皆为特别编制。又有补充队、要塞守兵、铁路守备兵等。故俄国的陆军，战时可扩充至四百万。全国分为五十三军区，皆有司令，而直辖于陆军大臣。陆军大臣下有六部：高等军事会议、高等军法会议、参谋本部、七监部、陆军省、经理局及监军部。

日俄在战前，海陆军的势力已略述其概要了。以下所说的，为日俄海军在战前的动作。俄国于一九〇三年四月，满洲第二次撤兵，俄太平洋舰队，有战舰四，装甲巡洋舰三，巡洋舰五，炮舰九，水雷母舰二，驱逐舰十一，合计约十一万七千七百余吨，以海军中将斯达尔古为司令长官，海军少将斯达开伯尔、维多谟斯起为司令官。另有战舰二，巡洋舰五，驱逐舰七，此时已由本国出发，向东洋航行，合计亦有五万二千六百余吨。自五月中旬，舰队集中于旅顺口方面，在黄海举行全舰队大演习。海参崴的炮台亦演习实弹射击。至五月下旬，陆军大臣苦鲁伯坚由俄京赴海参崴检阅军队后，亲游日本，以观虚实，抵东京，当时传说不一，有谓此来系订满韩交换条约的，实则考察形势。六月三十日抵旅顺，视察防备的状况，检阅陆军野外演习，巡视停泊各军舰。自七月八日起，集俄官开会议数日，至十三日始行回国。当时由俄国开来的军舰十四艘，均已抵港。斯达开伯尔先率"俄罗斯""古罗马坡伊""坡加伊利"三巡洋舰抵海参崴。斯达尔古更率战舰六艘抵港，其余各舰，皆先后到达，交相入坞修理。且在亚母尔湾，施行各种演习。八月十二日，关东总督亚历塞夫亦往海参崴，视察各种战备和一切计画。于九月初旬回旅顺，再举行海军大演习。以战舰以下十三艘组成的舰队，于十三日去海参崴，由朝鲜海峡施行演习，向旅顺口出发。该处亦于九月中旬，施行海上正面要塞的实弹射击。其在港内停泊各舰艇，亦常出入大连湾操演，最后与海参崴回来的舰队会合，于十月一日停泊于旅顺口之外。

十二月，战舰"芝耶砂历维几"、装甲巡洋舰"巴亚"更由本国开来，与主力舰队会合。是俄国海军的主力，已有战舰七，装甲巡洋舰四，巡洋舰十，加以炮舰、驱逐舰等，合计为十九万九千余吨。另有战舰"阿斯拉俾亚"、装甲巡洋舰"达味多里达斯苛伊"、巡洋舰"阿乌鲁拉"和驱逐舰数艘，亦由本国向东洋出发。斯达尔古命各舰艇在旅顺口外励行战斗操练。又于韩国仁川港除常设警备舰外，并有主力舰时行出入。其在海参崴各舰，日以碎冰船破碎四围的结冰，汽炉留火，以备随时的急需。至在旅顺口的主力舰，于二月三日在近海游弋，至四日午后，列阵停泊于黄金山前面。当时俄国在东亚各方面的及太平洋舰队的势力，在旅顺的有战舰六，一等巡洋舰一，二等巡洋舰三，三等巡洋舰二，炮舰四，水雷炮舰二，驱逐舰二十五，水雷母舰二，假装巡洋舰一；在大连的，有三等巡洋舰二；在仁川的，有二等巡洋舰一，炮舰一；在营口的，有炮舰一；在上海的，有炮舰一；在海参崴的，有一等巡洋舰三，二等巡洋舰一，假装巡洋舰一，及水雷艇十七。

日本海军于一九〇四年二月六日，就开始作战行动，东乡司令长官统率舰队在佐世保军港，召集上村第二舰队司令长官以下各司令官及各舰长，至旗舰"三笠"宣示昭书，且告以"联合舰队应直达黄海，攻击在旅顺口及仁川之敌。以瓜生司令官率第四舰队（临时加入"浅间丸"）及第九、第十四艇队当仁川之敌，并掩护陆军上陆。第一、第二、第三战队及各驱逐队直向旅顺口方面，先以驱逐队乘暗袭击敌舰。次日，再用舰队攻击。此次作战，实关系国家的安危，诸君都要努力。"

出羽司令官率坐三战队及第一、第二、第三、第四、第五驱逐队，第九、第十四艇队，并特务船"春日丸""日光丸""金川丸"先行出发。上村司令长官率第二战队，东乡司令长官率第一战队，继续出发。而瓜生司令官率第四战队及"浅间"，并护送陆军运船"大连丸"、"小樽丸"、"平壤丸"殿后，各取预定的航路前进。次日，第一战队抵九针岩附近，捕获俄商船"俄罗斯"号。午后一时二十分，抵新古洛岛附近，与各舰队相会。日本联合战队，由是分向旅顺口、仁川方面而进。

四、仁川港外之海战

一九〇三年十二月，日俄交涉紧迫之时，韩国京城方面形势亦很危急。当时日舰"济远"常出入仁川港，察看各种状况。又在中国北方的日舰"千代田"亦于十二月十八日抵仁川。至一九〇四年一月八日，俄舰"古历芝"入港，与先在港内俄舰"滑利亚古"停泊于"千代田"的左右。三十一日，更移泊于日舰之东，"千代田"亦移驻通于仁川码头的水路口，以求进退的便利。五日，接国交断绝的电报，期与佐世保开来的第四战队相合，遂于二月七日午后十一时，乘夜潜行出港，由八尾岛出外海，向伯阶岛而进。

二月七日，瓜生司令官率第四战队，与第一战队会合于新古洛水道，探得俄舰"古历芝""滑历亚古"停于仁川港，即于午后四时三十分与本队分离，向伯阶岛而进。八日早，与"千代田"会于伯阶岛附近，遂决计使陆军先由仁川迅速上陆。午后二时十五分，以左列的队形，向仁川港前进。

"千代田""高千穗""浅间""大连丸""小樽丸""平壤丸""浪速"（旗舰）"明石""新高"。

"苍鹰"（旗舰）、"鸽""雁""燕"。

午后四时二十八分抵八尾岛附近。"千代田""高千穗"离队前进，第九艇队随从"浅间"稍后。在运送船队的先头，适与"古历芝"相遇。"浅间"为掩护运送船队计，乃左转而入敌舰与运送船队的中间。第九艇队见敌舰至其左舷正横时，于是"苍鹰""鸽"向其左方，"雁""燕"向其右方进行。后来"燕"因搁浅不能前进，其余三艇仍向"古历芝"疾驶。至八尾岛附近，俄舰将向右回转，见日舰队接近，遂对之开炮，时正在午后四时四十分。此实为一九〇四年日俄战争第一次的炮声，此时"浅间"已复出原航向进行，闻此炮声，即以信号报告旗舰"浪速"，并令运送船队暂回，本舰亦拟出港。适"古历芝"向下锚地而退，日舰复循旧路前进。"浪速""明石""新高"亦转右方，直向港内。

午后五时三十分，第四战队抵仁川，掩护陆军开始上陆。当时在港内除了俄舰及商船"松加利"外，还有英舰"达尔波多"、法舰"巴斯加尔"、意舰"耶尔巴"、美舰"维古斯巴"及韩舰"扬武"等。至九日午前二时三十分，陆军上陆完了，"大连丸""小樽丸"及"平壤丸"先后离开碇定而去。瓜生司令官接到陆军均已上陆的报告之后，即致牒于俄舰，限于九日午前退出仁川港，否则即行轰击，并将此意通告各国领事及韩国官署。于午前五时，以雷艇"鹊"护送"千早"在港外警戒并巡逻蔚岛附近，以待俄舰出港。又"高千穗""明石""千代田"及第九艇队与运送船由仁川出发，均抵菲利浦岛的东侧。二月九日午后，瓜生得"浅间"报告俄舰出港，即令备战。当时俄舰在八尾岛之北约有四浬，已悬旗宣战。两舰雁行而下，于是日舰"浅间"在前，"浪速""新高""高千穗""明石"在后。第十四艇队在旗舰"浪速"的侧面，以备向敌袭击。十五分，两方距离约七千密达，"浅间"横断俄舰的前路。二十分，向"滑利亚古"开炮，俄舰亦应战。于是"浅间"向右旋转，置俄舰于其舰首，加以猛击。"千代田"专当"古历芝"，"浪速""新高""高千穗"亦炮火相加。日舰因避浅滩行动均极慎重。"滑利亚古"虽亦努力应战，因中弹过多，先避于八尾岛。"浅间"、"千代田"随后追击，"千代田"因追击不及而止，遂入"浪速""新高"之列。"浅间"追及"滑利亚古"，继续猛击。该舰渐次左倾，犹望仁川碇地逃走，"古历芝"亦随之而遁。至一时十五分，因近碇地，"浅间"才停止开炮，反转原路，与各舰艇前后抵菲利浦岛附近。第九艇队的水雷艇三艘亦由港口来会。俄舰"滑利亚古""古历芝"及商船"松加利"均爆沉于碇地附近，其得生存官兵由英、法、意军舰分送于新加坡、香港各处收容。

二月十日，瓜生司令官接到电报得知旅顺方面联合舰队的战况，至午后三十分，各驱逐队与第一、第二、第三战队，均入港共祝胜利。此次战争，俄舰全灭，日舰未受损害。胜利属于日方。

五、旅顺口八次攻击与三次闭塞

（一）旅顺口第一次攻击

二月六日，日联合舰队由佐世保出发，七日午后三时集合于新古洛水道，在七发岛之南捕获俄船"阿尔昆"号。第三战队先向小青岛附近侦察敌情，第四战队则向仁川前进。东乡率第一、第二战队和各驱逐舰队直向旅顺口。八日午后六时，各队均抵圆岛之东南。东乡命驱逐舰前往袭击旅顺口、大连湾。于是，第一驱逐队"白云""朝潮""霞""晓"，第二驱逐队"雷""胧""电"，第三驱逐队"薄云""东云""涟"均向旅顺口前进，第四、第五驱逐队则向大连湾，而主力的舰队亦取预定的航路而进。入夜，仅留船尾灯，航路仍向老铁山角。十时，第一驱逐队司令浅井发现俄驱逐舰两艘，向东北航行，乃灭灯向右转避，"胧""雷"因此撞伤不能行。第二驱逐队各舰全行分离，第三驱逐队亦与前队相失。至此，遂不得不取各别的行动了。

第一驱逐队向右转避之后，复取原路进行。十一时八分，始认明老铁山的灯光。又因见俄舰的探海灯光，髣髴有多数的敌舰，浅井即命袭击。日舰"白云""朝潮""霞""晓"先后向俄舰"伯历苏脱""历多维山""巴尔拉达"进攻，随即向南急退，致俄舰还炮多落于日驱逐舰的附近。

第二驱逐队各舰，因在途中分离，该队司令石田一郎单独率"雷"舰向旅顺口外急进，因受俄舰"阿斯古利多"的炮击，敌弹掠舰上而去。

第三驱逐队与前续队分离时，途中忽遇"雷"、"胧"二舰，适以殿舰"涟"亦失所在。土屋司令即以"电"代之，望敌探海灯而进，见敌十余艘集于一处。此时正值前续队决行袭击，两方炮击极为猛烈。土屋以有机可乘，遂冒险而进。九日午前零时三十九分，"薄云""东云""电"先后向俄舰"锥亚喇""历多维山"袭击，并放射鱼雷，即向圆岛退避。"涟"于八日午后十一时与舰队分离，因搜寻本队，遇敌二驱逐舰，急行趋避，单独向旅顺口前进。九日午前一时二十五分，袭击俄舰"坡尔达"之后，即行退避。

又第二驱逐队的"胧""雷"两舰，虽因相撞舰首受伤，仍向旅顺口出发。九日午前一时，见驱逐队袭击回来，乃乘敌方炮火减少时，向有四烟筒的敌舰袭击，冒着炮火向东南退避。

第一、第二、第三驱逐队，袭击旅顺口俄舰之后，于九日晚集合于韩国西北岸。次日抵仁川。俄舰"芝耶砂""历维几""历多维山""巴尔拉达"均受重伤，死士兵二人，伤了八人。

至于向大连湾的第四、第五驱逐队搜索青泥洼、南三山岛，经过和尚岛，抵大崮口外，始终没有见过敌影，遂相率回来，于十日午后二时抵仁川。以上撰述，为日本驱逐队袭击旅顺口的情况，以下所述的，则为日联合舰队向俄舰挑战的实情。

二月八日午后六时，东乡命驱逐队先行出发，自率第一、第二、第三战队，向旅顺口前进。次日，舰上无线电机时受不明的感应，知与敌舰渐次接近。八时六分，乃变更航路，向遇岩进行。第三战队先已奉命侦察旅顺，见有俄舰十二艘，和炮舰、水雷敷设舰等罗列港外，惟"阿斯古历多""巴亚"稍形活动，并有驱逐舰在其附近往来，遂将前情报告东乡司令长官。至途中，捕获俄船"满洲"号，以"龙田"押回。至十一时，联合舰队以左列的次序，作成单纵阵，向旅顺口外。

第一战队："三笠"（旗舰）"朝日""富士""八岛""敷岛""初濑"；

第二战队："出云"（旗舰）"吾妻""八云""常磐""磐手"；

第三战队："千岁"（旗舰）"高砂""笠置""吉野"。

十一时三十分，俄舰"锥亚喇"由远距离向日舰队攻击。东乡即命全队出战，且揭扬"胜败决此一战，我们要各努力"的信号。是日，虽有微风，但没有波浪，相距约八千五百密达，"三笠"即行射击，此为日本主力舰队的第一炮声。

"三笠"的第一炮，即引起俄方的应战。俄舰和岸上各炮台，一齐开炮。到了两方距离更近，日方第一战队各舰，始注其右舷炮火。于是"朝日"集弹于"伯历苏脱"，"富士""八岛"以"巴亚"为目标，"敷岛"则当中央各舰，"初濑"则择击最近之敌。第二、第三战队亦渐次左转，入第一战队的战线，向敌猛烈炮击。当时巨弹交飞，海水为跃，烟云黯淡，遮蔽日光。而俄舰所发之炮，亦多落于日舰队附近。午后，东乡命各舰以旗舰为准，向左逐次回转。旅顺各炮台乃乘机向日舰射击，日队急离战线，撤去战旗。十日午后，抵仁川港。

考日舰队向旅顺口攻击时，俄方舰队由海军中将斯达尔古和海军少将维多谟斯起指挥参加作战的军舰，计有战斗舰五艘，巡洋舰五艘，驱逐舰十五艘，均停泊于港外，协同沿岸炮台作战。约有一时之久，两方均有损害死伤。战争的结果，日本似见俄方的势力强大，故中止攻击，退回仁川。

（二）旅顺口第二次攻击

日本联合舰队的本、支两队，二月十日相会于仁川港附近。十一日，东乡拟乘敌队创伤没有恢复的时候，更以舰队一部，再行第二次攻击，即命第二、第三战队和第四、第五驱逐队，从事旅顺口的侦察袭击，或搜索于山东高角方面。而第一、第四战队，仍在韩国沿岸专任警戒之责。第二次行动于是开始。

第三战队奉命搜索于山东高角，由出羽统率，与第四、第五驱逐队于十一日午后五时出发，次日冒风浪前进。第四驱逐队以风雪驶回仁川港避难，第五驱逐队虽冒险北进，但到中途，各舰已相失了。十四日午前七时，出羽又率第三战队与第四驱逐队出发，传知第四驱逐队命其便宜行事。到了半途，以西北风甚烈，怒涛澎湃，进行极难。先后又遇着"雨村""春雨"，均于午后一时驶回停泊地。在先"朝雾"与"速鸟""春雨"在中途分离后，单独北行，冒风浪前进。至十四日午前三时，忽闻俄军炮声起于老铁山之南，见俄国驱逐舰三艘巡避港口，西口海岸又有敌舰二艘，遂向其发射鱼雷，即速退避。一面又向其哨舰开炮。敌方炮台炮击甚烈，日舰并未受害，得与第三舰队相会。

出羽司令官据"朝雾"的报告得知旅顺敌情，拟与第一战队相会后，更图再举。于二月十五日午前十一时四十分，率第三战队及第四、第五驱逐队出发，韩国西北岸继由"浅间"传达东乡的命令，应待大气转佳，再往旅顺口侦察。遂于十六日抵韩国西南岸，与第一战队合，惟"速鸟"与僚舰相失，单独冒风雪前进。十四日暗中在旅顺口外发现二敌舰，受其炮击，未见损害，乘机向其一舰发射鱼雷，即速退避，十六日安然回来。

上村司令长官奉命往旅顺口外至东南高角（在山东石岛湾之东）搜索，于二月十二日，率第二舰队及通报舰"千早"由仁川港出发后，以风浪及其他的关系，不能至旅顺方面，只向山东高角以南搜索敌舰及中立国船只，十四日抵韩国西南岸。

（三）旅顺口第三次攻击及第一次闭塞

东乡对于旅顺口，既以舰队的一部决行第二次的攻击。其主力舰队暂留于韩国西南岸，修理损伤，补充军需品，休养兵力。关于作战计划，更拟闭塞旅顺口，以遮断敌舰队的出动，并乘机施行间接的射击，肆行威吓。于二月十八日即发表此项命令，选择闭塞队员六十七名，分做五队，于十九日分乘于闭塞船"天津丸""报国丸""仁川丸""武阳丸""武州丸"，着手爆沉的装置及其他各种的准备。

二月二十日，日军开始第三次的行动，各战队及闭塞船队均集合于韩国西北岸，因西北风甚大，暂行延期。二十二日午后，第三战队、第五驱逐队先出港，其次为第九、第十四艇队及闭塞船队，再次为第二战队及第四驱逐队、第一驱逐队及特务船"春日丸"，则于二十三日出发。是日海上平静，午后五时抵圆岛之东南，由驱逐队、艇队掩护闭塞船队，向旅顺口前进。

闭塞船队的前卫第五驱逐队先抵老铁山下，因避黄金山、城头山、白银山的探海灯，乃沿岸边缓进。见黄金山附近有敌舰数艘，司令真野严次郎即命袭击。"阳炎""不知""火丛""云""夕雾"均向俄舰开炮。第一驱逐队当警戒闭塞船队的前路，由浅井司令先派"晓"至老铁山之南，挂一白灯，为闭塞船队的进行目标，自率余舰三艘，立于船队的前头。第十四艇队则在其右侧，第九艇队则警戒其后方，相与掩护向旅顺口。二十三夜，抵老铁山之东南。月渐下落，四边阴暗，敌方探海灯警戒极严，于是闭塞船队暂漂泊于老铁山的西南，以待突进的机会。

二十四日午前四时十五分，"天津丸""报国丸""仁川丸""武阳丸""武州丸"绕老铁山东角前进，抵敌探海灯的射照界，各炮台的炮火极其猛烈，闭塞船队仍鼓勇猛进。"天津丸"搁浅于开洋礁附近，不得已，就其位置爆沉。"报国丸"与"仁川丸"右转入港口，相并而进。"武州丸"舵机被击，运转不灵，乃通过"天津丸""武阳丸"之中，至西口附近爆沉。"武阳丸"指挥官正木，开放水门，使自沉没。此时，敌方的炮火集注于"报国丸""仁川丸"。适"报国丸"舵机受伤，又起火灾，搁浅于港口灯台之下，任其自行爆沉。"仁川丸"出"报国丸"的右侧，望黄金山的探海灯直进，觉船底触有沉船，不能再进，就此爆沉。查此次闭塞的结果，仅死兵士一人，伤三人，其余的闭塞人员均由护船队收容，退出港口。

第一、第三战队与闭塞船队分离后，于二十四日午前，先后遇见"春日丸"及第一驱逐队，虽得闭塞决行的报告，尚不知结果的情形，故东乡命第三战队前往港口侦察。第一战队在外海游弋，以待驱逐队、艇队的集合，并期收容闭塞队员。不久第五驱逐队及第九、第十四艇队亦继至，即以"春日丸"掩护第九、第十四艇队，回韩国西北岸。随后第二战队及第四驱逐队亦到来报告一切。东乡以敌舰"巴亚"等尚在港外，即命各驱逐队乘夜袭击，且预告各舰队，期于二十五日决行炮击，于是第三战队掩护第三驱逐队，退至海洋岛方面，并命其于次日至圆岛，正午率第一、第二战队向东南而进。

第三战队奉命向旅顺口外，抵黄金山附近，知俄舰"洛维古"率驱逐舰五艘，由鸠湾回来旅顺，遂向其追击。"洛维古""巴亚"及岸上炮台即行应战，至俄舰逃入港口，日舰即退出外海。

第四驱逐队奉命夜袭，二十五日抵老铁山之东南，乘夜向港口前进。而牧猪礁、黄金山及馒头山的探海灯一齐向日舰射照，各炮台及哨艇均开炮乱击。"村雨""春雨"乘机前进，均向俄哨艇发射鱼雷。待敌军察觉，炮台及哨艇炮击甚烈，"村雨"与哨艇略有接触，即退与"春雨"会合。又"速鸟""朝雾"亦向港口搜索，炮击哨艇，发射鱼雷而退。至午后六时，与"村雨""春雨"均下碇于韩国西北岸。

第五驱逐队因第四驱逐队决行夜袭，恐敌舰向大连湾逃走，拟在途中截击，分二队从事巡逻警戒，终以不见敌舰，于二十五日回韩国西北岸。又第一驱逐队拟袭击鸠湾的敌舰，以搜索不见，乃回来与第一战队会合。

东乡拟以间接射击，威吓旅顺港内的俄舰。二十五日，率第一、第三战队向西北行驶，途中遇见第一驱逐队及第二战队，以单纵阵接近港口。俄舰"巴亚""阿斯古利多""洛维古"亦以单纵阵高悬战斗旗，由馒头山南下。东乡即命第一、第二战队向敌突进，彼此相距一万八千密达，命各舰相机开始战斗。旗舰"三笠"先行开炮，俄舰及各炮台亦协力应战。"朝日"以下五舰任意选择目标，或射击敌舰及炮台，或间接射击港内。午前十一时五十分，战斗最形激烈。正午，俄舰逃往港内，第一战队亦撤战斗旗回来。

第二舰队除以"出云""吾妻""八云""常磐""磐石"随第一战队作战，向"阿斯古利多"及崂嘴嘴炮台射击，至午后始停止战斗。二十五日午前，第三战队与第一、第二战队分离，掩护侦察庙岛列岛的"千早""龙田"。当战斗开始，即往老铁山监视港口，见敌驱逐舰二艘，向其开炮。其一以全速力逃入港口，另一舰转向鸠湾而逃。出羽派"吉野"追击，敌兵捨舢舨投身入海。后知敌舰已搁礁而全失战斗力。回来时，鸡冠山炮台向其射击，未受损害，查此搁浅的驱逐舰为"鸟西得利奴伊"，至次日遂自行爆沉了。

东乡于二十五日午后离了旅顺口，命第二战队先回韩国西南岸，自率第一战队及第一驱逐队往英（韩）国西北岸。二十六日，第三战队、第四、第五驱逐队，第九、第十四艇队，均到目的地。东乡命出羽率"千岁""高砂""富士""八鸟"及第五驱逐队侦察海洋岛，而以第四驱逐队及第九、第十四艇队编入在仁川港附近的瓜生司令官部下，自率第一战队并第一驱逐队抵韩国西南岸，与第二战队会合。

（四）旅顺口第四次攻击

联合舰队的第三次攻击既已完了。二十九日，东乡接到伊东之命，以第三舰队归联合舰队司令长官指挥，于是东乡命片冈以第七战队回韩国西南岸，其余各战队仍继续从前的任务，上村侦察海参崴俄国海军的势力。三月四日，命细谷率第七战队警备大同江，掩护陆军上陆。当时在旅顺口的俄舰，除了"芝耶砂""历维几""历多维山""巴乌拉达"之外，均已修理告竣。且马加罗夫新补司令长官，俄军士气大振，故东乡发表第四次攻击命令。八日，参加攻击的各队，均已齐集韩国西北岸。九日午前，第一、第三、第四战队直向旅顺方面，至午后六时，东乡拟先击破敌方哨舰，命"龙田""千早"掩护驱逐队先发，第一、第三、第四战队转向南方前进。

第一驱逐队拟击破敌方哨舰，九日午后，抵老铁山高角之南等候敌舰。次日午前四时，浅井以三号舰忽发灯号，恐为敌发觉，思移队隐匿于老铁山阴处，当队形正为半圆形的时候，"白云"觉有炮声，忽见敌驱逐舰逼迫而来，思据有利的地位，向西南行，未与敌遇。而"朝潮""霞""晓"二舰，则与敌激战。

午前四时，"朝潮"发现敌驱逐舰三艘，有一舰向其开炮，"朝潮"出而应战，死士兵一名，伤八名。两方激战至远距离时，始停止炮击。"霞"当转头时，亦受老铁山下敌舰之炮击。交战少时，有一俄舰起火而退，因得"晓"之求援信号，乃急过敌舰，随"白云"进行。在此激战中，"霞"受敌十余弹，员兵死一人，伤二人。"晓"与俄驱逐舰三艘交战，至接近时，汽缸突然破裂，急发火箭求援，一时腹背受敌，颇形危急。幸敌舰以误认，自相炮击，"晓"得乘机逃回本队。计死士兵四人，伤二人。至各舰齐集之后，于十日午前八时，与第一战队会合，报告战况，随将死伤员兵移于本队，由"龙田"运回韩国西北岸。

第三驱逐队的计划到旅顺口。若发现敌舰，即行袭击。否则游弋港外，使敌浪费炮弹。十日，至港口搜索，并无敌影，拟与主力舰队会合，向老铁山之南进行。适见敌驱逐舰二艘，驶回港口。土屋司令率队急进，敌舰逃遁，向其追击。敌虽在危急之中，亦挺然奋斗，故"曙""涟"中弹甚多。一俄舰先行逃走，另有一舰为"斯多历古西几"，则被"涟"捕获，拖向港外，半途拖索忽断。此时在港口的敌舰"洛维古""巴亚"向"涟"突进，海岸炮台亦发炮甚烈，会第四战队出现，恐为双方炮火夹击，乃弃之而去。该捕获舰因浸水自行沉没了。

十日，第一、第三、第四战队向老铁山高角而进。东乡命第三战队侦察港口，命梨羽率第一战队的小队，施行间接射击。以第四战队向大连湾前进。"千早"侦察鸠湾，"龙田"掩护第一驱逐队往韩国西北岸。部署既定，梨羽率第一小队由老铁山之南入预定的射线。午前十时，"初濑"先开炮，各舰炮弹均越老铁山而达于港内，至午后停止射击，游弋老铁山之南，以第二小队替代开炮。至预定的弹数射完了，始合两小队往圆岛。

第三战队奉命侦察旅顺口，乃监视间接射击弹的着落，于午前七时，向老铁山直进，八时掩护第三驱逐队，炮击"斯多历古西几"，并以"常磐"收容"曙"之负伤人员，又命"高砂"侦察鸠湾。至第一战队开始间接射击，"千岁"、"常磐"二舰停于港外，监视射击，最后随第一战队开往圆岛之南。

第四战队奉命破坏南三山岛敌军的通信机关，十日向大连湾前进。未几，忽接东乡急电，转往攻击旅顺口。午前九时，遇"涟"正在捕拿敌驱逐舰，急前进牵制敌舰。至"涟"放弃捕获舰时，复向大连，正午抵南三山岛，将其北端的建筑物破坏，始回圆岛。

第四次军事行动既已终了，第一、第三及第四战队乃会合于圆岛之南，十一日均抵韩国西北岸。东乡因据各处的警报，即日命出羽率第三战队及第二驱逐队侦察海洋岛及内长山列岛附近各处，以"西京丸"护送负伤人员回佐世保。

（五）旅顺口第五次攻击

日舰队自回韩国后，十四日接到情报，谓俄舰队将乘日舰队离去之后，出港逃走。东乡即命第三战队侦察敌情，十六日抵港，知敌队尚在旅顺。此时第二战队及"笠置""吉野"亦由海参崴抵此，东乡决计再行第五次攻击。二十日，第一、第二、第三战队及第四、第五驱逐队出港，夜间在途中停泊。次日由第三战队起，顺序向旅顺口前进，先以驱逐队侦察敌情。

第四、第五驱逐队至半路分途而行，二十二日，第四驱逐队与在黄金山蛮子营炮台下的各炮舰施行炮击，并向敌哨舰发射鱼雷。第五驱逐队先抵鲜生角窥察敌情。二十二日，抵预定地点时，忽受敌舰及炮台的射击，知已失了袭击的机会，乃退出港外，又向大连湾方面搜索。午前九时抵老铁山下，与第一战队及第四驱逐队会合。

东乡命驱逐队先进之后，以第二战队先就预定航路，自率第一、第三战队向旅顺口，二十二日与两驱逐舰队会合，命第三战队进至港外，以"富士""八岛"出阵外施行间接射击，其余各舰游弋于老铁山外察看敌情，待两舰的预定弹数发射完了，即出海回队。在此射击中，敌亦越老铁山施行间接射击。俄舰因鉴于日舰前次的间接射击，在港内亦讲求应战的策略。

第三战队为监视及侦察敌情计，进至旅顺口外，见港内各舰盛吐黑烟，似有出港的准备。东乡即致电第二战队，急速来会，以"龙田"进至港外监视，在港内的"历多维山"

则对于"富士""八岛"施行间接射击。午后,俄方主力舰队除了"历多维山""芝耶砂""历维几""巴尔拉达"外,均出港外。然见日舰中止射击,又退避港内。二十三日,东乡率队回韩国西北岸。

(六)旅顺口第六次攻击及第二次闭塞

日舰队因前次闭塞,旅顺口尚未奏效,俄舰仍得自由出入,故东乡拟图再举。由大本营准备闭塞船,以"千代丸""福井丸""弥彦丸""米山丸"四船驶到舰队所在地,由东乡募集闭塞队员,编成四队。三月二十三日,东乡在旗舰"三笠"开军事会议,发表关于第六次攻击及第三(二)次闭塞的命令。二十四日,联合舰队开始行动。二十五日,闭塞船队与"龙田"及第九艇队先发,其余各队均于次日午前出港,以第三战队为先锋。其次,为第一战队及第一、第二、第三驱逐队,薄暮抵预定地点。次日,由驱逐队、艇队等掩护闭塞船队,抵老铁山之南,乘夜进口。"千代丸"无被故发觉。俄哨舰及炮台一齐向日船开炮,日各船指挥官仍督众急进。"千代丸"爆沉于黄金山下的水道入口,"福井丸"中雷沉没于"千代丸"的左侧前方,"弥彦丸"亦出"福井丸"的左侧爆沉,最后的"米山丸"漂流于老虎尾半岛近岸,中雷横沉港口。各闭塞船既已爆沉,各队员乘舢舨退出港外,敌更集中炮火于各舢舨。"燕""鹊""雁"三艇先后收容各舢舨的闭塞船员。矢岛司令综合各艇的报告,知"福井丸"人员尚遗漏未曾收容,乃率"苍鹰""鸽""真鹤"向老铁山之西南搜索,命其余各艇将收容的队员移送各舰。

当闭塞开始时,第一驱逐队在鲜生角之南,第二驱逐队出老铁山之南,第三驱逐队在港口之南,从事警戒,牵制敌人,并收容队员。六时三十分,由"霞"收容"福井丸"舢舨的人员。各队立于俄军炮火之下,未受损害。午前九时,逐次与第一战队会合。

自闭塞船队出发后,第三战队于二十七日午前六时,横过旅顺口外,见俄舰"巴亚""洛维古"及岸上炮台向其收容队攻击。出羽命"浅间"退出阵外,从事收容。八时,俄舰陆续出现于港外,以单纵阵向西南进行。第一战队在中途遇见收容各队,又见敌舰出港,东乡知第二次闭塞又不能成功了。然俄舰始终不敢出于外海,于二十八日与第三战队同回韩国西北岸。

(七)旅顺口第七次及第八次攻击

第二次闭塞旅顺口,又不见效,东乡恐俄舰队乘机向海参崴逃走。二十八日,命上村率第二、第三、第四战队,防备旅顺方面,更命片冈严备朝鲜海峡。又由仁川调来"大岛""赤城",以"平远""爱岩"及第一艇队与在大同江的第七战队会合,更请大本营再准备闭塞船。当决行闭塞之先，拟设机械水雷于旅顺口外。四月七日，发表第七次攻击的命令，即开始军事行动。第四、第五驱逐队，第十四艇队及"蛟龙丸"于十二日抵旅顺口，敷设水雷完了即回韩国西北岸。第二驱逐队为敷设队的前卫，于十三日至老铁山之南发现俄驱逐舰"斯多拉西奴伊"，石田司令命各舰成单纵阵，向其开炮。俄舰亦应战甚力，且向"雷"发射鱼雷，日伤士兵四人，俄舰因受重伤，至七时沉没。

第三战队离了第一战队，即向旅顺口。次日，见"巴亚"及俄舰二艘出现于港外。港内各舰亦盛吐黑烟，似为准备出港的"巴亚"突然挺进，先开炮挑战。出羽命各舰应战，又命第二驱逐队避于火线之外，以"千岁""高砂""笠置""吉野""常磐""浅间"排成单纵阵而进。各舰徐行射击，而"巴亚"则大小炮同时齐发。至第三战队向其猛击，彼又退避港口。此是第三战队乃停止作战，向东北进行，见俄驱逐舰数艘，由小平岛向旅顺口，"洛维古""阿斯古利多""锥亚喇""彼得罗巴鸟""罗斯古""雪滑斯多坡利""坡伯达"相继出港，藉其势力的优越，忽取攻势。出羽一面应战，一面诱敌出海，并将敌情电告"三笠"。后俄舰见日第一战队出于南方，遂停止追击，向港口而退。"彼得罗巴鸟""罗斯古"抵尔金岩附近，忽中日方水雷，舰体切为两段，俄太平洋司令长官马加罗夫以下将校三十二人，士兵六百余人均死于难。战舰"坡伯达"亦触了水雷，舰体倾斜，逃入港内。东乡命第二战队与驱逐队、艇队停泊于遇岩附近。十四日，东乡为驱逐队、艇队、"日光丸""春日丸"等补充炭、水计，率第一、第二、第三战队下碇于海洋岛之北。

第七次攻击，俄方虽大受损害，但东乡尚拟乘势威迫，即于十四日在旗舰"三笠"会议，发表第八次攻击命令。十四日午后，第三战队加入"浅间""常磐"，掩护驱逐队、艇队出发。次日，抵旅顺口外。因第一战队将施行间接射击，特在港口东南监视炮弹的着落，又遗"高砂"担任通信联络。

第一战队加入"春日""日进"，十四日，由海洋岛出发，次日抵旅顺外海，以"春日""日进"离阵外施行间接射击，其余各舰则游弋于老铁山之东南，第九艇队亦留于射击舰附近，以备俄舰来袭。于是"春日""日进"由老铁山方面向港口射击，俄方亦于老铁山的东北高地俯击日舰队，港内俄舰亦仿行间接射击，但没有一弹命中的。午后，两方停止战斗。东乡统率各队于十六日抵韩西北岸。

（八）旅顺口第三次闭塞

日俄开战以来，日舰将于旅顺口常取攻势，因两次的闭塞都没有效果，故拟行第三次的闭塞，同时以第七战队掩护陆军第一军，于大同江上陆。当时俄国陆军方面，旅顺要塞的防备渐次完成，金州城附近亦大施防御工程，由大连湾至鸭绿江沿岸要地，均派兵舰监视其大兵团，集中于辽远、盖平及凤凰城附近。故日本大本营的计划，更拟编成第二军与举行第三次闭塞，同时使陆军由盐大澳上陆，以期与第一军策应。四月十五日，伊东特将此意电告东乡，东乡拟先向海参崴方面行动，且思乘机扑灭在港内的俄舰队。即命上村率第二、第四战队，第一驱逐队、特务船"日光丸""金州丸"及在韩国的第十一、第十五艇队，向海参崴出发。又命在朝鲜海峡的片冈司令长官率队回韩国西北岸。另以出羽率第三战队及"筑紫"第十四艇队，视察大羊河口。以陆军由此上陆，海陆协同作战之机已经成熟了。东乡决计于五月二日的夜半，即行闭塞，迫敌于港内，以期完成掩护陆军第二军上陆。命西谷率第七战队特务船"香港丸""日本丸"及第二十艇队于三日出发大同江，次日抵盐大澳。以海军陆战队上陆，指示陆军上陆地点。命片冈率第五、第六战队特务船"台南丸""扬武丸"护送陆军上陆，自率第一、第三战队，"赤城""鸟海"各驱逐队，第九、第十、第十四、第十六艇队及闭塞船队，及旅顺口决行闭塞，将舰队临时根据地移于里长山列岛，以便强行直接封锁。

东乡以旅顺口两次闭塞没有成效，故此次拟图大规模的闭塞，由大本营准闭塞船"新发田丸""小仓丸""朝颜丸""三河丸""远江丸""釜山丸""江户丸""长门丸""小樽丸""佐仓丸""相模丸""爱国丸"，凡十二艘。更募集闭塞队员，编成十二队，分配于各船，以林三子雄为总指挥官，于四月二十七日抵旅顺口。五月一日，各种准备完全告成。

闭塞船队于二日午后与第一、第二战队分离，由"赤城""鸟海"及驱逐队、艇队掩护，向旅顺口。当时以风浪甚大，掩护的舰艇多与船队分离。林三子雄虽下中止行动的命令，因风浪的阻碍，不易传达。各舰船各自向港口直进，"三河丸"先爆沉于港口的左方，次"佐仓丸"爆沉于港口的右方，"远江丸"爆沉于港口中央线上，"小樽丸"闯入"三河丸"前面，出港口之左爆沉，"相模丸"亦与"小樽丸"雁行，突入"佐仓丸"之旁，共塞港口右方，"爱国丸"抵港口中央线，中雷沉没，"江户丸"亦自爆沉于港口中央线上，"朝颜丸"搁坐于黄金山下的海岸，自行爆沉。当初林三子雄命各船中止行动，即向圆岛驶回。只有后续船二艘随行，其余各舰船似依然前进。故亦决与僚船共行闭塞。后以修理舵机，不能前进，知已失了机会，乃退出外海。计此次闭塞船八艘，合计一百五十八人，得以收容救助的只有六十七人，被俘虏的十七人，其余的则皆失踪了。

各艇队只收容得"三河丸""远江丸""江户丸""爱国丸"四船的人员，其余均不见。到了天明，还在港口搜索，终无所得。且敌对于收容队炮击极烈，各队乃向南退避，与第一战队会合。又掩护闭塞船队前路的第一、第三、第四、第五驱逐队，在闭塞船突进时，先行牵制运动。至黎明，又从事收容，以无所见，与第三战队合。再进港口搜索后，乃与第一战队合。又"赤城""鸟海"从事收容，亦未遇见舢舨一艘，后与第三战队合。三日，东乡率第一、第三战队东驶，于遇岩附近遇"小仓丸"，即命其到海洋岛。次日以第三战队驻于长子岛之西南，而以第一战队驻于光禄岛。

六、封锁旅顺与俄舰队之出港

封锁旅顺口，与陆军协同动作，以期扑灭辽东方面的俄国海陆军，这实为日本海军所预定的计划。故当第三次闭塞决行之后，东乡于五月四日即率第一战队到光禄岛，特送舢舨多艘，以备输送第二军上陆。五日，再抵旅顺口外，视察闭塞的效果。六日，抵盐大澳会第三战队适在掩护陆军第二军上陆。九日，将舰队临时根据地移于里长山列岛，以第一舰队从事封锁旅顺口，以第三舰队继续掩护陆军上陆，且策应其前进。战局益形发展。但为日本最不幸的，即第四十八号艇与"宫古"在窑口触碰机雷，"吉野"与"春日丸"相撞，"初濑""八岛"触机雷，"龙田"坐礁，"大岛"与"赤城"相碰，"晓"亦触水雷。在数日内，日本竟丧失大小军舰多艘。

十八日，第四、第五驱逐队，第一、第十、第十六艇队奉命前往哨区巡察，午后抵帽岛。俄舰"洛维古"及驱逐舰二艘在鲜生角附近向日队开炮，后仍退入港口。自第三次闭塞之后，此为俄舰第一次出港。于是东乡知敌军既于闭塞港口开通出路，恐敌乘其近日的不幸，或更取攻势。遂决意严行封锁旅顺，于二十六日发出封锁宣言。

俄人所据奉天的要地，北为辽沈，南为旅顺。日本于第一军渡过鸭绿江时，又使其大将奥保巩率第二军，于五月五日自貔子窝登岸，奥保巩分军为二，以其半数守貔子窝普兰店，以据俄辽阳援军，而以其半数攻金州。五月二十六日，陷金州，以海军入金州湾，与陆军协力攻取南关岭，占柳树屯、青泥窪等处。俄军在旅顺的后路，遂于此时断绝，日本乃以乃木希典统率第三军以攻旅顺，舰队则封锁于港外，以防俄舰的逃脱。二十日，东乡率第六战队及"鸟海""沿宇"，并二十艇队，应于二十四日出发，掩护陆军粮秣船到熊岳城附近，不意俄国舰队先于二十三日忽大举出港。

六月十八日，俄军秘密准备，拟于数日内出港，突击日本舰队。无如风声泄露，日本方面纷调各方战舰，以备迎战。二十日清晨八时，俄舰队奉命出港击敌，方升火启碇，而此项命令，忽又取消。次早九时，又命舰队须于午后二时半出港，此项命令旋又取消。而是日，日本舰队业已出现于港外，俄方欲拨动水雷导线轰炸日舰，不料所设水雷已被日本先期扫灭净尽。是晚，双方驱逐舰在港外交战，彻夜不停。二十三日午前四时，俄舰队始出港，"洛维古"、驱逐队、扫海队居先，其次为"锥亚喇""阿斯古利多"，战舰"雪滑斯多坡利""坡尔达""伯利苏脱"，巡洋舰"巴亚""巴尔拉达"亦顺次起碇，而最后出港的为"芝耶砂""利维几""利多维山""坡伯达"。至午，均集于外港下碇地，以为可以安然出港。不料，日本已另设水雷，幸有一、二浮流水面，为俄方发觉，及将水雷扫灭，舰队再行起碇，列成单纵阵向外海出发。因扫海队为日驱逐舰阻碍，"洛维古"及驱逐舰等即行开炮。日驱逐队即退走。俄舰队方纵进行，日巡洋舰多艘及其主要舰队已迎面而来。因日本方面已于数日前将海上舰队全数调齐，虽远在海参崴的亦行赶到，即古老的"镇远"亦加入战线。似这种情形，俄舰出港袭击的计划完全揭破，此时惟有退回港内，坚守不出。

日本联合舰队自六月二十三日对于俄国舰队的大举出港加以威迫之后，各队协力强行封锁，使俄舰不能出港。当时陆军第三军作战亦甚进步，总攻击之期已迫，故东乡一面声援其前进，一面仍严防敌舰队的逃脱。于七月下旬令"济远"支队与第五战队援助第三军，威胁牵制俄军，第一战队的主力舰队监视旅顺口，封锁愈见严密。

七、黄海海战

日本陆军方面，乃木之兵于六月十六日占据歪头山及剑山，转战而前。至七月十三日，距旅顺仅十余重（里），俄国舰队几至腹背受敌。俄人知困守非计，乃为困兽之斗，欲向海参崴逃脱。故俄太平洋舰队临时司令长官维多克夫多决计脱出封锁。

八月九日，出港的准备告竣，除"巴亚"外，各舰艇顺次出港。扫海艇居前向导，以"芝耶砂""历维几""历多维山""坡伯达""伯历苏脱""雪滑斯多坡利""坡尔达""阿斯古利多""巴尔拉达""锥亚喇"顺序列成单纵阵，而巡洋舰"洛维古"则为先锋，驱逐舰八艘在战舰"芝耶砂""历维几"的侧面，病院船"蒙古号"随后。还有炮舰二艘，驱逐舰一队，拥护扫海艇前进。午前十时，既出于水雷敷设界，乃命扫海艇回港，其余各舰艇由老铁山以南向东南驶行。此时，日本舰队出现于其左右，俄国舰队即与之接触。及见日本的主力舰队由左方拟横断其前路，乃增加速力，向外海前进。当时日本的主力舰队拟诱其出外海，初为横阵的，次为逆号单纵阵的，向东北而进。而俄国舰队变向右方，与之反驶，双方开始战斗。至日本舰队一齐回来，俄舰队亦转向左方，仍取反驶的姿势向山东高角。而日本舰队，亦徐行迂回，向同方向急进，随即中止战斗。在此战斗中，"阿斯古利多""巴尔拉达"均受伤，以致巡洋舰队在于战舰的左侧，与驱逐舰成为不规则的三列纵阵了。

当第一次战斗中止，维多克夫多命各舰士兵休息，且传午餐，待日本舰队渐次接近，距离约八千米达，再开始战斗。俄舰"坡尔达"先行开炮，日舰队亦即应战，战斗极为猛烈。维多克夫多命巡洋各舰向南逃走，而日本舰队更见接近，专集弹于俄旗舰"芝耶砂""历维几"，维多克夫多中弹死，舵机亦被损坏，忽左转突入阵中，故阵形为之崩溃。于是，在"伯历苏脱"的资深司令官维多莫斯起少将代为指挥，乃放弃南下的希望，以再归旅顺口为得策，特高悬信号旗，命各舰随行。然各舰极为混乱，动作不能统一，"历多维山"忽离队向日本舰队突进，后又回头左方，回驶"芝耶砂""历维几"一周，再向旅顺口。"坡伯达""伯历苏脱"以下三舰，旋回右方，向旅顺口，独留"芝耶砂""历维几"于战场。此时"阿斯古利多"的司令官伊芝西得英拟由抵抗较轻的方面突围而出，于是"阿斯古利多""洛维古""巴尔拉达""锥亚喇"相继向东方逃走。后见日本巡洋舰队从后追来，以二十浬的速力急行逃走。那时天色已晚，各舰遂至相失，各自任意逃走，驱逐舰若干艘亦逃往南方。而"勃尔奴伊"在山东高角附近搁浅，舰员由威海卫英人收容。

黄海海战后，俄驱逐舰"历西得利奴伊"逃入烟台，被日本第一驱逐队之"朝""潮""霞"所捕获，巡洋舰"洛维古"被击沉于苛尔萨苛夫的浅滩上，"芝耶砂""历维几"及驱逐舰"伯墀坡加奴伊伯"、"伯墀斯多拉西奴伊"均逃入胶州湾，被德国扣留，解除武装。"阿斯古利多""苦鲁梭苛伊"在上海解除武装，"锥亚喇"南逃广州湾，更入西贡，被法国解除武装。当时由司令官维多谟斯起指挥，得以再向旅顺口的，为战舰"历多维山""坡伯达""伯利苏脱""坡尔达""雪滑斯多坡利"、巡洋舰"巴尔拉达"及驱逐舰数艘。同时于港口闭塞船的上部，特置鱼雷发射管，港口水道的内外，亦设两重防御材料。黄金山及灯台山下则停泊各炮舰，以备防御。又为攻击日本陆军阵地及秘密输入船只所必经的海面，励行扫海，于要塞两翼的海面，则沉置机雷，以防日本舰队的胁击。此种防御的计划，均归于沿岸防御司令罗斯金斯起的指挥。

八月十六日，俄方接到日本陆军第三军的劝降书，陆军先任将官第三西伯利亚军团司令官斯得衰尔、旅顺要塞司令官斯味尔罗夫、海军司令官维多谟斯起特开会议，拒绝劝降。此时，对于要塞的防御愈加严密了。又海军方面，亦开会议，决放弃舰队出港的企图，专与陆军协力死守要塞，以待援军。十八日，"苦历""密亚西几" 同出港引法船入港，竟触雷沉没。十九日，日第三军开始总攻击，各舰编成陆战队，与海兵团水兵共同配备岸上防御线。舰上大炮亦运上岸，配备炮台。港内各舰则乘机炮击敌的攻围阵地。二十一日，俄炮舰、驱逐舰出港，炮击日第三军左翼后，为日军击退。"西利奴伊"中弹逃回。二十三日，"雪滑斯多坡利"率驱逐舰数艘炮击日陆军，为日舰"日进""春日"所迫，误中水雷，由汽船拖入港内。二十四日，驱逐舰"拉霞西几"在港外中雷，因"维罗斯利维"的救助，得免于难。然在中途，亦因中雷沉没。从八月下旬以来，日本陆军炮弹散布港内，俄海军工厂屡受火灾，遂改营夜工。至第　次总攻击后，日军屡行炮击，妨碍修理工事，乃废夜工，又复日工，惟于炮击中才停止其工作。

日本陆军因第一次总攻击未得效果，不得已暂时停止攻击。俄军即乘机修理堡垒，加高胸墙，开深堑壕，改换损坏之炮。其海军陆战队虽已解散，惟属于海兵团的，仍留岸上，与陆军共同守备，各舰亦冒炮火继续修理。九月六日，有帆船一艘破坏日本的封锁，由烟台入港送来电报，以"巴亚"舰长升补舰队司令官，维多谟斯起免职待命。且于那一日，才知道黄海战后，各舰没有回来旅顺港的消息。十六日，驱逐舰"拉斯多罗勃奴伊"为敷设水雷，开往礁脉岛附近，捕获日本军用帆船一艘。当日日本第三军因准备进攻，开掘要塞的攻路并整理军队，故暂时停止攻击。而旅顺方面有谓日军不能攻陷旅顺，有谓苦鲁巴多金统率援军，已抵旅顺附近，待日军再行总攻击，于是在旅顺的俄军，才知道已经绝望了。

十九日，日军通尔灵山开始攻击，俄方再以陆战队上陆防御。二十八日，美法新闻记者由烟台乘舢舨入旅顺口，俄军始得到在辽阳的败报。当时粮食缺乏，军中发生坏血病，死亡日多，且日军炮击日夜不绝，惨害不堪状。加以辽阳之败，俄军士气愈形沮丧。

尔灵山的攻击终止后，日军则以间接射击港内的俄舰。七日，港内俄舰移泊于白玉山之南，以避日军视线。且港口的交通为炮火所阻，水道的出入亦完全断绝，老虎尾半岛与街市之往来仅早晚而已。其得稍为安全之地，为老铁山方面与临海正面的沿岸。二十五日，巡洋舰"萨比亚加"，二十六日，汽船"爱加拉"均为日弹击沉。十一月一、二两日，俄汽船三艘亦被击沉没。三日夜，俄海军少尉多味脱留夫乘汽艇袭击日本驱逐舰，亦未有成效。然从开战以来，俄国舰队取攻击形势的，实以此为第一次。八日，炮舰"阿滑齐奴伊"中弹，出港避于城头山之下。十一日，"西利奴伊"爆裂于港外。十三日，驱逐舰"勃墀得利奴伊""斯多罗伊奴伊"亦爆裂于港外。前一舰已失其战斗力，后一舰则全行沉没了。十四日，"吉利亚古"将十二磅炮四尊移置于港口水道。次夜，驱逐舰"拉斯多罗勃奴伊"破坏封锁，送信于烟台之后，即自行爆沉。当初旅顺与烟台间的通信联络常依赖帆船，然此时已入冬季，海上风浪非常利害，且日本舰队监视愈严，帆船的往返愈感困难，常派驱逐舰、巡洋舰出港，终以未达目的而停止了。

十一月二十六日，日军开始第二次总攻击，向尔灵山强袭。俄军虽举全力死守，然至十二月五日，尔灵山终为日军所得。同时，日军即以巨炮攻击在港内的俄舰。俄战舰"坡尔达""历多维山""坡伯达""伯利苏脱"，巡洋舰"巴尔拉达"，炮舰"吉利亚古"均相继沉没。又在东港的"巴亚"和在船坞的水雷敷设舰"阿谟尔"亦被击沉。又有舢板杂役船和停泊西港的汽船亦均烧毁沉没。其仅保留的战舰"雪滑斯多坡利"连夜为日水雷袭击，搁于海底。驱逐舰"斯多罗遂阿依"亦搁浅于岸。如以上所述，俄国在旅顺的舰队，殆已完全歼灭了。其尚堪作战的只有炮舰"阿滑齐奴伊"和其他驱逐舰数艘。

十二月十八日，东鸡冠山北炮台，二十八日，二龙山炮台，三十一日，松树山炮台相继为日军占领。旅顺要塞运命之告终，直指顾间呢。次年一月一日，右翼防线亦被攻破。由是腹背受敌。斯得衰尔至此知道万不能再事抵抗，遂决意降服。午后，派员至日本第三军司令部，提议要塞开城那一夜，以驱逐舰"斯达芝奴伊"从事防御，护送各团队的军旗于烟台，"斯苛尔伊""鸟拉斯芝奴伊""雪尔锥芝坡利""克斯克尔"等舰，汽船"聘当"和汽艇若干艘，均逃入中立港。对于沉没的军舰，重行破坏。又将旧舰"拉斯坡伊尼古"和起重机浚渫船等，自沉于港口。次两日，"雪滑斯多坡利""阿滑齐奴伊"亦自沉于港外。从开战以来，俄国盘据旅顺口的主力舰队至此完全消灭，而俄人占据中国的旅顺要港，遂转落于日人之手。

八、蔚山外海海战

当日俄交涉将决裂时，俄国太平洋舰队的大部在旅顺口励行训练，而其一等巡洋舰"俄罗斯""古罗莫坡伊""留利古"，二等巡洋舰"坡加疵伊利"，假装巡洋舰"历拉"和鱼雷艇十余艘则驻泊于海参崴，每日以碎冰船破碎港内结冰，以备不时出港，与旅顺口舰队成犄角的形势。其目的是欲利用"俄罗斯"等的高速力与大航海力，出没于日本沿岸，以威吓牵制日本的舰队。日本为扼守朝鲜海峡以备海参崴的俄舰，计于编制联合舰队时，另以第五、第六、第七战队，第十、第十一、第十六艇队，特务舰"丰桥丸"、"有明丸"及通报舰"宫号"编成第三舰队，派片冈七郎为司令长官。当联合舰队出发佐世保时，片冈即率队担任监视朝鲜海峡及韩国南岸的防务。

当旅顺被日军包围时，海参崴的俄国舰队常出没海上，避实击虚，颇为日人之患。当初上村率军舰七艘，于二月三日进攻海参崴。以天气严寒，日舰破冰而进，六日抵港口，向俄阵地开炮。俄舰及炮台皆不应战，日军无功而还。十一日，俄舰忽出现于陆奥舻作崎附近，击沉日商船"奈古浦丸""繁荣丸"二艘。四月二十日，上村拟再进攻海参崴，聚集舰队于元山津，于二十三日出发，遇大雾，中途折回。而日船"金州丸"运兵至利原，又于二十五日为俄舰"俄罗斯"击沉于新浦。二十七日，俄舰队回海参崴，只在近海侦察而已。

俄太平洋舰队司令长官马加罗夫战死之后，俄政府以黑海舰队司令长官斯古尔伊多罗夫继任。四月二十七日，由俄京将往旅顺，而旅顺已为日军包围。乃于五月中旬抵海参崴，以"俄罗斯"为旗舰。后俄政府决以波罗的海舰队派往东洋，称为太平洋第二舰队，而以原有的舰队为太平洋第一舰队，以伯梭勃拉梭夫为司令长官，斯古尔伊多罗夫为联合舰队司令长官。六月十二日，伯梭勃拉梭夫率"俄罗斯""古鲁莫坡伊""留利古"由海参崴向朝鲜海峡出发，其目的以袭击日本陆军运送船为主。十五日抵壹岐附近，击沉日本运送船和"泉丸""常陆丸"两艘。"留利古"向"佐渡丸"连发两鱼雷，漂流于冲之岛东南，后由日船"高砂丸"、第二"浦贺丸"拖回长崎。十六日，"留利古"抵舞鹤外海，捕获英国商船"爱兰鸟"号。过了三日，袭击日本北海道。六月三日，又袭击元山津，日方因此大受损害。

当八月十日，在旅顺口的俄国舰队，思逃往海参崴时，有一驱逐舰"历者西利奴伊"乘机逃于烟台，即将旅顺舰队出港的事实，电告海参崴。于是联合舰队司令长官斯古尔伊多罗夫即命司令伊耶斯先率舰赴援。十二日午前，率"俄罗斯""古鲁莫坡伊""留利古"出港，向朝鲜海峡进行。此时，还不知道旅顺舰队已经在黄海败北了，拟和旅顺舰队在朝鲜海峡会合。十四日拂晓，抵蔚山之东，忽见日本第二舰队向其突进，即增加速力，左转东向，欲望东北逃走。而日本舰队亦变换航路，与其并行。当战斗开始时，双方约离一万三千密达，伊耶斯先以日舰压迫，知难向东北逃走，拟向韩国海岸北行。

但以"留利古"舵机损坏,忽又落后,日炮火向其集中,思诱致敌炮火于本舰,使"留利古"得以修理舵机,乃率舰出"留利古"的前面,极力防战。八时半,"留利古"愈行落后,见其与"浪速""高千穗"交战,再拟诱致日队于北方,使"留利古"专与较弱二敌舰对抗,或可乘机修理,得回海参崴。乃舍"留利古",一面应战,一面北进。至十时,敌队停止追击。合计"俄罗斯""古鲁莫坡伊"的死亡,有一百三十五人,负伤的有三百零七人,舰体亦大伤,于十六日抵海参崴。"留利古"终至沉没,落水人员均为日舰救起。一场恶战,遂告终止。海参崴舰队自受这次重伤之后,不能再出来了。

观俄太平洋舰队,虽因失败失了旅顺,然较于中日之战,实有差强人意的。我国黄海一败,海军不能复出。俄则旅顺舰队虽被封锁,而海参崴舰队犹能出没海上,使日人旰食半年,即在旅顺舰队亦能作困兽之斗,以求生路。较诸我国,日军一来,无法抵抗,不是相去天壤么?论旅顺的天险,在我在俄没有差别,但其在俄呢,日人合海陆军的力量,縻无限的金钱,掷无限的生命,而后夺得。其在我国呢,则委而放弃于敌,岂不可惜?故海军实为今日国家自卫的武器。国家而没有海军,固不足以言战,亦且不足以言守。观于日俄的海战,追念我国的往事,真是不寒而栗呢!

九、日本海海战

从一九〇四年二月开战以来,日本举海军势力的大部分,攻击旅顺口。俄国船队以一部置朝鲜海峡,警备海参崴舰队。而旅顺口俄国舰队,自八月十日黄海海战后,蛰居港内,不敢越雷池一步。海参崴舰队亦以八月十四日蔚山海外一战,失败逃回,不敢远出。至一九〇五年一月,旅顺口攻下,日俄海军作战至此告一段落。

当海参崴船队歼灭之时,俄皇下令以波罗的海舰队为第二太平洋舰队,以罗齐耶斯维斯克为司令长官,于八月一日分全队为四队,第一分队为第一巡洋舰队及第一驱逐舰队,第二分队为战斗舰队及第二驱逐队,第三分队为运送船队及第四驱逐队,第四分队为第二巡洋舰队及第三驱逐队,以"斯惑罗夫"为旗舰。十月十五日午前九时,由利堡军港出发,计巡洋舰"阿尔玛斯""斯维多拉喇""齐野谟""几乌古""敦斯苛伊""阿乌罗拉""阿喇剌伊利"、"墨得苛伊"及碎冰船"耶尔玛古"先出港。十时,战舰"阿斯拉""彼亚""维利克""喇哇凌",装甲巡洋舰"喇希莫夫"、工作船"加谟佳""剌加"及运送船"克达伊哥尔佳苛夫"继之出港。又驱逐舰"布历斯""家西几""勃罗梭""尔利乌""伊伯剌乌""勃聊奴伊坡""多尔伊""伯多乌伊""布伊奴伊""布伊斯剌尔伊""布拉乌伊"分为二队,各随战斗舰队进行。二十三日,出英吉利海峡。十一月三日至摩洛哥之丹吉尔,由此将舰队分为二队,本队行绕好望角,支队通过苏伊士运河,由夫耶利克萨谟司令官指挥,以马达加斯加为会合点。本队于五日出发,十二月十九日午后,通过好望角。至一九〇五年一月九日,与支队相会于诺西伯岛。

太平洋第二舰队出发之时,尚有残余的巡洋舰"阿历古""伊墀谟尔"、假装巡洋舰"利汪剌烈勃尔"及新编第二舰队的驱逐舰"古罗墀奴伊""古罗谟克""勃伦齐""得利奴伊""勃罗梭""尔利维""历墀维",并运送船"阿克安",由脱勃罗多荷尔斯克统率,于十月十六日出利堡军港。次年二月十八日,抵诺西伯,与第二舰队合。当时日俄陆军在满洲大战之期已近,俄军事当局乃决定舰队前进,其编成的第三舰队亦于二月十五日由利堡出发,命第二舰队先行东进。三月十六日,全舰队计四十五艘,由诺西伯岛出发。四月五日,入麻剌甲海峡[1],通过新加坡。五月九日,第二、第三舰队相会于戍安芳湾。十四日,合计舰船五十余艘,向朝鲜海峡出发。二十日,通过巴士海峡。二十二日,派舰队士兵搭捕获船"哈密亚"与舰队分离,拟通过宗谷海峡,以达海参崴。又以假装巡洋舰"得历古古巴尼"出没于日本东海岸,欲藉以牵制敌军。二十三日,夫耶利克尔萨谟司令官在旗舰"阿斯拉彼亚"逝世,秘不发表。二十五日,以假装巡洋舰"利汪""剌烈勃尔"、护送船"留荷尼亚""乌拉几密尔亚罗斯""拉留""惑罗烈齐""古罗尼亚"往上海方面,舰队则改正航行程序,以"斯维多""拉喇阿尔玛斯""乌拉尔"为侦察队,排列凸梯阵,在前方进行。其次以第一战队斯惑罗夫、阿历山多尔三世、坡罗睢洛、阿利洋尔及第二战队"阿斯拉""彼亚留利克喇""哇凌""喇希摩夫"为右翼。第三战队"尼古拉一世""雪尼亚维""阿勃拉古""新乌虾苛夫"及巡洋舰队"阿利古""阿乌罗拉""敦斯苛伊""摩洛玛夫"为左翼。而"齐耶谟几乌古"及"伊墀谟尔"二舰,则在两翼向导舰的外侧与之并行,并附以第一驱逐队的驱逐舰二艘,第二驱逐队的驱逐舰五艘,则附属于巡洋舰队。又在驱逐舰的后方,为工作船"加谟加剌加"、运送船"阿剌""剌伊利""伊尔剌"伊西苛历亚""尔斯斯维利",最后的则为医院船"阿利洋尔""加斯罗马"。若遇敌人,侦察队回转向后,与巡洋舰合,共导运送船队驶出战场之外,并对敌方巡洋舰攻击,当保护责任。第一、第二战队则增加速力,一齐向左回头。

---

〔1〕即马六甲海峡。

出第三战队的前方，后再复旧航路，恰成为二队单纵阵。"齐耶谟""几乌右伊斯谟尔"则利用其高速力与第一驱逐队移于主力舰队，向导舰及殿舰附近的非战斗之侧，并担任击退敌方驱逐舰。俄方规定的战略，大概如此。二十六日，施行舰队运动。二十七日，即向预期战斗的朝鲜海峡而进。

日本于一九〇五年一月以来，愈致力于俄国增遣舰队的对抗准备，东乡司令长官与山本海军大臣及伊东军令部长等计议，决置舰队的全力于朝鲜海峡。至五月下旬，俄国增遣舰队，渐次迫近朝鲜海峡。东乡愈严加警戒，整饬一切的战备，以待敌队的到来。五月二十七日拂晓，第一、第二舰队的大部驻于韩国南岸的加德水道，第三舰队大部驻于尾崎湾，第三战队出巡于五岛、白濑之西北，假装巡洋舰"美洲丸""佐渡丸""信浓丸""满洲丸"列于白濑之西，"秋津州""和泉"则在那四舰的附近，相与严密戒备。午前四时四十五分，"信浓丸"先发现俄舰，知其将通过对马水道，即电告各方。"和泉"于六时四十五分发现俄舰队，计战斗舰八艘，巡洋舰九艘，海防舰三艘，假装巡洋舰、工作船等若干艘，并驱逐舰数艘。

东乡知发现俄国舰队，即率第六战队、第十、第十五艇队出港，片冈率第五战队、第十一、第二十艇队及竹敷要港所属的第十七、第十八艇队，并有第十六艇队的"白鹰"随后，先后豆酸埼附近，后往神崎之南。一面命山田率第七战队在鸿岛附近，以期发现敌方的主力。十时，片冈命"八重山"及各艇队暂避于神崎，自率第五战队向东北前进。据于敌队之左前方四五浬的位置，保持与敌接触。适与第六战队的"须磨""千代田""秋津洲"及第十、第十五艇队会合，并令"八重山"及艇队一齐来会。午后，片冈以第六战队出敌之前，与其接触。

出羽率第三战队在白濑的西北，自接到"信浓丸"的电报，又据"和泉"的报告，急向东北进行，在神崎之南，发现敌影。十一时四十二分，以八千密达的距离与之交战。又据敌的前路，严加监视。

东乡乘旗舰"三笠"在镇海湾接到发现敌舰的报告，即命在加德水道的上村司令长官率全部舰艇出港。第一、第二、第四战队，第一、第二、第三、第五驱逐队，并第九、第十四、第十九艇队，亦顺次起碇。午前六时三十分，第一战队在前，四十余艘的舰艇随后整队前进，决拟诱击敌队于冲之岛附近。正午抵冲之岛之北。一时三十五分于西南方发现俄国舰队，东乡即命开始作战，拟先打破敌队左翼的先头，见敌的前面为"坡罗睢洛"型的战舰四艘，"阿斯拉""彼亚维利克喇""哇凌""喇希摩夫"据左翼的先头。"尼古拉一世"及海防舰三艘随后，"齐耶谟几乌古"、"伊墀谟尔"二舰则介于两翼之间，警戒前方。而在后方濛气之中，还有"阿历古阿乌罗拉"以下二、三等的巡洋舰一队，及"敦斯苛伊""摩洛玛夫"并其他特务舰船等，接连数浬不断。此时为日俄举海军的全力以决最后的胜负。

关于其他巡洋舰、驱逐舰、特务船等在二十七日夜间的行动，综合"阿历古"舰员的报告，知爱克维斯脱司令官所属的战队，于二十七晚在主力舰队的左侧与之并行，即使"阿历古"等的快速巡洋舰及驱逐舰若干舰增加速力，通过主力舰队，出其前方之左。适于此时，见敌方的驱逐舰、水雷艇渐次接近，乃向南方以避之。但仍屡受敌方鱼雷的攻击。九时，于附近未见敌舰，急乘机转北，忽来敌驱逐舰四艘，扼其前路，知不能北上。又向南行。约一时许，更转向北，又受鱼雷攻击，嗣后屡次企图北上，终不能达到目的。次日午前一时，爱克维斯脱乃放弃往海参崴之念，率"阿历古""阿乌罗拉""齐耶谟几乌古"一意向西逃走了。

其他巡洋舰"敦斯苛伊""斯维多拉喇""阿尔玛斯"于日没之后，均与僚舰相失，单独北上。又驱逐舰于日没时，分为两队，一队随从爱克斯维脱，一队在主力舰队的左侧。除一、二追随"阿历古"向西南逃走外，其余的均北上。至于特务船，均于日没后逃向西南方，惟"伊尔剌伊西"因日间受伤，驶往山阴道的近岸。以上为五月二十七夜的战斗状况。

二十八日午前五时，日本第一、第二战队抵郁陵岛之南，由第五战队报告俄方舰队在东北进行。东乡即命向俄舰队进攻，自率第一、第二战队前进。八时，发现俄国舰队第四、第五、第六战队共扼敌队的后方。又第一、第二战队于九时三十分发现俄舰，拟断其前路，即出其前方开始炮击。俄国舰队以烈坡瓦夫司令官的旗舰"尼古拉一世"立于前头，"阿利洋尔""阿勃拉古新"及"雪尼亚维"随后，又有"伊墀谟尔"在侧，此时为优势的日本舰队所包围，知抵抗无益，遂向日舰投降。"伊墀谟尔"于未投降之先，即利用速力向东逃走。第三战队的"千岁"由油谷湾出发，途中击沉俄驱逐舰"伯剌乌勃聊几奴伊"，此时转而追击"伊墀谟尔"，以速力不及，俄舰得向北逃走。

第四战队于午前七时，发现俄国巡洋舰"斯维多拉喇"，及驱逐舰"布伊斯剌奴伊"，瓜生即命"音羽""新高"作战，击沉"斯维多拉喇"于竹边湾外海，"布伊斯剌奴伊"亦破灭于竹边湾之北岸。

联合舰队于接受俄舰投降之后，更从事捕获余舰。"磐手""八云"于午后六时，击沉"乌虾苴夫", 又驱逐舰"涟阳炎"开往郁陵岛, 途中捕获驱逐舰"伯多维", 俄舰队司令长官罗齐耶斯多维斯克与其舰队员兵同为俘虏。又第四战队及第二驱逐队, 于午后五时, 离开主力舰队, 向西搜索俄舰。七时, 抵郁隣岛之东南, 与"音羽""新高"并驱逐舰"朝雾""白云""吹雪"夹击敌舰"敦斯苴伊", 该舰至次日, 遂漂流沉没于该岛之东南岸。

如以上所述, 日本联合舰队大部, 专在北方活动, 而在南方前口的战场附近, 则由假装巡洋舰"信浓丸""台南丸""八嶓丸"等巡逻, 搜索残敌, 见俄舰"维利克"于午前十一时沉没于韩埼东北, 又驱逐舰"不知火"、特务船"佐渡丸"见敌舰"喇希摩夫""摩洛玛夫", 于午前十时, 相继沉没于对马琴埼东方五涅之处, "不知火"追击"古罗谟克"抵蔚山外海, 与水雷艇六十号协攻, 一时曾经捕获, 至午后始渐沉没。此外, 特务方(船)"伊尔剌伊西"与其他的特务船, 于二十七日, 均被日本第三战队猛击, 中弹浸水, 于二十九日沉没于都浓村外海。以上为五月二十八日的战况。

查俄国增遣舰队, 在其本国尽属海军的精锐, 其派遣东洋的主要任务, 在挽回海上势力, 使战局为之一转。不意在日本海激战两日的结果, 完全失败, 计战舰三十八艘, 被击沉没的为战舰六艘, 巡洋舰四艘, 海防舰一艘, 驱逐舰四艘, 假装巡洋舰一艘, 特务船三艘。又被捕获的计战舰二艘, 海防舰二艘, 驱逐舰一艘。被俘虏伤亡的, 计自司令长官以下军官及同等官等二百六十八人, 文官五人, 准尉官及同等官二十三人, 士兵五千七百余人。而日本方面, 不过失去水雷艇数艘, 及死伤官兵七百余人而已。

十、调停与议和

俄国海陆军都遭失败, 日本乘胜更积极备战, 由是美国大总统罗斯福见此情形, 拟调停日俄两国战争。一九〇五年六月九日, 命驻东京公使克利斯谟及驻俄大使玛苛尔密提出同一公文于两国政府, 大意谓日俄战争不仅两国的不利, 实有碍世界文明的进步, 希望两国为世界一般的利益计, 息兵议和。当俄国接到该项公文, 自然愿意休战。日本方面, 亦筋疲力尽, 赞成议和。两国就派了全权委员, 到美国坡剌马斯订立和约。其大要如左:

一、俄国承认日本对于朝鲜有优越权; 二、俄国把旅顺口、大连湾的租借权让与日本; 三、满洲哈尔滨以南的东清铁路让归日本, 附近的路矿权亦归日本; 四、库页岛五十度以南地方割归日本; 五、俄国驻在满洲的军队, 完全撤退。

日俄和约既已成立, 那一场的远东大战, 就从此闭幕了。

世界弱小海军国[1]

（1933 年 11 月）

今日列强对于海军之扩张，已登峰造极，其明争暗斗日趋剧烈，终必引起世界第二次之大战。因而世人之眼光均注视于英、美、日、法、意五强之海军，驯至弱小之海军国，均无人注意之。庸讵知弱小者若能整军经武，必有强盛之一日。强大者虽藉强欺弱，如有机可乘，即弱小者亦可制其死命。故不能以今日弱小之海军国而忽视之，且有将其叙述之必要焉。

吾人虽屡见世界上不时有裁减军备之会议，但犹未闻有以全部海军出卖者。假令富有资财，当能收买巴拿马（Panama）之海军，因巴拿马海军仅有一轻快汽艇（Steam yacht），艇上备有轻武装武器，其价值不过一千五百镑，现时仅留两个艇员看守而已。查巴拿马创办海军，不过数年，当购置快艇之初，乃用以平定国内之小叛乱也。

其实每个国家，均欲有一海军，但使力所能及，即增设一舰，亦必努力为之。在南美洲之赤道国（厄瓜多尔 Ecuador）虽属小国，亦设置一炮艇（Gunboat），艇内计有官员五十三人，士兵二百六十四人。查南美诸国，均认海军为其国防上之需要，如阿根廷（Argentine）、巴西（Brazil）及智利（Chili），均设置有新式之巡洋舰及驱逐舰。而建设海上空军，各小国亦有此种计划。

墨西哥（Mexico）之海军力，比于巴拿马约过五倍，统计有炮艇五艘。秘鲁（Peru）之海军，前因与智利战争失败，其所有军舰，实际上已完全覆没，嗣经改造之后，现有巡洋舰三艘，驱逐舰一艘，潜水艇六艘，及炮艇四艘，其中计有官员二百人，及士兵二千人。观彼今日之海军，较诸昔日已进步多矣。

---

[1] 此文发表于《海军杂志》。

无人能想到波斯（Persia）亦有海军。但波斯设有炮艇两艘，已经不少年代，其一曾由英人借用，以保护彼等在于底格里斯（Tigris）之安全，其后不知艇上所装之炮因何除去。审察其舰龄，或因年代过久，不堪使用。查两炮艇上，原系装置二．七吋口径之炮，除用作礼炮外，已久未见其作他用也。

瑞士（Switzerland）位在西欧中心，与海洋隔绝，但亦置有军舰，用以巡逻于日内瓦湖（Lake of Geneva）之上。彼无论如何，不欲向列强签订任何造舰之条约，以参加战争。因海上之军舰，非其所需要也。彼在日内瓦湖中所置炮艇，其射程达一百哩[1]之远，且能超过高山。因炮艇所担负最重要之工作，为探查湖中秘密偷运之快艇，故其设置海军之目的，与他国完全不同也。

有几个国家亦有舰队之组织，并有若干精锐之军舰，未闻有人注意及之。此实令吾人惊奇，如西欧之荷兰，除设有一精锐之水面舰队外，其潜水艇之数，已超过二十四只。荷兰大部分之海军，现时多用以巡视东印度群岛（East Indies）及其他寻常之工作，若论彼昔日之海军，曾惊动一时，在二百年前，其势力尝侵入英国之泰晤士河（R．Thames）。

新兴之土耳其（Turkey），对其海军之改造颇费苦心，彼能在最短期间，建设一有力之海军，用以补充在于达达尼尔（Dardanelles）之役被英人击沉之军舰。

奥地利亚（Austria）在世界大战之前，亦有强有力之海军，活动于亚得利亚海（Adriatic Sea）及地中海（Mediterranean　Sea）各处，大战后，乃失其世界次等海军国之地位，结果海口尽为人夺，在今日遂变为一无海军之国。

世界大战后，有几个新兴国家，其海军之成立完全由于捕获，如芬兰（Finland）第一之炮艇，名"波洛斯歧"（Borowski），系借用之舰。当俄国革命暴发之时，事前在该艇之官员及水兵，均赶赴莫斯科（Moscow），其后"波洛斯歧"遂为芬兰据为己有。

爱沙尼亚（Esthonia）海军之产生，最初为一小巡洋舰"闻波拉"（Wanibola）号，即前俄舰"斯巴达克"（Spartak）号，系由战争取得者。"勒谟彼得号"（Lembit）亦为俄舰，查未被爱沙尼亚获取之先，曾在德人手中，驻泊于勒佛尔（Reval），当一九一六年，德人退出爱沙尼亚时，在地居民设法，阻其将此舰带走。

爱沙尼亚又有一鱼雷艇，在前亦为德国所有，其后被击沉于勒佛尔军港，延至一九一四年，始行举起。查该艇虽沉没海底经七年之久，然自举起之后，其活动海上极

---

[1]原文如此。

为自如，此至神妙不可言也。

关于旧式之战斗舰，因次等海军国之急切需要，英国有一次将若干战斗舰，出售于南美洲各国。最近英舰"亚斯佛得尔"（Asphodel）号，由丹麦收买，改名为"淮拉"（Fylla）号。

现今有若干小海军国，亦需主要之军舰，彼等感觉购置或建造许多之潜水艇，及一、二之袖珍无畏舰（Pocket Dreadnought），实较优于收买旧式之铁甲舰。至于各国作废之战斗舰，仅可作为演习打靶，或试演鱼雷炮弹及炸弹等之用。盖利用废舰，不独可作为实地之操演，且可使海军制造家，以之为论据，而求其强弱之点，以谋海军建设之改良也。

世界军备与制造业^[1]

（1934 年 6 月）

最近数年来，列强军备费用之增加极为显著。在此世界经济危机压迫之下，所有生产额、贸易额及收入额，均继续低落，以迄于今年初。期间虽有几国缩减军备之费用，仍超过于一九二九年之数。

依照各国政府报告，统计世界各国军备费用，自一九三○年至一九三一年，当在一百八十亿马克与二百亿马克之间。若将世界生产值与军备费用比较之，尤见各国经济力与其军备消费之不均衡。图中所示世界生产值，在一九二九年达于最高峰。至一九三二年，则濒于危境。前后相较，几低减一半。再观一九二九年以来之军备费用，匪独未见减少，且增加百分之七。故近来军备费用之负担，比于世界生产状况，几双倍于一九二九年之前。若计现时世界生产品之值，其中有百分之五消费于军备方面。

世界军备费用与生产值之比较（假定一九二八年之值为一百）

年次	军备费用	生产值	年次	军备费用	生产值
一九一三	六四	五四	一九二九	一○四	一○四
一九二五	九○	九七	一九三○	一○七	八六
一九二六	九一	九二	一九三一	一○四	六九
一九二七	一○○	九五	一九三二	一○七	五六
一九二八	一○○	一○○			

若比较欧战前之数字，计一九三二年之军备费用，比于大战前之一年，实超出三分

---

〔1〕此文发表于《海军杂志》。

之二。惟农产品之生产值，则与一九一三年之数值相等。

（一）各国军备费用之数额

各国军备费用之总额，仅能就其预算案中摘录如之左：

主要国之军费（百万马克）

国别	一九二八—二九年	一九三一—三二年	一九三二—三三年	一九三三—三四年
比利时	九七七	一，六四三	一，二三一	——
法国	一，五四九	一，九八四	一，九七七	——
意大利	一，〇七七	一，一四六	一，一四三	——
日本	一，〇八六	八五五	七九〇	——
波兰	五〇九	三六〇	三九五	三九〇
英国	二，〇三八	一，八八五	一，八一四	（一，九三八）
捷克斯拉夫	二二五	二一八	二〇七	一九七
苏俄	一，九〇〇	二，七八三	二，七六二	三，一三二
美国	二，八四八	一，九五〇	二，七八三	二，五八七

吾人深知各国之军费，决不仅限于上表所列者，因多数国家军费之补充与临时费用，其确数不得而知，亦不能证明其殖民地之防护费用，是否包括在内。即边防军各项费用，未必包括于军费预算案中。

一九三〇年至一九三一年，国际联盟曾努力于调查各国政府在军费预算案中之军备费用确数，其调查结果，仅能将列强军备费用，在其军费预算中之百分率表示如左：

国别	百分率
波兰（一九三一——三三年）	七二
比利时	八四
法国	八四
英国（一九二九——三〇年）	八八
意大利	八九
苏俄	九二

以上所述，当然只包括于修正之数，而为各国政府所自承认者，惟其自称全部之费用，无论如何真实，犹未足以为信。即此修正之额，为吾人所采用而作研究之最好根据者，

或只能视为军备费用之最低限度。此已知数额，系由国联汇集发表，惜仅能指示一年。吾人依照预算案中所指示军费，臆断近数年间军备费用之总数，当增加不少。

（二）减少兵力与增进军备技术

今观各国军备费用之增加与兵力状况似有矛盾之处，因查军备费用虽日见增加，而各国军官士兵之数反见减少，或至少亦无增加。故近年来世界军队之数，视一九一三年，或一九二八年，至于一九二九年，仍无甚差异。

主要国家之兵力包括军官及士兵（千为单位）

国别	一九二八—一二九年	一九三二年
法国	六一七．五	五五二．八
英国	一八〇．三	一六六．二
比利时	六五．二	六六．八
意大利	二五一．二	二四九．一
苏俄	（一九二四）五六二．〇	五六二．〇（一九二四）

增加军备费用，可设立强有力之预备队，稍具军事学识者，无不知之。惟各国平时兵力与战时兵力之变动，吾人不得而知。若根据世界大战时之经验，知战时兵力，可大加扩充。如英国在一九一三年与一九一七年之间，继续增加其兵力，几达十五倍。盖当平时兵力减少时，可增加军备，以作战时增加兵力之用。吾人若视下表，即知军备增加之可能性也。

战时兵力与平时兵力之比较

国别	英国	法国	比利时	美国	意大利	波兰
战时比于平时	七倍	八倍	八倍	九倍	十倍	十二倍

此外，其足以证明军备费用之大增加者，即近年来增进战斗力之技术设备，已获成效，其详细情形，因各国利害关系，均保守秘密，今就调查所得，将最近几年来军事技术进步之状况，分述如下：

（三）坦克车制造之进步

当世界大战时，大部分坦克车每小时仅能进行数哩。其惟一困难者，即行于斜坡。英国维克斯（Vickers）工厂所造新式轻便两栖坦克车（Amphibian tank）在平地速率，每小时能进行三十一哩；在四十五度斜坡，每小时能进行四哩半；在水上，每小时能游行五哩。该厂所造他种坦克车，其速率之进步，每小时亦能进行三十哩。最近所造，竟能进行三十七哩半，又装置于坦克车大炮口径及射程亦大增加。

（四）潜水艇制造之进步

欲知近年来潜水艇制造进步之状况，可将一九一四年及一九一八年间之型式，与今日所造者，聚集而比较之。现时潜水艇中发动机之力，比于昔日装置者，已超过三倍。其速率亦超过十倍，并设备有更大口径之炮，与更多之鱼雷发射管。

国别		美国		英国		法国	
年式		一九一八	一九三〇	一九一八 ——二〇	一九三二 泰晤士	一九一四 ——七	一九三二 Le Glorieux
排水量	水上	四八〇	二，七三〇	四一〇	，八〇五	七七一	一，三七九
	水中	六二四	三，九六〇	五〇〇	二，六八〇	一，一〇〇	二，〇六〇
发动机 马力	水上	八八〇	五四，〇〇〇	四八〇	一〇，〇〇〇	二，四〇〇	六，〇〇〇
	水中	七四〇	二，五〇〇	三二〇	二，五〇〇	一，六四〇	二，〇〇〇
速率 （浬）	水上	一四.五	一七.〇	一三.〇	二一又四分之三	一六.八	一八.〇
	水中	二.〇	八.五	一〇.五	一〇.〇	一〇.〇	一〇.〇
军备	炮	七六粍一门	一五二粍二门	一二〇粍一门		七五粍一门	一〇〇粍一门
	鱼雷 发射管	四个	五三三粍六个	五三二粍四个	五三二粍六个	四五〇粍八个	五五〇粍十一个

查法国巡洋潜艇（Submarine Cruiser）"Surcouf"号之排水量，计三，二五七吨，比于 Le Glorieux 式之吨数较大，即其军备亦较强。

（五）航空机制造之进步

据军事专家发表之见解，对于军用航空机进步之状况，谓近年来因航空机无限制之竞争，使其品质得以进步，非仅改变其型式，且加以种种新设备。今日英法苏俄等国，已为制造最大夜间掷弹飞机之先导，又对于供给夜行、掷弹、摄影及无线电诸种设备，与防护、焚毁、损坏诸种危险之器械，亦有显著之进步。

（六）军备充实之国家

就各国军备费用之巨大总额而论，期间差异亦不可忽视。今将世界各国军备不同之价值，列表如左（一九三〇一三一年以马克计）：

负担最大军备费用之国家

法国	五四.四〇	美国	二一.五〇	希腊	一七.四〇
英国	四九.六〇	比利时	二一.六〇	苏俄	一六.八〇
荷兰	三九.三五	芬兰	一九.二〇	西班牙	一五.六〇
意大利	三三.三〇	那威	一九.〇〇	捷克斯拉夫	一五.二〇
瑞典	二五.〇〇	爱沙尼亚	一八.五〇	波兰	一五.二〇
瑞士	二二.五〇	拉脱维亚	一七.八〇		

以人口计，每人负担之军备费用：

负担最低军备费用之国家

埃及	一.四〇	危地马拉	三.八〇
乌拉圭	一.五〇	暹罗	四.三〇
海地	二.〇〇	巴西	四.五〇
南非洲联邦	二.一〇	布加利亚	五.二〇
可伦比亚	二.三〇	波斯	五.三〇
印度	二.三〇	秘鲁	五.六〇
多米尼亚	三.七〇	萨尔瓦多尔	五.七五

列强除负担本国军备费用之外，对于海外殖民地，尚须支出巨大之军备费用。如法、英、荷兰及意大利等国，均有广大殖民地，故其所费犹巨。合计英、美、法、意、苏俄及日本六强国之土地及人民，尚不及全世界四分之一，而其军备费用，竟超过全世界四分之三。故世界军备费用竟达如此巨额者，实由于列强增加军备之结果也。

一九三〇一三一年之各国军备费用（百万马克）

美国	二.九四〇	意大利	一.四〇〇
苏俄	二.七八〇	日本	一.〇二〇
英国	二.三〇〇	印度	八一〇
法国	二.二八〇	波兰	五〇〇
西班牙	四六〇	秘鲁	三五
中国	三九〇	拉脱维亚	三四
荷兰	三二二	布加利亚	三一

（续表）

罗马尼亚	二五五	委内瑞拉	二九
捷克斯拉夫	二二五	爱尔兰	二六
臣哥斯拉夫	二〇八	里萨尼亚	三四
巴西	一九七	爱沙尼亚	二一
墨西哥	一八六	埃及	二一
比利时	一六九	南非洲联邦	一八
瑞典	一五五	可伦比亚	一八
希腊	一一二	新西兰	一八
土耳其	一〇九	危地马拉	八
澳大利亚	九七	萨尔瓦多尔	八
瑞士	九二	厄瓜多尔	七
匈牙利	八九	巴拉圭	七
那威	五三	海地	五
暹罗	五一	乌拉圭	三
丹麦	五一	哥斯达利亚	二
古巴	四八	卢森堡	一
加拿大	八一	来比利亚	〇
波斯	八〇	葡萄牙	六二
芬兰	六七	奥国	六一
总计一八〇—二〇〇亿马克			

列强增加军备费用尤注意于各种武器技术之进步，如制造新式战舰，设立航空队等。统计苏俄、法、美、英、意大利五大强国之最大军备费用，在于陆军方面者，约占世界陆军费百分之五十五；在于海军方面者，约占世界海军费百分之七十；其在于空军方面者，则占世界空军费百分之八十。兹再分类列表如左：

一九三〇—三一年之五大强国军备费用（以百万马克计）

国别	陆军	海军	空军
苏俄	二.一六〇	二九〇	三三〇
法国	一.四三	五〇〇	三五〇

国别	陆军	海军	空军
美国	一.一五〇	一.三三〇	四六〇
英国	八八〇	一.〇二〇	四〇〇
意大利	八六〇	三三〇	二一〇
全世界	一一.五〇〇	五.〇〇〇	二.二〇〇
百分率	五五％	七〇％	二〇％

（七）军备制造业

列强不独拥有强大之军备，即其军备制造业，亦甚发达。关于各国军备制造厂之确实详细状况，吾人虽不得而知，惟根据一九三〇年至一九三一年各国政府对于军备费用之报告，可臆断美国、法国及英国军备制造品之价值当超出十亿马克，在苏俄则不及十亿马克，意大利则在六百万及七百万马克之间。至于军备制造工人之在英法及美国者，当在一〇〇，〇〇〇人与二〇〇，〇〇〇人之间。

观军备制造之价值决非用于防护之需要，有一部作为国家经济收入，而为国家军备惟一之基础，是无可疑者也。其实军备制造，完全利用于战争，现时虽亦有加以限制，但其数额仍有加无已。列强虽处于世界经济危机压迫之下，而其许多重要军备制造厂，仍得继续获利。

（八）军械及军火输出之增加

军备制造业之生产状况，今已恢复旧观，仅就世界贸易额之统计，即可以证明之。若将世界军械及军火之贸易，与一般贸易情形对照而比较之，显见军械及军火贸易额，在于一九三一年与一九三二年间，已大增加。

法国军械及军火之输出，尤见增加。自一九三一年之一一，五〇〇，〇〇〇马克，至次年增至三九，七〇〇，〇〇〇马克。荷兰亦有巨量军械及军火输出，一九三一年约三，〇〇〇，〇〇〇马克，至次年，则增至八，二〇〇，〇〇〇马克。

在主要输入国中，尤以输入日本之军械及军火为最多，于一九三一年，仅计输入一，二〇〇，〇〇〇马克，至次年，则增至一〇，五〇〇，〇〇〇马克。今将世界军械及军火之输出状况列表如左（以百万马克计）：

	英国		美国	
年次	军械	军火	军械	军火
一九二六	一五.九	四五.二	一〇.八	三三.四
一九二七	二〇.三	四四.三	九.八	三〇.〇
一九二八	二五.五	五八.五	一〇.三	三四.八
一九二九	三七.六	五三.八	一一.八	三三.三
一九三〇	二九.二	四二.五	五.二	二二.〇
一九三一	二六.五	二九.七	二.八	一三.六

	法国		捷克斯拉夫	
年次	军械	军火	军械	军火
一九二六	六.〇	一九.二	一四.四	二〇.五
一九二七	六.四	一三.〇	一〇.二	五.八
一九二八	一九.七	一七.〇	四.七	四.四
一九二九	二二.八	一六.五	七.七	五.七
一九三〇	六.五	二三.五	一五.五	六.七
一九三一	三.八	七.七	一三.五	三.〇

	世界各国		
年次	军械	军火	总额
一九二六	八一.九	一三七.三	二一九.二
一九二七	七〇.二	一三二.五	二〇二.七
一九二八	九四.八	一五四.七	二四九.五
一九二九	一二五.八	一四六.六	二七二.四
一九三〇	九四.二	一四〇.四	二三四.七
一九三一	六七.四	七九.五	一四六.九
一九三二			(一五八.八)

（九）德国与世界军备

在一九一三年，德国军队有七八六，〇〇〇人，大战之后，按照《凡尔塞和约》[1]

---

[1] 全称《协约和参战各国对德和约》，结束第一次世界大战的帝国主义条约。1919年6月28日，英、法、美、日、意等战胜国与战败国德国在巴黎西南凡尔赛官签订。1920年1月20日生效。和约共分15部分，440条。

之规定，其兵力只许增至一〇〇，〇〇〇人，并禁止设置或制造使用最新式之各种武器，如以下所列者：

一、坦克车及铁甲车

二、无论何种之军用飞机

三、潜水艇

四、重炮

凡军械、军火及战用品之输出入，概予禁止。

观德国自希特勒秉政之后，因要求军备平等，未能达其目的，竟退出军缩会议，而积极于军备之扩张。故其现在军费之增加，已非昔比，实越出《凡尔塞和约》限制之外。在此列强与德国均致力于军备之扩张，吾人可断定未来之军缩会议，必无良好之结果也。

控制海上之战斗潜水舰^[1]

(1934 年 9 月)

现在世界上潜伏一强有力而不可窥测之巨敌，即美国所造之新式潜舰是也。美人称此新式潜艇为战斗潜水舰（Submarine battleship）。其建造技术上，视昔日潜艇，已显著进步，且其伟大，超过于世界大战时任何潜艇之上。

欲知新式潜艇与其功用，须追述世界大战史。当宝毕兹（Tirpitz）上将于一九一四年任德国海军总长时，曾请求其政府，应造一千艘潜艇，以备开战之用，但因受制于陆军，致计划卒不售。然宝氏固甚望德国为世界主人翁，谓依其计划，则当开战时，以一千艘之潜艇，迅向英本国攻击，使其降服，而降服条件，须包括英国海军在内，斯时德国既握有海上权，则凡在欧陆之敌人，必相继屈服，驯至美国亦为其一肥优易取之战利品矣。

潜艇在大战时，机械上有无数缺点，如潜行至一百五十呎之深度，即发生泄漏之病。当泄漏时，盐水倘接触蓄电池，则船中充溢致命之録气，若在二百呎之深度，即不能使压舱柜空虚，以抵抗海水压力，致不能回至水面。而在二百五十呎之深度，其脆弱之机械更将全部折皱，当其潜入水中，艇中空气，渐变污浊，艇员必受气压变动之痛苦，又湿气凝结，尤为滑腻，不断下滴，常使艇员精神错乱，且艇中之粮食饮料，亦甚有限，艇上复设有快炮，挤满水雷，炸弹，鱼雷及各种火药，惟用以出海攻击，则能破坏敌人在水面之军舰船舶而已。

顾欧战时潜艇功用仅此已足令人惊奇，况未来战争。与前此战争情形，必大有不同之处，即如美国新式潜艇之购造与其运用方法，迥非昔比，他可知矣。盖当时潜艇排水

---

〔1〕此文发表于《海军杂志》。

量，仅二百五十吨，或与此数相近、其航速远力极有限，潜深力亦受限制，即论其战备，亦几乎不足恃，有如其所操纵之机械焉。

今美国新式潜艇，有二千吨之排水量，或有超出此吨数者。艇长二百七十呎以至三百呎，其大小已八倍于昔日潜艇，两倍于最大驱逐舰，实足称为一种潜水战斗巡洋舰（diving battle cruiser）。此种潜艇，离陆有三万四千海里之航远力，且能连续潜航，几无限制，艇内能配一百人员，其在水中生活之安适，如在战斗舰之上，官员有舒适寝室，士兵亦各有睡铺，并有广大贮藏所，食料冷藏处，电气烹饪室，以供卫生饮食。

潜艇所最患苦者，为湿气凝结与水之下滴，在新式潜艇内可消除此病，即空气亦可时常变换，若遇长久潜行，艇员除在某几处吸烟，能发生危险外，其他处所，均可吸烟，艇内即有浊气，极为微薄，而气压之变动亦甚微，艇中可应用蒸馏法，蒸取海水，以作饮料之用。当航行水面时在甲板上，可作运动及诸种操练，与在战斗舰上无异。此外更设有活动电影，以供员兵娱乐。即潜航水中，亦可转动无线电机，以听各种戏曲。

新式潜艇之航行速率，无论在于水面或在水中，较昔日均大增加，即其战备，亦较大战时为猛烈。

新式潜望镜（Periscope），系一种新装置，为大战时潜艇中所未完成之设备，应用此镜，有几种异样之望景，其运用之巧妙，尤胜于技师使用一支滑尺，此外另有一机械耳（Mechanical ears），能指出水面敌舰之位置。尚有贮藏所，能携带飞机以探察水面敌情。

新式潜艇甲板上之军备，如遇敌方驱逐舰于海面，无须潜入水中，即能向其袭击，且只须潜浮与水面相平之位置，保持艇首向于敌舰，即可避免敌弹射击，故在战斗中，已占优势。

大战时之潜艇，其最危险者，无过于设被敌人发觉，须费许久暑刻，始能潜入水中。至新式潜艇则能于顷刻间迅速关闭舱门，潜入水中，不啻一鸬鹚鸟焉。

在将来任何海战中，商船仍不免为潜艇之鱼肉，其受祸之烈，当更有甚于大战时。惟新式潜艇之目的志在攻击敌人之水面战舰。当驱逐舰巡洋舰及战斗舰在水面向其攻击时，或飞机在空中向其轰炸时，彼能在水中向其反攻。

战斗舰因反抗潜艇之攻击，故将速力增加，并配置外护壳（blister hull），此为防御鱼雷之最有效力者也。又在水面之军舰，亦能以高速度之曲折航行，使鱼雷向其发射，极感困难，而新式潜艇，则亦能向其作战。

　　大战时，潜艇常为水雷，鱼雷网，炸弹及铁嘴（或称撞角装于舰首）所困。而此类防御潜艇方法，若用以抵抗今日新式潜艇，殊难完全奏效，因美国新式潜艇，对于未来战争及设备，均有一精密之计划，惟尚严守秘密也。

列强增加海军之预测 [1]

（1935 年 12 月）

在近数年间，美国海军有继续增加军舰、飞机母舰及海军人员之趋势。观其水面及水面下军舰与飞机等之日求新式优越于他国，即知其效率必随之增加。因彼邦人士，感觉国家须依赖海军保护，以防卷入未来战争漩涡，且甚虑战争之发生于欧亚及非洲，能波及于美国，故极力预防避免战争。依吾人之观察，非独美人作此感想，即其他滨海各国人民，亦均感觉战争为可怖，甚至惧战祸之即将降临。

美国海军自一九二八年至一九三二年中，较诸英、日海军，有略呈减缩之势，至最近两年前，乃开始增加。其所造军舰，有将次完成者，并有若干艘，已服役于舰队者，故又增加一万二千人，以供支配于新增各舰之上。

欲知美国进行大海军计划之理由，当视今日世界所生之事变。欲明白此种事变及其意义，当追述十三年前（一九二二年）之华府海军会议 [2]。是时各文明国家之人民，均欣然从事于一部分军备之裁减，并一致计划主要海军力之限制。由此会议成立一种协定——关于战斗舰及飞机母舰之数目、旧舰之补换，及其吨数限量，规定英美日三国海军之比率为五·五·三。条约之有效期间，则迄于一九三六年。

华府会议虽给予世界厌战人民之赞许与安慰，然对于巡洋舰问题，犹悬未解决，故

---

〔1〕此文发表于《海军杂志》。

〔2〕又称"太平洋会议"。第一次世界大战后，美、英、日等帝国主义国家为重新瓜分远东和太平洋地区的殖民地和势力范围，由美国建议召开的国际会议。1921 年 11 月 12 日至 1922 年 2 月 6 日在华盛顿举行。参加者有美、英、日、法、意、葡、比、荷、中九国，签订了三个条约，即：美、英、日、法《四国公约》；美、英、日、法、意《五国海军协定》；美、英、日、法、意、荷、比、葡、中《九国公约》。

延至一九二七年之伦敦海军会议[1]，继续讨论。最后，英、美、日、法、意对于巡洋舰之限制，仍不能一致。究其困难中心，实在于英国须保持六千吨之巡洋舰，而美国在战略上之规定，则为一万吨之巡洋舰。查此会议之最要条款，即英国海军要求保持其海军力足以抵抗法、意两国之海军力，其用意即英国有建造等于法意两国合并海军力之权利。严格言之，英国海军依条约，可以建造等于欧洲任何两国之联合舰队。

在欧洲情况迅速变动之中，法意两国均努力于扩张海军。结果，英国必照样摹仿。因英国永不放弃其自昔相沿之两国海军力政策，且必加紧建造其海军，恒等于欧洲任何两国之海军。美国岂甘坐视？亦必继续建造新舰，以求与英国海军平等。

法国亦曾宣布其海军须以两国海军力为标准，即其海军须等于德意合并之海军力。最近英国已单独承认德国海军应有英国全海军百分之三十五，如是，法国若欲其海军等于德意联合之舰队，除即行开始造舰，实无别法。若照以上所述，法国开始造舰，则英国必继其后。而法国有更复杂之情况，且规定建造三万五千吨之战斗舰，英国亦自必建造其二万五千吨之战斗舰。

综观欧洲之现状，英国必企图其海军等于法意合并之海军力，法国必坚持其海军等于德意两国，最后意大利亦必坚持其海军与法国平等。

因欧洲诸强之竞争海军，乃影响至于美国海军，且妨碍其与英国海军平等之政策，故必急趋于造舰之途。而在苏俄方面，亦必急求海军力与德国相等，以保护其波罗的海各港。

关于英美补换战斗舰问题，不能久置不决。若法国实行其宣言，而建造三万五千吨战斗舰，则因补换战斗舰问题，必累及英美造舰费之踌躇。至型式之如何决定，则非吾人所得而知。

就欧美现在状况，当华府与伦敦条约[2]期满后，日本决不重订条约。对于海军，必

---

[1] 应为日内瓦海军会议。1927年6月20日，美、英、日三国在日内瓦举行海军会议，法、意只派观察员列席。会上美、英分歧很大，美国想把华盛顿会议规定的五五三比例原封不动地运用于辅助船只，英国则声称其交通线漫长，必须有70艘各类巡洋舰，并提出万吨级大型巡洋舰可按五五三的比例建造，小型不按此比例。如此英国舰队实力可超过美国，美国对此表示反对。日本站在英国一方。这样，三方各执己见，最终会议未能达成任何协议。

[2] 1930年1月21日至4月22日，美、英、日、法、意在伦敦举行了限制和裁减海军军备会议，通过了《限制和裁减海军军备的国际条约》，作为1922年2月6日华盛顿会议《五国海军协定》的补充。规定了美、英、日三国拥有巡洋舰、驱逐舰和潜水艇的总吨位，其中潜水艇吨位美、英、日保持相等水平，巡洋舰和驱逐舰的吨位沿用华盛顿会议规定的限额，超过者应在1936年12月31日以前予以处理。英、美、日于1930年10月27日交存批准书，法、意由于争夺地中海霸权的斗争日益尖锐而没有批准该约，因此条约只在英、美、日三国间有效。

将从事扩张，不能让英美之独自增长。故许多观测者以为，白色人种如有企图阻止日本势力之向外发展，则日本必求增加其海军与英美平等，如他国无妨碍日本向外拓殖之政策，则其海军当可保持现状。

以吾人之观测，列强竞争造舰，无异种下战争种子，徒使其引起世界大战。至今世界人士，应犹未忘一九〇〇年至一九一四年间德国造船厂狂热于造舰，以求击败英国海军。自有此举，反使英国与之对抗，激成世界大战。

大战之后，凡属文明国家，均恶战争、爱和平，而求恒久之安全。然直至今日，所谓求安全者，仍仅依赖于许多之战舰与兵士以维持。换言之，各国已放弃裁减军备与军备之限制，而复信赖于增加武力以维持和平，反藐视历史事实之教训。盖过去历史所指示于世界各国者，乃谓信赖增加武力，非求和平之道。倘列强欲求真正之和平与永久之安全，非取消军备，相见以诚，迨终无希望也。

青岛战役与爱姆敦战绩[1]

（1936 年 3 月）

日本于一九一四年八月二十三日，对德宣战，其战争区域在东亚方面的，只为胶州湾一角，胶州湾为我国的土地，当一八九七年山东德教士被杀[2]，德即命海军少将齐德黎，率舰队东来，又任皇弟亨利亲王为东亚巡洋舰队总司令率舰队继至。十月十九日，齐德黎抵胶州湾，逼青岛炮台守将章高元让出炮台，次日占领胶州城，又次日驻北京公使海靖，始向清廷谈判。交涉将就绪，亨利率大队适至胶州，海靖忽翻前议，要求租借胶州湾，限期为九十九年。时清廷国势衰弱，力不足与德人抗，不得已于一八九八年，与德订胶州湾租借条约。

胶州湾群岛之最大的为青岛，德人既租胶州湾，以青岛形势险要，遂周筑炮垒，严密布置，预期一旦有事，以备持久。欧战开始，青岛总督伐尔代克部下，计有守兵五千人，小炮艇四艘，奥舰一艘，名以利沙伯皇后，其大部舰队早已由司彼统率前往南美了。

日既对德宣战，其目的在攻取青岛，使司彼统率的远东舰队，失其根据地，并毁灭德国在青岛的余舰，先命海军中将加籘定吉率第二舰队，计旧式战舰三艘，海防舰"冲岛""见岛"、装甲巡洋舰"磐手""常磐""八云"、轻巡洋舰"秋津洲""高千穗""最上""淀"，及驱逐舰三小队，封锁青岛。同时命海军中将加籘友三郎率第一舰队，计战舰"摄津""河内""安艺""萨摩"、巡洋舰"矢矩""平户""新高""笠置"，及驱逐舰四小队，游弋于黄海及中国海北部之间，掩护开往青岛的运兵船，及协约国的海运航路。八月二十七日，加籘定吉率第二舰队，占取胶州湾前面诸岛，扫去沿湾一带

---

[1] 此文发表于《海军杂志》。
[2] 即巨野教案。

水雷，正式宣布封锁青岛，与英战舰"Usk"巡视青岛海口。

九月三日，日遣神尾将军，率兵万人，由莱州龙口登岸，以拊青岛之背。时以秋雨不便行军，日军仅以飞机绕行青岛天空，以炸弹投无线电台电机总站火车站，及港内停泊的德舰。九月十三日，日军攻入青岛前面的胶州火车站。二十七日，攻陷亨利亲王山。十月三十一日，猛攻青岛，德军不支。十一月二日，奥舰"以利沙伯皇后"沉没。六日青岛炮垒子弹告罄，神尾将军，下令用步兵猛攻。午后六时，伐尔代克见大势已去，高揭白旗，以示降服。至七时半签了条约，德军三千人尽为俘虏。战斗结果，计德舰"Itio""Tiger""Luchs"三艘，驱逐舰"九十号"一艘，全被毁灭。至日本方面共损失巡洋舰"高千穗"、驱逐舰"白妙"，及"三十三号"鱼雷艇一艘，自是青岛遂落日人之手。

青岛被日攻陷后，德人在东亚的势力，已完全消灭。日本舰队，乃巡视中国海太平洋印度洋之间，猎取太平洋德属加罗林、马夏尔马丽安各岛，又派驱逐舰一队，往地中海助战。

上述德国在太平洋舰队凡七艘，五艘为司彼所统帅，已为司德提牮灭于南美海滨，余二艘仍留青岛，一即著名的"爱姆敦"号，一为"哥尼斯堡"号。"爱姆敦"仅为三三五〇吨寻常巡洋舰，其速度为二十五浬，最大炮径不过四·一吋。此舰出没于印度洋计三个月，击沉协约国商船凡二十五艘，合计损失所载的货物，约值二千万银元。后又击毁马德拉斯的油池，又毁停泊兰贡海岸的英船四艘，又潜至槟榔屿击沉俄国巡洋舰一艘，法国鱼雷艇一艘，协约国往来追击，而终不能寻获其踪迹的所在。

"爱姆敦"纵横海上，时变其舰上的旗帜，屡换其舰体的颜色，以诱击协约国商船，如法船来，则悬英旗；英船来，则悬法旗；英法船来，则悬俄旗，驶近敌舰，使敌不疑，而突加以炮击。其屡变船体的颜色，亦照此法。尤使人惊奇者，以法接得协约国商船的无线电报，而知其踪迹的所在，待其将至而诱击之，其忽东忽西，飘忽不定，使协约国商船往来海上，均有戒心。十一月九日，"爱姆敦"驶至爪哇南面之可可岛，舰长密勒派人登岸，毁坏英国的无线电台，突为一澳洲的巡洋舰"悉德尼"号所见，密勒不及召回其留岸之人，急将船向北进行，然未抵岸已为"悉德尼"号击沉，舰中人员，尽为俘虏，留岸之人，后觅得一支桅小舟，屡经冒险，约一个月后，得遇一有证书的德国煤船，登船往寻"爱姆敦"，因此得入红海，而达君士坦丁。"爱姆敦"的舰长密勒被俘解往伦敦，真不失为举世的一怪杰呢。

"哥尼斯堡"号于"爱姆敦"沉没的前数日，亦毁于东非的浅滩，计前后击沉协约国船只达十二艘。

海军与空军[1]

（1936 年 10 月）

一九三六年至一九三七年度，英国之空军预算，仍难超其海军预算之上。据某报评论，海上服务费超过空中服务费约三〇，〇〇〇，〇〇〇磅。若以此费移作五十架战斗机，当使英国空军立于世界最优之位置。惟此巨额预算，以供海上军备之用，实非善策。因军舰与飞机对抗，实处于极不利之地位也。

凡一种理论，无论其是否真实，或仅为讨论，不可固执偏见，宜以公平视之。若被指为错误，亦无其关系。吾人之论海军与空军，孰为轻重，亦当以公平之态度，详加研究，以求裨益于国家。观英国海军与空军之暗斗，实属不幸。此事现已不复存在矣。查空军人员之服务于舰队航空部者甚多，而海军人员之附属于空军者亦不少。其真正精诚团结，即为海空两部人员已能相互谅解。至于所谓战斗舰将被轰炸机排除之谬见，今举各种事实以反证之。

今先假定用于海军之三〇，〇〇〇，〇〇〇镑，比移用于空军者，所收成效为较轻微，预料空军力量能替代海军力。此说吾人不能视为完全错误，惟海军不能分别处理，须视为整个，且须强大足以成就其功用。欲解决此种问题，须视众人能否领悟海军真功用之所在。设立一百队强有力之飞船，安置于 North Foreland 与 Lizard 间，自能增加英吉利海峡之安全力，足以保护其局部，无需许多战斗舰、巡洋舰及驱逐舰。然海防问题非如此简单。若仅限于局部，有战事只在于西线，则空军或为可恃。惟英国海军之战略，不容有此限制，因英所属直布罗陀、新加坡及澳洲之防务，由欧洲至太平洋之水道，均需要海军也。

---

〔1〕此文发表于《海军杂志》。

许多幻想家定欲以空军代替海军，且有一种坚决之倾向。其所执理由，非过甚其言，即出于虚妄，其目的乃在指示军舰无能力以抵抗轰炸机。此种不合理之宣传，徒增舆论之纠纷。今举美国政府试验爆弹与战舰对抗之情报，以纠正误解者，望阅者勿以普通新闻视之。

战斗舰"New Jersey"号，建造于一九〇一年，无特种设备，亦无防水门，系作一靶船之用。第一次以六百磅炸弹二十枚，向其爆击，投弹之后，得爆发者十五枚，是舰受伤甚微，在水中部分均无损害。第二次以二千磅炸弹十枚，再试投击，无直接命中，仅有一弹极接近。两小时之后，只见舰身倾斜五度。第三次以二千磅炸弹七枚投击，均落于船首，未见损伤。第四次亦以二千磅炸弹三枚试击，见一弹落于一百呎外，一弹落于右舷侧，第三弹完全失效。此舰经此次命中，乃于五分钟之后，见其下沉。

战斗舰"Virginia"号与"New Jersey"号为姊妹舰，亦无特种设备。第一次以一千一百磅炸弹十四枚向其抛击。据报告结果，有十弹落于右舷之外，均失效力，仅一弹得直接命中。舰身倾侧十度，于二十分钟之后始告沉没。

德国旧战斗舰"Ostfriesland"号，完成于一九一一年，在此舰试行爆击之先，并无防水设备，先已倾斜两度，离寻常吃水已入水一呎，嗣经两日连续爆击，计所得报告，第一日掷弹之数为六十九枚，抑或为五十二枚，未能确定。惟后者所示之数，似较为可信。所掷之弹，自六百磅以至二千磅，未见该舰稍有损伤。至日终，仅见倾度略增，船身入水约三呎，未行止漏工作。

第二日，先以一千磅炸弹十一枚，向该舰爆击，仅有三弹直接命中，未有重大损害，惟见漏量增加，经四小时之后，舰身前部进水三呎，后面入水一呎。第二次以二千磅炸弹六枚再试抛击，亦未见命中。三弹不生效力，一弹极接近，经十分钟之后，是舰始告沉没。总计逾二十四小时，掷弹得直接命中者，共十六枚。

最近美国海军将未完成战斗舰"华盛顿"号施行各种爆击法，此舰系依照华府条约而毁弃者。查其试验情况，先以两千磅炸弹三枚及四百磅战头鱼雷两枚，在最深处爆炸，非接触舰身，即近于船底。惟经视察之后，此舰倾侧五度，为狂风流锚所致。其大凝汽器未见损坏，水手塞漏亦无需抽水唧筒，且能保持船体正平，足供在战线服务。再观试验爆炸时之震动力，燃蜡烛于前后甲板，均未见其熄灭。惟"华盛顿"号之沉没，最后则由于十四吋巨炮之命中。

以上所试，仅能谓美国空军人员，对于无抵抗之标靶不能准确。如此舰完全有人操纵，并用防御策略，则所遇之情况，必使人惊奇，甚至飞机所掷之弹完全失其效能。此说非谓减少空军对于军舰之威力，亦非有意夸张也。新海军之构造，当指示旧军舰之防御设备完全缺乏，所谓装甲军舰不易受炸亦过于宣传。今据枪炮专家之计算，在军舰上若装置新式高射炮，于三小时内作连续射击，其所得功绩，至少等于一万架飞机所收之效果。

故海军不能废弃，须长久存在，空军实不能替代其工作，亦不能取而代之。观英国之能存在于世界，几全赖其海军之力。今日建造一艘战斗舰之价值，固能移作一千架之飞机，惟一千架之飞机，不能担任一军舰之工作。当保护商船与敌舰对抗时，尤须军舰之力，而军舰巡航范围之广大，更非飞机所及。凡有极长之海岸线与广大海外殖民地之国家，若欲巩固国防，维持海上交通，独恃空军之力有限，非依赖海军不可也。

抗战中对于敌国海军应有的认识[1]

（1940 年 4 月）

一、前　言

在中日战争爆发以前，国人对于世界各国海军的实况，是没有人注意的，即对于敌国海军的动态，也很少人去理会它。到了抗战以后，敌国海军由侵占华北，又进攻上海和长江流域，以至珠江流域，北起秦皇岛，南迄北海，即自北纬三十四度三十分，东经一一九度五十分起，至北纬二十一度三十三分，东经一〇八度〇三分止的中国全部海岸，完全封锁，并且深入到了中国内地。而海南岛和斯巴特莱群岛的占领，更把敌方的军事行动，扩张到中国的领海以外。现在中国抗战已超过两年又半了，在这长期抗战中，中国在军事上、政治上、交通上和其他方面，所受日寇海军直接的或间接的损害，是难以估计。国人得了这一次抗战的血的教训，对于海军与中国国防的关系，应该有很深切的认识了。

但是，事实上并不如此，日寇海军在这次侵略战争中所给予我们的打击，并不曾使我们觉悟过来，生活在大陆上的我国人民，只仅能见到敌人飞机、大炮、坦克车的活动，完全忽视了敌人海军的力量。所以有很多人到今日还在忽视建设海军，认为大海军只是来点缀国家的体面，小海军只是牺牲品。因为这样不认识海军对于国防的重要性，自然不会去留心研究各国海军的状况和敌国海军的动态。反过来说，就是因为不认识各国和敌国海军的实况，所以便不知道海军对于中国国防上的关系。因为没有人知道这种关系，所以就没有人去注意中国的海防。因为不注意海防，所以没有人去促进建设海军。因为

_____

〔1〕此文发表于《整建月刊》。

中国没有海军，所以到了抗战的时候，敌人乘我海防空虚，就敢来侵犯我们的土地，封锁我们的沿海，长驱直入我们的内河腹地，而造成今日的种种困难。

为什么今日还有许多人作中国不需要海军的谬论呢？这是什么道理呢？简单的说，就是因为没有真正认识海军的需要。若是这样糊涂下去，恐怕就让中国抗战最后胜利之后，敌国因我没有海防，还会引起它再度向我进攻，或其他帝国主义国家的侵略，这对于中国抗战建国前途和民族生存实有莫大的危险。我认为中国在抗战中，国人必须去推进海军，得了胜利之后，必须有海防建设，就是说要建设足以自卫的新海军，而后才能避免敌人再度的进攻，和其他帝国主义者的侵略，以保持我们永久的胜利，中华民族永久的生存。因为中国需要自卫的海军，所以对于足以危害中国的敌国海军，不能不先加以认识的。

总理遗教民族主义第五讲里面，已经指示我们"……中国天天都可以亡，因为我们的海陆军和各险要的地方没有预备国防，外国随时可以冲入，随时可以亡中国。最近可以亡中国的是日本，他们的陆军平常可出一百万，战时可加到三百万。海军也是很强的，几乎可以和英美争雄，经过华盛顿会议之后，战斗舰才限制到三十万吨。日本的大战船，像巡洋舰、潜水艇、驱逐舰，都是很坚固，战斗力都是很大的。……日本如果用这种战舰来和我们打仗，随时便可以破我们的国防，制我们的死命。而且我们沿海各险要地方，又没有很大的炮台可以巩固国防，所以日本近在东邻，他们的海陆军随时可以长驱直入。日本或者因为时机未至，暂不动手，如果要动手，便天天可以亡中国。……"

蒋总裁亦早已料到中国一与日本抗战，中国海岸是要丧失的，所以我们的领袖在开战以前，即说："敌人的武力是准备有素，在沿海、沿江的重要军事地带都有它的兵舰，它可以占领中国的任何地方。"反过来说，就是中国的海上武力若准备有素，在沿海、沿江的重要军事地带都有我们的兵舰，敌国的海军就不能占领中国任何地方。这是根据了总理遗教和总裁的训话，来提醒国人对于海军的注意，和加强国人对于敌国海军的认识。以下我就作简单的介绍敌国海军的实际状况，以供国人研究国防的参考，并给与主张中国不需要海军者知所纠正。

二、敌国大陆政策与海洋政策

我们要认识敌国海军的实况，不能不先研究敌国向外发展的政策。日本自明治维新以后，已走上了资本主义的途径，它为了欲获得商品市场而向外发展，为获得生产原料而对外侵略，为采取低廉劳动力而争夺殖民地，因为欲达这种目的，就决定了"北进"和"南进"的两种政策。

北进的政策是以亚洲大陆为目标，利用陆军的力量，先向中国开刀，而以朝鲜、满蒙、华北、新疆及苏联为侵略对象，因而也叫做"大陆政策"或"北进政策"。这种政策是陆军军阀所主持的。

南进的政策是以海洋为目标，利用海军的力量，也是先向中国进攻，向华南及南洋群岛等地扩张，而以台湾、福建、海南岛、安南、斐律宾、荷属印度、暹罗、海峡殖民地、印度、澳洲、新西兰等地为侵略对象，因而也叫做"海洋政策"或"南洋政策"。这种政策是海军军阀所主持的。

大陆政策，不但是敌国陆军对外侵略的具体目标，同时也是它对内政治力量的推进工具，所以数十年来成为陆军的一贯政策。它为保持其特殊地位，就造成三种理由：

（一）陆军为保持日本在东亚的尊严，不能不完成大陆政策。

（二）要保持日本的安全，须将邻近各国的欧美势力驱逐之，这也是必须实现大陆政策的一种理由。

（三）日本的产业必须向海外发展，但向海洋发展，必至四面受敌，结果使兵力分散，故不如先占据大陆，以减少各方摩擦。

然而敌国海军对于陆军的主张是很反对，而大资本家也不赞成，因为陆军在它国内有优越的政治地位，所以得孤意断行。海军派军人所主张的海洋政策，也有它的三种理由：

（一）那块冰天雪地的大陆气候与风土，确不宜于日本人，以过去移民满洲的失败，已可以明白。反之，在南洋方面，除适宜于日人居住外，人口的包容力也比较的大，对于日本的移民具备着前途有望的条件。

（二）从经济的观点，日本亦应向南洋发展，因为南洋富有各种的资源，适宜于做日本工业原料的供给地。再从贸易上看来，日本的经济力不能单靠满洲中国及西北利亚方面，而对于南洋诸国贸易的促进更为必要。日人石丸藤泰在《被包围的日本》一书中，曾指出日本由海外输入的重要资源，与其制造品向海外的输出，必须经五条的海上交通线。第一，由中国满洲、西北利亚方面的贸易，输入品以米、豆、铁、油等为主；从日本的输出品，以棉织物、机械类、纸类、轻工业制造品为主，须过日本海、黄海、东中国海。第二，与香港、安南、暹罗、海峡殖民地及英属印度的贸易，输入品的棉、米、树胶及其他原料品；输出品以棉织物、丝织物等为主，须经过南中国海及印度洋。第三，与斐律宾、荷属印度、澳洲及新西兰的贸易，输入品为石油、羊毛、砂糖、小麦等；输入品以棉织物、人造丝织物为主，须经过斐律宾及南太平洋。第四，与南北美洲的贸易，输入品为棉花、木材、铁其他金属、机械及其附属物；输出品为生丝、陶瓷器、罐头、棉织物等，须经过北太平洋及美洲大陆的西岸。第五，与欧洲及非洲方面的贸易，输入品为铁、机械、毛织物、棉花等；输出品为豆类、棉织物、生丝、人造丝织物等，须经过南中国海、印度洋、红海、地中海、大西洋的一部及北海。上述这几条资源要道，除第一及第四外，都非经过南中国海、南太平洋、印度洋不可。简单的说，南洋各地不特是日本资源取给和人口移殖的最优良所在，而且也是日本对外贸易最好的市场。

（三）从军事的观点看来。日本若要存在，必先要确保它的三条生命线。第一是满洲，是陆上正面的生命线；第二是日本的委任统治地，即内南洋，第三是从遏罗起，经过东印度群岛的外南洋一带，此三者为日本海上正面的生命线。满洲自然是日本国防上必要的生命线，但是日本单靠满洲还是立脚不住的，正对着海洋的日本委任统治的南洋群岛，为对自东太平洋而来的任何敌人的海上国防的第一线，在军略上非常重要，有了这样的生命线，可以减少敌人的进攻力，便可使日本的国防安全。以上所述的两条生命线，对于日本都是非常重要而不可或缺的。然而单有这两条还嫌不够，如果这最后的第三条生命线不能确保，那就等于一具不健全的残废身体。有了第三条的生命线，就可以抗拒从欧洲来的敌国舰队。况且把握着这一方面的海权，则新加坡、澳洲、新西兰都成为日本的掌中物，所以确保第三条生命线，无异确保日本的安全。

依上述的理由，不但敌国海军军阀力主南进，即资本家也同样的赞成这种主张。因为敌国顾忌英美法的势力，所以没有积极的进行。

我们既已知道日本向外侵略政策的内容，更要认识中国所受敌国政策的祸害。日本自丰臣秀吉以后，日人认为侵略朝鲜和中国是他们自强的大道。中日、日俄战后，北进攻政策更得到长足的进展，在北方侵占了朝鲜、旅顺、大连，奠定了推进大陆政策的基础。在南方侵占了台湾，就做它展发海洋政策的根据地。自"九·一八"事变以到现在，它的陆军囊括了东北四省，侵占察绥，更侵略华北、华中而至华南，表面上的北进已变成实质上的南进了。敌人固推动北进政策，不遗余力，且已逐渐实现。可是近年来因苏联红军屡次予侵略者以打击，所以日本的大陆政策，暂时不能再向前进，乃转而西进、南进。这并不是说敌人已放弃了北进的野心，它为便于前进计，先要侵夺中国，后再进攻苏联，凡满蒙、华北及贝加尔湖以东的西比利亚地带，都是它攻取的目标。它急于侵占满蒙、华北，是要建立攻俄之战略的包围线。由占领满蒙、华北、华中、华南，而又想并吞整个的中国，是要奠定征服全世界的根据地。石丸藤泰说："日本国防的第一线，必须越过乌拉山，直到莫斯科，才算安全。"田中奏折说："按明治大帝之遗策，第一期征服台湾，第二期征服朝鲜等，皆既实现；惟第三期之灭亡满蒙，以便征服支那全土，……尚未实现。惟征服支那，必先征服满蒙。欲征服世界，必先征服支那。"这就是敌国大陆政策最露骨的表示。

日本的海洋政策，过去即以台湾为根据地，到了现在已日渐具体化，当广田内阁时代，即已成立"新南进政策"，该案重要内容如左：

（一）改革统制台湾方针，置经济中心于台南的高雄，以为对南太平洋的经济参谋本部。

（二）以高雄为中心，大规模设置南洋委任统治诸岛与台湾间的定期航空线，使密切联络。

（三）设立台湾拓殖公司，为南洋经济拓殖政策的指导机关。

（四）设立台拓的姊妹公司，以为南洋经济侵略的协助机关。

此外并在外务省内新设"南洋课"，以掌理南进政策的一切设施。又扩大台湾总督的权力，决以海军省人员督台。自海军大将小林跻造就任台督后，除将台省外事课扩充为"外事部"，以为南进政策全部方案的控制机关。并在福州、广州设置外事部办事处，与当地日领署或武官取密切联络，以促进经济贸易的统制。同时在厦门、汕头等地设特派员，以完成新闻情报网。又如组织各种经济考察团、科学调查团、华南考察团、居留民公会，或藉私人游历名义，在两广和福建进行侦察工作，企图夺取华南的经济命脉。再看在中国抗战以前，敌人在华南的工作，如贩毒、走私、浪人活动、收买汉奸酝酿自治、刺探军情、造成事件，以为发动占领土地的藉口。这些事实，都是敌人南进政策具体化的表现。

自"八·一三"敌方海军发动了上海的战事以来，它的海军，即开始封锁我国全部的海岸，随后又深入到长江腹地。敌人为要在太平洋上建树立脚点，并先后占据了华南沿海的主要军略据点。最先是东沙群岛，其次是金门，接着便是厦门、南澳、广州、湄州岛、海南岛、斯巴特莱群岛，最后又占据了我国最南端海口的北海，于是华南完全入于敌方海军势力范围之内。

我们在表面上看敌国的大陆政策与海洋政策，好像分道扬镳，其实呢是相辅而行。

敌人在目前的形势之下，是只有以中国为侵略的对象，对中国取双重包围策略。在这两种政策间，委实看不出有什么分别。若强其说真有异点，则其手段一在华北工作，一从华南着手。其目的，一以满蒙、华北为进取苏联的根据地，一以台湾、华南、海南岛、斯巴特莱岛取得南洋的霸权，迫令英美法荷等国放弃在远东的权益。它这种南北并进的政策是非常毒辣的，而其最终的目的，是要实现"先征服中国，再进征服全世界"。

三、敌国海军的实力

日本海军于德川时代还没有大舰的制造，从明治三年起，才仿照英国，大兴海军。经过中日、日俄两次的战争，掠夺得军舰很多，再加上几次的扩张，到了第一次世界大战的时候，它的海军力已站在世界的第五位。华盛顿会议结果，将它的主力舰、航空母舰的实力加以限制，等于英美百分之六十，它的海军力就占世界的第三位了。一九三〇年伦敦条约，复将其巡洋舰、驱逐舰的势力加以限制，等于英美百分之七十，但潜水艇的势力则与英美相等。日本因不满这次会议，即努力完成当时条约限制内的第一次补充计划。一九三四年后进行第二次的补充计划，定期四年完成。到了一九三六年伦敦海军会议，日本因要求与英美海军均等不遂，退出会议，更进而实施第三次的补充计划。惟因日本严守秘密，无从探知详情。据《大美晚报》称：日本草拟海军第三次补充计划，定十年完成，自昭和十二年（一九三七年）起至二十一年止，每年必须建造主力舰和其他的替换舰，共五万三千三百六十六吨。

再据一九三八年美国海军部的消息：日本正在建造四万六千吨战斗舰三艘、飞机母舰五艘、一万六千吨至一万八千吨的超级巡洋舰三艘、轻巡洋舰七艘、驱逐舰四十二艘、潜水艇八艘。又据他方面的消息：日本自废弃华盛顿条约后，即于一九三五年着手建造三万五千吨战斗舰两艘，装备十六吋炮八门，速率二十九哩，定名"德川"与"家康"。并传一九三七年开始建造四万六千吨战斗舰一艘、二万四千吨战斗舰二艘。

第三次补充计划尚未完成，而一九三九年的第四次补充计划又在进行。这个计划全部费用由三部组成，造舰占百分之六十三，航空队设备费占百分之十六，水陆整备费占百分之十。据伦敦《每日捷报》称：日本六年建舰计划，包括主力舰五艘、巡洋舰二十四艘、航空母舰二艘、驱逐舰三十二艘及潜艇十二艘。依照每吨五千日元计算，可新造二十四万一千吨的舰艇。但是，据日人山下一二调查，到了一九三四年，英美两国海军的总吨数当完成二百万吨，当日本海军计划完成的时候，对英美的比例不是五：五：五，也不是十比七，而是降低到十比五的悲惨境地了。

现在据我们的观察，自华盛顿会议之后，敌国扩充海军固有惊人的进步，可是它的扩充实力，原以对抗英美，今竟移用以侵略我国。除了历次受我海陆军炮队攻击，水雷炸毁，和空军轰炸的损失外，还把扩充海军的财力，也消耗于这次侵略战。到了我国最后的胜利，可断定它必无余力再和英美竞争了。兹将敌国海军的实力，分别舰种，列表如左：

舰种	艘数	总吨位数	备考
战斗舰	一〇	二九一，五七〇	
航空母舰	七	九八，五二〇	
一等巡洋舰	一二	一〇七，八〇〇	
二等巡洋舰	二五	一四一，二五五	
水上机母舰	四	五一，〇五〇	据报"能登吕"一舰被我飞机炸毁
潜水母舰	五	三一，〇一五	
布雷舰	六	一九，六三〇	据报"八重山"一舰被我水雷炸毁
海防舰	七	五五，四五〇	
炮舰	三	二，七三〇	"嵯峨"一舰被我水雷炸沉
浅水炮舰	七	一，四七〇	"势多"一舰被我水雷炸伤
一等驱逐舰	七九	一一二，七〇八	"文月"一舰被我水雷炸沉
二等驱逐舰	三〇	二三，三九〇	
一等潜水艇	三七	五八，六五七	
二等潜水艇	二五	二一，七二七	
鱼雷艇	一二	六，八六八	内有一艇被我水雷炸沉
扫雷艇	一二	六，六四二	第二号被我水雷炸沉
特务舰	二一	二四三，九三五	布网舰一艘、运输舰两艘被我水雷炸沉
共计	三〇二	一，二七四，四一七	

四、敌国海军组织与编制

敌国海军的最高统帅权属于天皇，平时海军的指挥权由海军大臣、海军军令部长、教育总监及教育局长实施之。战时天皇对于海军行动的指挥权，由总司令部以海军军令部长为首脑的海军部，与参谋总长为首脑的陆军部，组成大本营以实施之。其他属于军的最高统帅部为元帅府、军事参议院。

海军大臣统制舰队人员的补充、教育、装备以及一切给养，并检阅海军政治状况，海军的军令部为指挥海军的作战与动员，统辖关于一切战备的诸问题。教育总监与教育局长，掌管海军教育上的诸问题，与海军各学校的典例、教令、教程等的发行。兹将日本海军省的组织系统，列表如左：

海军省大臣
- 大臣办公室（内设副官、秘书、电信课）
- 军务局（舰军的建制、编制、军纪、演习、戒严等）
- 人事局（人事、任免、赏罚）
- 教育局（海军教育、训练）
- 经理局（经理、补给）
- 医务局（卫生、治疗）
- 军需局（军需的统制、补充）
- 建筑局（营造）
- 法务局（军法）
- 军事普及部（宣传）
- 海军舰队本部
- 海军技术研究所
- 海军火药厂
- 海军航空本部
- 水路部
- 各舰队

日本海军的编制，以舰队为单位，每舰队至少有主力舰两艘，还有驱逐舰、潜水艇、扫雷艇等。又因其战斗能力的不同，分为在役舰与预备舰，其给养经理与兵力的维持，均由镇守府统辖。有的时候，更附设有港务队、防务队、航空队、特务舰等。较大的舰队，则更分为若干战队，其编制如左：

（一）战队　由战斗舰与巡洋舰编成。

（二）鱼雷战队　以巡洋舰为旗舰，与驱逐舰数队编成。

（三）潜水战队　以巡洋舰为旗舰，与潜水艇母舰、潜水艇二队以上编成之。

（四）航空战队　由航空母舰与其所载飞机，及驱逐舰队编成之。

必要的时候，得联合二个以上的舰队，组织"联合舰队"，以供作战。现在的敌方海军则分做三个舰队：第一舰队设司令长官一人，司令官五人，统辖第一、第三、第八战队、第一鱼雷战队、第一潜水战队和第一航空战队；第二舰队设司令长官一人，司令官四人，统辖第四、第五战队、第二鱼雷战队、第二潜水战队、第二航空战队与分遣战队之第十二战队；第三舰队设司令长官一人，司令官三人，统辖第十、第十一战队、第五鱼雷战队与附属该队的舰船。此外又增加了两队遣外舰队，内有巡洋舰、海防舰、炮舰、驱逐舰很多。第一遣外舰队，藉口保护日侨与贸易，专进出于我国南部的沿海及内河，第二遣外舰队为练习舰队，与第一遣外舰队使用的目的相同，专进出于我华北方面。

日寇海军依它的战术关系，以战斗舰与巡洋舰四艘为一战队，驱逐舰与潜水艇数艘为一小舰队，其他的军舰作为预备队。各海军镇守府下设海岸警备队，每一个警备队以巡洋舰二至四艘，驱逐舰与潜水艇四艘编成之，老朽的修理的军舰编入预备队。

又因战略的关系，将第一、第二两舰队编成联合舰队，以英美两国海军为对象，驻于国内洋面。第一舰队的任务，是彻底给敌人以很大的打击；第二舰队的任务，是侦察敌军情况并以诱敌，在决战时拘束敌舰的活动，使第一舰队可得优势的攻击。

当敌军侵占我东北四省以后，即积极于军事的布置，除调遣大部敌军常驻于东北外，又成立了"驻满海军部"，警备伪国沿海及内河，伪国的海军舰队及江防舰队都受它的统制。前因欲向苏联进攻，故在松花江、黑龙江、乌苏里江等处驻有敌舰三十余艘，均配有防空装置。此外并设有"旅顺要港部"，整顿旅顺要塞，将第二遣外舰队归它指挥。

"一·二八"上海事变，为敌方第一遣外舰队司令长官盐泽幸一所发动，因屡次失败，乃由野村吉三郎出马，战事结束，敌方海军毫无所得。到了我国抗战，"八·一三"上海战事，由敌方联合舰队兼第一舰队司令长官永野修身来主持。后来更扩大其侵华海军的组织，先由第三舰队司令长官长谷川清来计划，一面封锁我国海岸，控制我一切军事的、商业的交通；一面更辅助它的陆军向我进攻。故长谷川清在这次侵华战争中是一个首要的敌首。后来由及川古志郎继任，更将全部的侵华舰队分做华北、华中、华南三大部队。

华北海军部队的最高指挥官，前任为丰田副武，现任为日比野正治；华中的最高指挥官为杉山大藏；华南的最高指挥官，前任为盐泽幸二、近藤信竹，现任为植田。这三大部队各统辖有海军舰艇航空队与陆战队。简单这次日寇对我侵略战争爆发以来，在役的敌舰已增加了不少，还调它的第二舰队控制我华北的海岸，而以大部分的第三舰队在华中、华南沿海江一带肆虐，可知敌方已将其大部分的海军力向我侵犯了。兹再将敌军平时舰队的编制（一九三七年度）列表如左，使读者更易明白。

联合舰队：

第一舰队：

第一战队　"长门""陆奥""日向"。

第三战队　"榛名""雾岛"。

第八战队　"鬼怒""名取""由良"。

第一鱼雷战队　"川内"、第九驱逐队、第十驱逐队、第二十一驱逐队。

第一潜水战队　"五十铃"、第七潜水队、第八潜水队、第二十八潜水队。

第一航空战队　"凤翔""龙骧"、第三十驱逐队。

第二舰队：

第四战队　"高雄""摩耶"。

第五战队　"那智""羽黑""足柄"。

第二鱼雷战队　"神通"、第七驱逐队、第八驱逐队、第十九驱逐队。

第二潜水战队　"迅鲸"、第十二潜水队、第二十九潜水队、第三十潜水队。

第二航空战队　"加贺"、第二十二驱逐队。

第十二战队　"冲岛""神威"、第二十八驱逐队。

联合舰队附属舰船　"间宫""鸣户"。

第三舰队：

第十战队　"出云""天龙""龙田"。

第十一战队　"安宅""鸟羽""势多""坚田""比良""保津""热海""二见""栗""枥""莲"。

第五鱼雷战队　"夕张"、第十三驱逐队、第十六驱逐队。

第三舰队附属舰船　"嵯峨"。

练习舰队："八云""磐手"。

五、敌国海军根据地与其海防警备

日本是一个岛国，它的领土包括本岛及属岛。如北海道、本州、四国、九州是属于本岛的范围，而千岛群岛、库页岛、琉球群岛、台湾、小笠原群岛以及南洋委任统治[1]群岛，则都属于属岛的范围。这北起常有冰雪的千岛群岛，而本岛，南迄于台湾，全长约二千五百哩的沿岸，敌人认为是它的主要生命线。在这生命线内的主要军港，有本州北角的大凑、东南的横须贺、西南的吴港、西北角的舞鹤，及九州西北角的佐世保，还有台湾北角的基隆，西南澎湖群岛的马公。横须贺港是日本舰队东南方面的主要的作战根据地，指挥南太平洋中各岛从事防御与进攻的斗争。大凑、舞鹤、佐世保是证明日本舰队在日本海、黄海与东海上的支配权，保护日本与亚洲大陆的海上交通，进行其吞并大陆的侵略政策。基隆、马公是敌方海军用以控制中国南部的海岸，并作为南进政策与抗拒英美进攻舰队的军事要地。所以以本岛为中枢，左抱千岛群岛，右拥琉球、台湾，便是敌国在太平洋上的内防线。

日本看朝鲜半岛是它进行侵略亚洲大陆的桥梁，又是它吞并中国和准备进攻苏联的军事根据地。远在中日之战时，军事行动即在朝鲜境内进行着；当日俄之战时，也是同样的情形。一九三一年，敌方经由朝鲜派遣了军队来吞并满洲，即在目前大部分的敌军和它的军需，还是从日本海经由朝鲜而运来。日俄之战，它既占我旅顺、大连为侵略华北的海军根据地；"九·一八"之后，它除了加强鲜南的镇海军港外，又在朝鲜东北岸赶筑了一个新的海军根据地，其中共包括三个海港：雄基、罗津、清津。罗津是一军港而兼商港，能容纳日本联合全舰队数的舰艇，日本设立这个根据地，实际上是用以威胁苏联，减削海参崴的军事价值。先烈宋渔父[2]先生曾经说过："日本国防以南北二海而为最急，而北面之日本海，左控三韩，右望崴埠，与俄人共有险要。尤其为存亡安危之所系，使不经营朝鲜为屏蔽，则日本海不能高枕而卧，而俄人直可抚其背而抗其吭。"

---

〔1〕委任统治是 1918 年 11 月第一次世界大战结束后，帝国主义战胜国所建立的通过国际联盟对战败国的殖民地进行再分割和统治的一种制度。其中德国所属西南非和太平洋诸岛均由国际联盟委任英国、法国和日本等国进行统治。

〔2〕宋教仁（1882—1913），字遯初，号渔父，民主革命的先行者，中华民国的缔造者之一，1913年 3 月 20 日被刺身亡。

这是很明白的指示日本侵略朝鲜的目的，是在保护日本海的安全。

从军事地理来看，日本海有五大门户，自北而南有鞑靼海峡、宗谷海峡、津轻海峡、下关及丰豫海峡、对马海峡，皆为苏联潜水艇能力所及的地方，足以破坏日本与大陆的交通。从守势言，敌舰可由纪伊水道与丰豫水道冲出太平洋；若离了下关海峡，北进可达日本海、朝鲜或海参崴，西进可达满洲、渤海或黄海，南进可达东中国海及南中国海并太平洋。且事实上在日本海、黄海、东海、中国海沿岸的国家，海军力量都不足，则这三海几成为敌国海军独占的运动场。从攻势言，在西太平洋上作战，日本海还未见得有什么价值；但就内海作战论，则可称为十足有用的海军根据地。

至于本岛东南的小笠原群岛，与南洋委任统治群岛，另外又形成了两道防线。其一是以小笠原群岛为核心为中央防线，已在父岛进行军事设备，它若与千岛群岛北端的军港，及台湾南端的空军根据地，取协同的动作，就足以拒敌于东京七百哩之外，更增强了敌国内防线的安全。其次为委任统治群岛中单独构成的一道防线，敌人在塞班岛、帛琉群岛和罗泰上，也早在那里进行秘密的军事建设，担任着日本外防线的任务。

我国抗战之后，敌方海军先封锁我国全部海岸，又进取海南岛与斯巴特莱岛，这无异在它南部又添了两只右翼。它可以利用海南岛榆林港，再设立一个新海军根据地，以威胁法属的安南，截断英帝国的新加坡与香港的交通，包围美属的斐律宾，控制荷属的东印度。

日本既拥有这许多良好的海军根据地，自然很便于舰队的分布。因为地理上的关系，各舰队都是配置在西太平洋的日本领土上。至于它的海防警备，是北起于北海道，南迄赤道直下的南洋，共分五个海军区：

（一）第一海军区　以横须贺为军港，管辖的区域，包括青森、岩手、福岛、千叶、东京、神奈川、爱知、北海道及库页岛，就是东日本北海道、南库页岛的海岸线。

（二）第二海军区　以吴为军港，管辖的区域，为大阪、兵库、冈山、广岛、京都、福川、富山、新泻、秋田、香川、宫崎、福冈、贸宗、像东，就是濑户内海以至东九州的海岸线。

（三）第三海军区　以佐世保为军港，管辖的区域为佐贺、长崎、熊本、鹿儿岛、台湾、朝鲜，就是西九州、台湾全部、朝鲜半岛的海岸线。

（四）关东州海军区　南满洲、关东州的海面。

（五）南洋海军区　南洋群岛一带的海岸线。

在各海军区各置一镇守府，为战时海军作战的根据地。至如日本沿岸的炮台及要塞，亦可表示如左：

（一）本州东海岸线，包括横须贺、横滨、二见港、父岛、霞浦、馆山等。

（二）津轻海峡线，包括津轻、大凑、函馆等。

（三）丰豫海峡线，包括奥港、滨田、广岛等。

（四）朝鲜海峡线，包括对马岛、下关、壹歧、佐世保、长崎、镇海、釜山镇、马山浦等。

（五）关东半岛，包括旅顺、大连等。

（六）台湾海峡线，包括澎湖群岛、基隆、高雄等。

此外还有歌山、金泽、木更津、舞鹤、元山津、永兴、和奄、美大岛等的各要塞。

六、敌国海军的航空

日本有空军的历史，不过二十余年，自一九一一年（大正元年）以后，在自欧美回国的飞行将校指导之下，开始将校、士官的训练，所用的飞机全是外国舶来的。同时命横须贺海军工厂，从事制造的研究，不半年有国产飞机出厂，至欧战期间，日德开战时，其全国共有飞机十二架，飞行将校十五名，搭载"若宫"母舰，参加青岛战争。一九一五年，新设海军航空队三队的预算成立，逐渐着手充实航空军备。一九二〇年，新设临时海军航空讲习部，由英国聘单皮尔上校以下三十名为教官，将参加世界大战有经验的士兵，在霞浦及横须贺两地训练航空战术。现在日本海军并无特设的航空学校，只在各航空部队里面附设航空教育机关，教授关于海军航空的学术。一九三四年，创设海军航空学生预备制度，亦为养成海军航空飞行人员的机关。

日本的海军航空组织，与它的陆军航空组织相同，即在海军省内附设海军航空本部，指挥全国的海军航空部队，从事种种航空的研究、管理、制造、购买飞机等事务。海军航空部队，又分为陆上部队与海上部队，陆上部队大概与军港、要塞配合，以各海岸为根据地。其配置地点，在关东有霞浦、横须贺、馆山、千叶、木更津、横滨、八丈岛等；关西有吴、舞鹤、金泽、大阪；在四国有佐伯；在九州有佐世保、门司、大村、鹿屋；在东北有大凑；在朝鲜则有镇海；最近又增设了铃鹿、大分、筑波鹿岛等三处。观敌方海军陆上航空队，大抵分为东西两集团，然后星散一部分力量于各主要地点。

现在各处航空根据地已全部完工，以横须贺、霞浦为练习航空队，养成驾驶人员。馆山、佐伯、千叶、大村、金泽、大凑、鹿屋、镇海、木更津、舞鹤等航空队为实施部队，容纳航空队的毕业人员,从事实地训练。每处所驻的航空队,有战斗、轰炸、侦察等队。战斗队统辖二分队,每分队二小队,每小队飞机三架。轰炸队统辖三分队,每分队三小队,每小队飞机三架。侦察队只辖一分队,飞机二架。

日本从一九一五年创设海军航空队三队之后,于一九一八年增至五队,一九二〇年增至七队,此次战争发生前不过有二十余队,现在已扩张至三十余队了,将来更欲向它所期望完成的五十队锐进,以求超列强海军航空兵力之上。统计敌方海上航空势力,约有飞机一千架,将来还要扩张到一千三百架。

敌方除在本岛有海军航空设备外,又在千岛、北海道、小笠原群岛与南洋委任统治群岛上,加紧设立海军航空根据地。最堪注意的,就是敌方积极强化台湾的海军航空力量,俾成为日本全国最完备的海军航空根据地,用以控制中国南部的海岸,并作为对南太平洋的航空军事要地。说到这里,不禁要联想到海南岛敌海军机场,一旦成功,将要更增加它的海军侵略华南的力量了。

日本的海上航空部队,则分驻于航空母舰"凤翔""赤城""加贺""龙骧""苍龙""飞龙""青龙",及水上机母舰"能登吕""神威""千岁""千代田"之上,编为航空战队,隶属于各舰队。其余大部分的战斗舰及巡洋舰亦搭载着飞机,因此更增加了敌人在海上空军的力量。

敌方航空母舰所载的飞机,与海军陆上航空部队相同,有战斗机与轰炸机,水上机母舰则仅载侦察机。航空母舰搭载飞机的数量,在英国以上,在美国之下,约五六十架;水上机母舰的搭载量大约可载二十架左右。兹将日本海军各种飞机的型式与性能,据调查所得,列表如左:

机种	名称	型式	座席	发动机			最高速力(浬)	耐航时间(小时)
				名称	马力	数		
战斗机	三式舰上战斗机	双翼(舰)	一	旧不脱	四二〇	一	一三〇	二.五
	九〇式舰上战斗机	双翼(舰)	一	寿二型	四六〇	一	一五五	三.五
	九五式舰上战斗机	双翼(舰)	一		五五〇	一	二〇〇	
	九六式舰上战斗机	单翼(舰)	一	寿型	七五〇	一	二一六	四.〇
轰炸机	一三式二号舰上轰炸机	双翼(舰)	三	衣斯拨诺	四五〇	一	一〇一	四.七

（续表）

机种	名称	型式	座席	发动机			最高速力（浬）	耐航时间（小时）
				名称	马力	数		
轰炸机	一三式三号舰上轰炸机	双翼（舰）	三	衣斯拨诺	四五〇	一	一〇五	四．七
	八九式一号舰上轰炸机	双翼（舰）	三	衣斯拨诺	六五〇	一	一〇八	三．〇
	八九式二号舰上轰炸机	双翼（舰）	三	衣斯拨诺	六五〇	一	一一五	三．〇
	九二式舰上轰炸机	双翼（舰）	三	九一式	六〇〇	一	一一八	四．五
	九六式舰上轰炸机	单翼（陆）		金星二型	六五〇	二	一七七	一三——五
侦察机	九〇式号侦察机三型	双翼（舰）	二	寿二型	四六〇	一	一四五	六．五
	一四式二号水上侦察机	双翼（双浮筒）	三	罗尔莱	五五〇	三	九四	六．五
	一四式三号水上侦察机	双翼（双浮筒）	三	罗尔莱	五五〇	一	一〇二	七．〇
	九〇式二号侦察机二型	双翼（单浮筒）	二	寿二型	四六〇	一	一四二	六．五
	九〇式三号水上侦察机	双翼（双浮筒）	三	旧不脱	四六〇	一	九九	六．五
	九一式水上侦察机	双翼（双浮筒）	一	神风	一三〇		九一	四．〇
飞艇	一五式二号飞艇	双翼（艇）	五	罗尔莱	四五〇	二	九二	一一．〇
	八九式飞艇	双翼（艇）	七	九〇式	六〇〇	二	一〇六	一三．〇
	九〇式二号飞艇	双翼（艇）	六—八	罗尔莱罗衣斯	八二五	三	一一五	一四．五
	九一式飞艇	双翼（艇）	六		三六〇	六	七五	八．〇
	九二式飞艇	双翼（艇）			八五〇	三	二二〇启罗米突	二〇．〇
练习机	三式二号陆上练习机	双翼（陆）	二	神风	一三〇	一	七七	
	九三式陆上中型机	双翼（陆）	二	天风	三〇〇	一	一一八	
	九〇式陆上作业机	双翼（陆）	四	天风	三〇〇	一	九二	五．〇
	九〇式水上练习机	双翼（双浮筒）	二	神风	一三〇	一	八〇	
	九三式水上中型机	双翼（双浮筒）	二	天风	三〇〇	一	一〇八	
	九〇式舰上练习战斗机	双翼（陆）	二	寿二型	四六〇	一	一五五	三．〇

179

敌方的海军飞机比陆军飞机更加新锐，因一九三三年它将所有海军飞机可废的材料，完全改换。对于实验型飞机的选择，多数以外国基本的型式为标准，依据本国独特的立场，从事模仿制造。至于生产飞机的工厂，以广镇海军飞机制造场为最大，其次的为横须贺、佐世保、舞鹤的海军造兵场，也都对于制飞机方面加以注意与扩充。

最后我要把日寇侵华海军航空的力量来说一说。敌方不但把它的大部分海军舰队来侵犯我们，封锁我们，同时还把它的大部分的海上空军力量，来向我们肆意轰炸。据调查所得，敌方侵华海军航空力量，共有航空母舰三艘，水上机母舰三艘，及特别海军航空队三队，指挥官为小野少将，设司令部于"神威"舰上。至于分配情形，以长江下游及沿海一带为主，计在长江口外的为"龙骧"号，配有重轰炸机四十架；在镇江至南京的江面为"凤翔"号，配有重轰炸机三十架；在杭州湾方面的为"苍龙"号，配有军用机四十架；在海州海面的为"千岁"号，配有水上机十六架；在广州海面的为"能登吕"号，配有轻轰炸机十二架。"神威"号配有轻轰炸机十六架。还有分布于粤海占据各小岛的，有海军航空队二队，一队配有远航的轰炸机二十四架，一队配有驱逐机十二架。至于第三航空队，则驻于上海敌机场内，配有远航的轰炸机二十四架。

七、抗战中的教训

上面所述，我已将敌国侵略政策与海军实况，给与国人一个概括的认识，还有更详细的叙述，容待另编专书，再求贡献国人。现在要把日寇海军侵犯中国的经过，与我们给予敌人的惩罚，检讨一下，用来作为民族血肉的教训。

当中日战事发生后，日本在国内与由远洋调回的船舶，都集中于近海，约近四百万吨，即集中全国五分之四的船舶，为运送军需与军队之用。这时候敌方的船舶，已经仗着敌舰护送，在中国海及长江内横行无忌了。倘使我国有优势的海军，或是有相当的潜水艇队，就可以使它半途粉碎，至少也可以阻断它的交通，或在敌军没有登陆以前，予打击者以重大的打击。

上海战事，为日寇海军所发动，继以陆空军来犯。我海军协助陆军防御，先封锁了黄浦江，再图炸"出云"舰，并划黄浦江为三道防线，分别敷布水雷。敌军进路被阻，沪战因而延长，粉碎了敌人速战速决的政策，使它不得不迁回金山卫登陆。在我固收海军沉船布雷封锁的效果，在敌又藉海军绕道向我侧面进攻。倘使金山卫有筑成坚固要塞，杭州湾有守卫舰队，在大戢山、小戢山、马鞍列岛附近一带，有潜水艇监视，请问敌军从什么地方上陆？更有什么策略来控制苏沪？进占吴兴、长兴、宜兴、无锡、镇江、宣城，而包围我首都的南京呢？

上海战事爆发，海军在长江方面，第一步的工作即实行破除航路标志，先使敌舰在江阴下游失去目标，不易活动。再在江阴附近，一日之间，造成抗战中最坚强的封锁线。既能阻止敌舰深入，巩固江防，又能拱卫首都。这种封锁，对于敌军当然显不出什么威力，然而消极的作用，却是很大。否则，吴淞口的敌舰，不要一天工夫，就可直驶下关，南京决不会在抗战四个月之后才被攻下。

当敌军右翼进攻镇江，袭击龙潭，企图截断京镇间我军的联络；左翼进攻宣城、芜湖，企图截断我军的退路；中路军向南京西南方及南方实施中路突击，企图两翼包围的战略，将我军在南京的主力歼灭。这在敌军固不失为参谋上的优良策略，但它的海军不能与陆军同时动作，而陆军又急于围攻，致使我军能渡长江，向浦口转进，脱离敌军的包围。这一次的战事，在我固无优势海军以御敌，但有坚固的海军封锁线，使我陆军脱险；在敌虽有强大的海军，而不能与陆军及时合作，致误了戎机。这样看来，海军与陆军能否合作，对于战局的得失，是有很大的关系。

从"八·一三"封锁江阴，到了"九·二三"我们海军的壮烈牺牲，在这四十天当中，有二十倍于我海军的敌舰竟没有直接向我劣势的海军决战，只能利用它的海军飞机队，不断的向我舰队轰炸。它的战略，是要先毁灭我守卫封锁线的军舰，不至妨碍它的海军前进雷扫与突破封锁的工作，以便它的大小军舰和商船都可以溯江而上，它的大量粮食和无数的枪炮子弹得由水路运到前线。这种溯江作战的重要性，是敌人欲收水陆两路进攻与海陆军前后夹击的战果。可惜这一次我海军在江阴单独对敌大队空军苦战，我们既没有海军飞机队，又没有陆上的空军助战，以致寥寥几艘仅堪封锁的军舰，也都牺牲了。

由江阴失守至首都沦陷，战事移转到了长江上游，敌舰因我水雷层层封锁，不敢急进，我陆军既得作有利的防御，海军亦得于上游各重要地点，从容布置新水雷防线，在大江两岸多配有海军炮队，以求达到步步设防，节节抗战的目的，并以粉碎敌人由水道锐进的策略。

敌舰既受困于我马当新封锁线，无法冲入，故一面利用它的空军暴力，来搜索轰炸我们的布雷舰艇，同时又利用海军迫近马当，掩护陆军向我两岸炮台进攻。最后马当、湖口相继失守，九江方面也展开了武汉的前哨战，沿江两岸战事愈趋激烈，我海军乃采用更进一步的积极办法，即除专布固定水雷外，再散布浮雷，予敌舰以致命的打击。

九江陷落之后，敌军采用沿着长江和江南岸的锥状进攻战略，一面攻取两岸堡垒炮台，一面向前推进，突破田家镇的封锁线。最后因葛店不保，武汉亦于同日沦陷。论这次战事，倘非海军沿江层层阻塞，不断布雷与我炮队协同陆军作战，则武汉早已入于敌手。

敌军取了武汉的空城以后，又进占我咸宁、岳阳，到了这次湘北大捷，敌军不能进犯长沙，更显出海军水雷战的惊人效果。据敌海军山岖大佐与桑原中佐的报告，亦曾说及敌舰困于我方水雷的密布，进展不易各情形，并对于布雷工作人员的勇敢表示惊异。又日本军事作家菊池等，在日本杂志上，也发表对于我方所布水雷的威力，及其防扫的困难，而自承认其军舰防碰水雷，不敢行驶。这是敌方对我水雷的设施，确曾受到深刻的教训。

检讨前年十万以上的敌军，靠仗敌舰的帮助，而占领广州，我们若依照华南作战的敌方战略来看，日寇要进取广州，一定不会从广州正面登陆，一定会采取大鹏湾以东港湾这条路线，因为假使敌军想在澳门以西上陆不仅没有合适的港湾，且遇到无数河流的障碍，这是负责海岸防守的军事家，早就知道了的。可惜我们因疏忽于海防，又遭了一次的失败。

我以广州的失败，就推想到过去敌人在浏河、金山卫、厦门、海南岛和最近在北海的几次登陆，它所采的战略，如出一辙。倘使我国有自卫的海军，能够拒敌舰于海外，则敌人已不能近岸，更何从而屡次登陆。我们在这抗战中已经受过血肉的教训，应该要纠正过去认为中国不需要海军的错误。更不要忘记了总理所说的，敌国海军是随时可以占领中国的任何地方，而赶紧注意中国的海防设备。我们不但要认识敌国的陆空军，还要认识它的海军。我们不要独倡陆军、空军救国，还要提倡海军救国，因为中国的国防，对于海陆空军是一件不能决少的。

美国扩充海军与日本[1]

（1940 年 4 月）

资本帝国主义的国家，因为要分沾中国这一肥肉，所以不能不采用海盗式的炮舰政策向中国侵略。又因为企图进一步独占中国的野心，与加速太平洋上的殖民地与半殖民地的分割，不能不扩其海军以作猛烈的斗争。因为帝国主义者若没有强大的海军，休想在太平洋上发展，休想向中国侵略土地、夺取资源、开阔市场、均沾利益、开放门户，和霸占势力范围。就是在远东上既得的利益和已掠夺的殖民地，也难以保持下去。所以帝国主义者在这个时代必须拥有庞大的海军，以求决胜于太平洋上。现在太平洋上争霸的主要角色，是英、美、日三国，他们的军备竞争是大部属于海上的势力。这次欧战爆发，英国在远东的实力已大受牵制，它的海军在太平洋上亦仅能维持守势，只好让美、日去竞争了。

日本帝国主义自华盛顿会议以后，它在远东的势力愈形膨胀。一九三四年宣告废除了华府条约，一九三五年又退出伦敦海军会议。到了中国抗战之后，它的对外一贯的政策，是一面企图扫除英、美、法在太平洋的势力，以免牵制其大陆政策和海洋政策的进行；同时更结合德意法西斯，以求增强独霸西太平洋的基础。它的这种企图，无疑的将使美日的冲突愈尖锐化，所以罗斯福总统上台以后，就极力扩充美国海军实力。

美国于一九三三年，因海军实力离条约所允许的限度很远，所以指拨了实业复兴计划的工程费二万三千八百万元，新造军舰三十二艘。次年文生、特拉曼两氏的大海军案，又规定造舰一百零二艘，飞机一千一百八十四架，使美国海军达到条约准许的力量。一九三七年着手建造一万五千吨的战斗舰，因为美国在太平洋缺乏海军根据地，

---

〔1〕此文发表于《整建月刊》。

故需要这种战斗舰。一九三八年又以各国大扩充海军，复由国会通过建造计划，更增加海军力量百分之二十。今年一月三日，据新任海军部长爱迪逊称，刻拟建造四万五千吨以上的主力舰多艘。后又闻预备建造五万二千吨巨舰。一月十二日，国会复通过二万六千七百万元，为紧急时期陆海军及海岸防卫的经费。

今年一月三十一日，美国众议院通过两年造舰计划，约需六万五千五百万元，在今后两年内，再造新舰二十一艘，补助舰二十二艘，以增加海军实力百分之十。若然，则美国海军又增加十六万七千吨，其中计航空母舰七万九千五百吨，驱逐舰六万六千五百吨，潜水艇二万一千吨。此外增造飞机以四千五百架为最低额，飞艇以十二架为最低额；还有补助舰七万五千吨；并授权政府，筹划扑资茅斯、费城及诺尔佛克海军船坞的设备，以便实施各项造舰计划。

其次，美国舰队将于二月内在太平洋上举行大演习，以测验美国的防御力与海军战术，并可藉此实地测验这次欧战英德海军的战略。

再观美国军事上的准备，亦已十分完备，不但珍珠港已经成为名符其实的太平洋上的直布罗陀，马尼剌附近的开维特军港，也不愧为远东第二新加坡。其他如阿拉斯加的荷兰港，太平洋中部如威克岛、中途岛，以及巴拿马运河一带的设防计划均已分别完成。

此次拟以四百万元改善关岛防务案，终于二月十七日被国会否决。但其中有否秘密设防，我们还不得而知。因为关岛介于夏威夷与菲律宾之间，足以增强美国在太平洋的防御地位。关岛设防后，非仅为飞机潜水艇与小型舰艇的根据地，且足以保卫菲律宾与威胁日本。美国既已屡次表示不放弃远东的利益，绝不会将菲律宾送给日本，则关岛设防迟早必行。否则，美日若发生战争，美国势必退守于以阿拉斯加、夏威夷、巴拿马之三角形的第一道防线。

综观以上，美国所以如此积极扩张海军，到处设防与举行大操，实因有左列的几种理由：

（一）在远东方面，因鉴于过去英国不愿与美国合作，共同制日。欧战爆发后，太平洋秩序的维持，几惟美国是赖。它一面为欲维持其门户开放机会均等的主张及保护在华的权利；一面又恐自身力量的薄弱，不能不扩充海军以压制日本。

（二）美国的国防计划，须考虑及太平洋、大西洋两方同时对美进攻，与应付暴日及其背后之德意轴心的共同攻击。

（三）依目前形势，太平洋舰队任何部分皆不能调往大西洋，故美国欲维持太平洋上之利益及保护南美洲之安全，非于太平洋舰队之外，再建立完整的大西洋舰队不可。

（四）美国原有战舰多已老朽，如其海军采取守势似尚有余，若采取攻势，则嫌不足，一旦渡洋与日本作战，现有海舰皆不能应付裕如。

（五）美国外交政策，乃系根据现实的局势，对于侵略压迫的恶行从未坐视不理。如准备应付非常的事变，与维持世界的和平，美国亦应保有实力雄厚的海军。

观上述美国所以积极于扩充海军的理由与情况，显然是因为日本帝国主义的一意孤行，蔑视条约，消灭美国在华利益，与存并吞中国征服全世界的野心，致美国已再不能容忍，不得不以这雄厚的武力为后盾，来以压倒日寇的势力，促使其早日就范。

美国扩充计划，既系由日寇所迫逼使然。但日寇自审力不能敌，又不能停止对华侵略，故感觉极度不安。最近陆海两省亦提出六年扩军计划，需款五万八千五百万镑。据称此种计划，为求达成日寇在华的任务，及应付国际未来发展所必需。其实，日寇扩军的计划，固欲增加侵华的力量，而其主要的目标是在对付美国。据吉田海相答覆政友会某议员的质问，就这样说："苟根据海军扩军计划，则国防可保无恙。美国之海军整军计以第二、第三文生计划为根据，两者有联带的关系。日本的海军补充计划，则分为一九三七——三八年海军补充计划，及一九三九——四〇年海军补充计划，两者都经当局于慎密研究文生计划以后，始行拟定的。"

日本新闻界海军专家伊藤正德对于日本恐惧美国扩充海军的实力，更说得露骨。他称："美国海军原不足以为日本的威胁，但最近海军当局所提出的扩充海军造舰计划，经由国会通过制成法律，按照此项计划而产生的美国海军力，将为日本的大害。美国海军与日本的比数，在吨数上虽为五比三，但在实力上则为四比五。其中理由，系因美国以陈旧的军舰列入第一线战舰之中，作战时不仅无所裨益于舰队，且足以妨碍其活动。美国如欲海军战胜日本，唯一办法，即须增加并改善驱逐舰。这次美国所造的军舰，苟一旦完成，而海上又已设有船坞，则美舰在威克岛或中途岛装足煤量后，尽可在日本附近海面作战一星期。美国已有的海军仅足以保护其大陆海岸线，但本届国会通过之扩军案，则将使美国海军的实力攻守自如。在这种环境下，日本实不得不采取对策，以资应付。"

观日寇海相吉田的表示和伊藤正德的言论，可以看出日本的海军完全以美国为假想敌。它的两次补充海军计划，完全是针对美国的扩军。但日本从未料到把用以对付美国扩张海军的大量财力，已先消耗于侵略中国的战争中，更没有料到中国能长期抗战，而暴露它的武力的单薄。日本目前的两大问题：一个是如何解决中国事件，一个是如何扩充军备。它现已感觉到缺乏和它的假想敌搏斗的力量。换言之，日寇不仅因为陷入中国泥淖而困闷，而且因为国力薄弱而感受到国防上的威胁。

日寇尽管硬着说："扩军计划为求达成在华的任务。""海军当局可以负责国家的防务。""日本将被迫扩充海军以应美国的威胁。"但是我们可以断言：日本即使能达成在华的任务，也未必能实行它的整军计划。作战两年半的日本经济，哪有这样的财力对抗美国海军。等到真有这个财力的时候，它的假想敌——美国的武力，又早在它的头上了。现在日寇已进到山穷水尽的绝地，所以不能不外骗列强内欺民众，以作最后的挣扎！

英法德在北欧之海战[1]

（1940 年 5 月）

在英法德在挪威海战[2]以前，苏芬战争[3]期间，欧洲曾同时并存着两种战争：一为以英法德为中心的帝国主义战争，一为以苏芬冲突为中心的帝国主义对社会主义的战争。环绕着这两种战争的，则为英法德双方猛烈的争取在斯堪的那维亚半岛和在巴尔干方面的中立国家的斗争。

据欧战的形势，英法德作战有三种可能：一种在西欧，一种在东南欧，一种在北欧。西欧的战事，谁先进攻，眼前虽不能判明，但双方均有坚固的防线（法国的马奇诺防线[4]和德国的西格弗利防线[5]）和一百余万的精锐部队，谁先进攻，谁就要冒着重大的牺牲。除非假道卢森堡、荷兰、比利时，是不易进攻的。而这数中立国家随时都有被卷入战争漩涡的危险。其次，在东南欧方面的，英法的主要企图，就是根据英法土协定想要硬把土耳其拉入战争，从巴尔干方面侧□德国，封锁德国。但又顾忌于苏俄、意大

---

〔1〕 此文发表于《整建月刊》。

〔2〕 第二次世界大战初期，德国海军同挪威海军、海岸炮兵进行的海上战斗。德国为夺取挪威矿藏并在挪威建立海军基地，于 1940 年 4 月 9 日派两栖部队在海军舰艇编队支援下，从八处在挪威登陆，受到挪威舰艇编队和海岸炮兵的阻击，德海军受到重创。

〔3〕 1939—1940 年苏联与芬兰之间的战争。1939 年 11 月 30 日战争爆发，经过 3 个月战争，芬兰战败求和。1940 年 3 月 12 日，双方于莫斯科签订了《苏芬和约》。

〔4〕 第二次世界大战前法国为防备德国进攻，在瑞士到比利时之间的东部边境上建筑的防御阵地体系。1929 年开始建设，1940 年全部竣工，耗资 2000 亿法郎，以陆军部长马其诺的名字命名，全线总长400 公里。

〔5〕 即齐格菲防线，也称西格弗里防线，是德国在第二次世界大战开始前在其西部边境地区构筑的对抗法国马其诺防线的筑垒体系，它于 1936 年德国占领莱茵兰之后开始构筑，至 1939 年基本完成。防线从德国靠近荷兰边境的克莱沃起，沿着比利时、卢森堡、法国接壤的边境延伸至瑞士巴塞尔，全长 630公里。

利两大国的势力，不敢轻举妄动。所以英法德双方只有先找着北方的便门，加强和扩大北欧方面的战争。

苏芬议和后，欧洲局势已经发生了重大的变化，即在斯堪的那维亚半岛，英法已失去了反苏和进攻德国的军事根据地，巩固了苏联的国防，增强了德国的地位。而在苏芬战争期间所缔结苏德新商约[1]，更给英法的经济封锁以极大的打击。

在苏芬议和后，许多人对于北欧的观测，以为北欧已经减轻了战争的威胁，瑞典、挪威、德国当不至卷入了战争的漩涡。但我们只可说反苏战争暂时当不至实现，而英法德对于斯堪的那维亚半岛的争夺，正在方兴未艾。德国企图一举而将英法的势力排除于斯堪的那维亚以外，以求打破同盟国在北欧的封锁。英法为争取新同盟，使挪威投入自己的怀抱。它的企图为断绝了德国从瑞典、挪威和其他国家获得战争的资源，尤其是在控制着瑞典铁矿砂的输出，扩大了对德的封锁线，而且在军事上，还可以造成一个对德的包围阵地，以为进攻德国的路线。故英法政府于三月二十八日在伦敦第六次最高军事会议之后，即积极干涉丹麦、挪威领海外的一切活动。迄英国内阁改组，法封锁部长庞莱与英经济战争部大臣克罗斯进行谈话之后，英法即照会瑞典、挪威，阐明立场，在挪威领海敷设水雷，不许瑞、挪使用领海运输违禁物品。挪威政府亦于四月八日发表宣言，要求英法彻除已布的水雷，结果当然无效。德国藉口防御英法自北欧进攻，要求丹、挪置于军事保护之下，挪威拒绝了。双方遂于九日开战。于是欧洲局势急转直下，大规模的激战，从此开幕。

这一次的战争最值得我们注意的，就是英法德在挪威海面的激战，为第一次世界大战时英德在日特兰海战[2]以后未有之大海战。这次同盟国海军在德军未进占丹麦、挪威以前，即在纳维克、卑尔根、克利斯提安桑德三地敷设水雷，并准备大队远征军占领丹挪的军略据点，以作对德作战的空军根据地。但德国则先于四月九日破晓以前开始占领丹挪两国海岸，立即将所占各地改为空军根据地。海军则敷设水雷，藉防同盟军自海上来攻。四月九日晚，英法联合舰队也出现于卑尔根北面。于是双方海军在挪威海外各处发生激战。

---

〔1〕即苏德商约，1939 年 8 月 20 日签订。

〔2〕即日德兰海战，也称遮特兰海战，是英德两国海军于 1916 年 5 月 31 日在北海遮特兰海域发生的海战，也是第一次世界大战期间最大规模的一次海战。此战双方损失以英方为重，但并未改变英国海军控制北海的局面。

据英首相张伯伦十日在下院报告：英德海军今晨在纳维克海外激战。缘英舰五艘，向该港驶进，致与德巨型新舰六艘大战。德军已在陆上安置炮位，发炮助战。英舰"猎人"号（一三四〇吨）被击沉没，"大胆"号（一四五五吨）受重伤搁浅，亦告毁坏，"何斯波尔"号（一三四〇吨）受轻伤，由驱逐舰三艘掩护退卸。德舰此时企图以优势进行追击，但一艘遭鱼雷反击沉没，三艘受重伤起火，此外至少有运输船六艘被英海军击沉。装载军火之德轮"拉凡斯斐"号，当英舰退却时，立刻将其击沉。

又据英国防委员会主席海相丘吉尔，十一日在下院报告战况：英舰队在敌人海军优势之下，（一）巡舰"格卢温姆"号（一三四五吨）被击沉。（二）昨夜德空军袭斯加巴湾，德机至少有六架被击落，而我方未受丝毫损失。(三)英旗舰"罗特尼"号(三三九〇〇吨)被德机袭击，中重镑炸弹一枚。因该舰铁甲坚固，故未受伤。（四）英驱逐舰"格哈"号被德击沉，但舰上人员均遇救。（五）英驱逐舰"佐拉"号，在奥尼斯海外遭德潜艇击沉。（六）英战斗巡洋舰"雷诺恩"号，与德舰二艘作战。德舰一艘上部中弹，但即放烟幕弹逃脱。总之，过去数周之沉寂，已因星期一日德军进攻丹挪而告打破。挪威现已实行抗战以保卫其国家，吾人决尽最大的力量予以援助，与之携手作战。

据巴黎十二日路透电：法总理兼外长雷诺于四月十一日在众议院报告海战经过：谓挪威海外之海战，共击沉军舰二十二艘，计英国损失驱逐舰四艘，德国则损失巡洋舰四艘，潜艇一艘，驱逐舰一艘，运输舰十二艘，即德国之舰队已损失十分之一。被击沉之军舰中，并无法舰在内。

又据总理雷诺于十六日向参院报告战事情形：谓据海军部报告，德主力舰被击坏者占总吨位百分之三十，巡洋舰被击沉者占总吨位百分之二十，驱逐舰被击沉者占总吨位百分之二十五，被击坏者占百分之十五，尚有潜水艇多艘，亦被击沉。此外，德又损失商船七万八千吨，此均同盟军占领纳维克切断德军联络之结果。

我们再据四月二十七日中央社讯，德国驻华大使馆对北欧战况发表公报，略谓：四月九日拂晓，德军开入丹挪两国。同日午后，丹麦之占领即告完成。丹政府并决定承认现状，所有挪威重要地点，如奥斯陆、克利斯提安桑德、斯达完格、卑尔根、德伦的英，及纳维克等地悉入德军之手。四月九日晨，纳维克附近海上悉为浓雾所掩蔽，德国驱逐队卒能驶入该湾，而将纳维克占领。此际英国舰队亦已到达湾外，因浓雾未敢驶入。午后英舰入该湾，始惊悉德军已先到数小时，当即发生海战。英驱逐舰四艘被击沉，另一艘受伤，英军旋即引退。在德军已将挪威各要点占领五日之后，英海军大队又在纳维克先前出现，该处德国舰队立加迎击，英方损失颇大。四月九日以后一周之内，英方即损失军舰二十九艘，其中大部分皆系驱逐舰及巡洋舰，且被击沉。另有重巡洋舰及战舰多艘，则被击伤。在德军占领挪威旬日后，英军始将在德伦的英南北两面，派遣小股部队登陆。……德国最高统帅部对英军在挪登陆，极为欢迎，盖此可予德军以攻击英舰队之良好机会。数日以来，该国舰队始终潜伏于英国西面海上，不易进攻，今则与德国根据地最为接近，极便进袭。除在德军占领挪威第一周内，英国业已损失军舰二十九艘外，兹又牺牲二十八艘，连前共计损失五十七艘。

前述英法德三方的报告，是各自诩其战绩，这种报告是否确实，还须待以后的证明。据我们的观察，德国以弱小的海军，利用速战速决的战略和闪击的战术，来侵占丹挪，其作用和目的是有如左列各点：

（一）在控制着斯喀基尔拉克和喀得加特的两海峡。

（二）在保持与波罗的海沿岸、各中立国间的交通及资源接济。

（三）在控制丹挪沿海的航运。

（四）在维持瑞典铁矿砂由挪威北部和德国间的运输。

（五）利用丹挪沿海，作为通达北海及大西洋的出口并得保持与苏联北方不冻港摩尔曼斯克及亚历斯德罗夫斯克的贸易。

（六）得利用挪威沿岸各重要据点，拿海空军以威胁英国。

（七）先取丹挪为进攻荷比，控制北海，包围英伦三岛的根据地。

至于英法方的作战目标，共有四种：

（一）对挪威北部海面的德国舰队予以痛击。

（二）将德军所占领的挪威各港口，迅速予以克复。

（三）将德国企图自北海方面派遣主力部前往挪威时予以截击。

（四）急派远征军在挪威北境，于纳维克与德伦的英间的那姆索斯一带登陆以便沿铁道线东进，打击德国在瑞典的资源接济。

英方海军进攻的目的，欲计划在此一战中击溃德国的海军实力。如能达到这种目的，则大战的第一阶段，或可告结束。故英国海军不惜冒着危险，冲入斯喀基尔拉克海峡，并进至喀得加特海峡入口之处。即使不能达到这种目的，苟英国能固守其海上的阵地，封锁全部挪威海岸，截断瑞典、挪威间的交通，将德军所占领的挪威各港口迅速予以克复，则德国在斯堪的那维亚半岛，将要一无所得。在挪德军，势必与本国完全失却联络。

德军在挪威的据点，自难维持下去。除非德国破坏了瑞典的中立，假道瑞典运输接济，则在挪威的德军决难以久存。在这种情形之下，英德战祸必然波及瑞典，瑞典的命运是非常危急，除非摒绝依赖任何帝国主义，是很难保持其光荣的独立。

瑞典的中立能不能保持下去？我们还须从情势的发展去论断。假使英法的军力能支配挪威，则瑞典或亦有卷入战争之虞。否则，瑞典在德国强力威胁下的中立，也许会有长时间的保持。我们估计德国自经这次北欧海战之后，它的海军实力已削弱下去，不能单独依靠海军的力量，以侵略瑞典。因为德国所余的巡洋舰与战斗舰，而足以进攻瑞典，其总实力仅有十二英寸口径大炮六尊，八英寸口径大炮十尊，五.九英寸口径大炮十七尊。而瑞典海军的实力，则有十一英寸口径大炮十二尊，六英寸口径大炮二十尊。再者，德舰队还须留着一部分以作德挪间护航与对抗同盟国海军之用。故德国若要侵犯瑞典，则对于这一点是不能不加以顾虑的。此外，我们还要注意到，北欧战争若一旦波及瑞典，必然会影响到站在波罗的海惟一大国苏联的安全，则苏联必然要予以极大的注意或出而干涉呢。

在这次战事爆发之初，英德海军力量的对比，若以水上各种战舰而论，比于前次欧战是更不利于德国的。那时德国的海军，是占着世界的第二位。当时德国有二十艘以上的主力舰，五十艘巡舰，一百五十艘驱逐舰和鱼雷艇。而英国则有主力舰三十一艘，巡洋舰一百十四艘，驱逐舰、鱼雷艇和其他各种军舰有三百艘以上。在这次欧战开始时，德国的海军只有主力舰二艘，而英国却有十五艘主力舰。此外德国还有"德意志"号式的三艘袖珍舰，三艘重巡洋舰，六艘轻巡洋舰，及三十四艘各式的驱逐舰。而英国却有十五艘重巡洋舰，五十艘轻巡洋舰，及将近一百八十艘各式的驱逐舰。最后英国还有七艘航空母舰，可是德国还没有一艘建造好的这类军舰。但德国现有的将近五十艘潜水艇及正在建造中的二十艘以上的这类军舰，并且配合着磁性水雷等新式武器，的确也发挥了不少的力量。只看在大战初期内，它不仅大大的消耗了同盟国的商船，而且击沉了英国的航空母舰"勇敢"号、战舰"罗耶俄克"号和一艘"依利莎伯"级的主力舰，这还是现代主力舰被潜水艇击沉的第一次。因此，德国的潜水艇已经很明显的表现出来它的高度技术与战斗准备，而给予英国舰队的主力以重大的威胁。

再据别方面的调查，在开战初，德国的海军，其战斗舰吨位不及英法合计六分之一，巡洋舰吨位不及英法十分之一，潜艇吨位不及英法四分之一，驱逐舰吨位不及英法七分之一。七个月来虽略有增减，但英法的海军力是远超于德国，这就使德国海军在这次挪威海战时，不能完全达到如上述的目的。而其损失的军舰及士兵，且超过于一九一六年日德兰海战的记录。这次海战结果，似可绝对的削弱德国的海军力，驯致影响到将来大战的发展。其与前次日德兰海战不同之处即在此。因为日德兰海战之结果，德国海军仍能保持其完整，以至大战的结束。而这次的情形，则迥然相异。

英国利用自己海军对于德国的绝对优势，企图实行对德的海上封锁，截断德国在北海及大西洋的海上交通。许多的德国商船被战争驱逐到中立国家的港口而幽闭起来。但是对德国的海上封锁不是完密的，在波罗的海上，同盟国的军舰至今还不能深入。那些连接北海与波罗的海的松德海峡、大贝尔特海峡与小贝尔特海峡，都已安置了水雷。德国可以无阻碍的与波罗的海各国维持海上的交通，特别的是获得它所必需的瑞典矿产。

再就国际的政治形势看，英法虽然采取了一切办法及其优势海军，也已不能完全对德封锁。因为德国已兼并了奥大利、捷克、波兰，目前又依赖着意大利的中立与苏联缔结友谊条约 [1] 及经济协定。它能够经过陆地边境，获得所必需的军用工业原料和粮食，何况它现在又占领了丹麦和挪威的大部土地呢。在这些条件之下，英法虽然握有优势海军，但想完全封锁德国已不可能了，这一点是此次战争与一九一四至一九一八年战争异常不相同的。故英法在这种情形之下，只有破坏中立国家的合法商业权利，方能使这封锁更加紧密。德国海军虽处于劣势地位，但它能以迅雷不及掩耳的手段，利用闪击的战术，而把丹挪先行占领，其勇敢与巧妙实堪称道。英法海军，虽后来占着优势，惜其战略上与行动上不免过于迂缓，致挪威沿海重要据点与空军根据地均为德军占领，反使自己处于不利的地位。

欧战的前途，虽尚未能判定，然经过了这次北欧的战事，实已转入一新阶段。挪威之海战，德国的苦处，仍在海军方面实力的不足。但德国还须依赖它的海军，使它的空军和陆军，能捷足先登取得攻势，迫使同盟国在兰沙斯一带的远征军不得不实行退却。至于今后战局的转变，还须看纳维克争夺战的结果，与瑞典是否能被拖入战争的漩涡以为断。总而言之，双方海军在这次战争中，虽还未到正面决定了胜负，但对于欧战全局的影响已起了很大的作用，已足使世人承认海军在现代国防中的关系与其重要性。

---

〔1〕即《苏德友好和边界条约》，1939 年 9 月 28 日签订。

中国国防线在哪里？[1]

（1940 年 5 月）

张开中国地图一看：由北而南，面对敌国，环绕着中国大陆的东南面，有四个大海：即渤海、黄海、东海和南海。渤海在辽东半岛与山东半岛的里面，可称为中国的内海。而黄海、东海以至南海，则为朝鲜半岛、琉球群岛、台湾、澎湖群岛、东沙群岛、西沙群岛和海南岛所包围。这些岛屿可称为我国海防的外卫，也就是中国国防上的外海防线。但是朝鲜、琉球、台湾、澎湖自从日本侵占以后，我们国防的外防线，反变成为日本对我国的包围线了。

辽宁的旅顺、山东的威海卫、江苏的连云港、吴淞口、崇明岛，浙江的舟山群岛和象山港，福建的三都澳和厦门，广东的南澳、香港、澳门和广州湾，又是我国海防的内卫，也就是中国国防上的内海防线。我国的外海防线全入于日寇之手。至于内海防线早亦破碎不堪，自抗战以后，北自秦皇岛，南至北海的整个海岸线，也都被日寇封锁了。

我们在这个内外两道的海防线都被敌人占据的时候，对于海防建设固谈不到，但是过去我国海疆形势的优胜，假使经济上、时间上、技术上容许的话，那末海防的巩固，实在不是不可能的事。现在抗日战争虽然仍在进展，海疆已经深深地受到敌人的蹂躏。但于抗战胜利之后，国防中的海防建设，是必需的。而建设海防最后的目的，是全都收回我们最后的国防线。其步骤可分做四期：第一期建设沿海港湾，加强防御设备，以巩固我国防的内海防线。第二期收复台湾、澎湖，合原有的海南岛和东西沙群岛，以保卫我东海、南海。第三期使朝鲜完全独立，以保卫我黄海、渤海。第四期收复琉球群岛，

---

〔1〕此文发表于《整建月刊》。

以完成我国防的全部外海防线，也就是完成我们最后海上的国防线。整个海上的国防线能够确保安全，而后中华民族才能永保生存于世界，而后才能与日本讲共存与共荣，而后才能维持东亚的和平，而求促进世界的大同。

六十年来的德国海军[1]

(1940 年 6 月)

一、英德海军竞争与前次世界大战

二十世纪初，世界上的国家能具有绝大势力以支配全世界的，实不外英、法、德、俄、奥、意、日、美八国，他们都是资本帝国主义的国家。其他若印度、埃及、摩洛哥、土耳其、波斯、安南、缅甸、朝鲜和我国，不过为资本帝国主义所压迫，非沦为他们的殖民地，即为半殖民地。而在这些资本帝国主义的国家中，他们因利害的关系和争夺殖民地与半殖民地，终不免发生冲突，尤以英德两国互争雄长最为剧烈。英为工业革命的先进国，论它的地势，四面环海，而它的海军又为世界第一，所以拥为广大的殖民地和市场。德国以后起之雄，国内资源缺乏，又有人满之患，海外也没有足供推销出品的市场，故德人欲求发展其资本帝国主义，势不得不取之于英国；英欲保持其地位，非有以遏抑德国不可。而第一次资本帝国主义的战争，即暗伏于此。

英德国际关系，本来没有什么恶感，自普法战争到了德意志联邦的成立，在俾士麦执政之日，英国以为德国纵横于欧洲大陆，无碍于它的海权，故英德两国得相安无事。到了威廉第二即位之后，就起了野心，忽变俾士麦的政策，大兴海军，向海外发展，以伸拓其殖民地和市场，企图称霸于欧陆者，更进一步称霸于世界。英国向以海上王自居，其时德欲侵犯它的海上势力，而两国的竞争遂愈趋于尖锐化。

英国以地势的险要，乘欧陆多事，攫取海外的肥优的殖民地，而使强大的舰队作为保护，所以它的国旗遍世界。英人常常的这样说："大英帝国里没有日落的地方"。

---

[1] 此文发表于《整建月刊》。

故英人视海上为生命线，海军为护身符。无论哪一国，苟欲与英国争霸于海上，它必与之力争。如过去的西班牙、荷兰和法兰西的海军都给它破灭。今德国扩充海军无非欲与英国竞争海权，故威廉第二曾以"德国的将来在海上"这个有名的词句来表示德国在海军政策方面的计划与图谋。当时德国扩张海军，皆以英国为标准，所增加经费，于一八九八年对英国之比率，为一与六，一九〇〇年为一与四.八，一九〇四年为一与三.五，至一九〇六年乃为一与二.九。到了大战开始，则几与英国相等，若更进一步，则必超过于英国，这就是英德争执的由来和前次世界大战的最大原因。

二、德国建设海军与其惨败经过

德国在威廉第一的时候，就很注意海军，有一八八三年创办德帝国海军，设立海军部。威廉第二即位，更力求扩张，于一九〇〇年制定大舰队的编制，建立了德国海军的基础。

德国有天然优胜的地势，全国海岸有北海、东海两线。北海沿岸水浅，有很多的岛屿，巨舰不能深入。东海方面，虽有帝俄海军，但非德国敌手，故当时德国实握着波罗的海的主权。从基尔运河开通之后，它的舰队就不必绕行斯喀基尔拉克海峡，只要在六小时之内，即可通过运河，直出北海。故德国海军都集中在这里，以基尔港和威廉港做它的根据地。东出波罗的海，既可以与帝俄舰队相角逐；西出北海，又可以与英国舰队相颉颃，故屯于波罗的海和北海的舰队，都是它的总舰队。而波罗的海和北海以外的舰队，则统称为海外舰队。

它的舰队编制，较胜于各国。它的优点，在设置一指挥官统率，对于各种战斗单位，是采取一种可以集合而又可以分离的编制，即以舰队编制为基准，以应战略战术的需要，建立各战斗单位的顺序。它的目的，要使全部可以参加战线，所以将战斗舰队中又分做常备舰队和预备舰队。全部常备舰队与所属预备舰队和巡洋舰半数为现役舰。但当演习的时候，预备舰队中的非现役舰也有临时的任务。非现役舰分做三种：即第一、第二、第三预备队。第一预备队时常满载煤炭军需，准备一切齐全，可以随时参加战斗；第二预备队贮备有三个月的军□品，不拘何时可以就役；第三预备队在有事的时候，也可以补充第一或第二预备队。

德国对于海洋的防御也分做两线：第一线为移动的防御，以强大的主力舰队击破敌舰队于海上；第二线为沿岸的固定防御，以利用要塞，不使敌舰接近德国沿岸。于海岸防御更附加有海防舰、鱼雷艇、潜水艇、布雷舰、扫雷艇及炮台水雷设备。如一旦有事，不到二十四小时，即可配置二十万军队于沿岸要地。兹将一九一四年德国与英国的海军力，比较如左：

舰类＼国名	德国	英国
无畏舰	二〇	三〇
战斗巡洋舰	七	一一
战斗舰	一九	三八
一等巡洋舰	一〇	四三
二等巡洋舰	五	三六
三等巡洋舰	三八	三四
炮艇	七	九
驱逐舰	一四〇	二二九
鱼雷艇	四八	五九
潜艇	三一	八四
吨类	一，〇七二，六四八	二，〇八六，三四五

只看上表，德海军力实在比不过英国，即加上它的同盟国海军——奥匈联邦的二二七，一三四吨，和意国的三四二，三四七吨，亦比不过英国加上其协约国的法国海军七二九，五五六吨，和帝俄海军四二三，三六九吨。到了意国同它脱离关系，和美日两国都加入协约国方面，双方实力相差更远。不过这次大战，由于英德争霸海上，争点只在北海，他国不过是他们的陪衬。以形势论，英海军是在可战可守的地位，而莫利于守。德海军而欲与英争雄，势必出于一战，以解北海之围。不然，则终必受困于敌方的封锁。

当一八七〇年普法战争之后，德国海军的吨数既不及法国，又比不过俄国，若以比素称海上王的英国，更瞠乎其后。到了一九〇九年，德国的海军忽一跃而为世界第二，设再经营数年，当必超过英国之上。英国感觉着德国的野心，卧榻之旁，自不容他人鼾睡，于是增加舰队，维持其本国海军等于两强海军的政策，以防德国。然德国海军能够于十五年内突飞猛进，而与英国竞争，实由于它的海军领袖宝毕兹上将（Tirpitz Alfredvon）一手造成。他从少即在海军，一八九一年任基尔参谋长，以建造及改良鱼雷

197

艇出名。一八九八年升为海军次长，即提倡设立海军社，又分设支社于全国各处，同时又设海军新闻社，宣传海军的重要，使德国人民都具有海军的知识，以为将来称霸海上的预备。如在抗日之前，国人都认识海军的需要，积极建设海军，则日寇决不敢轻举妄动向我侵犯。我写到这里，就很希望中国海军也要这样干下去，来建造中国新的海军。

一九〇〇年宝毕兹升任海军总长，即提议增造战舰两队，将原有德国海军力增加两倍。自后一九〇六、一九〇八、一九一二年，凡三次提出增设海军案，都经国会通过。一九一四年基尔运河完工，德舰遂得出没于北海与波罗的海之间。总计新建的舰队，以吨数论还不及英国，至于制造的新锐则有过无不及。故到了大战开始，宝毕兹即欣然对德皇说："今而后，海军可以战守惟命矣！"

大战爆发，德国陆上形势，为法俄两国所包围，海上形势又为英国所封锁。英对德惟一的政策，即以海军封锁北海，断绝德与外洋的交通，使德的海外殖民地失其联络，海外贸易失其保护。其海外舰队既不能驶回北海，而北海舰队又不能越雷池一步。如是而德的海外舰队，相继歼灭，海外殖民地相继丧失。由是以观，德国惟一的政策，唯有效法斯巴达与罗马的故事，与英国决胜于北海。但自大战开始，德皇即专注于陆地的雌雄，而置其他于不顾。这是宝毕兹所以引为憾事，不得已而出潜艇袭击的下策。倘使大战初起，比法海岸防卫懈驰，以德军的声势，使用其直捣巴黎的精锐，移以进攻比法海岸，比法海岸一入德人的掌握，则英伦三岛无可守之险，势必不支。同时海军以闪击策略，乘陆战紧张时候，向英海陆进攻，使数十年来的海上王，一战而毁灭它的舰队，打破它的封锁政策，岂不很好？乃大战以来，必迟至两年以后，才移动海军冲出北海，以解除封锁的围困。陆上等到玛因河受挫[1] 之后，才图进窥比法的海岸。然已失于太晚，对于战事实已无法补救，终以海外资源断绝，粮食缺乏，国内起了革命，全部海军断送敌国。所以有了海军，而不知所用，是与没有海军一样。我们观察上次欧战的结果，英为世界第一海军强国，德为世界第一陆军强国。到了战争时候，英国始终能把握着海上势力，封锁了德国而使其穷困。而德国陆军虽强，终见败于英。可知胜败之数，最终还是决定于海上的。

---

〔1〕指德国在第二次马恩河战役中的失败。1918 年 5 至 6 月，德军突破苏瓦松和兰斯间的法军防线，逼近马恩河。7 月 15 日，德军集中优势兵力越过马恩河，楔入法军阵地 3 至 10 公里。7 月 18 日，协约国军转入反攻，21 日德军被迫后撤。8 月 4 日，整个战役以德军的失败而告结束。

三、凡尔赛和约束缚下的德国海军

在大战的过程中，德国海军凭藉其高度发展的新锐技术，虽然完全缺乏过去海战的历史战斗传统与经验，远不及经验丰富的英国海军。但对于英国海军仍是一个危险的敌人，特别是德国首先利用潜艇的政策。德国潜艇击沉了许多军舰，及一二，〇〇〇，〇〇〇吨的商船，占当时全世界商船吨位约四分之一以上。

但是残酷的无限制的潜艇战争，终久不能挽救德国及其同盟国——奥匈联邦、布加利亚、土耳其的失败。德国潜艇政策虽给其敌人的海上贸易以残酷的打击，但德国自己由于英法的海上封锁的压迫也日益削弱了。这种封锁的效力，是由于英国海军主力舰的力量绝对的优于德国。一九一六年五月三十一日至六月一日的遮德兰大海战，德人自诩为胜利，实际上是更表明英国在海上的优势与德国无法冲破英国的封锁。

德国海军即在波罗的海与坚定防御加里湾与芬兰湾的俄国海军作战，也没有获得到胜利。在大战末期，德国民众中的革命波浪在德国海军中也明显的表现出来了。德国海军指挥部所想出的冒死进攻，企图最后挽救不可避免的失败，由于德国员兵拒绝作战也失败了。而在基尔、威廉港及其他的海军根据地都发生了暴动，至十一月二日，舰队什九尽入革命党掌握。这是一九一八年德国革命的开端。

依照一九一八年十月十一日停战的条约，德国要把未经一战的军舰：计战斗舰九艘，战斗巡洋舰五艘，巡洋舰七艘，驱逐舰五十艘，共四十一万吨。又潜艇一百二十二艘，都交给英国看守。这种在世界上空前未有的事实是表示德国在物质和精神方面都遭受了巨大的失败。当时联军处置德舰于十一月二十——二十一日，先使德潜艇驶往哈威池，归英将泰利脱收管，大队德舰都集中于佛斯湾口，由英舰引到奥克内群岛之英海军根据地斯卡巴□者，全部禁锢起来。以后在英海军怂恿之下，由德军官将这些军舰炸沉，因为英国不愿将这种战利品瓜分给协约国，尤其是怕法国增强了海军的力量，反足为英国之害。唉！德国第一历史时期的海军，便这样惨淡的完结了。论德国海军的实力，非不足与英海军对抗于海上，特德当局以陆军自雄，果能利用自己的长处，打击别人的短处，则取胜殆如操左券，但它不欲以海军作孤注的一掷。到了陆军失利，而海军又起革命，纵使勉力一战，军心已不可靠。论史者公认德海军部长宝毕兹以二十余年的精力，造成世界第二强大的舰队，意欲一战而夺取英国海上的霸权，不料它的结果竟至于完全消灭。

德皇威廉第二对于"德国的将来在海上"的豪语，不幸得到这样结果。回想当年，真是不堪回首呢？

德国受《凡尔赛条约》的束缚，对于海军的限制，极为严格。

（一）战斗舰仅限于"布朗斯威克"及"德意志"（Brannschweig and Dentschland）级，现役六艘，备补二艘，舰龄规定二十岁，新造替补舰不得超过一万吨。

（二）巡洋舰规定现役六艘，备补二艘，舰龄未满二十岁者不准替造。新舰排水量不得超过六千吨，装炮不得超过六吋口径。

（三）驱逐舰及鱼雷艇规定现役各十二艘，备补各四艘，舰龄十五岁，新造驱逐舰不得超过八百吨，鱼雷艇不得超过二百吨。

德国完全失去建造潜水艇、航空母舰的权利。至于海军人员，在数量上也只限于一五，〇〇〇人，而且德国海军也如陆军一样，只能绝对的由志愿军组织成。

依照《凡尔赛和约》，剥夺了德国的海外殖民地，就是说德国海军在海洋上完全丧失了自己存在的根据地与据点，同时对于德本国海军根据地，海岸防御工事，与内河交通线也有种种的限制，特别是德国要消灭在北海、波罗的海沿岸与岛屿上的一切防御工事与要塞炮台。基尔运河本为德国海军的基本交通线，也被宣布在平时或战时都须开放。对于莱茵河、易北河与阿得河等，都规定了特殊的国际监督。德国受这严格的限制，非仅没有进攻的能力，且失却自卫的要件。

然而德国民族坚强的意志，终非条约所能摧残压迫。所以十几年在凡尔赛集团严密监视之下的柏林当局，无论是社会党的缪莱，或民众党的斯特莱斯曼，或中央党的白郎宁，和国社党的希特勒，在进行它的策略虽各有强软缓急的差异，然皆以打破《凡尔赛条约》为最终的目的。故还在希特勒建立法西斯独裁以前，就不仅利用条约所给它的一切可能，而且企图撇开条约的规定，极力重振海军。

由于在造舰中采用新的技术方法，战后的德国各种军舰，如"德意志"号式的三艘袖珍主力舰，六艘轻巡洋舰与十二艘鱼雷艇，其力量都超过条约所限制的吨位与大炮口径以上。尤其是袖珍艇的钢板均以电焊，更用迭塞尔引擎以减轻煤水的分量，俾得以加厚它的装甲。它的速率虽较其他的新式万吨巡洋舰减低六〇，但较之任何战斗舰为高。故除英国的"胡德"（Hood）式外，可谓所向无敌。德国还准备恢复被禁止的海岸炮台与防御工事，在民用航空的水上飞机上训练将来的空军干部。但是德国在海上、陆上与空中的大规模重新武装还是在希特勒上台以后才开始的，从这时代起，它就以紧张的速度，来准备新的掠夺战争。

我们回忆在十九世纪的初年，凡尔赛的镜宫，曾受普鲁士铁蹄的蹂躏。可是五十年代后德国的代表白洛克多夫海苏（Brockdorf Hantzau）却只得在该地签署所谓不公允的《凡尔赛条约》了。第一次帝国主义的大血战，虽于一九一九年六月二十八日结束，然而因协约国防制报复的手段过苛，却种下第二次帝国主义间大战爆发的根芽。

四、希特勒的政策与《英德海军协定》

在德国新的历史一页已经展露开来，是一幅惊心动魄的图画，只有日耳曼的民族，才会创造这样的奇迹。他们虽已受过血战四年的教训，但已随岁月俱逝而成云烟，又恢复到战前狂妄自大的状态，沉陷在古代光荣的梦幻的憧憬中。神圣罗马帝国崩溃了，战前德意志帝国毁灭了，而希特勒的第三帝国又继承出现。

第三帝国计划的产生是出于希特勒种族国家的狂想。它的出发点是根据国社党的党纲："我们要求统一一切德国人民，建立伟大的德国。凡属德国血统的人民，无论他们在丹麦、波兰、捷克、意大利或法兰西，都必统一在德国政权之下。"它的意义是要欧洲希特勒化，经过同意或用暴力，或藉合并或藉征服，把从前的国家结构完全颠覆。将大陆上一切德意志国家联合起来，形成希特勒的新种族帝国（Racial Empire）。它要解决奥国，合并了多瑙河上的南德同族；它要消灭瑞士联合德国在阿尔卑斯山的支派，使瑞士与法国部分那种非自然的联合，中世纪的遗迹，完全脱离；它要并吞捷克，以便使德国的波西米、莫拉维亚和西利西亚归并于他们原来的种族。这样使佛兰德和荷兰形成种族帝国的西北部，它将斯堪的那维亚半岛也并入这一体系，因为那是北德的一部分；它要取波兰，要恢复它过去的版图，更进一步要求波罗的海沿岸诸国：芬兰、爱沙尼亚、拉特维亚、立陶宛，因为这些都是德国本来的领土，且向法国索取西佛兰德和劳兰，向意大利索取南狄罗，向南斯拉夫索取南斯蒂利亚，向丹麦索取史莱斯威格。它根撼了这种族新定律，必须达到有德国种族的一切领域，甚至于远如有德国屯垦区的罗马尼亚和南斯拉夫，以至巴尔干半岛的尽头。

德国除欲实现新"种族帝国"外，还有一种"资本大陆"的阴谋，那就是说：德国需要大陆的一切原料、资源和供给——劳兰的铁，比利时和荷兰的煤，西欧、中欧的炼钢厂，巴尔干的铜，法国北非殖民地的五金。它还需要大陆以内全部的市场，多瑙河流域和北欧的农产，大乌克兰和近东的孔道，大陆的关税同盟。总之，它要以经济力为新兴帝国的轴心，进攻世界其他帝国，如大英帝国，泛美联邦，东亚系统，和社会主义的苏联。

德国欲完成这第三帝国伟大的计划，要在军事上立刻的征服这样广大的区域是办不到的。希特勒看清了这点，因此德国必须采取军事以外的其他手段，使它的国际政治地位有优势以后，才能行军事的动员。所以他在实现其战略以前，就运用了两种策略：第一，就是利用"内部政治革命"以征服其他国家，即褐色国际的动员[1]，在欧洲建立起一个国社党的统系。这策略不需要军队、战争、同盟，只需要一点投资与鼓吹，使别国在内部自动崩溃，而使德意志坐收渔人之利。这确实是一个巧妙的策略。其次，就是利用外交的策略，突破《凡尔赛条约》的束缚，和免去法国的包围。考希特勒外交的政策，在德俄签订《互不侵犯协定》以前，约可分为三点：

（一）以反苏为中心，以取得英国及列强的同情，掩护其西方比法和南方波兰、捷克的报复计划。

（二）始终维持英德感情，不惜作相当的让步，以分裂凡尔赛集团的大包围阵线。

（三）缔结德意同盟，以孤法国之势，必要时突出荷比与法国的北部海岸线，以建立足以抗拒英法的海军。

希特勒在未上台以前，于一九三二年秋季致当时国务总理及以后的忠实同盟者巴本的备忘录中，积极建议，当恢复德国海军时机未成熟以前，应保持谨慎与温和的态度，以免引起英国的不满，首先他建议尽力加强陆军与空军。到了一九三三年一月，希特勒掌握了德国政权之后，它就利用国际错综复杂的情势，更积极进行民族解决。在十月十四日退出国联及军缩会议。一九三五年三月十二日宣言建设空军，十六日废止凡尔赛军事条款，宣言实施强制征兵制，海军亦宣布新造舰计划。这种惊人行为，不啻晴空霹雳，全欧的国家都感受着重大的威胁，无疑的已踏上和战歧途上的交界。随着这种形势而成的斯特莱萨会议[2]和国联行政院的通过对德谴责案，与法、俄、捷等国的互助协

---

〔1〕1921年，希特勒在德国国家社会主义工人党内确立元首制，并成立冲锋队。冲锋队因其队员穿褐色制服而被称为"褐衫队"，是法西斯半军事组织。此后，希特勒在垄断资本集团的大力支持下，建立了以法西斯为特征的国社党系统，并试图向其他欧洲国家推行。这一计划被称为"褐色国际"计划。

〔2〕即斯特雷萨会议，英、法、意三国为讨论德国破坏《凡尔赛和约》而于1935年4月11日至14日在意大利北部斯特雷萨举行的会议。该会议通过了《英法意三国在斯特雷萨会议上关于欧洲问题的决议》，规定三国应就东欧安全问题进行谈判，承认维持奥地利独立和完整是三国共同政策的基础，（转下）

定^[1]，皆系针对德国的重整军备而来。

希特勒明白了这一危机，乃发表宣言，一方表示反俄的决心，对法俄协定力加攻击，一方承认英国海军对德的优势，以缓和国际的反德空气，以取消英人的惶虑心，而求与英订立协定，使海军扩充计划得以实现。

海陆空军备之必须平衡发展，乃现代新式国家之必备的要件。希特勒既已恢复陆军之强制征兵制与空军之创建于前，则海军的复兴自不容其稍缓。惟不能不顾忌者，恐因此引起英国的疑虑，而失去其抑法扬德的同情心，故在其宣言中极力同英国表示好感。果然宣言发表后，伦敦对德舆论为之一变，因是英德海军会谈在包尔温新阁成立后乃宣告成功，德国法西斯主义就从英国政府方面获得了建造大规模海军的正式允诺。一九三五年六月十八日的《英德海军协定》就是德国海军政策新时期的开始。这种协定表示英国允许德国撕毁《凡尔赛和约》的第五章，准许德国建造等于英国海军吨位百分之三十五的各式军舰，取消了《凡尔赛条约》所规定的对于德国海军数量和质量的限制。这个协定内容的要点：

（一）关于比率问题，如主要海军国保持现在的均势，德对英的军舰比率将永远定为百分之三十五。反之，倘他国意外建造军舰而使各国海军失其均衡，则德国政府保留权利，得请求将这种□局势，重行加以审议。

（二）关于舰种问题，德国政府在原则上承认各级军舰吨数皆应保持百分之三十五比率，但如将来签定一般海军条约时，并无分级限制之规定，则彼时德国仍有权要求将比率酌加变通。

（三）关于潜艇问题，在平常时期德之潜水艇不超过英国百分之四十五比率，但如遇有发生特别情形，德国认为必要时，可要求与英国之潜水艇平等。

当《英德海军协定》缔结的时候，英国海军的总吨位等于一，二〇一，七〇〇吨，德国依照协定的规定有权建造四二五，二〇〇吨，在协定签字以前德国已造的军舰，排水量等于七五，〇〇〇吨，其余三五，二〇〇吨可使德国建造五——六艘主力

（接上）对德国片面破坏《凡尔赛和约》规定、重新武装表示遗憾，英、意重申承担《洛加诺公约》所规定的义务，三国同意用一切实际可行的手段，反对足以危害欧洲和平的片面废除和约的行动，并将为此目的进行亲密合作。该会议除了发表上述空洞的决议外，并无实际措施。

〔1〕1935 年 5 月 2 日，法国与苏联在法国巴黎签订了《法兰西和苏维埃社会主义共和国联盟互助条约》，即《法苏互助条约》；1935 年 5 月 16 日，苏联和捷克斯洛伐克在布拉格签订了《捷克斯洛伐克共和国和苏维埃社会主义共和国联盟互助条约》，即《苏捷互助条约》。上述条约均没有发挥实际作用。

舰，二——三艘航空母舰，五艘重巡洋舰，五艘轻巡洋舰，三〇——四〇艘鱼雷艇，四〇——五〇艘潜水艇。若再加上大战以后几年建造的新式军舰，德国纵能确守协定的条件，它的舰队在完成造舰计划以后，也将达到以下的数量：八——九艘主力舰，二——三艘航空母舰，一六艘巡舰，五〇艘以上的鱼雷艇与同样数量的潜水艇。德舰队这种成份并不弱于英本国的舰队，因为英帝国领土的散布各处，并不能在北海保持所有的海军力量。

我们根据了这种观点，《英德海军协定》在英国的海军政策中，可以说是一个很大的错误，它当初是不相信德国在最近几年就能够实现这个协定的数量，但是德国在最近几年的扩张海军，非仅超过了协定的范围，且因此对于德国造舰就开辟了广泛的可能，英国既不能收买了德国，反因此而受它的威胁。

由于这个协定的结果，德国海军的发展已经成为紧随着英国舰队的一个暗影。英海军每次增加一吨，德必依照比率随之增加。英国愈努力于保证本国的安全，则北海上的暗影也就要更长更浓，英国舰队所受德国的威胁也愈见愈大。英国每造一艘新舰，不过仅部分的增强本国海上的力量，但德国的军舰却完全保持在这个北海区域。

德国海军的重整，对于法国也造成了特别困难的局势，因为在法国东北的边境上，已经有了德国陆空军侵入的危险。今德国舰队复出现于北海，且有进入英吉利海峡的可能，对于法国经过比斯开湾通达非洲的交通造成了威胁。德意的同盟，非仅可以破坏英本国与印度洋和远东的最便利的交通线，且使法国经过地中海到非洲殖民地的联系发生了威胁，同时还曾失去了非洲后备军接济的危险。

我们再看到柏林、罗马、东京轴心之形成，是特别加强法西斯国家的海上侵略计划一种新因素。德意的同盟在地中海不啻对英国造成了一个阻碍，至少这种同盟也是足以迫使英国在地中海保持大部分的舰队不能移动。同时，德日联盟又逼使英国分散海军力量于欧亚两洲。但德、意、日的军舰相当的完全集中于北海、地中海和太平洋，却可以自由的调动自己全部的力量与英国为敌。此外，德、意、日的团结又使美国离开欧亚而孤立，不能如前次能把本国舰队离开东西两洋而协助英法去征服德国。

由于上面分析的结果，希特勒的欲实现第三帝国的政策与德国对于战争的疯狂准备，已使国际海上军事形势起了很大的变化。至于《英德海军协定》对于德国法西（斯）主义却已成了它迅速恢复海军与继续发展侵略的出发点。这个协定虽然被英国保守党政客们称为和平事业的成就，但它很快的所产生的结果绝不是和平的性质。到了去年四月二十八日，希特勒最后又将这个协定宣布取消，于是德国海军更可无限制的扩张起来。德国无疑的，今日已成为世界风云的核心。第一次大战是威廉第二所导演，那末第二次大战就要轮到希特勒来导演了。

　　……〔1〕

---

　　〔1〕该文为多期连载文章，因期刊缺乏以下缺。

鄂中会战与海军^[1]

（1940 年 6 月）

当日寇进攻武汉的时候，我海军为长期抗战计，对于武汉上游，荆、湘两河各重要防区防御作战的设施，早有缜密的准备，以期后方巩固，增加抗战力量。海军总司令部以城陵矶为荆湘门户，防务重要，组成洞庭区炮队，以资防御。并计划将湘河、荆河各段节节布雷封锁，洞庭湖方面亦经分别划作布雷区域，一方面使敌人不能利用其优势海军溯江西犯与深入洞庭湖沿湘河南下，他方面保证了我后方无量数军事运输的安全。

武汉、岳阳先后失陷之后，长江上游、荆湘两河各处防务愈觉重要。我海军更加紧布雷，并察勘陆上形势，择其易于构筑防御阵地的地方，划为辅助雷区。所有荆湘两河各段航行标志，均随布雷艇船，逐段撤除，挡住了敌人从正面水道的前进，给国军以从容布置及整编补充的宝贵时间，奠立了去年湘北大捷^[2]的基础。

在去年湘北会战中，敌人有名的波田海军陆战队^[3]和藤田师团^[4]与新成立的所谓洞庭湖舰队，大小舰艇五、六十艘，因我海军在洞庭湖布置封锁，不能在湘河自由活动，而必须绕过荷叶湖，过雷区在营田登陆，致令其军力的作用和军需品的供给大受限制，使我陆军取得聚歼敌军的机会，一变而形成反攻的局面，造成湘北空前大捷。当时海军布雷工作的努力，封锁政策的收效，实有其不可磨灭的功绩。

---

〔1〕此文发表于《整建月刊》第 1 卷第 3 期。

〔2〕即第一次长沙会战，发生于 1939 年 9 月至 10 月间，中国第九战区部队在湖南、湖北、江西接壤地区与日军展开激战。此战中国军队粉碎了日军围歼第九战区主力、夺取长沙的战略意图，消耗了日军大量人员、装备，振奋了国人士气，故称"湘北大捷"。

〔3〕即波田支队，它原为参加上海作战的重藤支队，1937 年底至 1938 年 2 月在台湾附近集结待命。1938 年 2 月 22 日，奉命再度归属华中派遣军，其指挥官是波田重一。

〔4〕即日军第三师团，湘北会战时其师团长为藤田进，故称"藤田师团"。

我们再看这次鄂中大会战的现况，敌人进攻的路线是由襄河强渡，西犯沙市、江陵、荆门、当阳，会攻宜昌，妄想直取四川。襄河之西，是江之北，敌军进据之后，是面山背水，我们现守的地方是背山面水。就形势而言，它是处在绝地。我们新的战事策略与围歼敌军的阵势，此时不便深论，但我们应当认清这次鄂中会战，我海军又于××××……等要隘层层封锁，更组织游动漂雷队，等待必要的时候布放漂雷，使敌舰沿江西进或进行扫雷工作予以更大的胁威。

翻开地图一看，敌人以许多的兵力，仅能维持在荆河北岸一些重要据点的占领，在监利以上至沙市，再由沙市以至宜昌之间，敌人的军舰和运输的船舶始终因我海军布雷封锁不能溯江西上以策应其岸上的敌军，向中央突破，以进犯我鄂西，这种事实更可以证明我海军布雷封锁的伟大力量。

历次襄樊、湘北、鄂中各大会战的发动之前，我们可以先看到沿江敌运输舰活跃的情形，然后武汉便到有大量的兽军和巨额军火，不久猛烈的攻击便随时展开。这充分说明了敌人怎样的利用长江水道，以继续对我作战。假使敌人丧失了这一条水道的安全控制，它就不能向我继续进攻，湘北大捷就是一个明证。这次鄂中会战，敌人因我海军在荆河一带节节布雷封锁，故敌人在陆地上欲施显威力，已受限制，更难进展。我们相信在最近大包围反攻的计划一旦完成，则敌人溃灭为期当不远。

综观敌人三年来历次向我的进攻，无论在上海、南京、武汉、湘北之役，我方在江面的封锁从未被敌人首先突破，而是于每次陆地被占领之后，方始进行炸毁我方的封锁。这种光荣的战绩，今日仍然为我海军所保持。湘北大捷，敌人冒险偷过我封锁线所受之损失，已经使敌人受过很大的教训。这次鄂中会战，敌人在穷势之下，仍欲猛进深入，难保其不再作一次冒险，偷过我荆河的封锁线，向我正面进攻。此时，我军对于长江上游封锁的工作，和控制各内河的交通是非常的重要，自当加倍努力，以求给予敌人以致命的打击。因为保卫长江上游的水道，与鄂中战局和抗战前途实有莫大的影响。

保护华侨与促进海军建设[1]

(1940 年 9 月)

一、中国海外殖民事业的发展

中国人之向海外开拓，追溯渊源，远在秦汉之间。至于大规模的海外殖民事业的发展，则实以唐代黄巢乱时为最早，当时南洋三佛齐已有许多避乱华人在岛中从事垦殖。后来因为航海事业发达，自宋代有中国船航行南洋以来，元代更为兴盛。因而元末明初，中国人乘元代航海事业的发展之盛，于是有的远航南洋以谋生活；有的占据南洋岛屿称雄一时，如梁道明[2] 和陈祖义[3] 之雄据旧港，尤为显著。

在这个时期的南洋华侨，除在旧港，即三佛齐之外，婆罗洲[4] 和亚齐[5] 也有人数很多。举凡这些华侨来南洋的，都是出于自动，和当时的中国政府没有什么重要关系。他们虽然未必都是以商业为本务，但是他们既然在南洋安家立业，安土重迁，则对于他们的子孙后裔，在后世以经商称雄于南洋者，实在可以算是最先的基础。

观欧美近代海外殖民事业的发展，实在是以中世纪许多探险家发现新地的贡献，有很大的功劳。中国当明初也出了一位大探险家，此人就是明成祖时的内监郑和。但是普通人都称他为"三保太监"，而对他的南洋探险事业，则称之为"下西洋"。他对于我

---

〔1〕此文发表于《海军整建月刊》。

〔2〕梁道明，广东南海人，明初定居旧港（古名三佛齐，即今印度尼西亚苏门答腊岛巨港），成为当地著名华侨领袖。

〔3〕陈祖义，广东人，明初因在国内犯有重罪举家逃往南洋，夺取旧港华侨领袖地位失败后流亡海上，成为海盗。郑和在第一次下西洋时将其擒获，后押回国内正法。

〔4〕婆罗洲位于今马来西亚加里曼丹岛。

〔5〕亚齐为古代小国，位于今印度尼西亚苏门答腊岛西北部。

们后代华侨拓殖南洋事业基础的建立，有极大的功绩，这在中国海外拓殖史上很值得注意的一件大事。

翻开中国商业史，知道中国数千年以来传统的闭关主义的商业政策，和过去始终抱定了贱商主义的经济政策，又加以历代政府严禁国人出海，所以对于海外贸易是没有人去注意的，并且也不知道海外殖民事业的重要。自郑和在前期下西洋以来，中国人私往海外经营事业的，虽然很多，但明代的政府加以漠视。至于清代，则因海外华侨很有些遁迹的遗民，往往有光复故国的革命思想，所以对于华侨不独漠视他们的事业，并且，甚至知道华侨受尽异国人士的压迫虐待，也都置之不闻不问。这在满清政府固然是基于极端偏狭的政治见解和种族成见而缺乏远大的眼光，而在华侨的海外事业方面，却是一段血泪史。我们须知，现在华侨之拥资巨万而为富商豪贾者，乃是由于他们祖先积年累月，含辛茹苦，经营所得的结果。

郑和下西洋以后，在明末还有永历帝窜身缅甸[1]，郑成功建国台湾，对于华侨海外殖民事业的发展也有很大的影响。这两位汉族领袖率其部属，驰驱海外，虽然在政治上，都没有收获圆满的结果，但他们的部属都分别在国外惨淡经营，留下一些成绩，以树华侨在南洋的经济基础。例如今缅甸有桂家，就是永历帝部属的遗裔，大概今缅甸北部和暹罗西北部的华侨，都是由桂家迁出的遗族，如今就在南洋握有米业的大权。

台湾在郑成功统治之下，就和南洋群岛，如小吕宋、苏禄群岛、婆罗洲、小巽他群岛、安南、暹罗、旧港和爪哇通商往来，而同时东印度公司也于一六七〇年遣派商船到台湾、厦门贸易，当时更因清政府通海之禁颇严，于是沿海的失业居民，都陆续偷渡南海而至台湾，托庇于郑氏治下。就中也有好些人由台湾乘海舶转赴南洋群岛，经营贸易事宜，因此闽南人在南洋渐渐经营而成巨富的也很多。

郑氏既亡，汉族的政治势力虽不能更在台湾托足，但会党势力却从此就由台湾而传布至于南洋。自此以后，南洋华侨的经济势力之发扬滋长，往往和会党发生极密切的关系。因为当时会党中人多数是以明末遗民耆宿为领袖，等到会党势力传到南洋，他们就运用他们的团体的势力和组织的能力，或去自行经营商业，以及其它实业，或去主持保护华侨的一切活动，所以当时华侨在海外经营事业，虽然没有政府保护，但有会党做他们的后盾，仍能保持他们的地位。

---

〔1〕永历帝朱由榔为明代最后一位皇帝，在清朝大军进攻之下，于永历十三年（1659）逃往缅甸。

自隋唐之间，以迄明代中叶，中国僧侣经由南洋往还印度以来，南洋群岛已经逐渐有华侨的足迹。在这千余年间，华侨在南洋的经济生活，仍然是逗留于农业之中。但自欧人东渐，首先往南洋经济开发以来，南洋经济组织大受震动，并且华侨在南洋的经济生活也发生变化。就中尤以英人，于经营印度之余所及于南洋群岛之影响为甚。

原来，在从前，华人之往南洋经营者，以经济的范围为主，至于政治势力，则可谓微乎其微，和欧人在南洋所取得的政权互相比较，尤觉逊色。自欧人群往开发南洋，华人乃与人互相提携，共同合作开发，于是南洋经济制度的发展，就由农村经济转变至城市经济，更由城市经济转变至都会经济。所以在清代中叶，十九世纪上半期之末，南洋的重要城市，如新加坡、旧港、棉兰、巴达维亚、坤甸、马尼拉都发展至于成为极著名的城市了。而华侨之致富者，动辄千数百万，凡关于税务、农业、采矿、划地开港的大权虽握于欧人之手，但多由华人代为承办，当时华侨在南洋所具的商业势力以及一切经济势力是如何伟大，就可想而知了。

华侨在南洋一带之经济势力的发展，在明清之交已经树立有极厚的基础，既已如以上所述，现在要谈鸦片战争以来华侨之海外事业了。自从鸦片战争以后，《南京条约》成立，于是中国数千年来传统的闭关主义至是乃告一个总结束，中国沿海门户就从此洞开，而中国的商业以及其他一切方面都正式入于开关主义的时期了。华人足迹所至，不复仅以南洋为限，有结帮成群往欧洲的，如英国伦敦唐人街至今犹彰彰在人耳目。考其起源，当然是很远的。非洲和中国交通，溯其起源虽早在宋明，但华人大批远航至非者，当然是在白人努力于经营非洲殖民事业的时候。美洲自北美合众国的建设，中南美各国先后成立，而英属加拿大也日渐开发，于是华侨又远播于美洲。自英人于十八世纪末叶殖民澳洲以来，澳洲也有华侨聚居的很多。此外，如俄属亚洲北部、新西兰岛和檀香山群岛也有大批的华侨。统计我国海外的华侨，散居于世界各处的，如今约有一千一百八十三万人之多。兹更就侨务委员会二十八年底统计，附表如左：

1. 北美洲：一九七，三五四人。

美国：七四，九五四人；加拿大：四六，〇〇〇人；墨西哥：二五，〇〇〇人；中美各国：一〇，〇〇〇人；西印度群岛：四一，四〇〇人。

2. 南美洲各国：一五，二九七人。

秘鲁：七，〇三〇人；智利：五〇三人；巴西：八二〇人；阿根廷：六〇〇人；哥伦比亚：四一八人；厄瓜多：八〇〇人；委内瑞拉：二，八二六人；圭亚那：二，三〇〇人。

3．海洋洲：五六，一四六人。

澳大利亚：一五，五〇〇人；新西兰：三，〇〇〇人；檀香山群岛：二七，四九五人；苏瓦岛：一，七五一人；萨摩群岛：三，四〇〇人；法属大溪地：五，〇〇〇人；其他各国：未详。

4．亚洲：八，〇〇九，六〇一人。

日本：一九，八〇一人；台湾：五九，六九二人；朝鲜：七〇，二九〇人；缅甸：一九三，五九四人；安南：三二六，〇〇〇人；泰国：二，五〇〇，〇〇〇人；印度：八，七五〇人；英属马来亚：一，九六〇，七七二人；英属北婆罗洲：六八，〇三四人；荷属东印度：一，三四四，八〇九人；荷属帝力：三，五〇〇人；荷属澳门：一五七，一七五人；香港：九二三，五八四人；亚洲苏联：二五〇，〇〇〇人；麦加：六，一〇〇人；斐律宾：一一〇，五〇〇人；土耳其：七〇〇〇人。

5．欧洲：三三，八八一人。

英国：八〇〇〇人；法国：一七，〇〇〇人；西班牙：三〇人；葡萄牙：一，二〇〇人；荷兰：二，〇一七人；比利时：五五〇人；卢森堡：五二人；德国：一，八〇〇人；波兰：一〇二人；捷克：二五〇人；奥大利：九八人；匈牙利：四九人；瑞士：四九人；罗马尼亚：四人；保加利亚：七人；约果斯拉夫：三七人；瑞典：未详；挪威：九人；丹麦：九〇〇人；苏联：一五〇〇人；芬兰：一一人；波罗的海三国：一二人；意大利：一〇四人。

6．非洲：九，〇六四人。

埃及：六四人；南非联邦：四，〇〇〇人；印度洋各岛：五，〇〇〇人。

总计：八，三二一，三四三人。

我国海外华侨人数究有若干？因各地情形特殊，还没有举行过精确的总调查。惟据驻外各领事的报告，及各居留地政府的统计，如上表所列，可以略知大概。姑不问此项数字能否准确，而海外侨胞对于国家民族之有绝对重要性，则毫无疑问。

二、华侨在海外经济政治的地位与其贡献

这一千余万华侨在海外的经济活动，实具有极伟大的势力，就中尤以南洋一带最占有势力。若远溯及于他们祖先的经营，则当鸦片战争的初期，华侨的经济活动仍以南洋各处为最伟大，其次则为北亚和东洋的华侨势力，至于美澳非三洲华侨的经济活动，在

当时不过仅在萌芽而已。

鸦片战争，中国门户开放以后，华侨之往国外的，可概分为三类：其一，就是预先订有契约的大批劳工团体；其二，就是独立冒险谋利的商人；其三，就是单身出洋谋生的苦力。自海外各殖民地政府取缔贩卖猪仔以来，出洋的团体华工已渐减少。至于后两种的华侨，则自十九世纪以来，人数逐年加增。他们在华侨中通被称为新客。新客和老客及土生华侨的优秀分子，即为现代华侨的富豪阶级，工商业的领袖人物，这种事例，以在南洋各处的华侨经济生活，尤为显著。

先就南洋方面而言，南洋华侨本以糖业、橡胶业和锡矿业为本，大资本家多独立经营，自行转运。资本小的，则以其出品售与批发商人，于是，遂有纯粹的商人阶级，如糖商、树胶商和锡矿商之类。此外，各糖厂、树胶厂和锡矿区中工人日用起居衣食所需，往往亦有专门供给之人，于是饮食店、杂货诸业亦随之而起。又货物运输和商旅往来，从前多用帆船，自欧人利用汽船航行南洋，较为便利，于是华侨更有专营汽船业的。后来因产业发达，生产集中，地小人多，地价增高，房租飞涨。于是华侨遂有专营地产业和房产业的商人。又因货物出产既多，贸易数量既大，赢利余额既巨，汇兑往来既繁，于是华侨更有专营银行业的。至于荷属印度一带，则小本商业全为华侨所独占。此外，他们更为荷兰出入口商人和本地生产消费的中间人。斐律宾华侨的商业势力尤大，除一大部分的批发商业为华侨所经营的以外，全岛零售商业为华侨所经营的占有百分之九十。他们且为东方和西方商人的中间人，地位极为重要。华侨之在日本、朝鲜、西伯利亚者，经营商业的成绩亦很有可观。暹罗全境米业乃为华侨所独占，美国及加拿大的华侨，则有饭业、农业、洗衣业，更有经营中国和美洲的出入口的贸易。由上所述，可知华侨在海外所经营工商业的发展状况与他们所占经济的伟大势力。

但我们于此须得注意，自来华侨在海外活动，无论其范围如何广大，地盘如何扩张，总以经济为最要目的。若论及政治方面，从地位言则以客人自待，而不以主人自居。所以当欧人的势力侵入南洋群岛，华侨因经济制度变动的关系，也颇多乘时崛起，握有各种实权。但始终未尝如欧洲人士之建有强固的殖民政府，俨然以主人翁自居的。至于北亚、东洋和美澳非三洲的华侨，则几乎全以工商为业。在各该侨居的本土之中，绝无政治的地位可言。

华侨在世界各地虽无政治的势力，但有会党势力潜伏其间，隐然为华侨经济活动的后盾。所以中国自门户开放以来，中国政治和军事的弱点既已暴露于全世界，海外华侨虽无政府的充分势力为之保障，往往备受异族的压迫欺侮，但仍能立足海外从事于工商业的经营，大部分是托庇于会党的势力，这也是中华民族精神团结的表现。

这种会党的组织，自来就和中国的政治革命事业互有关系，他们因感于国际间的政治地位之不平等，热望祖国由政府革命以臻于强大，于是捐资输财，以扶助国内政治革命事业的发展。国父之奔走革命，建立共和，曾得海外侨胞的绝大助力，厥后国民革命的进展，北伐的完成，亦在在依赖华侨的拥护与赞助，故国父尝称："华侨为革命之母"，就是这个道理。

海外侨胞对于祖国革命的赞助，数十年来，实已有伟大的成绩。至于经济方面，则因闽粤滨海，水路交通便利，往往得海外风气之先，其民性富有勇敢进取的精神，所以多有冒险远涉重洋，以求发展。但崇拜祖先，爱乡爱国的观念始终不忘，所以即使土生华侨，亦尝自称他的原籍在福建省或广东省。基于这种不忘祖先祖国的习性，于是华侨汇款，每年竟达二万万至四万万元之巨，赖以抵偿我国国际收支不利差额百分之二十五至九十七，全国经济得以维持到了今日，实应归功于海外的侨胞。

自神圣的抗战发动以后，海外侨胞抱爱护祖国的热忱，本敌忾同仇的心理，除以人力财力尽量贡献祖国，增加抗战力量外，复组织回国服务团，弃家背亲，走上战场。更由南洋华侨筹赈总会主席陈嘉庚先生及副主席庄西言先生倡议，组织回国慰劳团。我们以诸公不惮重洋跋涉之苦，奔回烽火中的祖国来，实深致其钦佩之诚。且诸公之归，非仅足以鼓励将士，使之加强杀敌的决心，而海外各地华侨亦可资为观感，面益坚其拥护祖国的意念，故此一事，实具有很大的意义。

我们知道华侨是抗战建国的一支生力军，与祖国是不可分的，他们虽然供献很多，但国家对华侨却未能尽保护之能力，如排华、限制侨胞营业等，政府并未能作有效的对策。我们感侨胞供献之大，亟望国人特别注意"护侨问题"，确立"护侨政策"，使华侨与祖国发生更密切的关系，使华侨在国际间取得政治地位的平等，得从容从事于海外事业的发展，日臻于繁荣之境。同时希望侨胞，本其爱国的热诚，与其个人过去创业的精神，扩大而为国家民族努力，则对于祖国艰巨的抗建事业，必将有更伟大的贡献。

三、我国海军过去与华侨的关系

我们在没有讨论"保护华侨问题"之前，首先要明白海军过去与华侨的关系。中国之有海军，本已有悠久的历史，惟其对于海外事业的发展所发生的关系，其经过时期是很短的。当明代郑和奉命下西洋，中国舰队就有六十二艘，共载士卒二万七千余人，其中更有翻译、书记、会计、医生、铁匠、木匠、舵工、水手等，则其航行的阵容之壮可以想见。至其奉使西洋的时期，则由一四〇五年至一四三三年，共计二十八年，先后共去七次。

据《明史》本传，郑和所经各国为数共三十余，如真腊即柬埔寨、渤尼在婆罗洲岛上；亚鲁南、巫里、那苦儿、黎伐在苏门答腊岛上；榜葛剌、柯枝、古里、大葛兰、小葛兰在印度境内；天方即阿剌伯、溜山为印度洋中群岛，在印度旁；忽鲁谟斯在波斯境内，近波斯湾；木骨都束、竹步在非洲东岸。由这考证，可知郑和所率舰队的航程，已遍历南洋各岛、印度洋、波斯湾，以至非洲东岸。

郑和之下西洋，影响于中国很大。其一，就是南洋华侨的殖民事业，本无国力保护，自易引起异族的歧视排挤，自郑和带了中国舰队，远播中国声威，就无形中得它庇荫不少。这于后来华侨在南洋的商业和一切事业的发展，尤有极深切的关系。其二，就是郑和既开创华人冒险远涉重洋的风气，于是后来闽粤人士必然受其感化，而从事于海外事业的发展。如今华侨足迹遍于世界各处，郑和实有促进的功劳，设想郑和以后，中国继续有派舰出洋之举，或中国航海事业更加发达，则中国海外事业的发展，不但惊人，而海军的建设与进步亦必有相当客观，而华侨之地位的提高更不言而喻。

但自欧亚海洋交通发达之后，在这一时期，中国对外事业的发展，就从此停滞。而横行于中国海及南洋一带的，都是欧洲的探险家与航海家，这便替后来列强分割南洋殖民地，争夺市场，压迫华侨，与对华施行炮舰侵略政策散布了种子。

又因为中国过去社会的经济基础是建筑在农村之上，且地广人稀，无需要向海外寻求殖民地和市场，即与外族往来亦只限于通商的目的，而政府对外的远征也仅求其朝贡。当时政府既没有鼓励人民的航海探险事业，对于已在海外的侨民，也自不感保护的必要。何况在元清时代的政府，还有保持种族的偏见与缺乏远大的眼光呢！为了这种种原因，结果使中国海军不能向前进展，而海外千余万的华侨至今还呻吟于异族压迫之下。

前清政府虽然不注意于保护华侨的问题，但在同治、光绪年间，幸有一般热心爱国的大员，感到欲巩固国防，必须建设海军，如左宗棠、沈葆桢、李鸿章等，确曾经过惨淡经营，才成立了近代式的中国海军基础。在甲午战争之前，亦曾派舰两次，到南洋各处巡视，即在同治十年，船政派严复等十八人，并外学堂学生，乘"建威"练习舰，巡历新加坡、横槟屿各口岸，这为我国海军从郑和下西洋以后之第一次与南洋华侨发生关系。其次，在光绪元年，复派萨镇冰等乘"扬武"练习舰，游历新加坡、小吕宋、槟榔屿各埠，至日本而还。惟这两次我国海军到海外巡视，对于华侨方面还未见到有什么印象。

到了光绪三十三年，北洋派何品璋为队长，率"海容""海筹"两舰，巡视西贡、新加坡各处。西贡在地政府长官，举三事以表有待：不问华侨刑事十日，中国军舰员兵得随处游玩，并为之指引。中所商民来舰参观者日以千计，侨商额手相庆，三江闽粤的侨商分日设谯欢迎。并称："祖国军舰，自从'建威'抵埠后，久无继至者，相隔四十余年，今复重见，极为快事。"我们观这一次中国军舰之巡视南洋，使在地政府不敢轻视，并因以优待华侨，就此可以证明我国若能常川派舰巡视海外华侨所在各地，即可提高华侨在海外的地位，同时又可以使侨胞知道有祖国海军保护的必要。

随后因南洋华侨商会成立，清政府派杨士琦乘"海圻""海容"两舰，由上海出发，巡视斐律宾、西贡、巴达维亚、三宝垄、泗水、日惹、梭罗、汶岛、新加坡、槟榔屿及大小霹雳等埠，海军这次巡视的范围更为广大了。

光绪三十四，萨镇冰请每年派舰游历南洋，宣慰华侨，朝议允行。到了宣统元年二月，商部派王大贞随"海圻""海容"两舰巡视南洋，宣慰华侨。由吴淞出发，过香港，历新加坡、巴达维亚、三宝垄、泗水、巴里、坤甸、日惹、望加锡、西贡等埠，至四月始先后回国。三年一月，复派"海琛"军舰，巡视西贡，并荷属东印度各埠。商部亦派赵从蕃同往慰问华侨。在这数次巡视的范围，只限于南洋方面，至于欧美各处还没有去过。同年三月，程璧光奉命率"海圻"军舰，赴英贺英皇加冕，五月抵英，适遇墨西哥大乱，外侨多被排斥惨杀，驻墨代办公使沈艾孙，请派舰保护，"海圻"顺道过纽约、古巴，抵墨西哥，加意保护华侨。美总统嘉慰备至，绅民侨商，极为欢迎。到了"海圻"回国的时候，国内海军，已协助革命推倒了满清政府，建立中华民国。这次"海圻"巡行欧美，为我国有海军以来的创举。墨西哥之乱，若非"海圻"前往保护，则我在墨华侨将无噍类了。这又可见中国必须有海军，方能谈到保护华侨的问题。华侨若没有祖国海军的保护，那便无法解除他们的痛苦了。

四、保护华侨的问题

华侨在海外缔造事业那样的艰难，侨胞对祖国革命抗战的贡献这样的伟大，我们都已知道了。可是祖国对侨胞的赐与是怎样呢？说到这里，我们必然要想到"保护华侨的问题"。

我们真感觉到而且屡见过，无论哪一个国家要保护它在海外的侨民，都是由它的海军来担负这个责任，尤其是沦为半殖民地的我国沿海、沿江一带，看到这种情形最为明显。非仅各重要港湾让列强海军常川驻泊，而且无论是大小口岸，各处商埠，只要与外人发生了什么事件，它的军舰就会立刻开来，向我们示威，做他们后盾，它的侨民就在它的海军保护之下，在我国享受着特别的待遇和权利。因为军舰不但它本身是一种力量，同时它更代表了整个的国家。它所能到达的地方，就是表示国家能力所及的地方。观各国海军时常派舰慰问他们的侨民，表示政府关怀他们，这就是对所在国的政府，暗示着你们不能虐待我们的侨民。如果他们侨民有被歧视的时候，海军就可以代表国家提出抗议，并做侨民的后援。反观我国，自从前清政府提了海军协款二千余万两建筑颐和园，又以数百万提办朱家山河工，轻视海军建设，加以政治腐败，外交无力，致有甲午之败。民国以来，兵连祸结，海军久处于军阀压迫之下，无从建设。军阀勇于争权夺利，所谓护侨问题，更无人提起。遂让千余万的侨胞被遗弃于海外，过那孤苦忍痛被压迫的生活。

我们记得前海军部长现任海军总司令陈绍宽上将，在抗战之前，已经说过："先要伸张海权，对外贸易才有发达的希望。所以海军不特关系国防，就是抵制帝国主义者经济力的压迫，尤不能不靠海军来做后盾。我们国民，很有在国外经商的，南洋群岛、马来半岛从前不过一块荒芜的岛，瘴疠的地域，我们侨胞具坚决进取的心志，抱忍苦耐劳的精神，垦荒开矿，为异族所难能的。英总督瑞天曾称赞说：'马来半岛得到今日的地位，都是华侨劳力功绩的结果。'在这种情形之下，若是我们国家有强大的海军来保护侨商，我们经济力伸张的程度，怕不远在各国之上么？从前满清政府，不理会侨商，那么不用说了，就是光复以后，政府对于侨胞，也不能实际地来帮助他发展。其实政府并不是不护助侨商，不想扩张国家经济力，都为的没有充分完备的海军，无法可尽保护的责任，而华侨所在地的政府，偏乘着我们海军未强，外交无力的关头，种种凌虐我侨胞，一切苛捐杂税，像人头税、入口税、旅行税……还有对于侨胞所置的商船，勒令注册入籍，挂它国旗，尽量压迫，无所不至。有时候还要惨杀华侨，来施展它的淫威，侨胞呻吟于铁蹄之下，政府又无力为严重的交涉，又没有军舰可以派往保护，所以每况愈下，浸成今日侨胞悲惨的地位。所以随便一个国家，要是没有完备的海军，外交便没有后盾，侨民便陷于孤苦无告的状态，这是极堪注意。"依陈总司令所示，政府若要保护华侨，必须依赖海军的力量。

我们再看我国过去对于"移民问题",也是毫无注意,故无保护的办法。在明末清初的时候,官宪禁止中外人来往,若查获秘密航海的人,便严加处罚。所以当时斐律宾、东印度发生虐杀中国人的事情,中国政府完全不管。至一八六〇年,在北平与英国订了条约,才认定中国移民的权利。后来中国陆续派了公使及领事,前往各国保护华侨。但是事实上还是受彼国人的压迫,经济的、社会的待遇都有差别,或遭暴徒袭击,或被在地政府限制,精神上、物质上所受损失,不可胜数。最近如荷属东印度之禁止华侨学校教授三民主义,抗战后大批在泰国侨胞之被驱逐回国。这都是由于我国没有海军做外交的后盾,没有实际力量来保护华侨的结果。

慨自"七七"事变以后,敌寇肆其侵略的野心,我国乃遭空前的国难!幸由我政府领袖决定抗战国策,领导于上,全国同胞并力挣扎奋斗,拥护于下,海陆空军将士浴血于前线,爱国民众尝卧于后方。海外侨胞爰本"有钱出钱,有力出力"之旨,尽其保护祖国的责任,故抗战三年以来,已渐奠定民族复兴的基础。目前敌人的泥足虽陷于中国深渊,但敌人犹乘欧洲大战,积极进行南进政策,先欲觊觎荷属东印度,现又欲垂涎法属越南,敌之侵略野心,非仅要灭亡了中国,还要更进而霸占我侨胞所生聚的南洋。所以今后如果我们再不注意到"护侨问题",恐怕海外将不复有我侨胞立足之地了!

我们研究国父《国防十年计划书》中,将"保护海外各地华侨之意见书"列于计划大纲第十九条,可知,国父的救国计划,已甚注意于"护侨问题"。又该计划的大纲第二十二条为"发展海军建设计划",五十八条为"我国之海军建舰计划",五十九条为"训练不败之海陆空军计划"。这是国父于注意护侨问题之外,同时又计划到"海军的建设"。因为要护侨,即须建设海军,要建设海军,才能解决护侨的问题。

为了今后中国的经济与国防,为了海外千余万侨胞的衣食住行与生存,保护华侨的问题,以不容许我们再忽视了。因为保护华侨的职责只有"海军"才能担负起来,所以我们对于新中国海军的建设问题也当时时刻刻放在心头!

五、促进海军的建设

抗战业已三载,建国亦正迈进,我全国上下,精神团结,戮力奋斗,海外同胞对于祖国艰巨的抗战事业,已有伟大的贡献,固无待言。然而过去侨胞在海外饱受痛苦教训之余，今后当知所以善处自救之道。所谓善处自救之道，我侨胞必须以自卫的决心，促进祖国海军的建设。

现当抗战期间，祖国没有实力保护华侨，而且中国沿海一带都被日寇海军封锁，即欲建设舰队以作护侨之用，目前实无可能。但这种情势，岂能让其延长下去。除非中国自愿为欧洲的瑞士、卢森堡、捷克、奥匈等国；美洲的巴拉圭；亚洲的阿富汗、不丹、尼泊尔，这些无海口的国家，则海军在中国已成为废物，建设海军亦成为废话，甚至到了我们子孙后代，只知有天地，更不知海洋为何物。恐怕那时海外的侨胞，已与祖国完全隔绝，其所处地位，反不如今日亡国之犹太民族，尚能活动于世界各处。这非我们故作惊人之言，因为在世界上欲建立一个完全独立富强的国家，必须有通海之路，或有海洋环绕其旁，故滨海的国家必须有海防，必须建设有海军。我们抗战的最后目的，必当尽驱敌人于国境之外，必须恢复我们所有的海权与海上的自由，得与我海外侨胞发生更密切的联系。否则，战局延长，敌国濒危，吾亦不振，则前途熟利熟害，不可逆料。故国内同胞和海外侨胞，对于当时时局，当头认清，而后不致贻误。

现在我国沿海一带，虽被敌人封锁，我们不能立即建设海军，但建设海军非如空军、陆军之易举，必须在抗战时间，早为准备，促进其成。凡海军的"心理建设"、"人才建设"和"物质建设"，在在都须积极进行。

所谓"海军的心理建设"，即须在这抗战期间，彻底纠正过去的"优空弃海"或"舍海从陆"的偏狭谬误心理，便人人充分认识在这有二千八百浬海疆、千余万侨胞的中国，海军实站在国防的最前线，具有极大的价值，必须建设起来。中国抗战，必须恢复我国所有的海权与海上的自由，而后才可以说到最后的胜利。

所谓"海军的人才建设"，因建设海军，非一蹴可成，必须经过相当的时间，培育训练足资担任制造、航海、轮机、航空、枪炮、鱼雷、水雷、无线电、医务和其他各种专门技术的人才，实为建设海军的先决条件，可须在抗战期中，大批训练出来，图于抗战结束之后，新海军建立之时，即可应用，不致有临渴掘井之感。

所谓"海军的物质建设"，更须于抗战期中，先行着手，凡炼钢厂、造械厂、造炮厂、造弹厂、鱼雷厂、水雷厂、电料厂、机器厂、锅炉厂、飞机厂……和其他的国防工业，务使在政府与华侨资力经营之下，与祖国海军机关，海军技术人才，共同筹划，通力合作。既可为抗战建国充实力量，又可为建设新海军奠定基础，对侨胞本身，尤有莫大的利益。

我们在这抗战期中，不独要促进海军之心理建设、人才建设和物质建设，同时还要努力于打破一切足以阻碍促进海军建设的反宣传，使新海军的建设得以顺利进行。

我们犹忆民国十八年十一月十三日，胡文虎[1]先生邀请新加坡吾侨闻人及各报记者，在其新落成住宅中，欢迎国民政府特派赴英学习海军员生，在席间致词，略谓："我国积弱之由，虽非一端，然海军之不振作，影响亦至重大。因我国海岸线甚长，国民往海外谋生者亦甚众，非有实力充足之海军，作国家之长城，处处均感困难。……深望各位努力求学，潜心研究，将来将所得之真实学问，为国效力，使我国久无生气之海军，放一光明之异彩，是则不特政府之企望，海外华侨尤所切盼。"胡先生虽寥寥数语，已将海军与国家及华侨的关系，华侨没有海军保护所感的困难，海外侨胞对于未来中国海军建设的切盼，都溢于言表。胡先生生长海外，是华侨有数的领袖，对于海军的重要固知之甚稔，希望他能乘此抗战期间，对侨胞广为宣传，号召侨胞尽量吸集资本，回国经营海军的建设事业。或募捐积蓄大量资金，供献政府海军机关，备作准备建设新海军与护侨舰队之用。

这次侨胞领袖陈嘉庚、庄西言诸先生，率回国慰劳团，慰问前方将士之任务亦将完毕，不久即将南旋。我们希望于其劳军之余，将国内沿海、沿江被封锁的情形，与中国海军抗战的战绩，转告海外各属侨胞，更与海外各属吾侨领袖，作密切的联络，组织一海军建设协会，或其他足以促进中国海军建设的组织，则对于祖国新海军建设当更有伟大的贡献。

吾侨应观察世界各国保护侨民，无不赖强大海军，今我祖国没有海军足以保护华侨，政府在抗战期中也没有巨量财力以资建设海军，所以我千余万侨胞，欲谋自决自救，必当以自己的财力与自卫的决心，促进祖国海军的建设。这种办法，为今日护侨的惟一政策，实无迟疑的余地，必当积极促其进行。如能努力经营，必功可操券，且在抗战建国期间，陆续建设海军基础，复势有可能。待我国抗战胜利建国成功之日，则我新海军可乘时一跃，出侨胞于水深火热之地，登吾侨于自由平等之域。

---

〔1〕胡文虎（1882—1954），祖籍福建龙岩，出生于缅甸仰光，是著名的华侨企业家、慈善家。

"九·二三"与甲午之战[1]

(1940 年 9 月)

一、引 言

我们在"九·二三"战役以后进展中的中日战争时，来研究四十五年前的甲午战争（一八九四年七月至一八九五年四月）不仅有很大的历史意义，而且给我们很大的教训。

中国革命，在甲午年的中日战争中诞生，而其建国工作，将在这次的中日战争中完成。中国海军在甲午年已显出勇敢抗战的精神，而其建军工作复在"九·二三"之役奠定了基础，这两次的中日战争，在中国现代史上与中国海军史上实占着非常重要的地位。尤其是"九·二三"之役我海军以精神战胜日本，更是中国海军复兴的关头。

我们今日正遭逢着抗战建国复兴海军的大时代，因追溯"九·二三"之役，不能不数到甲午战争。甲午战争，我们虽遭挫折，但我们仍继续奋斗；"九·二三"战后我们正迈步走向胜利之门，但我们并不因而轻忽了历史教训的价值。自过去的挫折中，我们反而由比较而更坚定今后必胜的信心，力求洗雪甲午的耻辱与完成建设新海军的大业。

二、甲午与"九·二三"战役的原因

（一）甲午战争的原因

日本在一八五八年明治维新以前是一个农业的封建国家，也曾受过欧美资本主义国

---

〔1〕此文发表于《海校校刊》。

家的压迫。如在一八五三年美国的舰队在海军上将皮列[1]统率之下，曾经炮击日本的海口，要求与日本通商。当时日本的锁国政策终敌不过欧美资本主义势力的侵入。自明治维新至甲午战争的前夜（一八九三年），日本因效法欧美，使它走上资本帝国主义发展的道路。它不仅国内在政治上统一起来，并且，近代的海陆军也开始建立起来了。它因为资本主义已有相当的发展，同时因本国资源的缺乏，国内市场的狭小，就使它不能不向外争取市场和殖民地。

日本向外争取市场和殖民地，选择哪一个方向呢？向东发展么？是遇着太平洋东岸新兴富强的美国；向北发展么？北方气候寒冷，物产亦欠丰富，并且已被军事强盛的帝俄所占；向南发展么？南方气候适宜，物产也很丰富，然而已被当时资本主义的列强英、法、西等国所侵占。它欲向这三方面发展都是很困难的。它惟一发展的方向，只有向西方亚洲大陆上，因为亚洲大陆上物产丰富，人口众多，气候适宜，恰恰又是老大的落后的满清帝国。因此，日本自明治维新以后，就确定了大陆政策，以中国为它的侵略的对象，甲午战争就是在日本向外侵略的基础上爆发的。

日本帝国主义的向外侵略，首先是企图并吞我国藩属的朝鲜，甲午战争的爆发，就是从朝鲜的内争为导火线。当时朝鲜在远东的地位，是非常重要，不仅为中日两国所必争，且为各帝国主义所垂涎。因为朝鲜半岛是由亚洲大陆突向日本，介于日本海与黄海之间。谁能侵占朝鲜，即能威胁日本控制日本海和中国海，使日本与中国分离，而控制华北向太平洋的出口。日本既早已决定采取侵略中国的政策，自不能不先发制人，故乘一八九四年东学党之乱，出兵朝鲜，强迫它屈服，而与中国政府脱离关系，同时以海陆军向中国进攻，因此就引起甲午中日的战争。

（二）"九·二三"战役的原因

从甲午战争以后，日本帝国主义已决定要吞并中国，这在一九一五年的二十一条约中已完全暴露。后来因资本主义的稳定，受到了华府会议九国公约的阻碍，到田中奏折，更提出所谓积极的大陆政策。但日本于一九二九年世界经济恐慌之后，因国内经济危机之加深，与国内矛盾之增长，想在进攻中来解决本身的危机。又因为中国本身的弱点，中国内部的分裂与中国海防的薄弱，更引起日本积极进攻中国的野心，这是第二次中日战争的内在原因。

---

〔1〕即美国东印度舰队司令马休·佩里。

"九·一八"事变，日寇抢占我东北四省后，仍继续向南进迫，欲完全占领我华北以为其实施大陆政策的根据地。民国二十五年，敌以外交方式提出共同防共与华北特殊化等无理要求，迫我承认，当经我政府严词拒绝，彼以计不得售，复见我国防建逐次实施，全国政权趋统一，乃进一步施展武力侵占手段，以遂其占领华北而统治我全国的迷梦，这是此次中日战争的远因。

一九三七年七月七日卢沟桥事变，是日寇对中国新的大规模的武装进攻，就是更进一步的实现田中奏折早已批定的完全灭亡中国，准备占领越南、印度、斐律宾、南洋群岛、澳洲，以及进行反苏联、美国和英国的大战，这是此次中日战争的近因。

以上所述的中日战因，是与"九·二三"战役有连带的关系，故要先说出来。现在所说的，即是"九·二三"之役是从何产生。自卢沟桥事变发生后，敌即在我全国各地启衅，尤其对于经济中心之上海蓄意挑衅。它进攻上海的主要目的，为求在上海取得强固的军事经济地位，以便一方面巩固在东三省及华北既得的胜利，另一方面作为封锁我国沿海继续向中国全部长江流域进攻的准备。当"八·一三"东战场的抗战序幕快要揭开前的三十六小时，我们集中首都待命的军舰，在陈部长领导之下，于夜色苍茫中向下游疾驶，这就是甲午战争以后我国海军对外的第一次动员。十小时后，江阴江面突现出我国军舰的雄姿，不久就执行着最高统帅的命令，封锁长江，保卫要塞，建立了那一道万里长江的锁钥——江阴封锁线。

日寇自从江阴封锁线在我海军手中树立之后，它欲利用优势的海军溯江而上，进犯首都，断绝我南北岸交通，迫我作城下之盟，实现它的速战速决的战略已不可能。同时它的海军又无勇气向我守卫江阴的舰队一决胜负。它以为我们空军有限，江阴的防空设备薄弱，于是完全采取了空攻策略，希图用最低廉的代价，最经济的时间，来一鼓消灭我们的舰队，以求打破我们的封锁线，这就是"九·二三"战役所由发生的原因。

三、甲午与"九·二三"战前之我国政治与外交

（一）甲午战前之我国政治与外交

在甲午战争以前，中国已经是三次对外战争失败后的国家。（鸦片战争、英法联军之战和中法战争）中国已走上半殖民地的道路，不仅失去了藩属如越南、缅甸等，只余

了一个朝鲜；并且本国经济上及政治上之独立及领土之完整，尚且不能自保。当时中国境内各民族，虽然就对内民族关系来说：当时满族是统治的压迫民族，汉族和其他少数民族是被统治的被压迫民族了；然而，就对外的民族关系来说：当时中国境内各民族都已变成半殖民地的被压迫民族。

太平天国革命本可推翻满清专制的封建的腐败的政治，但因在帝国主义直接压迫之下，遭受了严重的失败。因此，国内专制封建的势力，不仅没有被推翻，并且因革命的失败，国内政治益趋向于反动。所以当时中国的政治状况是落在新兴资本帝国主义的日本之后。

清末的政治舞台上，与日本问题发生关系的主要角色，同时又为"自强"运动的主动人物要算李鸿章。李鸿章的自强事业，具体说来，有以下诸种。关于军事的：练洋枪队洋炮队，设立兵工厂，办新式海军；关于交通而附带有军事和经济目的：设立造船厂，创办招商轮船局，筑电线，修铁路；关于经济的：开矿和办纱厂；关于教育的：办军事学校和方言馆，派学生出洋。以上的事业，有些是曾国藩和李鸿章共同主办的，有些是李鸿章一人办的，最初的动机是军事的，始终军事方面是偏重的，至于民主主义和民族主义，他是不曾认识过，所以他吸收机器，尤其是军事的机器，当作他的终身大事业和国家当时的急务。又因为他的智识和所处的环境，使他作事的动机大半是对外的，是要一反鸦片战争以后中外不平等的局势的。他救中国全盘的计划是以自强为体，外交为用。可惜自强功夫未到相当程度以前，他想用外交来弥缝，所以他一生的精力一半用在外交上。

李鸿章外交的主张，始终以为中国应以对日为中心，故在同治元年，日本方起始维新的时候，李氏就以为大可怕。然他的看法，以为日本之患尚急于西方诸国，西方诸国的向外发展不限于中国；中国以外尚有非洲、近东和中亚；日本要向外发展只能向中国，且西方诸国彼时所垂涎中国的土地，如俄于新疆，英于缅甸，法于越南，皆非根本重要之地。日本于朝鲜则不然：中韩唇齿相依，失朝鲜，则东三省难保，直隶、山东也受影响。所以在光绪初年筹议海防经费时候，他主张暂弃新疆，以便集中财力于海军，因左宗棠的反对，他的计划没有实行。光绪八、九、十年中法争越南的时候，他又主张中国不要积极，他的理由就是中国不能兼顾朝鲜与越南，不如失越南而保朝鲜。故李鸿章以保朝鲜为他的外交的中心，这并（是）毫无疑问的。

李氏又以为日本对中国的贪求无厌，中国是不能消极地拒之于千里之外，便可苟安了局。何况事实上，连如此消极办法，也不见得行得通。故当同治九年，日本要求与我订商约时，鸿章上奏，即有"日本近在肘腋，永为中土之患，……距中国近而西国远，笼络之或为我用，拒绝之则必为我仇"的话。如此一个外交中心政策之确立，关系是非常重大的：正如普法战后，德国为防法国之报复，而联络奥意，和巴黎和约后，法国为防德国之报复，而联络小协约诸国一样。可惜中国外交史上，能有以此远大见地的政策为根基而运用者太少。东西应付，劳而无成。"九·一八"而后，情势始又复逼到我们不得不承认一个日本中心的外交政策了。

（二）"九·二三"战前的我国政治与外交

自甲午战后，至于前次欧战结束之时，再经过华府会议之后，远东的形势转入了一个新阶段。日本在那时虽然在中国本土上已有了相当的政治和经济上的基础，但同时中国政治方面，亦已进展到推翻满清帝制的民族解放运动。因之日本的对华侵略手段不能不转变。在那时期中，日本侵略中国的策略，不仅是限于勾结中国封建势力和利用中国军阀的拨动内战，更重要的目标，便是在尽量设法破坏中国民族革命运动的进展与破坏中国统一运动，在这种情形之下，日本的侵略势力，遂与中国的革命势力发生了直接的接触，因此就在一九三一年的"九·一八"在我东北发动大规模的武力侵略，当时我国军队未曾抵抗，希冀事态不继续扩大，以致在军事上步步退让，把这件案子的解决，完全付托于国际联盟。

"九一八"以后，日本帝国主义者以更大的规模与更毒辣的手段，向中国进行其无理的压迫和侵略。这使得中国人民和将士到了无可忍受的地步，因而爆发了上海和长城的抗战，激起了全国各地的反日浪潮。然以当时中国方面因政治机构仍未臻完善，国内尚未至于完全统一，国联亦无以实力制裁的处置，因是对日外交，仍然抱着忍受屈辱的态度，使这些抗战的浪潮只换得了《淞沪协定》、《塘沽协定》和《何梅协定》这一类的屈辱条件，民族的生存已临到了极度的危机。

然而，中国这种忍辱终究是有限度的，自一九三五年西南问题的和平解决，继之一九三六年划时代底西安事变的解决，使中国政治上跑上了和平统一的大道，进而各党各派的团结，全民族抗日统一战线的完成，终于发动了这次伟大的对日抗战。

蒋委员长自三中全会以来所发表的言论和谈话，都是表示他的图谋和平统一来团结人民力量的努力，抵抗暴日为民族求生存的决心，"八·一三"以来，他更领导着全国军队和人民发动了神圣的民族解放的战争。我海军亦于"八·一三"前夕奉命封锁江阴，担任我政治的、军事的、文化的中心首都南京的前卫。

在外交方面，于"九·一八"事变后，我虽极力委曲求全，而中日关系，日益紧张，因之在卢沟桥事变前我之外交方针，即本于（领土主权及行政之完整绝不容许破坏）为交涉原则。抗战后，我政府经郑重考虑，昭告世界人士，和平已到绝望时期，牺牲已到最后关头，不得不策动全国人民作全面的抗战。二十七年四月临时全国代表大会通过抗战建国纲领，决定外交五大原则，大意是："本独立自主精神，联合世界上同情于我之国家与民族，为世界之和平与正义，共同奋斗，尽力维护国际和平机构及保障国际和平公约。联合一切反侵略势力，以制止敌人侵略，并否认敌人在我领土以武力造成一切伪政治组织与其行为，盖求增进世界各国现存友谊，以扩大对我同情。"综合言之，即"对内求自力，对外求共存"。自是以后，我国外交的政策均系秉此纲要进行了。

四、甲午与"九·二三"战争的性质

（一）甲午中日战争的性质

我们既已知道甲午与因抗战而产生"九·二三"战役的原因与当时我国政治与外交的状况，我们再来研究这两次战争的性质。

首先就是甲午战争的性质来说：在日本方面是进行了掠夺性的强占殖民地和争取中国海权的侵略战争，它在战前已吞并了琉球，后来又企图征服台湾及朝鲜。到了甲午战争，它作战的目的，不仅要把朝鲜变成自己的殖民地，并且，把台湾和辽东半岛变成了日本的殖民地，变作进攻东北、华北及华南之军事根据地。因此，当我国海陆军已退出朝鲜领土和领海以后，它还不停止战争，而继续向我旅顺及威海卫进攻。根据以上事实，因此，我们可以断定在甲午战争中，日本是进行了掠夺性的强占殖民地和争取中国海权的侵略战争。

在中国方面：中国不是资本主义的国家，不是同日本为重新分配殖民地而进行战争，而是由于中国经济的落后，满清政府的腐败不堪，海陆国防没有准备，引起了日本争夺我国黄海、渤海的控制权与渡洋向大陆发展的野心，引起了日本把朝鲜作进攻中国的桥梁。当时中国作战的目的，不是要保持朝鲜的存在，以威胁日本的独立和生存，中国主张是不干涉朝鲜内政和双方撤兵以保朝鲜为中日的缓冲区域。根据以上事实，我们认为，不能说中国也像日本进行了掠夺性的侵略战争。不过当时满清专制政府它的对外政策是出卖民族和国家利益，对内政策是排挤其他民族和压迫一切进步的民主力量，因此，当时中国还没有，也不能发动和开展像"九·二三"以后所进行的真正革命的民族解放战争。

（二）"九·二三"中日战争的性质

现在再就因抗战而产生"九·二三"的战争性质来说：在日本方面，从甲午战胜我国之后，割去台湾、澎湖，灭了朝鲜；世界大战时候，出兵强占山东，提出二十一条约；"五·三"占领济南，"九·一八"侵占东三省，"一·二八"炮击上海，长城战争、夺取热河，以及成立"满洲伪国"、伪冀察政府、伪蒙古自治军政府、卢沟桥事变、"八·一三"进攻上海，一直到了"九·二三"之后，是它一贯的进行大陆侵略的政策，其最终目的即为占领中国的领土，控制中国的领海夷全部中国版图为日本的殖民地，把全部中国海为日本的内海。根据以上事实，我们认为自"八·一三"以至"九·二三"以后，日本所进行的战争，不过是继续了以前掠夺性的强占殖民地的侵略战争，与甲午对我战争的性质，毫无二致。因为在我国革命建国工作将告完成，海军建设正在进行的今日，它便也不得不对我施展出最狰狞的面目与手段，而作最后的困斗，以致造成这次更重要、更伟大的中日战争来。

在中国方面，对日抗战的性质，与甲午对日战争时的性质完全不同。我们只看从西安事变与国民党三中全会之后，中国革命的形势已进入一个新阶段。这个新阶段的任务就是停止内战，巩固全国和平，树立民治基础与实现对日抗战。

由于卢沟桥事变，日寇侵略中国新阶段的开始，中华民族更处在亡国的前面。由于"八·一三"日寇突然向上海进攻，日本进攻全中国的战争，又大步的发展，国民政府于"八·一四"发表宣言，于是全面抗战就开始了。由于海军当局，实行抗战的准备，为保卫我们首都南京，于"八·一三"才完成举世闻名之"江阴封锁线"，而江阴要塞及较有战斗力之军舰，如"平海""宁海""逸仙""应瑞"等为第一线巩卫。自"八·一三"以迄首都沦陷，敌舰均不敢窥我江阴，由水路以直逼我首都，因此我舰队之巩卫江阴，遂遭敌人之忌，而其海军又不敢上溯与我决战。日寇除非先灭我们舰队与破坏我封锁线，它欲进犯我首都与向我长江上游进攻是不可能的，故以其顽暴之空军，屡次轰炸我舰队，终于发生"九·二三"我海军对敌空军的抗战。

因为中国的民族危机的紧急，使中国人民处在亡国灭种的大祸的前面，除了我们全体海军总动员参加抗战，尽量发挥我海军本身的力量，去进行坚决的反对日本帝国主义的英勇斗争外，别无其他方法可以挽救中华民族的危机。

根据以上事实，因此我们认为因"八·一三"抗战而产生"九·二三"的敌我空海大战，它的性质，是中国抗日民族的自卫战争，是为我中国被压迫民族的解放战争，是洗雪我甲午海军耻辱的战争，是为重新建设中国的海军的战争。

五、甲午与"九·二三"战争敌我军力之比较

（一）甲午战争敌我的军力

日本自明治维新后，即致力于近代的海陆军的建设。由一八七三年就已开始征兵制，在战前已有数万常备军。至于海军在战前共有五十五艘，约共六万一千吨，但可参加作战者，仅有二十一艘，总吨数约五万七千余吨。而参加黄海主力战之敌舰，计十二艘，共三万九千四百八十七顿，即敌酋伊东统率之主力舰队："松岛"（旗舰）"严岛""桥立""千代田""比睿""扶桑""赤城"；敌酋坪井指挥之第一游击队："吉野"（旗舰）"浪速""高千穗""秋津洲"；敌酋桦山所乘之"西京丸"。其第二游击队："武藏""葛城""天龙""高雄""大和"以下诸舰，则不与此战。

在甲午战前，我国陆军约有八十万人，内分旗营、绿营、湘军及淮军四部分，训练、武备等在当时极落后，谈不上近代国防军的标准。至于海军在战前比于三次对外战争时不同，已建立起近代的海军。合计新旧大小各舰有八十艘，总吨数达十余万吨，计分闽、粤、南北洋四舰队。闽队自甲申败后，几全军覆没，后归并于南洋舰队。粤队系省舰，故当时海军实际上仅有南北洋两队，而南洋舰队，多系江南造船局及福州船政局所造，无战斗力可言。但实际参加作战者，仅北洋的舰队。北洋舰队共二十六艘，而颇有战斗力者，只"定远""镇远""来远""经远""致远""靖远""济远""扬威""超勇"九艘。当时南洋舰队遭来之军舰，有"广甲""广乙""广丙"三艘，系船政局自造的小炮舰。此外如"镇海""湄云""海镜""威远""平远""泰安""镇东""镇安""镇南""镇北""镇中""镇边"各舰，均陈旧不堪作战。而参加黄海主力战之舰队，除上述颇具有战斗力之九艘及南洋之"广甲"一艘，共计十艘外，至于"平远""广丙"及雷艇二艘，虽亦参战，但实力极为薄弱，故当时海军实力只有三万一千三百四十五吨，兹将甲午丰岛海战与黄海海战之中日两国海军实力比较表分列于下：

丰岛海战中日海军实力比较表

国别	舰名	排水量（吨）	速力（浬）	备炮	雷管	装甲	建造年
中国海军	济远	二，三五五	一二.五	八吋炮三门，六吋炮一门		无	光绪十年
	广乙	一，〇〇〇	一〇	四吋七炮三门，六斤火炮四门		无	光绪十六年
	操江	九五〇	九	一六斤钢炮二门，一三斤钢炮一门		无	同治八年
日本海军	吉野	四，一五〇	二三	六吋炮四门，四吋七炮八门，三磅炮二二门	五	钢板二吋	光绪十六年
	浪速	三，七〇〇	一五	十吋炮二门，六吋炮六门，六磅炮二门	四	钢板三吋	光绪十一年
	秋津洲	二，二〇〇	一九	六吋炮四门，四吋七炮六门，三磅炮十门	四	钢板三吋	光绪十八年

黄海海战中日海军实力比较表

国别	舰名	排水量（吨）	速力（浬）	备炮	雷管	装甲	建造年
中国海军（总吨数三二三四五吨）	定远	七，四三〇	一二	十二吋炮四门，六吋炮二门	三	护甲一四吋，炮塔一八吋	光绪十一年
	镇远	七，四三〇	一二	同上	三	同上	同上
	来远	二，八五〇	一〇	八吋炮三门，六吋炮二门		护甲九.五吋，炮塔八吋	同上
	经远	二，八五〇	一〇	八吋炮二门，六吋炮二门		同上	同上
	济远	二，三五五	一二.五	八吋炮三门，六吋炮一门		无	光绪十年
	靖远	二，三〇〇	一四	八吋炮二炮三门，六吋炮二门		无	光绪十一年
	致远	二，三〇〇	一五	八吋炮三门，六吋炮二门		无	同上
	超勇	一，三五〇	六	十吋二炮二门，四吋七炮四门		无	光绪五年
	扬威	一，三五〇	六	同上		无	同上
	广甲	一，二九〇	一〇.五	四吋七炮三门		无	光绪十三年

（续表）

国别	舰名	排水量（吨）	速力（浬）	备炮	雷管	装甲	建造年
日本海军（总吨数三九四八七吨）	吉野	四，一五〇	二三	六吋炮四门，四吋七炮八门，三磅炮二二门	五	钢板二吋	光绪十六年
	浪速	三，七〇〇	一五	十吋炮二门，六吋炮六门，六磅炮二门	四	钢板三吋	光绪十一年
	高千穗	三，七〇〇	一五	同上	四	同上	同上
	秋津洲	三，一五〇	一九	六吋炮四门，四吋七炮六门，三磅炮十门	四	钢板三吋	光绪十八年
	松岛	四，二七八	一五	十二吋八炮一门，四吋七炮十一门，六磅炮一门	六	护甲十二吋，钢板二吋	光绪十五年
	严岛	四，二七八	一五	同上	六	同上	同上
	桥立	四，二七八	一五	同上	六	同上	同上
	千代田	二，四五〇	一九	四吋七炮十门，三磅炮十四门	三	同上	光绪十六年
	比睿	二，二五〇	一三	六吋六炮三门，六吋炮六门	二	护甲四.五吋	光绪四年，光绪廿年改造
	扶桑	三，七一八	一三	九吋四炮四门，六吋炮十门		护甲七吋，炮塔九吋	光绪三年，光绪十九年改造
	赤城	六二三	一二	四吋七炮一门		钢	光绪十四年
	西京丸	四，一〇〇	一五	一二厘快炮一门		铁骨木皮	

　　敌军攻威海卫时，"赤城"与"西京丸"已代以"大和"与"八重山"。"大和"排水量一，七七八吨，速力一五浬，装六吋快炮四门，四吋七快炮几门，建于我光绪一四年。"八重山"一，六〇五吨，速力二〇浬，装四吋七快炮三门，机关炮六门，雷管二门，建于我光绪一五年。

　　依照上述，中日海军力的比较在数量来说，在战前我国海军与日本海军相差不远；就质量来说，则中国海军实落于日本。如我速力最高者一五浬，最低者为六浬，敌方速力最高者为二二浬，低者为一二浬，即敌方速力两倍于我，故得任意选择射程，控制我方舰队。我以速力低小，不易转变战阵，对敌争取优势。其次论攻击力方面，我方炮械均属旧式，而敌方则多新式快炮；至炮备之比量，我方计五八门，敌方则有二一九门，相差一六一门。一般不明甲午战争真相，总以为我方射击技术恶劣，弹多虚发，若根据敌方文献，我射击命中率，实远超于敌方。至于我方的防御力，亦甚薄弱，仅有钢甲舰四艘，其余均系木质，或铁质没有护甲，且多逾龄之舰，质尤不佳，故中弹即易着火。敌方多系钢质新舰，故防御力较强。

自卢沟桥事变起，"九·二三"之役的前后，我国抗战经过，可分两个时期：在第一期又分三个阶段，自抗战起至退出南京止为第一阶段，此后至徐州会战完结止为第二阶段，再至武汉会战完结止为第三阶段。在各阶段中，先后消耗敌军共七十万人。

当第一期抗战之际，即近在"九·二三"之前后，敌军使用的陆军在第一阶段为二十五个师团，第二阶段增至二十九个师团，第三阶段又增至三十三个师团。当时每一度增兵，即加强一度攻势能力。迨转于第二期抗战以后，去今两年，各阶段中平均为三十五个师团，其总兵力均比武汉会战时为多，但其作战状况，则比"九·二三"前后任何阶段为恶劣，由此可知，敌军的战斗实力，确已显著衰减，今后必日即于困顿崩溃之一途。

我国陆军在"九·二三"抗战之前，全兵额不过二百万人，"九·二三"之役以至现在，作战兵额则增至五百万人，而后方还有数百万正在训练的新兵，不但可永久以保持数量上的优势，而各部队的质量，亦概已提高，愈战愈强，敌人若以为握有优越兵种如优势空军及机械化部队等，即可战胜中国，是真不识中国军队的特长，及中国战场的特性，其结果必遭大败。

自"八·一三"淞沪战事爆发后，日本即以其优势空军对我海陆军压迫，"九·二三"之役，最为猛烈。当时敌空军的前线轰炸机有五百多架可同时应用于第一线，驱逐机有三百架，侦察及运输机有八十架，陆上攻击机有一百架，可以应用于中国战场。

至于日本的海上各种飞机约有一千架。其用于中国战场上的海军航空力量，共有航空母舰三艘，水上机母舰三艘，及特别海军航空队三队，指挥官为少野少将，设司令部于"神威"舰上。至于分配情形，以长江下游及沿海一带为主，计在长江口外的为"龙骧"号，配有重轰炸机四十架，又"凤翔"号配有重轰炸机三三架；在杭州湾方面为"苍龙"号，配有军用机四十架；在海州海面的为"千岁"号，配的水上机十六架；在广东海面的为"能登吕"号，配有轻轰炸机十二架，"神威"号配有轻轰炸机十六架；还有分布于粤海占据各小岛的，有海军航空队二队，一队配有远航的轰炸机二十四架，一队配有驱逐机十二架。至于第三航空队，则驻于上海敌机场内，配有远航的轰炸机二十四架。

中国的空军，在"九·二三"之际，集合所有的飞机，尚不及敌方前线机三分之一，且机种不一，型式老旧。当时对于保有制空权的空中战斗，或对友军有利的地上攻击，均无把握可言。在性质上，数量上，站在中国战场上言，敌我空军实力为七比一，优势敌军故能活用其空军以适合其理想的战略。

敌空军既明知其优势，故以绝对的自由任意压迫我军为其一贯的手段，乃以轰炸消灭我军的作战能力，威胁我民族的抗战意识，以达其速战速决的目的。故其战略，首为歼灭我海军，其次的空军，再其次为毁灭我方的作战要素与战斗潜力，终以歼灭并威胁我一切有形兵力而实施之。故"八·一三"开始形成战争后，即继之屡次轰炸我舰队，而以"九·二三"一日用七十架以上大编队，轮流轰炸我守卫江阴封锁线和捍卫我首都水上最前线的舰队最为残酷！

甲午战后，上自政府下至民众，对于海防的自信心，完全破灭，初因军事之挫败而妄自菲薄，以为"海不能防"，因此在这长期时期中养成了全国上下漠视海军的心理，对于国防需要的海军与敌国海军的政策都不了解。民国以后，内乱不止，政客、军阀更从中破坏海军的统一，建设海军更无希望，仅能保持积弱的力量。北伐告成，国民政府成立，始有复兴海军之议，然以国家多难，海军建设，经费毫无，更因缓不济急，而集全力于陆军之整建，空军之创造，而海军仅存的力量，在抗战之前，反不如甲午战的实力。至于敌国的海军力则远胜于甲午战时，约超过二十倍强。民国二十六年夏间，正图自卫海军的建造，而"七·七"卢沟桥事变突然发生，日寇挟其优势军力，先于华北发动战事，继而"八·一三"进攻淞沪，我海军亦奋起而抗战，因此海军建设的计划遂搁置未行。兹将"九·二三"战前敌我海军实力比较如左：

舰种 国别	战斗舰	航空母舰	巡洋舰	驱逐舰	炮舰	潜水艇	鱼雷艇	特务舰	备考
中国	无	无	六	一	二一	无	四	二一	共五三艘， 四〇六三六吨
日本	一〇	一一	三七	一九〇	一〇	六二	一二	五一	共三〇二艘[1]， 一二七四一七吨

敌我舰队的势力相差很远，敌国的海军力若论它的吨数约三十一倍强于我，而我的舰队多半是逾龄旧舰，仅能作填塞封锁之用，而无战斗能力。表中所列巡洋舰系轻巡洋

---

〔1〕应为"三八三艘"。

舰，只"平海""宁海""逸仙"等堪以作战；驱逐舰惟"建康"一艘只有三百九十吨，已逾舰龄。至于炮舰最大的不过一千吨，最小的只有三四百吨，平时仅为抚缉巡防海岸内河之用，自不能作战。鱼雷艇四艘各九十六吨，民国前五年所造，都是逾龄不堪一用。实际上全军的舰队堪与敌作战的，仅有"平海""宁海""应瑞""逸仙"四艘，共九千〇六十三吨，还比不上日寇一艘万吨巡洋舰。就是说敌国海军的实力已有我一百四十五倍强，以这样不及万吨的海军力，自然是被敌人轻视了。

六、甲午与"九·二三"战争的发展过程

（一）甲午之战

甲午战争整个发展的过程总共不到一年，可分两个作战时期：（一八九四年七月至九月）第一期作战在朝鲜领土内及海内。我国陆军有成欢与平壤两个较大的战役，我国海军则有七月二十五日牙山港附近丰岛的海战与九月十七日在鸭绿江口外黄海的海战。第二期作战在我国领土及领海以内（一八九四年九月至一八九五年四月），我国陆军有奉东战役和辽东战役，我国海军则有保卫旅顺和保卫威海卫两次的战役。本篇注意叙述当时我国海军的抗战，对于陆军作战仅附带说明而已。

丰岛的海战

当中日关系紧张，两国尚未正式宣战以前，在朝鲜陆军实已开火，而清廷尚存恋和之心，不欲舰队出港先发制人争取主动的地位。当时海战场所，原在威海卫东方洋面和鸭绿江一带，而李鸿章却令主力舰队巡弋于海洋岛，仅留小舰艇守于刘公岛，使日舰得先控制了黄海而立于主动的地位，故未待海战发生，中国海军在战略上实已处于劣势的境地。况且一误于满清政府之无意备战决战，再误于李鸿章之不识战略，延误戎机，当时军政军令海军均无自主之权，故虽勇敢作战，壮烈牺牲，终亦无法挽救危局。

当日军占据韩宫之日，丰岛事件未发生之前，李鸿章为着援助在朝鲜牙山中国驻军叶志超部，七月二十一日乃派"济远"舰长方伯谦带"济远""威远""广乙"三舰，护送"爱仁""飞鲸"运兵往牙山，并往大同江一带巡弋。二十二日出发，二十三日抵牙山，二十四日起卸兵勇、军装、马匹、粮食等，二十五日拂晓，"济远""广乙"因为迎接运送船而出航，至于丰岛遇见日舰"吉野"（旗舰）"浪速"及"秋津洲"三舰，因此，发生了遭遇战。日方先开炮，击中了中国旗舰"济远"号，死十三人，受伤四十余人；

日方"浪速"亦受伤，后来"济远"以舰首炮被毁，前炮台积尸已满，惟船尾炮尚能转动，乃伪悬白旗诱敌，待"吉野"逼近，突发尾炮中其望台，歼其员兵二十七人，敌舰受诱中弹而退，"济远"亦以舵机受伤，开回威海卫。

两国海军正在海战时，在西南方忽见烟起，我国军舰"操江"号护送怡和商船"高升"又至，"高升"载华军九百五十人，日舰"秋津洲"、"浪速"在后尾追。中日海军再战的结果，"操江"被掳于"秋津洲"，"高升"号被击沉于"浪速"，由英法德三国军舰救出中国员兵二五二人，其余三分之二以上的员兵都壮烈牺牲了。"广乙"虽小，仍乘间以鱼雷袭击，向敌舰冲突，不幸中敌受创，搁浅于十八岛（加哇林湾朝鲜西岸）被毁于"浪速"鱼雷。在中日尚未正式宣战以前，"高升"运兵船即被击沉，既使牙山驻军处于孤军无援的苦境，又在战争之初，在精神上即与我国海陆军以打击。

这次中国海军初次与敌接触，我方三舰，以"济远"为主力舰，"广乙"次之，至于"操江"则为同治年间本国自制旧式的木船，无力应战，敌方三舰，全为钢甲新舰，既有新式快炮，复有高度速率，此次作战，实际上与敌周旋者，仅"济远"一艘，两方战斗实力造成三与一之比。倘非方伯谦能够临机应变，力攻智诱，则"济远"非被掳即为敌舰击沉。

当"济远"没有出发之先，原议三舰同行，再由海军提督丁汝昌率大队策应，丁已电告行期，并称遇敌必战，但李鸿章犹日望欧美干涉，和平了事，不欲开展，覆电缓行。当时如有大队策应，既可掩护"高升"，复可救援"济远"，则丰岛之战，日舰必败无疑。

黄海的海战

丰岛海战后，在朝鲜海的海权，完全为日本所有，敌海军屡欲诱我出威海卫一战，而不能得。敌舰队司令长官伊东佑亨，决于九月十五日自鸭绿江口大东沟一带起，出发游弋，如不能遇见中国舰队，即径令入渤海湾，期必乘衅一战。

当中国海军受挫于丰岛，同时在牙山的华军，在成欢驿又吃了败战，退守平壤，九月十五日日军又占平壤，原来清廷以在朝鲜陆军求援急迫，十四日由李鸿章派招商局"新裕""图南""镇东""利运"及"海定"五船，载铭军八营，由大沽赴大东沟增援，以军舰六艘、雷艇四艘护送。十五日过大连，又命丁汝昌率主力舰队偕行。十六日抵大东沟，"镇中"、"镇南"及雷艇四艘护送兵船入口，"平远""广丙"在口外下锚，"定远"（旗舰）"镇远""经远""来远""济远""致远""靖远""广甲""超勇""扬威"十舰在口外十二浬下碇。"定远"为司令舰，丁汝昌及德员汉纳根、英员泰来、管带刘步蟾均在其上。九月十七日晨，我国舰队，准备午刻起碇，驶回大连、旅顺。十时，舰集鹿岛附近，见日舰十二艘自西南向西北行驶，向中国海军来攻。日舰"吉野"（旗舰）"高千穗""秋津洲""浪速"为游击队当先锋；以"松岛"（旗舰）"严岛""千代田""桥立""扶桑""比睿""赤城""西京丸"为主力队，随游击队之后，两队皆成单鱼贯阵迎面而来。我方舰队列成两翼单雁行阵，以"扬威""超勇""靖远"为右翼，"济远""广甲""致远"为左翼，"来远""镇远""定远""经远"为中军，鼓浪迎敌。相距六千码，"定远"首先开炮，各舰继之。于是两方开始接触，时为午后〇时十分。

下午一时十分，战事转入第二局。敌舰向我正面驶过，距离已缩短约三千码，敌舰陆续转左八点。当时敌阵颇有被我冲断模样，惟以我方舰队速力过差，未及变换阵形，与敌以重大打击。反因敌舰变换方向，使我各舰自相掩蔽目标，仅左翼各舰炮火尚能集中敌尾数舰。"扶桑""赤城"均受重创，"比睿"惧为我舰所撞，仓皇误转方向，迎面驶来，因亦受创甚重。"西京丸"忙中乱窜，藉其高速，向狭安然冲过，当时我军颇占优势。

下午一时三十分，"平远""广丙"率两鱼雷艇，从北驶来，加入作战。敌游击队，忽转向，来攻"平远"一队，其地位为其主力队后四舰所蔽，不能向我大队攻击。但我军碍于速力，不能乘机集中向敌主力队炮击。而敌游击队与我"平远"稍稍接触，即以高速向右作十六点之锐转，反趋我队之前。敌主力队则转左十六点，绕我队之后。平广等原拟蹑踪其主力队，以分解其力，无如速度不及，炮火不济，无力作战。而我主力队遂处被包围形势，敌乃用旋击法对我猛攻，"致远"为敌前锋队十吋炮弹所中，舰长邓世昌毅然命令鼓轮向敌舰冲锋，嗣为敌方鱼雷中伤要害，遂即沉没。邓舰长及大副陈金揆以次员兵三百五十人均以身殉舰，其中德籍轮机官柏弗斯亦在内。

"经远"随"致远"驶出，舰长林永升，奋勇督战，遥见"浪速"中我八吋炮弹，弹从水线上穿入煤舱，船身已倾，乃鼓轮前进，欲击沉之，敌前锋队余舰遂向之环攻，"经远"船身破碎，林永升舰长中弹脑裂。大副陈策、李连芬，二副韩锦、陈京莹，枪炮官陈思照暨全体员兵二百七十人均阵亡。

"济远"中弹颇多，舵机损坏，不能旋转，大炮发弹过多，炮盘受热熔蚀，且被敌舰截在阵外，其舰长方伯谦，从在舰之德籍官员之议，认难继续作战，先行驶回旅顺。二副杨建浴、学生王宗墀阵亡，舰员计死七人，伤十余人。后方伯谦被控临阵逃走，因而伏法。第照实在情形，其罪未至临阵逃走，然以我海军当时军令森严，各舰长有进无退，即虽方伯谦一时处理失当，亦难免身受国法。

"广甲"原与"济远"同时被敌圈出阵外，"济远"一去，势实孤单，随"济远"回驶，因船机告坏，在大连湾附近之三山岛，触礁沉没。

我军左翼遂而分解，右翼方面，在战斗之初，"超勇""扬威"二舰，均中弹发火，全部焚毁，"超勇"舰长黄建勋、"扬威"舰长林履中落水，或抛长绳援之，推不就，遂与舰及舰员同亡。

"来远"受弹累百，船尾发火，延及小弹子舱，烟火四射，机舱热度达二百度，而人员尚能开机动作，故外人深叹在此情形而能工作者惟中国人。大副张哲荣、枪炮官谢葆璋等，策励士兵救火，渐熄复归队作战，结果员兵死者计十余人。

盖敌人计划先去我左右翼，然后集中对付我中军。下午五时三十分，敌见我左右受创殆尽，乃改用夹击法，攻我中军。"定远"为我海军提督丁汝昌之旗舰，故为敌方所注意。丁汝昌亲立望台指挥，发炮时，因坐台适在炮位之上，为炮力震塌，丁汝昌左足夹于铁木之中，受伤不能行，衣服被烧，眩晕垂绝，由水兵扶掖下舱医治，敌弹忽至，毙扶者；又一弹中桅，桅折，在桅盘司瞭望之官员史寿箴等七人下坠。英员戴乐尔在炮位督放，为洪声所震，耳聋。德员哈卜门受伤下舱医治，英员尼格路士继之助战，并在舰首竭力救火，中弹阵亡。

丁督既受伤不能督战，管带刘步蟾、副管带李鼎新乃代为指挥。枪炮官沈寿堃、徐振鹏督战尤勇，炮击敌"松岛"旗舰，其舱面各炮尽毁，药舱爆炸，死伤百余人，离队百余人，敌总司令伊东急改乘"桥立"，复为我炮弹所中，惜未爆炸。"千代田"亦为我十二吋炮击伤，创近水线，设稍低尺许，则当毁沉。"严岛"亦受创，雷舱机房均被毁，惜各弹均未爆发。"定远"死伤员兵十七人。

"镇远"管带林泰曾，立于舰桥自若，一意护着"定远"继续奋斗。副官带杨用霖、枪炮官曹嘉祥、美员马吉芬，忠勇奋发，开炮极多，其巧发一弹命中日舰"松岛"，爆裂，破坏其大部舰炮，各员兵救火亦极迅速。计发六吋炮弹一四八颗，小炮弹发放尽罄。舱面受伤极重，三副池兆滨中弹阵亡，血肉飞坠。大副何品璋，血被全身，督战不动。员兵死伤者，计十五人。

"靖远"随军酣战，中弹数十处，前后三次发火，幸均扑灭，死员兵五人。适"定远"旗舰桅折，不能发号施令，全队罔知所措，帮带刘冠雄，请从权措置，以应机宜。于是管带叶祖珪乃悬旗督率余舰，变阵绕攻敌舰，并令港内诸舰出口助战。

日舰受伤亦重，见围攻我"定远"不下，而"来远"、"靖远"又修竣归队，阵势散而复聚，雷艇亦加入作战。其时敌方弹已殆尽，且天候向晚，惧我雷艇暗袭，不敢恋战，即向西南飞驶而遁。我军以速力不及，不能尾追，遂收队回旅顺，黄海一场恶战就此结束，时已下午六时二十分。

双方海战的结果，计我方损失"致远""经远""超勇""扬威"等四舰。重伤不能作战者，"济远"一艘；触礁沉没者，"广甲"一艘。"定远""镇远""来远""靖远"随仍能作战，伤颇不轻，计"定远"中三百弹，"镇远"中四百弹，"来远"中百余弹，"靖远"中数十弹。我方人员，除与舰俱亡外，死员兵三十六人，伤八十八人。

敌旗舰"松岛"中我十二吋炮弹，十吋二炮弹及十吋炮弹各一枚。伤其雷舱、药舱、机舱及炮械，毙其员兵三十五人伤七十六人。

"千代田"中十二吋炮弹一枚，"浪速"中八吋二炮弹一枚伤其煤舱。"严岛"中弹多枚，伤其雷舱、机舱。"桥立"中六吋炮弹一枚，"比睿"中十二吋炮弹一枚，小炮弹无数，舰几碎毁，毙其军医官及员兵多人。"西京丸"中十二吋炮弹五枚、四吋七炮弹七枚，毁其餐室、舵机，伤其员兵十二人。"赤城"中十二吋炮弹一枚，毁其驾驶台，毙其舰长，并伤副长以下多人；六吋炮二枚，伤其炮台及舱面，机间气管、弹药起重机亦为我所毁。"扶桑"中我六吋炮弹多枚。

我们检讨这次海战我方损失较大，其原因虽不只一端，而我方多系逾龄之舰，既无坚固的护甲，又无新式的快炮，且速率远逊敌舰，实为重大的原因。然而这次海军的奋战，比较当时远征诸军，壮烈百倍。所谓黄海海战正如二十年后遮德兰的英德海战一般，并非战斗的结局，嗣以清军之腐败，使旅顺、威海卫的陆上要塞先陷于敌，这才造成舰队的不守。

参与黄海海战之我国指挥官

舰名	职名	官名	人员
	北洋水师提督		丁汝昌
定远	管带	总兵（少将）	刘步蟾
镇远	同上	总兵（少将）	林泰曾
经远	同上	副将（上校）	林永升
来远	同上	副将（上校）	邱宝仁
致远	同上	副将（上校）	邓世昌
靖远	同上	副将（上校）	叶祖珪
济远	同上	副将（上校）	方伯谦

舰名	职名	官名	人员
平远	同上	都司（上尉）	李和
超勇	同上	参将（中校）	黄建勋
扬威	同上	参将（中校）	林履中
广甲	同上	守备（中尉）	吴敬荣
广丙	同上	游击（少校）	林国祥
福龙	同上	都司（上尉）	蔡廷幹
左队一号	同上		未详
右队一号	同上	守备（中尉）	李仕元

保卫旅顺之战

我国海军自大东沟战后，一部分军舰回威海卫，另一部分军舰则由丁汝昌带回旅顺修理，以备再战。

旅顺军港号称天险，已有相当的建筑，港口满布水雷，各炮台计有大炮一百五十尊，均经十余年经营，费数千万金。战事起后，复多所修整。旅顺与威海卫，扼守渤海南北，其关系京畿守卫至大。

当日本海军退回朝鲜，预备再战，它的陆军则渡过鸭绿江。辽东守将宋庆屡战皆败。九连城、安东、宽甸、凤凰城、岫岩依次失陷，宋庆只好退守摩天岭。当时敌之海军见我旅顺口海面守卫之严，不敢从海口进犯，乃改变它的战略，不走正面，而以陆军自貔子窝登陆，先陷金州及大连，从后面来包围旅顺。日军于一八九四年十一月二十二日攻下旅顺。在日军入旅顺前，丁汝昌和旅顺炮台统领龚照玙商议：以旅顺险要，且为海军根据地，必得有力军队坚守后路，而后炮台可保，舰队进战退守乃有所据，应请陆营驻扎金州，以备拒敌。龚照玙等对此提议，相顾惊愕，莫敢发言。丁再建议：自守后路，请其守卫炮台，亦游移不决。最后议与共守旅顺，不分畛域亦可，并以情况电李鸿章。到日军在貔子窝登陆时，龚照玙已逃烟台，其余陆军将领均早已弃大连而逃之夭夭了。于是旅顺港防遂空，李鸿章知旅顺已成绝地，必难保守，乃急令丁率舰队回防威海卫。

敌军入旅顺之次日，大举屠杀市民，无分妇女儿童，除留三十六人掩埋尸首外，其余一无幸免，当时世界舆论，斥敌为野兽。第三者的义愤可感，我们自身斑斑殷红的血债尤永不能忘！

保卫威海卫之战

日本陆军既占我辽东，又攻下旅顺，乃在辽东改取守势，而集中海陆军，夹攻我威海卫，以求夺取渤海南北门户，完全在其控制之下，海军得以自由纵横渤海，进袭大沽，掩护陆军，以进行从关外而内及自山东而北上，攻我京师北京。李鸿章先见及此，即主增防山东，奈清廷不听，防备竟疏，深觉可惜！

威海卫北岸有北山嘴、祭祀台、黄泥岩各炮台；南岸有龙庙嘴、鹿角嘴、赵北嘴各炮台，统归戴宗骞所部；西南岸各炮台又归刘超佩分管。威海卫正面有刘公岛及日岛为屏障，刘公岛东有一座炮台，西北有一座暗炮台；岛西之黄岛有一座炮台，岛南之日岛又有一座暗炮台属于张文宣管辖。刘公岛的东西两口均密布水雷，而东口更以横木为栏，浮布于雷区之后，以为障碍。至于后路，则东西两岸均可通到内地。这是威海卫的形势与其防御工事的大概。

日军攻威海卫是采声西击东的战略，于一八九五年一月十八日，以兵舰三艘佯攻威海卫之西方重镇登州。华军竟以全力注意于西北，日本却以主力攻下威海卫之东方重镇荣成湾，于二十日在落凤港登陆，荣成失守。二十三日又在离威海卫东一百里之成山头登陆，日军自背面来攻威海卫，正面却只有日舰二十五艘，在港外包围封锁。当时丁汝昌曾主张在危急情形之下，而放弃南岸各炮台时，应实行破坏的工作，守将戴宗骞不允；又拟将龙庙嘴、鹿角嘴两座炮台的炮门卸去，免留资敌，戴亦不以为然，反密电李鸿章，谓丁汝昌有通敌的嫌疑，真是愚蠢到极点。此时丁汝昌只得派雷艇装载敢死队在台前严备敌人的来攻。

当时，日酋伊东致书丁汝昌，劝他以全军舰船权降，以图他日回国报恩，丁不为动，将其来书寄与李鸿章，以表其诚心。

一月二十六日，日军由南岸水陆并进，直逼威海卫之西，我陆军已先期退却，海军遂不得不兼护炮台了。丁汝昌急令"靖远"率两炮舰并雷艇向敌迎击，又调水兵六百名随后策应，日军始退。三十日，日军又由南岸抄出，先得龙庙嘴炮台，鹿角嘴、赵北嘴两炮台，由我海军派王登云率敢死队前往焚毁，于是南岸各炮台尽入敌手。戴宗骞知炮台资敌罪不在赦，愧悔自尽。三十一日，北岸各炮台的守兵，见南台之失，亦皆逃散。时丁汝昌尚率舰守港内，知威海卫情况已危急万分，又虑北炮台一旦落于敌手，全军必至覆没。乃于二月一日，轰毁北岸炮械及弹药库，免失于敌手，至是威海卫陆路完全陷落。

日军既占据了龙庙嘴炮台，遂合其海陆军，夹击刘公岛及我舰队，我海军乃渡海敢死队，袭击各炮台敌军，击死敌兵十余人，并夺两日旗回来，敌锋稍敛。

二月二日起，连日敌以军舰二十余艘，合南岸炮台，并力攻我刘公岛舰队与炮台。当时我方在港舰队，计有："定远""镇远""来远""济远""靖远""威远""平远"七艘，"海镜""湄云""泰安"及"镇"字等炮舰九艘，雷艇五艘，大小共二十一艘。敌方主力队，计有巨型巡洋舰"松岛"（旗舰）"严岛""桥立""千代田"四艘；第一游击队为"吉野""浪速""高千穗""秋津洲"四艘；第二游击队为"扶桑"等四艘；第三游击队为小型巡洋舰五艘；第四游击队为"赤城"等五艘；第一鱼雷艇队六艘；第三鱼雷艇队四艘，并有武装运舰四艘。

四日至五日夜，敌以鱼雷艇数艘，企图破坏日岛附近的封锁线，以第一鱼雷艇队佯攻西口，对东口则以第二、第三两队进袭。其二艇入口搁浅，其余八艇风雪黑暗之夜，冲入港口。一艇因避我炮火搁浅，二艇互撞受伤退离，三艇放雷未中即仓皇退出，其余二艇放雷中我"定远"舰，"定远"伤重，尚能驶搁浅沙充水上炮台继续作战。然我方亦击沉敌艇一艘，并掳其一艘。计此役敌方死伤数十人，我方无死伤。"定远"沉没后，丁汝昌移驻"靖远"为旗舰。

五日至六日夜，敌以第一艇队分路来袭，不幸我"来远""威远"及"湄云"三舰中雷沉没。六日上午，敌以鱼雷艇守西口，其舰队则会合两岸炮台向我刘公岛、日岛及舰队进攻。我军奋勇进击，敌舰"松岛""严岛""秋津洲"均中弹重伤。当时我鱼雷艇队从西口冲出，拟抄袭敌舰后路，不幸为敌所觉，被其追击，结果我方雷艇或沉或毁或搁浅，得突围者仅两艘。当时日岛炮台亦为敌所毁，东口遂失重要的保障了。

当时威海卫已十分危急，军心散乱，适有绥巩军教习德员瑞乃尔，进见丁汝昌，劝其让敌，以保生灵，丁拒绝不许，谓："非计穷援绝，必以死守至船没人尽而后已。"

八日上午，敌复以第一、二、三游击队，配合南岸炮台，向我舰队集中射击，我亦与以还弹，不幸"靖远"中弹沉没，丁汝昌经人抢救上岸，大呼"天使我不得阵亡。"九日晨，敌酋伊东命第三游击队与南岸炮台同时向刘公岛东炮台攻击，又派"吉野"率第二游击队向我舰队攻击，我舰队奋勇应战，敌人受创极重。第三舰队中，有一舰的望台为我所毁，毙死其舰长及舰员四人，伤其轮机员等五人。一舰亦受重创，各炮尽毁，毙其舰长以下数人，南炮台亦为我所毁。这次我海军以孤军奋勇抗战，已令敌望风折服，然此为最后一战，忠勇的中国海军已弹尽力竭了。

依二月五日的战况，威海卫保卫战实已绝望，我海军所以不欲弃守者，最后还希望力守待援。当时清廷方命山东巡抚李秉衡克日来援，丁汝昌以援兵不日可到，水陆夹攻，当可解危。十一日，敌以陆海军夹击，刘公岛内陆军溃乱不可制止。十二日得烟台密报，知李秉衡不援威海卫，已走莱州，援兵亦无望，时海军仅守刘公岛，军需渐尽；岸上陆军已失威海，而援兵又绝，军民更乱。丁汝昌见粮尽援绝，乃作书给李鸿章："谓始意舰沉人尽而后已，奈众心愤乱，无可如何！"又望阙叩头告力尽，慷慨仰药，十二日天未明即死，我国丧失了一员勇将。"定远"管带北洋海军左翼[1]总兵刘步蟾吞金自尽；"镇远"管带护理北洋海军右翼[2]总兵杨用霖口衔手枪自杀，守台的护军统领副将张文宣亦同时殉难。此时军民闻丁已死，聚集于水陆营务处，环请总办牛昶晒用德员前策，借用丁汝昌名义，致书敌酋伊东，以威海卫一带军需品让与，以保生灵。威海卫遂于一八九五年二月十二日陷于敌手，于是清廷经营了二十年的北洋海军就此完全为抗日战争而作壮烈牺牲了。我国黄海、渤海的海权也从此被日本帝国主义侵夺，不要说当时抗日的海军将士们的奋勇抗战与壮烈牺牲，至今追想这一战的痛史，痛定思痛，还有余痛呢！

日寇既占旅顺、威海卫之后，声言北犯，同时又分兵占我渤海各处，且想割据台湾，清廷到此，只得忍辱求和，先派张荫桓议和，敌人不纳，乃派李鸿章，与伊藤博文会议于马关。中国除承认朝鲜为独立国外，又割让辽东半岛、台湾及澎湖群岛，赔军费二万万两。唯是这《马关条约》的割让辽东半岛，却和帝俄的利害发生了冲突，是要阻碍帝俄由海参崴向太平洋南下的政策。因此它就联合德法强迫日本还我辽东，中国再增赔款三千万，这是甲午战争最后的结果（一八九五年十一月八日）。

（二）"九·二三"之役

我们已经研究了甲午战争整个的过程，现在再来研究这次中日战争中的"九·二三"江阴江面的敌我海空大战。甲午之役是我国海陆军与敌方海陆军作战，这一次战役可是不同了，单是以我弱小的海军与优势的敌空军剧战。也是中国有海军以来对帝国主义侵略的国家作第三次的抗战，又是甲午战后我海军对日寇首次的抗战。而"九·二三"战役，不过是这一次中日战争中我海军对日抗战的开端，又是我海军在抗战许多战役最壮烈的一天，对于中国整个长期抗战中有很大的关系，同时对于中国海军整建前途更有很大的

---

〔1〕应为"右翼"。
〔2〕应为"左翼"。

影响。因此，我们将把这一次战役的经过，作简单的报导，至其详细情况，则不再文下。

我海军在战前的实力虽极薄弱，对日寇虽处于极不利的地位，然敌忾之心未偿稍懈。从抗战开始到了现在，竭其人力物力，以保卫长江和势力所及的沿海海岸。而长江保卫战的战绩、战果，均出一般意料之外，敌舰队不能溯江锐进，与其陆军协同实施其迂回的战略，不能不归功于"九·二三"前后海军英勇抗战的结果。

我海军因实力有限，在抗战初期，只能作守势的防御，抱实干苦干硬干的宗旨，以长江为活动的范围，基于精神战胜物资（质）的革命观点，致力于抗战的伟业，于自省自立之后，以期能于经验中辟将来作战所循的新途径，促日寇的早日崩溃。"九·二三"之役就是首次实行我们海军的抗战政策，与发扬我们以精神战胜物质的战斗意志。

"九·二三"之前的"八·一三"淞沪保卫战，已表现海军将士的心血与精神。同时我海军于"八·一三"前夕，为保卫首都的部署，乃以逾龄旧舰和征用的商船、民船，作紧急封锁，沉于江阴窄狭江面，而以江阴要塞及较有力的军舰，如"平海"、"宁海"、"逸仙"、"应瑞"等舰，为第一线巩卫，于"八·一三"完成此举世闻名的"江阴封锁线"。自"八·一三"以迄首都沦陷，敌舰均不敢窥我江阴，由水路而直逼我首都。因此，我舰队之巩卫江阴，遂遭敌人之忌，而其海军又不敢上溯长江与我海军决战，遂又以其顽暴的空军，屡次轰炸我舰队。而"九·二三"那一天，约用七十架以上的大编队轮流猛炸我"平海""宁海"两舰，因弹竭，装甲薄弱，致被炸舰底破裂，舰体渗漏，无坞修理，以至沉没。其他各舰，亦受损，且大部无从修理，而失却战斗力。这一场恶战的结果敌人至少有五架的飞机被击落，九架的飞机被击伤，另外还消耗了一百颗以上的重量炸弹。而我们经过这一次的忠勇血战，除官兵略有伤亡之外，而江阴封锁线仍屹立不动。在舰上的炮械均设法卸移岸上改编为炮队，协助陆军作战，或保卫江岸，继续发挥威力，以结束这一幕光荣的战绩。

这最后的"九·二三"江阴战役，以我们合计不到一万吨的老旧脆弱的军舰，抗拒暴敌七十余架的空军大队，在世界海空大战史上实开创前未有的记录，尤其是在战略上或战术上，此役的战绩，无疑的应占了海军光荣抗战史的第一页。

这短短四十天的江阴防守战，就协同陆军的意义上说，我们曾消弭了敌人利用优势海军溯江上犯首都的野心，曾阻遏了东战场作战部队的侧面威胁，因而粉碎了敌人速战速决的企图，达到了初期消耗战的最高目的。就海军本身说，由于大小各役尝试的成功，和铁血的教训，全体官兵们更加振发了同仇敌忾的精神，坚定了抗战必胜的信念。

"九·二三"以后，我们整个海军的工作是随着抗战的局面一天天的展开，我们海军军人却不断的在挥写着忠勇杀敌的抗战史实，并不限于"九·二三"的江阴防守战。"九·二三"战前我国领海是被封锁了，"九·二三"后，我们的主力舰是被毁灭了，然而这并不能决定了我们海军的最后命运。

当"九·二三"战前我们舰队守卫江阴，因为敌舰不敢进犯，遂定一计划，欲由封锁线辟一航道，遣我国最新锐的"平海""宁海"及"逸仙"三舰，乘夜以灭灯航行冲往长江口，袭击敌舰，以消耗敌舰队力量。这种计划虽经海军最高当局审定，方定于"九·二二"执行这个任务，惟敌机于那一天已先来轰炸我们舰队，"平""宁"两舰受伤，计划遂延期执行。熟意"九·二三"那一天，敌机大编队袭击，而"平""宁"两舰不幸被炸沉没，这个计划遂成为理想了。

"九·二二"战役，海军仍照既定抗战的原则，继续其杀敌效果，防御大江的任务。初期的封锁策略，既有成就。至于第二期为配合全面的军事行动起见，亦由被动转而争取主动，一方虽以相当军力防敌海军攻我战都，一方则以机动兵力于敌后活跃，这是"九·二三"以后从而发扬海军的攻击精神。

今日抗战转入反攻阶段，我海军的任务，其重要及其艰难程度，更千百倍于"九·二三"之时，我们应配合抗战的需求，从事于反攻的准备，虽以受制于物质与器材的缺乏，然恃其力行的决心，革命的勇气，旺盛的攻击精神，执行既定的封锁政策，与担任江防外，更需配合陆上游击队，加紧施行敌后水上交通的破坏战。最近布雷游击队组织的加强与其成绩的表现，可知现在我国的海军已逐步脱离守势防御的范畴，而转采攻势的动作，这是"九·二三"以后抗战期中海军的一大转捩。

现在总反攻的前夕，各部军事行动告已布署就绪，而海军于此期中，实有极重大的责任。

敌人由海上侵入，我们必须击之出我国的领江、领海，中国幅员广大，海岸线曲长，没有绝大海军实不足以言国防，故于抗战建国期中，亟应力图补救，亡羊补牢，犹未为晚！

七、结　论

（一）甲午失败的原因与其影响

甲午战争致败的原因，有客观的和主观的两种原因。就当时历史的客观条件来说：

敌是新起的资本帝国主义的强国，我是半殖民地的封建的落后的弱国。因为中国在闭关时代为农业自给经济的国家，在民族经济的组织里面，并没有含有向外侵略的质素，同时国民经济的客观条件，也无一足以支持强大的海军军备之产生。只要打开李鸿章的私人函牍，我们便可以看出当时建设海军的一种张罗应急的神情。中国海军之产生，在其过程中早就种下先天不足的虚弱之源了。中法战争的结束，闽队几全歼灭，朝野悚栗之余，反而种下"海军不足恃"的一个牢不可破的观念。然而，我国之所以失败，除了客观原因外，还有主观的原因，有如下述：

第一，当时我国的政府是腐败的黑暗的满清专制政府，一般居在要位的士大夫阶级，不明列强形势，倭寇野心，对于海军建设，屡加阻挠。如一八七二年（同治十一年）内阁学士米晋疏称："制造轮船，糜费多而成船少，请饬暂行停止。"经沈葆桢、李鸿章复奏："力陈当日船政缔造艰难，揆以列强形势，造船培才，万不可缓。"得旨从之。（一八七八年光绪四年）沈葆桢奏定各省协款，每年解南北洋各二百万两，专储为筹办海军之用，须计在十年内成立南洋、北洋、粤洋三大舰队。沈李两公，还恐缓不及事，请以四百万两尽解北洋，等待北洋成军后，再解南洋。于是筹议多购碰快船、铁甲舰及各种蚊子炮船，以期编练。不幸清廷不识世界大势，惑于群小的话，竟改变当初的计划，提海军筹定之款，以济晋省的饥荒。沈葆桢致书李鸿章力争，谓："国家安危所系，葆桢老病，不及见矣！异日大难必为我公之悔。"又南洋调集之款数百万，亦为江督提办朱家山河工。尤其是把原有建立海军的国防用费二千万两之多，被佞臣献媚，移作慈禧太后建筑颐和园。所以自一八八八年起海军未曾新购一只军舰，而敌方则竭力经营，计园工完成之日，敌方已有新式军舰多艘建成编队了。

一八八五年，醇亲王下谕李鸿章，设法节省将不能海战之船，酌量裁撤停驶。李鸿章痛陈："西国水师用费较多，实非陆军可比。北洋水师非不力求撙节，无如'康济'、'威远'乃练习学生水手之用，终年在海外巡防。'海镜'等船，乃转运饷械，及分守朝鲜各口之用，均万不可少。其余鱼雷艇之类，亦为海军备战而设，须日日操练，精益求精，不能裁撤。西国水师定章，战舰之外，必另有运饷械、练水手、通文报之船。诚以战舰转为冲锋破敌，不可无他船以供其用。即学堂及军械、煤、药等厂库，皆战舰之根本所系，事实相连，理无偏废。现将大小各船，通盘细算，实属无可裁撤。名为北洋精练水师一支，仅三舰有饷可指，而此外水师根本辅佐各项，均无款筹办，事事苟简，虽巧妇不能为无米之炊，鸿章束手无策，实不敢当此重任。来示仅仅准给三舰薪饷，此间文武将弁，一闻此信，惊惶无措，不啻婴儿之失哺，必至诸事废弛，不能复军。'超勇'等四船，分防朝鲜要口，当该国危疑之际，岂可因饷缺罢防，诸如此类，皆不能中止之势。明年确需数目，务求概允，如数筹给，鸿章方敢勉任其事。"观此，则知清廷对外和海军建设的计划，是反覆无常，瞬息千变，真是可叹！

又当时御史朱一新，条陈海军折件，谓："闽粤宜添水陆学堂，永停出洋肄业。"李鸿章对此大加痛驳，谓："派遣出洋学艺，同治年间，曾文正首倡斯论，欲使西人长技，中国皆能谙悉，然后可图自强。同治十二年，沈文肃葆桢，在船政任内，奉命遣学生分赴英法，深究其造船驶船之方，推陈出新，制胜之能。曾沈二公，皆阅历老成，谋国深远，所见岂在朱一新之下。盖海军精奥，非赴其学院船厂，及大兵船随班课习，不能深造。近年自西洋学成回国者，制造驾驶，间有心得，尚若技十得五，才不敷用。今欲扩充海军，添造船炮，而先停其出洋肄业之途，必致有船无人可用，因噎废食，断无是理。陆军学生，本无庸出洋，水师则西人绝技，我国素无，须先在学堂，课以测算，再遣出洋，精习数年，乃冀有成。诚以水师之术，较陆军精妙万万也。夫海防根本，首在育才，天下各国皆然。日本蕞尔小邦，岁遣聪颖子弟数百人，分赴西国学艺，近来水师整顿，颇与西人抗衡。中国欲求自强，而自封其途，诚陋儒一孔之见。"

一八九一年，户部奏议以南北洋购买外洋枪炮、船只、机器，暂停两年，即将所省价银解部充饷。海军右翼总兵刘步蟾，屡向提督丁汝昌力陈："我国海军战斗力远逊日本，添舰制炮，不容少缓。"丁汝昌据以上陈。秋间李鸿章奏请："北洋畿辅，环带大洋，近年创办海军，防务尤重。北洋现有新旧大小船只共二十五艘，奏定海军章程，声明俟库款稍充，仍当续购多只，方能成队。而限于饷力，大愿未偿。本年五月钦奉上谕，方蒙激励之恩，忽有汰除之令，惧非所以慎重海防作兴士气之至意也。……"然清廷仍嘱他遵旨照议暂停。查当时敌国早已设立有大石坞，而大石坞原为修理巨大铁舰而设，则敌国早有铁甲舰可知，且威海、大连将行设防。北洋虽有二十五舰，而购自外洋的铁舰只"定远""镇远"数艘，其余都是自制的旧式木舰，这实不足以言战。

以上所举，不过是一两个重要的事实，就可以看出当时满清政府的腐败黑暗，和一般士大夫疆吏的无知无识，哪怕三次对外战争的失败，却也仍然只顾维持统治阶级的狭隘宫廷利益，而不顾国家与民族的利益，若与当时维新的敌国政府一比，熟为优劣，不必待海上对垒，胜败之数早已判定了。

第二，当时满清政府的官僚们多贪污腐化，加以汉奸卖国，如把购买国防军器的用款，饱肥私囊。旅顺、威海卫既造炮台，其安置于台上之炮，竟有不堪一放。其经售炮械的官吏，只知七折八扣，不问其能否适用。又如威海卫守将自克扣军饷很多，当敌军攻威海卫的时候，事先令其子私自将克扣的军饷现银八千余两，运回自己的家乡。这是两个例子。当时天津军械所的老书记刘某，曾当了敌方的间谍，私把我国海军炮械兵数清单，送给日本，"高升"运兵船之被击沉，就是因为他之私自密告日本。到了舰队来领子弹，他又以不符口径的子弹运到，至发觉时已经太晚了，故临阵缺乏了子弹的接济。再如敌方海军在貔子窝及威海卫附近登陆，皆得力于汉奸的向导，这为我国致败原因之一。

第三，由满清政府的腐败和黑暗的统治，它不能动员全国海陆军与国内各民族和全国的人力物力财力，去一致对日抗战。在当时陆军有湘、淮、旗、绿之别，而无统一的指挥官，去应付陆上的作战。海军有南北洋闽粤之分，而政府并没有给丁汝昌指挥全国舰队的权力，故诚如外人所言："非中国与日本战，实李鸿章与日本战。大多数中国人于陆战尚梦然不知也。"又如广东中道名昶晎者，曾致函敌酋伊东，请求发还广东兵船"广丙"号的无耻交涉，他在致伊东信中曾讲到："'广甲''广乙''广丙'三舰，向隶广东，冠以'广'字，可为明证。查广东一省本与战争不相干涉，今甲乙遭水火之灾，仅存一丙，北洋已无以对广东，望贵提督念广东为局外之议，……可否提出该舰，即交该副将带回广东，俾得于总督前略存体面而不胜感激。"从这个例子，可以看出，确实是李鸿章的北洋海军及陆军与敌军战，而其他各省则以与战争不相干涉，自视为局外之人，这是如何没有国家民族的观念！战后有人问过李鸿章，"甲午因何而败？"李回答："以北洋一隅之兵，当日本全国之师，焉得不败！"这又是一种致败的原因。

第四，如海陆军始终不能合作，海军建议的策略，陆军统将即不表赞同，陆军作战的计划，亦不通知海军。战前既没有联络，事后又发生许多误会。加以当时军队的指挥官多贪生怕死和少谋寡知之徒，如在大东沟战后，丁汝昌率舰队保卫旅顺，与旅顺炮台统领龚照玙会商，请其陆军坚守后路金州一带，而后炮台可保，舰队进退有掩护，龚等对此提议相顾惊愕。丁再建议自守后路，请其督率炮台作战，亦不表决。不久龚先逃烟台，其余陆军将领亦不知所之，于是旅顺港防空虚，使李鸿章不得不令丁率舰队去保卫威海卫，因为炮台与海军生命相关，各国皆属海军，以便声气相通，当时我国炮台归陆军管辖实大失策。尤以海军对于威海卫的保卫战，丁汝昌观察形势，认为必坚守南北岸各炮台。海陆军通力合作，然后才能抗拒强敌，必不得已的时候，各台库应早自动焚毁，免致资敌，不为守军统将戴宗骞采纳。乃交战未久，守台陆军即相率逃走，于是敌乃利用炮台以夹击我舰队。当时我海军虽处于四面受敌的地位，危险万分，犹奋不顾身，抗战到底。至弹尽援绝，而庶众等，复哗哗思蠢动，虽经丁汝昌极力镇抚皆不听，丁又下令自沉诸舰，以死报国，亦不能遂行，最后丁知计穷援绝，乃仰药自尽。使清廷早能宽筹海军建设经费，充实军备，授海军以战守全权，以丁提督的大无畏精神，各舰长及全体员兵的忠勇善战，又有外籍的舰员相助，必能通盘计划，力量集中，则丰岛一役，我海军早已予敌人以最大打击，黄海一战，即可将敌海军歼灭了。即退一步说，旅顺与威海卫的保卫战，使炮台陆军能与海军精神合作，各路援军复能如期到达，则水陆夹击，敌虽顽强，惟以所处地位不利，当可知难而退。

第五，当时满清政府在战前既没有作战的准备，直到战争前夜，尚无抗战的决心。当一八六六年（同治五年）沈葆桢临终的时候，适值日本把琉球改为冲绳县，他的遗疏称：“天下事多坏于因循，但到因循之弊，继之以卤莽，则其祸更烈。日本自琉球归后，君臣上下，早作夜思，其意安在？若我海军全无能力，冒昧一试，后悔方长！”观沈公的遗疏，知日人谋我蓄意已久，他之孤忠卓识，真使人敬佩千古。可惜沈公死后，清廷对于防御倭寇，仍然不顾。

沈公死后，海军的计划遂专属于李鸿章。一八九一年，李鸿章奏报校阅海军情报，竟称：“……综核海军战备，尚能日新月异，目前限于饷力，未能扩充，但就渤海而论，已有深固不摇之势。”观此，则知李鸿章骄矜自满，溢于言表，甲午之败，就基于此。

一八九三年（光绪十九年），北洋海军提督丁汝昌，拟将北洋师船锅炉，饬由旅顺船坞制备更换。但李鸿章致海署函议兵轮分期大修，竟以“……制备锅炉及各船大修，其工程既须十年筹办，其经费亦即分十年请拨，来年钧署及部库恭备庆典，供用浩繁，一时恐难兼顾。虽现造‘超勇’锅炉立须拨款，但虑尊处无暇及此，因督同坞局等从缓筹议。所有前项经费，拟请自光绪二十一年起，每年筹拨银十五万两，至三十年止，共拨银一百五十万两，仍按年由海防支应局详请，派员赴领，撙节动用，合计则款目较巨，分年则气力稍纾。……”观当时日寇谋我已急，我国早应备战，舰队为海防根本，更换锅炉，大修舰船，何等急切，竟因“来年海署及部库恭备庆典，供用浩繁，一时恐难兼顾”为辞，就把修理舰船的急务，等到光绪廿一年（甲午次年）以至三十年才分期修理。但至次年，即甲午战争年，我以腐烂之舰，当精锐新快的敌舰，安得不败。

一八九四年（甲午年），东学党乱事已生，此时日本已决心作战，处处设法向我挑衅，丁汝昌在战前早请李鸿章，以“镇远”“定远”“经远”“济远”“来远”“威远”六舰，共应添换克虏伯新式快炮大小二十一尊，请予购置前来。但清廷以"目下添购此炮，巨款难筹，拟分年办理，先换镇定两船快炮十二尊。"且以清孝钦太后做六十大寿，糜费很多，不得购械。查这种新式快炮，敌舰在战前多已装置，我们至战期已迫，尚付厥如。可知满清政府在战前是毫无准备。有款做寿，没有款购炮，尤为荒谬。

当伊藤博文与李鸿章在天津订立了条约，清廷在朝鲜的势力已与日本并行。到了一八九四年四月，朝鲜因东学党作乱，求我派兵助剿，李鸿章即饬丁汝昌，派"济远""扬威"赴仁川汉城。左翼总兵林泰曾即以日寇增兵派舰，意在寻衅，我军在战略上驻泊仁川港，战守均不适宜，拟回旅顺，或驻牙山，以备战守。李鸿章竟谓其胆怯张皇。到了日寇不允撤兵，李才知道事机急迫，电询林泰曾已否离开仁川，饬派快船或雷艇速往梭巡，还日盼望欧美干涉和平了事。熟知日寇即利用这个时期筹备战事，朝鲜形势早已为日军所扼，陆续调兵已逾万人。敌人的联合舰队，则占据长直路，已控制着朝鲜西南的海面，且欲使陆军输送入韩，不至为我袭击。

当敌舰在朝鲜尚不及我军二分之一的时候，丁汝昌与林泰曾因中日交涉终不免破裂，本欲先发制人，以请于李鸿章，李不许。到了我主力舰队回巡威海卫，敌游击司令坪井，见我兵力孤单，遂截击于丰岛。若战前李鸿章能容纳丁汝昌与林泰曾的先发制人的战略，争取主动的地位，则"高升"号之奇祸可免，而驻牙山、成欢之叶、聂二将，开战时亦得优势的兵力。则我海军不待黄海之战已先挫敌锋，陆军不待平壤一役即予敌军以打击。这样看来，甲午战争失败，实由于我国军事战略上的错误，我国作战多采取消极的单纯的防御，多处于被动的地位，行动多迟缓而不迅速，以致失掉时机。尤其是满清腐败政府既不从事备战，又不坚决主战，亦不能运用和平政策，模棱两可，事事敷衍，以这样腐败黑暗毫无政略战略的政府，与新兴的强敌，一旦兵戎相见，欲不一败涂地，乌可得呢？

最痛心的，甲午战前我海军已成立了基础，因为满清政府与主持全局的李鸿章，均不能依照海军主将的建议与献策，且受恶环境的连带关系，致海军计划，左沈诸贤数十年积铁累寸之功，一朝而尽。而一般无识之人，不明甲午战争前后真相，竟谓甲午一役海军如何失败，殊不知不有以上所指各种致败的原因，以海军抗战到底的决心，与勇敢牺牲的精神，必能击败敌人无疑，读史至此，何胜扼腕兴叹！

在我们研究了甲午我国失败原因以后，反转来研究日本所以战胜的原因，除了客观的历史原因为日本在明治维新以后，在当时为新起的资本主义强国以外，日本当时在政治上也比我国满清政府进步些，军事指挥也比较统一，动员了全国海陆军与全国人民，对我作战。并且军事上亦多采灵活的主动的战略与战术等等，亦是日本在甲午战争致胜的原因。

我们既已检讨甲午失败的原因，同时，我们也要知道这次战争对于敌我、远东，及世界形势所受的影响。

这次我国战争的失败，比过去三次对外战争失败的影响不知大过多少倍，因为在过去三次战争中，我国虽然失败，然而当时资本帝国主义的列强，还没有看破我们的虚实，到了甲午战争以后，以东方后起之三岛小日本，几千年来受中国文化培养熏陶的日本，历史上尊敬中国为天朝的日本，竟能战胜地大物博人多的中国，因此中国的弱点乃完全暴露出来了。从此以后，各国都看不起中国人，大家都敢欺侮我们了。当时统治中国的满清政府，昏庸腐败顽固守旧，到达极点。而士大夫阶级的胸中，根深蒂固的存着日本是中国"看着长大的"轻敌心理，乃有"以人侮小，以强故弱"，及"螳臂当车，应时立碎"的谬论。对日本自维新以来的进步一笔抹煞，对自己的不进步，更毫不反省。结果，中国对日本的侵略既没有任何的准备，又不能实行任何真正的抵抗。而满清政府所实行的降日政策，即所谓宁赠友邦不与家奴的政策，更加紧了帝国主义强盗对中国的不断的侵略和压迫，使中国自由独立的国家，一变为半殖民地的地位，并且引起了我国有直接瓜分和亡国的危险，种下了这一次日寇大举侵略中国的祸根。

此外，我国给日本的赔款现金两万万两，现金流到日本，促进了日本资本主义的加速进展猛烈的向我国进攻，使我国民族资本主义的发展受重大的阻碍，使我国农村经济及原来我国的手工业，及家庭工业更加流于破产，人民的生活因之更加痛苦和不安。日本得了我们这大量的赔款，更加紧了它的帝国主义侵略工具的海军的扩张。甲午战时，它的海军势力只控制了黄渤两海，甲午战后一直到了这次大战的前后，它的海军势力，竟控制了全中国海，更进而至于南太平洋一带了。

因甲午之败，更加暴露了满清政府的腐败，更加促进了满清朝廷统治的动摇与崩溃，更加产生了我国人民的民族的觉醒，尤其是直接促起国父的革命运动。战事起后，兴中会成立于檀香山，战事结束，有广州的第一次起义。此后国民党不断的为革命建国而奋斗，一直到了这一次对日的抗战。

其次，日本因这次战争中得到了我们的巨量赔款，和朝鲜、台湾及澎湖群岛的大块肥沃的殖民地，使它由资本主义过渡到帝国主义的阶段，奠定了它向外侵略的北进和南进的政策，造成了这一次对中国新的大规模的武装进攻，而与英美各国争取太平洋上的霸权。

（二）"九·二三"收获与教训

在这次"九·二三"的战役与"九·二三"前后的抗战中，中国舰队与海军将士英勇牺牲的精神，表示了中华海军的不可屈服，对于所有赴难的烈士，深致哀悼！中国舰队与中国海军将士英勇奋斗的精神，表示了中华海军不可战胜的力量。对于所有抗战的将士，深致敬意！中国海军健儿"九·二三"在江阴的保卫战，委员长蒋曾誉以为此举犹若"破釜沉舟"。"九·二三"之后，我海军炮队、布雷队、水雷游击队在敌后屡次击沉日舰日船，与长江水道交通的破坏战，获得了国内与海外人士的称赞，即敌方海军对于我海军的勇敢苦干的精神亦表示惊异。我们可以说，"九·二三"中国舰队与海军将士英勇牺牲与坚决奋斗，这正是中华海军的新气象，中华海军的伟大。"九·二三"战役给与我们一些什么收获与教训呢？可分为下列的几点来说：

现在先说这次战争我们的收获：第一，打破了"恐日病"、"海军不敢抗日"、"海军无力抗日"、"海军亡于抗战"的理论。中国抗日能否得到胜利，当卢沟桥事变以后，蒋总裁对于这个问题，便给了完全肯定的说明。可是有一般不明敌我实情、世界形势与我国内在的实力的人们，和战后已投降汪逆而供职于伪海军部的腐化恶劣分子，或者由于沾染了"恐日病"，或者由于受亲日派汉奸分子的影响，认为中国"海军不敢抗日"，可经过了"九·二三"这一次的战役，就把这种理论打破了。

当"九·二三"海军在江阴对敌空军开始剧战中，有许多人担忧到海军那样子牺牲的壮烈，恐怕不会支持长久，从事抗战工作。可是"九·二三"战斗所留给我们的战绩，抗战到过三个年头的今日，我们把海军力量，重新来估计一下，虽然是丧失了不少的军舰，但增加了作战的部门。海军的壁垒，虽在狂风骇浪的当中，还是依然矗立在江海防的第一线上，披坚执锐，来尽我们所应尽的责任。对海军整个抗战力量的中心，不特没有动摇，没有削弱，并且愈战愈强。因此，我们又把"海军无力抗战"、"海军亡于抗战"这种理论打破了。

第二，击溃了日寇海军的战斗精神。就是在"九·二三"的战役中，敌人不能够利用它的优势海军，来从事突破我们的封锁线。当我们在紧急施行阻塞工作的期中，敌人更没胆量发挥出军舰力量，来争夺我们重要的港道。当初我们以为敌舰一定会溯（江）而上来和我们拼命。我们抱定决心以全军的精锐和敌舰一战，用最大的力量，来掩护着我们拱卫京畿惟一办法的阻塞任务。但我们相信以我们的决心和毅力与大无畏的精神，总可以精神战胜物质。结果敌舰的威焰，终于给我们的精神所压伏。在我们舰队掩护工作，以及担任防守期中，敌舰从没有窥伺过，这一方面虽足以表现着我们海军的勇敢，他方面亦可暴露敌方的无能。因无（为）敌人拥有三十一倍于我们的海军力，始终不敢和我们舰队在江阴江面，展开一次海战，只得利用其优势空军的暴力来轰炸我们的舰队。可是敌人空军的炸力，毁灭不了我们的舰队，尤其是我们海军将士们的精神。"九·二三"战后敌人惧怕我们水雷的情状，在国内各报和本刊上已发表过，更表现得可怜。我们对于"九·二三"的战果，用不着自己来夸张，最低限度可以说敌国海军的战斗精神已经给我们海军击溃了。

第三，尽量发挥了我们的战术与战略。我们从军事的观点先来研究甲午战争发展的整个过程，那次战争既非两个战略阶段的战争，亦非三个战略阶段的战争，而是一个战略阶段的战争。因为自开展以至战争结束，整个战争进行不到一年，只是日方的战略进攻，我方战略防御，以致失败而结束了战争。我方既未经过短期过渡，由战略的防御转为战略的反攻，以战胜日本，也没有经过比较长期的战略相持阶段，经过准备反攻力量的阶段，然后转为战略的反攻，以战胜日本。这自然由于满清政府及军事领导者的许多错误，造成了这个战争只是一个战略阶段的战争，而非二个或三个战略阶段的战争。然而，这一次海军的抗战完全与甲午战争不同了。海军于这次作战中，主要的战略目的，即防御敌人利用长江，实施手段有两个原则：一、以现存舰队实力向敌人索取代价，以期能符合防御战的基本原则；二、尽量运用现有技术人员及物质，以期能达到人尽其力，物竭其用的原则。同时鉴于现代战争经济因素的重要，尽量发挥自己的效率而抑制敌人的给养运输于能力可及之处。为实施这个大原则，遂从事种种的战术手段，于抗战期中，随全面军事的进展，逐步实施。

海军战略由"九·二三"起可与三年来的全面抗战同样可分为两个阶段，第一个阶段是战略防御，自"九·二三"战役前后至武汉撤退为止，这个阶段中，悉采消耗的战略为守势的防御，武器则以舰队为主，布雷队及炮队为辅。第二个阶段是经过长期抗战相持的战略，故自武汉撤退后以迄今日，这过渡时期中作战，经济意义重于军事，为攻势防御，武器则以布雷队、水雷游击队，布于敌前敌后，时时进击；舰队及炮队则集结上游，尽保卫战时首都的责任。兼于此期中，作反攻的准备，俾能配合总反攻期中的全面军事行动，然后转为战略的反攻，以最后战胜日本。因此，我们可以说：我海军所取的战略已尽量发挥它的力量了，这是我们最大的收获。

综合甲午及"九·二三"战役所得的经验与教训，我们认为还有几点值得重视而希望能促进的：

（一）海军为国家整个的海军，决不宜有封建形式之割裂及骈枝之组织，此种分立之现象，乃各国所绝无者，今后为加强国防力量与作战效能计，吾人亦应绝对不容或有，务使一切计划、编制、训练、指挥均统一于中央，以免事权分歧，力量消长，致影响国家海军整个的建设。

（二）在甲午战前，关于建设海军，献策者固不乏人，然以废清的昏庸，官僚阶级的作祟，朝议夕更，使一切计划，置诸高阁，而无法实现。民国成立，复因军阀误国，频年内战，民穷财尽，更谈不到海军建设。鼎革以来，又以时间短促，一切计划尚未从容完成而对日战争即已爆发，言念及此，至可痛心。因此，我们今后对于一切建军之阻力，应先克服，然后建军计划始克顺利的顺序完成。

（三）无可讳言的，我们在上述两战役中尚未充分表现海陆军或海空陆密切联系的精神与发挥其协同作战的威力。关于此点，我们全国海陆空军应有共同的认识与努力。

（四）由于科学的落后，蕴藏的质源尚未尽量的开发与利用，我们的重工业还没有建立起来，国防工业亦无基础，因此，不独造舰制炮必需仰给他人，即军火的补充亦困难万分，其影响于作战的能力实至重大，以故发展国防工业已成为普遍的呼声，全国上下尤应以全力促成。

（五）我国人过去忽略了时代的推进，仍抱闭关自守的观念，重视领土，而轻弃海权，因之漠视海防的重要，及维护海防的军力——海军建设的重要。假使在甲午及"九·二三"战役之前，我们对于海防有充分的准备，保持优势的海上军力，则敌人决不易深入国土以内。我们凛于过去血的教训，对于今后的国防，似应极端避免轻海的覆辙，迅速筑成水上万里长城，使国土获有强固的屏障，而保国家永久的安全。

日寇为什么要在粤闽浙沿海登陆？[1]

（1941 年 5 月 15 日）

　　敌方新任驻华陆军总司令畑俊六一郎，刚刚准备来中国履新，日寇南支派遣军于二月三日晨起在南海沿岸从北海到台山的一条几百公里的海岸线上（北海、高德、电白、水东、阳江、台山等处），发动了一次差不多全面的登陆。日寇在各处登陆后，就地所有的铜器、铁器，以及我方囤积的物资尽量搬走，又想破坏了我方的盐田，并且改变了往日伪组织及维持会的手段，而代之以军政处，凡政治上一切处理权皆由其掌握。但不到了几天，遭我坚强阻截，并跟踪追歼，敌寇落舰遁去，使其不得不由"封锁"的企图，一变而为"劫掠目的"之行动。

　　那末，究竟日寇这次为什么要在南海沿岸登陆，而又这样快地遁去呢？其中的微妙是容易理解的，除了要扩大封锁我们沿海的出路，掠夺了我方的些粮物资，增加了我们的困难而外，就是企图转移国际视听，蛊惑它的国内人心，也可以对希特勒报销，说"我军"又在中国海岸登陆了，这是"南进"必要的准备。

　　自本月十七日敌军陷绍兴起，连日在闽浙沿海四百公里地区又发动了一个比在南海规模较为广大的攻势，计沿海之敌分由四处登陆：

　　（一）福州：敌于十九日分在闽江口北大澳，小澳及南漳港登陆，北股增至三千余，同日下午四时陷连江县城；南股增至二千余，同日下午六时陷长乐县城。另一股千余，于二十一日在长门登陆，与北股会犯福州（闽侯）。福州地滨东海，形势突出，固守不易，我军已于二十二日午后退出闽侯。

　　（二）温州：敌亦于十九日分在瑞安，沙围城登陆，二十日下午四时陷永嘉（温州）。

---

〔1〕此文发表于《海军建设月刊》。

（三）台州：敌亦于十九日在海门登陆，二十日陷黄岩，迄晚陷台州（临海）。

（四）宁波：十九日晨，镇海以东之沥山、金鸡山及以西之南泓均有敌一部登陆。午后一时陷镇海城，二十日午陷宁波，我则向敌后猛攻，镇海城一度为我克复。

闽江、瓯江、灵江、甬江为我国抗战后在东海方面仅存的几个海口，这次日寇在这几处同时登陆，规模相当大，其军队番号已发现有四个师团以上，如近卫师团，第五师团，第十八及第二十八师团，多系其向不轻用的精锐，观其性质及目的，与其在粤省南海沿岸的行动迥不相同。一般的看法，以为日寇在粤省海口据点的一度登陆，不久即遭受我军反攻而退出，似乎其最大目的还在掠夺物资及封锁中国，未必即有久踞之意；因此便推断目前在闽浙各海口登陆，以为亦系骚扰的行动，一如过去的止于流窜而已，即在英美人士也有持这样看法的。

我们认为日寇这次在我闽浙沿海登陆的行动，非仅在掠夺物资及扩大封锁中国，而其最大的目的，却是贯澈其南进战略之一种企图，同时又是更扩大侵华的军事布置。我们与英美各国不可不加以警觉与防备。

先就我们中国方面来说，自我沿海一带要地被敌人占领，全国海岸为敌人封锁，因为我们没有海军与敌人决战于海上，也不能坚守于沿海之地，及采取引敌深入决战于内陆山岳湖沼地带的战略。一般人就误认为闽浙沿海如宁、绍、台、温及福州等地之被占领，与抗战大局所关甚微；或谓这沿海狭窄之地，本非我准备对敌苦战之地，在军事上无重大得失可言。其实敌人的攻势，不论是流寇性质或其有军略上的目的，倘使我们认为沿海各地之被占领与抗战大局所关甚微，或以为在军事上无重大得失可言，而不能抵抗敌人的流窜而侵据我们的海口，城市；或给敌人流窜战术成了功而我们又不去反攻，则敌人必更进一步来从事于另外一个攻略：即由骚扰而占领，由劫掠而推进，最后乃深入我腹地。因为日寇这次登陆是沿海策动内陆的作用，我们不可估计敌人能力过低，必须提高警觉性。在战略上绝不能任敌人轻轻占领，撤退军队应相机反攻，不时袭击；我海军布雷队，游击队更应努方（力）敌后的封锁，破坏其交通，使敌人不克安然占领我们的海口城市。

日寇的目标在侵华，同时也在实现其南进的政策。它为要南进，准备与英美在海上决战，则在沿中国海岸的战略据点它必一一加以掌握，以至把中国的海岸线完全占领了，不留一点空隙，而后才无后顾之忧，以便积极南进。其次，它以为英美援华的力量增强，已与民主国家在太平洋上整个的战略配合，而发生中、美、英、澳、荷、菲的军事上的合流作用。一旦中、英、美联合对日作战，在战略地势上，当由南中国海，进取台湾，澎湖，琉球群岛，以进攻日本本部为最便利；同时英美海空军，可利用闽浙沿海各要点，以侧击日本本部及台湾，将为日本的致命伤。因此，日寇在未发动南进之前，它必须先行占领闽浙沿海各港，争取对中，英，美在战略上的优势。

　　总结来说：日寇这次在闽浙沿海发动的新攻势，是要加紧侵华，同时又为南进行动的发展一种准备，尤其对英美的行动抢先一着。所以这个事件是很严重的，除了我自身应该提高警觉性以外，今后我们在沿海地区，还要时时向敌人反攻。因为我们的反攻，就可拖住了日寇的泥足，绝不让其向南发展，好让美国专心帮助民主国家，英国专力对德意抗战，最后日寇必在中国战场上崩溃。我们还盼望着英美能注意日寇的企图，积极援华，以求及早打倒东方的海上强盗。

我国海防建设着重点在哪里？[1]

(1941 年 5 月 15 日)

国土破碎后的海防形势

谁都知道不列颠帝国是世界上第一大国，它的属地遍于五洲，因此它的外交和国防是最为综错复杂的。世界上任何一地发生了什么问题，都和英国有关，所以英国的国防和外交，最容易受他国牵制，所以它的国防着重点在海军。这次世界大战，德意日轴心国家就是利用英国领土不是整个一片的缺点来牵制它，来肢解它。英国也知道自己领土的缺点，所以它的海防建设，无论如何要维持它的海上生命线的英伦海峡、地中海、红海、印度洋，以至远东的香港、澳洲和新西兰。而它的海防建设，乃着重于多维海峡、直布罗陀、苏伊士运河和远东的新加坡。

谁也知道世界上有整个一片领土的大国，除苏联外，惟一的就是我国。但是苏联一大部分的领土是在北极圈以北的寒漠带内，价值并不大。而它的滨海地方几无出路，大部分的海岸是临北冰洋，西方的波罗的海出路为英德势力所限，西南方的黑海出路又为巴尔干半岛各国及土耳其所阻，东方的海参崴出路又为日本所包围。若我国所处的纬度，极南为北纬八度左右，极北亦不过五十三度有零，西北两面有山脉障碍，东南方面又临太平洋。我们既有整个一片的领土，许多险要的港湾，复有海洋的出路，对于国防上是有很大的利益的，非仅力量可以集中，顾虑的方面可以减少，而海防的建设也容易筹划。所以我们的地理条件远较苏联为优，又没有不列颠帝国的缺憾，这是多么幸运的事！

---

〔1〕此文发表于《海军建设月刊》。

我国虽然是整个一片的大陆国，然而并不是内陆国，所以仍然有很长的海岸，不过内陆边界比海岸更长得多。陆界的长度约计有一万五千公里，从东北的图们江口一直到西端的阿富汗国，计九千公里，是和苏联接界。从阿富汗折向东南，和英属印度、缅甸为界；最末一段和法属越南为界。图们江口往下到鸭绿江口和日属朝鲜为界。由这些陆地界线就够造成了列强包围中国的形势。至于海岸界线更不用说，东面全是日本的势力，南面则有英、法、美的势力。现在全线已给日寇封锁，沿海重要的港湾、岛屿均为日寇占领，它的势力已控制了整个的中国海。

本来我们的海岸线，北起于鄂霍次克海、日本海，经渤海、黄海、东海、南海，南至于印度洋，所属的岛屿，北有库页岛、朝鲜半岛、济州岛，中有琉球群岛、台湾、澎湖群岛，南有海南岛、东沙群岛、西沙群岛、南沙群岛[1]、团沙群岛[2]、苏禄群岛、印度支那半岛、马来半岛和安达曼群岛。由于满清政府的庸弱，在军事上及外交上的着着失败，乃有库页岛的放弃，沿海州的割让，朝鲜的归日，丧失了鄂霍次克海和日本海的海权；因琉球群岛的放弃，台湾、澎湖群岛的割让，致东海海权亦不能完整；因香港的割让，澳门的放弃，越南的断送，使南海的海权仅保留一半；因缅甸的放弃，印度洋的海权亦非我有。自从一八九八年租借地开端以后，我国的海权更发生了很大的问题，如旅顺、大连湾和威海卫的被租，渤海的门户，遂被英日两国所控制；青岛的被租，黄海西部的形势也先后被德日两国所操纵；九龙半岛的被租，使英国在香港与九龙南端的形势大为稳固；而广州湾的被租，使法国在南海的势力，大为增加，而海南岛和雷州半岛以西的东京湾，也就完全在法国控制之下了。像大沽口的炮台，因庚子一役，早已拆去；吴淞口的炮台，因"一·二八"之役，又为日寇所毁。加以条约规定，外国军舰可以往来沿海和内河。这样看来，在这个时期中，中国的海防可以说已经是破碎不堪了！

国防上的内外海防线

在本刊"创刊号"和第一卷第十期上，我对于中国的内外海防线已作简单的说明，今为欲求国人明白我国海防建设着重点在哪里，所以关于国防上的内外海防线，在这里，

---

〔1〕1947 年以后称中沙群岛。

〔2〕1947 年以后称南沙群岛。

实有加以详述的必要。

清代同治、光绪以前，在黄海、东海之外为藩属朝鲜与琉球，在南海之西为属藩越南，我们中华民族是居住于中央的精华区域，建设成为一个庞大的帝国。那时候朝鲜半岛、济州岛、琉球群岛、台湾、澎湖群岛、东沙群岛、西沙群岛、南沙群岛、团沙群岛、海南岛和印度支那半岛，包围着黄海、东海和南海，天然成为我国海防的外卫，也就是我国国防上的"外海防线"。而渤海、黄海、东海和南海的四个大海，便成为我国的内海。这样，我们的海防形势，可比水上一座长城，完整无缺。但自从日寇占据了我们的朝鲜以后，就以此作为侵略东三省和山东的根据地，它占据了台湾澎湖、琉球群岛以后，就以此作为侵略闽、浙、粤的根据地。到了这次中日战争，它复占据海南岛、东西沙群岛、斯巴特莱群岛，更向越南南进。因此，我们国防的外海防线，反为日寇对我海岸的包围线了。自澎湖群岛被割后，我们东海和南海的交通，也就完全被马公军港所控制。所以我们知道自从日寇两次向我大侵略之后，我国的外卫海防线完全被它破坏。

辽宁的安东、大东沟、大孤山、貔子窝、大连湾、旅顺港、营口、葫芦岛；河北的秦皇岛、滦河口、天津、北塘口、大沽口、祁口；山东的羊角沟、虎头崖、龙口、登州、长山岛、烟台、威海卫、荣成湾、石岛湾、海阳、胶州湾、日照；江苏的连云港、新洋港、启东、崇明岛、吴淞口、南汇、金山卫；浙江的乍浦、海盐、宁海、镇海口、舟山群岛、象山港、三门湾、台州湾、温州湾；福建的沙埕港、三都澳、闽江口、马尾港、海坛岛、莆田、平海、泉州、厦门港、东山岛；广东的南澳岛、汕头港、海门湾、碣石湾、汕尾港、大亚湾、大鹏湾、深圳湾、粤江口、唐家湾、九龙、香港、虎门、澳门、电白、广州湾、海安、海口、涠洲岛、北海港、钦州湾，是我国海防的内卫，也就是我国国防上的"内海防线"。但是，自从一八四二年的中英《南京条约》，我国丧失了珠江口外的香港岛，英国把它辟为无税的商港，同时并辟为军港。又从一八九八年租借地开端以后，和其他不平等条约的束缚，不特外卫防御，丧失无余，即内卫的内海防线亦破碎不堪。抗战以前，我国的外海防线既全入于日寇之手。抗战以后，北自秦皇岛，南至钦州湾的整个岸线，也都被日寇封锁了。

我们在这个内外两道的海防线都被敌人占据的时候，对于整个海防建设固谈不到。但是过去我国海疆形势的优胜，假使经济上、时间上、技术上容许的话，那末海防的巩固，实在不是不可能的事。无奈从前我国当局，社会人士，一般民众，对于海防向来不加注意，以致在抗战前数年虽欲建设，已觉来不及了。现在抗日战争虽然仍在进展，海疆已经深深地受到敌人的蹂躏。但于抗战胜利之后，国防中的海防建设，是必需的，而建设海防最后的目的，是要恢复我们国防上的内外防线，加以巩固，使我国防达于绝对的安全。

海防的中心地带

海防建设，不是徒托空言，而必需有切实的准备。世界各海军国的海防，皆有一个标准的"海防政策"，就是"海军政策"。理想中认定了假想的敌国和敌国的与国，并确实的估计了它们的海军力量，以这些的力量为标准，把自己的海军力量准备起来，总以超过它们的力量为原则，至少也要力量相等。这种的准备标准确定以后，就作为"建国建军的中心政策"，集中全国的物力、财力、人力，促其实现。

我们从过去和现在日寇侵占我国海疆的事实，推测将敌人侵略政策，还是以我国为对象，我们当可认定未来最大的敌人，只是东方的日本，所以我们海防建设所决定的海防政策和所认定的假想敌人亦必日本无疑。那么我们的海防建设的首要条件，要先计划对这敌人的"海防的中心地带"。

主张规定海防的中心地带，在前清就有李鸿章、彭玉麟两人，他们的主张也各有不同。李鸿章以为："直隶之大沽、北塘、山海关一带，系京畿门户，是为最要。江苏吴淞及江阴一带，系长江门户，是为次要。而京畿为国家根本，长江为财富重地。但能守此最要、次要地方，其余各省海口边境，略为布置，即有挫失，亦与大局无碍。"这是专从京师与财富二点上着想而扼要计划的。而彭玉麟以为："莫如设一总统于吴淞口，分设南北两大镇，一驻大沽，直隶及盛京、山东、江南各海口属之。一驻厦门，浙江、福建、广东各海口属之。"这是从地理的形势上着想而通盘计划的。那时候清廷奠都于北平，所以决定先练北洋海军，辟旅顺口、威海卫为根据地。又设海军学校于烟台、马尾，其余各省口岸筑炮台，以资守御。但是自从旅顺口、大连湾和威海卫的被租，渤海的门户受人控制。《辛丑条约》的成立，复毁我大沽炮台，迫我折去天津城，以撤我北平的门户。在北宁路沿线驻扎外兵，北平城内东交民巷划定使馆界，予以设兵自卫之权，而我国的国都乃完全握在国际主义者的手中，因为首都是国家根本的所在，尤其是"国防重心的所在"，北平的环境既然这样恶劣，所以后来建都北平的军阀政府，除仰承帝国主义者的鼻息外，国防丝毫不能有所建设，而李鸿章所谓最要的海防中心地带遂至毫无作用。彭玉麟之设镇于大沽更失其意义了。吴淞炮台之被毁，条约规定外国军舰可以自由航行我沿海和长江内河，则李鸿章所谓次要海防中心地带，亦徒有名无实。台湾、澎湖之被割让，即依彭玉麟主张设镇于厦门，而闽浙粤沿海已被日寇的监视与封锁，随时南北交通均有被敌人遮断之虞。到了抗战之后，我们最后的海上堡垒，海南岛和南海各岛亦被日寇占领。于是东进太平洋的出路为日寇霸占下的琉球、台湾、澎湖所控制。南进太平洋的出路又为日寇盘踞下的海南岛和南海各岛所封锁。这样，我国海防重要的所在，完全把握在日寇的手里，那么我们海防的中心地带将建立在哪里呢？

我国沿海共有七省，海岸延长计达二千八百海里，依海岸的性质可分岩岸、砂岸两种，大抵渤海沿岸和钱塘口至临洪口之间的海岸，统统是砂岩岸，山东半岛和辽东半岛沿黄海这一部分的海岸以及钱塘江口以南的海岸，统统砂岸。砂岸平直少曲折，沿岸浅滩绵亘，不便航行。而岩岸则海岸曲折，港湾丰富，岛屿纷繁，水势深广，故为军港、商港荟萃的所在，实为我国"海防的中心地带"。

总理自始即主张建都南京，一方面旨在脱离帝国主义的羁绊和避免外力的压迫，使中央政府有自由发挥威力的可能；而另一方面，却表示对于海防的注意，以阻来自太平洋方面的敌人。迁都的主张，到了民国十六年才实现。我们可以拿民国十六年做挽回国防劣势的起点，同时也可以做我们建设海防的开端。南京距海只有六七百里，有长江口做我们首都的门户，且自长江口至南京一段的江面，要塞重重，实可增为保障，而增强南京建都的价值。我们应当知道建设首都必须具备下列四个条件：（一）交通便利，可以控制四方；（二）形势险固，可以抗御袭击；（三）生产富厚，可以安定经济；（四）气象雄伟，可以壮美观瞻。但是到了对外战争的时候，还有一个重要的条件，就是"地位安全"。南京设为首都，在平时的四个条件之下无不合适，为什么一到抗战时期就非迁移不可，这就因为缺少了"地位安全"这一条件的原故。南京的地位为什么不安全？就是因为在抗战之前，做我海防中心地带的外卫的外海防线已把握在日寇手里。抗战之后，做我保卫首都南京的海防中心地带又被日寇所盘踞，它的势力已深入我长江腹地，尤其是因我国在战前既未建设海军以求收复外海防线，在战后自亦无力来保卫首都外卫的海防中心地带，所以最后不得不迁都于地位较为安全的重庆，再求收复失地。因此可知，欲使首都地位的安全，必须保卫海防的中心地带；欲使海防中心地带的安全，就必须收复我们的外海防线，惟欲达到这些的任务与其目的，则不能不靠于海军的建设。

台湾与海南岛的战略形势与其军事价值

上面已经说过："我国抗战胜利之后，国防中的海防建设是必需的，而建设海防最后的目的，是要恢复我国国防上的内外海防线，加以巩固，使我国防达于绝对的安全。"惟是我们收回内外海防线的着重地点在哪里？在北方当无过于旅顺，在东南则无过于台岛、澎湖群岛，在南方则无过于海南岛和南中国海所属各岛。旅顺和山东的威海卫，为渤海的门户，也是华北的门户。而台湾、澎湖群岛则为我国海防中心地带的外卫，就是我闽、浙、江苏的保障，也可以说是我沿海七省的锁钥，尤其是与我首都地位安全和国防绝对安全有密切的关系。海南岛和南中国海各岛，则为我华南的外卫，又是我两广的保障。从国防的形势观察一下，辽东半岛的旅顺和山东半岛的威海卫，无异渤海海防的左右守卫，谅我国人当知之甚详。至于台湾与海南岛，可并称为我国东南海防的左右守卫，其在国防上战略的形势、军事的价值与国际的关系，恐怕国人知道得还是很少呢。现在很迫切地需要我们来说明一下：

台湾系合并台湾本岛、澎湖群岛及附属各岛屿的总称，计面积三六，〇〇〇方公里，其中澎湖群岛占一二七方公里。它的位置，起北纬二十一度四十五分至二十五度三十八分，由东经一百十九度十八分至一百二十二度六分，屹立我国东南两海的中间，与福建省只隔一台湾海峡。基隆港离闽江口一百四十六岛（浬），高雄港离厦门港一百六十五里（浬），民航二十小时左右可到达彼岸。在海防上，台湾与福建实有辅车相依的形势。峡中澎湖三十六里（浬），尤扼东南两海的锁钥。台湾除基隆、高雄（打狗）两港外，当以澎湖群岛为最险要。在群岛中，以澎湖、渔翁两岛为最大。两岛间有大洩，便于驻泊舰队。在群岛西面水深三十拓至三十五拓，也有深至六十拓。群岛东面水深四十拓。日寇占取之后，即建设马公军港于澎湖岛上，现为日本第三海军区的要港。

宋元时代，我国人民多已移居台湾，明末为荷兰人所据，清顺治十七年，明遗臣郑成功逐荷人占有其地，以为恢复明室的基础。康熙二十二年，郑氏覆亡，遂内属于福建省，置为一府。光绪十二年改建行省，十三年巡抚刘铭传移省会于台中，并开辟沿海各州县，规模大备。到了光绪二十一年，以甲午战争的失败，依《马关条约》割于日本，从此不特福建因唇亡而齿寒，而我东南两海的联络线亦为日寇所截断。日寇得了台湾以后，即藉以为谋我东南海防中心地带的根据地，与朝鲜半岛左提右掣，如蟹之有双螯，南进或北进，都先集中于我国，舐糠及米，剥床近肤，推源祸始，能勿痛哭于台湾的丧失！

日寇数十年来所秉执的一贯国策，是在并吞我国，控制太平洋沿岸各弱小民族，驱逐英美法俄的势力于远东之外，以遂其独霸东亚的迷梦。日寇欲达到这种目的，虽是在大陆上急促发展，自然还是不够，它只有在南洋方面获有巩固的基础，才能在政治上、经济上、军事上立于有利的地位。因此，它的南进的工作，必须以台湾为根据地，以闽粤等省为起点。它以台湾为介，开拓华南和南洋，恰似以朝鲜为介，开拓满洲和华北一样的手腕。它欲推动南进政策，首先就要在华南沿海一带，造成特殊势力，以与华北行动相呼应。它为了要巩固台湾和澎湖群岛，它在很早以前就企图占领福建，想把中国与日本之间的锁钥，握在自己的手中，然后台湾的一切准备才有保障。现在台湾的日本军备，大为扩张，要塞、军港、机场以及海陆兵力，无一不达到可以作战的程度。军事工业也在积极的建设，海军力亦超过原有的二倍，并由第三舰队统理一切。至于空军方面，费了七年时间，用了七十万日金，筑成占地二万八千亩的台北飞机场。其他台北、台南沿海适当地点，都已加紧探测，拟再拓辟多处，务使便于协助出海舰队作战。观日寇之强化台湾军事准备，它的目的，期将台湾成为日本南方经济的、海军的惟一根据地，亦即是攫取西太平洋的海军霸权。它依赖台湾，除在华南作侵蚀工作外，尤其是要将中国所有海防，关闭包围，务使中国与欧美各国隔绝联络，俾顺利进行其并吞中国的企图。

中国对于海南岛的经营，在汉武帝时代即已设置郡县，足有二千余年的历史，恐怕比日本历史还要悠久，比台湾的开辟自然更早。但是在我国抗日战争以前，此岛屿岛湾一样的很少人去注意，在普通一般人的想象里，或者认为荆棘满地的荒僻孤岛，以土地广袤的我国，不必去理会这一个在历史上常常目为贬谪的地方。其实不然，现在日寇据为资源的台湾，不是也因满清时代的短视，政治家毫不注意的缘故而丧失的吗？今海南岛在国防经济上与台湾同其重要，它的面积有四一，五八〇方公里，沿海低陷，海岸线延长不下一，二〇〇公里。它比台湾还要大些，是我国最大的岛屿。位于南中国海西北隅，在北纬十八度九分至二十一度十一分，东经一百零八度三十六分至一百十一度三分之间。面对广东省雷州半岛，中隔十二海里的琼州海峡，民航约半日程可达。西临东京湾，控制越南，南溯英属婆罗洲及荷属爪哇，东接菲律宾群岛。它在新加坡与香港之间，是南洋群岛联络北部大陆的梯阶，又是中国海进入东面广漠的太平洋的要道，西进经过新加坡往欧亚两洲的重要国际路线，并且是澎湖、台湾、琉球割让后惟一的我国海上的领土。

海南岛沿岸计有海口、清澜、榆林、藤桥、三亚、新英六港。榆林、清澜二港，南北对峙，恰如台湾之有基隆、高雄，握有全岛交通中枢。论商港则推海口，论军港则推榆林港。海口亦名琼州港，临琼州海峡，港的面积最大为四二．七四公里，长约四海里又二链，港内沙滩四布，大轮不能入口，须碇泊于五六里外海面，中等轮船可以靠岸。惟该港外为弯形大陆所环抱，能避风的良港。又因为它的地位重要，扼琼州海峡的咽喉，又当东京湾东出之冲，故海轮多泊于此，遂为该岛惟一的商业吞吐港。榆林港位于崖县铁炉、三亚二港之间，与越南的陀弥湾遥遥相对。港中分内外两港，外港向南，港口开敞，两岸均有三五百只的丘陵，相距约三英里有半。港内最深处为一〇拓，浅处三．七五拓，稍加疏浚，即可停泊巨舰。内港亦南向，港身则偏向于东，港口左有乐道岭，右有独田岭，两相对峙。两岸峰峦环绕，海岸平坦，脱有风涛，无虞激荡。惟内港附近两傍，珊瑚暗礁成带，互相插抱，水道狭窄，港内长四．四海里，港岸亦颇平坦，为最优良的军港。日俄之役，俄国波罗的海舰队，曾经寄碇于此。清季有辟作军港之议，但没有实现。

海南岛，不但是我国海防上的堡垒，实为远东一军事要地。若从国际关系与军事价值看来，该岛之于我国、英国、法国和美国的安全都有莫大的关系。假如此岛为任何一国的海军根据地以后，不仅两广的地位有被控制的危险，我国的西南国际路线的安全必受威胁，对南中国海往欧非美洲的海上交通，也有被封锁之虞。现在日寇占据此岛，对于英国在太平洋上的国防线已发生严重的影响。因为英国在太平洋上的国防线形势是一个不等边三角形，即香港为第一道防线，新加坡军港为第二道防线，澳洲达尔文港为第三道防线。在这三道防线中，以香港为最弱，因为离它三百四十一海里便是台湾，而它和新加坡却有比台湾四倍以上的远距离。假使日英发生冲突，香港便在台湾的控制之下，减少了军事上的防卫价值。因此香港必须以新加坡作它的后卫，以它作为新加坡的前哨。至于达尔文港，是英国经由印度洋东航的舰队的重要军事支柱，它可以作为香港和新加坡的后卫。在过去日寇之占据台湾，对英战略上已占有优势，今复占据有海南岛，到了战时，不仅可完全阻断香港与新加坡及澳洲的联络，而且使南洋、香港、上海间及远东各处的英国利益所结成的锁链也会完全瓦解。其次，法国在远东的利益，大部是在太平洋南部和它所认为海外法兰西的越南。因为越南不仅是法国在远东的主要根据地，而且是法国向东亚大陆进展的阶梯。它为了保卫越南的安全，阻止日寇的南进，曾先后有过两次对日的防御战。第一次是一九三三年四月密派军舰占领我国极南海疆的堤沙、浅洲、群岛，因为这些岛有长达十英里的礁湖，可为水上飞机、潜水艇和小舰艇的的活动根据地。法国取得它以后，可与越南、广州湾二地成鼎足之势，扼住南中国海的海口，以阻日寇南进。到了日寇大举侵略华南之后，法国又将接近越南的西沙群岛占领，以防止日寇进取该岛作为控制河内的根据地。现在法国在欧战中已对德屈服，日寇占领了海南岛和斯巴特莱群岛之后，其南进政策的初步目的，就是向法属越南进攻，使海外的法兰西地位已发生了动摇，大势所趋，恐怕法国很难在远东立足。美国方面，为了保护自己的远东利益，贯彻门户开放政策，早就注意到充实东太平洋和西太平洋的国防线，由巴拿马运河、夏威夷群岛，一直到菲律宾群岛，尤其是在日寇占取海南岛进攻越南之后，对于菲律宾与关岛皆积极增防。日寇为了保持对美战略的优势，它就必须乘关岛和菲律宾设防还没有成功之前，进占海南岛，以加强其地位。因为台湾与海南岛在地势上接连着菲律宾，它是横断美国与远东贸易的孔道。在台湾、海南岛上设置坚强的海军和空军根据地后，就可与南洋委任统治岛的军事根据地互相呼应，将关岛控制在手中。一旦日美战争，它就可夺取菲律宾和关岛，遮断新加坡与菲律宾间的联络；就可封锁太平洋上的要道，使美国对远东的贸易和资源接济都被破坏。所以日寇之进占海南岛，无异是争取对美单独作战的优势，而且是在打算争取对英美的联合防线的优势，它也在打算争取我国若与英美联合进攻战略上的优势。

日寇自从夺我台湾之后，觊觎我海南岛和南海各岛，可说是蓄谋已久。前清光绪卅四年，英国海军拟在东沙岛建设灯塔，查询该岛是否中国属岛，有无宣布明文等语，除由粤外务委员温宗尧函复确为我国属岛外，并由粤督张人骏转呈政府，由我海军派"飞鹰"舰前往调查，始发现台湾日商西泽吉次于光绪二十二三年间，驱逐我国渔民，强占该岛，改称为"西泽岛"，经我政府多年的交涉，始于宣统二年由广东省库备毫洋十三万收回。民国后由我海军设电台并管理该岛。宣统元年，英法日各国又请我国在西沙群岛建筑灯塔，当时因鉴于东沙岛的覆辙，次年即派广东水师提督李准率舰勘查，并在东岛林岛竖旗鸣炮，公布中外。民国初年，日本技师竟率探险员一队，探测该岛藏有丰富的磷矿，便欲乘机占领该岛。民国十七年，始由粤省府将该岛拨归中山大学保管，以为制造肥料之用。民国二十二年，法国密派海军将九珊瑚岛占领，当时中外人士还以为九珊瑚岛即西沙群岛，实则为我国极南海疆的堤沙、浅洲、群岛，当时日本曾数度向法国抗议，并公然宣称西沙群岛应属于日本。虽然这种抗议未引起反响，然日人早已把南中国海目为势力范围了。日寇海军大佐石丸藤泰更将海南岛认为是日本的生命线，公然宣称："海南岛是对华南，尤其是对广东、广西两省作战的根据地，有很重大的价值。假使拿日俄战争作对照，那末广东可当做俄领沿海州，广西及广东的钦广道可当做满洲，雷州半岛可当做朝鲜，而海南岛可当做日本的九州。北海事件[1]发生后，日本舰队以海南岛为根据地，这和日俄战时日本舰队以佐世保军港为根据地，形势完全相同。海南岛无论对于广东、广西，不但为绝好的军队登陆地，且可支配两省的海上交通和贸易，所以海南岛在军事上实为抑制两广的重要地位。"由上述的事实，可以说在日寇的南进政策中，早就将海南岛和南海各岛作为主要的目标。一九二二年，日本最高军事会议曾议决在它的国防内线之外，另建一道防线，这道防线的理想位置，即南从越南而至台湾南端，沿小笠原群岛北迄于堪察加半岛。查日寇的第一条防线，系由台湾至于千岛群岛，把所有日寇的海军都集中于日本海内；第二条防线，系在委任统治的太平洋群岛中，作为它的潜水艇、驱逐舰、飞机袭击敌国海军的根据地，和庇护它的舰队及贸易航路的处所。所谓另建的一道防线，即第三道防线，其整个活动范围，大概是在南中国海，就是在台湾、海南岛、南中国海各岛及越南之间。因为这些地方对于日寇南进势力和对英美及我国作战上有很大的关系。日寇认为它的国防线应该保全日本海、东海、南中国海的交通，尤其是要掌握西太平洋的制海权和制空权。而台湾和海南岛恰好是能够适应这个要求的海洋军事根据地。日寇取得了台湾和海南岛，中国沿海七省受其控制，它就可以整个地支配中国海，以为进攻越南对英美作战的准备。

目前，日寇据有台湾、海南岛和南海各岛，固然在太平洋上已首先占得优势，且在国际间又有德意轴心国家的援助。但如英美能联合结成对日的防线对日制裁，一切的缺憾都可以补救。譬如美国的菲律宾和关岛，只要积极加强防务，很可能与英国的香港、新加坡和澳洲的达尔文港共负起保卫南中国海和太平洋的责任，所有英国荷印的海军根据地能供给美国海军、空军使用，则香港、菲律宾和关岛便可一变而为英美在远东的攻敌防线。只要英美海军联合，东有巴拿马运河，西有新加坡军港，便可对日共同封锁。再如法国不为轴心国家利用，将越南的西贡和金兰湾，供给英美作海空军根据地，则日寇纵然占领台湾、海南岛，支配整个中国海，仍有形成瓮中之鳖的危险。

---

〔1〕1936 年 9 月 3 日，广西北海"丸一药行"老板、日本人中野顺三因以开药行和药房作掩护，秘密收集我国情报提供给日军，被举行反日示威的北海军民打死在药店内，此事件称为"北海事件"。

恢复甲午战前海防的优势

孤悬在东南两海的台湾和海南岛，其位置太重要了，我们海防建设绝对不能无这两岛。惟在抗战之后，我海防中心的地带已被日寇盘据封锁，而作我海防中心地带外卫的台湾和海南岛，也早给敌人占领，那么我国海防建设，当然要等待于抗战的胜利。而海防中心地带与其外卫更要急待于我们的收复。因为海防建设必须建立海军根据地，没有根据地则海军等于虚设。我们海军根据地的所在，必须建立在海防中心地带与其外卫的台湾和海南岛上。有了海军根据地，还要有我们海上的出路，如我们没有海上出路，则等于被人封锁，而对外贸易、保护华侨、资源取给和对外联络，皆谈不到。因此，我们要保持海上的出路，必须依赖台湾、海南岛和南海各岛的存在。

目前国际形势，明显地分为民主和侵略两大阵线，日美的战争恐难避免，英美两国必须与中国联系对付共同的敌人。这两海军国必须携手作战，我国要乘机反攻。海上的主要战场当在中国海的周围，因为这个地方是进攻日寇最便利的所在。中国只须一面顺着长江流域收复我海防的中心地带，另一方面须向越南进兵，与英美海陆空军并肩作战，反攻海南岛、台湾、琉球群岛，进迫朝鲜，围攻日本本部，则最后的胜利必属于我民主国家，而我国海防的中心地带与其外卫可全部恢复，在我海防的重点建设坚强的海军根据地与自卫的新海军。

最后，我们还要对我国人郑重说明一下，驱逐日寇出我国境之外，恢复"九·一八"以前的状态，还不能确保我们最后的胜利。我们抗战，应当恢复甲午战争以前我国海防的优势，还要继续不断地努力建设足以保持这个优势的自卫海军，而后才能永保我们既得的胜利。

格陵兰大海战 [1]

（1941 年 6 月 15 日）

自欧战爆发以来，在欧洲大陆有十四个国家为德国并吞或征服，奥、丹、挪、荷、比、卢森堡等国，在极短时间内被德国占领或征服；保加利亚与匈牙利则先加入轴心公约，而后德国进兵占领；捷克是被德国肢解的；波兰是被德国瓜分的；罗马尼亚亦被肢解；法国是被德国征服，沿大西洋的海岸与海港都在德国占领区内；南斯拉夫与希腊最近被德国征服，最重要的克里特岛也为德国所有。此外芬兰，瑞典和瑞士，分别是苏联、德、意间的缓冲国，经济上交通上文化上也都受德国支配。在这十四国中，法、荷、比、丹均有广大的海外殖民地，德国苟能占据这些地方，或能控制这些殖民地间的海上交通，则它在经济上军略上更将无敌于天下。从欧战开始到了现在，德国是单凭着优势的陆军空军取得一个短期战争的胜利，而控制了欧洲的大陆。

希特勒囊括了欧洲大陆以后，英德战争已经渐入决战的阶段。巴尔干战事到了克里特岛被德国占领后，已堵塞了英国反攻欧洲大陆的后门。因美国走向参战之路，更促进了德国提前实现击溃英国的企图。我们观测，除非国际有急剧的变化，希特勒寻求与英国决战，当采取三种的攻势。第一种是促进日本加紧威胁英美在远东的利益，因而威胁到英国防卫苏彝士运河，埃及与近东的军事后方与补给，牵制美国于太平洋，使其不能专力援英。这一着，可能被英美和中国的联合行动所制止，因为日寇的南进是带投机性的，英美如能强硬，英国处境好转，中国能积极反攻，它就无法投机了。第二种攻势，是先行肢解英国的殖民地，截断英国的海上生命线，仍以地中海为战场向近东及北非进攻。其实，希特勒早已成竹在胸，在没有取得地中海的制海权以前，是不容易与英国决战；

---

[1] 此文发表于《海军建设月刊》。

但这却不能阻止希特勒停止或缓和进攻英国的脚步。目前它所最感困难而最觉辣手的,就是在美国"全力援英"的政策实行之下,德国不能给予英国以致命的打击,尤其是在北大西洋方面,以英国强大的海军配合美国的护航大队,使它不能迅速对英决战,于是它不能不采取另一种攻势;这种攻势,在德国开始对英作战时即已采用,那就是它的劣势海军所常取的运动战,袭击英国的军舰和商船。而其目的则在封锁英国,断绝其从自美洲的军需原料及粮食等物的来源,使英伦三岛窒息于它的封锁政策之下迫其屈服。

所谓德国海军所常取的运动战,在上次世界大战已表现过惊人的战绩,在这次大战里,更加强它的战术,更扩大它的范围。德国最近发动大规模的潜艇攻势,同时它的水面舰艇,一般都是速力很高,巡逻半径很长,这很明显地是准备随时随地均可单独行动和敌方在海上作战。它更利用从挪威到它的本土和法国的海岸地位,而进行海空联合对于北大西洋的封锁战争,把大西洋上的运动战扩大战区至于迫近北美的格陵兰海面,希特勒采取这种攻势,对于英国的确是很危险的。

自德军完全控制欧洲大陆后,英伦三岛过去自大陆上所输入的重要必需品,均改而仰给于美洲各国,美国军火与物资的接济,对于英国作战尤关重要。但欲确保美洲各国对英国的接济,维护大西洋航线的安全对于英国是非常迫切的事。据四月八日英国海军部的公报,从欧洲爆发至今年三月底止,同盟国方面的商船(包括中立国的)损失已达五、五九○、二○六吨之多,每星期平均损失六七万吨。若自去年六月以来统计,英国商船损失平均每月达十万吨以上,特别是今春德国开始猛烈的封锁攻势后,英国商船损失数目更形增高。据统计,美国运英的军火约有百分之四十被德国击沉在大西洋的海底。这不独是对英国的重大的打击,而且也是美国所不能容忍的损失。

英国怎样应付这个问题呢?有效的方法,英国海军当尽其全力保护大西洋的生命线;美国海军当实行护航,扩大巡逻区和缩短英国运输的路程,以补英国海军护航力的不足。四月九日,美国与丹麦驻美公使签订协定,将格陵兰置于美国保护之下,从此美国就可以将援英的军火先行运往格陵兰,以该地为转运站,交由英国商船运回其本国。这样从美国至格陵兰一段路全由美国负责,英国只需负责自其本国至格陵兰之一段,距离缩短,不独护航力可以增强,运输力也可以增加了。如果英国能保持大西洋的交通线,则英国当可长期对德抗战,以求最后的胜利。因此,在巴尔干战争刚刚爆发的时候,丘吉尔于四月九日对众院发表演说,称:"我们只要在大西洋战事中获得胜利,同时能够确保美国供给品的源源输入,则无论希特勒怎样进展——我们终能以胜利的消耗之剑阻止其前进。"四月廿七日，他又发表广播演说："吾人欲图生存，非在大西洋上战胜不可，大西洋战役之决定性，绝不亚于去年八九月间之战役。"又称："英国欲求战胜，非在大西洋上获胜不可。此次战争英国商船人员极为勇敢，船坞工人均在德机轰炸下，照常工作，英国现在海上的船只达二千艘，内有船只三百艘，无时不在危险中航行，余有一点可以提出保证者，即希特勒绝不能在东方中东及远东占优势，希特勒欲求战胜，非侵入英国本土或切断吾人之生命线不可，现英国之防御力日益增强，若干人认为德军将于二月侵英，但结果并未实现，今美国已决定扩大大西洋之巡防区，此后英国已可集中力量对付德方潜艇。"从此可知大西洋上的战争，在全部战争中实居于主要的地位。我们相信英国在美国极力支持之下，不能专靠美国之力，问题的严重性却在英国能否保持其海上的运输力量，所以它的海军主力不能不重置于这个重要的地带，以阻止德国潜艇开入。在美国方面，它认走英国是美国在大西洋上的第一道防线，英国的命运将决定了美国的命运，所以采取护航与扩大巡逻区的手段，以求确保在大西洋上的利益与阻止德国势力侵入这个海洋。就是说不让欧洲的胜利的陆空军国家—德国—也成为一个大海军国。在这里美国军事专家伊利阿特别提示："美国不要让英国失败而使德国获得英国海军。"

在美国全力援英的政策施行之下，德国不能给予英国以致命的打击，事实至为显然；因此，大西洋上交通破坏战必然一时跃居于主要地位。最近，德国主力舰队，由战斗舰"俾斯麦"号率领开进了大西洋的格陵兰海面作战，正说明了希特勒的企图。

格陵兰亦称绿洲，位于北美东北角，东隔丹麦海峡与冰岛相望，西滨巴芬湾，面对加拿大，为世界第一大岛，本为丹麦属地，自去年十一月一日德军企图在该岛登陆之计划被英击破后，美国国际破冰队，即常留驻该岛。至于冰岛自从英国占领后，即利用该岛为北大西洋反封锁作战的根据地，故德国亦宣布冰岛区域直至格陵兰领海为止，均为德国封锁区域，并警告各国船集包括美轮在内，勿驶入该区，否则有受攻击的危险。其主要原因，即为英美利用这两岛为起卸运英货物的转运站。德国为欲达到其对英交通破坏战的目的，只有乘机在这两岛的中间，来闪击英国海军的主力。

据五月廿一日，英机侦察报告德战斗舰"俾斯麦"号及装有八吋炮之巡洋舰"友金亲王"号，尚停泊于挪威之卑尔根军港；但于廿二日即已离港他往，英国于是采取措置，防备敌舰捣乱大西洋上的英国护航队。"胡特"号及"威尔士亲王"号，于廿三夜及廿四破晓时，在格陵兰海外发现德国舰队，当即加以截击。一交手，"俾斯麦"号之十五吋大炮弹即射穿"胡特"号炮塔旁之一吋厚装甲，遂成为致命打击。该弹系在舰内之主要弹药仓中爆炸，该舰于数分钟内即行沉没，死亡官兵竟达一千三百之谱，于是这世界最大的战舰，徒留海上二十载的光荣战绩而已。观"俾斯麦"号之击沉"胡特"号，已构成德国舰队对于大西洋英国生命线的重大威胁，这是遮特兰一役后英国海军最重大的损失。德国这种对英海军的打击，无疑的要欲摧毁美国对英的援助，威胁美国在大西洋的护航与其巡逻政策。

"俾斯麦"号击沉"胡特"号以后，即负伤乘浓雾向挪威海面逃去。但于战斗中，其舰首中弹速率大受影响。乃五月廿四日在距布勒斯特四百英里之处，该舰又中鱼雷一枚，速率更减。至廿六日下午九时又中空中鱼雷两枚，舵及推进机均被毁，但仍能勉强航行，当晚十一时四十二分德统帅部即接到德舰队司令卢特贞斯来电称："该舰已无法操纵，决将战至最后一弹，领袖万岁。"至二十七日晨又被英舰围攻，因而沉没。再据德总司令部公报称："我国主力舰'俾斯麦'号被英击沉后，我舰队司令卢特贞斯上将，舰长林特上校暨所有官兵（德舰上官兵至少达一千五百人）均已殉国，颇可悼惜云。"

参加这次海战之英舰，有战斗巡洋舰两艘，战斗舰四艘，航空母舰四艘，巡洋舰四艘，驱逐舰三艘。自"胡特"号被击沉没以后，英国海空军即合力追击。"俾斯麦"号隐匿于挪威海港内，先为英航空母舰"阿克罗耶"号上之飞机发现，所中鱼雷即为该舰飞机所投。英舰仅战斗舰"威尔士亲王"号受伤，"俾斯麦"号至少先后曾中鱼雷四枚，及炸弹炮弹无数，最后始由巡洋舰"道塞群"号施放鱼雷一枚，乃由此永沉海底，一千五百哩之海上追击战，就此停止，这是大兰多英意海战以来最动人最精彩的一幕海上大战，却在胜负不分中闭幕了。

据中央社伦敦五月二十八日合众电："俾斯麦舰沉没后，德舰队尚余战斗舰三艘，其中二艘俱为二万六千吨者，而英方则尚有战斗舰十五艘。英德之战斗舰比例现为五对一之比，而在俾斯麦与胡特号未击沉没时，则为四对一之比。"这样看来，这次大海战的结束，"俾斯麦"号能以寡胜众及其击沉"胡特"号之功绩和其勇敢的精神，在世界海战史上实不可磨减。在英国方面，虽然损失了"胡特"号，却也击沉了"俾斯麦"号，从报仇方面讲，应该毫无遗憾；就从消耗德国海军实力的方面看，英国也很合算，"胡特"号的损失，并不影响英国海军对于德国海军的优势。

自从欧战爆发以来，德国所最感缺乏的是海战中的正规舰队，无论陆空军的力量如何优越，只能在大陆上发展；潜艇的威力如何可怕，并不能完全代替了正规舰队的功能。

所以它先欲利用意大利的海军以求迅速决定地中海的战局，不料大兰多一役[1]，意国海军几损失其三分之二；它再欲利用法国的海军，向英伦进攻合围，但截至目前为止，法国海军仍不为其所动。德国的舰队，因实力有限，始终蛰伏不动；即使有时小规模活动，也不过是为了配合封锁政策。因为希特勒很明白，要建立一队强大的海军异常困难，它必须用于最适当的时机才不算浪费，所以这次德国发动的北大西洋海战，是欲对英国的主力舰队来闪击一下，以收奇功，不料"俾斯麦"号竟因此牺牲了。

当格陵兰大海战之前，德国的战略，思以地中海战果构成攻击英伦之有利条件；英国的战略，思以地中海战局作为德国进攻英伦海峡的绊脚索。其实双方的决战的战场是在大西洋，谁能控制了大西洋的海权，谁就能够得到最后胜利的把握，德国非不知海军力不足与英国决胜于海洋之上，但终出于这次的冒险行动，盖欲藉闪击之术，削弱英国海军的实力，摧毁美国对英的一切援助，以求成功与万一，我们可以说"俾斯麦"号之被击沉，实影响于德国今后的作战计划。经此一战，英国对于利用美国海军以保障军火安全抵英的要求，将必加强，英美在军舰设备及构造上亦必有重要改革。此后希特勒之诱胁法、西参战必愈急迫，争取法国的海军更不可缓，它必须迅速决定地中海战局，和解除东欧后顾之忧，而后再挟意、法、西之众，回戈以向英伦，决胜于大西洋之上。

---

〔1〕大兰多位于意大利南部，1940 年 11 月 11 日至 12 日夜，英国舰队对停泊于大兰多港内的意大利 6 艘战斗舰和十数艘战斗巡洋舰和驱逐舰发起空中袭击，21 架老式剑鱼式攻击机从"光辉"号上起飞，进行了两波次攻击，意大利 3 艘战斗舰被击沉，其余 3 艘带领巡洋舰、驱逐舰离开大兰多港驶往北方的那不勒斯港。此次战斗，英国海军以损失 3 架飞机的代价，确立了在地中海的优势。

马塔班英意大海战[1]

(1941 年 9 月 15 日)

海战场所

希腊半岛最南端的马塔班海角（Cape Matapan）是在欧洲大陆极南的地位，现在已经成为这个世纪著名的海战场所之一。

这里觉得很怪巧的，在希腊本岛的西北，沿着直线向前，不过百哩的距离。那里另有一个小镇，名叫派拉斯（pylos），亦为英国海军打过胜仗的场所，故在往日曾为人所注意；此地原名那瓦里诺（Navarlno），在中世纪更为人所知道。

那一次的战争，是在一八二七年十月二十日，英海军司令科丁吞（Codrington），统率英法俄联合舰队，援助希腊。土耳其总督伊布拉希姆（Ibrahim）要求英方立即退出摩利亚（Morea），它才肯撤回舰队，但遭拒绝。科丁吞率舰二十六艘，计大炮一千二百七十门，仅在两小时内，即毁灭大部分的土耳其的舰队。计当时土方的军舰有八十二艘，大炮二千门，到了战争结果，残余的仅二十九艘，至此希腊解放的战争乃告结束。

意大利舰队的动态

马塔班海战的经过，应从亚历山大里亚（Alexandria）说起。三月二十七日早晨，英国地中海舰队总司令安德卢堪林干（Andrew Cuningham）以驻在该港的战斗舰窝斯

---

[1] 此文发表于《海军建设月刊》。

彼特（Warspite）号为旗舰，大部分的舰队早已集中在这个军港。当日中午的时候，英方侦察机在西西里岛南端巴塞累海角（Cape Pass ro）之外，即报告敌方，巡洋舰向东南前进。

堪林干即看出敌舰的行动决无成就，他断定了敌舰的目的是在打击埃及与希腊间的航运；或许受德方暗使它在地中海上示威，以掩护军队到利比亚（Libya）。

意方此举，实属冒险行动，它虽知道英国战斗舰队在于海上，但它并没有预料到最后竟遭遇装有十五吋巨炮的英方战斗舰。如在二十七日那一天，意方飞机有所动作，则它的舰队当可避免自投罗网，而遭这一场大祸。

堪林干在战前的布置

堪林干断定意方舰队动向之后，即布置它的舰队如下：

轻快部队：指挥官海军中将普利哈姆维弼尔（Pridham-Wippell）

巡洋舰"俄赖翁"号（Orion）为旗舰（舰长 Back），七、二一五吨

巡洋舰"阿查克斯"号（Ajax）（舰长 Mccarthy），六、九八五吨

巡洋舰"柏斯"号（Perth 号）（舰长 Bowyer Smyh）属于英领澳洲海军，六、九八〇吨

巡洋舰"格罗斯忒"号（Glovcegter）（舰长 Rowley），九、四〇〇吨。

战斗舰队：

战斗舰"窝斯彼特"（Warspite）号为旗舰（舰长 Fiaher），三〇、六〇〇吨

战斗舰"勇敢"（Valiant）号（舰长 Morgan），三〇、六〇〇吨

战斗舰"巴拉姆"（Barham）号（舰长 Cooke），三一、一〇〇吨

航空母舰"可怖"（Formidable）号（舰长 Bisgett），二三、〇〇〇吨

驱逐舰数艘。

利托利俄级战斗舰之出现

维弼尔奉命带了轻快部队（Light Force），前进于克里特岛（Crete）之南的某地点，用以截击企图阻碍英希交通的敌舰。三月二十七日午后，总司令堪林干由亚历山大里亚

军港，率主力舰队向西北进行，希望截击敌舰于海上，三月二十八日早晨八时，据空中侦察情报，有一队敌舰，内有"利托利俄"级战斗舰（Littorio class battleship）（三五、〇〇〇吨）一艘，巡洋舰六艘，驱逐舰七艘，约在雅甫多岛（Gavdo Island）之南三十浬。敌舰先向东南前进，随即望见两艘以上的巡洋舰和两艘以上的驱逐舰。此时维弼尔所带的轻快部队约离敌舰四十浬；惟英方总司令所率的主力舰队，离它的轻快部队约九十五浬，并尽力向西北前进。

"俄赖翁"号之诱敌

维弼尔中将非仅善用其优良的战略，且能利用遮特兰海战诱敌陷于英国主力舰队重围的战术。它依据了空中情报之后，即将轻快部队变换方向，先向北进，预计在八时二分可与敌方巡洋舰接近。既已接近，它又令其舰队转向东南前进，引诱敌舰使其倾向行将到来的英国战斗舰队。

这是一种诱敌的计划，"俄赖翁"号曾躲避"利托利俄"级战斗舰的攻击，其间射程相距约有十五浬，但无一弹能够命中着英方的巡洋舰。

约在九时，敌方巡洋舰转过十六点，开始向西北前进。英国巡洋舰仍求与其接近。到了十时五十八分，维弼尔测望"利托利俄"级战斗舰，相距十六浬，向北进行。此时，它复令各巡洋舰再转向东南，保持其航线在敌方战斗舰重炮射程之外，引诱敌舰倾向于堪林干统率的主力舰队的方位。

航空母舰奏奇功

鱼雷的攻击，是由于航空母舰"可怖"号的飞机；十一时三十分，战事即发生于"利托利俄"级战斗舰之上。这次空中袭击，航空母舰所收的功效，即便不能命中敌舰，也可以迫使意方战斗舰与其同行的巡洋舰，转向西北前进，再回航它的根据地。

后来敌舰方向突然变动，使维弼尔不能接近敌舰；但英方巡洋舰立即望见其战斗舰队，乃合全力紧追敌后。十一时三十五分，飞机侦报另有敌舰一队，约在雅甫多岛之西八十浬，内有"加富尔级"战斗舰两艘，巡洋舰三艘，和驱逐舰四艘。正当这个时候，另有十个鱼雷，由英机向着"利托利俄"级战斗舰的敌队袭击。

午后一时，英机再度搜索敌舰，发现它的位置，空中袭击随即开始，有三个鱼雷命中了"利托利俄"级战斗舰。意舰因已受伤，即行躲避，它的速度由三十浬减至十五浬。它因屡遭空袭，在整天里没有休息过，一直负伤逃回了它的根据地。

三月二十八日，在十五时与十七时之间，英国空军"布楞宁"式轰炸机向敌舰投弹，有两弹击中了一艘意之巡洋舰，一弹击中了它的驱逐舰，另有两弹或击中了另一巡洋舰，在十六时接到飞机报告，"利托利俄"级战斗舰的速度已大减少，堪林干立即命令维弻尔带了四艘巡洋舰，向它追击。

在黄昏的时候，英海军飞机复投放两次的空中鱼雷，英方没有预想到"利托利俄"级复遭英机鱼雷袭击，另一意之巡洋舰确为鱼雷所中。

夜里作战

在暮夜中，英战斗舰队第一次单独和敌舰接触，但系破坏的性质，因在黑暗里，看不出水平线。二十二时零十分，维弻尔报告受伤的敌舰"波拉"号（Pola）的位置，是在停轮于英国战斗舰队航路的左边三浬处，堪林干即令战斗舰队，转向进击此舰。当接近"波拉"时，望见另有三艘敌方巡洋舰，在于舰首右侧。这一队的敌舰，计有"萨拉"级巡洋舰（Zara-class cruiser）两艘，先头由一艘"科尔雷俄尼"级（Corleone-class）之较小的巡洋舰领导；它的队形，是由右侧至于左侧，横过英国战斗舰队的前面。

二十二时二十六分，随着"窝斯彼特"旗舰之后，有"巴拉姆"号、"勇敢"号和它们的给养船，注视着黑暗中的敌舰。堪林干即命各舰成密集队形，向左作一半转，这样的变动，使舰队和敌舰作相对的平行，又能把炮口齐向着敌舰。

驱逐舰"格累豪恩德"号（Grayhound）突以探照灯照射第三艘的意舰"阜姆"号（Fiume），同时"窝斯彼特"号以十五吋大炮向着敌舰射击，其间只有两浬的距离。

"阜姆"号竟遭了不幸的结局，当它转动炮塔之前，自舰首以至舰尾，爆发一圈火焰，至少中弹七枚；后炮塔亦被打击，倒悬舰旁，舰身的要害处几全中弹。

英方的炮火未曾稍停，立即转击意之巡洋舰"萨拉"号（Zara），它是意舰总司令空塔尼（Contani）的座舰，在它的舰队中居于次位，它的舰舷几完全毁坏。此时英方战斗舰均向意方阵线攻击，第三艘"班得内利"级（Giovanni dele Bande Nere）重巡洋舰的损伤，更为惨重。

当时战斗舰队正在作战，探照灯显见有意驱逐舰两艘，正以鱼雷向英舰攻击，但英舰早已预备移转船位，以避其锋，并注意它的行动。敌舰虽放出烟幕，但英舰仍能穿过烟幕，向其开炮，因此这两艘的驱逐舰亦被击沉没了。

同时，堪林干又令其驱逐舰，以鱼雷击沉已毁的敌方巡洋舰，惟驱逐舰"哈佛克"（Havock）号，因在酣战之中，致悬靠于"波拉"号的船尾。

助战的希腊海军

当夜间"利托利俄"级战斗舰与其属舰正在激战的时候，在一刹那间，忽闻一方有巨声的炮火，只顾作战的英舰并不置信有这样一会事。

但在顷刻间，这个事实即现于面前，有一队希腊的驱逐舰，向西前进，计欲截击企图逃入亚得里亚海的敌舰，可惜他们不能预知敌舰退避的路线，所以没有打击敌人的机会。

次早，飞机大事搜索，不能寻着意方的余舰；这必定敌舰乘夜逃走，或是已经沉没在海底了。

意海军的损失

这次海战的结束，我们确知意方海军的损失，计有重巡洋舰"萨拉"号、"波拉"号、"阜姆"号沉没；装有六吋炮"科尔雷俄尼"级的巡洋舰一艘或已沉没，大驱逐舰"文孙索乔培尔底"号（Vincenzo Gioberti）"马斯特拉"号（Maestrale）沉没，大驱逐舰"阿尔非利"号（Alfier）或已沉没。"利托利俄"级新战斗舰，在水线下的部分受重大的损伤，其他敌舰可断定亦有损伤。

英方的军舰并无损害，或死伤，在这次战争中，总计英方的损失，不过一架海军飞机。

战后第二天，三月二十九日，由英希海军在意方沉船中救出官员五十五人，士兵八百五十人，计意方失踪的员兵有几千人。根据亚历山大里亚的军情，确信意方损失的军舰，统计有十三艘：巡洋舰四艘，驱逐舰三艘，"利托利俄级"战斗舰重伤，另有巡洋舰两艘，驱逐舰三艘。这种数目，并没有经过英海军部的断定，因为此数是根据海军各方面的报告，不能作为确定数目。至于海军航空队与皇家空军，均参加这次作战。

当时幸得生存的，有"波拉"号舰长得斯彼尼（Despini），指挥意巡洋舰队司令空吞尼想已失踪，还有被救的一批德人，想系参加技术工作与加强意方海军力量而来，此外有几百人是由英希联合海军救出来。英国军舰因受德机的急降投弹所阻，致不能执行救生工作；这种急降投弹，虽然没有生效，但已迫使英方放弃救生的任务。

马塔班的战果

在马塔班海战中，其足称述的，有下列四端：

（一）从遮特兰海战后，当以这次夜战为第一次。

（二）英战斗舰非仅有优良的炮术，即它的边炮射击敌方巡洋舰亦能立时奏效。

（三）作战中得到航空母舰上飞机的合作，故有惊人的战绩

（四）意海军的炮术非常幼稚，对十一般英舰并没有命中过。

这次英国海军在地中海上，能够收到非常的战果，据英海军部的报告，有两种原因：其一，英海军有航空母舰助战，能减少敌舰的速度；舰队中各主要单位均能单独对敌舰作战，这在海战史上可算为第一次。其次，这次海战，使敌方遭受重大的损失，而英国的舰队，并无损伤，这在海战史上亦属创见。

参加这次海战的英意海军实力

这次海战英意双方的实力，根据英国海军部公布如左：

英国：战斗舰三艘，航空母舰一艘，巡洋舰四艘，驱逐舰几艘。

希腊：驱逐舰几艘。

意国：战斗舰三艘，巡洋舰十一艘，驱逐舰十四艘。

下列两表，是根据战时的情报：

（一）参加马塔班海战之英国海军

"窝斯彼特"号（Warspite）三〇、六〇〇吨，建造于一九一五年，改造于一九三四年，装有十五吋大炮，是总司令堪林干的座舰，曾参加过遮特兰与那维克的战役。

"勇敢"号（Valiant）三〇、六〇〇吨，建造于一九一六年，后经改造，装有十五吋大炮，员兵超过一、一〇〇人。

"巴拉姆"号（Barham）三一、一〇〇吨，建造于一九一五年，装有十五吋大炮，与"马

来雅"号（Malaya）为姊妹舰。

"可怖"号（Formidable）航空母舰，一九三九年八月下水，最近完成，二三、〇〇〇吨，员兵一、六〇〇人，系"伊拉斯特利乌斯"级（Illuatrioug class）之一。

"俄赖翁"号（Orion）七三一五吨，"利安得"级（Leander class）巡洋舰，一九三四年建造，装有六吋炮，员兵五五〇人，巡洋舰队司令海军中将维弼尔的座舰。

"阿杏克斯"号（Ajax）六、九八五吨，"利安得"级巡洋舰，一九三五年建造，装有六吋砲。

"格罗斯忒"号（Gloucegter）九、一〇〇吨，"扫桑波敦"级（Southampton class）巡洋舰，一九三九年建造，装有六吋砲，员兵七〇〇人。

"柏斯"号（Perth）六、九八〇吨巡洋舰，一九三六年建造，装有六吋炮，员兵五五〇人，属于英领澳洲海军。

"泽尔维斯"号（Jervis）驱逐舰，一、六九五吨、建造于一九三九年，员兵一八三人，属于"哲未林"级（Javelin class）。

"哈佛克"号（Havock）驱逐舰，一、三四〇吨，一九三七年建造，员兵一四五人，属于"希罗"级（Hero class）

"格累豪恩德"号（Grayhound）驱逐舰，一、三三五吨，一九三六年建造，员兵一四五人。

斯图亚特号（Stuart）驱逐舰，一、五三〇吨，一九三六年建造，亦称向导驱逐舰，一九一八年建造，员兵一八三人，属于英领澳洲海军。

（二）参加马塔班海战之意大利海军

"利托利俄"级（Littorio class）战斗舰，三五、〇〇〇吨，有谓即系"维托利俄文利托"号（V ttorio Veneto）一九四〇年建造，员兵一、六〇〇人，装有十五吋炮。

"萨拉"号（Zara）一万吨巡洋舰，一九三一年建造，员兵七〇五人，装有八吋炮，在马塔班是意海军司令空吞尼的座舰。

"阜姆"号（Fiume）一万吨巡洋舰，与"萨拉"号同级，一九三一年建造。

"波拉"号（Pola）一万吨巡洋舰，亦与"萨拉"号同级，一九三二年建造。

"班得内利"号（Giovanni Delle Bande Nere）五、〇六九吨，"空多提厄利"级（Condottieri class）巡洋舰，一九三一年建造，装有六吋炮，员兵五〇〇人。

"科尔雷俄尼"级（Colleone class）小巡洋舰。

"阿尔非利"号（Alfiere）驱逐舰，一、七二九吨，一九三六年建造，员兵一七五人，属于"俄利阿尼"级（Oriani class）。

"文孙索乔培尔底"号（Vincenzo Gioberti）驱逐舰，一、七二九吨，一九三六年建造，与"阿尔非利"号同级。

"马斯特拉"号（Mastrale）驱逐舰、一、四四九吨，一九三四年建造，员兵一五三人，属于"格雷卡尔"级（Grecale class）。

"格拉提斯卡"号（Gradisca）病院船，以大兰多（Taranto）为根据地。

湘北二次大捷与湘江封锁之关系[1]

（1941 年 10 月 15 日）

　　日寇这次进攻湘北，据我们观察，政治上的作用是企图藉这一次攻势来打击我们的抗战国策，助长伪组织汉奸及亲日份子的声势，欲图以军事上的胜利来动摇英美援华的情绪和打击英美人士对中国抗战的信心。同时在向国内表示不放松中国的决心并藉此刺激其人民增加法西（斯）军人声誉和政治上的发言地位。经济上的作用是在骚扰我洞庭湖区域的秋收，并抢掠我一部分资源。军事上的作用是企图消灭我军一部分主力，进取长沙以控制湘江的战略据点，并威胁我湘赣粤桂的交通。

　　日寇这次进攻湘北的动机既如上述，我们现在单就湘江封锁对于这次湘北大捷所献的关系叙论一下。岳阳至长沙的交通线，抗战前原以粤汉路长武段为主，湘江水路居次，湘鄂公路为殿，自武汉会战前后，铁道公路相继破坏，两地交通专赖水路，在交通上，湘江已有不可否认的重要性，岳阳沦陷以后，湘北在军事上更形重要。前年湘北会战，敌军于九一八前夕发动攻势，渡汨罗，逼长沙，除粤汉路正面外，并利用洞庭湖水道前进，企图一举而占领长沙，打通粤汉路，但在湘江下游为我海军水雷层层封锁，使其不能利用水路迅速推进，终因接济困难而惨败，我海军布雷工作的努力，封锁政策的收效，实有其不可磨灭的功绩。

　　这次湘北大会战，敌军亦于九一八前夕发动攻势，其凶猛的程度，较前次大战，犹或过之，其调遣的部队，凡六师团又一旅团，并运用降落伞部队扰乱我后方，至于空军连续狂炸长沙衡阳及我方阵地，更不消说；其水路进攻，则配有兵舰二三十艘，汽艇二百余艘，民船千余艘，以图牵制我之侧翼，而进犯长沙。但敌军自渡过汨罗江以后，

---

〔1〕此文发表于《海军建设月刊》。

因悉铁道正面，我军配备的兵力异常雄厚，仅佯作攻势，而侧重于左右翼的水陆迂回包抄，适中我方预定的巧计，引其投身陷阱，其右翼在长沙近郊黄花市永安市春华山捞刀河、浏阳河一带，予以包围歼灭，使其遭受空前的巨创。其左翼由湘江进犯，因我雷区重重封锁，敌在湘江正面不敢深入，只得用小汽艇乱窜，故有搁浅及被击沉没情事，战后在湘江前面已经捞获不少敌方破坏雷区的标志和被水雷炸沉的敌艇，在湘江口磊石山方面炸沉的敌舰已正在打捞。最可笑的，敌艇乘河水高涨，窜至芦林潭，因受雷区阻其前路，只得由芦林潭后面扛三汽艇过陆渡河，这种因怕水雷改为陆地行军的日本海军的新战术，自然得不到什么效果。

据中央社长沙十月三十日电："流窜长沙外围之敌，现为我悉数驱至长沙东北……其后退至汨罗江北均已为我封锁，且已深陷于弹尽援绝之境，"又吴逸志将军对中央日报记者也谈过："这一次打得太好看！太好看了。……他的海军用廿多只军舰，到今天止仍然打不进湘水，一点办法都没有！"再据桂林大公报十月九日专电："此次湘北大捷，固由我陆空部队英勇奋斗之结果，惟我湘江海军布雷队于敌人进犯后，全队员兵在敌前及敌机轰炸下努力封锁，不断工作达十昼夜，布雷达×××具，同时沅、沣、资各江口亦由各队加意防范，增强封锁。敌海军不特无由从湘江上驶，迂回夹击长沙，更不敢从沅江进袭益阳、宁乡，以拊长沙之背。敌人增援及补充之路既断，我军乃得争取时间，从容布置，胜利之确定，严密巩固之封锁实与有力。又据报，湘江敌舰艇触雷沉没已查明者，达十余艘之多，残骸满江，状殊可惨。"

又据桂林扫荡大公等报十月十四日载称，据此次赴湘北视察长沙会战之各国武官记者对各该报记者所谈二次大捷之主要原因，称："中国此次湘北作战，在战略及战斗上最成功之点，即河防巩固，使日本军不能突破防线及布雷区，而与陆上军队取得联络，致陆上军队孤军深入弹尽粮绝。"（扫荡报）又称："铁路以东敌陆上部队推进颇速，惟铁路以西之湘江，因我封锁严密，敌之舰艇不能活动，致不能收水陆并进之效，故一部虽迫近长沙，亦不能持久"（大公报）这样看来，湘江的封锁实与这次湘北大捷有很大的关系。

我们更要知道：这次湘北会战，攫取湘江航运为敌军的重要企图。湘江是湖南的大动脉，防敌的生命线，湘江航运控制权如果为敌人取得，沿江各战略据点如长沙、湘潭、株洲、衡阳一线，安全就失去保障。反过来说：湘江如果没有为敌人打通，长沙就是陷于敌手，它也不能确实占据，观这次敌军迫近长沙，而湘阴犹在，使敌水陆不能互应，孤军困于绝境，这就是一个证明。故湘江的安全就是长沙左翼的安全，左翼战局的焦点，所于湘江的扼守，左翼之战，可以说是湘江控制权的争夺战，也就是这次湘北大捷的关键。

继这次湘北大捷之后，我们又一度克复过宜昌，亦与水上封锁有关。因为敌舰如由岳阳北趋宜昌，航程不过二三十小时，宜沙失守后，荆河内自宜沙下游至荆河口，均满布我海军布雷队，控置多量水雷，且时时施放漂雷；在洞庭湖方面可通川江的水道，亦经严密封锁，新敌舰屡图溯江西上，均受击而退。这次反攻宜昌部队，多由南岸渡江，倘有敌舰横断其间，则我陆军必不得安全渡江而迅速进退，达成任务，我们这种封锁政策的进行，实予敌军以极大的打击。

最后我们特别致敬意于湘北前线浴血奋斗的海陆空军的将士们，祝望他们乘胜继续奋斗，打破敌人的军事企图和粉碎敌人的政治阴谋，创造较这次大捷更光荣的胜利！

大战中的海上封锁与海上自由问题^[1]

(1941 年 11 月)

一、导 言

从大战爆发，到了现在，英德双方均在加紧封锁手段，推进经济战争，因而海上的战斗，就成为今日大战的主要形势。

现代战争，除了人力、武器之外，还要有雄厚的经济资源，才能构成坚强的战争力量。过去拿破仑和威廉第二虽均称霸于欧洲大陆，但终敌不过英国的经济封锁，它虽有充足的人力和武器，最后因资源枯竭，终不免于崩溃。这样看来，经济的力量实足以决定最后的胜负。

不过经济封锁的政策，完全应用于海上，而执行这种任务，则要依靠着海军。因为经济的压力，在断绝敌国资源的供给，隔断敌人对外的交通，为迫使敌人屈服的主要工具。如没有强大海军，则对敌可能实行经济封锁。因为要彻底达到这种封锁的政策，必须干涉中立不与敌国的贸易，所以海军强大的交战国，常利用海军来封锁敌国，可是中立国方面却要求保持海上贸易和交通的自由。因此，"海上封锁"与"海上自由"就成为过去和现在的交战国与中立国所争持的问题。

目前战争，在欧洲方面的主要交战国，尚限于英、苏、德、意，在亚洲方面仅中日两国。因美国正积极援助英苏与我国，反对轴心国家的侵略战争，它的中立地位，恐难从此维持下去。大势所趋，似乎美国也要参加民主国家的战线，世界大战有再行扩大的可能。可是这些国家，除我国外，各项军备均属坚强，经济地位亦极复杂，对于国际战争法规

---

〔1〕此文发表于《海军建设月刊》。

和中立规则，统将有重大的牵涉，足以发生种种问题。他们目前战略，彼此间的经济封锁，力谋削弱对方资源的供给，因而海战要比陆战激烈得多。同时，海战时常限制公海交通，最足影响第三国的权益，甚至因交战国厉行海上封锁与扩大封锁范围，迫使中立国为了争求海上自由，也走进战争的漩涡。

二、国际法上的海上封锁与海洋自由

海洋实为世界上最重要的交通路，上古之人，认海为阻隔交通的障碍物，不知以后国与国间的联络乃惟海是赖。自罗马与诺尔曼两民族争夺海上霸权以来，富有政治思想的民族，均认海洋为自己的私有物，而企图支配之。海洋本为通达世界富源最捷的路径，又为世界交通最好的桥梁，且为沟通世界文化最大的生命线，不可任人蹂躏。先进国家中识见深远的政治家，更重视海洋有极大的价值，而认为一个国策上的重大要素。各国国民，从此注重海上权，海上的战争即基于此。

海洋已成为国家和民族生存上的必要不可缺少之物，无论哪一个国家，如能支配海洋，即有征服世界的可能。英国历史家剌来氏说过："谁能支配海权，即能支配经济；能支配经济，即能支配世界。"今日世界上最重要的商业都市，全在海口，而国民以为生活命脉的长江大河，亦全以海口为出路。故海洋对于国家与民族实含有如此重要的意义。

现实世界海洋中，各国认为有重要关系的，当为大西洋与太平洋，而在上古及中世纪，即以地中海最为重视。西历纪元前一五〇〇年，腓尼基人曾跨有地中海全部，但它仅注重商业上的发展，还没有注意于殖民的事业和军事上的侵略，所以并没有海战发生。自荷兰开始发展海上贸易，各民族开始渐知海上亦足为人类活跃的地步，然对于海上权的重要性，还没有人认识，故这时代，仅因贸易上而起海上的掠夺和一部小竞争。纵因竞争而获胜利，绝无政治上的作用，故在中世纪，实没有一次海战可言。到了十四、十五世纪之间，初期重商主义兴起，纷纷向海外发展，发现新大陆、新航线，争夺海外殖民地，各国间时常发生海上的战争。于是在国际间反映出两种的重要事件：

（一）关于海战的国际法的成长。

（二）公海自由原则的出现。

关于海战的国际法，在欧洲各国间早就有规定的，可是世界上至今还没有一部完全的海战法规。现在我们只能以各种的国际惯例中及一般有关的国际条约中，找出关于海战的法规来。关于海战的一般条约，计有一八五六年的《巴黎宣言》[1]，其中有关于海战及中立的规定。一九〇七年的《海牙条约》[2]，对于海战实有较详的规定，如第一编中关于开战时敌船的地位，第七编中关于商船的改装军舰，第八编中关于海军的炮击，第十一编关于海战捕获权利行使的限制。一九〇九年的《伦敦宣言》[3]是一部比较完善的海战法典，不过其中主要的部分还是关于中立方面，同时这宣言未经参加各国一致批准，上次大战中并经若干国家宣言废止，因此，它的效力还未取得一致的公认。除了这些有关海战的条约外，其他就只有国际惯例可资遵守了。

"公海自由"为国际法的决定原则。公海之要，为荷人格罗秀斯（Grotius）[4]所倡，谓海洋之大，用之不尽，取之不竭，任何国家不得据为私有，无论渔业、航业，均可公共享受，意即天赋的物本属人类共有的。阿培尔狄斯（Angebe Wbaldis）称："依照自然法典国际法，海岸均可由各国自由享用。"他并表明在海上所为的占有行为，实据不可能性，因其天然情形，不能适合完成长久占有的任务。威尔逊总统的主张："海上自由为和平平等及合作的必要条件。"又他在和平条约第二条中的规定："在领海范围之外，海上航行须有绝对自由，无论平时或战时，均须如是，除非履行国际条约起见，方得由国际行动在海洋上作一部或全部的封锁。"阿葛尔维（Paul M.Ogilyle）称："所谓海上的自由，意即在和平时候，除对于本国人民及本国船舶，其国籍确定者外，任何国家在海上不得有管辖权，其在战争时候，凡交战国得在海上有阻止违禁品的运输权，及在

---

[1] 即《巴黎海战宣言》，其全称为《巴黎会议关于海上若干原则的宣言》，由英国、法国、俄国、奥地利、普鲁士、土耳其和撒丁等国于1856年4月16日在巴黎签署。《宣言》规定：永远废除私掠船制度；对装载于悬挂中立国旗帜船舶的敌国货物，除战时违禁品外，不得拿捕，对装载于悬挂敌国旗帜船舶的中立国货物，除战时违禁品外，不得拿捕，封锁须具实效，即须由足以真正阻止船只靠近敌国海岸的兵力实施，否则封锁不能成立。

[2] 指第二次海牙会议所签署的公约。1907年6月15日至10月18日，44个国家的代表在海牙召开和平会议，对第一次海牙会议的3项公约和1项宣言进行了修订，并新订了10项公约，总计13项公约和1项宣言。即：《和平解决国际争端公约》《限制使用武力索偿契约债务公约》《关于战争开始的公约》《陆战法规和惯例公约》《中立国和人民在陆战中的权利和义务公约》《关于战争开始时敌国商船地位公约》《关于商船改装为军舰公约》《关于敷设自动触发水雷公约》《关于战时海军轰击公约》《关于1906年7月6日内瓦公约原则适应于海战的公约》《关于海战中限制行使捕获权公约》《关于建立国际捕获法院公约》《关于中立国在海战中的权利和义务公约》《禁止从气球上投掷投射物和爆炸物宣言》。

[3] 又称"伦敦海战法规宣言"，由美国、英国、法国、俄国、德国、日本、荷兰、意大利、西班牙和奥匈帝国等10个国家于1909年2月26日在伦敦签署，未正式生效。

[4] 胡果·格劳秀斯（1583—1645），荷兰国际法学家，世界近代国际法学的奠基人，提出了"公海自由"理论。

敌人海岸施行有效的封锁权，除此之外，凡在领海范围以外之海洋，各国对于行船捕鱼及其他海上的利益，均得平等享受。"

格罗秀斯是国际法的创造者，他主张平时"海上自由"，并确定战时违禁品。这种原则至今犹为国际法的基础。赛尔登（Seldin）却主张"海洋封锁"之说，但未为人所采纳。可是交战国的封锁权和中立国的自由贸易权，构成战时国际上的激烈争点。主张海上自由的，认为在战时，中立国有权和交战国的任何方或其他中立国自由通商，不受限制；而主张封锁的，认为在战时，交战国为维护生存权利，取得最后胜利，必须断绝敌人的给养，封锁敌国交通，拿捕所谓战时违禁品。交战国与中立国常因此项争端，扩大战争范围，延长战争时日，国际法学家对此要求加以规定。惟在平时，虽可获得解决，而战争起，争端随之而生，所以这个问题，至今还不能得着最后的决定。

"封锁"是一种近代的国际制度，这种制度的构成和发展，与中立制度有密切的关系。封锁的溯源很早，最初是一五八四年与一六三〇年，当时荷兰政府宣告西班牙势力上的佛兰德海口为封锁区，敌后封锁之例也数见不少。直待中立制度为世界所公认，而且中立国的贸易得到相当的保障后，封锁才构成近代国际制度的基础。

国际法上所论及的"海上封锁"有两种，一种为"战时封锁"，就是以军舰封锁敌国的海岸全部或一部，以防阻各国的船只出入，这是战争的行为。从它的目的上说，可分为"战略封锁"和"商业封锁"，凡因作战计划，或为截断敌军陆上接济，是为之战略的封锁；如志在截断敌港对外的交通，是谓之商业的封锁。再从封锁的方式说，又可分为"向外封锁"与"向内封锁"两种。向例所谓宣告封锁，无论进出口船舶，都在禁止之列，但也有时专禁进口，有时专禁出口，因此就有向外封锁与向内封锁的区别。

还有一种为"平时封锁"，和"战时封锁"不同，它是和平解决国际纠纷的一种强迫手段。即黑塞（Hershey）所谓"并无发动战争之意，而将某国的口岸，平时加以封锁。"十九世纪以前，封锁之事只有交战国才使用。平时用封锁解决国际纠纷，约在十九世纪中叶才开始。当时各国使用这种手段的动机，不外是干涉，或是报复。一八二七年希腊发生革命，列强为维护希腊与抗拒土耳其起见，英法俄将土耳其略领的希腊沿岸加以封锁，这是国际间首次平时封锁出于干涉动机的先例。至于出于报复动机的最初一例，就是一八三一年，法国因法侨在葡被害，封锁达扣斯港。一般学者认为，平时封锁并不能防止战争，有时反引起战争，其实这类封锁，大抵都是有海军力量的大国对于弱小国家行使压力以求得补偿的工具，所以对它用为解决国际纠纷手段的效力，只有少数大海军国才能享受，往往有被强国滥用的危险。

近代资本主义国家制度兴起以后，一切国家的兴衰胜负，多取决于经济的发展及其贸易的盛衰，而国家愈富强，则其依赖于海上贸易的程度也愈为深切。因此，两国战争一起，在经济上即演成封锁与反封锁的斗争，于是中立国的海上贸易权利每成干涉的对象。观于最近一世纪来的封锁多于任何其他世纪即可证明。而在前此世界大战时，交战国干涉中立国贸易之事，更层出不穷。到了这次大战，英德双方更厉行封锁的政策，扩大封锁的范围，精细且广泛的规定禁制品品目，各以海军飞机妨碍对方的自由，甚至妨害中立国船舶航行的自由。同时美国的商船、军舰也受了德国潜艇的袭击，它虽高呼"海上自由"的口号，但又加紧轴心国的禁运，扩大海军巡逻的范围，且积极进行中立法的废止与武装商船，有不惜为其海上自由而作战的决心。于是"海上自由"问题在国际上仍成为不能解决的难题。

现在国际战争，欧洲和远东的情势，对于惯例的封锁办法，已有所变更，这究竟是一种变态违法的行为。但以战争关系国家的存亡，须把全国的物资人力一一动员参加抗战，苟交战国仍有力量足以控制海洋，绝不能坐视敌人取得海外资源，以为反攻或延长战争之用。在此等全面战争之下，经济重于军事，封锁重于攻击，这自然对于保持海上自由政策以极大的打击，即对于海上中立贸易权利也减到最小的限度。若欲禁止国际间的海上封锁政策，以求达到海上的真正自由，恐怕要等到世界大同的日子。

三、英德海上封锁战

我们追溯历史上英国利用海上封锁战的事迹，前后计有三次：第一次是在一八〇六年到一八一二年的英法战争时期。当时拿破仑想以统一欧陆来制服英国，英国则靠着海军来封锁法国。在长期的封锁中，使法国作战的经济力量，日渐衰落，终于一八一二年为英国所败。这是英国利用海上封锁战首次的成功。

在上次世界大战中，陆上的形势，德国已战胜协约国的陆军，但它的海军主力被英国围困在北海之内，不能打破英国海军的封锁。英国封锁了北海，使德国不能从海外得到粮食，终以饥饿而崩溃。这是英国利用海上封锁战再次的成功。

这次大战，英国又是利用这个封锁的政策来对付轴心国家，故在战事开始，英国政府就设立经济封锁部，它的同盟法国也设立封锁部，就是由两国的海军来实行经济封锁作战的方略。封锁是英法在经济战争中的一个武器，英法希望和用这个武器阻止德国取得从事战争所需要的重要资源。自法国对德屈服后，只由英国海军单独来执行这个任务。

英国对德封锁的区域，最初不仅限于德国的港口，还扩展到北海全部和地中海两端的直布罗陀及苏彝士运河各处。到了前年十一月廿八日，更公布全面封锁的办法，以阻断德国所有的进出口贸易。法国失败后，英国更将封锁范围，自英意本部国境，扩大至于全部亚欧与西北非沿岸，且包括法国全部直达西班牙国境，为有史以来的最大的海上封锁线。英国这种对德的严厉封锁，自然影响到德国的战时经济，德国为了反抗英国的海上封锁，乃采取前次大战的反封锁政策，它希望破坏英国的粮食供给和军火接济。德国的反封锁如果成功，英国便有饥饿和军需断绝的恐慌。但因此次战争，英国仍控有制海权，德国海军不能对抗英国的海上舰队，乃又使用潜艇、水雷和飞机，不分敌国与中立国的商船，一律进攻。它并提出口号："在战争的时候中立国船只欲冲破封锁驶往英国，即走入死路。"它还声明，这为对付英国封锁政策的一种报复。德国使用这种潜艇水雷战术，不但不能达到反封锁的实效，结果所趋，必至以攻击商船为惟一手段，蔑视条约与人道义务，使文明社会为之震动。

自德国施行反封锁政策之后，英的对策，除需要增加他们的农业和军需生产，减少他们的粮食消费外，就是积极利用它的海军，保障海洋的自由，和善用它的商船。从一九三九年八月廿八日起，一切商船都置诸海军部管督下，他们必依照海军当局所指定的航路，英国船只的转移和抵押以及变更停泊口岸却遭禁止。自一九四〇年二月一日以后，国家取得帝国海上商船的绝对控制权，这样的船只的一般征用，遂使商船的利用可以适应对付德国反封锁的需要。同时它又实行护航制度，对抗着反封锁，这样的制度，虽然使交通迟缓，但可以使交通免受敌人的打击。据《泰晤士报》的估计，在护航下的英国或中立国的船只被击沉的危险，四十七艘中不过一艘。又因德国潜艇的屡遭毁灭，水雷的扫除，英国海上空防的改善，中立国船只的出售，美国舰船转移，制船所的紧张工作，德国货物的捕获，美国对德的禁运和对英军火的援助，这些都使英国粮食供给、资源接济的路线得获安全，且足以补偿英国航运的损失。由我们的观察，不论德国怎样做法，英国并未被包围，也未迫至饥饿和资源恐慌的状态。简单的说："因为英国拥有强大海军，能控制海上的交通，能保持海上的自由，所以德国的反封锁政策到了现在并没有成功。"

四、东方强盗非法封锁中国

因为敌我海军力量的悬殊，所以在敌我敌对状态中没有大规模的海上战争，只有敌人对我的违法封锁。一九三七年八月廿五日，敌第三舰队司令长谷川正式宣布封锁我国的一部海岸，自扬子江北至汕头南止，即自北纬三十二度四分，东经一百二十一度四十四分起，至北纬二十三度十四分，东经一百十六度四十八分止的中国海岸，由日本海军第三舰队加以封锁。禁止中国船舶在此段航行，并且由日本海军法律顾问信夫悖□发表声明，指此封锁为"平时封锁"，与"战时封锁"不同，所以巡逻封锁洋面之日舰，得令通过封锁线之外籍船舶停止而受检查，然而不能禁止外国船只载运军火至中国，不过如果发现其所载运者为战时违禁品，日本或将使用优先购买权，强制购用。同时其外务省声明，说明这次封锁中国海岸的理由，系因为"对付支那军不法攻击，和防止事态扩大起见，特对支那船舶交通遮断，帝国海军尊重第三国和平通商，对于第三国船只无意加以干涉。封锁的目的，纯为帝国政府自卫的措置。"同年九月一日，敌方宣称："八月廿五日宣告明白指出，交通的锁闭只适用于中国的船舶，而不适用于第三国的船舶。因此，第三国船舶所运载的军火、军需不在这个办法范围之内。但是，自从上述的宣告发出之后，常有中国的船舶悬挂外国旗，避免该宣告的适用，所以日本政府有检查可疑的船舶以确定它的国籍的必要。日本政府对于第三国的船舶发生不必要的误会，如果第三国的船舶预先通知要驶入上述区域的船只的名称、船长以及关于船的资产的事项，日本政府就感觉便利。"九月五日，敌方更扩大对我封锁的范围，把东四省以外的中国海岸都包括在内，观其海军省的宣言，内容如左：

"帝国海军,已对中国船舶,在华中、华南沿海一部分之交通,施行遮断.现更扩大范围,除第三国租借地及青岛外,所有支那全部领海,一律遮断支那公私船舶之航行.此项处置,对于第三国和平通商,与前相同,仍无加以干涉之意图。"

以上所引敌方对我封锁的重要宣言及声明，它虽宣称不干涉第三国的航行，事实上各国船只往来于中国领海的，常受日海军的留难。最显著的，如一九三七年十月十四日，有法国货船两艘从欧洲驶往中国，船靠温州时，日海军竟不许靠岸，并因此引起冲突，打伤法水手多人，还将船长拘去。其最残暴的，无过于敌海军企图消灭我沿海的渔船和小商船，惨杀我沿海的渔船和小商人。据渔民协会统计，在一九三九年以前，我国渔船被焚毁的有七百四十九艘，渔民被杀害的有一万二千七百三十二人。到了现在，自然更有可惊的数目。计自敌酋长谷川正式宣布封锁我国海岸之日起，到了这次敌海军省发表的宣言之日止，可以说是敌人封锁我国沿岸的第一时期。

到了一九三九年，敌人更把封锁我国适用的范围扩大，是年五月廿六日正式宣布：

"第三国在中国沿海之航行，兹一律实行封锁，此非为权利问题，而为日本当局之要求也。换言之，即日方要求有权在中国沿海之地区，勒令任何船只停止驶行，并检查其登记证书，确定其是否为国民政府租作军事之用，所谓为国民政府租作军事之用者，即为该轮究否载有货物，以供华方军事之用也。"

查这次敌方所宣布的封锁区域，而非为以军舰驻泊我国港口之外以构成连续不断的封锁线，与德国宣布的封锁区域，干涉外国的合法贸易的情况，大致相同。一九三七年八月廿五日虽宣布对于通过封锁线的外舰，得令停航加以临检，但因各国拒绝不见实行。这次宣布之后即予实行。前次敌方宣称，不能禁阻外舰运输，仅对战时违禁品于必要时施行优先购买权而已。而这次则将载运来华的军用品，甚至粮食和药品，均有列入战时违禁品的可能，而将加以没收。又过去对于第三国船舶向不干涉，而这次虽称不反对在占领区内的和平贸易，然又禁阻占领区与各国的航行，且拒绝说明和平贸易究以何种货物为限，这无异即停止一切外国船舶在中国的航行。这次宣告显然的和一九三七年的宣告有很大的性质的区别。从这次敌方宣告扩大封锁范围一直到了现在，可以说是敌人封锁我国海岸的另一时期。

我们的观察，自从一九三七年七月七日卢沟桥事件起，到现在止，中日之间，并没有国际法上所谓"战争状态"的存在，只是日寇对我的侵略和我国的自卫。至于上述敌人对我封锁的宣言、声明与其暴行，完全是非法的。第一，因为敌我的敌对关系，既没有成为法律上的战争状态，中日之间所存在的是敌人对我非法的战争，它不能因此而取得合法的交战权以封锁我国海岸，享受一般交战国的交战权利，各国也绝没有对它遵守中立的必要。第二，在第一时期中敌人对我的封锁，似乎承认它的封锁不是战时封锁，而是平时封锁。但事实上，平时封锁是两国的和平状态中的惟一的武力冲突关系。其次平时封锁当为一种报复或干涉的手段，也就是强制解决国际纠纷的方法的一种。根据国际法，平时封锁须按照三种条件：（一）第三国船舶可以不顾封锁自由出入；（二）和平封锁须正式宣告与通知，且须充分武力维持；（三）被封锁国的船舶，不遵守封锁，可以截留，封锁终止之时，被截留的船舶及货物，应各归原主。但不论依何理由，不予赔偿。敌人对我既然自称是平时封锁，就应遵守国际法所规定的条件，然而事实上它又进行交战国的临检捕获权。这样，它非仅完全没有法理的根据，而且不合乎和平封锁的规定。中日间既有事实上的战争存在，已不得强称为平时封锁的何况它对我侵略的非法战争行为，更绝不能引用和平封锁的规定。对于敌方毁灭我国沿海渔船、商船，惨杀我国渔民、商人，更是国际法上所不能容许的。第三，观一九三九年五月廿六日的敌方封锁宣言，公开的主张一律封锁第三国的船舶在中国沿海航行，这似乎敌方有成立战时封锁的意思。因为敌方宣告对我封锁已适用于第三国的船舶，就变成战时封锁的性质，但双方都没有承认这是正式战争，又没有事实记明敌我关系已经从事实上的战争状态，变成为法律上的状态，这样，敌人实在没有资格使用战时封锁办法而宣告封锁中国海岸，和禁止第三国船舶航行的自由。

我们根据以上的分析，无论从实质上看，或者从法律上看，再从战争的行为上看，敌方封锁我国海岸，完全是违法的，这样的违法的海上封锁，不过是东方海盗的一种暴行而已。

五、中国海军的"自封锁政策"

自一八九四年中日甲午战争之后，中国已无海防可言，直到国民政府成立之后，新的造舰计划才开始进行，日寇即向我作第二次的大侵略战，假使能给予中国以十年至十五年的时间，来扩充我国的海上防御武力，再以今日我们海军抗战的精神，抗战于海上，则中国海军必然地可以予敌方舰队以可能的严重打击。

我国海岸线，东北起于鸭绿江口，西南迄于东京湾，长达二千八百海里。在抗战以前，仅有四万吨左右的海军，且多半又是逾龄舰艇，以这个弱小的力量，来对抗一个占世界海军第三位的日本海军，当然不是敌手。因此东方的海盗得跨海而来侵扰，海上运输，敌前登陆，深入我长江内湖，皆不感威胁与困难，这实为中国国防上的致命伤。

这东方海盗自以为它的海军对中国处于绝对的优势，对我抗战既无需海上比武，只以封锁政策即可使我屈服。敌人平田大胆说过："汕头、厦门、宁波、上海、海州、青岛、烟台、天津等中国海港，如配备以少数军舰，立即可加以封锁……如此以台湾海峡、九州西南诸岛、朝鲜海峡为内线；南洋诸岛、小笠原群岛、北海诸列岛为外线，在海上造一种栅栏，配备以精锐舰艇，则至中国之封锁，完全可以实行。"这可以说明上述所谓敌方对我的封锁手段，是在战前早已决定。它以为封锁中国是轻而易举而又能收到宏效的方策，它也以为海军封锁中国沿海，陆军进攻中国内地，即可以收速战速决的战果。但它的战略中并没有预想到中国海军的"反封锁政策"，更梦想不到中国海军的反封锁"自封锁政策"的威力。

所谓"自封锁（Self Blockade）政策"，我国过去海军也曾用过一次，在甲申之役[1]，法舰进攻闽江，当时曾在魁岐上下，筑过一道封锁线，横断河流，防范法舰上溯，这一道封锁线的障碍，一直到了民国十一年，才把它完全解除。自封锁政策在历史上也有许多例子，如一八三六年俄国因为国内的叛乱，通告封锁自己的西加西亚（Circassia）的海岸；一八六一年美国内战时，联邦政府把载满石头的船只沉没在查礼斯敦（Charlesten），阻止船只的进出。这些封锁，虽不能说海上的封锁，但总是合于海战的自封锁政策。这次我国抗战，因未有适应的海军力拒敌于海外，但我海军不能束手无策，等待敌人把守门户升堂入室。故在抗战开始，即预定"自封锁政策"以对付敌人的"封锁政策"。"八·一三"沪战初起，即自封锁港口，第一封锁线为黄浦江，因战场之逐次西移。在长江方面的江阴、下关、大通、安庆、马当、武穴，在珠江方面的虎门，皆为武汉会战以前的强固封锁线。武汉会战以后，长江上游、汉水、荆河、湘江和洞庭湖各处，广东的西江与潮江，浙江的甬江和温州港口，福建的闽江，江西的赣江，前后皆为我封锁。敌人原想利用其优势海军，先封锁我沿海，再溯江突进，在华中取南京，攻武汉，犯四川；在华南入西江，犯云贵，企图段我西南的国际路线，替军队杀开一条血路，使我们迅速屈服。但是结果，这东方海盗的毒辣计划，没有一次不是给我们海军的"自封锁政策"所击破。

我们的自封锁政策实施，或谓这似乎有违反第三国的条约上的权利，但依国际法的通则，只有本国的人民，才有领海及内河航行权，并且在国家领域安全必要的时候，这些条约上的权利不能不受限制，何况日寇对我的侵略与非法的封锁。当然，我们有权实行自己的封锁。

说起"自封锁政策"，我们先要知道封锁的实施方法计有三种：仅凭交战国一纸宣言，就构成封锁的行为，封锁是为纸上封锁；以陆军力来切断敌陆上给养的运输的封锁，是

---

〔1〕亦称"马江海战"或"马尾海战"。1884年8月23日，中国福建水师在福州马尾港遭法国侵华舰队袭击，爆发海战。此役福建水师全军覆没。26日清政府对法宣战。

为大陆封锁；以海军力来断绝敌港一切海道的封锁，是为海上封锁。海上封锁在性质上，大略可分为两种：一种是广义的封锁，即是制海权争夺，破坏敌国交通路线，使其窒息以死的封锁；一种是狭义的封锁，即是自封锁，使敌人不能接近我的海岸港道，断绝或阻碍敌方在我水道交通，使其对我进攻无法进展。所谓纸上封锁，自无实效，如要封锁具有实效，便非出海军力来执行不可。至于补助封锁的手段，则于木石封锁、沉船封锁、水雷封锁、潜艇封锁。"八·一三"战起，我国因海军力相差过远，根本不能对敌施行海上的封锁，不得不退思其次，利用港湾河川形势，实行"自封锁"，即用沉船封锁、木石封锁和水雷封锁，至于潜艇我们是没有的，自然不能利用潜艇封锁。抗战四周年以来，我海军自封锁的战略的进展，先由沉船封锁、木石封锁，进入水雷封锁。武汉大会战之后，水雷封锁的区域日益扩大，海军布雷队的活动范围亦随之扩张。因此，水雷封锁战术亦有变化，可以说先由水雷防御战，在各战区及其附近封锁水道，以用阻截敌人的前进，拖延敌人进攻的时间。可是到了现阶段，我们一面利用"水雷防御战"，同时又增加"水雷游击战"，是防御进攻兼用的新封锁战术。这种新封锁的战略与其战术，在世界战争中是罕见的，我们实施以来已经大大的成功了。现在我们海军战略，是以发挥水雷封锁为中心，全国各战区，凡是于水道的地方，莫不有我海军布雷队和海军游击队的踪迹。中国海军在这次世界大战中，正运用其抗战中新生的力量，继续不断地协同陆空，来利用毁灭敌人的优势海军以开辟进攻路线的毒辣迷梦。

日寇对我非法封锁的最大目的，除了破坏我军事上交通的便利，就是要断绝我国抗战资源的输入与民主国家的援助。但自全面抗战展开以后，我们的西南和西北国际交通路线已建设成功，它在我沿海封锁，已不能收其预期的效果。不过，我们要注意一点，就是在日寇北进或南进中，和英美、苏联任何一国开战时，则它对于中国海的封锁，就有很大的功用。如 A、B、C、D、S 反日阵线[1] 欲达到包围这东方的海盗，那在战略上就要先打破日寇对中国的封锁。同时中国要乘机反攻，中国的自封锁政策必然要改变对日的封锁。到了这个太平洋 A、B、C、D、S 反日封锁时，中国虽无舰队对日执行海上的封锁，但我们确信中国对日水雷封锁战必能担任一大部分的任务。我们也敢相信，在太平洋围剿这东方海盗的时候，我们海岸的布雷队和水雷游击队必能控制若干的海面和重要的水道。

---

〔1〕指美国（America）、英国（Britain）、中国（China）、荷兰（Dutch）和苏联（Soviet）结成的反日阵线。

六、美国维护"海上自由"

东方海盗日本之封锁中国，不独侵犯中国海上的自由，甚至中国的领海、领江的自由，亦全为这海盗所剥夺。西方的海盗纳粹国家，现在利用其水雷、潜艇和海上袭击舰，破坏英美民主国家的海上自由，并以不顾人道的方法夺取制海权。这种违法的侵略行为，正与东方海盗的日本相呼应。

在前次世界大战中，英国封锁了北海，使德国不能获得海外接济，于是德国大喊海上自由。到了德国宣布无限制的潜艇政策，英国乃大喊海上自由，同时美国船只因受德国潜艇击沉，也大喊海上自由。但是，当时各国都要求海上自由，而各国又都以封锁和袭击政策来妨碍对方的海上自由。到了大战停止，和会成立，美总统威尔逊即主张："不问平时战时，通航在领海外的海洋，有绝对的自由。"由这海洋自由论，演变而主张："通商封锁的禁止；海上禁制品条例的废止；公海私有财产之不可侵犯。"但遭英国的反对。于是，美国在军缩会议中乃主张："海洋自由的捷径，端在建造使任何国家无对美和平通商加以何等干涉的有力海军。"因此，由反对海上封锁，而争求海上自由，由要求海上自由，而竞争扩张海军，由竞争扩张海军，进而争取制海权，由争取制海权，乃再演这次世界的大战，于是海上自由问题越变越难解决了。

世界上最坚持海洋自由的无过于美国。美国为了维护海洋自由，曾经战争三次：一为一七九八年，一为一八一二年，一为一九一七年。因为坚持海洋自由，原是美国开国以来的传统原则，第三任总统杰克逊曾说："我政府当以自力维护海洋自由，决不妥协。"到现任总统罗斯福还是这样主张。今年六月间的炉边闲话已坚决的说明："一切的自由，皆有赖于海洋的自由……美洲的历史……皆与海洋自由有难解难分的关系。"而最近的"罗邱宣言"，亦揭示海洋自由。九月十一日，罗总统对德意警告广播的，对于维护海洋自由则更为露骨，他先说："余已命令海军于发现轴心国船只出现于美国所防御之海面时，即行开炮射击，不论所付之代价如何，吾人必将保持此等防御海面上之商务。任何暴戾行为或威胁恫吓，均不能阻止吾人保持国防上之两大堡垒，此两大堡垒为何？一即吾人积极的以物资供给希特勒之敌人；一即吾人在公海上之航运自由是也。海上自由政策对大西洋、太平洋以及其他任何大洋均可同样通用。一九四一年之无限制潜艇战为一侵略之行动，无异向美国挑衅。现美海空军已大举出动，在大西洋广阔之海面上巡逻，以担负保持美国海上自由之任务。"继着又说："海上自由政策之意义，即谓任何国家无权使远离陆地战场以外之大洋上成为其他国家进行商务之危险地带。希特勒现已着手利用暴力夺取制海权，已属显然，其行动直将国际法以及人道每一遗迹一旦一扫而光之，美国人民对之已不复再有错觉。德国之现政府对于条约国际法与夫对中立国及人道上之公正态度，无尊重之心……"罗总统的结论是：武力报复，不可避免，虽有任何牺牲，亦所不惜。因此，美国为维护海上自由，最后必诉诸战争。

近数月来，美国船只，自货船以至军舰，连续为纳粹国家的袭击或击沉。五月廿一日，美轮"罗宾穆尔"号在南大西洋中之被德潜艇击沉，这为德国破坏美国海洋自由的开端。九月四日，美驱逐舰"克瑞尔"号之被德潜艇袭击；九月七日，美轮"航海"号在红海又被炸沉；九月十一日，货船"蒙大拿"号，复在格林兰附近被击沉；九月廿一日，美"星"号又在冰岛近海被击沉没，九月廿七日，油船"怀特"号在巴西南哥凵外复遭同样命运；十月十日，货船"里赫"号由非洲返美途中，十月十六日客船"冒险"号在冰岛外，又货船"西阿玛歌索尔"号行经大西洋中，先后全被击沉；十月十八日，驱逐舰"克尔内"号在冰岛以西复被鱼雷命中；十月廿九日，油船"萨利那"号在冰岛以内被鱼雷袭击；十月卅日，驱逐舰"罗朋詹姆斯"号在冰岛以西复被鱼雷击沉。德国这种恣意任性，肆行其无限制的潜艇政策，它对于国际法公海自由的原则，当然不在它的眼中，这种破坏海洋自由，比较以前要求海洋支配权为尤甚。所以罗总统的坚持海洋自由，它的意义不仅是反对像过去名义上的统治海洋，而且是抵抗事实上对于海洋的控制。这次世界大战爆发，美国虽于三日内宣告中立，禁运军火，但后来这种态度完全转变。在战争开始的第一个月内，美国会便进行修改中立法的禁运军火条款，采现购自运的办法，以军火供给英国。到了去年六月法国屈服后，美国更输送英国以急迫需要的物资。九月中，又与英国成立协定，转让驱逐舰五十艘，租用它八个重要海军根据地。今年三月，国会复通过军火租借法案。今美国国会修改中立法，武装商轮的法案，迅将完成。最近更连续高呼海洋航行的自由，要使民主国家兵工厂的军需物资，能充分的安全的输送到大西洋、太平洋及其他大洋的口岸。故当美轮开始运油赴海参崴时，暴日百般的恫吓，而美国沉着应付，毫不动容，且将首批运油船的名称、油量、航期以及路线一一公布，即无异明告东方海盗语勿侵犯美国在太平洋上航行的自由。

从这次大战现阶段的情形看，美国与侵略国家彼此都已演成骑虎之势，但美国无论如何，必以全力贯彻海洋自由的政策。美国今日主要的使命，在以军火物资供给中、英、苏和其他反侵略国家，这一使命的负荷，必以维护海上交通与自由运输为先决条件。而它所藉以贯彻其海洋自由政策的武器是什么呢？无疑的是它拥有强大无敌的舰队，可以两洋作战，可以应付东西海盗。我们深信任何轴心国家，如要破坏海洋自由，美国必决与一战。

七、结 论

国际公法原是为了解决国际间的纠纷而设的，可是这次的大战，轴心国家只恃强权，不讲公理，所以战争发生不久，海上封锁的把戏，又搬上战场来重演了，使海洋自由比前次大战更遭遇严重的威胁。所以海上封锁政策在目前尚未走入没落时代，若要使封锁法规具有拘束各国行动的效力，这个日子还在于遥远的将来呢！

海上自由问题的前途如何？在战争期中，只有海军力方能解决，国际法上的任何条文都不能发生效力，外交上的任何辞令也不能得到合理的解决。海上自由问题演变到现在，仍然只能等待美国的最后权力来确定它的意义。

海洋自由虽为美国的国策，亦为今日反侵略国家的命脉。就目前的事实而论，美国援助之军火与物资，必须安渡重洋，始能达到中、英、苏诸国，所以关于海洋自由的理想与事实不独为美国所关切，尤其是被侵略国家更觉切身利益，愿意努力维护。

中国因无维护海上自由的海军，故自抗战以来，东方的海盗得对我施行非法海上封锁，断绝我出海之路。倘非有西北和西南大陆的国际路线，则暴日海军对我封锁，必予中国抗战前途以重大的打击。国际战争，变化无穷，凡我国人，切勿过于信赖大陆的国际路线，即可永保外来物资不断的输入。尤其是切勿以驱敌下海，即认为抗战胜利。盖中国一日不能打破敌人海上的封锁，则中国的领海、领江仍非我有，虽得保存一片大陆，亦不过一笼中之鸟，为人所制。故中国一日不能得到海上的自由，则中国仍不能求生存于世界，在今日美国坚持海洋自由，中国更当努力维护，以求达到中国的海上自由，因为海上自由是今后中国求生存的先决条件。

太平洋战争战略的观察[1]

(1942 年 1 月 15 日)

一、太平洋战争的爆发

第一次世界大战结束的那一年，一九一八年，世界经济非常的恐慌，一九二三年则变为畸形的繁荣，而一九二九年却又遭逢了严重的经济危机，这一危机的浪潮，以一九三〇年为最猛烈，且普遍到了全世界。于是东方海盗的日本，就乘欧美各国正为自身危机所困而无力照顾的时候，撕毁了维持太平洋集体安全的九国公约，于一九三一年九一八侵占我东北三省，先后发展为对中国本部的大规模的侵略，实行用暴力重分世界，燃起这次世界大战的火焰。

由于日寇到中国的侵略，远东均势的局面被打破了，一面既引起了中华民族革命救国的觉悟作自卫的抗战，而一面各国在华的利益几完全为其掠夺，因此也就加深了日本对英美在太平洋上的矛盾。九一八事变后，国联虽有不承认强占东北的决定，但却没有对侵略者作进一步的制裁，所以意大利也效法日寇的榜样，占领了东非阿比西尼亚，更掉头向地中海西部的西班牙迈进。另一方面，在美（德）国纳粹暴行之下，欧洲的地图改变已不止一次。一九三八年，欧洲终竟由侵吞弱小国家的局部战争进入了列强的全面大战。

自一九四〇年德日意轴心协定签订以来，日寇久已与德意法西斯东西呼应，遥相声援，德苏战争爆发后，日寇更企图趁火打劫，所以南征北调，极为频繁，它既控制了整个的越南，复强迫泰国就范；同时又集中大军于我国东北，准备乘机伺隙，孤注一掷，

---

[1] 此文发表于《海军建设月刊》。

它的一贯的黩武政策，陆军以苏联为假想敌，海军以英美为假想敌，至于对中国根本就瞧不起，所以妄图于短期间屈服中国，然后利用中国的资源，沿海的根据地，进而击溃英美苏联，占取荷印澳洲，席卷东西大陆，独霸太平洋，显然与希特勒征服世界的计划相配合。

一九四一年十二月七日，日本海军和空军未提出警告，就向太平洋里的美国属地进攻；十二月八日，英国属地马来和香港也变成它的进攻的目标了。在其大使野村专使来栖把日方对十一月二十六日赫尔备忘录的覆文递交美政府以前一小时，军事行动就开始了。夏威夷群岛、菲律宾群岛、关岛、香港和马来，都和日本距离很远，而且又都散处在太平洋的各方，竟然差不多同时受到了攻击，这种事实，充分证明这是它预先准备好了，至其代表在华盛顿进行的谈判，显然是一种烟幕的作用，要藉此掩蔽其进攻的准备罢了。

日寇自九一八以来，就是世界侵略战争的戎首，现在又做了太平洋大战的罪魁，在这次战争中，美国和英国，却变成了事先布置的蓄意预谋的侵略之对象了。这种预谋的进攻之突然性，就决定了日军可以取得若干暂时的胜利。在美国方面，关岛、威克岛、马尼拉均先后为日寇占领；海军的损失，计旧式战斗舰亚利桑那号沉没，奥克拉哈马号重伤，另有驱逐舰加森、道恩斯、奥加拉特三艘均被击毁；又美舰阿浦梭加拉号在新加坡海面被击沉。英国方面，香港被日寇占领，英舰威尔斯亲王号及利比尔斯号均被击沉没。现在军事行动正不断的在菲律宾马来半岛继续展开，在世界上已有十九个国家对日宣战，四个国家对日绝交，中英美苏等二十六同盟国家复于今年元日在华府签发联合宣言[1]，截至本月三日止，反轴心各国宣布，在西南太平洋设最高统帅部，印度英军总司令魏菲尔将军被任为太平洋同盟军总司令，美国陆军航空总司令勃勒特将军任副总司令，美国亚洲舰队总司令哈特将军，指挥西太平洋同盟海军，蒋委员长则担任中国战区（包括越南泰国）同盟军陆空联军总司令，至于同盟军包括有中美英荷印及英帝国各自治领。这便是太平洋战争爆发后的形势。

今天的战争，范围之广，已遍及五大洲，这正是正义的洪流，太平洋上反日的民族统一战线伟大结合的开始。这是世界人类绝续存亡的战争，也是侵略者与反侵略者你死我活的斗争。今天的世界，正处在光明与黑暗的分野，文明与野蛮的对立，民主与极权

---

〔1〕1942 年 1 月 1 日，美国、英国、中国等 26 个国家在美国华盛顿发表宣言，表示赞成《大西洋宪章》，并决心共同战败德、意、日法西斯侵略，不到侵略国无条件投降，绝不和敌国单独议和。该宣言被称为《联合国家共同宣言》，或《阿卡迪亚会议宣言》《二十六国宣言》，标志着国际反法西斯联盟正式形成。

的斗争,和平与暴力的对抗。我们深信,只要全世界万众一心,胜利一定属于正义方面的。

二、日本在太平洋战争中的战略

日寇用外交欺诈手段以来栖野村诓骗美国政府,一面突然以海空袭击夏威夷、菲律宾、关岛、新加坡、香港,发动太平洋战争,战事截至现在为止,已经四十多天了。在这短暂期间,日寇除在中国长沙三次会战惨败,损兵折将而外,所谓所到皆逞。日军于去年十二月十日下午占领关岛,十六日占领威克岛,二十五日攻陷香港,今年一月二日侵入马尼拉。同时在马来半岛北部,敌陆军亦有长足进展,新高打、槟榔屿、怡保、吉隆坡各要点,英军相继撤退,战事南移至卡将关附近,马来形势之危可以想见。在另一方面,敌军于占领关岛,威克岛之后,美国由夏威夷方面增援菲律宾路线,事实上已被切断,加以菲律宾位于关岛,日寇南洋代管岛及海南岛中间,三面被攻;同时敌海军又由代管岛西袭英属北婆罗洲,南占英属吉尔柏特群岛,切断英澳军队及美舰队由南面声援马尼拉,兼对荷印作半弧形的包围形势。近且侵入荷属婆罗洲东北之塔纳甘,荷属婆罗洲及西里伯守军,正与敌军做殊死战,是荷印各岛殆亦进至紧急状态。这是日寇发动战争后的近况。今后战事当愈猛烈,战区亦当扩大,其胜败消长皆足以影响反侵略集团的全局,故对于敌我的战略的检讨,殊为重要。现在先论日寇的战略,分述于下:

(甲)轴心集团整个战略观 日寇之突然发动太平洋战争,可断为轴心集团由闪击战略而改变为长期持久战略。因为西欧战场轴心国军队已胶着于莫斯科、列宁格勒战线,无法进展,而罗斯多夫一线且以溃败闻,闪击战略显已寿终正寝。最近德国外长里宾特罗甫警告其国民说:"战争须作十年以上的准备",这可证明目前就是轴心集团长期战争的开始。夫长期战争乃全部人力物力的总决斗,轴心国家既感自己经济力之不足,而反侵略集团之后方复拥有充足的人力和资源,故轴心集团今后开始的战略,必倾全力以分散或牵制反侵略国家的国力,并进而抢夺世界的资源以为持久之计。由此可推断日寇今后的行动,不是以闪击战术的姿态求得军事决战的胜利,而是抢夺资源以为支持长期战争的赌本。日寇为着这一战略,在攻陷新加坡以后,一面进攻荷印以求取得南洋群岛的丰富货资;一面必向印度洋发展,企图进入红海区域,以截断英美援苏路线。这一战果可发生两种作用,除破坏英美联络与封锁苏联之外,便威胁了苏彝士运河,使英美的交通,只能靠大西洋,太平洋的路线是绝对不通了,这是日寇发动这次大战的一个最毒辣的战略。

我们预料日军在新加坡方面获胜或进入印度洋时，德军必将乘英国之危进攻苏彝士，这一夹攻战略是德日两国相配合而行的。这一战略有获得两种战果的希望：第一是支解英帝国，瓜分英帝国的殖民地；第二是轴心与其伙伴取得密切联系，以便合作向美国进攻或东西夹击苏联。

（乙）初期的闪击战略　日寇海军野心的滋长，乃二十一年来海军协定史的撮述。一九二一年十一月，日本出席华盛顿会议代表加藤海军上将，他当时的意见，在今日太平洋战争中回忆起来，特别感觉有趣："日本永不要求，或有要求与英美的造舰平等之任何企图。其生存的计划，将最后指出没有准备作侵何战争的观点"。无论如何，五五三比率的海军条约，太平洋不设防的规定，和在太平洋获得代管岛屿，都是允许日本在太平洋上占有优势。

但就战前全力来看，它和英美荷印海军的对比，则处于绝对的劣势。仅视南海一隅，它却深得地利上的便宜。所以它阴谋隔断英美海军联络并幻想急夺新加坡的战略方针，是有不得不然的理由的。不必讳言，美国关岛设防计划始终被孤立派份子束之高阁，中途岛、威克岛又未能予以充分之武装，是构成日本利用闪击战略的主要条件。新加坡英美海军联防，议论经年而未见事实，菲律宾的海军设备竟不能容纳较大主力舰的停泊，海南岛、斯巴特莱岛、金兰湾之坐失，使日寇横断了英美海军在南海上的联络，美国亚洲舰队实力薄弱不足以应大战，是构成了日本利用闪击战略另一主要条件。由于此，在太平洋大战的初期，日寇必先以闪电行动，与英美一大打击，然后才能继续作战。

日寇在纳粹教唆与指导之下，它师袭了希特勒突击西线和突击苏联的故智。虽然英美在战争爆发前两天就警觉了日本海军在金兰湾海面的活动，但英美或许仅仅预见到泰国的危机而已。早在美日谈判以前，美海军少将格林斯莱德就感觉到日寇进攻的阴谋，他代表演说警告美国决不应忽视太平洋战争之潜伏危机，谓："美国海军，现正在该地带保卫重要货物之安全通航，在目前不稳定之局势下，吾人实无法猜测将来可发生何种行动，犹忆一八九四年日本海军于对中国宣战之前一周，即已开始敌对行为，而一九〇四年二月日俄之战时，日鱼雷袭击旅顺口之俄轮，为日仅在日本政府批准停止对俄谈判之决议案以后数小时。日本一旦决定使用武力，则必在事先秘密进行准备，远在第一次世界大战，使吾人熟悉军事检查之意义以前，日本对此已颇为熟练云。"格林斯莱德虽有先见之明，可惜英美当局并破（颇）有预料到侵略者早就暗中进行着全面进攻的计划，故战事爆发之后，无怪乎特夫古柏有"我国在远东最黑暗之一日"之叹！

日本是一个实力有限而野心无穷的国家，它原想离间民主国家以遂其逐步进取各个击破的欲望。离间的诡计失败以后，日本乃发动在太平洋上的闪击战，它这次采取闪击战略的主要目的有两个：一为在正式作战以前即消灭英美在太平洋舰队的主力；另一为在消灭英美舰队的主力以后，在英美不能迅即对新加坡菲律宾增援的期中，夺取新加坡菲律宾。至于香港、关岛、威克岛的占领，敌人的目的似只在企图肃清后方阻碍，并牵制英美对新加坡菲律宾的增援。这两项目的如能达到，即日寇可以拥有南洋各地的资源，配合轴心夹击占领以作长期战争的准备。

（丙）沿岸潜进的战略　德国因为没有较英强大的海军，不能越过海洋进攻，所以它就利用沿岸潜进的战略，如它进攻挪威和法国海岸，进攻希腊和苏联波罗的海与黑海的沿岸，都是采取沿岸潜进战略。意大利海军虽弱，它对北非向埃及进攻也采取过这种战略，都收到相当的战果。我们要记着，日寇未深入中国腹部以前，首先是占领中国海岸的，继即沿岸进占法属越南，现则向泰国缅甸及马来半岛潜进，使新加坡海军根据地处于不利的地位。

日寇的南进形势是并不复杂的，一般的讲来，它只是由北往南，一种自然的进攻。它从本部经琉球群岛，直到台湾，对于整个南洋区域显然像一把剑，而以台湾为剑锋。在这剑两旁和前端，左边有小笠原、玛利亚纳、加罗林等群岛；右边有在发动侵华战争后强占的中国沿海重要港埠，海南岛、西沙和斯巴特莱群岛做外围。一方面可充分保护剑身的鞘，别方面是引长剑锋的前刃。

在这把剑的锋口，首先是美国的菲律宾群岛，就天然的战略形势和需要而论，日寇不向南进攻则已，如要南进，第一步行动最好是攻取菲律宾。菲律宾一经占领，则它对整个南中国海将占着绝对战略优势，不论在空间上或时间上。不但对婆罗洲，西里伯只一衣带水之隔，即对马来半岛、苏门答腊、爪哇、新几内亚等一切南洋重要区域，随时可以进攻。但日寇无论有多强大的舰队，从台湾、海南岛或越南直接大举进攻南洋群岛是不可能的，如果现在再想闪击战略的功效，突击反侵略国家军事中心的爪哇更见困难。假如它采取持久战略，逐步侵占婆罗洲、西里伯以其他各岛，较为得势。正是这样，日寇目前乃采取了逐渐击破，逐步增强战略地位的沿岸潜进的战略。

（丁）包围新加坡与截断英美海军联络的并行战略　就目前大势观察，日寇的战略是一面包围新加坡，一面截断英美海军的联络中央进攻荷印，以求占取同盟军南太平洋战区统帅部所在地的爪哇。

据日前报载，马来敌□已侵入吉隆坡南进，同时槟榔屿早已被占，麻刺甲海峡可说半在日寇控制之下，现在日寇更用全力求加速将新加坡占领，因为占领该处，荷印便不用恶战即可攫夺过来，重要资源便可不劳而获。新加坡是东方的直布罗陀，英美联合海军的根据地，欧亚交通的咽喉，由太平洋与英本国的联络，必须以新加坡为其锁钥，现在日寇加紧由马来进攻新加坡，正是这个企图的暴露。

我们认为新加坡之争是现在西南太平洋上的主要战场。英国重视新加坡当无待言，外讯传来，美国亦同样重视新加坡；澳洲、新西兰、印度与荷印自亦重视新加坡；我们中国也认为新加坡的必守与中国抗战的前途关系至为重大。英国曾经以全力经营五年以上，现时同盟国家共同重视的新加坡根据地，我们相信同盟国家必尽最大的努力来防卫它。新加坡根据地完全脱离危险期以后，则日寇失败的命运即将完全注定。

其次日寇必攻荷印，因为荷印如为同盟军保有，马来半岛即大部沦陷，甚至麻刺甲海峡航路全被切断，同盟军亦可由荷印及澳洲得到外援，坚守新加坡。新加坡不失，日寇在初期会战的局部胜利是不能久持的，故日寇目前的战略必须在荷印得到根据地，俾克从新加坡南面，切断守军的外援。目前敌军进攻塔纳干，我们认为战略的意义比攫取资源的意义重大。从地理上观察，日寇攫取塔纳干后，设荷属南婆罗洲及西里伯无力抗守，敌海军即可由马加撒海峡，进攻荷印心脏和同盟军前进根据地的爪哇。爪哇如果不守，敌海军就一面可北上攻击新加坡的南面，一面又可出巽他海峡，绕到印度洋经苏门答腊北面，与马来敌陆军策应抖扼新加坡之背，如是则不但澳洲新加坡军队无法北援新加坡，美国太平洋舰队与它的亚洲舰队和英国远东海军及荷印舰队将无法联络，□至新加坡沦陷，而且整个西南太平洋将全被日寇侵占了。所以目前同盟国方面，一面军队应从泰缅攻马来敌军之后，牵制南下敌军，同英美海陆空军应抢救荷印，实际就是保卫新加坡，就是稳定战局，准备反攻的基础。

其次日寇的战略，在一面进攻新加坡与一面进攻荷印的期间，同时企图截断英美海军的联络。美国海军到西太平洋的路线，约有北、中、南三线，惟中路为最短之线，即由美国西岸根据地，经夏威夷、中途岛、威克岛、关岛，以至菲律滨、新加坡及荷印。当战事爆发，日寇海空军即闪击夏威夷而占领关岛与威克岛，同时又进攻菲律滨与新加坡，这初期的战略即欲消灭美国太平洋舰队的主力，并企图隔断美国主力舰队与亚洲舰队及新加坡英国舰队的联络，使美国海军不能迅速救援菲律滨与新加坡之危。自关岛、马尼拉被占之后，中路实已被切断，日寇更进一步的战略，自然是要截断美太平洋主力舰队由南路西航。南路是从夏威夷，经凤凰群岛、埃利斯群岛、圣大克路斯群岛、木曜岛，经达尔文港以至爪哇；或由夏威夷，经巴尔迈拉岛、萨摩亚群岛、菲济群岛、新赫布里底的群岛、亚拉佛拉海、帝汶以至爪哇，据说日寇已在马绍尔群岛与萨摩亚群岛间之英属吉尔柏特岛，又在加罗林群岛与菲济群岛间之英代管的耶卢岛，两处登陆。一月十一日午夜，日舰竟向萨摩亚群岛之美属土士伊拉岛上海军站攻击。日本海军的这种行动，我们可断定它是要拦截美国由夏威夷到荷印的舰队，或企图占领英美在东南太平洋上的海空军根据地，以求达到完全隔断英美荷印海军的联络。

上述日寇隔断英美海军联络的路线，一条是在关岛与夏威夷之间，一条是在夏威夷与澳洲之间，此外还有最近便之路，就是日寇的海军可以由太平洋代管岛屿的海军根据地分别出动，如加罗林群岛、关岛、雅浦岛、帛琉群岛、达佛湾、马尼拉，经西里伯海，由摩鹿加海峡与马加撒海峡出动，以拦截美国由夏威夷向南路航行的舰队，这也是它的一个重要的战略，倘使这一战略成功，可迫使美国舰队不敢由内线航行，而绕道奥克兰或悉尼，经过巴斯海峡，到佛利曼特尔，再转进爪哇或达尔文。

（戊）对付美俄联合的战略　苏联之参加太平洋大会战是迟早间事，而美国海军由北太平洋向日本进攻，必先与苏联联合才敢发动。现在日寇对北太平洋的美俄战略，是取守势与监视，谨防美苏之夹击。如果美苏联合对日作战，日寇初期的战略，必先占领北库页岛，同时进攻堪察加的彼得罗巴夫罗夫斯克港、科曼得尔群岛与阿留地安群岛中之阿图岛，以破坏美苏海军的联合，隔断美国舰队与苏联北极海舰队进入鄂霍次克海与日本海至尼科来夫斯克港与海参崴的路线。第二步的行动，即进攻海参崴、苏维埃次基港与尼科来夫斯克港，同时由朝鲜的罗津向苏联滨海省沿岸潜进，以收海陆夹攻之效。

三、同盟国对日寇的战略

远在一九四〇年十月十日，合众社海军记者美国海军少将施德霖在纽约著文论美日关系称："万一日本对美作战时……美国最贤明的战略，莫如在最短的期间内采取攻势战略，则美国舰队应即时向远东进发，以期保卫新加坡，以供我用，若可能时香港亦应加以保卫，以新加坡的实力，最低可坚守两个月，或竟能较两月尤长亦未可料，以每小时航行十二哩而论，美舰队经较安全之路线前往远东，须时二十七日始可到达。若在凤凰群岛、菲济群岛、新赫布里底群岛及爪哇海等处沿途耽搁，及借英荷等属地补充燃料，须六星期始可到达。若直接经关岛，菲律滨等处航程，固可以缩短一千五百哩，但沿途必将遭遇日本空军及潜艇不断之袭击，故美国远征之军舰及空军，均应集中，随同舰队出发，绝不可分兵作不重要之战斗。若美海军进入新加坡，则立可对日本实施封锁，在此情形之下，马尼拉必将用驱逐舰巡洋舰潜艇及空军之前进根据地，至此苟德意不能分兵援助日本，则日本将难逃崩溃之命运矣。"这种把握机先的战略，如果美国早能采用，则这次战争开始，英美必居于主动攻击的地位，但英美则因过去姑息主义的贻误，年来虽急起直追，但在时间上，已跟不上日寇。加以和平的幻影，直到开战前一刻，尚未在白宫门首消灭。因此，美国的准备远不及日本的积极，太平洋各民主国领地中，除了新加坡夏威夷防务较为巩固外，其余各岛屿均尚在开始布置或正在布置中。这说明英美对日作战初期所遭遇的困难是无法避免的。我们现在所欲研究的即英美两国将用什么方法来解决这种困难；同盟国家当采取什么战略可以求得胜利。

（甲）美国对日的三条战略路线　　美国在太平洋的防线是不规则的三角形，即从阿拉斯加到夏威夷；从夏威夷岛巴拿马运河，与这三角相辅而行的，还有别的根据地，如中途岛和威克岛等，足以构成包围夏威夷的前卫。至于夏威夷南部的岛屿，如约翰斯敦、柏尔迈拉和广东，也可成夏威夷与巴拿马运河区中间的屏障，再南便是美属萨摩亚根据地。

夏威夷在战略上是东太平洋的锁钥，美国一天有着它，它的西岸就不怕被侵入；但是以珍珠港做据点来作战的美舰队，实在不能够保护三千三百浬外的关岛，和四千八百哩外的菲律滨群岛，后者之离开日本，只不过一千四百哩而已。

美日在地理上的极度远隔，以致无论那一面要在对方海洋上进行攻势，都会非常的困难。不过日本却拥有一个无上的战略地位，得以发动守势的攻势。故在这次战事初期，日本得以占据关岛威克岛和菲律滨的马尼拉，同时进攻马来和荷印，也未遇到严重的阻碍，现在太平洋战事已日益扩大，美国在太平洋上的进攻作战，究竟是采用那几种战略路线呢？据一般人想像不外：第一，是从阿拉斯加、阿留地安群岛方面进攻的北战略线；第二，是以夏威夷为据点，经过中途岛、威克岛迄至马尼拉以进攻的中战略线；第三，是由夏威夷起，南方经过巴尔迈拉、凤凰群岛、萨摩亚群岛，更进而通过法领新喀里多尼亚、澳洲达尔文，迄至新加坡以进攻的南战略线。

所谓由北进攻战略线，近而且短，然如不利用苏联领地，则因气象及海军根据地的不完备，对于主力舰的进攻，恐不能收到什么效果。不过如为飞机及潜艇的利用，则颇足威胁日本的北方，尤其是美国现在和苏联联合起来，则能很容易的将日本北部置于空袭圈内。倘若利用堪察加半岛的彼得罗巴夫罗夫斯克军港，则由此赴日仅有七百浬，原来美国的太平洋战略线，曾在阿拉斯加的西特卡、科的亚克着手过海空军根据地的设备，而近来不仅伸手到阿留地安群岛的荷兰港及其西端的亚图岛，更进而在阿拉斯加的腓尔班克斯和安喀列等地，从事建设陆军的大航空根据地。

所谓中央进攻战略线，是以夏威夷为前进的大根据地，沿着中途岛、威克岛、关岛、菲律滨，以大舰队向日本近海推进。然此航路在夏威夷马尼拉的五、三〇〇浬之中，被东西二七、〇〇〇[1]浬，南北一、三〇〇浬的日代管岛所控制，在敌方飞机潜艇活动之下，恐有自受侧面威胁之虞，故如无绝对优势海空军力以掌握制海制空两权，是很不利的。

所谓南路进攻的战略线，即由夏威夷至澳洲约五一，六〇〇浬的迂回航路，原来此路非通过在南太平洋的英国属领不可，现在以英美澳荷印并肩对日作战之下，致此线竟以新的姿态而出现。此线距离，较中央航路为远，且呈迂回状，然因避开了日本的代管岛，故得谓为最安全的路线。

以上三路进攻战略线，姑不论选择那一路，因同盟国的合作，得确定利用南路的机会较多。然而如依作战的通例，究竟是选择那一条路，是不容即刻断定的。这就是说不仅南方，即对北、东、西三面在太平洋整个的同盟国的庞大的作战计划中均须兼顾的。

（乙）英美对日的分进合击战略　这种战略，一面是以夏威夷，萨摩亚或斐济群岛为前进根据地，先向日本代管地马绍尔群岛、加罗林群岛进攻，待克复关岛后，再取塞班岛和马利亚纳群岛，最后取小笠原群岛，直捣日本本部。一面以澳洲的达尔文与爪哇的泗水为前进根据地，穿出婆罗洲与新几内亚间的海峡，肃清西里伯海与盘踞达佛湾的敌方舰队，再向东北进取帛琉岛、雅浦岛，以达关岛。至此，再与前一舰队会师北向直捣日本的心脏。但是，这种的进军，必须逐渐击破，缩小包围，而后才能达到最后的目的地。

我们要知道一个舰队，如果先要航行一千浬的途程才达到它的目的地，则它再也没有足量的燃料可与敌人作战了。所以照中路进攻计划，是要在中途岛停留来装卸燃料，因为中途岛离开珍珠港一千一百浬，离开关岛二千三百浬。可是，环绕着这个计划的，是无数几乎不能克服的困难，理由是：即使关岛可以收复，这舰队已经找不到接济，所以，它的前进，后边必须尾随着一大连串的运输船只；其次，在这种缓慢地前进着的舰队的

---

〔1〕应为二、七〇〇。

后段的一千浬至一千五百浬的途程之中，常常易受到敌人从马绍尔、加罗林与马利亚纳诸岛作侧翼出击的巡洋舰、驱逐舰、潜艇与水上飞机的截击，结果，这舰队真的可以抵达关岛的话，也已经过在没有组织的惨状中了。

现在关岛、威克岛已被日寇占领了，若由中路进攻又有许多的困难，那么只要采取分攻合围逐渐击破的战略。我们第一步的计划是要肃清马绍尔与加罗林群岛的敌人并收复威克岛。马绍尔群岛中的甲卢脱岛，离中途岛一千八百浬，离夏威夷二千四百浬，离萨摩亚约二千哩，是一个广大的防御周密的停泊场，足供舰队做一个安全的补充的根据地之用。

第二个目的地是在八百浬以西，加罗林群岛之东的坡纳披岛，因为这地方也是舰队的一个安全停泊场。

再西进四百浬，舰队便可以达到特略克岛，这是环绕着一个大礁湖的群岛，也是舰队优良的寄碇所。

这时候，离开关岛不过是五百五十浬而已，舰队可以无牵累地迅速前进；但是，为着了安全，更须先争取帛琉群岛和雅浦岛。这个重要的任务，是要先交与澳洲爪哇出发的舰队，以便会师关岛，合攻小笠原群岛直捣横须贺，而使日寇屈服。

（丙）ABCD [1] 对日海陆并进的战斗场面　这种战略，是以英美担任海军作战，中国担任大陆作战，一面由中国统率同盟国陆空军进攻越泰，以拊在马来半岛的敌军之背，同时向中国东南滨海各省反攻，驱敌下海，将沿海各重要港湾据点，供给同盟国海空军使用，以减少同盟军对日作战的困难。一面英美荷印联合的海军，可由爪哇海，出马加撒海峡，封锁西的（里）伯海之东口，以防日代管岛敌方舰队之袭击；同时由苏禄海入南中国海，克复马尼拉，肃清菲岛上的敌军。另一舰队也是由爪哇出动，向新加坡及马来半岛，与南进的同盟联军，夹击马来的敌军，待新加坡形势稳定之后，再进取西贡、金兰湾，同时肃清南中国海各岛屿，进而收复香港、海南岛，这样，同盟军可将香港、马尼拉、达尔文、泗水与新加坡构成五角阵地，使日本海军无法再向南中国海活动。最后英美海军可由菲律宾及中国沿海各据点，运用海空军力量，占领台湾、琉球群岛，进迫朝鲜，围攻日本本部。

（丁）苏联加入后南北夹攻的场面　当同盟军迫近日本本部的时候，这正是发动北路进攻的绝好机会，此时美国海空军可从阿拉斯加和阿留地安群岛，西向作大规模的攻势，

----

〔1〕ABCD 指美国（America）、英国（Britain）、中国（China）和东印度群岛的宗主国荷兰（Dutch）。

它的有利的地方是可以通过远离诸日本领土之外的海洋，而不利的地方，是这里不能施用广大的经济压力，还有变化莫测的天气。但这一条大道，东由西雅图、西特卡、科的亚克、荷兰港，以至阿图岛，建立了许多的根据地，是可以克服许多的困难。尤其是以东经一百七十三度的阿图岛做据点，还可以最后进近日本领海二千浬之内。

在这个情形之下，美国与苏联可同时向日本东西夹击，与由南路北向之同盟国海空军作南北夹攻。美国空军可由阿留地安群岛飞到彼得罗夫巴罗夫斯克，一面可援助苏联保护堪察加半岛与距岸十浬的日本占守岛之间的航线。千岛群岛内各岛多石峰与山谷，只有占守岛若干地可作飞机场。如同盟军能取得此地，便可开美国和尼古拉夫斯克港的交通，特别是油船可以开往；并且鄂霍次克海是不冻结的，面积又广，航行绝无危险。千岛群岛上只有三个可用的港口，都是在南方，所以在占守岛北部登陆，令牵制敌军而使其转移注意力，不得不设法自保。

一面中苏的陆空军可进攻伪满，南下朝鲜，与英美联合的海空军作南北夹攻，四面包围之势，最后太平洋上的海盗，非至屈服即整个崩溃。

四、几个可能的海战场所

香港、马尼拉、达尔文、泗水和新加坡所构成之五角形阵地所包围之南中国海是敌我必争之地，其地位的重要等于欧洲各国所角逐之地中海。在同盟国方面，若取海陆并进的战略，必须控制此海，同时此海亦为日本海军的第一道战线。因此，余意日本与同盟国海军，当在此发生主力战，以争夺太平洋上的优势地位。

目前日寇的向南进攻，有三条路线：第一条假道泰国，用海陆军夹攻马来新加坡，第二条直接攻取菲律滨，第三条直接攻取荷印，但英美荷印的海军必联合反攻，尤须依赖美国太平洋舰队由夏威夷来救援，其进军必取南路安全的路线，日寇因为要截断英美荷印海军的联络，必从代管岛向东南太平洋截击，则两方海军必在萨摩亚与日代管岛之间发生大海战。其次如同盟军采取分攻合围逐渐击破的战略，其舰队必由夏威夷、萨摩亚、菲济群岛向马绍尔群岛及加罗林群岛进攻，日本的海军必出而抵抗，则两方之舰队亦必萨摩亚与日代管岛之间决战。

当同盟国联合海军北上反攻菲律滨与关岛，或取与东路舰队会师于关岛时，必与日本海军争取菲律滨、帛琉岛、婆罗洲、西里伯间的西里伯海的控制权，则不免在这附近海面有一场恶战。

当同盟国海军两路进攻会师关岛后，再围攻由小笠原群岛，而直捣太平洋海盗的巢穴，则在小笠原群岛附近，必发生最剧烈的海战，这是日本生死关头的海战。

最后美苏联合进攻日本的时候，日本必先进取堪察加南端的彼得罗巴夫罗夫斯克军港，与美属阿留地安群岛最顶端的据点的阿图岛，因此必与美苏联合舰队会战于此附近的海面。

此外，如夏威夷附近海面，日本海及我国的东海各处，均可变为海战之区。

五、结 论

太平洋战争已日益扩大，战争的时间将出于意料的长久，战争的过程也将出于想像的艰苦，只要同盟国的强大舰队不被歼灭，战局必将逐渐改观；只要民主国家能团结一致，胜利的前途是不用疑虑的。

为了减少轴心国家的力量，加强同盟国在太平洋海军的实力，一面应积极援助苏联反攻，牵制德意使其无暇于大西洋及地中海的进攻；同时英国应极力在北非反攻，保卫直布罗陀与苏彝士运河，使意大利与维琪的法国海军，无法活动于地中海之外，使英美在大西洋舰队可抽调一部份来增援远东，加强同盟军反攻的力量，得早日与日海军从事一个歼灭战，消耗其实力，保持我们的制海权和制空权，最后则的惨败还是日本！

太平洋各国海军根据地述略[1]

（1942 年 1 月 15 日）

太平洋为世界最大的海洋，面积近七千万方英里，几当全海洋面积之半，它的地形与大西洋全然不同，成榴圆状，南方展开很广，但北侧几完全闭锁，没有大西洋的中央海脊，但多孤立洋中的火山质岛屿，在太平洋西侧有很多的孤型岛屿，故成世界海峡会集之所；其内侧又多浅海，而边海亦很发达，成连续状，实一边海分布的著名地域，太平洋面积辽阔，计其水程东西广约六千浬，南北长不下一万五千余浬，每小时行十二浬的汽船，非三周至七周之久不能到达，而地形又复中偏异趣，东西不同，对于各国军事国防有很大的关系。

环绕太平洋有许多的国家，由北而南，在亚洲方面又苏联、中国、日本和泰国；在美洲方面有美国、墨西哥、危地马拉、萨尔瓦多、尼加拉瓜、哥斯达尼加、巴拿马、哥伦比亚、厄瓜多尔、秘鲁和智利；英国在太平洋上则有自治领加拿大、新西兰和澳洲联邦，属地则有马来半岛、北婆罗洲、香港、英领新几内亚、斐济群岛和其他各岛；法国在太平洋上则有越南、新喀里多尼亚群岛和其他小岛；葡萄牙则领有澳门和帝汶岛的东部；荷兰则有东印度群岛，现在环绕太平洋虽有十几个的国家，但就其重要性而言，却不过美英中苏日法荷兰而已，再就实际的力量说：苏联势力仅限于太平洋北部的白令海、鄂霍次克海和日本海的北部；中国虽有很长的海岸线，从渤海、黄海、东海以至南海都是我们的领海，可是我们的领海之外，包着有朝鲜半岛、日本群岛、琉球群岛、台湾和澎湖群岛，海洋群势早为日寇所控制，抗战中我们的沿岸港湾要地也全为日寇占领，南海中的海南岛，东沙群岛，西沙群岛和南沙群岛亦全为日寇盘据，在太平洋上已没有我们

---

[1] 此文发表于《海军建设月刊》。

活动的余地，至于中南美的太平洋岸各国，除墨西哥和智利外，大多力量甚微，关系不大。

我们再把太平洋的地图披阅一翻，显示在这大洋中有四个不同的势力圈：西北部分是日本的势力圈，西南部分是英美荷法的势力圈，也可以说是英国的势力圈；东北部分是美国的势力圈，东南部分是英美法的势力圈，这四个势力圈当中，东南部的法国岛屿与西南部的法属新喀里多尼亚群岛，法国的势力很少，而且各岛多已护拥自由法国的领袖戴高乐将军；至于荷兰的东印度，在这次太平洋战争中已与英美的利害完全一致，站在英美方面；葡萄牙的势力更微不足道，所以西南太平洋和东南太平洋几完全是英美的势力圈，自从日寇侵占中国南海岛屿与法属越南之后，最近侵入菲律宾、关岛、马来各处为止，它已侵犯英美在西南的势力圈了，还有西北部分，不是纯粹的日本势力，因为该方面有苏联的势力，能控制着北部太平洋的一角，因此，从太平洋的地理形势上看来，除中苏两国外，英美日三国在太平洋上实占最重要的地位，而美英的海军实力范围比日本大的多。

以上所述是太平洋一般的形势，但依此尤不足以判断这次太平洋战争中的反侵略国与侵略国的海军势力谁占着优势，因此我们还要进一步研究太平洋各国的海军根据地，以便观察太平洋战争中敌我的战略。

一、美国的根据地

美国在太平洋沿岸的北部有一个波基桑特湾，那里有布列马登军港；在中部旧金山湾有阿拉米打军港，再南四百五十浬有圣地牙哥军港，这是美国本部在太平洋海岸的三个著名海军根据地，在这三个海军根据地的两翼又有巴拿马运河和阿拉斯加，在南北两方做它的护卫，在布列马登军港的附近还有一个安琪尔军港，是一个潜艇根据地，美国除沿岸的军港外，在太平洋山还有许多岛屿分布远近可作为海岸防御的外卫的根据地，最著名的有太平洋的心脏夏威夷，有北太平洋的瞭望台荷兰港，有太平洋中的桥梁中途岛与威克岛，更有西太平洋的海军前哨的关岛与菲律宾；还有夏威夷侧翼保护据点的约翰斯敦岛，舍曼利岛，巴尔米拉岛，广东岛，恩得伯利岛和萨摩亚群岛，这些小岛，以夏威夷为中心，深入西太平洋北太平洋与南太平洋，造成美国海军在太平洋的优越地位，现在再把这些根据地的个别情形论述于后。

（甲）巴拿马运河　巴拿马运河切断着中美州的细腰，使美国舰队能来往于两洋之间，无疑的，它是美国海军的孔道，在运河没有开通以前，由大西洋海岸的纽约出发，绕经南美南端好恩角而到太平洋的旧金山，计一三，二七五浬，现在取这条运河全程只有五，二六五浬，以前，从纽约经好恩角到夏威夷，计一三，四一二浬，现在取道运河只有六，七〇〇浬，这样机会缩短了两洋间交通的一半，运河的战略意义由此可见，就太平洋方面而言，环运河入口的三座小岛上，均装有十六吋或十四吋的大炮，驻防在这里的警卫部队计一万三千人，当空军出动命令颁布时，立即可以动员飞机二千三百架，其中三百架是专用于保卫巴拿马运河的，但这运河有些缺点，就是河身太小，舰队不易迅速通过，或遇地震和崩溃，或被敌人空袭轰炸，都可能使这一联络发生阻碍。

（乙）阿拉斯加和阿留地安群岛　阿拉斯加半岛和阿留地安群岛向西伸延，直指着日本的项背，是美国在太平洋上的右翼前哨，阿拉斯加和苏联国境，只隔着一道五十六英里的白令海峡，在俄属堪察加的东角，屯驻着庞大的苏联空军，离它不到一百英里的阿那的尔湾，正是苏俄的海空军根据地，离阿留地安群岛二百八十英里，有科曼得尔群岛，它是苏联极重要的潜艇根据地，在堪察加尖端南面便有日本的海军根据地幌筵岛，离美海岸不过七〇〇英里。

美国在阿拉斯加设防，始于一九〇四年，海底电线和铁路相继建立，飞机场计有七十二所，此外还有六处的水上飞机停泊站，这些措施是在美国当局所谓发展商业的掩盖下进行的，美国海军保卫阿拉斯加二千六百哩海岸线的计划早已开始实行，阿拉斯加之第三个海空军根据地，系建设于阿留地安群岛中之乌那斯加岛之捷尔诺夫斯基湾，乌那拉斯加现在系阿拉斯加最先端的根据地，且为发现横断北太平洋进攻美国领土之敌之重要巡逻根据地，科的亚克及西特卡之尔中间根据地，系连结乌那拉斯加与在西雅图近郊，桑得岬之重要海空军根据地，该桑得岬对于海军之阿拉斯加派遣部队，为现在绝对必要的食料补给作大规模修理的根据地，阿拉斯加现在虽无适于水上舰的适当海军根据地，但海军可利用乌那拉斯加岛之荷兰港作为长时间在该地方之作战根据地，现在荷兰港已大加修改，使能容纳水上舰及潜水艇，为北部三大主要地之一，如果这个军港完成时，当可以容纳美国全部北太平洋的舰队，不过目前差强人意的，在东面相隔五百哩的科的亚克岛，美国海军在那里建筑了一个最大的阿拉斯加潜艇根据地，从那差不多完成的船坞、飞机棚，水上机场和其他各种军事防御设施上看来，这个地方不久就可以变为美国北方的珍珠港；另外在西特卡的建筑也快完成，以加强科的亚克与荷兰港遭受敌人海上攻击时的守势。

在阿拉斯加，只要有小部份的兵力，就可以抵御强大的攻击，它境内的狭小河流和许多不易发现的海港，长年不会结冰；因受日本海流及和暖海洋风之影响，故气候隐和，更因位于山脉与海洋之间，故该地的气象状态，适于四季飞行。这正合乎理想的防守条件，而且补给上也可以经常不至于断绝，欧洲的挪威和阿拉斯加正是有同样的地形，所以前年一经落在德军手中，英国就很难去攻击它，美国的海陆军当局曾经郑重的说明："要守卫阿拉斯加，是很容易的事，但是要等敌人进来后再把它赶出去，却困难得多"所以它要先设法不让敌人进来。

在阿留地安群岛上，冬天酷寒，夏天则满天浓雾，它的气候是比不过阿拉斯加的，所以美国要保护阿拉斯加及阿留地安群岛，惟一的办法，就是要依照着战略上的分配，在沿岸多设海空军与潜艇根据地，和在内地建立一个强大的陆空军大本营，同时还要训练大批冬日飞行和海上作战人员，其中最重要的，当然还是需要大量的潜艇和飞机。

（丙）夏威夷　夏威夷在太平洋的中心，离美国海岸的二千余浬，它一共有八个岛，其中最大的为夏威夷岛，最险要的为阿胡岛，另外二个叫考爱岛和毛伊岛，美国在夏威夷的设防，开始于一九二二年，阿胡岛上的珍珠港已成为吞吐美国全部舰队的军港，檀香山已成为美国在太平洋的直布罗陀，现在夏威夷海军站的深广，足以容纳整个美国舰队；造船厂、干船坞、浮船坞、无线电台、军需库等设备，无不应有尽有，此外还有潜艇根据地和空军根据地，除了原有卢克和威勒两航空总站以外，最近复筑有希克曼大飞行场，同时在阿胡岛西北的考爱岛和在南方二百哩的岛上，建立珍珠港前哨航空根据地，在夏威夷的森林中，阿胡岛上驻扎重兵，名为夏威夷师团，经常驻在夏威夷的战斗飞机有数百架之多，铁路公路绵密交织。

夏威夷有美国西岸的军事根据地作后卫，北与阿拉斯加，南与萨摩亚相呼应，本身又有坚强的防御，因此，在这次太平洋战争中，夏威夷是一个极难被敌人攻克的堡垒，所以控制了珍珠港，不但在太平洋战争中，采取守势是必要的，且同时又是造成采取攻势的有利地位，美国军事专家爱理奥特曾说："虽然在太平洋的初期战争中，敌人或可能占领关岛和菲律滨，但它决不能夺取夏威夷，除非它能解决了我们的舰队"，正显示美国保卫夏威夷的决心与夏威夷在太平洋战争中所占地位的重要，如果我们将上述巴拿马运河，阿拉斯加和阿留地安群岛，与夏威夷群岛的三个据点，连成直线，恰恰构成了一个三角形，这三角形便是美国在太平洋上防线的核心。

（丁）中途岛　从夏威夷西进一一二六浬即中途岛，距日本东京约二三〇〇浬，为夏威夷、关岛、马尼拉、上海的海底电讯分站，同时为泛太平洋航空第一阶段站，它一共有两个岛，双方距离约一浬，四周十八浬，都是石礁包围，平坦的海口即在此石礁拱卫之中，一九四一年三月，美以九百七十万七千美元的经费，在中途岛建设飞机降落场，改良飞机修理的设施及完成潜水艇根据地。

（戊）威克岛　约在于夏威夷、关岛、马尼拉直径的中端，由三个海岛构成，左为皮尔岛，右为菲克思岛，为长方形的浅湖，足供避风雨的好所在，它为泛美航空公司的航空站，美国曾拟在中途岛威克岛上建设侦察机之恒久根据地，并在该两岛建筑防波堤，为巨型水上机母舰（八千至一万二千吨），及潜水艇计，应在中央礁湖内开通大规模的水路，其后在威克岛，因经费不足，仅建设可供水上机之最小限度的设施，及开通可供小型水上机母舰（三千至五千吨）与极小型潜水艇通过的水路，据一九四一年三月通过之预算，拟将威克岛的水路加以修改，俾能通过巨型水上机母舰。

（己）关岛　关岛在赤道北十三度，是玛利纳群岛之南的一个大岛，全长约二十浬，宽四浬至十浬，周围共一百浬，面积二二八平方哩，关岛地势，峰峦环拖，港湾交错，宜于建设炮台和军港，岛上森林茂密，椰林耸天，有田园要塞之称，岛中最高的山峰名腾珠峰，为进口船只的好目标，上面旧有炮台现已拆除，岛的四围环绕着珊瑚礁和浅水滩，进口船只能停泊阿伯拉港，再由浅水轮船转驳到群地码头，从码头到首邑阿岛那城又有六哩的路。

阿伯拉港距夏威夷三三三七浬，距马尼拉和横滨各一千五百余浬，它是泛美航空公司的远东空站之一，可作为大规模的空军及潜水艇根据地，关岛如有坚强防御设备，它在战时可以充当夏威夷的前哨，和对日本本部施行空袭的威胁，可是关岛同时有它的显著弱点，它与夏威夷中间的距离，超出了美国舰队活动的范围，它处于日本统治的玛利亚拉群岛、塞班岛、加罗林群岛，和帛琉群岛的大包围之中，战时美国若从夏威夷派遣舰队援救关岛，其行程较诸日本舰队，要高出好几倍，一直到太平洋战争，关岛防御设备异常薄弱，故一被日本偷袭，即被占领，反供日本在西太平洋上阻敌美国势力的前进根据地。

（庚）菲律滨　菲律滨是美国在西太平洋的最终一个根据地，菲律滨群岛包括七千以上的岛屿，面积为一一四，四〇〇方哩，群岛中以吕宋及民答那峨二岛为最大，马尼拉即在吕宋岛上，离马尼拉不过二十哩的卡维特军港，可以停泊舰队，菲岛若加以改良，充分可作根据地的地点很多，然而现在海军并无可以收容主力舰的设施，不过仅马尼拉湾在强力的科勒吉多尔要塞支配之下，为唯一之有力的设施而已，马尼拉湾系一理想的根据地，海军的燃料贮藏所和弹药库都在湾内的卡维特，那里虽无大规模修理巨型舰的设备，但美国的亚细亚舰队则仍以该地为根据地，在马尼拉之北有俄伦加坡海军修理工厂，设有可以容纳一万吨巡洋舰的浮船坞，俄伦加坡港的防卫设施，仅在苏必格湾之入口温特要塞有大炮。防卫马尼拉湾，则有密尔斯要塞（科勒吉多尔岛）、修兹要塞（普罗加巴洛岛）、佛兰克要塞（佛勒尔岛）等，驻菲的英军大都驻在马尼拉东南的威廉马金勒要塞与斯多争堡。

自从日寇侵占中国的海南岛、东西沙群岛、斯巴特英群岛和越南以后，菲律滨在军事上已受日寇的委任统治群岛、台湾和上述各据点的包围威胁，而夏威夷竟远在四八〇〇浬以外，一旦有事，增援不易，战前美菲当局延请英澳荷军事代表团在马尼拉会议，即系讨论以美英澳荷协作，来补救这一点。

（辛）萨摩亚群岛　一九〇〇年以来，美国在萨摩亚之土土伊拉岛的巴哨巴哥港，只有小规模的海军设备，至一九四〇年才积极于军事建设，使成为重要的航空根据地，这南太平洋之十字路，在以前即已被认为有战略上的价值，到了这次太平洋战争更觉其重要，萨摩亚又适在夏威夷与纽西兰之直线航空路，又是与澳洲间水上连络的补充站，故其价值更形增大，如英美澳计划太平洋之共同防御时，则更可作舰陆及空军根据地使用，巴哥巴哥亦成为确保美国与东南太平洋上作战的根据地，如果敌军袭击美国船只时，则商船可以它为避难所。

（壬）夏威夷之南各岛　一九三五年三月泛美航空公司发表太平洋横断飞行计划以后，美国商务部又派队前往查尔维斯岛、培克岛及好兰得岛经营，至一九三八年三月又在广东岛及恩得伯利岛树立同样的殖民地。一九三九年四月，在广东岛建设航空根据地，现在又在约翰斯敦岛及巴尔米拉岛建设海军根据地，去年二月十四日，罗斯福总统又指定金曼利岛为空军设施预备根据地，美国飞机由此等进攻根据地出动，在乌那拉斯加至萨摩亚的范围内，可以飞行侦察夏威夷之西四千英里以上的地点，如一旦发生战事，则侦察机发现敌军接近时，即可随时通知驻于珍珠港的美国舰队。

自从日本在统治群岛建立根据地以来，美国便感觉夏威夷的安全已经感受威胁，这种威胁，于一九三四年太平洋上举行大操时，就完全暴露出来，当时指挥海军演习的上将韩柏恩，一面看出夏威夷的弱点，一方也就发现好兰得、约翰斯敦、广东、恩得伯利各岛，可以作为夏威夷的卫星，因为这些珊瑚小岛的位置，与美国阿留地安群岛差不多延展成一条南北横直太平洋的直线，阿留地安群岛平均距离夏威夷群岛约二千浬，约翰斯敦岛距离夏威夷只七五〇浬，好兰得岛距离夏威夷群岛约九〇〇浬，广东与恩得伯利两岛平均距离夏威夷约二千里，这些距离都在美国海军航行半径活动范围中，也是最新式轰炸机在二十四小时以内所能到达的地方，尤其是广东岛，有一个九哩长的浅湾，宜于飞船的停泊，现在美国海军已经把约翰斯敦，广东各岛秘密筑成飞船根据地，这不仅对于保卫夏威夷群岛具有一种战略功用，而且对于日本统治群岛也是一种威胁。

二、英国的根据地

英国在太平洋的根据地很多，其中和我国或日本距离最近的是香港，还可以说是英国在太平洋上的海军前哨，其次是新加坡，这个根据地位在东方十字路的交点，也就是欧亚间与欧澳间海洋交通的分歧点，保护着印度洋和太平洋的门户，是香港的后盾，是澳洲荷印军事的支撑点。英国在远东之有新加坡，正与美国在太平洋中之有夏威夷。在澳洲方面，英国的根据地也很多，在澳洲大陆的北部有达尔文港，在东部有悉尼港，在西南部有佛利曼特尔港；在新几内亚南部有摩勒斯比港；在新西兰有奥克兰港；在斐济群岛有苏瓦军港；在加拿大西岸更有温哥华附近的爱斯基尔脱港，现在再将其主要的根据地形势分述于下。

（甲）香港　香港在珠江口，是一个孤岛，长约十一哩，面积三十二方哩，它是英人在华南商业上的中心军事上的要塞，又是世界第七大商业港，世界最大的轮船都可以在这里寄泊。每年达五千三百余万吨，就军事上看来，香港不但是英国的远东要塞，又是新加坡海军根据地的前哨，它为保护广州及防御侵略者南进的水道，同时又是海南岛，越南，新加坡及荷印的侧翼，那里有两个修船所，一个海军造船厂，与其他几个修船公司，有强固的炮位保卫海港的入口，对面大陆的群山也有好多炮台密布着，在各险要地方均配置有探照灯。

详细的说：香港东门水道有两座炮台，其一在鲤鱼门北岸，其一在南岸，西水道方面湾竹渊石匠岛上更筑有炮台六座，香港北段亦有炮台，九龙东南端之红庙及黑头山亦有炮台多座，赤柱另筑有新炮台一座，以资共同拱卫，香港的军港可同时寄碇二十余艘军舰，浮船坞可供给巨型舰修理之用，香港飞机场约有十所，启德飞机场是筑在海岸上，飞机库贮油站都是在山洞中，新界、锦田、八乡、夏村等地皆建筑飞机场，至于战前的香港防空设备，全岛满布听音机和高射炮。

香港在战略上有它的弱点，即太接近日本，尤其台湾，反之它与新加坡却有较远的距离，呼应即不便利，联络也感松弛，就新加坡讲，它与澳洲的交通，中途须经几处海峡，从新加坡澳洲出动的舰队，不免要遭遇到敌人潜艇飞机的潜袭，故香港的形势是异常孤立的。而且日本早已占有广州和海南岛，前者与香港一苇之隔，后者与香港亦仅三五〇浬，故日本袭击香港非常容易。香港有些地方像青岛，所以容易遭敌人进攻，例如香港背面的台母斯湾和亚巴丁岛，因为地势不良，设防工作困难，门户洞开，这是非常危险的。其次英国驻于香港的舰队力量也很薄弱，比于日本驻于台湾的第二第三舰队，不免相形见绌，且不能离开大炮射程掩护范围以外活动，应付不了决定胜负的大海战。再次还有一个最大的缺点，即缺乏军事后方的条件，香港不能比台湾，因为台湾本身有丰富的生产和资源；更不能比新加坡，因为新加坡附近有英属马来的天然仓库，日寇在战前已知其重要性，更深悉其弱点，故一开战即先夺取香港。

（乙）新加坡　新加坡在马来半岛的尖端，长二十七哩，宽十四哩，由海堤经佐和耳海峡，以连接大陆，海军根据地在塞利塔，全面积为二十一方哩，位于新加坡的北岸，距离新加坡市约十二哩，空军根据地则在庞贡，紧握着军港的东面。新加坡根据地有两个优点：一是它不像马尔他岛的容易受到敌国的攻击，因为日本距离它有三千浬之远；一是它在航空上有极可靠的装备，和直布罗陀不同，因为它具有极方便的飞机场。

新加坡军港里更有两个广大的船坞，一个是浮坞，一个是干船坞，浮船坞长九百呎，宽二百呎，它是世界上第三个最大的浮船坞，它能容纳任何战斗舰，巨大的坞底能容六万人立在上面；干船坞的规模更大，长一千呎，化去建筑经费一百万磅，消耗五十万立方码的混凝土，费时六年，方始完成。这两个船坞，都成直角形，相距约有半哩之远，它成为了保卫新加坡有力的两座城砦。由这里看来，如果日本想从海上进攻新加坡的确是很难的事。可是敌人现在已假道越泰，进攻马来亚，对于新加坡的威胁已十分严重。

（丙）达尔文　英国在太平洋上的重要根据地除香港和新加坡外，在澳洲和日本之间，需要一个比新加坡更切近的地点，作舰队的根据地，这个地点便是位于澳洲北岸的达尔文港，它以一条六百英里长的新公路与南海岸连系，港中军舰停泊的场所、船坞、空军根据地、油库等，防务也相当坚固。

达尔文港不但可能保障澳洲，而且还能保障新西兰，奥克兰距离悉尼一二八〇浬，这两地是彼此互相庇护的，本来新加坡、荷印及新几内亚既为澳洲的前卫，亦即新西兰的前卫，达尔文可作为新西兰的前卫，同时它使新加坡的海军格外有力。据前年十月二十六日密勒氏评论周报所载："谈到澳洲海港，沿东北海岸的战略要点，都不致感到缺乏，但其间却只有极少数具有适宜的交通条件，新南威尔士州有名的悉尼港，规模极大，足以容纳美国太平洋全部舰队而有余。这个军港拥有海军船坞一所，在新加托岛可能迅速加以扩充，该船坞已造成航空母舰一艘，巨型商船及其他海军辅助舰多艘，一切配备，颇称完善"。

澳洲的国防虽然已日臻坚固，但在这里必须指出，原来它的设防程度是不均衡的，北部的达尔文港，东部的悉尼港，虽然防御已大加充实，西南部的佛利曼特尔港则远不及上述的设防程度。日本战略家石丸籐泰亦曾说西南部的佛利曼特尔港附近，正是日海军行动的良好地域，以我们的观察，在这次太平洋战争中，澳洲是供给英国的精锐陆军部队，接济英国的战争资源，同时也尽其守卫的作用，达尔文港和佛利曼特尔港，当然也一定是日本进攻的目标，日本代管岛把日本澳洲间的航程缩短了一半，驻帛琉群岛的日本舰队驶至达尔文港不过二千哩，日本既可能利用代管岛进袭夏威夷，当然也可能利用代管岛进袭达尔文港。

但是澳洲北境的天然门户，今日不在昆士兰而在新几内亚，新几内亚距约克角仅九十浬，在它上面已建筑飞机场数十处，尤其在它南端的摩勒斯比港已建为海空军根据地较为重要，澳洲的西北部门户，亦可谓不在达尔文港和佛利曼特尔港，而在荷属东印度，和英属马来，新加坡和泗水可称为澳洲的前卫，日本如进攻澳洲，首先必须经过新几内亚或新加坡，即使偷过荷印和几道关隘，近达尔文港洋面还有许多天然的堡垒，强化中的达尔文港决不至一攻而下，新加坡海军的声援，便是以解澳洲之围，所以石丸籐泰也认为在未消灭英国在太平洋的海军及占领其领海之前，休想占据澳洲和新亚兰。

此外英国又和澳洲新亚兰在南太平洋群岛合建海空军根据地，新亚兰在刻马得克群岛建立飞行场，澳洲在罗德豪岛而英国则在菲济岛上建立根据地，在这些海空军根据地受威胁之时，大队重轰炸机将往来于香港、新加坡、达尔文、悉尼、奥克兰之间，发挥它的威力，试想在英美荷印海空军合作的时候，英国海空军的威力，可以从新加坡、巴达维亚、泗水、达尔文、悉尼、奥克兰、斐济等地，扩伸于太平洋中，组成一个大海空壁垒，和从阿拉斯加、荷兰港、夏威夷、凤凰群岛及萨摩亚的美国壁垒连接起来，真是水泄不通，钢圈似地包围着这个太平洋上的日本强盗。

三、日本的根据地

日本是一个岛国，它的领土包括本岛及属岛，如北海道、本洲、四国、九洲，是属于本岛的范围；而千岛群岛、库页岛、琉球群岛、台湾、小笠原群岛，以及南洋委任统治岛，则都属于属岛的范围。这北起常有冰雪的千岛群岛，而本岛，南迄于台湾，全长约二千五百哩的海岸，敌人认为是它的主要生命线，在这生命线内的主要海军根据地，有本州北角的大凑，东南的横须贺，西南的吴港，西北角的舞鹤，及九洲西北角的佐世保，还有台湾北角的基隆，南端的高雄，西南澎湖群岛的马公。横须贺吴港是日本舰队东南方面的主要的作战根据地，指挥南太平洋中各岛从事防御与进攻的斗争；大凑舞鹤佐世保是证明日本舰队在日本海黄海与东海上的支配权，保护日本与亚洲大陆的海上交通；进行其吞并大陆的侵略政策的基隆高雄马公是敌方海军用以控制中国南部的海岸，并作为南进与抗拒英美进攻舰队的军事要地。所以以本岛为中枢，左抱千岛群岛，右拥琉球台湾，便是敌国在太平洋上的内防线。

日本看朝鲜半岛是它进行侵略亚洲大陆的桥梁，又是它吞并中国和准备进攻苏联的军事根据地。日俄之战，它既占我旅顺大连为侵略华北的海军根据地；九一八之后，它除了加强鲜南的镇海军港外，又在朝鲜东北岸赶筑了一个新的海军根据地，其中共包括三个海港；雄基，罗津，青津。罗津是一个军港而兼商港，能容纳日本联合舰队的全部舰艇，日本设立这个根据地，实际上是用以威胁苏联，减创海参崴的军事价值，保护日本海的安全。

从军事地理看：日本海有五大门户，自北而南有鞑靼海峡、宗谷海峡、津轻海峡、下关及丰豫海峡、对马海峡。从守势言，敌舰可由纪伊水道与丰豫水道冲出太平洋。若离了下关海峡，北进可达日本海、朝鲜、海参崴；西进可达满洲渤海或黄海，南进可达中国海及南中国海并太平洋。

至于本岛东南的小笠原群岛，与南洋委任统治群岛，另外又形成了两道防线；它若干群岛最新建筑的柏原港、国后海峡、新知岛及择捉岛捍卫着日本极北的门户，其中以择捉岛的锡团保湾，武装最强；此港长五哩，宽三哩，能汇集巨舰，其他各港均建有潜艇和空军根据地，它们完全是以美国在阿留地安群岛的荷兰港，和苏联的堪察加为对象。

我国抗战之后，敌方海军先封锁我国全部海岸，又进取海南岛与斯巴特莱岛，这无异在它南部又添了两只右翼，它已利用海南岛的榆林港设立一个新海军根据地，以与台湾南北两港相呼应。此外还有特别注意的一点，那就是法国失败以后，日本在南海上的猖獗，本来法国对于南中国海是有控制野心的，它以西贡为根据地，北租广州湾，东占我九小岛，对我海南岛与西沙群岛亦作非分之想。日本加入轴心国订立三国军事同盟之后，隐以法国东方势力的继承者自居，它早已占据了我国的东西沙群岛和九小岛附近的岛屿，在这次太平洋战争爆发之前复占西贡和金兰湾，这样日本可以利用的海军港，已经深入南海的腹心，更兼有小笠原群岛和委任统治群岛深入太平洋的腹心，对太平洋作东西双管齐下的形势。战事截至现在为止，它已占据了关岛、威克岛、香港和菲律滨的马尼拉，更进而进攻新加坡，包围菲律滨，侵犯荷属的东印度了，我们现在再将其重要的根据地的形势分述于下：

（甲）横须贺　横须贺早在一八六四年已筑成军港，武装的设备，日本当局讳莫如深，它以昂然的姿态面照着东京湾口，为日本最大的军港，它的重要任务便是警备帝国的首都，坐镇附近洋面的安全。此港距关岛一三六〇浬，距夏威夷三三九四浬，距巴拿马七六八二浬，距旧金山四五三一浬，距西雅图四二五五浬，距鲁伯特太子港二八〇〇浬，距荷兰港二五三三浬，距堪察加一四二五浬，距萨摩亚四〇五七浬，距悉尼四三七六浬，距中途岛二三〇〇浬，距小笠原五三二浬，距雅浦岛一五七一浬，距帛琉岛一七三五浬，距马尼拉一七六八浬，距新加坡二九〇二浬，都在轰炸航程以内。日寇想把横须贺造成极坚强的海空军根据地，进可以袭击南太平洋各国殖民地，退可以抵御英美海空军的包围。

（乙）吴港　吴港是日本较为次要的军港，然而它是四国惟一巨大的军事据点，这个据点横卧于濑户内海的西方入口处，那里是纪淡海峡，内有由良要塞，因此吴港与由良是相互守望的，它们可能担负濑户内海侧面的太平洋护卫任务。吴港同时还是日本建造海军的钢板铁甲既潜水艇的供给地，又是利于潜艇的出入地。

（丙）佐世保　佐世保军港在九洲岛的西南端，当对马海峡的外围，为日本控制日本海和我国海岸的重要海军据点，又是它向亚洲大陆发展的军事基点。日俄战役，佐世保曾以特别适中的地位，写成一页日本最光荣的历史。当时佐世保的海军把俄国分驻于长顺和海参崴的舰队截为两段之后，先将旅顺舰队包围歼灭，复倾全力击破海参崴的主力，一举而占领海参崴。佐世保军港早在一八九〇年就已建立，到一九〇六年即中日战后的第一年，日本的侵略政策已具体决定，佐世保的军事规模日渐扩大，九一八事变之后更锐意扩展，到现在可说完全已达饱和的程度。一九四〇年复造成一百万吨以上的浮船坞，在南进军事价值上防重放攻，日寇侵华军队于二十四小时内由中国撤回此地。这里伸展出去的琉球群岛到台湾一线，堡垒要塞遍地林立，就事（是）军事据点和商业重镇亦复相望不绝。首看台湾，南有高雄、屏东两大空军根据地，北有基隆海军要塞，假使空军根据地和台湾海峡的马公港充分取得联络，加以今日自威海卫南下的中国全部港湾已为其占领，东中国海的南方门户已完全为它所把握，合马公、基隆及奄美大岛三大据点，简直把整个的东海封锁得水泄不通了。

（丁）舞鹤　舞鹤面临日本海，湾口狭窄，这个军港在日俄战争以前，担任了最艰难繁重的任务。日俄战争以后，因帝俄海军的惨败，曾一度不被日本海军所重视，在这次太平洋战争苏联的远东舰队没有参战以前，它是看不出什么重要性的，因为它是个处在日本本土西面的的中部角落，日本海的风浪尚未翻动以前，它的重要任务是集中在监视苏联的动静而已。

（戊）台湾　台湾位在我国东海南海之间，西与福建隔一个台湾海峡而对峙，南与菲律滨隔一个巴士海峡而相望，由台北基隆到佐世保是六二八浬，到香港是〇〇八浬[1]，自台南到香港只有三五〇浬，飞机三小时即可到达，军舰最多十七小时即可驶到。到马尼拉三八〇浬，到新加坡一七五〇浬。所以日军如以台湾为根据地而南进，是要比自遥远的日本本部近便得多了。而一旦战争爆发，日本要防御英美联军从南太平洋方面来的袭击，或是日本要进攻香港、菲律滨、新加坡，以至荷属东印度，也非先强化台湾的根据地不可。因此台湾在这次太平洋战争中，是占有极重要的战略地位。

台湾有两大军港，一是南部的马公港，一是北部的基隆港，沿海的要塞都完成最新式的装置。在高雄州，屏东街两地建立很伟大的空军根据地，这些战略据点，北以日本本部的佐世保、横须贺为后援，东和日本代管各岛相呼应，西南和海南岛、斯巴特莱岛联络，成为一个蝎形阵势。战前日本舰队每年都在台湾作守演习，一九三六年台湾北部曾举行防空大演习，假想敌为美国海空军。近年来也都举行局部的演习，假想敌始终为美国，战后的第三第四舰队则常驻于台湾马公港。

（己）小笠原群岛　小笠原群岛或称波宁群岛，这是日属群岛中最小的群岛。在这群小岛上，主要的根据地是劳易港，它是一个海底大山的喷口，海港面积相当宽阔，可容

---

〔1〕原文如此。

巨舰，且设有天文台、无线电台，和海底电线横渡太平洋的连接站。此外自群岛的东南部度尔岛或称父岛的菲顿湾，亦为良好的军港，建有适宜的炮台，显现得小笠原群岛非常的雄伟。

小笠原群岛，离千岛群岛、台湾岛约一千浬，离横须贺有五三〇浬，在战略上具有前卫的作用，它又可以做日本海军从本部驶出前线的中途添煤站，与美国的夏威夷有同等作用。

（庚）委任统治群岛　第一次世界大战以后，日本在国际间获得旧德三领地，由国联委其代管，它拥有一千四百个小岛和八百以上的珊瑚礁，成为西南太平洋天生的海军根据地，全部面积八百三十方哩，东西长二七〇〇哩，南北长一三〇〇哩，在经济上没有什么价值，但在战略的地位上却有惊人的价值，可以作为侵入东印度的进攻根据地，又可藉以控制南亚和澳洲的各个据点。它横断了美国和菲律滨、东印度、马来亚的交通，横断了太平洋极其重要的贸易路线，在英美荷澳的军略家看来，犹其是战略上的一个重大威胁。

这代管岛群完全是在南洋的密克罗内西亚的区域以内，就是加罗林群岛，马绍尔群岛和马利亚纳群岛。先看加罗林群岛，它是由五二五个小岛和帛琉群岛中的二十五个小岛所组成的统称。中部的特路克岛，高耸海面，形成天然堡垒，在它周围三十浬直径内，都为珊瑚礁所掩蔽，为一优秀的潜艇根据地。岛内通海的水道极适于布雷，且在航道间日本已设有密布的炮台和军火料的库房。特路克岛东部的波纳皮岛和库塞衣岛地势险要，适于扼守，也建为潜艇根据地。在加罗林群岛的西部各岛，像雅浦、帛琉和安格鸟岛，因有激流暗滩，航行危险，减去不少价值，但日寇在近年来仍不断努力，已把它们改造为潜艇根据地。尤以距离菲律滨最近的帛琉岛，它的港湾可以容纳五十艘以上的大军舰。雅浦岛也是海底电线的总汇，且为接近关岛的据点，日本已建有强固的要塞。

马绍尔群岛包括八六七个小岛，这是最近美国的据点，夏威夷在它的战斗半径之内，为潜水艇和巡洋舰的最大根据地，其中甲庐脱岛为藏煤贮油地，且能容纳主力舰队，同时在此群岛内均适于布雷扼守，另外在拉力克群岛和拉达克群岛，也是辅助燃料和给养的根据地，为进攻威克岛及袭击航途中的美国舰队的基点。

马里亚纳群岛最接近日本的小笠原群岛，因地势太为低平，缺少适当港口，日本乃在塞班岛开辟一条航道，可供三千吨以下的船只航行。现在马里亚纳群岛已建为空军根据地，航线已由东京、塞班、帛琉，展至葡属帝汶岛，其用意完全为切断美国旧金山，经关岛到菲律滨及香港的航线。

日本在这委任统治群岛的战略形势，有如网形的战斗地带，每个根据地间的距离都非常紧凑而完密，从横须贺到劳易港五二五浬，劳易港到塞班岛七五〇浬，塞班岛到雅浦岛五七五浬，雅浦岛到帛琉岛二〇〇浬。帛琉到特路克岛一一五〇浬，特路克岛到波纳皮岛三八〇浬，波纳皮到库塞衣三一三浬，库塞衣到甲卢脱岛四二五浬。这一地带极适于太平洋附近的贸易破坏战，若以西端的帛琉岛，东端的甲卢脱岛，各划一条二五〇〇浬的战斗半径，则全部的太平洋西南岛屿及英美领地，均在此两个半径之内，英美的海上交通必被全部切断。从战略上看，这些在兵要上具有重大价值的岛屿入于日人之手，是第一次世界大战和平后政治演进的结果，从前援助日本获得这些岛屿的国家，现在这些岛屿却反过来成了他们自己的威胁，历史事态的演变，真是值得每一个具有深长兵要眼光的军事学家与政治家，深切警惕和猛省！

（辛）海南岛　海南岛沿岸计有海口、清澜、榆林、籐桥、三亚、新英六港。榆林、清澜两港南北对峙，恰如台湾之有基隆、高雄，握有全岛交通中枢。论商港则推海口，论军港则推榆林港。榆林港位于崖县铁炉、三亚二港之间，与越南的金兰湾遥遥相对，港中分内外两港，外港向南，港口开敞，两岸均有许多丘陵，相距约三英里半，可停泊巨舰；内港亦南向，港身则偏向于东，港口左有乐道岭，右有独田岭，两相对峙；两岸峰峦环绕，海岸平坦，脱有风涛，无虞□荡，惟内港附近两旁，珊瑚暗礁成带，互相插抱，水道较窄，港内长四．四哩，港岸亦颇平坦，为最优良的军港，日俄之役，俄国波罗的海舰队，曾经寄碇于此。

海南岛不但是我国海防上的堡垒，实为太平洋上一军事要地，日寇占领此岛后，即视为它的中央防线的右翼据点，北距台湾五百浬，南与外防线的斯巴特莱岛也距五百浬，与越南的海防相距一五〇浬，恰恰连成一线，一旦有事，新加坡与香港通路可立即被截断，日寇知道海南岛的战略地位，它于一九三九年二月十五日登陆侵占后，即积极建筑工事，现已在榆林、三亚、清澜等地建成坚固的军港，潜艇可以自由活动，崖县的东瑁州岛、北鹜岛、海口、红坎坡等地已筑有炮台，此外在琼山五里亭等地建筑了六个空军根据地。

（壬）斯巴特莱岛　斯巴特莱岛是我国的属地，于一九三七年为法国占领，此岛在马来半岛的东北，菲律滨的西南，婆罗洲之北，西沙群岛在它的北面，距西贡三九〇浬，地势险要。岛的北面约三分之一海哩处，水深四十二至四十八尺间，可做潜艇与航空母舰的活动地，其边缘六百英里，尽是岩层峻峭，因为它的周范（围）都是英美法的势（力）

范围，且为欧亚航路必经之地，日寇早就垂涎它，便于一九三九年三月二十九日突予占领，从此它可利用该岛作为监视英美来往的船只。而自它进兵越南，占领金兰湾、西贡之后，此岛的地位更加险要了。日寇之占领该岛，为的是该岛在西南太平洋上有着很重要的战略地位，它较之海南岛更接近于英美的属地，正像一把尖刀那样插于马来亚、婆罗洲与菲律滨之间，不论是从香港到新加坡，菲律滨到夏威夷，所有这些航线，总不出斯巴特莱岛轰炸圈的范围。因此，对于这次太平洋战争中，有着很大的价值。

（癸）金兰湾　金兰湾在西贡的东面，是一个天然的大海港，可与旧金山海港相伯仲，足以容纳各型军舰。由该港通至湾外之最宽航道，计宽一英里又四分之三，深度则达七十二至九十英尺，故毫无航行上的危险。内港宽二英里半，南北长八英里，湾口狭窄。外湾塔纳岛可掩遮湾内军舰，湾的南岸一隅建成潜艇根据地，湾的以北，自那特隆湾起至东京区的阿明湾止，皆是小岛屿，可做潜艇的哨站。当一九〇五年日俄战争时，帝俄之全部波罗的海舰队，于开赴旅顺途中，曾在金兰湾潜留三星期之久，以完成其修理准备。法国始终未发展金兰湾之成为一海军根据地，此或系法国之中依靠英国海军阻止日本侵略之所致，职是之故，日海军在目前情势之下，仅能将该港迅速的改为一潜水艇及驱逐舰的根据地，与修理船只及小型轮船的处所，其他设备则尚需时日。

此港位于新加坡和香港的中间，离马尼拉和荷印各约七百哩，日寇占领此港，自可向这几个地方进攻，现在敌舰在维琪[1]屈膝之下，自可充分使用西贡和金兰湾，是英美荷均已受到空前未有的威胁。

（子）西贡　西贡本是越南最重要的军港，与新加坡马尼拉隔海相望。那里原是法国远东舰队的根据地，是个有名的大米出口商埠，日寇占而有之，自有经济的与军事的双重意义。

西贡在太平洋战略上也是个重要据点，南去新加坡六三〇浬，去香港九三〇浬，距曼谷六四〇浬，攻守均宜，其西为暹罗湾，扼制马来半岛北部及东海岸，日寇自获得驻兵西贡自由后，暹罗湾实际也在它的海军控制之下，由此西向可使泰国就范进侵缅甸，南向可在马来北部登陆进犯马来半岛，与斯巴特莱岛遥遥相应，直接威胁新加坡与北婆罗洲。

---

〔1〕即法国维希政府。1940年6月德国侵占巴黎后，以贝当为首的法国政府向德国投降，1940年7月，政府所在地迁至法国中部的维希，故名维希政府，正式国号为法兰西国。1944年盟军登陆诺曼底解放法国后，维希政府宣告覆灭。

（丑）罗津港　日本经营东北港湾，以前只是采取"大连中心主义"，那时的情势是北有海参崴，与大连分庭抗争，南有葫芦岛筑港，对于大连也是一个极大的威胁。日本与大陆的联运，不达大连就须由朝鲜斧山而至门司港，都是一个大迂回的路线。九一八后，日本始开辟朝鲜北部的各岛湾，以期缩短日本与大陆的交通距离，夺取海参崴的地位，准备与苏联战争时的军事上的便利。另外又不放弃葫芦岛的港湾，于是决定"三港三系主义"，除加强大连的地位外，更兴筑罗津系统的港湾。罗津港的兴筑，开始于一九三三年四月二十八日，于一九三七年已初步完工，它的工程，若再继续下去，到了一九四七年，其吞吐能力可达九百万吨。同时，罗津港又以清津及雄基为辅助港，在罗津港的左右翼。罗津港是朝鲜北部的中心点，日本经营此港，在其对东北的经济掠夺，与以东北对苏联作战上，有莫大的作用，它把吉林及黑龙江一带到海口的距离缩短了许多。譬如从长春到北鲜之港比由长春到大连要近三百四十公里，由哈尔滨经过拉滨线到北鲜二港比其到大连要近二百公里，再者北鲜二港距离大阪，比大连距离大阪要近六百公里以上，北鲜至敦贺及舞鹤更要近七百公里以上，这样由长春经由清津而至敦贺要比经大连，近至七百五十公里以上，由长春乘长图线经清津到大阪，比由经大连，货运时间要减少十七小时，日本谓一旦有事，军运时间更可减少二十一小时。日本还借这一新交通线的开辟而便利日本西部的发展，近在日本西部建筑了不少的新港，罗津系统的港湾，其意义更为重大。

总之，罗津港原是被计划作为一个和苏联的海参崴竞争的港口，后来却发展成为日寇对苏联作战的海军根据地，同时伪满与朝鲜中部之间已建立了铁路的联络，其所以建立这种联络的用意，除了经济的掠夺与军事的便利之外，简直找不到别的理由。

四、苏联的根据地

苏联在欧洲牵制德国，使之不能放手攻略苏彝士、北非、西非，或英国心脏，以便于英国得分力从事于太平洋的战争，这正是反侵略国家贯彻分工合作的意义，所以在整个反侵略战争的构成来说，苏联已经是老早参战了，而在反侵略的一部力量的战略运用上，苏联的参加太平洋大战不过只是一个时间的问题，我们断定苏联是迟早必然要参加共同对日的太平洋战争，所以我们对于整个太平洋战略上的讨论，对于苏联在太平洋上的形势与其根据地，必须加以说明。

　　苏联有六九〇〇里的国境，有四八〇〇（里）的海岸，每个地带都需要独立作战的力量，所以每个地带都决定每个地带战略的安全。海军人民委员长柯齐民素夫说："由于太平洋上有我们好动的邻人，所以需要非常警惕而充分的准备着保卫祖国"。苏联在远东独立作战的原则下，力谋建设海军根据地。据我们所知，苏联在海参崴、波细埃特港、苏维埃茨基港、尼古拉夫斯克港、亚力山大罗夫斯克港、澳窟港、阿阳港、鄂霍次克港、彼得罗巴夫罗夫斯克港，均一再增强防御力量，并精密计划使各港彼此互相联络，以应实际的需要。

　　（甲）海参崴　海参崴自昔即为俄国的良港，现为苏联太平洋舰队的根据地，设防的工程已经完成，在它的前面有罗斯基岛、金角港和大彼得湾为屏障，现在港内除常驻有固定数目的战舰外，还有五六十艘潜水艇长驻港内，陆上则有千架上下的飞机供给运用，还建有远东兵工厂，制造力颇大，凡潜水艇，飞机，战车，战舰的要求，已可就地满足。至于海军及兵工厂所用的燃料是取于附近的苏昌斯克煤矿，不过这个的重要军港，要使它在未来大战中安然无恙，实非易事，因苏联的假想敌人固无时不在想攻占其地，若在海参崴起飞轰炸日本东京及其他的重要城市，只不过四小时。然它受敌人的威胁，也是一样。所以苏联为保全其空军实力起见，乃将海参崴及伯力的西北两方，建筑很多飞机场。现在海参崴的地下铁道，山下弹药厂，山腰中的飞机库，港口及两岸的新式炮垒，均次第秘密建设完成。这个军港在苏联革命前后，曾一度被日寇占领，然最近二十余年来，鞑靼海峡的西岸南北诸要地，苏联禁止外人参观，建设详情已难推知。

　　（乙）波细埃特港　　波细埃特港在海参崴的西南，极近朝鲜，为苏联远东方面最南的良港。因其当自朝鲜入西伯利亚的咽喉，所以苏联在该港亦设有炮垒并置重兵。

　　（丙）苏维埃茨基港　系近年始行武装，位于日属南库页岛的对岸，且为贝穆铁道的终点，其重要性可知，自日人观之，此港和海参崴遥遥相对，足以控制日寇的北门。

　　（丁）尼古拉夫斯克港　尼港在上次大战末曾被协约国占据，战后各国均撤兵，独日寇延而不撤，曾发生尼港事件，结果日寇虽然失败，但由此亦可知道日寇对此港的重视。此港居黑龙江口，现已扼险设守，著名的远东兵工厂就设在这里，且附近产煤甚富，堪称江海重镇。

　　（戊）亚力山大罗夫斯克港与澳窟港　亚力山大罗夫斯克，澳窟二港，皆在库页岛北部的西岸，与苏维埃茨基港，同为控制鞑靼海峡的咽喉，也都是海参崴的卫星。

　　（己）彼得罗巴夫罗夫斯克港　阿阳、鄂霍次克二港，均位鄂霍次克海西岸；彼得罗巴夫罗夫斯克港则在堪察加半岛的东南端，它位于亚菲克湾，为一天然良港，拥有一浬宽的入口，及两重环绕的水面。港内足以容纳大舰队，又为苏联北冰洋舰队渡过白令海峡后第一个碇泊的良港，故近年日美两国均重视苏联在该港建设的动态。同时苏联在白令海峡附近的科曼得尔群岛，也秘密设防，其中之一的百熊岛上已建为潜艇根据地。

在太平洋战争中，美国海军所热烈希望和苏联合作的地带，即为沿白令海峡两端美苏境界，在美国海军观点研究对日战略，是以阿留拉安群岛为最近的距离，但美国在此群岛尚无适合的根据地，不能驻屯大舰队，只有苏联在堪察加有彼得罗夫罗夫斯克军港，适合战略条件，倘若此港借美使用，不但整个对日的包围形势得以完成，就是以此地为海空军根据地，日本就感受重大的威胁。

五、荷印根据地

在亚洲和澳洲两大陆之间，横着一个全世界最大的群岛国，它有着七十一万平方公里的土地，六千万的人口，这就是荷属东印度，简称做荷印。此群岛又分为四群岛，即一为大巽他群岛，包括苏门答腊、爪哇、马都拉、婆罗洲，及西里伯等；第二为小巽他群岛，包括峇里、龙目、松巴哇、松巴佛罗理斯、帝汶等；第三为摩鹿加群岛，包括哈玛希拉、布鲁、西兰等；第四为新几内亚及属岛，包括新几内亚西半部，阿卢及灭索尔等，其中爪哇和马都拉两个岛是全荷印精华的所在，人口最多，开发得也最早，所以通常称这两个岛叫做内岛，而其余的许多岛屿叫做外岛。

爪哇是荷印的政治经济中心，在这次太平洋战争爆发后，更成为军事的中心。爪哇北岸沿海一带，水浅礁多，惟少数港口，便于船只停泊，倘荷印先将防波堤破坏，将水道封锁，港口马上即失其效用。别的地方，就是驱逐舰也不能驶到离岸一公里半以内的海面。爪哇北岸是一片平原，水田沼泽和森林纵横相错，并得无数河流横贯其间。平原上有三个重要海港，同时也是防御中心，一为巴达维亚，一为泗水，一为介于二者之间的三宝垅，军备优良，都不是轻易可以攻下的。平原之后，山岭之中，还有三个易守难攻形似盆地的大火山口，在军事上比前述三个防御中心还要重要，军事工业亦集中于此，与海岸交通极为便利。爪哇南岸，地势崎岖，风涛险恶，大船不能靠岸，小船不胜巨浪，只有札拉芝港可以登陆。该港防卫森严，又有铁路与前述三火山想通，敌军企图由此登陆亦不容易。

泗水为荷印最重要海军根据地，现在有长半英哩的码头，可容纳主力舰，并有可容一万五千人的兵营，防空避难壕很普遍设立，地下军火厂，船坞及船厂亦很完备。

我们再看一看荷印在整个太平洋上所占据的位置，它是南太平洋和印度洋中间的一座桥梁，西面苏门答腊面对着英国在远东最大的海军根据地新加坡，而它的东端则和英国在澳洲北部的达尔文军港非常接近，北面和香港、越南、泰国、缅甸、菲律滨遥遥相望，它不仅握有远东交通线的控制权，同时更具有军略上特殊的优势。

荷印不但在军略上有异常重大的价值，即在资源供给上更显其重要性，举其大的来说，它有着占全世界总产额百分之九十五的金鸡纳霜，百分之七十七的木棉，百分之八十二的胡椒，百分之五十的烟草，百分之三十六的树胶，百分之二十七的椰子，百分之十的石油，每年产有四万吨的锡，一万余吨的锰……还有它能容纳大量的工业品，这样的一个所在，在日寇的眼中早已视为是它的宝库，它企图侵占荷印，准备已达数年之久。到了目前，整个太平洋的战事既已爆发，日寇对于此一世界的宝库的荷印，自然是不肯轻易放松的。

最后我们还要注意在东南太平洋中的法属新喀里多尼亚群岛，在此岛之东南有罗米亚港，它是一个海空军的根据地。犹其是在夏威夷澳洲之间，特别显出它在战略上的重要地位，它已归自由法国统治，在这次太平洋战争中，可能与英美两国合作，此外在东南太平洋的法属马贵斯群岛、土摩圆群岛和奥斯特剌尔群岛，也可以作为临时的给养贮藏站与停泊所。

抢救新加坡与确保荷印及美拉尼西亚[1]

（1942 年 2 月 15 日）

一、绪 言

倘使日寇于发动太平洋战争之初，以其全部海空军的力量，向夏威夷与新加坡作乾坤一掷的奇袭，并以大量陆军与空中运输兵团占领之，则于一天内，即能于英美梦寐之间，使太平洋的霸权发生根本的改变。然以日寇未能彻底施行其计划，企图在重创英美舰队，使美军不克立即赴援远东，使英军措手不及，藉便其在南洋的分攻合围。截至目前为止，太平洋大战已经进行了整整两个月零四天，在这六十六天中，敌人无疑的是占着优势，它占领了香港和马尼拉，控制了美国与远东的交通要道的威克岛和关岛，侵入了婆罗洲西里伯和安波那，更侵犯了美拉尼西亚的俾斯麦群岛，新不列颠岛和所罗门岛，远至美拉尼西亚之外的那卢岛和吉尔贝特群岛，今更占领柔佛，与新加坡只隔四分之三浬的柔佛海峡。

太平洋的战局，目前正在急剧地展开；日寇的动向，现在已经显露出来，它的军事目标，急谋攻破新加坡，占领菲律宾，攫夺荷属东印度，席捲美拉尼西亚，进取澳洲及新西兰。日寇的战略，一面攻取缅甸断绝中英印度陆上的援军，一面掠夺美拉尼西亚阻碍美国海上的援军，企图使新加坡，菲律宾，荷印，甚至澳洲及中国完全与英美盟邦隔离，以便其并吞西南太平洋各地之后，再进一步，东取夏威夷与纳粹国家夹攻美国，西攻印度与轴心伙伴会师近东，以求击溃英国，消灭苏联，而瓜分整个的世界。

---

〔1〕此文发表于《海军建设月刊》。

二、主要各战场

目前在太平洋上有五个战场；一个是马来半岛，一个是缅甸，一个是菲律宾，一个是荷印，一个是美拉尼西亚。马来半岛的战场，已到新加坡围攻战的阶段；缅甸的战场正在展开；菲律宾的战场，自马尼拉失守之后，除巴丹半岛在麦克阿瑟将军困守中，已大部为日寇所控制；现在主要的战场可说是新加坡，副战场则在荷印美拉尼西亚。

新加坡是太平洋与印度洋间惟一的孔道，它在马来半岛的南端，长二十七英里，宽十四英里，与柔佛隔着一条宽不及半里的柔佛海峡；在海峡上架有铁桥，这铁桥不但是新加坡到柔佛去的通路，而且是新加坡与大陆连接的惟一路线。在铁桥的西佛（侧），海水很浅，只有小轮可以通行。铁桥的东侧宽二英里，长十二英里，可以通行大轮。新加坡到香港只有一四四〇浬，到金兰湾是一二二〇浬，距西贡六三〇浬，距曼谷八〇五浬，距马尼拉一三四三浬，距台湾一七七〇浬，距横须贺二九〇二浬，距婆罗洲四〇〇浬，距邦加海峡五三二浬，距巴达维亚五三二浬，距泗水七六〇浬，距三打根九〇〇浬，距马辰七五六浬，距望加锡一一〇六浬，距达尔文一九〇二浬，距木曜岛二六九六浬，距悉尼四四一二浬，距奥克兰五三〇七浬，距斐济群岛五〇二四浬，距墨尔本八三七七浬，距佛利曼特尔二三〇〇浬，距麻六甲一四五浬，距槟榔屿三九五浬，距仰光一一三三浬，距加尔各答一六三〇浬，距可伦坡一五七七浬，距亚丁三六六九浬，距苏彝士运河四九七九浬，距马尔他岛五九一五浬，距直布罗陀六九〇六浬，距朴茨茅斯八〇四九浬，而到美国的纽约却刚好等于地球上半个圆周的距离。

新加坡经过英人数年的苦心经营，已成为世界上最强固堡垒，岛上有三个良好的机场，直指海面的炮台可用十八吋口径大炮轰击二十五哩内敌人的船只。日寇在太平洋上虽有较优的海军，不但不敢在其沿海登陆，就是稍为近岸试探一下，也不敢贸然尝试，所以日寇只好绕一个弯，选择容易登陆的地点，在泰马边境的克拉地峡强行登陆，先行侵占马来半岛，掠夺资源，再沿岸前进，避实就虚，以实现其夺取新加坡的目的。据中央社二月二日路透电："自柔佛海峡堤道之炸毁，已经过三十六小时，该堤已呈残破现象，其上之建筑铁道与水管均已断裂，柔佛方面之钢架吊桥亦已完全炸毁。新加坡岛上现正繁忙进行准备，以应付任何方面之进攻。"至此，新加坡实际上已入于独立据守的阶段。

荷属东印度，是界于亚澳二大洲及太平洋印度洋之间，它的范围在世界所有群岛中，可谓首屈一指。群岛全体可分为大巽他群岛，包括苏门答腊、爪哇、婆罗洲、西里伯；小巽他群岛包括峇厘、龙目、松巴窪、佛罗里斯、松巴、帝汶；摩鹿加群岛包括哈尔马黑拉、布鲁、西兰等；新几内亚及其属岛等四部份，整个面积几等于欧洲，共计一百九十万平方公里，其中婆罗洲一岛即已超过日本本国的面积。

荷印与亚洲大陆，被南中国海划分开了；苏门答腊，爪哇及婆罗洲等群岛，则给爪哇海，班达海以及亚拉佛拉等海所隔离了；这几个海，东西成一直线，整个将这群岛屿南北对分，成为荷印的内海，因之其海岸线乃特别辽阔，港湾亦特别优良，在战略上实具有特殊的价值。

我们就南太平洋整个形势看，荷印群岛连绵成两条铁链，苏门答腊和英属马来群岛之间的麻六甲海峡是英美由大西洋到远东航线必经之路，而新加坡军港便恰在这个海峡的末梢。自从敌人控制了越泰之后，实际上新加坡已受到敌人海空军的相当威胁了，目前日军占领柔佛，若干已于八日晚在星岛西岸登陆，一面侵占婆罗洲首府坤甸，围攻新加坡战事实已开始。所以现在同盟军如果不能确保荷印，则新加坡便要受日寇的南北夹击，其危险是不堪设想的。再就荷印的另一端看，日寇既得了香港，马尼拉，婆罗洲大半部和西里伯登陆，那又是扩展外线孤立新加坡围困新加坡的战略。

其次，日寇对荷印采取行动亦有着经济上重要的原因，它开始闪击香港与吕宋，就是企图进取荷印的序幕，因为荷印出产丰富的石油，树胶，米，糖，金鸡纳霜，茶，烟草，煤，锡等物，同盟国能确保此地，则足以对日作长期的军事包围与经济封锁，日寇若侵占此地，不断打破这种包围与封锁，并且可以劫夺大量的军需资源以作长期战争，可知日寇先进攻港斐，其用意在打通进攻荷印之路，解除左右两翼的威胁，夺取南太平洋的宝藏及战略的主要据点。日寇若竟占有荷印，它由此可与南洋代管各岛，关岛，小笠原群岛联络，北与海南岛，台湾及日本本国贯通一气，则美之夏威夷，英之新加坡，澳洲及新西兰，即难在太平洋上发挥其合作的威力。现在马尼拉局势既变，新加坡亦已告急。日寇对荷印的进攻乃更积极，且更窥伺美拉尼西亚，而侵入澳洲的版图。

美拉尼西亚亦称为黑人岛屿，其中包括新几内亚、俾斯麦群岛、所罗门群岛、圣大克鲁斯群岛、新喀里多尼亚岛，罗亚尔特群岛、斐济群岛。这些岛屿是横跨澳洲的东北，接连荷属东印度群岛，以至新加坡，形成亚澳美三洲间的共同防线。

从目前的战局和整个太平洋的形势看，澳洲已成为新加坡，荷印和美拉尼西亚的后卫。它能够供给同盟国的精锐陆军部队，接济同盟国的战争资源，同时也尽其守卫的作用。

它的北部有达尔文港，东部有悉尼港，西南部有佛里曼特尔港，当然也是日寇进攻的目标，石丸籐泰曾说过："佛利曼特尔港附近，正是日海军行动的良好地域"。日本代管岛把日本澳洲间的航程缩短了一半，它既可利用代管岛进攻夏威夷，当然也可能利用代管岛进袭达尔文港。但是澳洲北境的门户不在昆士兰而在新几内亚，新几内亚距约克角仅九十浬，在它上面已建筑飞机场数十处，且有摩勒斯比港，扼着托列斯海峡，澳洲的西北部门户可谓不在达尔文港与佛利曼特尔港，而在荷印与新加坡；澳洲的东北部门户亦可谓不在悉尼港，而在美拉尼西亚，尤其是新不列颠的拉巴尔港，新赫布里底群岛的维拉港，新喀里多尼亚的路米亚港和菲济群岛的苏瓦港，天然成为澳洲东北前卫的海上长城，美国太平洋海空军援救荷印新加坡的停泊场所，又是同盟国向日本代管岛进攻的前进根据地。我们可以说：新加坡，荷印和美拉尼西亚是澳洲和新西兰的前卫，尤其是同盟军对日的共同防线，供应线和交通线。日寇如果要断绝英美荷印海军的联络，进攻澳洲和新西兰，它必须占取新加坡荷印和美拉尼西亚。

三、抢救新加坡

远在一九二五年，英国海军副司令弗烈查在下议院说过："如果香港没有，新加坡也没有，那么我相信英帝国什么都没有了。"这句话是意味深长的，其实新加坡的存亡，在今日非仅对英国有切身的利害，尤其是对于这一次太平洋战争中的同盟国家的胜败更有很大的影响。英国陆军大元帅劳伯兹也说过："世界上的历史总有一天会由新加坡来决定的。"现在这个时期是已经到临了，至少在太平洋战争里，新加坡是起着决定的作用。新加坡好像战争中一件最强有力的武器，谁要能把握着它，谁便是战斗的有利者，所以新加坡是万不可有失。

今天的新加坡已寇临城下，诚然处于危急存亡之秋，然而还不能说大势已去，不堪挽回。尽管过去对新加坡要塞的设备有过高的估计，但它总算是在全世界数一数二的，且拥有百万居民。这样重要的海空军根据地，决不应拱手让人，而应发挥它的威力予日寇以有力的打击。在西南太平洋统帅魏菲尔坐镇之下，荷印及美拉尼西亚的各主要岛屿，应当成为日寇前进的障碍和拱卫新加坡背后的长城。为日寇鞭长莫及的澳洲和印度，应当成为新加坡的大后方和英美源源接济的转运站。观美菲孤军在马尼拉轻易放弃以后，至今尚能坚守巴丹半岛，屡挫强敌；那么，新加坡军民是可以坚守待援，粉碎日寇一鼓而下的企图的。如果新加坡不幸在短时期内失守，不但将使太平洋抗日战争进入更艰苦的新阶段，而且对世界反侵略战争的局面亦将有若干不利的影响。因此在新加坡的军民要用可里基多守军奋斗的精神来坚守新加坡，同时同盟军应速抢救新加坡增强保卫新加坡，以求达到转守为攻的方针，且要准备万一失守后，继续长期作战的步骤。

据上述日寇的攻势，我们不难知道日寇今天所采的战略不仅以大军直拊新加坡之背，企图一举攻取新加坡军港，同时还采取着两面包围的战略，左翼攻略荷印，右翼进攻缅甸，期陷新加坡为死港，假如这一阴谋不幸成为事实，岂仅新加坡一地陷于孤悬突出的危境，而同盟国与中国惟一可贵交通命脉滇缅路将因缅甸之被侵而遭切断，印度澳洲这两支持战争的大后方亦同时受到震撼，这是多么严重的一种形势！

面对着这样严重的危机，我们现在已不是说要不要或能不能保卫新加坡，而是应该说必须保卫和怎样抢救新加坡了。我们现在必须检讨怎样有效地援救新加坡，使它永远被掌握在同盟国家手中这一紧急课题。今将援救新加坡的有效方法建议于下：

（一）马来半岛的战事，同盟军吃亏的最大原因，是实力不足，所以制海权和制空权都落在日寇手里，就连陆上也挡不住敌军。现在新加坡十分危急，今后敌机必加紧轰炸，或由敌前登陆与柔佛陆军采合围之势，或利用优势海军全面封锁新加坡，使其断绝外援。所以援救新加坡，首先要增援新加坡本身的军力，尤须取得制海权和制空权。欲仅藉岛上少数守军阻遏到处可能登陆的敌军，必难保得住新加坡，同盟军必须迅速调集大批海空军赴援，一面应以海空军迎击敌方由南中国海南下的舰队，并以潜艇游击其运输舰，破坏其海上交通，一面应以相当的海空军巡逻星岛四周洋面，使敌舰无法靠近海岸，以解除新加坡正面的威胁。假如英美舰队在时间上嫌缓或事实有困难，则英美最低限度亦须增援新加坡大批飞机，以取得那里的制空权。因为现代陆军作战，若无空军为之掩护，根本不能发挥效力，过去英军在那维克及克里特两役的失败，即为缺乏空军的实际例证。

（二）现在日寇南侵的兵力，除海军不算外，据一般估计，陆军可动员三十五至五十万人，空军可动员千架。在同盟军方面，因英国战区的辽阔和分散，它不能集中重兵到东方来，美国的军备扩充尚未完成，两洋舰队还要待长期间以后，以今日太平洋上可资调遣的兵力而论，马来军仅五万人，缅甸三万人，荷印七万人，印度二十万人，澳洲亦仅二十五万人，以这样薄弱的兵力，防守辽阔的战区，已感觉非常单薄，若抽调援军到新加坡自感非常困难；但是军力的对比尽管是这样，要守住新加坡或反攻马来，仍是可能的。我们相信，只要英美荷能采取贤明的民族政策，加紧动员战区属领的人力和加强军火的援助，则新加坡保卫战和其他战区的形势当为之改观。祇就新加坡而论，它就拥有百万的居民，且有广大的华侨，他们将成为一只最有力的配合作战的武装队伍。今天新加坡的华侨，已自动组织起来，要求参战，这更是可珍贵而亟需英美在武器方面加以充份的援助。

新加坡苟能加紧动员人力，坚守要塞，非仅可以争取时间以待外援，且不易为敌攻破，我们可举过去战史为证。在前次世界大战德军进攻凡尔登要塞，于一九一六年二月二十一日开始，先行七昼夜之炮击，共费炮弹一百万发，然终不能将凡尔登最后堡垒攻下；待英法军开始攻势，德军不能不转移重点，而凡尔登攻围计划，乃因之粉碎。其次如战前西班牙英勇人民的保卫玛德里的悲壮一幕，使在德意援助下的弗朗哥穷全力而久未能攻陷。此次大战，德军进攻列宁格勒，自去年七月十五日开始，集兵五十余师，但一逼近列宁格勒，死伤遍野，德国虽集合各种口径大炮数千门，飞机数千架，施行轰击，但不能攻下，历时两月，卒至停攻。最后进攻莫斯科，其规模之大，尤超过之，终以死伤过大，希特勒又不得不藉口冬令停攻。再观这次日寇对于马尼拉的攻击，对该地设防仅得完成一部分之巴丹半岛，至今尚不能越雷池一步，眼前的例子，则是我国这次湘北大捷，日寇包围长沙，大军进逼长沙东郊，终以我陆上部队坚强的抵抗，水上海军布雷队严密的封锁，战区民众的奋勇协助，乃使日寇又遭一次的惨败。所以我们的建议，要动员民力，把新加坡的民众全部武装起来，既可增强抗敌力量，争取时间以待外援，并图反攻，又可弥补目前英美不能急速增援大批军队的缺陷。

（三）我们除加强和增援新加坡的实力外，尤须加强荷印的防御，荷印不但在经济上和战略上具有重要的价值，而对于新加坡的防御上实具有更大的价值。因为婆罗洲，苏门答腊和爪哇是新加坡东西南三面的坚强的外卫，如这三岛为日寇所占，它更可与柔佛敌军合围新加坡，则新加坡更形孤立，英美海陆空军更难赴援。所以我们认为欲救援新加坡，必须迅速增强荷印的实力。

（四）英美应立即加紧缅甸，印度和澳洲的防御和动员，因为这三个地方是支持新加坡，荷印，美拉尼西亚和太平洋长期战争非常重要的大后方。只要这大后方能够保得住，才能有源源增援新加坡，荷印和其他各处的军队和物资。我们知道具有四万万人口的印度；目前仅有二十万军队，澳洲的军队亦不过二十五万人，缅甸只有三万人，更抽不出军队来，目前它还需要中国军队和印度军队来保卫。像达尔文，悉尼和佛里曼特尔三个军港也未臻于最坚固的程度，为今之计，应该迅速的将他武装起来，同时应从政治军事经济三方面彻底改变过去作风，把这些地方的民众也动员武装起来，只有这样，才能不断的援救新加坡，才能帮助新加坡进而反攻马来的失地。

（五）我们知道援救新加坡，缅甸的地位益增重要。在全般战略上看，守住缅甸几乎比守住新加坡更有重大的意义，因为日寇在切断中国与英美国际交通线的作用上，和进一步藉缅甸为侵入印度与纳粹德国会师近东的作用上，皆势所必取的。若单就救援新加坡，挽回马来的失地和恢复南中国海的制权上看，那么中英联军就应扩大由缅甸云南广西对泰越的出击，以拊马来亚日军之背，且须迅速的以强大兵力截断克拉地峡，使越泰寇军无法通过增援马来亚，以减少寇军在柔佛海峡对新加坡攻击的力量；同时英美荷印应以大量潜艇在南中国海对日增援的舰船猛加袭击，更需要大量的美国空中堡垒与英国的喷火机，以大编队机群对曼谷，西贡，金兰湾，海防，榆林港及其他日军的海空军根据地实施毁灭轰炸，使攻击新加坡的敌军无法取得军火及给养，并分散日寇围攻新加坡的力量，这样孤悬马来亚及柔佛海峡对岸之敌军，势必粮尽援绝，至于崩溃。如中国湘北前后三次会战，大半由于海军布雷队和大量陆军，将敌军由水陆两路进攻长沙之路线，分段切断，使其后援断绝，各个击破；这种战略，正是今日我同盟军抢救新加坡之最有效办法之一。

四、确保荷印

新加坡决不可失，新加坡一失则荷印必难保存，如果荷印一旦落入敌手，则不但丰富之资源不能利用，同时日寇复可利用之为防御英美海军势力之城砦，而遂其狂妄贪婪之侵略。所以，保卫荷印，其重要性决不在保卫新加坡之下。

荷印为日寇前进之障碍，亦为日寇前进之桥梁。因为日寇可由荷印而叩澳洲之门，也可以藉荷印以配合柔佛敌军而包围新加坡；同时日寇倘欲出动军舰及潜艇等以阻挠印度洋上之航线，及通过新加坡以迄波斯湾，或往红海以达苏彝士运河之交通，首先必须克服这层障碍。迄今为止，同盟军尚不克阻止敌军续在军略区域内登陆，据巴达维亚二月五日电："荷印总督二日向荷印各地人民播讲，谓婆罗洲已大半沦陷，安波那则仍在坚守中，苏门答腊及其他各地迭遭轰炸，附近储水所受威胁益大，日军目的在包围荷印群岛，现拟自北攻入中心，尤为荷印危机之所在。"可知新加坡虽已告急，而荷印各岛，殆亦进至紧急状态。目前英美海军设不能对荷印作紧急有效之援助，以荷印守军之单薄，似难久抗侵略之狂焰，故除上述应急救新加坡外，对于保卫荷印，实为现阶段同盟军战略上刻不容缓之重要步骤。

就这两星期来荷印战局之观察，日寇之加紧侵略荷印，实具有三大阴谋，一是加强对新加坡之大包围，二是有如荷印总督所说要拟自北攻入中心——爪哇，三是要截断英美海军之联络。据一月二十八日大公报所载"英伦消息灵通方面称，敌护航队被我海空袭击之处，离荷印主要海军根据地之泗水仅五六百浬，图侵入澳洲境界之敌军，其接济线从此已受打击，盖敌方在马加撒海峡之军事计划，原图攫取婆罗洲东部之岑厘把板及西里伯斯南部之马加撒，得手后再集中攻击泗水，并向达尔文进攻，以切断澳洲之接济线……"再据荷印总督二日之播讲，"安波那仍在坚守中"，巴达维亚八日路透电："安汶岛（安波那）一役，证明日军在数目上极占优势，该岛已大部沦陷，惟游击队仍在进行中，守军已有一部撤退。"我们从地理上观察，安波那在摩鹿加海峡之南，西里伯斯与新几内亚之间，居班达海之中央，与达尔文港相望，日寇再向南进，即可侵占帝汶岛，而进攻达尔文。据我们推出安波那之形势已危在旦夕，日寇之向此路进攻，必系倭舰在马加撒海峡重创后所改变之新的战略。这种新的战略，不但可以配合新加坡之攻围战，且可策应婆罗洲合攻荷印中心之爪哇，同时又可截断英美荷印海军的联络，断绝新加坡与爪哇之外援，且可直逼英国三角形战略阵线之第二据点达尔文军港，破坏同盟军藉以作长期战争唯一重要之大后方之澳洲。如是新加坡必不能孤军固守，而且整个之南洋，将全被日寇逐渐侵占了。所以目前能确保荷印，实际就是包围新加坡就是保卫大后方之澳洲，就是稳定战局，准备将来反攻之基础。我们从太平洋战争爆发以来之经验教训中，再观察目前荷印战局之形势，我们认为要确保荷印至少采用下列之策略：

（一）荷印一定要保卫，而保卫荷印首先要迅速增加防备的武力，荷印今天所有的武力，据一九三九年调查有重巡洋舰三艘，轻巡洋舰二艘，驱逐舰十二艘，潜水艇三十一艘，炮舰六艘，布雷舰十六艘，海岸警卫舰两艘，扫雷艇一艘，以及相当的鱼雷快艇，并附有近代大型水上机七十二架，小型海上侦察机十八架，实力虽然很小，自开战以来，表现的成绩却是很好。但这队海军几全部集中在爪哇，陆军有常备兵五万人，也是大部分驻在爪哇。空军据一九三九年调查有数队格伦马丁厂[1]出产的远航轰炸机，其主要的根

---

〔1〕马丁飞机公司是美国最早的飞机公司之一，由美国著名飞机设计师格伦·卢瑟·马丁创办，它生产的轰炸机和船身式水上飞机在第二次世界大战中发挥了重要作用。

据地也是在群岛中心的爪哇。无疑的荷印近两年来，尤其是自开战以后，无论海陆空军已大大的增强了，但它的军事中心依然是爪哇，至于其他各岛的防备力量是相当的薄弱。

我们再看日寇的武力，据伦敦估计：日寇用于南进的陆军约有五十万，飞机二千架。新加坡的攻略战，它可能集中三十万大军，一千架以上飞机。日本海军舰队的编制，据最近调查，现有六个舰队，战时区分为十九个战队，七个航空战队，八个水雷战队，十个潜水战队。第一舰队所属的四个战队，第一第二战队拥有全部海军三分之二的主力，以八艘的主力舰组成。"陆奥""长门"及三万五千吨级的新舰"日进""杏雌"为第一战队，"日向""伊势""扶桑""山城"为第二战队。第二舰队无主力舰。第一舰队与第二舰队组成联合舰队，有六艘航空母舰（日本共有八艘航空母舰），正面防守太平洋，前进可以进攻夏威夷，根据地在横须贺及小笠原群岛。第三舰队分做三个遣华舰队，封锁中国沿海。第四舰队及第五舰队，包括主力舰"雾岛""比叡""金刚""榛名"（已沉）四艘，航空母舰二艘，即此次进攻南洋舰队。第六舰队完全为奇袭部队，占有日本十分之六的潜水艇，即六个潜水战队，出没于代管群岛，目的在破坏美国迂回南方路线走向南太平洋的交通。

照上述日寇在南洋的海空军实力，实非荷印与英美原驻远东的少量军力所能抵抗，目前日寇海军在南太平洋方面的，至少尚能出动三艘主力舰，此外它还拥有许多的轻快舰船和优势的潜艇，尽可自由在荷印及美拉尼西亚一带作□不及防的闪击，因此它的陆军可任意随处登陆。我们认为同盟军，尤希望美国在太平洋的海空军，应迅速作大量的增援，设再误时期，迟缓行动，到了交通线被日寇切断，让敌军深入荷印的腹心的爪哇，则不但新加坡将无法救援，荷印亦不能保存，整个太平洋形势亦将不堪设想。所以英美援军至少须有五艘以上的主力舰，飞机须有二千架以上，尤其需要优越的轻快舰艇与多量的运输舰船，则足以分配和联络由新加坡，荷印，以至美拉尼西亚这样长的防线，才容易在这一串的内海和海峡施行防守与出击的任务。

英美也可以抽调大西洋的海军来援救太平洋的危局，或谓英美若抽调大西洋的舰队到远东来，则在大西洋的防御和进攻纳粹国家的力量必然削弱下来，其实这是毋庸忧虑的。因为在大西洋之战中，德国自"俾斯麦"号消灭后，仅余它的姊妹舰"提贝兹"号和少数的巡洋舰，最活动的是它的潜水艇。然今日大西洋之战主要变为驱逐舰队和空军合作的问题，至于主力舰或巡洋舰都没有多大的作用，主力舰是打算和别国的主力舰作战的，而德国现时没有充分的主力舰足为英美的威胁。至于法意海军固然可能牵制英美海军的力量，但它们现时是被关锁在地中海里，惟有纳粹国家占领苏彝士运河和直布罗陀，才能从事大西洋之战，但当苏联正在对德国反攻使其不能稍息之中，希特勒是不敢这样冒险的，所以英美主力舰在大西洋活动范围已大受限制。再说在进攻的作用，也和它在防御上的作用一样，很属有限，故英美大西洋的主力舰队的极大部分，尽可抽调来远东，与驻在太平洋的舰队配合，大量援救新加坡，荷印和其他各处之危。到了大军增援之后，首先应争回同盟国的制海权，切断敌人的交通线，减少日寇陆军的优势；同时寻求日寇的弱点，另辟新战场，以分散日寇包围新加坡与进攻荷印的力量。

（二）因为新加坡，荷印以至美拉尼西亚，各岛不相连接，交通亦甚不便，敌军分布于代管岛，随时均可向其袭击，截断其交通。我们认为在爪哇的统帅部，应迅速对整个战局作精密的通盘筹划。各岛武力的分配，交通的联系，资源的统制，民众的动员，敌方第五纵队，航空降落部队及海军登陆部队底损防和消灭，都急须作周密底研究和准备。尤其是对海峡上和各岛间底交通，必须使其不致遭受日寇海军的封锁和截断，必须尽可能的使其呼应灵活机动，保持必要底联系。不要再蹈过去底香港，马尼拉和马来半岛，没有保持联系而各自孤立底消极底防御之覆辙。

（三）英美欲确保荷印，应迅速采取以攻为守和争取主动底战略。如果一种战争是单纯底防御，其结果必然失败。法国底沦亡就是吃了这个亏，苏联最近底胜利，就是争取主动底地位而经常不断底乘机向纳粹猛烈底反攻。海上战争较陆上困难，美国赴援荷印的海军，应不断的协同荷印以潜艇袭击敌舰，使其无法集中与迫近沿岸；应当利用荷印诸岛以代航空母舰，以保护自己底舰队，而且可以经常不断地轰炸敌舰，给以莫大底威胁。更应不断底利用机会保持马加撒海峡和摩鹿加海峡底控制权，以便争取西里伯斯海和苏禄海底制海权，反攻婆罗洲，西里伯斯和菲律宾各处底失地，西出南中国海断绝日寇南进之路，东向日代管岛进攻，收复关岛而后直捣日寇底巢穴。这样以攻为守，争取主动，非仅确保荷印，且可使战局为之改观。

五、保卫美拉尼西亚

据目前战局判断，荷印争夺战已到紧急关头，澳洲底战争亦已开始，此战将为太平洋战争中最重要之一，日军进攻底路线大约有五条，而其目的则为进占爪哇，达尔文，与隔断美国底援军与其交通线。

（一）进攻新加坡，该地英军现正作背城之战。敌军企图侵占新加坡之后，从新加坡婆罗洲间之岛屿星罗棋布底海道攻入爪哇。

（二）在西婆罗洲邦戞登陆，继之以越过萨拉瓦克，进取坤甸；同时突进马加撒海峡，此路攻势因受美荷海空军的打击，暂止于岑厘把板。

（三）夺取西里伯斯北部之明拉哈沙后，进攻南岸之甘达里。

（四）进攻新几内亚及澳洲，目前日寇之进攻安波那，为其主要战略之一部。

日寇逐渐获得婆罗洲之各航空根据地后，爪哇，小巽他群岛和达尔文底被袭，规模势必日大。在日寇以大军进攻爪哇以前，敌方或有可能先作夺取马辰及马加撒底根据地；另一可能即进攻同盟国供应线重要一环之帝汶岛；它可也可能侵占帝汶与安波那之后，略取阿卢群岛和提康劳特群岛，再进一步进攻达尔文。

日寇为欲达到上述四条进攻路线底安全与完成占领新加坡及荷印的目的，它最顾虑底就是畏惧美国由美拉尼西亚方面进军援助荷印与新加坡，所以它争取机先，而先侵占俾斯麦群岛，新不列颠及所罗门岛，现更加紧进攻新几内亚，这是日寇进攻底第五条路线。今日美国若再不迅速救援，实行反攻，则日寇必然前进略取圣大克卢斯群岛，新赫布里底群岛，新喀里多尼亚群岛和斐济群岛，而并吞整个底美拉尼西亚。美拉尼西亚一失，则美国赴援荷印及新加坡底路线必然切断；这样，非仅澳洲为日寇所包围，即新西兰，萨摩亚群岛和凤凰群岛亦将不保，最后美国在太平洋国防中心底夏威夷必将为新加坡第二而处于苦战底境地，同时南美各个国家亦将受莫大底威胁。

六、结 论

我们底结论，新加坡是远东底咽喉，太平洋与印度洋间底壁垒同盟国防守与进攻底首要海空军根据地，万不可失；荷印是远东底宝库，亚澳美三洲对日底共同防线，尤应确保；美拉尼西亚是澳洲与夏威夷底共同前卫，荷印群岛底侧卫，美国海陆空军赴援新加坡和荷印底联络站与必经路线，更当使其安全。我们要达到上述底目的，同盟军就应迅速集中大量海陆空军抢救新加坡，确保荷印与美拉尼西亚。

一九四二，二，十一日

从开罗会议论恢复中国海疆^[1]

（1944 年 1 月）

一、开罗会议的重要声明

十一月一日，中美英苏四国联合宣言发表以后，更加强了盟国的团结，增进了对轴心的攻势。十一月下旬，我们复获读中美英三国在开罗会议的公报，议定对日本的处分。我们认为这个会议，在国际上是等于彻底解决远东问题的一个会议，在中国方面是恢复中国故有海疆的一个保证。

开罗会议，除在军事方面，决定了我们对日共同作战全盘的计划，在政治方面，申明了我们对日作战整体的目标之外，其有关于中国切身利害的重要声明，可节录如下：

"三国之宗旨，在剥夺日本自从一九一四年第一次世界大战开始后在太平洋上所夺得或占领之一切岛屿，在使日本所窃取于中国之领土，例如东北四省、台湾、澎湖群岛等，归还中华民国。其他日本以武力或贪欲所攫取之土地，亦务将日本驱逐出境，决定在相当时期，使朝鲜自由独立。"

二、日寇侵略中国海疆之经过

日寇侵略别国的领土，是由一八七九年并吞琉球群岛开始，日寇侵占中国海疆也是由攫取琉球群岛开始。在没有分析日寇攫取中国海疆之前，我们要先知道日本的土地形势，我们站在中国的地位来讲，在东海以外，远远有一弯弓形的大小的列岛，露在太平洋面上的，

---

〔1〕此文发表于《海军杂志》。

就是我们的敌国——日本。这些大小岛屿，就叫做日本列岛。中有本州、四国、九州和北海道四个大岛。北海道的北面，又有细长的库页岛。这些岛屿接连的成一条曲线，和亚洲大陆相拱抱成了日本海；北海道的东北，像弓形的地方，与千岛群岛相连，一直到库页岛的南端，而成个鄂霍次克海；南方从九州的西南和琉球群岛相连，直到台湾澎湖列岛成了我国的东海；又联带亚洲大陆的朝鲜半岛，和我国山东半岛及辽东半岛之间，成了黄海。

日本的领土，就是日本列岛、朝鲜半岛、台湾、澎湖群岛和南太平洋委任统治地组织成功的。不过在它的领土当中，只日本列岛是自己的祖产，其余如琉球群岛原是中国的藩属，朝鲜半岛原来也是我国的属国土地，台湾与澎湖更是我们的领土，至于南洋诸岛，是国联委托它代管的，都被日寇逐渐侵略去的。

我国海疆之丧失，当以琉球群岛被日侵占为开端。甲午战争，我国失败，在马关签订和约，割让台湾、澎湖群岛，并许日本船在长江自由航行，这是日寇第二次侵占中国的海疆，同时也是中国海权最重大的丧失。

甲午战后，日寇的势力已侵入了朝鲜，到了日俄战争，日寇又得胜利，日俄订立条约，俄国承认日本在朝鲜的特殊利益，俄国让出旅顺、大连的租借权，俄割让南库页岛与日本。又向清廷订立条约，除接收俄国让给它的旅顺、大连之外，又要求取得安东到奉天的军用铁路权。因此，日寇就开始向我东北侵略。这次日俄战争，俄国所然失败，但所受最大损失的，是我北部的海疆——旅顺、大连和渤海的海权。

日寇自中日、日俄两次战争胜利以后，侵略的野心，也就格外的扩大，在民国纪元前二年，不客气的合并了朝鲜，此后就不断的夺我东三省的利权。到民国三年（一九一四年）第一次世界大战发生，日寇便乘欧洲各国不暇注意远东，又不断的来侵略我们。民国四年逼我签订二十一条件，"九·一八"又强占我们的东北土地。它还不放松，在二十六年七月卢沟桥事变，竟发动在华北和上海两面，实行侵略大战，随即侵占我沿海各重要港湾岛屿，封锁我整个的海岸，并侵占我海南岛，及南中国海一带的岛屿，更藉台湾为南进根据地，进占越南、香港、新加坡、马来、缅甸、斐律宾和南洋群岛，与英美荷三国对敌了。

三、东北台湾澎湖等在我国防上的重要性

我国过去海疆的形势，北起鞑靼海峡，南逾麻六甲海峡，原可控大洋以图自强，无

如百年以来，列强纷纷择肥据要，藩篱尽撤。香港、九龙、琉球、越南、缅甸、澳门失之于先，台湾、澎湖、旅顺、大连、胶州湾、广州湾、威海卫受制于后，沿海形势，零落不完，海权受制于人，以致暴日来侵，无法防御，沿海精华地区，丧失殆尽，到了现在，可说我国海疆由东北以至南部，完全在日寇控制之下。我们鉴往知来，恢复海疆，实为抗战中的重要工作之一。

值此开罗会议之后，我们于今日而谈论恢复我国海疆，即为未来海权建设计，我们必须有两种信心：第一，同盟国家必获得最后的胜利；第二，在民族自决国际平等及经济合作之原则下，规复我国过去不平等条约下所丧失的领土，以维持我国领土之完整，及主权之独立，如东北、台湾、澎湖、琉球等地自应归还我国，否则我国海疆不能收回，国防实无建设可能。

我们为什么要抗战，就是要恢复我们所丧失的领土。恢复东北、台湾、澎湖等地，即以保障我们领土的完整，所以东北、台湾、澎湖等地在我国防上是非常重要的，今将它在我国防上的重要性分述如下，才知道开罗会议的结果，是与我国未来海权之建立是极有关系的。

东三省在国防上为我东北的锁钥，华北的外卫，尤以其南端的旅顺、大连，扼渤海的门户，北有南满铁道直通沈阳，西距塘沽水程不过二百浬，南部自辽东半岛最南端的老铁山至山东半岛最北端的蓬莱阁，其间相距仅九十公里，故就水陆交通的地位言，旅顺港实为渤海海防区域中最适宜的地点，就防御的形势言，旅顺位辽东半岛最南端，东南有山东半岛为其外线屏障，敌舰侵入，洵非易事。当甲午战后，日寇要求占领旅顺、大连，而发生三国联合干涉还辽之事，当时德政府电致驻英俄法三公使训令有云："旅顺口如果变成北洋的直布罗陀，则将使中国至少将中国北部与其京师，成为日本的保护地方。"日寇之所以能包围朝鲜，一举而占领东北，控制华北，莫不以旅顺大连为其出发点。次就与商港的联系言，华北现在的商港，以天津、大连为首要。天津为河港，泥沙淤积，海船不能直入，故未来必须建立北方大港。北方大港在滦河口距旅顺只一百六十浬，为渤海西岸距旅顺最近的港口，大连距旅顺只五十公里，铁道直达，为我国"九·一八"以前最大的出超港，一九三四年贸易总额达八万万元，占东北总贸易额百分之七十五，故就与商港的联系而论，未来北方大港及大连的繁荣，东北、华北经济事业的发展，旅顺军港实具绝大的保护功能。

就台湾的形势讲，位东海的中心，介黄海与南海之间，握我国海疆的中枢。在军事上、交通上、经济上以及地理上均具有极大的价值。不仅掌握中国的门墙，抑且控制整个西太平洋的大局，中国若无台湾，则无海防可言。按台湾西距香港三百五十浬，距福建沿海只一百二十浬，南距斐律宾只六十五浬，北距上海四百三十五浬，距日本长崎六百三十五浬，益以北之琉球群岛，西之澎湖列岛，整个中国的东部海疆在它的控制之中。一九一二年华盛顿会议时，美国务卿休士即曾指出："日本拥有台湾，无异伸开两脚立于中国的大门，日本海军，活像两支铁腕，紧扼门户开放政策的关键。"我国重要之经济文化重心，悉在东部长江流域，自台湾澎湖为日寇所夺，南下南洋，西向欧洲，东向美洲的交通，均须假道于日本的势力之下，而日寇的南进，亦莫不以此为根据地。故台湾澎湖之得失，其与中国南洋及整个太平洋的安危，实具极大的决定力量。

琉球群岛，遥对我国江浙两省，散布于台湾东北，北接日本列岛，绵延如带，适当亚洲大陆基础的边缘，为东海与太平洋的界限。群岛多系山岛及珊瑚礁，在经济上虽无多大价值，但可利用之以为潜艇及空军根据地；且冲绳北端的天运港，港湾良好，可为海军贮水蓄煤之所，大岛北部之名濑，亦可停泊轻型舰队。就地位言，群岛乃我国东部海疆的第一重门户，如与台湾澎湖及舟山群岛相呼应，可以确保东海的安全。反之，琉球群岛如为敌国所有，于此设立海军封锁线，则足以隔断东海与太平洋的交通。

四、由抗战求恢复中国海疆

国父曾昭示我们："我们的国策，对内为巩固统一，对外为取消不平等条约和收复我们的失地，使中国在国际地位上得到平等，进而扶助世界上各弱小民族，共同创造大同世界。"我们应遵照这个国策，求在抗战胜利后，甚至在抗战进行中，应毅然决然把这国策迅速实行起来，取消不平等条约，收复东北、台湾、澎湖、琉球，以及"九·一八"以后为暴日所攫取的土地，以实现我们领土的完整，和扶助朝鲜、越南等弱小民族独立，来减少国际的争端，来解决远东的问题，和削弱敌人对我海防的威胁作用。

考这次太平洋战争的远因，即为中国失去朝鲜、琉球群岛、台湾、澎湖群岛的必然因果。设以上各岛不为日寇所夺，即令日寇有征服世界的野心，安从实施其术。故为彻底解决远东问题，为今后世界永久和平计，必须将暴日所占之土地，复归中国，藉以保护中国领土的完整，维护和平重力的均衡，然后始能求世界和平于永久。今开罗会议虽已宣示了中美英三国对日作战的决心，并宣示了中美英三国没有拓展领土的意思，三国对于日寇作战的目的，在于制止和惩罚它侵略的行为。日寇必须退出此次侵略战所攫夺的区域，必须退出它在第一次世界大战开始后在太平洋上所取得的岛屿，更必须归还中国的失地，恢复朝鲜的独立。我们欣慰着国父所昭示国策之实施，蒋委员长外交政策的实现。更表示欣慰的，即这个划时期的会议，已给予我们收复海疆的一个保证。惟是日寇的势力仍甚强大，它的海军仍在负隅，我们的失地仍在敌人手里，我们的海疆仍在敌方海军控制之中。故中国之光复旧物，收回东北、台湾、澎湖、琉球及所有的失地，必须于此次太平洋战争中得之，更必须求于抗战胜利中得之。

海军与常德大捷[1]

（1944 年 2 月）

这次湘鄂会战是发生于十一月二日，日寇以十万之众，由弥陀寺、阜湖堤、藕池口、石首、华容渡、长江支流虎渡河西犯，其声势的浩大，为历次战役所未有，企图压迫我军于渔阳关以西之山地中，然后南转采取史蒂芬的旋转战术，由石门、澧县、安乡，直扑桃源、常德、汉寿、沅江，在这个地区获得了立足点以后，进则以窥长沙，配合湘北粤南的部队以打通粤汉路；退则固守常德，以扼我湘西的咽喉，而作为以后进攻的张本。

常德之战，原是此次湘鄂会战的一部分，而却成为湘鄂会战的高峰。常德之战是由十一月二十日开始，二十五日敌军攻入城内，上月三日守军退出常德，在西北城郊与友军，九日拂晓我军攻入常德城，敌军败退，至此，我失常德六日，而复夺回。现在战斗仍在进行，我军已乘胜反攻至华容、藕池口。

在鄂西湘北战场，特别是洞庭湖滨的战场上，我军所以能够坚强的支持，英勇的反攻，更从四面合围，置敌寇于危殆之地，固然是由于我们陆上的部队浴血拼战，中美空军的不断向敌袭击，我们的民众冒险犯难，有以致之，而我们海军布雷队的协助，亦为其不可或缺的因素。

自从日寇占领岳州、沙市之后，洞庭湖和荆河，便成为寇军向我进犯的捷径，又是敌军增援接济军火粮食的交通线。但洞庭湖及荆河各险要地方的水道，都有我们海军布雷队，在那里执行封锁工作，预防寇军由水路进攻，并断绝其交通线。此次湘鄂会战，湘北、沅澧之间，常德、汉寿、沅江各处的纵横水道，滨湖各区的重要港湾，都有我海军布雷队不分昼夜在那里工作，敌寇纵有许多的船艇，多量兵力的增援，终以水道受我

---

〔1〕此文发表于《海军杂志》。

水雷的阻击，陆路受我各军的包围，最后不得不退出常德而向北败溃。而由此可见海军布雷队的力量，对于敌军的影响，亦至为沉重。

顽敌不敢由洞庭湖向雷区正面冒进，而改由湖滨沿岸锐进，自强渡澧水后，原拟一举而下常德，以为将来进窥长沙的准备。但日寇这种顺沿滨湖各县，由常德、而汉寿，而沅江，而益阳，而宁乡，以进攻长沙的迂回侧击战略，终为我们所击破。日寇为何采用这种迂回的战略？为何不由岳州，从洞庭湖正面，走汨罗、湘阴而进攻长沙呢？这次大会战，它既拥有十万大军，复有强大的海空军协助，尽可利用中央突进的战略，进取长沙，较由常德迂回战略容易得多。即或不然，一方面由中央突进，同时由常德迂回侧击，亦较为上策。今日寇为何放弃上策而就下策，避轻趋难呢？其中实有其不能对人言的苦衷。敌人这种苦衷，惟我们海军当局和前方布雷队有正确的认识。自武汉大会战之后，继之就是湘北三次会战，日寇均遭大败。而造成日寇三次大败的原因固不只一端，但受我海军水雷的阻击乃其失败的主因之一，就是每次战争之前，洞庭湖水道已为我水雷层层封锁，即湘江各处亦分布水雷。本来敌人若由水道进攻，运输接济都极利便，但水上交通为我水雷隔断，它即幸而乘隙通过，后路又有断绝之虞，我岸上陆军得利用这种形势，分段截击，四面包围，使寇军乃至进既不能，退又不得。观前次长沙之战，敌已逼临城下，因后路水道为我布雷断绝，无法增援接济，最后不得不向北败溃。计日寇前后三次受过这种失败的教训，哪敢再来尝试，这就是今日日寇不敢由洞庭湖大道湘江正面进攻，而必绕道滨湖路线争取常德的苦衷。所谓在战略上的上策，不能实行，只有采此下策，争取常德，以求幸胜，而后转攻长沙，企图打通粤汉线，破坏我盟军从中国大陆向日本本土进攻的计划，它实预想不到今日之战复惨败。我们可以说：日寇的失败，其主因乃败于中国海军水雷战。

这次鄂西湘北大会战，论敌军的数量和其凶猛的程度，较前几次大战，犹或过之。它占据了常德已逾六天，为日寇计，应迅速进军，向汉寿、沅江前进，一方面利用洞庭湖水道以大量海军浅水舰船，输送大军，不过数小时，即可由湘阴登陆，与绕道汉寿、沅江之军，会师长沙。惟以畏于深藏湖中的水雷的轰炸，明知此路虽系捷径，不敢踰越，只能望湖兴叹。常德这个湘西咽喉，确已劫夺到手，奈以湖西港湾纷岐无异天然的陷阱，河道纵横多如人造的壕沟，在这许多陷阱和深沟里面，又埋伏了不知有多少危险的水雷，致令孤军深入，不能再进，只可困守常德，以待援军。在这种情势之下，我们在战略上实已占了优势。换句话说，这次会战的大捷，在战略及战斗上最成功之点，即水上封锁，河防巩固，使寇军不能破我防线及布雷区，而与陆上军队取得联系，尤其是使敌方的后方军队无法增援，因此我们得争取时间，援军云集，终使常德失而复得，即鄂西湘北滨湖要地亦相继克复，这可说我海军封锁政策的一大成功。

敌人以海陆空三方面都优于我们的军力对我作战，这是举世周知的事实，经过了近六年半的艰苦的英勇的战争，在陆空军方面，我敌双方战斗力的强弱的评价，已经普遍的为全国人民所共晓。但是，对于海军方面，却无论我敌双方的活动，都是多少为一般人所忽略，所弃置而不闻不问焉。究竟敌人在进行这一次侵略战争中，是否尽量的有效的发挥了其海军的威力呢？这答覆是肯定的，即敌人任何一次战役的进行中，只要在地理上可以使用其海军的地方，是没有一次放过其发挥海军力的机会的。我们回忆过去湘鄂间几次的战役，都可以看出敌人海军在作战的进行所给予敌人陆军的帮助，及其所造成的战略，实在是不容我们忽视的。

至于我们方面，则利用内湖河川地势，实行封锁，其有助于我陆军作战，功效的巨大，影响所及，实为敌人所想象不到。过去江阴封锁[1]，马当封锁[2]，前几次湘北大捷的湘江封锁[3]，一时脍炙人口，功效之宏伟，都有事实可以说明。这一次鄂西湘北会战的伟大胜利的造成，使敌人在军事进展上遭了意外的打击。常德大捷之后，使我陆军得机动的由转进一变而形成有利的反攻局面，鄂西湘北大捷于此乃得顺利的造成，而我海军所守卫的洞庭湖及内河的封锁线仍然保持无恙。总括此次战果的获得，纵观几次湘鄂战局的演变，海军水雷封锁的功效的评价，更确立了它在军事上的真正价值。

敌人虽然受过这一次失败的很大的教训，但它尚未至于最后的屈服，今次失败后必含怨企图乘机再来一逞，亦所难免，然敌人仍必认为水上运输之便利，它仍必在积极设法利用我洞庭湖及荆河航道，再作一次冒险向我正面进攻，或采沿湖东西并进三路夹击的战略。此时，我海军的勇士，对于封锁的工作和控制各河道的交通，自当加倍努力，以求给予敌人以更重大而致命的打击。

最后我们特致敬意于这次前线英勇奋斗的海军官兵，祝望他们乘胜继续奋斗，打破敌人的军事企图和粉碎敌人的一切阴谋！

---

〔1〕1937年8月，国民政府决定在江阴长江上建立阻塞线，以阻止日本海军溯江西上。8月11日，海军将军舰、轮船共28艘沉入福姜沙上游6公里处，建立了江阴阻塞线。9月又沉入舰船多艘进行加固。

〔2〕1937年12月，国民政府决定在马当要塞建立阻塞线，随后在马当长江上采用水泥浇筑、投石和沉船等方式，进行航道阻塞。12月25日工程结束，阻塞线正式建成。

〔3〕从1939年9月开始，日军先后发动了三次长沙会战。为配合中国军队作战，中国海军利用沉船、布设水雷等方式，在湘江建立了阻塞线，迟滞了日本海军配合陆军作战的行动。

北极洋一幕海战与世界战局的影响[1]

（1944 年 3 月）

一、德海军的战略

前次世界大战爆发之后，德国的形势，在陆上被法俄两国所夹攻，在海上又为英国所封锁，这时德国为先解决陆上两面受敌的危险，乃以全力注重到陆军的争夺战，而将海军置于次要的地位，一任英国海军将德主力舰队封锁于北海之内，经过四年的大战过程，一直到了一九一六年五月三十一日才开始一场遮特兰大海战，但这一海战的行动，终不能挽回海上的胜利，所以德国海军处于无奈，最后选择了冒险的潜艇政策。当最初采用这种政策，确已得到相当的战绩，平均每月可以击沉七万吨协约国商船，但后来协约国方面组成了海上的轻快舰队，担任巡逻，开始了护航制度，保护海运，并且在北海布下了水雷网，在比利时海岸塞堵了军港，于是德国海军最后一着的潜艇政策，没有达到它理想的成果。虽然前后击沉了一千二百万吨协约国的商船，但仍不能挽回大战的失败。

在前次欧战初期，德国的舰队实力并不劣于英国大舰队，它的海军已是站在均等的地位了，因为在一九一四年八月至一九一五年一月之间，英德海军实力如左：

日期	无畏舰		前无畏舰		战斗巡洋舰		巡洋舰		驱逐舰	
	英	德	英	德	英	德	英	德	英	德
一九一四年八月四日	二〇	一三	八	一六	四	三	一二	一五	四一	八八（七七）

---

[1] 此文发表于《海军杂志》。

日期	无畏舰		前无畏舰		战斗巡洋舰		巡洋舰		驱逐舰	
	英	德	英	德	英	德	英	德	英	德
一九一四年十月一日	二〇	一五	一二	一六	六	三	一二	一四	四二	八八（七七）
一九一五年一月一日	二一	一六（一七）	八	一六	六	四	一七	一二	四四	八八

（以上系摘自德席尔上将报告与英国杰利可上将报告，括符内的数字为席尔报告中与杰利科报告不同的数字。）

并且在一九一四年十月中间，英前无畏舰级一艘触雷沉没，一艘在改造中，"无畏舰"级三艘在船坞修理，新编队的二艘有作战经验，所以当时英海相邱吉尔说：设使德国海军决心作战，那是它的最好机会。

依照当时德国拥有与英国将近均等的海军实力，它的战略应该要保证能够歼灭英国的海军，控制海上交通，它该以速战速决完成它的军事目标。可惜它的舰队只扼守在基尔运河西端，只能威胁英国，在陆军方面又要求海军守卫右翼，因此它的海军便成为海岸防卫的工具，而不是攻击敌人的工具了。关于这一点，一九一六年升任大海舰队总司令的席尔上将曾发牢骚说："海上战斗的目标在于取得制海权……主要的阻力是敌人的舰队，不能胜过他，我们便不能自由运用海洋……一般以为我们的作战目标在于防守海岸，可是当我们海上利益不能安全时，海防也无所用了。用武力解决敌人的时候，问题不在如何防御自己，而在于如何攻击敌人呀。"

真的，依照当时德国的环境，打开英国对德国经济封锁是它的主要目标，"打开"和"打击"是有同样意义的。可是德国错过了"打击"的机会后，"打开"也没有希望了。当首次大战告终，德国的军事权威就已郑重地指出，德国在战争的失败，是陷于两点错误：这两点都是属于海军的，一为马恩河之役，一九一四年八月至九月——没有派遣海军占领荷比海边，一为潜艇战发动得太迟——一九一七年二月——已来不及制止英国的海上运输。假如那时德海军先占了荷比沿海一带，不但德国强势的海军可以阻止英军的登陆，同时德海军还可以护送一部分兵力，直捣英伦，对于前次的战略形势，将要大大的改变了。

德国受前次大战失败的教训，增加了今日作战的经验。这一次德国的海军力量，虽已远非前次大战时的实力雄厚，但它的战略形势，却辅助了物质的不足，大战以来德国海军已先后控制了丹麦挪威的海面，英吉利海峡的荷比法三国海湾以至法西交界的海岸，过去不足五百里长的海岸，造成了今日北起北海岬及纳维克到南至法西交界的海岸，超过三千海里的海线，这一战事的结束，助长了德方战略的优势，首先是加重了英国的封锁范围。在这一深长的战线上，要想封锁到完密无孔，已非英国海军独力所能负。相反的这一深长的战线，有着不少的良好港湾，做成德国海军的根据地，可以随时予英国以反封锁的威胁，并且还造成渡过英吉利海峡进攻英伦的前进根据地。

希特勒囊括了欧洲大陆以后，它就寻求英国决战，它的战略形势，主要的采取三种的攻势，第一，促成了日寇发动太平洋的战争，因而威胁到英国防卫印度洋，苏伊士运河，与近东的军事后方与补给，牵制美国于太平洋，使其不能专力援英援苏。第二种攻势，是要肢解英国的殖民地，截断英国的海上生命线的地中海，在没有取得地中海的制海权以前，是不容易与英国决战。但它作战以来所最感困难而最觉辣手的，就是在美国以全力援英援苏的政策施行之后，德国不能给予英国以致命的打击，又不能阻止苏联的反攻。尤其是在北大西洋方面，以英美的强大海空军配合英美的护航大队，把军火及一切资源，不断的接济英国和苏联，使它既不能迅速对英决战，又不能打倒苏联。于是它不能不采取另一种攻势，那就是它的劣势海军所常取的运动战，袭击英美的军舰和商船，而其目的则在封锁英国和苏联，断绝其得自美洲的军需原料及粮食等物的来源，使英伦三岛窒息于它的封锁政策之下迫其屈服，更使苏联外援断绝，迫其退守于乌拉山以东的境地。

所谓德国所常取的运动战，在上次世界大战已表现过惊人的战绩，在这次大战里，更加强它的战术，更扩大它的范围，它发动大规模的潜艇攻势，同时它的水面舰艇，一般都是速力很高，巡逻半径很长，这很明显的是准备随时随地均可单独行动和英美在海上作战。它更利用从挪威到它的本土和比荷法的海岸地位，而进行海空联合对于北大西洋的封锁战争，把北大西洋的运动战，扩大战区达于迫近北美的格陵兰海面，东经北极洋北海岬以至苏联北方的海道，希特勒采取这种攻势，对于盟国海上的交通的确是很危险的。

自德国完全控制欧洲大陆后，英伦三岛过去自大陆上所输入的重要必需品，均改而仰给于美洲各国；美国军火与物资的接济，对于苏联对德反攻尤关重要。但欲确保美洲各国对于英苏的接济，维护大西洋北极洋航线的安全，对于英国苏联是非常迫切的，尤其是在苏联积极反攻，盟军加紧进攻意大利和欧洲第二战场将在开辟的期间，关系尤为重大。

英美怎样应对这个问题呢？有效的方法，英美海军当尽其全力保护大西洋的生命线，更当加强其实力实行护航,一面求消灭德国海军的主力,同时要加强对苏联的大量接济,使苏联在东线削弱德国的军力,以促进欧洲第二战场的实现。

二、北海岬海战的经过

如果英美能保持大西洋的交通线,则盟国当可长期对德作战,以求最后的胜利,这种远见,在一九四一年巴尔干战争刚爆发的时候,邱吉尔对众院曾发表过演说,称:"我们只要在大西洋战事中获得胜利,同时能够确保美国供给品的源源输入,则无论希特勒怎样进展,我们终能够以胜利的消耗之剑阻止其前进。"后来他有发表演说:"吾人欲图生存,非在大西洋上战胜不可……"。从此可知大西洋上的战争,在欧洲全部战争中实居于主要地位。我们相信英苏在美国极力援助之下,不能专靠美国之力,问题的严重性却在英国能否保持其海上运输力量。所以它的海军主力,除分配于地中海的生命线之外不能不重置于这个重要地带,即往来于美国到英国本部港以至于苏联北方海口,或往来于英本国至苏联北方港口的路线,以阻止德国舰艇开入。

在美国先以全力援英,继复联合英国援苏的政策施行之下,德国不能给予英国以致命的打击,事实至为明显;因此,大西洋上交通破坏战必然跃居于主要的地位。检讨德国主力舰队由一九三九年十二月十四日袖珍舰"斯比上将"号在乌拉圭之海战,一九四一年五月二十三日德战斗舰"俾斯麦"号率领舰队开进格陵兰海面作战,至于最近一九四三年十二月二十六日,德战斗舰"沙恩霍斯特"号又在北海岬的海战,正说明了希特勒的企图。德国在南北大西洋上前后两次海战的失败,损失去了"斯比上将"号及"俾斯麦"号两舰,今"沙恩霍斯特"号复向北海岬海面对英海军施行打击,无疑的要欲摧毁英美对苏的援助,威胁英美在大西洋上的护航政策。北海岬海战的战事虽已过去,但德国对于海上运动战,破坏英美的护航政策的战略,并不以这次的失败而停止。因为这次的海战对于世界战局有很大的影响,我们应有追述加以检讨的必要。

去年十二月中央社伦敦二十八日路透电:海军部今日发表公报称:"本部舰队于本月二十六日击沉德战斗舰沙恩霍斯特号之详情,现已获悉,兹特公报如下:英舰原分两大队,由本部舰队总司令福拉塞海军上将亲自率领,以约克公爵号战斗舰为旗舰,正在护送商船队赴苏联途中,约克公爵号与詹美加号及驱逐舰四艘;另一队则为贝尔发斯特号,挪浮克号及塞菲尔特号三巡洋舰"。

巡洋舰队护送商船至波尔岛东南时，在曙光蒙昧中，与沙恩霍斯特作初次的交锋，其时沙恩霍斯特以二十八浬之速率向商船队进发，商船队当即向北趋避，而我巡洋舰则向该舰开火。敌舰被"挪浮克"号直接命中一弹后，乃舍我商船队他驶，不久又见其在东北方以最高速度作规避性之行动。

数小时后，该舰重又企图驶近我商船队，复受我巡洋舰迎击，交战结果，我"挪浮克"号舰尾中弹一枚，敌舰乃转向南驶，向挪威海岸迅速逃遁，我巡洋舰及驱逐舰继续尾追，历下午不止，随时以敌舰位置报告"约克公爵"号，时已入夜，约克公爵号亦正自西南方趋截。

晚间约四时十五分，"约克公爵"号与该舰接触，"约克公爵"号迅被击中一弹，该舰不敢恋战，掉尾北窜，数分钟后，再度改变航线，以最高速率潜逃，惟英舰仍穷追不舍。

该舰之最高速率，似有逃脱福拉塞海军上将旗舰之势，但我驱逐舰尽力疾驶，卒在赶上敌舰之前，享以鱼雷，该舰当被击中三枚，速率因以减低，遂使"约克公爵"号得以驶近，再与敌舰交锋，该舰遂中弹焚烧，巡洋舰"詹美加"号以鱼雷予以最后一击，"沙恩霍斯特"号乃于下午七时十五分沉没，其沉没地点大约在北角东北六十哩。

又据二十七日伦敦路透电：据德方广播称："沙恩霍斯特"号被击沉没之役中，"卢照"号袖珍战舰亦负创。此事英方未提及，而由德国公布，当系事实无疑。

北海岬在挪威海岸极北端，位于由大西洋至北冰洋在苏联北方海岸的穆尔曼斯克、阿堪达尔及其他港口之冲途，英美接济苏联的军火及其他物资，亦以这航程为最捷径，唯是这一条航线是在挪威西北及北方沿岸，在德国海军封锁区域的周围，是德国海军主力出没的场所，也是德国破坏英美护航政策的主要目标。自从德国占领挪威丹麦及荷比法国沿海之后，英美对封锁德国的政策已感更大的困难，这不仅影响到英国的海上贸易，而且威胁到英国在北海的地位，在英国不能控制由丹麦挪威至苏联北方海道的时期，所有接据苏联军火及物质，在这一条的危险航线上，在在会受到德国海军的威胁。英美对于德国海军所抱的企图与其所采破坏护航的政策，并非不知的；但英美无论如何要打破这种困难，积极援苏，以速德国在大陆的崩溃，明知此路十分危险，护航政策是要继续进行的。为对付大西洋方面的德国突击舰计，英国便以主力舰队一部来从事护航，以防德国舰队的冲动。英国在护航政策实施以来，护航制度不断改良之下，击沉了德主力舰"俾斯麦"号，已予德国海军以重大的打击，但德国突击舰底活动并不曾以"俾斯麦"号的损失而停止的。

由斯干的纳维亚半岛被德军占领之后，英国不但失了一条航路，而且助长了德潜艇的活动能力，至地中海局势的紧张，法国的投降，在这时期，确曾加增了英国的苦闷。但自从北非大捷之后，继之法舰队自沉，意大利海军投降，苏联不断的反攻的胜利，欧洲战局的好转，使英国在地中海的海军主力，得转移一部分以增加护航的力量，使大西洋上的海军力量更见雄厚。今开辟第二战场，势在必行，而英美援苏，接济苏联军火物资，更愈觉其迫切。在此战争将开始剧变之时，益使德国海军当局彷徨歧路，不得不铤而走险，使主力舰队开入北方区域，采游击式的运动，截击来往苏联水面的护航队，以期觅获机会而有所成就。但盟国护航队之不断往来，大批军火与物资输送于苏联等处，并不受任何妨害，运送舰之损失的程度，二百艘中不过损失一艘。德国自"俾斯麦"号被击沉之后，它的主力舰队曾潜伏挪威港内，不敢冒险渡海，此这因欲挽救欧洲大陆的危局，迫使其主力舰"沙恩霍斯特"号出而截击英之护航队，不料复被击沉于北海岬海面，而作"俾斯麦"号的第二。就几次德国以主力舰队破坏英美的护航队，结果均宣告失败，我们可以知道英国海军的力量，仍旧占了绝对的优势，而非劣势的德国海军所能控制，今后德国所剩的零丁的舰只，又将何能为役。

三、北海岬战后德国海军的余力

当这次世界大战爆发之初，英德海军力的对比，若以主力军舰而论，比于前次欧战是更不利于德国的。那时德国的海军是占着世界的第二位，有二十艘以上的主力舰，而英国则有主力军舰三十一艘。在这次大战开始时，德国的主力舰只有二艘，而英国却有十五艘主力舰；此外德国还有德意志号式的三艘袖珍战斗舰，最后英国还有七艘航空母舰。虽然战后英国被击沉了航空母舰"勇敢"号，战舰"罗耶俄克"号，一艘"依利莎伯"级的主力舰，给予英的舰队主力以重大的威胁。再据别方面的调查，在开战初，德国战斗舰吨位还不及英法合计六分之一，经过初期战斗，虽略有增减，但英法的海军主力是远超于德国，这就使德国海军在挪威海战时不能达到其完全控制丹麦挪威沿海的目的。

据一九四〇年德国海军年鉴所载，当时德国海军的主力如左：

（一）主力舰"特里必兹"号、"俾斯麦"号各三万五千吨，十四吋大炮八门，六吋炮十门，速度三十浬。"勒森洛"号、"沙恩霍斯特"号，各三万六千吨，十一吋大炮九门，六吋炮十二门，四吋高射炮六门，飞机两架，速度三十浬。

（二）航空母舰"徐伯林伯爵"号、"德意志"号，各一万九千二百五十吨，载飞机五十架，六吋炮十门，速度三十浬，其性能可以单独作战，有如重巡洋舰。

（三）重巡洋舰，万吨级六艘（袖珍战斗舰三艘）：

"德意志"号、"斯比上将"号、"希尔上将"号，各装十一吋大炮六门，六吋炮八门，四吋炮六门，二十一吋鱼雷管八门，飞机二架，速度二十六浬。

"希伯上将"号、"卢照"号、"友金亲王"号，各装八吋炮八门，四吋炮八门，飞机二架，速度卅三浬。

合计上表所列，德国有主力舰四艘，航空母舰二艘，袖珍战舰三艘，重巡洋舰三艘，再加卜它的潜艇的势力，其实力颇为雄厚，在大战初期，德国潜艇成了英国主力舰的威胁，前后击沉了英国航空母舰"勇敢"号，战舰"罗耶俄克"号、"依利莎伯皇后"号，使得英国每一艘第一线的主力舰都有泥菩萨过江自身难保的趋势，当时对于护航制度当然起了严重的影响。自从挪威海战之后，德国海军主力即日渐削弱下来，"斯比上将"号既沉没于乌拉圭海外，"俾斯麦"号又被击沉于格陵兰的海战，"沙恩霍斯特"号这次又被击沉，而"卢照"号亦被击伤。实际上今日德国海军的主力，只余主力舰"特里必兹"号和"勒森洛"号二艘，袖珍战舰"德意志"号、"希尔上将"号，及巡洋舰"希伯上将"号、"卢照"号和"友金亲王"号五艘，与航空母舰二艘。在这硕果仅存的主力舰中，尚有受创不能用于作战的；据目前情况，德国已无力再造主力舰，今后德国丧失了一艘战舰，其战斗力的比率亦愈低下，不比英美主力舰，即损失了一二艘，并无多大影响，何况英美还在增建主力舰呢。

现在英国本国舰队中，包括有战斗舰"英皇乔治五世"级四艘，"依利莎伯皇后"级四艘，"君权"级五艘，"纳尔逊"级二艘，及战斗巡洋舰"雷龙"号一艘，英国新战斗舰加入原有之战斗舰队后，更加以美国特务舰队的合作，实力益臻雄厚。英国本国舰队，除在大西洋上与希特勒所夸为不能击沉的"俾斯麦"号作过一次剧战外，当以这次北极洋的海战为最烈今后德国若欲其剩余的舰队，驶在北方区域，截击来往苏联水面的护航队，或则游弋海面，企图袭击英本国舰队，抑或分队而出，或分散于英美各护航线上，作为各个的袭击舰，以遂行其剽掠的手段，我们可断言其必难免遭遇盟国海军的截击，而至丧尽其战斗力而后已。

四、这一幕海战对于世界战局的影响

观这次大战初期，德国海军力实不可侮，其主力舰均行动迅速，配备坚强，极富有战斗力量。检讨在战斗开始后的半年中，德海军并不怎样处于下风，照双方所发表战报比较而观，英国海军的损害，在质量两方面均在德国之上。这是什么原因？我们可以归功于德国海军游击战术的高妙。观当时德国海军在大西洋上的活动，大致分为两部：在北大西洋方面则以潜艇水雷进行交通破坏战，以答复英国之封锁并进行反封锁；在南大大西洋方面则已袖珍战舰配备适当的辅助舰艇，而断行游击战争。自从乌拉圭海战[1]，"斯比上将"号沉没之后，其势情稍杀。当时德国陆空军的力量无论如何优越，只能在大陆上发展，潜艇的威力如何可怕，并不能完全代替了正规舰队的功能。所以它先欲利用意大利的海军以求迅速决定地中海的战局，不料大兰多一役，意海军几损失三分之二；它再欲利用法国海军，向英伦进攻合围，但法国海军不为其所动，因为希特勒很快明白，要建立一队强大的海军异常困难，它必须用于最适当的时机才不算浪费，所以前后两次在北大西洋发动海战，非仅求破坏英美的护航政策，实欲对英国的主力舰队来闪击一下，以收奇功，不料"俾斯麦"号牺牲于前，而"沙恩霍斯特"号又丧失于后。

当格陵兰大海战之前，德国的战略，思以地中海战果构成攻击英伦之有利条件：英国的战略，思以地中海战局作为德国进攻英伦海峡的绊脚索，其实双方的决战的战场是在大西洋，谁能控制了大西洋的海权，谁就能够得到最后胜利的把握。在战事初期，英国在大西洋上所遭受的威胁，实不仅是德国的潜艇攻势，法国溃败以后，意大利参加德方作战，双方海军力量的比重，更为之大变，当时孤立的英国，不仅陆空军力量不如德意，即海上霸权亦有岌岌不保之势，这是英帝国最危急的一个时期。幸而德国海军力量始终不能充分密切合作以发挥其效能，并且意大利舰队只隐蔽于亚德里亚海，从未实际参加作战，英国海军能够顺利度过这一个最艰危的时期。其后在地中海方面。因土伦法国舰

---

[1] 乌拉圭海战即发生于阿根廷及乌拉圭外海的拉普拉塔河河口海战。1939年9月，德国海军的"格拉夫·斯佩海军上将"（本文称"斯比上将"）号袖珍战列舰开始在南大西洋及印度洋进行破交战，攻击盟国商船，吸引了大量盟军军舰。12月13日，"格拉夫·斯佩海军上将"号在拉普拉塔河河口遭到英国皇家海军"埃克赛特"号、"阿贾克斯"号及新西兰海军的"阿基里斯"号三艘军舰的拦截，双方发生海战。"埃克赛特"号遭到重创，其他两艘盟军军舰受损伤，但成功将"格拉夫·斯佩海军上将"号驱逐至蒙得维的亚港内，并最终迫使德国人将其自沉。

队之自沉，继之以意大利舰队之投降，于是在欧洲方面的轴心国海军，仅剩隐伏在大西洋挪威丹麦德本国间德国残余海军，从此盟国可完全控制地中海的交通，盟国航运在地中海可畅行无阻，无须在地中海上维持强大的海军力以监视轴心的海军，且可利用意国海军以封锁德日作战，轴心国海军的摧毁削弱，使整个战局为之改观。今德主力舰沙恩霍斯特号在法国海军消灭与意海军投降之后，又被击沉于北极洋，其影响于世界战局可分述之于后。

德国主力舰"沙恩霍斯特"号沉没之后，实际上德国海军的主力已丧失大半，残余的海军除潜艇外，只能做近海的防守，不能作有力的攻击，从此同盟国通苏联供应线的威胁，必将大为减少，并使英国封锁西北欧海岸的艰巨工作，更为便利而易于收效。

就开辟欧洲的第二战场言，现在地中海统归盟国自由控制，德国在地中海占领区域沿岸毫无海军防卫，盟军处处均可登陆。而北欧西欧的战场所以迟迟未能发动，即以德国海军的主力尚未崩溃，欲遣送大队陆军登陆及军需接济均非易事，今"沙恩霍斯特"号既已被击沉没，若以英国大部舰队应付德国残余海军已绰有余裕，况又有美国驻欧舰队援助作战，我们可断言，德国因主力舰的损失，已无力进攻英伦三岛，而新开辟战场必能提早实现。

意大利海军投降后，盟国海军已非常优势，现在德国海军又受此重大损失，使美国大部分的海军，可集中太平洋对日作战，使英国海军也有由大西洋抽出以对日作战的可能，此后英国在地中海上和在大西洋上已无使用大部分主力舰护航之必要。我们可断言，英国一部分主力舰的东调，即将来临，届时日寇在太平洋及印度洋上，必遭受英美海军之联合压力，而速其崩溃。故北极洋一幕的海战，不仅是予德国一个严重的打击，并且是加速日寇的失败，英国得此一辉煌的胜利，对于世界战局的确发生了重大的影响。

盟军应从中国击败日本[1]

(1944 年 4 月)

一、日本如何封锁中国

日本之封锁中国不自这次大战才开始，它于一八七九年吞我琉球，甲午战后取我台湾澎湖，继又占我旅顺大连，随后又将朝鲜攫为已有，即已造成封锁我国的形势。我国的渤海、黄海以至东海的沿岸早已被包围在它的由朝鲜、日本本岛、琉球群岛、台湾的一条连串岛屿的封锁线以内了，不过平时在台湾海峡留着一条公用的通路而已，如遇战争，它的海军是可随时加以关闭的。

前次大战结果，国际联盟会把太平洋中的德属马利亚纳群岛、加罗林群岛和马绍尔群岛交与日本代管，即日本南洋委任统治群岛，这些群岛的位置是分散在琉球群岛和台湾之东南，日本本岛和小笠原群岛之南，无异给日本对中国增加了一条的外封锁线。

华盛顿会议的主题虽为军缩问题，但因太平洋问题，远东问题和中国问题，有联带不可分离的关系，不能不同时讨论。这个会议，规定了英美日海军为五、五、三之比，使日本海军不能与英美平等，即是为的限制日本对中国的独占。关于远东和中国问题，成立了九国公约，重新规定中国门户开放机会均等的原则，解决了山东的问题，也是英美各国企图恢复远东均势，破坏日本对中国的封锁政策。然以太平洋不设防问题，反给予日本秘密设防，增强它对中国的封锁线，而为这次大战破坏中美英的联系和断绝美国通中国路线的基础。

---

〔1〕此文发表于《海军杂志》。

自从九一八事变，中日战事发生后，日本在国内与远洋调回的船舶，都集中于近海，约近四百万吨，即集中全国五分之四的船舶，为运送军需与军队之用。这时候它的舰队已分布于我国沿海长江一带，它的船舶已仗着敌舰护送，在中国海及长江内河横行无忌了。倘使我国有优势的海军或是有相当的潜水艇队，以与战初江阴我舰队抗敌空军的壮烈牺牲与今日我海军布雷游击队的大无畏精神，用之于海上战斗，早就可以使它半途粉碎，至少也可以断绝它的海上交通，破坏它的对我封锁计划，维持我国对英美的交通线。

因为敌我海军力量的悬殊，所以在敌我战争状态中没有大规模的海上战争，仅在抗战初期在江阴封锁线上作过一次对敌的反封锁战争，其后敌人即加紧对我沿海的封锁。一九三七年八月廿五日，敌第三舰队司令长谷川正式宣称封锁我国的一部海岸，自扬了江至汕头为止，由日本第三舰队加以封锁，禁止中国船舶在此段航行。然此时它尚不能禁止外国船只载运军火至中国，英美各国对中国的交通仍继续无阻。

同年九月一日，敌方宣称："八月廿五日宣告明白指出交通的锁闭只适用于中国的船舶，而不适用于第三国的船舶，因此第三国船舶所运载的军火军需不在这个办法范围之内。但是，自从上述的宣告发出之后，常有中国的船舶悬挂外国旗，避免该宣告的适用，所以日本政府有检查可疑的船舶，以确定他的国籍的必要。日本政府对第三国的船舶发生不必要的误会，如果第三国的船舶预先通知要驶入上述区域的船只的名称、船长，以及关于船的资产的事项，日本政府就感觉便利。"九月五日敌方更扩大对我封锁的范围，把东四省以外的中国海岸都包括在内，观其海军省的宣言内容如左：

"帝国海军，已对中国船舶，在华中华南沿海一部分之交通施行遮断，现更扩大范围，除第三国租借地及青岛外，所有支那全部领海一律遮断支那公私船舶之航行。此项处置，对于第三国和平通商，与前相同，仍无加以干涉之意图。"

以上所引敌方对我封锁的重要宣言及声明，它虽宣称不干涉第三国的航行，事实上各国船只往来于中国领海的，当时已受日本海军的留难，计自敌酉长谷川正式宣称对封锁我国海岸之日起，到了这次敌海军省发表的宣言之日止，可以说是敌人封锁我国海岸的初期，那时中国对外的交通还没有到了绝境。

到了一九三九年敌人更把封锁我国适用的范围扩大，是年五月廿六日正式宣布：

"第三国在中国沿海之航行，兹一律实行封锁，此非为权利问题，而为日本当局之要求也。换言之，即日方要求有权在中国沿海之地区，勒令任何船只停止驶行，并检查其登记证书，确定其是否为国民政府租作军事之用。所谓国民政府租作军事之用者，即为该轮究否载有货物以供华方军事之用也。"

观当时敌方所宣布的封锁区域，无异宣告停止一切外国船舶在中国的航行。从这次敌方宣告扩大封锁范围一直到了太平洋战争爆发的前夕，可以说中国对外的海上交通已濒于绝境。

太平洋战争爆发之后，日寇在最短期间，相继占领了香港、菲律宾、马来半岛和新加坡、荷属东印度群岛，于是日本对中国的封锁，已由内线的封锁伸展到外线的封锁。不但封锁了英美通中国之路，而且阻隔了英美间在远东的交通线，其封锁的范围在太平洋方面远达澳洲的北面，在印度洋方面则已越过新加坡的外海。此时中国内地虽已完全与外洋隔离，但对外的交通，在大陆方面尚有西北通苏联的国际路线，在西南方面另辟有滇缅路通印度洋的海上路线，尤其是后一条的路线对于中英美的联络最为重要。

继着新加坡失守之后，仰光也失守了，不久缅北亦沦入日寇之手，它更进而占领印度洋中的英属安达曼群岛和尼科巴群岛，于是中国对外唯一通海的国际路线也断绝了，而在日寇方面对中国全面的封锁计划可算已达到它的目的了。

日寇之封锁中国，固然是要断绝英美对中国的援助，要窒息中国再不能长期抗战，要求得早日解决中国事件，以全力对付英美。但它同时又畏惧中国之不可屈服，同盟国必向其反攻，反攻日本的最重要的和最接近的基地必在中国。故在全面封锁中国计划中，又与南京伪组织汪逆先于一九三九年十二月三十日订了倭汪密约，复在一九四〇年由敌酋阿部信行与汪逆签订了一个卖国协定，包括"条约""议定书""谅解"三部，这一卖国协定不过是倭汪密约的表面化。简言之，就是日寇要加强封锁中国的力量，预防英美国家打通中国的路线，否则，中国海岸已被封锁，它何必再多这一举呢。

倭汪密约的内容，其有关其封锁中国计划的，便是厦门与海南岛特别各列为一条，厦门要设为特别行政区划，而海南岛上要承认日本的特殊地位，还要确认华南沿海之特殊地位，承认日本舰船部队在长江沿岸之特定地位及华南特定岛屿驻屯停泊，日本在主要港湾水路，保留其军事上之要求权及监督权，中国沿海之主要海运，扬子江之水运，及华北及扬子江下游之通信，应为日支交通匹力之重点，而在上海永远驻兵，要管理海陆空一切运输交通。单就上面所举几点，就可知在日汪密约中，敌阀吞并中国全部的野心，侵夺中国整个的海权，已完全暴露出来，而其目的则为永远封锁中国，控制中国与独霸太平洋的张本。

其次汪逆在南京与敌酋阿部信行所签订之卖国协定，是要把倭汪密约付之实施。在军事上，除条约中第四条、议定书中第三条、谅解中第一第二两条外，其谋整个侵占我国的海权，则另有专条（条约中第五条）：

"中华民国国民政府，应承认日本得依照过去习惯或为维持两国共同利益，将日本海军舰船部队驻扎于中华民国境内特定之区域，关于此项办法，应由两国另定之。"

这个卖国协定的苛酷毒辣实在是空前绝后，到了现在，它已全部实行。计自抗战以后，我国沿海的重要岛屿相继被日寇夺去的有如下列：

东连岛及西连岛（在海州，山东半岛南部）

崇明岛（长江门户，在上海之东）

厦门岛（厦门港内）

金门岛（厦门港东二十哩）

南澳岛（广东东部海岸，汕头东北三十五浬）

三仙岛（又名圣约翰岛，在广东台山县对面）

秀村岛（斗山县附近）

上春岛（秀村岛附近）

荷包岛（香港附近）

台山岛（接近香港）

奇加基岛（斗山县附近）

惠州岛（雷州半岛附近）

普鲁塔群岛（香港附近）

涠洲岛（雷州半岛之西）

东沙群岛（香港东南）

西沙群岛（香港西南）

南沙群岛，围（团）沙群岛及斯巴特莱岛（南中国海中部）

海南岛｛在雷州半岛之南，位于香港西南二百五十〇（浬）｝

这些岛屿，当然都包括在倭汪条约中所谓特定的岛屿，也是汪逆承认日寇海军军舰部队有驻屯停泊的权利。自从日寇封锁中国沿海一带及占领海南岛之后，它的军事势力已由中国海伸展到太平洋及印度洋，再加上与汪逆所订的密约和卖国协定，自然更加其巩固在中国海的地位。它的这种企图是要永久封锁中国，不许与海外自由交通，使我们东南海疆的屏藩变为东夷进出南洋的踏脚板，变为日寇在太平洋与印度洋上对英美作战的根据地，强化自己对英美的战略地位，急求解决中国的事件，破坏盟军利用中国做进攻日本的基础，如果盟军逼近或侵入日本本土的时候，它也可以退守中国作为困兽之斗。我们可以说：英美要打倒日本，先要以中国为进攻日本的基地；要以中国为基地，必先打破日本对中国的封锁，打通到中国的路线。中国要达到抗战最后的胜利，必先要驱逐日寇下海，打通与英美联络的海上路线。

二、盟军反攻的新形势

日寇在中国和太平洋战争的初期，虽徼幸于中美英荷四国获得一时的胜利，但不久在中国，缅甸和太平洋上的各处战场，就呈胶着的状态，而有价值的主动权渐入盟军之手，日寇在中国各战场，无法进展，乃以湘北进攻长沙两次失败，常德之战又遭惨败，由缅甸进犯滇边亦不能前进。日寇海军在珊瑚海中途岛，及俾斯麦海诸役的失败，为开始走向下坡的趋势。自西南太平洋发动攻势以来，盟军先后占领吉尔贝特群岛、新乔治亚岛、伦多瓦岛、瓜达康纳尔岛，收复新几内亚的雷区，芬斯其哈芬港与萨拉摩等主要根据地。在北太平洋收复阿图岛、吉斯卡岛的对日进攻基点。我们可以说：自中国常德大捷与中美空军不断向长江及湘赣闽浙与香港一带的轰炸敌方阵地仓库和舰船，自美国占领所罗门群岛与克复阿图岛之后，盟国已自纯防御战而变为攻守战，我们在中国及太平洋上已由有限制的防御战而采取战略的新攻势。

所谓战略的新攻势，在亚洲大陆方面，便是中国对日准备反攻前的空中攻势和中英美向缅甸反攻。在太平洋方面，便是美军于一月末，在马绍尔群岛登陆，不过几天便把马岛大部分岛屿完全占领，在这期间美国舰队又炮击日本北门锁钥的幌筵岛。二月十四日又占领所罗门群岛与俾斯麦海间之尼森及格林岛并轰炸敌在加罗林群岛的基地波那普岛、土鲁克岛，更进而袭击关岛及马利亚纳群岛的塞班岛、狄宁岛，几近又轰炸库塞伊岛；二月廿九日又在海军群岛登陆，切断日寇在新不列颠、新爱尔兰，以及新几内亚与土鲁克间的交通。这些连续的军事行动，便是美日在太平洋形势的大转变。其在缅甸方面，自从反攻之后，到今日为止，中国大军已进逼缅北孟关，英军已进入阿拉甘，对日军已形成包围的形势。

中国抗战已逾六年，太平洋战争已逾两年，盟国最初因准备未充，虽遭受失败，后来在中国战场，在中太平洋和太平洋的几次胜利，大半为防御战，到了马绍尔群岛的占领，加罗林群岛和马利亚纳群岛袭廻，中美空军在中国战场不断的向日方轰炸，缅甸北部中英美军的前进，才算盟军对日攻势的开始，这种攻势，已逐渐展开。至于中国对照盟国的海上战日本已由攻势改为守势，但盟军如何可以达到进攻日本，击败日本，是值得我们来研究的。

三、从中国击败日本

我们期待的太平洋上的对日新攻势已经发动了，其最后的目标是在日本本土。要进攻日本本土，必以最接近日本的中国大陆和中国沿海的重要港湾岛屿为基地，向日本进攻。因此，无论太平洋战略的或印度洋战略的海军目标，其最后目的均在与中国大陆战略沟通，无论太平洋的攻势或印度洋的攻势，其最后攻势均须与中国大陆攻势配合。

但是日本对中国的层层封锁是不易打破，要打通中国路线，在美国方面要自中太平洋马绍尔群岛、加罗林群岛、马利亚纳群岛、菲律宾群岛，一路进攻，打破日本在西南太平洋对中国的封锁线，美军到达中国海之后占领台湾时，可能在中国任何地点登陆。在英国方面应自锡兰岛、安达曼群岛、尼科巴群岛、马来半岛、新加坡，向中国南海各岛一路进攻，打破由印度洋至南中国海对中国南面的封锁线，待进攻越南、海南岛和香港之时，也可能在海防、在广东福建沿海一带登陆。尤以盟军打通粤汉线是接济中国与中国会师的最捷径，英美能够打通了中国路线之后，就可以配合中国大军向日本本土进攻。

英美应向中国进攻日本说的最透彻的，莫过于美国政论家李普曼的表示："尼米兹之由夏威夷出击，马克阿瑟之由澳洲出击，以及蒙巴顿之由印度出击，皆系殊途同归。换言之，即三路大军如能同时获得完全之胜利。则结果均将会师中国。"这是说明英美进攻日本必先会师于中国，由中国进攻日本乃是最捷径而最优的战略。

尼米兹将军公开的说过："余信惟有自中国基地方能击败日本。余之任务在以陆空军送至中国，庶可以顺利打击日本。"接着又表示他的决心："余不信由海上之战争可以击败日本，吾人设法在中国之任何可能地点登陆，无容保守秘密，日本舰队如出而干涉，实属无任欢迎。"他还补充说："如美军一旦攻入中国沦陷区，空军即将袭击日本，其规模之大与袭击德国者相埒。"又赫尔少将代表史迪威总部发出声明："海军之活动，必须获得空军自内地发动攻势声援。"这是意指盟国海军逼近中国海的时候，必须陆空军自中国内地发动攻势以声援盟军，几可以驱逐日寇离了中国大陆，引导盟军向中国顺利前进。综合他们的意见和我们的结论，盟军要进攻日本本土，要击溃日本寇军，必须加速的向中国前进，集中于中国基地，由中英美的移山倒海的如潮涌的庞大的无敌的海陆空军，直捣日本巢穴，可一举而击败日本，共奏凯旋和平之歌！

一九四四，三，五日

夺回孟加拉湾海权与东南亚战局 [1]

（1944 年 5 月）

一、日寇新策略

观测现在的世界局势，概括的说来盟国已着着胜利，轴心尚在挣扎，但是我们可断言：轴心的崩溃，已属必然的事。近如芬兰的请和，保加利亚与罗马尼亚的动摇，都在说明轴心附庸的离心，纳粹逐渐陷于众叛亲离的苦境。尤其纳粹进占匈牙利，进军罗马尼亚，这些事件，证明纳粹挣扎之苦。德国应付现在的欧洲战局，攻守均感困难，所谓欧洲堡垒内的附庸国家，必恃以军事占领手段，才能镇压反侧，维持一时，试想它这局面还能维持多久吗？在东方呢，从挑起太平洋战争起，日寇就觉悟其为长期战，它对自己的物力生产力不敢高估，而对于英美物力和生产力不愿低估亦不能低估，所以在太平洋战事爆发后四五个月之内，它就拼命夺取战略基地，攫取军需资源；但是攫取军需资源不是短期间所能济事，确保资源尤须先确保运输；要确保运输就需要多量船只；更需要强大的海军以维持海上交通。试问今日日寇有没有多量的船只以供运输？它的海军是否有充足力量以保护它的运输与维持海上交通呢？根据以下事实可以给我们这两个答案。

去年十二月十九日美海长诺克斯称：自开战以来，美国潜艇击伤之日舰轮达三百一十九艘，可能沉没者三十六艘，击坏者一百零五艘，共计四百六十艘。其中一百四十八艘为以前所未公布者。海长称：最近之日方损失，须待其不再有资敌之价值时，始行宣布。美潜艇所击沉或击毁之日舰轮，占日方开战以来舰轮损失额百分之七十五。

---

[1] 此文发表于《海军杂志》。

分类言之，日军舰之沉没者共三十九艘，损坏者十三艘，可能沉没者十艘；非战斗舰只之沉没者二百八十艘，可能沉没者二十六艘，损坏者九十二艘。日方此项损失，足以说明其已难于保持海上之供应线。数月以来，日方每依赖驳船维持各岛间之运输，并以此为外围据点驻军之增援与撤退工具。半年前，日方即暗示商轮之不足，利用驱逐舰负起运输与供应之任务。日本油船损失尤巨，美舰曾击沉日油船三十四艘，可能击沉者二艘，击坏者十六艘。日货轮之沉没者一百九十艘，可能沉没者七十艘，负创者七十三艘。

又二十九日海长诺克斯宣布：美潜艇又击沉日轮十艘。故自珍珠港事件以来，日方船舰沉没者计七百六十七艘，其中潜艇击沉者三百二十九艘。最近击沉之十艘中，计有大型货轮，大型油船，大型运输舰各一艘，中型货轮五艘，小型货轮二艘。此外，诺克斯又宣布击伤日方大型货轮一艘，中型货轮二艘，小型货轮一艘。

今年一月九日，合众社根据陆海空军公报，统计自珍珠港事变迄今，共击毁日方各式船只八百三十五艘。战事发生之最初二十三个月，平均每日击毁日船一艘，日方共损失军舰二百二十五艘。又三月十四日美海长诺克斯称，美军目前对日作战，在渐次削弱敌人之空中及海面力量。日方舰队在逐渐毁灭中，吾人于太平洋各处均日臻强大。吾人于日本外围之海港中遭遇之运输舰及货轮殊鲜。日人以摩托小船载运给养人员，此等小船乃成吾人痛击之目标，结果小船沉没者数百，而千百之敌军亦与俱尽。至于空中，敌我损失仍为六至八架与一之比，此为无间断之消耗战。

中央社伦敦三月二十八日专电：曼彻斯特导报海军记者述截至去年十月为止，日方军舰损失之确无疑义者，计有主力舰两艘（一九四二年在瓜达康纳尔所损失者或系属于"金刚"级），航空母舰六艘（假定为"赤城"号、"加贺"号、"苍龙"号、"龙鹤"号、"飞龙"号、"龙骧"号），巡洋舰二十四艘，驱逐舰确被击沉者六十二艘，可能损失者十八艘。上项损失对于日本海军仍极惨重，故殊难获得充分航空母舰、巡洋舰，与驱逐舰以对抗盟方日益增加之海军，此所以日本海军在土鲁克岛与马里亚纳群岛之毫无抵抗。

从上述日寇舰船的重大损失，与最近在委任统治群岛被击沉没毁伤者还未计在内，它已无力确保运输；以它的劣势海空军亦不敢在中太平洋与美海军决战。所以它的海军从去年年底起，对于中太平洋和西南太平洋挑战的美舰，即采避免接触的策略，不仅在拉布尔和马绍尔都绝对不敢应战，亦不仅在土鲁克和千岛群岛仍然是不敢应战，即在上月二十九日美舰队已向距菲律宾不过五百二十里的帛琉岛进攻之际，日寇海军亦逃避惟恐不速。由此可知，在南北太平洋的日寇海军，早已采取守势。正如美国军事家的判断，它是狃于上次日俄战争之役，而期待对马海峡海战历史的重演。惟其如此，所以从吉尔贝特群岛之役以后，日寇对于中太平洋和西南太平洋已采取仅以陆空应战而不顾成败的策略，虽各岛守军屡次遭遇全部歼灭的命运，其海军亦宁袖手旁观而不救。日寇之在海上取守势是迫于不得已。它对于数不清的太平洋上的岛屿，非不欲一一加以利用，使其变成无数不沉的航空母舰；但欲达成这一目的，却非有比美国更多的军舰，比美国更多的运输船，比美国更多的飞机不可。然而日寇造船，造舰，造机的资料和技术，既不足与美国争衡，便不得不出于缩短防线保全实力的一途。

日寇虽以为防线缩短之后，有以逸待劳之便，能收以少胜多之果。但若美国海空军根据地逐步逼近，其供应线亦逐步推进，等到美国舰队恢复菲律宾，则美国海空军的后方供应站和日寇的后方供应站，距离相同，劳逸均等，日寇所恃的地理的优势不复存在，它只有和美国比较海空军的量与质了。

日寇今日的新策略，在海上实取守势，想利用陆军拖长战争。它认为在大陆上的势力已根深蒂固，容易防守，而且过去以至现在都在整备防守工作之中。尤其是在我东北有十二三年的历史，控制布置，无所不至；对华北华中以至华南我沿海沦陷区域，也有三年至五年的时期，它的控制和利用伪组织是长期的打算，在在都想利用中国沦陷区拖延太平洋战争。太平洋战争以来，它的陆军不但有偾战的战功，而且比较的没有受到大的挫折。过去陆军在攻击方面，今后开始不可兼用于防守方面，所以在防守战局中，它必将日本三岛和中国沦陷区，尤其是东四省及华北为一个最后的大防区。同盟国家要明白，日寇在中国东四省的陆军实力以及驻在我沦陷区域的，其数量与质量均不可轻估。东条不久以前自兼参谋总长，增派后宫惇大将任参谋总长，最近又派后宫兼陆军航空总监，这是陆军的重要更迭，而且依然对海军改制握有领导地位。最近日寇纷纷调动东四省军队内开，将日满主力调长江区域一带，印缅边境日寇正进行较剧烈的战事，这都是侧重运用陆军的佐证。我们可以简单说：日寇对盟国的新策略，在太平洋和印度洋上是取守势，在大陆上是不放松中国和缅印的战场。

二、中国缅印战场的重要性

最近美国军事评论家伊利奥特少校撰文重述："不久以前，尼米兹将军宣布，我们不能依赖海路击败日本。他的最终目标是开辟一条途径，使同盟国能在中国土地上建立空军和陆军的根据地，以为最后清算日本帝国之用。"又英国前帝国参谋总长米尔纳勋爵亦撰文论远东战局，认为"盟方对日进攻，必须自中国国境发动。"可见英美军事家对于中国战场的重要性，已有共同一致的认识。

据军事委员会最近发表战况，有谓"数周来敌寇在我黄河沿岸及长江中部，军运至为频繁。津浦路自二月二十六日起，停止货运，运载东北四省等地敌军，经徐州南下，每日开兵车八九次。敌寇并在淮海一带及其他沦陷区域大事征兵，征工及骡马等。似在最近期间，敌寇又将发动大规模之蠢动，而将战事重心移于我国战场。"在上述情报中，特别值得我们注意的，就是日寇七年以来，除因蒙古比邻处发生紧急事件外，从未调动伪满驻军。今天它明知在太平洋上，无论海上空中均处劣势，东南亚盟军在缅北及阿拉甘区均在进展中，若印缅与中国陆上交通开放后，美国大量实力物资可输入中国各处及长江一带，由是中国之反攻，即为日本在大陆崩溃之开始。在日阀的幻想中，今天中国战场还是在封锁状态之下，所以企图在通中国的陆上或海上路线打通以前，就来一次蠢动。最近盟方将领一致公开说明中国战场的重要性，认为最后击败日本帝国，必然以中国战场为基地，日寇当然亦看到这一点，它所以妄想在最近期间，以其陆军孤注一掷。

日寇对中国战场虽死不放松，但不出心劳日拙，自食其果。即对于缅印亦却毫未松懈。缅印战役在此次大战中重要性亦不可轻视。第一，从整个东南亚战局而言，缅甸战争的性质已与数月以前，情势迥不相同，对日战争之最大关键，为自中国大陆攻击日寇，故以开辟中国对外交通线为先决条件。我们可以说，打通滇缅路以实现此一目的乃是发动缅甸战争之惟一目的，盟军如能控制缅北区域，则所计划开辟之雷多公路，藉以联络中印之陆上交通即可完成。第二，盟国对日本之压力愈加强，日本之资源愈困乏，则盟国在太平洋及中国进攻日军愈易，故收复缅甸全境包括仰光在内，可能为打通滇缅路及收复马来半岛与新加坡之第一阶段。

缅甸战事，大抵可分为三处：一是阿拉甘区，在印缅边境的极南端；一是秦山区，在印缅边境中间，更的宛河中游之西；一是胡康区，在中缅未定界以北。胡康河谷界于中印缅之间，其地理形势对于目前缅甸战役，具有特别重要性，由印度到缅甸的路，只有胡康区较为便利。中美军现正沿胡康河谷直趋而下，伦敦官方对于这区域战事的观察，颇有见地："一，通华空运路线，可获安全，免受日本战斗机之截击；二，雷多公路与旧滇缅路连接之计划，可获实现；三，盟方之前方机场推进更远。"

自日寇从曼尼坡入犯印度以后，缅甸战争已进入一新阶段，印度国土上实际作战，在此次战事中当属首次。日寇如自伊姆法尔再推进一百五十里，即可能切断广大战区内之盟军交通线，并使通往中国之新陆上路线归于无用，所以缅因战场与中国战场是有连带的关系，其对于太平洋战争的重要性是相同的。上述盟国军事家已一致承认在对日作战中，中国战场的重要性，今天盟国对日作战，无论是在太平洋上，或在缅因境内，均以开辟对中国供应路线为重要目标之一，但盟国共同的最后目标是在击溃日本，任何一条对中国的供应路线，早一日开辟，即愈接近此最后目标一步。就目前敌我形势看，由太平洋通往中国的路线虽日在进展之中，但迫近中国海岸为时尚早，若由印度洋的孟加拉湾打通中国路线则较为接近，而况中印缅战事正在进展之中，故收复孟加拉湾的制海权尤为迫切不可缓之事。

三、孟加拉湾的军事形势

我们观察日寇现时所采的策略，在海洋上，无论在太平洋在印度洋均取守势，在缅印则采取守势的攻势，而对于孟加拉湾的东南部，它必坚守以作进攻缅印侧后，并用以阻止英国的海军向南中国海进攻的去路。一旦孟加拉湾若被盟国海军控制，非仅日寇不能向缅印进攻，而且日寇海军必须退守新加坡以东的南中国海之内。在盟国方面，美国海军可从太平洋西进，英国海军可从印度洋东进，今欲估价孟加拉湾与同盟国家的利害关系与整个战局的影响，我们要先知道孟加拉湾的军事形势。

孟加拉湾的军事形势，可分做军略上的据点和军事交通线两方面。军略据点即沿孟加拉湾各要地和孟加拉湾上各重要岛屿及港湾；军事交通线即孟加拉湾与各海洋和其他各处的重要航线。

孟加拉湾是印度洋中的一个大海湾，自印度半岛之南端，沿印度半岛东岸，经缅甸、泰国、马来半岛，以及苏门答猎，形成半圆形的一个大海湾。湾内的岛屿众多，但均很重要，如锡兰岛、安达曼群岛、尼古巴群岛、墨吉群岛、槟榔屿岛、苏门答猎岛；诸岛中，尤以湾西之锡兰岛，与湾东之安达曼和尼古巴两群岛，在印度洋中的军事地位和交通上为最重要。

锡兰，在印度半岛的南端，隔保克海峡与大陆相望，海峡中有三数珊瑚岛，形像桥梁。故有亚当桥之称。全岛面积约六万五千五百八十方哩，人民约五百三十余万，为英国直辖殖民地。中南部多山脉。向海岸逐渐低下。沿海即属平原地带。可伦坡是它的首要城市，在岛的西端，系印度洋中第一要港。岛之东北的亭可马里，形势险要，海口良好，为英国海军在印度洋上的重要根据地，可说是印度半岛的前卫，孟加拉湾西面的门户，也可说是英国海军由地中海向远东增援缅印的踏脚石，尤其是英国丧失新加坡之后的唯一反攻日寇的海军根据地。

若从印度的孟加拉省、缅甸、安达曼群岛、尼古巴群岛，以至苏门答猎，无异在孟加拉湾中的一座桥梁，是英国在印度洋中对西南太平洋战区的敌军唯一的封锁线，可以阻止日寇海军深入印度洋而切断缅印至欧美的交通，可惜这一条天然封锁线，除孟加拉省外已为日寇占据了。

目前在孟加拉湾的周围，可能为敌人军事的目标的要点，除锡兰岛外，在印度半岛的东北，则有加尔各答，向为英国经营印度的根据地，有路通不丹、尼泊尔，即与中国的西康、西藏、云南相毗邻。至于缅甸首府的仰光，位于伊洛瓦底江的三角洲上，这是缅甸对外交通的中心，为滇缅路的终点，在日寇未占领缅甸之前，这一条路是中国抗战后通海道的唯一国际路线。现在中美联军已进入缅北，开辟新运输路线——雷多公路——求与印度阿萨密铁路连接，以达加尔各答。如缅北可完全克复，则重要物资的运华，仍可由印度洋假道印度源源接济。除非日寇进占印度的阿萨密及孟加拉两省，控制整个的孟加拉湾，它要封锁中缅印交通的企图，决不得逞。孟加拉湾对外的重要交通线除至太平洋的航线外共有三条：

（一）由南非至孟加拉湾的航线，联络非洲赤道以南英属之地与印缅，渡印度洋刚刚在英国的毛里求斯岛和塞舌尔群岛的两处踏脚石。

（二）由红海至孟加拉湾的航线，乃地中海航线之向东延长。在红海南端有英属丕林岛，再东二百公里为英属亚丁港，隔亚丁湾与英属索马里兰的首府柏塔拉相望，这三地形成犄角之势，控制红海与亚丁湾。亚丁港为英国在印度洋西北的海军根据地，尤其是为英国海军向缅印及远东移动必经的前进根据地。

（三）由孟加拉湾至澳洲的航线，为第二条航线之向东南延长，中途有基隆群岛，亦称科科斯群岛，做中继站。在此群岛的东南有圣诞岛，这一带的海面岛屿极少。还有在锡兰岛西南印度洋中的查哥斯群岛亦属英国，为红海至澳洲，南非至印度两大航线的交叉点。还有自南非开普敦，横断南印度洋至澳洲之塔斯马尼亚岛的哈巴特港，中途有英属圣保罗群岛与新亚摩斯德登岛为其中继站。

四、夺回孟加拉湾海权与东南亚战局的影响

我们观察印度洋的整个形势，就看出孟加拉湾对于东南亚战局的重要。孟加拉湾当以锡兰为交通中心，而且是东南亚盟军总部的所在地，亦为今日对日进攻的军事中心。由锡兰至加尔各答一二三一浬，至仰光一二三四浬，至新加坡一五七七浬，至巴达维亚一八三六浬，至达尔文三五四一浬，至佛利曼特勒港三一二〇浬，至毛里求斯岛二〇九四浬，至开普敦四三七六浬，至亚丁二〇九二浬，加尔各答至新加坡一六三〇浬，因此锡兰岛在军事上的价值，有可扼止欧亚交通和控制印度洋的雄势。目前日寇在东南亚战场的军事重心，用兵主力是向印度方面，其目的在阻止中美英向缅甸进攻，同时要彻底破坏中印公路的连接，与中印空中运输的路线，使中国战场陷于孤立。日寇进攻印度虽属于守势的攻势，如盟军在大陆上不加迎头痛击，在海上不立即向其反攻，则日寇可变其守势而为攻势，在陆上进取印度之加尔各答，在海上进取印度洋心脏的锡兰岛。我们今日要确保加尔各答和锡兰岛，要击退缅印日军，必须急速进攻安达曼和尼古巴群岛，就是说要夺回孟加拉湾的制海权。

盟军现在东南亚战场要充分运用海陆空的部队，在海陆两面同时反攻。在这反攻的计划中，应包括新加坡在内的马来半岛和苏门答猎。在这种情景下，和从前的形势相较，缅甸好像以前的越南，安达曼群岛好比菲律宾，印度则又是一个马来亚，而其终点的锡兰则好像新加坡。安达曼群岛和尼古巴群岛的失陷于敌，对于盟国的打击等于在太平洋的失陷菲律宾。现在日寇在中南半岛已有安达曼和尼古巴群岛护其西，菲律宾护其东，我们要收复缅甸，向马来半岛及新加坡进攻，首先要收复安达曼和尼古巴群岛。在这一连串的群岛中，安达曼南边的一个勃雷尔港，的确是一个良港，也是一个战略要地，它距锡兰岛的亭可马里港七〇五浬，它是在由印度起飞的盟国解放式机与飞行堡垒的轰炸范围以内的。勃雷尔港距马打万湾上端的萨尔温河口上的毛淡棉四一〇浬，与泰国首都曼谷也比较近。收复了安达曼和尼古巴群岛，日寇就不能把它的军队和物资从新加坡用船北运缅甸，它只好用陆路运输。此时盟军应以优势的海陆空军袭击马来亚西岸的港口，北向由仰光登陆，陆路出三塔隘与考克莱克关，以窥泰京曼谷，和铁路中心那空素旺；一面中美联军南下夹击，日寇必由缅印退入泰越，乘机进攻泰越，以附在马来亚敌军之背，这时日寇在盟军的海陆空猛烈的攻势之下，可能在进退维谷中，由新加坡向中国南海撤退。

现在如何抵御并进而击破日寇侵印的攻势，我们应加以检讨，缅北中美联军虽英勇作战，但单凭中美兵力恐不能移转缅印大局，而况转眼雨季到后，能否收复缅甸，实成问题。最近中英美人士多认为收复缅甸与增强中国战场和策应太平洋美国攻势，必须在缅印海陆并进，以强大的海军攻安达曼和尼古巴群岛，直趋仰光，先夺回孟加拉湾的制海权，然后在缅印大陆上始易解决敌人。这个海军使命由谁担任？自然是英国。邱吉尔首相已表示过："吾人将于缅甸及孟加拉湾尽力作战。"且已宣布："吾人已派萨穆维尔上将所统帅之强大战斗舰队，泊在印度海面"。他又广播："协助美军与中国之连络"；又说："吾人深信吾人愈能牵制日军……则对美国亦愈有助"；又说："强大舰队泊在印度海面，藉以应付日本舰队如不与美国作战时折而向西之主要威胁"。这几点都是邱吉尔注意远东战局的表示，但英国在印度洋上尚未发动对日的海上攻势，我们知道日寇对缅印以取攻势，英国应当积极起来发动东南亚的全面反攻，收复缅甸，根本消灭日寇侵印的企图。今日缅印盟军攻势的关键是在海上，英国应该从速把大量海军调到印度洋来，先恢复孟加拉湾的制海权，收复缅甸，打通至中国的路线。

吾人最大行动之时间行将接近，太平洋和中印缅战场的权责业已划分，太平洋由美方统率，中国战场由中国统率，缅印战场由英国统率。在东南亚海陆空全面反攻中，需要英国的海军，中英美的陆空军，如果在太平洋上收复了菲律宾，逼近日本本土，陆上已打通了滇缅路，连接了中印路，夺回了孟加拉湾的海权，打新加坡攻港粤的海上大战已作，中国大陆上的反攻已动，不用说日寇已无力再对缅印进攻，日寇的崩溃也已迫到眉睫。

三十三年四月七日作

论日本海军[1]

——白里安坦斯塔尔原著

(1944 年 6 月)

　　日本自开国到了现在，为亚洲唯一利用西方工业而得成功的国家；由地势看，它犹如世人所称的海国，因此它便成为世界第三海军国，富有物质力与战斗力，其训练海军，是兼用普鲁士式的效验与东洋的武士道，但并非完全以德国为模范。日本分遣许多间谍，前往各地，专以密探与仿效最新的技术，惟其作战原理则由于自主。在德国宝毕兹就职与德国第一次海军建设案通过之前，日本曾利用现代军舰获得第一次的胜利。于一九二二年发行之卡斯坦斯上将所著"在战斗中的战舰"，其中包含有他在朴茨茅斯皇家海军研究院的演讲，论述日本从事战争，几超出全书的篇幅之半，而对于德国海军则未见说过。

　　各种特有的日本外交家、实业家或留学生，我们常在欧洲看见过，其资深海军将校，外貌雄伟，带有西方科学化的装饰。第一、他们常系以前阀族之一部，多半属于萨摩；第二、他们非属伊东[2]、东乡[3]等的后裔，即系参加鸭绿江与对马两次海战的英雄和当时曾经苦战使至大军舰获得保存的勇士遗族。此辈曾经长期艰苦的训练，所学的是西方的科学和东方的朴素；他们所住的地方，常为一很小房舱，在异形干舷之上，建造于船体顶部，而为日人所乐住的。

　　日本兴办海军，开始于一八六七年，适逢维新时代，废止幕府与阀族制度，归还君主政权，最后乃将大名贵族与萨摩武士的政治经济特权解除。当时政变日趋扩大，于一八五三——五四年，美国海军代将培理率舰队急行赴日访问，强迫幕府签订条约，为

---

〔1〕此文发表于《海军杂志》。
〔2〕伊东祐亨，日本联合舰队司令长官，在甲午海战中率日本联合舰队打败北洋舰队。
〔3〕东乡平八郎，日本联合舰队司令长官，在日俄海战中率日本联合舰队打败俄国舰队。

美国海军设置油站。在一八五三年之前，日本犹与世界断绝关系，一六三八年间日本犹禁止基督教活动，除将少数荷兰人监禁于长崎外，所有欧人均驱逐出境。并禁造船舶超过七十五呎长度，使日人完全与世界隔绝，因此谋与恶势力反抗者亦愈甚。其后在一时期，欧洲商人与传道师之势力大为进展，但十九世纪之反动势力，至闭关时期结束时，仍甚严重。继之为对外发展政策，企图夺取朝鲜半岛与南满沿岸，日本实行这种政策，实际影响其海军的进展，在最初几年，日本凭藉旧式明轮汽船与收买别国旧炮舰。但最令人惊奇的，为在短期内即有现代海军最新式的铁甲舰出现。当时日本海军，并无设计人员、技术专家与造船所，开始是向英国定造军舰，在多年前的格林尼治海军陈列所，今日为国立海军博物院，有收集许多日本向英国定造军舰的模型，在今日看来，似有讽刺之意，其实这是英政府对日诚意的表现。不久，日本即建设造船所，惟有若干部分仍须凭依英国计划，故无论如何，它的仿造与应用外舰计划，比于出于自己原定设计的较为注重。它虽效法于人，并不限制其军舰的建造，惟注其全力利用西方的工业。这种情况为日本所特有，抑仅见其开端，我们还不能论定。

自某点观之，日本决非仅为摹仿者，它自始即表现其对于指挥联合作战，完全出于纯粹自主的技术。无论何时举行登陆，每事必先预备，如小艇、驳船、栈桥、浮桥，与宿营岸上（由军事侦探与局部第五纵队组成之），因此过去日本每遇作战，能非常迅速，而且效果特大。其最显著者，当无过于一九〇四至〇五年与俄国之战，当时登陆的军需品与大炮均由栈桥运出，事前先凭水之深度及潮之涨度，已将栈桥截得适用。日人在朝鲜岸上，很难辨别它是个间谍与第五纵队，好像它在满洲、泰国、马来亚与缅甸等处一样，这种军事行动，可说是德国人学自日本，非谓日本人学自德国。

日俄战后，日本帝国海军正式建立了现代的舰队，并实行纯粹征兵的制度，以代各种萨摩阀族的军队。日本过去向外扩张政策的推进，实具有无情残忍的气势。于一八九四年，它向中国挑战，获得鸭绿江口外海战的胜利。十年后，它又战胜俄国，由于朝鲜突然登陆与进占辽东半岛的联合作战，获得旅顺港。这种突然登陆，是在没有宣战之前，先由海军向旅顺施行奇袭，其后几次海上会战，日方均占优势，到了最后结局，旅顺港被占，所余俄舰均为日方运岸巨炮所毁。在旅顺港陷落之后，俄国波罗的海舰队最后乃出现于远东海面，企图通过对马海峡，以达海参崴，不幸亦遭毁灭了。

于一九一四年，日本为遵守英日同盟条约，攻取德国根据地青岛，其后予协约国以有力的援助，非仅供给护卫舰以供护航，并派遣一队驱逐舰服役于地中海。它始终尽其所能，以求操纵在中国已得的政治经济与军事势力。到了一九二二年，国际的紧张形势，因四强条约、九国公约与华盛顿五强海军军备条约的签订，为之迟缓下来。但这种状态维持不久，在满洲事变之前，日本只图巩固它的地位以待机会，已露形迹。其后渐扩大其战争的范围，企图征服大部分的中国土地，它的目的在先取多处海岸，获得登陆的优点，并断绝中国与世界各处的交通。由于中国缺乏抗日的海军，与忽视过去中日、日俄两次战争的重要性，因此很少能察觉到前十年日本海军的企图，它非仅当在活动，并得丰富的经验，适以应付今日的战争。

由两种要因，可以断定日本战略的观点。第一、日本缺乏海军所需要的战争原料；第二、日本海军期望着能在远洋作战，日本所需要的铁、石油、橡皮、铜、铅、锡、铝及棉花，实际上均仰给于海外。惟现在已与此等国家作战，而原料出产地域现亦有它的军队或在战争状态中，日本以资源缺乏，故利用以战养战的政策，其范围且比德国为广；它对于每种新掠夺品，均引起海军问题，怎样使其运回本国。

其次论到距离问题，其中含有利与害两方面。观太平洋几占全球总面积之半，日本的位置是在太平洋的西北，接近亚欧大陆，与其敌对国家的国内根据地相隔很远。横滨距离西雅图四二五〇浬，距离旧金山四五〇〇浬，距离巴拿马八一〇〇浬，即离珍珠港亦有三三八〇浬。往南距离悉德尼四三〇〇浬，距离科伦坡五一〇〇浬。日本欲求到达或威胁上述各地，它的海军必须维持极长的交通线。就别方面说，如有对方的前进根据地为它所占，或不适于飞机或军舰的活动，则对方欲击退其出境，必感极大的困难。惟在北方，使其敌对国家与它较为接近，如西比利亚及阿留地安群岛，它的重要性曾为人说过。

日本尚拥有许多群岛的利益，在它的南面，大约已建有一个航空网与潜水艇根据地。此外，在台湾建立有一个极有用的舰队作战根据地，他如拉德伦群岛、加罗林群岛、马绍尔群岛及帛琉群岛，以前均属于德国，前次大战终止，始由国联委任日本统治。其令人感觉兴趣的，即在一九二〇年与一九三〇年，所有在讨论委任制度的世界学者，很少提及日本的委任统治群岛，在当初任何委任统治的条款，多少有被认为仅讳言合并。此等岛屿曾经证明对于日本的攻守两面，尤为有用，非仅有助于日本进攻菲律宾与新几内亚，威胁美国经萨摩亚至澳大利亚的航路，且足以破坏美国由珍珠港至菲律宾间的根据地系统。无论关岛与威克岛设防如何强固，在日本控制这两岛间的海上交通之下，关岛与威克岛对于美国就失其真正价值。日本从哪一个岛上根据地以袭击珍珠港，我们暂时不得而知。惟最明白的，为日本能够控制香港、金兰湾、西贡、马尼拉、新加坡与泗水，则日本能利用群岛以阻止美国克服失地，并能阻止美国对日本本土的直接进攻。

日本海军的现在实力，由于传说守密，难以断定。即在平时，对于新舰的建造亦少通报，它的造船所亦不准外人进入。在战时它更隐秘它的损失，关于军舰设计的结果与工业的情况之有关于战术成效的，亦造出令人迷惑的通报。

当战争开始时，假定日本有战斗舰十艘，其中"金刚"号、"比睿"号、"雾岛"号及"榛名"号，是在一九一三年至一九一五年间完成。此等战斗舰由佐治瑟斯吞设计，如战斗巡洋舰，故它的最高速度为二十六浬，在当时它的速度已超过各舰。它的吨数有二万九千三百三十吨，在四个炮塔内共装十四吋炮八门，由当时的造舰标准来看，它的装甲较薄，而它的水中防护则较强。此四舰，于一九二六至一九三一年间，均行重修，因增加船腹，故速度为之减少。于一九三五年至一九三七年间，"金刚"号与"雾岛"号完全重新建造，尤注重于特别防护，以防空中与鱼雷袭击。"比睿"号依照伦敦海军条约，于一九三一年停役，惟于一九三九年乃着手改造。"榛名"号于一九三四年完全改造，后为美国轰炸机击沉。此等日本战斗舰，在外观上，因有奇异叠层设置，高耸于舰桥及指挥塔之上，致舰身上部过重。

其次为"扶桑"号与"山城"号，于一九一五年至一九一七年间完成，两舰的购造很相似，其吨数亦相同，惟在六个炮塔内，装备十四吋炮十二门，以代四个炮塔内装备同样之炮八门，并有较强的装甲防护，致令其速度减至二十二浬半。"扶桑"号与"山城"号曾于一九三二年至一九三四年间，均经重行装备，使合现代化，于一九三六年至一九三七年间，复经修整一次。另一对战斗舰"伊势"号与"日向"号，于一九一七年至一九一八年间完成，除排水量多过六百吨，装置不同的主炮，装置略异的副炮，与速度减少半浬外，实际上与他舰无异。两舰均于一九三六年改造，故比于美舰"马利兰"号与两艘"泰内西"级的力量或为较强，但均非现代化。最后一对，属于华盛顿条约前的战斗舰，即"长门"号与"陆奥"号，于一九二〇年至一九二一年间完成，其排水量为三万二千七百二十吨，装备十六吋炮八门，（少于"纳尔逊"号及"罗德尼"号）有十二吋以至十三吋厚的装甲带，它的最初速度有二十三浬，于一九三四年至一九三六年间经彻底的改造，并安置新机器，虽增强它的船腹，三重底与特殊甲板的护甲，它的速度还能达到二十六浬。因此，它的炮备与护甲均少于"纳尔逊"号与"罗德尼"号，除舰龄较多六七年外，经过改造与增加速度，使它变成为不可侮的战斗舰，若比于三艘美国"马利兰"号的战斗力实绰有余裕。

由过去到了现在，我们论日本海军均就确实的根据，惟论及日本最近造舰的状况，可得而知的必很少。"日进"号与"高松"号两艘战斗舰，于一九三七年着手建造，于一九三九年十一月及一九四〇年四月先后下水，现时两舰必已完成，惟有关于此两舰的报道，极不足信。大约它的排水量，总在三万五千吨以至四万五千吨间，因日本在一九三六年华府海军条约失效之后，曾通告不承认华府签约国所定关于限制主力舰三万五千吨的临时条款。两舰均装备十六吋炮九门，它的速度有三十浬，日本建造此舰，必使它与"英皇乔治五世"号及"北卡罗来那"号相埒。尚有三艘与此同级的战斗舰，在一九三八年至一九三九年间，着手建造，其中一般（艘）"纪依"号已于一九四〇年十一月下水。

此新造的战斗舰，日本有已宣告服役者，或已将近完成者。尚有三艘或四艘装甲舰，其排水量由一万二千吨以至一万五千吨，速度三十浬，装备十二吋炮六门。其中第一艘，定名"秩父"号。此等军舰的内容实际不得而知，惟依以上所述，必系改良的袖珍战斗舰，自然不受条约限制，断定其必依照德国原来的设计。此种军舰定必用作贸易破坏舰，比于现时英美所有最强大的巡洋舰当较为优越。美国为应付日本袖珍战斗舰的建造，亦设计建造"新阿拉斯加"级战斗舰，并以海外属地定它的名称。

日本拥有强有力的航空母舰，直至五六月间被美国击沉五艘为止。最旧的"凤翔"号，于一九二二年完成，其速度为二十五浬，装载飞机二十六架。其次为"加贺"号及"赤城"号，于一九二七年至一九二八年间完成，排水量二万六千九百吨（华盛顿条约限量为二万七千吨）。"加贺"号于一九二〇年着手建造，原系战斗舰，其速度仅有二十三浬，惟装载有飞机六十架，于一九三五年至一九三七年间重行装备。"赤城"号于一九二〇年着手建造，原系战斗巡洋舰，一艘姊妹舰，于一九二二年下水，实际上于一九二三年被毁于火灾及地震。地震对于日本造船上为一不幸之事，许多半完成之船均于那一次的地震被毁了。"赤城"号的速度计二十八浬半，装载飞机五十架，于一九三七年至一九三九年间经大加重行装备。此两艘航空母舰虽较小于"勒克星敦"号与"萨拉托加"号，即它的速度亦较低，容纳飞机之数亦较少，但具有新装备的利益，于中途岛之役，均被击沉没。

其次为"龙骧"号，于一九三三年完成，与美国"朗泽"号为同时代的产物，惟它的排水量仅有七千一百吨，只有美舰容量之半。它的速度只有二十五浬，"朗泽"号的速度则有二十九浬。它装载飞机只二十四架，"朗泽"号则能容纳飞机七十架以至八十架。再次为"苍龙"号、"飞龙"号与"蛟龙"号，于一九三七年至一九三九年间完成，约与"大胆"号、"约克坦"号及"大黄蜂"号同时，惟此数舰，无论如何，均较小于美舰。它的排水量只有一万吨，速度三十浬，并能装载飞机四十架。两艘新航空母舰，"翔鹤"号与"瑞鹤"号，于一九三九年下水，于一九四一年完成，但知之者很少。此舰排水量计一万七千吨，或不只此数。其速度为三十浬，并装载飞机四十五架。"龙骧"号与"翔鹤"号沉于珊瑚海之役[1]，而"苍龙"号与"飞龙"号则沉于中途岛之战[2]。

日本好用中型及小型母舰，大概计划作为协助其强有力的水上机母舰，此等母舰知之者很少，其中三艘为"千岁"号、"千代田"号及"瑞穗"号，于一九三六年至一九三八年间下水，排水量计九千吨，它的速度自十七浬以至二十浬，容纳飞机约二十架。舰上有广大甲板，飞机由此降落，惟能否由此再飞，抑或利用起重机吊入，则不能断定。此外，还有六艘商船改变的水上机母舰，排水量七千吨，速度十七浬，装载飞机十架或不只此数，另有两艘母舰由给油船改造，它的排水量为一万四千吨与一万七千吨，速度为十五浬，装载飞机十五架。此等母舰，认为没有飞行甲板，但亦不能断定，因为日本善于临时的更张改造。据推测于最近期间，日本尚有若干其他船只，亦有改变为水上机母舰。

日本参加这次世界大战时，拥有十二艘重巡洋舰，分做三级，每级计四艘。最旧的为"加古"级四艘，于一九二六年至一九二七年间完成，排水量七千一百吨，装备八时炮六门与二十一时鱼雷发射管十二门，并有速度三十三浬。其船侧与甲板装甲只有二时，所以它的炮力与保护力量，均比英美根据条约所造的巡洋舰为较薄弱。头两艘原装之炮，分置于单炮塔内，因此可以证明于一九三八年至一九三九年间的改造，乃出于不满原来

---

〔1〕1942 年 5 月 7 日，日本舰队企图占领新几内亚东南端的莫尔斯比港，以破坏美国和澳大利亚之间的交通线。途中在珊瑚海海面被美国舰队截击，发生激战。8 日，战斗结束。海战结果，日本舰队之航空母舰"祥凤"号被击沉，"翔鹤"号被击伤，损失飞机约 800 架；美国海军之航空母舰"列克星敦"号被击沉，"约克城"号被击伤，损失飞机约 70 架。日本被迫放弃进攻莫尔斯比港的企图，从而解除了日本对澳大利亚的威胁。此役是太平洋战争爆发以来日本海军遭到的第一次挫败。

〔2〕1942 年 6 月 4 至 6 日，日本舰队为攻占美军在太平洋上的重要海军基地珍珠港，进而摧毁美军在中太平洋上的海军主力舰队，在中途岛附近与美国舰队展开海空战。海战结果：日本海军"赤城""加贺""苍龙""飞龙"等 4 艘航空母舰被击沉，损失飞机 332 架，人员 3500 人；美国海军"约克城"号航空母舰被击沉，损失飞机 150 架，人员 307 人。海战使日本丧失了在太平洋发动大规模进攻的能力，从此转入战略守势。

的装备。其次四艘为"那智"级，于一九二八年至一九二九年间完成，排水量计一万吨，装备八吋炮十门，计速度三十三浬，惟舷侧装甲则有三吋，其甲板装甲自二吋以至三吋。据说所装之炮乃系新式，并具有特优的初速。所有四舰，均于一九三四年至一九三六年重行装备，另加高射炮。二十一吋鱼雷发射管分置于两个四联装备之内，直在大桅之后，此等巡洋舰亦装有八吋炮十门，故比于依条约规定之巡洋舰，除"彭萨科拉"号及"盐湖城"号外，有较强的力量。据说此舰，在其速度十四浬以至十五浬间，它的巡航距离能达于一万四千浬，故适用为贸易破坏舰。最后四艘为"爱岩（宕）"级，于一九三二年完成，仅护卫力较强于"那智"级，它有舷侧装甲计三吋以至四吋，它的甲板装甲则为三吋，它在水中的护甲亦较强。观后两级的巡洋舰，均在此次大战之前着手建造，故可视为极有力的重巡洋舰。

日本在大战开始的时候，拥有二十二艘轻巡洋舰，其中最旧的为"龙田"号与"大龙"号，计排水量三千二百吨，完成于一九一九年，除供作沿岸巡逻及练习之用外，可视为已成陈旧之物。与它同级的，还有"夕张"号，完成于一九二三年，仅有排水量二千八百九十吨；"球磨"号完成于一九二○年至一九二一年间，排水量五千一百吨，装备五吋五炮七门，并有速度三十三浬，亦可称为旧物。"名取"级六艘，于一九二二年至一九二五年间完成，较优于"球磨"级。又"神通"级三艘，于一九二四年至一九二五年间完成，其中最异之点，即有四个烟囱以代三个烟囱。所有三级的巡洋舰，均有三吋舷侧护甲，若与同时代的轻巡洋舰比较，它的行动半径只有英舰"阿利苏萨"号之半，若论炮力则比美舰"俄马哈"号为较薄弱。惟"神通"号于一九三九年至一九四○年间，经重行装备，故不可轻视。

在一九二五年与一九三五——三七年之间，无轻巡洋舰建造，当时所造之最上级四艘，计排水量八千五百吨，装备六·一吋炮十五门，分置于五个炮塔之内，其速度为三十三浬。其主炮系依照新原则装置，三个炮塔安置于舰桥前面，第三炮塔则置于第二炮塔之上，故只有两个塔能正向射击，此等军舰曾经证明有几分不能认为满意之处，因其上部装备过重。还有一对同型的军舰，即"利根"号与"筑摩"号，于一九三八年至一九三九年间完成，仅有六·一吋炮十二门，分置于四个三联装炮塔之内，无论如何，这种装置是值得注意。所有四个炮塔均安置前面，第二炮塔若施行射击可越过第一炮塔，同时第三炮塔犹如第二炮塔的水平，而第四炮塔犹如第一炮塔的水平，这种装备能使六门之炮可正向射击，所有十二门之炮可向前射击。亦可使第三第四两炮台向后射击，所有十二门之炮可向侧面射击。这种设计目的，似保留舰后部以备飞机之用，因此引起推想此等巡洋舰实为航空巡洋舰。"最上"号与"三隈"号均沉没于中途岛。

日本最近造舰，包括一九三七年四月编入的七艘军舰，其中两艘列为练习舰，大约用作布雷舰。其他如"隅田"号，于一九三九年十月下水，"桥立"号于一九三九年十二月下水，"Kaohino"号于一九四〇年一月下水，"岚"号于一九四〇年四月下水，"津轻"号于一九四〇年六月下水。此等军舰据各种的引证，计其排水量自七千吨以至九千吨，与"最上"号同类成为一体。它的武装有几分与义大利"加里波的"号相似，计有六·一吋炮十门，分置于两个双联炮塔与两个三联装炮塔之内，其速度计三十四浬，据说其图案系于一九三七年，求自意大利的。

日本还有五艘巡洋舰型的海防舰，计排水量九千吨左右，于一八九九年至一九〇二年间下水。并有种种武装。

关于鱼雷艇的建造，知道的很少。以下所举，为一九四〇年日本海军力的概算。

旧驱逐舰：

数量	种类	完成期	吨数	炮备	廿一吋鱼雷发射管	速度（浬）
九	栗 若竹	一九二〇—二三年	七七〇—八二〇	四·七吋三门	四门	三一·五
三四	秋风 神风 睦月	一九二〇—二七年	一二一五—一三一五	四·七吋四门	六门	三四
二三	吹雪	一九二八—三二年	一七〇〇	五吋六门	九门	三四

在最后一类的排水量与攻击力量，均见激增，可称为强有力的驱逐舰。

伦敦条约以后的驱逐舰：

数量	种类	完成期	吨数	炮备	廿一吋鱼雷发射管	速度（浬）
一六	初春 时雨	一九三三—三七年	一三六八	五吋五门	六门 八门	三四 三四
一〇	朝潮	一九三七—三八年	一五〇〇	五吋六门	八门	三四
一六或更多	阳炎	一九三九年	二〇〇〇	五吋六门	八门	三六

上表所列吨数及攻击力由低量而激增，即速度亦增高，如所指速度的数字为准确，除新舰"阳炎"号外，日本驱逐舰的速度均较低于我们的。若以舰龄分级，日本可用的驱逐舰，计有六十六艘，新造的计有四十艘，或有更多之数；若以体积分类，计有小型的九艘，中型的六十艘，及大型的三十七艘，或有比此更大的。

鱼雷艇十二艘，亦于一九三一年至一九三七年间完成，计排水量五百二十七吨，装备四·七吋炮三门，鱼雷发射管二门，并有速度二十六浬。

日本潜水艇分为四种型式，可分类如下：

艇型	数量	下水期	在水面吨数	廿一吋鱼雷发射管	速度（浬）	
					水上	水中
布雷潜艇	四	一九二六—二七年	一一四〇	五门	一四	九·五
沿岸潜艇	一五	一九一九—二五年	六五五—九九〇	四，五或六门	一三（一七）	一〇
	二	一九三四—三五年	七〇〇	四门	一六	九
航海潜艇	一五	一九二二—三一年	一三九〇—一六四〇	六或八门	一九	九
	八	一九三三—三五年	一四〇〇	六门	二〇	九
	十或更多	一九四〇—？	一五〇〇			
航洋潜艇	一五	一九二四—三六年	一九〇〇	六门	一七	九
	五	一九三八—？	二一八〇	八门	二〇	一三

于此当注意的，在七十四艘潜水艇中，仅有二十一艘的排水量不满一千吨。就全体观之，日本的巨型潜水艇可说占极多数，其中有许多艘的巡航距离，可信能达一万浬，以日人的经验，在潜航中有感觉不适的必比白人少数。日本有几艘双人型的潜水艇？当过去两年有建造几艘常型潜水艇？均难断言。无论如何，日本于一九四一年开战时，至少拥有各种型式的潜水艇一百艘。

为唤起研究日本袭击珍珠港时所用双人型潜水艇的利益起见，值得将美国海军部所述的，引证于下：

"短小的双人型潜水艇，配置官员一人与测速员一人，在最低速度的时候，它的巡航半径约有二百浬。当它逼近阿胡岛的时候，即锐进百浬，一致进攻。这种小艇能附搭于大舰甲板的上面，用同一的起重机，可由舷外下水，即在舰上管理这种小艇也很轻便。

双人型潜水艇长四十一呎，横幅计五呎，一座指挥塔高出甲板计四·五呎。艇体以四分之一吋的铁板造成，内分为四隔室，其中两隔室，设置电池，用以推进。艇体及指挥塔均为流线型，并涂以黑色。

这种潜水艇推进由于电机，并规定速度为二十四浬。潜望镜突出五呎于指挥塔顶部之上，它的最高深度，由龙骨至于潜望镜顶部计约十呎。艇内设有旋转罗经，无线电机，水中测深器及听音机。携带十八吋鱼雷两个，并在艇尾之下装有三百磅猛烈炸药，通电线于电池，因此于攻击时可作毁灭性的轰炸，或用以抵抗敌舰，或用以进攻港口。"

在日本辅助舰中，数量占最多而最著名的，计有三种，即水上机母舰，（已详）布雷舰及给油船，所有布雷舰的排水量，是自四百五十吨以至九千二百四十吨。有若干旧式巡洋舰，即作这种用途。有若干给油船，使用于舰队，详情系记载于标准参考书。此等给油船的载油量，除自用一千吨外，尚能载运八千吨，其速度仅有十二浬，因此，可以相信日本尚有若干快速输油船，其速度可自十五浬以至二十浬，足供长程航行的舰队，无需仰给置于岸上之油。

在一九一四年前，日本仅有若干海陆军官员，参加飞行，他们都在国外训练，尤以留学于法国的为最多数。前次大战之后，日本使用飞机较为普遍，尤以在西比利亚作战时为最显著。于一九一九年，日本开始航空军事之组织，建筑飞机场，航空学校并海陆军的空军基地。第一海军飞机场是在霞浦，而陆军第一飞机场则在 Tokorozawa 一常在幕府时代与明治开始时期，即在一八四五年与一八七五年间，日本曾聘用外人创立海陆军，故今日亦容纳外国技师为其构成新兵器。

于一九一九年春间，英国开始组织海军航空队，同时法国开始组织陆军航空队，日本则鼓励组织航空会社及航空公司，故今日本亦为世界空军先进国之一。于一九二七年，日本成立有十七个航空队，计每队有飞机八架，有若干预备机设置于陆上基地，并有几架飞机以供军舰使用。依据最近报告，距今两年前，日本海军有空军三十九队，拥有飞机一千架，故我们确信在日本开始战争的时候，至少可以假定它的海军飞机有一千五百架。

单自纸上所载日本的实力，观日本的舰队似乎不甚可畏，它的巡洋舰的力量显见薄弱，且缺乏新战斗舰与大航空母舰。它的驱逐舰有很好的武装，数量也很多；它有巨大的潜水艇，我们早已知道。谁使日本能对世界第二强大的舰队施行蹂躏？孰使日本能够夺取香港，侵占全部马来亚、菲律宾、荷属东印度及缅甸，予澳洲袭击的威胁，在孟加拉湾袭击英国军舰及商船，在中国始终布置正式战争？答覆这几个问题，当另述之。但显然可见者，海陆空军局部的优胜，仅为一有力的助因，其实日本为长期集中与无情残忍的战争准备，尤甚于最近几年来德国之所为。纳粹与日本的首领，因保守其最近五十年来的立国要素，无改变其国家之所望与目的。政权独揽，国家管理，试战之心及战争道德，是西方仅有的成语；浅薄、不专、无恒、完全无情及蔑视人类生命，乃东洋的成惯。孰令日本成为一可畏的敌人，与其谓他成功于利用西方的科学与军备，毋宁称它得力于兼用可畏的亚洲精神生活。德国的征服世界政策，实一种妄想，我们虽暂时在危险失败中，不禁为之一笑！凡西塔特 Vansittartism 的论文适用于日本，至若何的程度，我们不能断定，但无论如何，姑妄听之，犹胜于纸上所得的指数。

世界大战中小海军国概论[1]

(1944 年 7 月)

在这次世界大战中，除了英、美、日、法、意、德及苏联七个主要海军国外，其余的小海军国是很少人去注意。如将小海军国认为无关重要，这实为很大的错误。在小海军国中有几个国家是拥有异常优越的驱逐舰队与潜水艇队，且能自己造舰，并有设备完美的海军根据地。其与主要海军国所区别的，只是缺乏新式战斗舰与重巡洋舰；除英国各自治领与荷兰海军外，各小海军国的海军实无力远涉重洋从事战争。

所谓英国各自治领海军，在政治上英国是占有一特殊的地位，简单说是英国殖民地国家的海军，在战时则成为英国海军的一部。这乃就一般状况而言，并非尽然；若认真说，则仅限于澳洲、加拿大及南非英驻防舰队。至于新西兰海军，虽由新西兰政府建造，惟在英国海军表册中，常有一舰队配置于此，到了一九四一年，英国对新西兰海军的权限已有变动，似已暗示将来新西兰可获完全管理其海军之权。至于印度海军在名义上属于印度所有，受印度政府指挥，惟实权仍操于英国政府，故印度非待获得完全自主时，其海军仍为英国之一部。

澳洲联邦承认英国在澳洲舰队的权限，当此次大战开始时，澳洲海军拥有巡洋舰六艘，领队驱逐舰一艘，驱逐舰四艘，护卫舰二艘及各种辅助舰。在建造中的军舰，包括"多里巴尔"级驱逐舰。加拿大舰队之加入英国海军，是一九〇九年英帝国会议之结果。它位在大西洋与太平洋之间，它的主要根据地是在哈黎法克斯及厄斯岐摩洛尔特。此种形势，使加拿大在战略上处于极重要的地位。到了这次大战，加拿大海军的扩张，可认为有显著的成就。当大战开始时，它仅有驱逐舰六艘，并没有更多军舰。于一九四〇年丧

---

〔1〕此文发表于《海军杂志》。

失两驱逐舰，现时则有驱逐舰十二艘，巡洋舰七十五艘（仅装单排炮之三等炮舰），扫雷艇七十五艘，它的小舰艇不只二百五十艘。当时海军员兵总计四万一千人，并在激增中。加拿大造船业虽在困难之中，仍能建造一大队驱逐舰，其中包括大型驱逐舰及小巡洋舰，现在已有军舰五百艘，加拿大政府可与美国海空军合作，共同作战于北太平洋，它的海军大部分用于大西洋之护航工作，这种工作现有三分之一归它负责。

新西兰海军，从创立到了现在，它自己并没有航洋舰队，一九二五年以来，系借用巡洋舰"阿支路士"号及"朗德"号，其费用完全由自己负担。一九四一年英领新西兰海军权限之变动，当时对于作战并不影响，惟可能增加新西兰的责任于将来，此事实现之后，当立使新西兰海军自负其责任，它的对外政策必然增加对英国的关系，此后惟有继续其政策，可获得英国海军合作的充分利益。

印度海军有一队坚强的小巡洋舰与防潜艇，特别建造以供热带地方的任务。追溯一六一二年时，东印度公司创立海军以镇压海上的劫掠行为，曾与意大利在东非洲及红海作战，建立伟大功业，当时已经利用护航及巡逻工作于红海与波斯湾方面，待至日本势力出现于印度洋时，印度海军的责任亦跟着增加。

荷兰海军好像英国海军，它的建造与组织为了适应世界的任务。在过去许多年，它的大部舰队是驻泊于东印度群岛，仅留一部于本国，另有一小队驻防于荷属西印度群岛。它的军舰有精密设计与建造，它的人员亦经特殊训练，在本国建造的潜水艇，常单独远航于东印度群岛，其中有几艘在热带中能作深潜的航行，创立了新记录。

当荷兰被侵占时，在本国的海军，有巡洋舰"苏门答腊"号，驱逐舰"梵格林"号，炮舰三艘，小巡洋舰一艘，鱼雷艇六艘与补助舰几艘。在强力守卫国土之后，丧失了"梵格林"号与炮舰，其余舰只均开往英国，经改编后，在荷兰海军部管理之下，听英国的遣用。荷兰括网渔船均被征发为扫雷舰之用，它的快艇于敦刻尔克撤退时占极重要的部分，有一时期，英国极缺乏轻小舰艇，它的海军对于英国的协助，其价值实不可估计。

在荷兰被占的时候，它的舰艇有在建造中或已完成者，如八千二百五十吨巡洋舰二艘，三千三百五十吨巡洋舰一艘，驱逐舰四艘，潜水艇三艘，炮舰三艘，及鱼雷快艇十九艘。在此等军舰中巡洋舰"嘿谟斯给尔克"号，驱逐舰"伊萨阿克瑞厄斯"号均安抵英国；有一艘驱逐舰于一九四一年十二月曾参加地中海夜战，当时意大利有巡洋舰被击沉没，其余之舰则被毁于荷兰或被毁于敌人。

荷兰潜水艇亦曾使用于地中海，当一九四一年七月至九月之间，计沉没七千吨以至八千吨的运油船两艘，四千吨以至五千吨的供应船两艘，并其他船只两艘，其四艘潜水艇则均丧失。

于一九四一年十二月，在荷兰东印度群岛的荷兰海军力，计有巡洋舰"爪哇"号、"得赖忒"号及"特纶普"号，均属新造有用之舰。尚有驱逐舰七艘，潜水艇十九艘，炮术练习舰"梵金斯卑尔根"号，小巡洋舰二艘，布雷舰五艘，扫雷舰八艘，测量船，救济船及供应船四艘，鱼雷快艇多艘及荷属东印度税关勤务船二十七艘。在泗水有一良好根据地，其干船坞足以供应巡洋舰。在与日本作战初期，荷兰海军至少沉没巡洋舰两艘，驱逐舰两艘，潜水艇一艘，并运输舰及供应船十艘。于一九四二年二月二十七日守卫爪哇的海战[1]中，丧失巡洋舰"得赖忒"号及"爪哇"号，其潜水艇则早退于澳洲。

波兰海军有一小驱逐舰队，在战争开始时，大部分均遭毁灭，仅有驱逐舰三艘与潜水艇二艘，得到达英国。这次战争，波兰海军，占着重要地位，在著名潜水艇"奥西尔"号丧失之后，现以"索科尔"号代之。它亦有新舰，并在训练人员为供应波罗的海之用。

挪威海军有一小型舰队，约计六十艘，其中有鱼雷艇六艘，于一九四○年四月在德军进占挪威时，曾受重大的损失，但敌方所受的损失更大，总计八万吨，其中有重巡洋舰"布吕协"号沉没于奥斯陆。其后挪威海军照常服役于北海，其本国犬牙交错的海岸线实具有无上的价值，在其海岸的冒险工作中，鱼雷快艇斯"来普尼"号竟因此得名。其惟一重要的损失，为由英国海军部所转让的前美国驱逐舰"巴斯"号，于一九四一年秋间沉没。挪威全部海军员兵现有四千人，于一九四一年八月时仅有二千七百五十人。

希腊海军，于一九四○年计有巡洋舰一艘，驱逐舰十艘，鱼雷艇十三艘，及潜水艇六艘；其中损失可得而知的，计有驱逐舰二艘及鱼雷艇十艘。在德国侵入之后，希腊的被救军舰，并没有详细的记述。除在东地中海外，现时希腊军舰仍在服役于北海、大西洋、红海、波斯湾及孟加拉湾。

南斯拉夫海军，于一九四○年计有驱逐舰四艘，鱼雷艇八艘，潜水艇四艘并有辅助舰船多艘与稍旧河用低舷炮舰四艘。现今尚有那一种军舰仍握在南斯拉夫手中，尚未见其详情；惟有一艘旧潜水艇，在极困难情况之下逃脱，曾唤起许多人注意。

---

〔1〕1942 年 2 月 27 日，为阻止日军在爪哇登陆，同盟国派出荷兰海军少将卡莱尔·多尔曼率领一支舰艇编队与日本舰艇编队在爪哇海发生海战，双方战斗持续近 7 小时，结果荷兰轻巡洋舰"德鲁特"号（本文称"得赖忒"号）和"爪哇"号被击沉，英国损失 3 艘驱逐舰，重巡洋舰"埃克塞特"号受重创，荷兰海军少将多尔曼阵亡。日军有 5 艘运输船被击沉，1 艘驱逐舰受伤。

以上所述小海军国是与同盟国家有关系的，以下所述的则与轴心国有关系的。今先说芬兰海军，它计有海防舰两艘，潜水艇五艘及炮舰四艘。它的海军向来没有离开波罗的海。

丹麦海军计有旧式巡洋舰两艘，当作海防舰之用，鱼雷艇十七艘，潜水艇十二艘，并有辅助舰多艘。当德军侵入时，更声明不用其军舰，实际它曾取鱼雷艇八艘及所有潜水艇，作为练习之用，并取扫雷艇三艘。其余的丹麦海军现已留存并解除其武装，德人虽用全力使其依附，但只有一著名纳粹的丹麦海军军官勾结了德人。

罗马尼亚海军的实力很薄弱，可分为两部，一部服役于黑海，一部服役于多瑙河，它如无德国为之支持，断难与在黑海的苏联舰队为敌。

布加利亚海军，计有鱼雷快艇四艘及巡逻快艇两艘，在最近可能增加其实力。匈牙利海军只有多瑙河巡逻艇四艘。

在太平洋方面与轴心国有关系的小海军国，只有泰国海军，计有二千二百六十五吨的新海防舰两艘，一千吨的旧海防舰二艘，旧驱逐舰一艘，新鱼雷艇九艘，一百一十吨沿海用的新鱼雷艇三艘，三百七十吨的新潜水艇四艘，鱼雷快艇八艘，一千四百吨的新小巡洋舰两艘，并辅助舰船数艘。它的海军有没有参加这次战争未能决定，惟对于日本侵占马来亚时，可能给与日本很大的帮助，今后他的海军或亦可能使用于印度洋。

在中立国中的小海军国，计有瑞典、西班牙、葡萄牙及土耳其四国。瑞典海军在小海军国中，可算很精锐，它的实力似不可轻侮。它有巡洋航空母舰"哥德兰"号，计四千七百七十五吨，于一九三三年下水，装置六呎（吋）炮六门。此舰能装载飞机十二架，每架飞机搭载于一个进水吊运车，用以转置于射出机，这样，每隔两分钟能使飞机进水。有三艘海防舰，于一九一五年至一九一八年间下水，排水量各七千吨，装置十一吋炮四门，尚有五艘则于一九〇一年至一九〇五年间下水，排水量由三千四百吨以至四千三百二十吨，装置八·三吋炮二门，另有巡洋舰一艘，于一九〇五年下水，排水量四千七百吨，装置六吋炮八门。其大部分军舰曾经重行装备，尚有两艘八千吨的海防舰正在建造中。

它的驱逐舰队，计有大驱逐舰二艘，于一九四〇年下水；尚有四艘，排水量各一千零四十吨，于一九三五年至一九三八年间下水；另有四艘，排水量各一千吨，于一九二六年之一九三一年间下水。在一九四一年发生爆炸事，其中有一艘驱逐舰系一九三五年所造，另有两艘系一九三一年所造。瑞典海军尚有新鱼雷艇两艘，旧鱼雷艇八艘；它的潜水艇队自一九一七年至一九四〇年，陆续造成，排水量自四百吨以至六百七十吨，共计有六艘。这种舰艇虽分为航海与沿海两种型式，但其主旨则只供应波罗的海、喀德加特海峡及斯加基拉德海峡的任务。此外尚有飞机贮藏船一艘，计三千二百七十吨；一队鱼雷快艇六艘，沿岸鱼雷艇及巡逻艇二十五艘，并补助舰船多艘，包括破冰船二艘及扫雷舰九艘。

瑞典所有军舰，实际上均由自造，并有一设备完美的根据地与造船所，在卡尔斯喀琅那。其主要造船所是在业忒堡与马尔摩。瑞典为世界著名波福耳斯炮厂的所在，亦为波福耳斯高射炮及各种大炮的制造者。

西班牙海军是其过去隆盛时代的残物，十八世纪它在欧洲最优海军国中还居第四位，当时荷兰海军已见衰弱，俄国海军则很幼稚。晚近它有旧式战斗舰两艘，而因内乱沉没，今日最优秀的军舰，当为一万吨巡洋舰"加那利"号，完成于一九三五年，装置八吋炮八门。其次有七千四百七十五吨的轻巡洋舰三艘，完成于一九二五年至一九三一年间，装置六吋炮八门，更有两艘，其排水量为四千五百吨与四千八百五十吨，完成于一九二三年至一九二四年间，装置六吋炮六门。这六艘巡洋舰曾表现过它的实力，惟必须记忆的，其三艘七千余吨的巡洋舰，略似于英国旧"E"级巡洋舰。其中"绿宝石"号与"大胆"号均属残存的，它的战斗力并不像英舰那样强，它的较小的两艘巡洋舰，则与现时英国旧"G"级巡洋舰同型。

西班牙仅有驱逐舰队为较优，计有驱逐舰十八艘，于一九二二年至一九三三年间下水，更有两艘在建造中，旧鱼雷艇六艘，稍旧潜水艇六艘，并有三艘在建造中，约有十艘小巡洋舰及布雷舰已经建造或在建造中，并有各种辅助舰船。

由海军立场观察西班牙的位置，拥有两面海岸线；论它的属岛较之的海军更为重要。在十八世纪与十九世纪的时候，它在大西洋与地中海的两海岸线和许多优越的港口，是与英国海军极有关系。当时贸易破坏舰，以加的斯、科蓝那、麦洛尔及比斯开湾各港口，或以喀太基那及在各海峡内的小港口，向英商勒取重税。同样，法国海军及其私掠船，亦利用上述各港口，故在当时为最危险，犹如轴心国海军利用上述港口，在今日为最危险。若论空军，更大增加西班牙海岸线的价值，因为长程轰炸机若在奥忒加尔角与非尼斯特角之间为根据地，当与英国西面进路一大威胁。整个大西洋及比斯开湾沿岸，连加的斯在内，能为敌方潜水艇利用。其在直布罗陀海峡之内，敌方潜水艇与由大陆及巴利阿利群岛的敌机，在理想上可能利用西地中海，实际则极罕见。

在西班牙所属之直布罗陀海峡外，有加那列群岛，它的散布的范围，自东及西约逾三百浬，有海港圣大克卢兹，首府腾涅立夫位在葡属马得拉群岛之南约二百六十浬；在它的极东之岛，距西非海岸不过七十五浬。这些要地，实际均位在主要南大西洋的贸易焦点，那里通往普雷特河与好望角的航路，是连接于向本国的路程。这种标准路线在战时并非固定，惟是各岛在战略上是具有极大的价值。

于葡萄牙又可见往日大部海军的遗迹，即于一五八八年，西班牙舰队由里斯本出发，当在退加斯河口之北，还能望见卡斯喀斯港，此港于一五八九年曾为德类克舰队所毁。在卡斯喀斯与里斯本间的培尔寺院，实为闻名世界的葡萄牙航海家发斯科得加马[1]安葬的场所。

现时葡萄牙海军，计有驱逐舰七艘，潜水艇三艘，小巡洋舰七艘，此外尚有少数辅助舰船及炮舰三艘，担任殖民地的任务。查其实力并不十分精锐，它的战略地位与它的海军力很不平衡，在葡萄牙大陆有里斯本极优的海港，位于退加斯河口，供应极便，可作为一防护碇泊所。通过加的斯狭道，进入一广大陆地包围的内湖，里斯本港即在它的西侧，并有设备良好的埠头与起重机，使处理商品敏捷而便利。英国海军利用里斯的为根据地，在过去有许多次，其最著（名）的为在克伦威尔对西班牙之战，对西班牙连续的战争，七年的战争，及与拿破仑之战。于一八〇七年，葡萄牙王族与其海军在英国保护之下，由里斯本撤退至于里约热内卢，正当元帅举诺率队入城之时。当半岛战争时，里斯本复被用作英港，由海上运来的供应品均路径里斯本，以助惠灵吞军队保护托累斯未德拉斯阵线。

里斯本除具有海港的真正价值外，对于大西洋及地中海实占一极优越的战略地位；其位置在好望角的侧面，当由英国至南美贸易线的冲途，离直布罗陀在三百五十浬以内。

葡萄牙属岛，在亚速尔群岛，位在里斯本之西一千浬；马得拉群岛位在其西南约五百五十浬，威德角亦位在其西南约二千浬。这样使葡萄牙大陆与其属岛（包括马得拉群岛），形成一个三角形势，掩护至于地中海之西路与侧卫非洲的西岸。马得拉岛纵非三角形中的一点，惟以位在内面最长一边的中途，故极重要；非仅以其近在南美与南非贸易线的焦点，且因其距离西班牙所属加那利群岛仅有二百五十浬。同样，威德角岛亦有两种重要性：第一，因它的位置正在南美贸易线；第二，因它的距离法属西非达卡尔

---

〔1〕即葡萄牙航海家、探险家瓦斯科·达·伽马（Vasco da Gama），他曾三次到印度，开辟了从欧洲绕好望角到印度的航线。

只有四百浬。最重要的当属亚速尔群岛，因它的位置是在各要点的中心。然各岛的位置均在通过西欧及加勒比海间与南美及南非间所有贸易线的最适宜的攻击距离之内，且亦接近纽约与直布罗陀的直达航线，可作为小水面军舰，潜水艇及飞机的根据地，故属于葡萄牙所有的岛屿都很重要。

土耳其的位置是在黑海与地中海的连接处，它的战略地位上的重要性，实超过它的海军力所有的比例，因此造成其巩固的地位。因有英美为它的后盾，得使它阻止轴心国军舰通过博斯普鲁斯海峡。

土耳其舰队的实力有限，它的最优秀的军舰"雅发兹"号（系前德国战斗巡洋舰"哥本"号）于一九一一年下水；四艘由意大利建造的驱逐舰，计排水量各一千二百吨，于一九三一年下水。最后由英国让与土耳其的，有一千三百六十吨的希罗型驱逐舰四艘，并有两艘布雷舰则于一九三九年开始建造。有六百九十吨的潜水艇四艘，是在英国建造，现已交货；还有潜水艇四艘，于一九三九年在德国建造；一艘潜水艇于一九三二年在西班牙建造，嗣复将它出售；有两艘潜水艇于一九三一年在意大利建造，另有两艘于一九二七年在荷兰建造。此外有三千五百吨旧巡洋舰两艘，于一九〇三年下水，并有较小军舰若干艘，其中有炮舰两艘与布雷舰四艘。有一艘布雷舰为自一八八六年以来海军之一件奇绩，系格拉斯哥造船厂的贡献。

南美各国在战略地位上实至为重要，联合国家对轴心国海军，须防护南美中西两面的极长海岸线，在南美近海八国中，仅有巴西、阿根廷及智利三国海军略具价值。

巴西有一万九千二百吨的战斗舰两艘，于一九〇八年至一九〇九年间下水，装置十二吋炮十二门，并有极小的旧巡洋舰两艘。它的驱逐舰队有新驱逐舰九艘，全由巴西建造，其中六艘由英国设计，三艘由美国设计并用其材料。还有旧鱼雷艇七艘，另有由意大利设计的潜水艇四艘，其中三艘建造于一九三七年，此外还有极有用的辅助舰艇多艘。

观巴西拥有很长而有价值的海岸线并有价值的海上贸易线，以此论它的海军力则过于薄弱；至其海军人员，则由白人、北美洲土人及黑人混合而成，故更加它的许多困难。

阿根廷海军，有战斗舰两艘，于一九一一年下水，计排水量各二万七千七百吨，装置十二吋炮十二门；其次由英国建造的轻巡洋舰一艘，于一九三七下水，计排水量七千五百吨，装备六吋炮九门；由意大利建造的轻巡洋舰两艘，于一九二九年下水，计排水量各六千八百吨，装置七·五吋炮六门。它的驱逐舰还算强大，有由英国建造格累豪恩德型的驱逐舰六艘，于一九三七年下水；由西班牙建造的大驱逐舰五艘，则于一九二三年至一九二九年间下水。还有由意大利建造曾经精密设计的潜水艇三艘，于一九三一年至一九三二年间下水。它的海军航空队，据称亦有相当力量。一位美国作者，曾指出阿根廷虽由各国建造许多军舰，但因此使它的海军人员学习各种机械，感觉发生困难。

智利海军有几艘旧式军舰，惟有新式驱逐舰一小队。它的海军曾协助英国海军担任工作，有若干官员曾受过英国海军机关的指导。

智利海军舰队，以战斗舰"阿尔密朗提拉托里"号列于首位，于一九一三年下水，计排水量二万八千吨，装置十四吋炮十门。有巡洋舰三艘，于一八九三年至一八九八年间下水，其排水量，有一艘计七千八百吨，装置六吋炮十门，另两艘各计三千四百四十吨。其中一艘装置六吋炮四门，其另一艘装置六吋炮十门。智利驱逐舰队有一千吨驱逐舰六艘，于一九二八年下水；并有一九一三年之旧驱逐舰两艘。此外还有大潜水艇二艘，于一九二八年下水，计排水量一千四百吨，另有极小潜水艇六艘与旧潜水艇一艘，则于一九一五年下水。

苏联海军新论[1]

（1944 年 8 月）

在欧洲第二战场和太平洋战争进展之中，苏联对德攻势极为顺利，纳粹寇军在东战场和南战场节节败退，因此，苏联北自北极海、波罗的海，南至黑海，不久将恢复其战前的地位。若论远东方面，它的海军状态虽极单纯，但它所站的地位亦极重要，所以我不能忽视，应加以研究。

苏联拥有几千浬的海岸线，须依赖海上贸易，惟是，它最感困难的为开一出海之路，能够通达于世界各大洋，免受人力和天然力的限制。

彼得大帝为创立俄国海军的基础，设置海军于波罗的海。在先他曾到英国得特福造船所，当一个造船匠，故得直接学习造舰的技能并研究怎样建设本国的海军。在当初俄舰仅能开到大西洋，到了回国的时候，还须婉曲征求控制厄勒海峡、大贝尔海峡、小贝尔海峡、卡脱加得海峡和斯喀基尔拉克海峡的各个海军国的同意，许它通过。在十八世纪，俄国不顾丹麦与瑞典的海权，建设它在波罗的海的势力，但还不够与波罗的海以内各国的联合力量对抗。在波罗的海的一部海面，到了冬季则结冰，因此闭塞许多北方海港和沿海水道。波罗的海的海权虽然关系俄国的生存，但俄国的出海问题，从未见过解决。

帝俄要建立它的黑海海权，是在十八世纪末的时候，其在黑海的形势与在波罗的海的相似。除经土耳其的许可得通过马尔马拉和他大尼海峡外，并无其他出口。

其次为白海，有摩尔曼斯克不冻港，旧港亚尔干日尔到了严冬的时候则满布浮冰。这里有两种弱点：第一，其在欧洲普通贸易上所处的地位是过于偏僻；第二，对内的交通又很缺乏。俄国在北极洋的海岸线超过三千浬，它的位置是过于辽远，气候则过于严寒，

---

〔1〕此文发表于《海军杂志》。

惟富有战略的价值。通过白令海，连接于太平洋，在夏季能使供应品，由美洲直达摩尔曼斯克，惟沿北极洋海岸，极少中途的港口，也没有铁路的交通。

在太平洋的形势也是一样，除海参崴外，有一个不冻港能够接近于铁路线的；实际上海参崴和太平洋的交通为日本本部和朝鲜半岛所阻，于最近几年来，因开通了许多运河，才减少俄国海上的困难。斯达林运河完成于一九三四年，贯通白海与波罗的海；摩斯克发——伏尔加运河完成于一九三七年，贯通波罗的海与里海，流注于伏尔加盆地。还有伏尔加——顿河运河仍在开辟中，在使黑海与波罗的海贯通。所有运河可相信能够使用小舰，使它能由此海以达那个海面。在太平洋欲免受冰雾和日本的障碍，所有物品均须依赖由海参崴至于俄罗斯之横断西伯利亚的铁路与其所延长的铁路。鄂霍次克、提基尔与百特罗波罗夫斯克各港，在此次大战之前并不见什么重要，惟在今日太平洋战争中，可作照军航空站及海军的临时据点，在战略上反觉其重要性。

帝俄海军创建于彼得大帝，从未成为一充分的战斗力量，其一部原因固由于地理和气候的障碍，另一种原因，则由于专制政治的无能。在当初俄国海军官员多系英人，撒母耳边沁为哲学家泽勒密的兄弟，他的职位为海军造船技师与轮机将官，竟获得爵士与上将等级的待遇。当时英人的经验虽少令人满意，但包围于俄国海军事业的周围，显见一种神秘的空气。斯的芬暹特爵士曾注意及此，当一七七四年，他欲参观圣彼得堡海军造船厂，求其许可极为不易；惟在当日别的国家遇有重要参观人员，须经外交官的证明得准其参观。

克里米之战，俄国海军看重于防御，惟其同时布雷于波罗的海，实显示在此特殊战区的海军比较他国为优。于一九○四年至一九○五年间的日俄战争，俄国海军大败，其一部原因由于波罗的海舰队和太平洋海军合作的困难，而它失败的主因则完全由于缺乏战斗能力与士气，归原于没有适当指挥作战的上级将官。在前次世界大战，它所处的情况仍感困难，经过一九一七年的革命，世人几认为俄国海军完全已届末期。

在这次大战之前，俄国已有其精锐军用机械。陆军，空军和它的战时工业。惊动于世界。其次为俄国一九一七年三月之革命与其后十月之共产革命，其成功多得力于海军。经过十九世纪，自第卡布里斯特以降，俄国水兵首先从事革命运动，于此吾人得深知苏联海军员兵之在今日，可视为苏维埃政体的创造者与保护者，这即是苏联海军获得威名的特殊理由和它所具功能的程度。

这次大战中，批评俄国海军的战略，非只限于它的计划和实施，而对于红军的成就，认为会尽到更大的助力。在黑海方面，能够阻止敌人由海上侵入高加索，曾获很好的效果。同时对于敌方自布加利亚和罗马尼亚沿岸的交通能予以严重的打击；且能自由护送大量石油由高加索至土耳其。因为罗马尼亚没有强大的多瑙河和沿海岸的舰队，布加利亚的海军力也很薄弱，故得减轻俄国海军在黑海的重大负担，这种事实是为大众所承认的。

当时，由于土耳其的严守中立，使德意军舰均不能由爱琴海通过海峡；惟是它的驳船和鱼雷艇可无疑的获得活动于多瑙河，或在多瑙河内港从事建造。苏联的傲德萨，尼科来伊夫，和塞巴斯托波尔各重要战略地点，虽一度沦陷于敌手；但苏联舰队仍获非常的成就，它非仅保持着黑海的控制权，且能抗拒由敌区经常的来袭的飞机。

当德军占领拍里科普半岛，于一九四一年侵入克里米时候，观赛巴斯托波尔的情势似将立即陷落；惟勇敢将士坚守此港已逾一年，这样，使苏联舰队得继续利用此港为一小型舰队根据地。同时苏联舰队得与红军在赛巴斯托波尔沿岸和亚速海力求合作，以攻击德军的背后。当在最恶劣战况之下，虽屡传苏联舰队已商议寄留于土耳其领海，惟苏联舰队未见有崩溃的现象。即让当时丧失了塞巴斯托波尔港，但在高加索海岸还有诺佛罗西斯克可作舰队根据地，即在此港之东，至少还有五处海军站，由这里活动的潜水艇可阻碍在黑海的敌方交通。再东为巴统军港，这为苏联黑海舰队的最后根据地，由此可能与敌人作战。大战至于次年，塞巴斯托波尔和诺佛罗西斯克两港始陷于敌手。因此，使红军左翼得获安全，除沿海岸外，并能阻止所有敌方军队由海上活动，故苏联海军对于俄罗斯最后的胜利实有极大的贡献。苟苏联海军有一日在着活动，则敌人由海上侵入高加索是不可能。查当时罗马尼亚商船队计有商船四十艘，平均排水量三千吨，不是被击沉没，即被迫隐匿港内，即地方运输军队和供应品开往傲德萨的沿岸航路，亦常被攻击或遭遇水雷。

关于围绕塞巴斯托波尔的海陆军联合作战，其情况之佳好像在波罗的海和摩尔曼斯克沿岸。吾人常闻苏联海军联队作战于岸上，事实上这种特殊的海军联队与陆战队相似，它的训练好像海军的水手和陆军的士兵，以供用于沿岸作战。因为俄罗斯有特殊地势，适用俄罗斯海军战略，沿岸作战是不能避免，故以大部分的人力应用于这方面的，实无可惊异。事实上苏联海军联队有它的可堪注意的历史，但于苏维埃政府的改革则无意义。

红旗波罗的海舰队，除限于防御战外，别无所知。它曾抗拒德国海军的压迫，它对于自身的利益亦善为打算，它先困阻德军向里加前进，并阻止敌人由海路向达哥及阿塞尔两岛登陆，以掩护里加湾。当一九四一年秋间，红军向列宁格勒退却的时候，苏联舰队的情况似极危险。因与芬兰为敌，实际上无异被封锁于芬兰湾之内，而它的舰船和它的根据地在于喀琅斯塔得，是在德国海岸飞机近程之内。无论如何，苏联因有海空军的联防，使德军从未由此攻入其本土；惟有一次德主力舰替尔匹次号，利用浓密烟幕，向芬兰湾偷袭，但即急行退出。还有一事应加考虑的，即敌人可利用其大量海岸飞机组成伞兵队。在活动的德国巨舰，驱逐舰和扫雷舰，均有坚强的防护。苏联舰队虽处于狭隘的作战范围，但它已握有制先之权，常由海上击毁德方海岸阵地。它的海军联队登队（陆）攻击敌军的背后，实予列宁格勒保卫战以不少的帮助；尤以阻碍德军与芬兰军在芬兰湾的任何有效合作为最得力，迫使围攻列宁格勒的敌军须与苏联舰队对抗，因此苏联舰队得继续攻击其侧翼与其背面。

经过冬季猛烈的战斗，苏联海军退出汉哥根据地，当时冻结的芬兰湾，非仅不能使苏联军舰活动，且易为德国飞机的牺牲品。最高明的他们并没有把它的舰队完全置于战区之外，且用其前人所遗传的水雷政策；观今日苏联舰队的利用水雷和破冰船，好像使用潜水艇一样，除了它的空军和海军飞机外，其足威胁德国军舰而使它畏避的，则为苏联的潜水艇和水雷。另一方面，苏联海军至少有破冰船二十艘，使它的军舰得自由活动，并能应付种种的困难。此外，有关苏联海军活动的范围，因严守秘密，故难说明。

在北极地方，苏联虽曾受德芬两国海陆联合的压力，但它的舰队仍能握着制海权。德国的目的在于夺取摩尔曼克和可拉今岛，推进至于白海的亚尔干日尔；但它的企图已完全失败。苏联非仅能□退各方的攻击，且对敌方军舰和运输船之经过挪威海岸或潜伏于峡江的，令受严重的损失。德方虽有海陆内线交通的便利和海岸飞机的协助，但对在摩尔曼斯克战区军队的供应，已深感困难。在同盟国方面，当时对于输送苏联的供应品，虽受重大的损失，因在海上有更多的路线，故从一九四一年冬季到了一九四三年之间，得继续装运供应品到达苏联。当时最不利于苏联的则为失了摩尔曼斯克和亚尔干日尔两港交通的便利，且两港为木材交易要地。其次则为芬兰军盘踞于呵尼牙湖之南北，斯达林运河为之切断。反之，即让芬兰再切断自摩尔曼斯克至列宁格勒的直接交通线，苏联还有建筑一环线铁路，自摩尔曼斯克绕白海南岸，可保持铁路和内地的交通。

在太平洋，苏联海军的地位乃在朦胧的区域。它的太平洋舰队，据说有潜艇七十艘，并有巨额鱼雷艇做它的后援。海参崴为它的最大根据地，设有许多空军和海军站在于鄂霍次克海，分置于堪察加半岛的两旁。在这区域，冬间非仅满布集块浮冰，且系长□雾季，故使航海者极感困难。此地，在战略上有很大价值，因亚洲与美洲两大陆间仅隔一白令海峡，相距只有四十九浬；在其南面为白令海，自阿拉斯加大陆延伸至于阿留地安群岛，而至于堪察加，绕着白令海成一半圆形。在堪察加半岛的南端，则与日属千岛群岛的最北部接近，此等岛屿在地理上为形成日本岛国的一部。故苏联，日本和美国。实际上是在这朦胧区域接壤，而这区域之在今日实为重要地方，最不幸的在太平洋或在北极区地图上，不能明白评定其地位的真正价值。有利益关系者，必须研究地球形势，即可看出西雅图和温哥华将如何接近于摩尔曼斯克，并能明白其与海参崴的距离。这种发现可立即指示其利益所在，即现时取道苏联开辟的北极海道。于一九四〇年，有运货船一百艘和破冰船十三艘使用于这小道，并得六十个测量候所无线电台与长程水陆两用侦察机的协助。北极苔原，在冬季则冻结六尺以至八尺的深度，夏季则遍地泥泞，飞机场与铁路均不能建设，即道路亦很难建筑，于此可见在各河口均缺乏发达的小港。由于北海道中央局努力的结果，于一九三九年，得由阿那的尔湾（白令海峡的西南）回航至于摩尔曼斯克，这次航行为期不过一季。自发觉这单程的航行，在一季节，可由西雅图至于亚尔干日尔或摩尔曼斯克；假定取道海参崴之交通线被日本封锁时，可改由此道航行，日本之欲夺取西部阿留地安群岛，其志在切断通于苏联的北极海道，并用以威胁阿拉斯加。

许久未见有人论述苏联海军的组织，其最大原因是没有人能够知道它的实况。苏联有世界最旧的战斗舰"俄克梯亚布顿亚"号，于一八七三年下水；还有战斗舰三艘，于一九一一年下水，一九四一年就役。其中有一艘名"马拉特"号，于一九三七年在斯匹特赫德参加过英皇加冕典礼。在苏联海军中所最感困难的，为它的造船所须分设于波罗的海和黑海两处，这种困难能影响它的海军的训练和组织以至于作战。

苏联海军仅有战斗舰三艘在于服役，即"巴黎喀耶科孟那"号、"马拉特"号和"十月革命"号，均于一九一一年下水，排水量各二万三千吨，各装十二吋炮十二门。此等战斗舰系无畏舰创造者邱尼柏提所设计，惟后来船首配有破冰设备，并大加修理改装，现除苏联外没有一人能知其实况。"第三国际"号为一艘新战斗舰，计排水量三万五千吨，装备十五吋炮九门，于一九三九年在列宁格勒着手建造。"克拉斯诺耶次那密雅"号为一航空母舰，计排水量一万二千吨，装载飞机四十架，后一九三九年在列宁格勒着手建造；依照德方报告，此舰于一九四一年六月大战开始时，即已服役于波罗的海。它的姊妹舰"伏洛希诺夫"号，于一九四〇年开始建造。还有一艘巡洋舰，于一九一四年开始建造，随即停工，等到一九二九年，经重新设计，改为航空母舰，于一九三九年完工，此舰即"斯达林"号，计排水量九千吨，装载飞机二十架。

苏联巡洋舰的力量极为薄弱，有六千吨以至七千吨的巡洋舰两艘，于一九一五年下水，于一九二四——二五年间完成，于一九四一年六月就役。有八千吨巡洋舰一艘，于一九一六年下水。还有"基罗夫"级新舰四艘，其中两艘，计排水量八千八百吨，装配七·二吋炮九门，速度三十四浬，于一九三七年及一九三九年先后完成，其余两艘仍在建造中或已完成。

除自一九〇〇年至一九〇五年之几艘旧巡洋舰外，以上所述的乃苏联巡洋舰的全部。至于驱逐舰状况，所述特异，首推□"列宁革勒"级的鱼雷巡洋舰，为异型杂种舰，计排水量二千九百吨，装备五·一吋炮五门，二十一吋鱼雷发射管六门，速度三十六浬。另有一艘，它的设计与前者稍异，装备一额外之炮，有鱼雷发射管九门，可信它的速度自三十九浬以至四十四浬。各舰均有鱼雷装置，第一艘已于一九三五年下水，若依德方计算，有五艘已于一九四一年就役，其属于正式驱逐舰，为斯特勒替尼级，自一九二六年来，系一批下水，有一部完成；其排水量计一千八百吨，装备五·一吋炮四门，速度三十七浬。当俄德开战时，在设计中的三十六艘驱逐舰，约有十艘已就役。除此类驱逐舰外，有许多旧舰或已完全作废，查自一九一〇年至一九一八年间，有若干艘旧舰虽经改造，惟其结果实难想像。于一九四〇年，总计鱼雷艇约有二十艘，其下水时期在于一九三二年至一九三九年之间，计排水量七百吨，其速度自二十五浬以至三十一浬。苏联的鱼雷快艇和汽艇的实力很强，至少一百五十艘，其排水量自六吨以至三十五吨，其最高速度为四十二浬。

苏联潜水艇的状况，知者很少；惟在一九四〇年，即有一百七十艘，再加三十艘在建造中。除旧式潜水艇外，属于"马罗狄克"级者约有五十艘，于一九二八年——三〇年下水，计排水量二百吨；其属于楚加级者有四十六艘，于一九三五——三八年下水，计排水量六百五十吨；其属于"乙"级者有二十六艘，于一九二九——三五年下水，计排水量九百吨；其属于"维科丙尼兹"级者有九艘，于一九三一年下水，计排水量九百五十吨；其属于"加里巴尔狄兹"级者有八艘，于一九三三——三五年下水，计排水量一千吨；其属于"那里蒙"级者有十艘，于一九三七年下水，计排水量一千零八十吨，据报有极高的水面速度，其属于"普刺夫达"级者约有三十艘，于一九三六年下水，计排水量一千二百吨。苏联海军亦有大量的巡逻舰、炮舰、布雷舰、扫雷舰、练习舰和破冰船。其布雷舰大部均属旧式，惟有若干的巡逻舰和布雷舰则均属最新式。

通观苏联海军一览表，立即感觉苏联建设海军曾依赖外人，尤以借重于意大利的设计师和工程师与较少数的外国造船家。一九三五以来，有许多军舰虽建造于本国，惟仍重视意大利的设计，尤以驱逐舰和潜水艇注重意人设计。到了这次大战，苏联完全由自己造舰，在列宁格勒和黑海均有造船所，在尼科来伊夫有很大的船厂。据詹斯军舰大观，计苏联有各种新式军舰一百十二艘完成于一九三九年，有一百六十八艘完成于一九四〇年。以下所列之表，为在一九四一年六月大战初起时，苏联海军分布各处的概况；即在德军开始侵略战之后三天，由德海军中将普费斐披露出来。在方形括号内的数字，表示一九四一年詹斯军舰大观所增加的数字，于一九四二年五月发表。

战斗舰"马拉特"号与"十月革命"号于一九四一年秋间受德方飞机的猛炸，受严重的损害。

在里海方面可信的炮舰五艘，惟其损失和所增加之数，无从可知。

苏联海军的实力：

舰种		北极海	波罗的海	黑海	远东
战斗舰		——	二 A	一 B	
航空母舰		——	——	一	
重巡洋舰		——	二	一（旧）	
轻巡洋舰（旧舰）		——	一	三	
鱼雷巡洋舰		——	二	三	
驱逐舰	新舰	两海合计　九		一	
	旧舰	两海合计　一二		五	
鱼雷艇		——	一五	二	
鱼雷快艇		——	六〇	三〇	[五〇]
潜水艇（单指新造）		两海合计　七三		三〇	五八 [七〇]

附注：A "马拉特"号与"十月革命"号
　　　B "巴黎喀耶科孟那"号

论英国海军之空军[1]

（1944 年 9 月）

一、航空对于英国海军战略之影响

英国海军在过去几世纪，所造成的辉煌战绩，已经获得了一种光荣的徽号：皇家海军就是 "英国的唯一防楯"。这种徽号并未因为飞机的进步而减低其价值。到了今日远没有人敢断言，假若一旦英国的空军和英国的陆军都打败了，结果究竟怎样？但是任何人都能断言，假若英国的海军打败了的话，那么那个战争必定是失败的，故海军实占英国国防最重要的地位。盖英国海军的败北，即无异英国的整个失败。吾人深感着英国自几世纪前，成立一个独立国家后，所有参加过的战争，海军始终是尽了最大的任务，而且是占着极重要的地位。因为这种传统的精神，事实上海军的地位在英国国防军中就占着首要的地位。

飞机并未将海军的崇高地位换掉，飞机却是把海军的工作增繁了，同时也简单化了。今日海军舰只作战，除了应付海上的攻击并且还要对付空中的爆炸，所以它的工作是繁难多了。海军原为保护商船的安全，以免被袭者；但其本身又须避免炸弹，炮弹及鱼雷的攻击。在另一方面海军的监视区域，因为有飞机的侦察，面积增加得极大，所以海军的工作又简单化了。

英国海军的机能并不是全部用在防守的，英国海军除护卫本国不致陷于被封锁，同时还有力量向外发展去封锁敌人。查战时英国海军的战略任务，可概分之为三大部：

一、保护世界的各海洋贸易航线。

---

〔1〕此文发表于《海军杂志》。

二、封锁敌境之各海港及海岸。

三、击败敌人的舰队。

因欲达成此种战略任务，故英国海军在战时，必须昼夜从事此项的戒备工作，而附属其海军的空军则在辅助海军担任海上作战和警戒的工作。

二、英国海军航空队之发展

海军仅只顾虑到水面的作战时代已经过去，现代海军的作战领域已经立体化了。

英国海军为应付立体的战争，设有海军航空队，完全由海军部管理，于一九三九年五月二十四日起即独立存在，将所有属于航空母舰或其他军舰上面的飞机管理权，一律归其掌握。

英国海军航空队，并不专任水上的独立航空战斗，犹如英国皇家空军在陆上一样，而是属于海军空军的整个部分。其任务在辅助海军其他各兵种担任海上的作战与警戒。其作业与英皇家空军所属主要担任水面勤务的飞机，和海岸空军管区的工作完全不同，因该项勤务基本实属于陆地防御范围的。

因为海军航空队完是属于海军的统辖，所以各项人员的需要，也和英皇家空军所有的技工、机械士、无线电报务员、驾驶员、观测员和航空射击员等。而海军航空队与英皇家空军的惟一关系，只在海军方面所需要的特种飞机，英皇家空军应予以源源的补充，同时并须负责海军航空队驾驶员的初步训练，虽然这种训练的完成，全在海军航空队的本身训练学校和岸上的教育机关执行。

三、英国海军空军军官士兵之任务及组织

英国海军之航空员，非出身于海军战斗部，即属于海军陆战队受过完全训练的军官，就中亦有加入海军服役特别的造成驾驶员的短期服役军官，或为调选合格的海军士兵。至飞行兵科的海军士兵，则分为航空准尉官、一等航空兵、海军一等及二等航空兵与幼年一等及二等航空兵等级。

军官亦有配用于海军航空队，担任观测员及工程师。军官观测员或属于短期服役的军官，或为长期服役的军官而转役于战斗部者。工程军官则自海军工程兵科调充者。海

军士兵亦有担任观测员及航空射击员，而射击员亦能驾驶海军航空队的飞机，不单只在充当枪炮手，同时并可担任无线电报务员。

观测员的主要任务在驾驶飞机，须具有极高技能，因飞机常在距其母舰甚远之处执行任务，彼必须航行得法，俾能不致与其母舰失去联络，即远航亦能归舰。

舰队飞机的保持和修理，由各种等级的熟练机械士担任之。此种人又属于海军，其他三种兵科，即航空技术兵科，航空整备兵科和航空机械兵科。航空机械兵科担任经常飞机的维持，特别注意引擎、骨架、装备及电气装置。一般维持及修作业则由其他二兵科人员担任之。航空技术兵科人员则有较繁重的机械知识和技能；航空技术人员，均自航空整备兵科中调选。

四、英国海军空军人员之训练

英国海军空军人员之训练，须经过初级训练、中级训练及高级训练三阶段。

初级训练，须学习海军纪律和办事手续，并学习通信和航海。经过一两个月后，始到学习飞行的阶段，并不派其上航空母舰，但遭送至英皇家空军飞行学校，学习普通飞行技术，俟其完全及格，获得飞行翼徽后为止。

到了更进一步的专门训练，此时则编入海军航空队的本身教育机关，学习海上飞机的操纵等，和如何在飞行甲板上起飞与降落。从此而后，则其飞行的记录，即将直接与其将来海军作业发生密切的关系。

操纵驾驶飞机在一陆地大飞机场上的起落，和在一航空母舰上的小飞行甲板，二者相较，十分不同。虽陆地的飞行专家，亦不堪直接在母队上一展其身手。第一，应先在飞机场画一与飞行甲板相等的面积，学习如何在此小面积内练习操纵。

等到其教练官认为满意，始行编入航空母舰在海中练习，由教官随伴教练。待其能单独在甲板起落之后，经过多次的单独着落，他就再试带着乘客，同时再行着落避免用拘捉线，又作携带鱼雷的着落。到了这个阶段，算是各种困难条件着落技术都完成了。

海军航空队驾驶员须有特种资格的要求，故当其受训为一甲板飞行员后，其任务的成就如何，须再作一简界的检讨，此点适用于平时受短期服役加委的航空员，但在战时或略有变动。

候补海军航空队驾驶员自任命后，即须受考选委员会的试验，合乎数字程度的标准，并经过严格的体格检验，除其他不计外，其腿的长度须与制式飞机的方向舵杆合式。当认为合格时，即委以少尉候补员或海军少尉的阶级。但开始受训时期，根本与实施飞行课程，毫无关系。

五、英国航空母舰之设计与性能

海面上的大部飞机，可说都是装载在航空母舰之上。初期的航空母舰多由其他军舰改装，但新航空母舰，完全利用已经改良之航空母舰所获得之经验，并为特殊目的而设计建造的，故凡初期所有的错误均已纠正改良。

新航空母舰具有一长而宽大的飞行甲板，格纳库[1]通常分配于两层甲板，并附设有修理场所。因注意防火设备，故设有隔壁及火门，将舱内分为若干节段，凡起火的部分，立即可以使其与未燃的部分隔绝。

因飞行甲板的伸张宽广，故为轰炸机的良好投弹目标，且为一极暴露的目标。故航空母舰必须装备极良的高射砲。例如航空母舰"皇家方舟"号，装有十六门四·五吋炮及八门较小之炮并有许多机关炮，以作防空之用，其防空火力之强，可见一般。惟该舰已于一九四一年十一月五日被德潜艇击沉[2]。自一九四二年珊瑚海与中途岛大海战之后，航空母舰之被击沉者累累，而以陆地为基地的空军实占极大的优势，故将来航空母舰的设计若没有改进，恐仍为一极暴露的目标。所罗门的胜利[3]，亦得力于有陆地领据的空军参加联合作战的关系。

航空母舰的设计，因欲使飞机上升置于飞行甲板上，且能于最少的延迟时间内起飞。故一切加油及维持工作，均在飞行甲板下的格纳库内部实施之，各飞机均装置折叠式的双翼，以便密集储存，因此英国所用的现代航空母舰，一次可装载六十架飞机出动。

---

〔1〕航空母舰上的格纳库是专门用于存储备用机体的仓库。

〔2〕"皇家方舟"号航空母舰建造于1938年11月，排水量2.8万吨，曾于1941年5月参加围歼德国"俾斯麦"号战列舰的战斗。1941年11月13日在距直布罗陀50海里处被德国U-81号潜艇发射的鱼雷击沉。

〔3〕1942年8月23日，日本航空母舰编队驶向所罗门群岛，从空中支援瓜达尔卡纳尔岛的登陆输送队，并派出牵制编队。24日，美国空中侦察飞机发现日本牵制编队，美国海军航空母舰大队出动舰载机击沉"龙骧"号，击伤水上飞机母舰"千岁"号。日本舰载机重创美国航空母舰"企业"号。25日晨，美国飞机从瓜岛起飞，击沉日本运输船2艘，击伤轻巡洋舰"神通"号。美国损失飞机20架。日本损失航空母舰1艘、飞机90架，被迫撤出战斗。

航空母舰的体积，从外表看似乎不易操纵，但她却为一种快速的军舰，其速度多数均超过三十浬。这种高速度的主要目的，在助使飞机的起落容易，而不至超出飞行甲板之外。同理航空母舰必须具备机动性能。高速度需要大马力的引擎，"皇家方舟"号的引擎推动力，总数为十万二千匹马力，机动性能则装配三个独立推进机达成之。

航空母舰在任何动作中，除其所载的飞机参加作战外，须与参加活动的其他舰艇保持一远距离。因航空母舰的速度较其他舰艇高出远甚，故这种必要的预防，对航空母舰的战斗威力并没有妨碍。

飞机由格纳库用升降机升起，这升降机的表面即为飞行甲板开口之处，在上升的位置，即与甲板密合，其实亦即构成甲板的部分。风楯则折倒与甲板平行，需要时亦可升起。在舰两侧并有网之装置，以免飞机坠入海中，万一飞机自飞行甲板滑出时，即可使之停止。

航空母舰之用起重机及射出机，其目的有二：第一若遇海面过于波涛汹涌时，因飞行甲板能继续不断使用。第二飞机在飞行甲板起飞较在水面所得的速度较大，且在战时，须迅速起飞若干架飞机至于空中，极为重要。

英国最新式的航空母舰，有飞机拘捉线的装置，于飞行甲板的前后两段均有之。其目的在使着落的飞机接触甲板时，即能将其拉住不动。飞机上所装之钩须先行放下，以便与拘捉线相接合，该线即横断的设于甲板之上，起飞时则平放于甲板上，着落时则升高几吋。这种线并非紧系横过甲板，惟使之稍松以免顿挫，俾飞机拖钩与之相钩时，仍有缓冲之力。此线的两端缠绕于水力动力机，俾能将飞机迅速静止。

六、英国海军飞机之种类与其任务

英国海军所用飞机的一般设计，均依其工作的情况而转移。因舰队飞机必须能在航空母舰上的短小飞行甲板上作业，故多数海军机多用双翼式。因有高速的单翼机，不能在这有限制的空间活动自如。新设计的单翼机已渐制成，在舰队中亦渐增加其数目，此机具有不漏水的机身，着落水面时不至下沉。

有一种黑河型"食肉鸥"式的单翼俯冲轰炸机，在其翼上有装置特种扑翅，遇俯冲轰炸投弹时最末的阶段，可发生缓冲作用，如是则可获得更精确的命中轰炸，因飞机如是可更接近目标再投掷炸弹。此机同时有封闭的驾驶座舱，其结构的强韧，却能支持俯冲拉出时的极度应变。

另有一种单翼机为黑河型"鸷"式机，其构造与前者相似，此机为双座战斗机，而有多门枪管动力转动的炮塔在驾驶舱之后，此机可自射出机起飞，亦可在航空母舰的飞行甲板上起飞。

尚有一种特殊的飞机，无需驾驶员，而仅藉无线电的操纵。属于"蜂后"式者，以作射击训练之用，在平时则作为活动靶之用。此种飞机用射出机使之起飞，因无线电操纵效能，极为准确，故该机能作普遍一切飞行动作，于完毕时并能安全降落于水面，此种操纵可远及数浬与高空中，同时在战时尚能担任攻势的工作。

海军航空队，不单是专在航空母舰于海岸航空站活动。即战斗舰、战斗巡洋舰及巡洋舰，亦携带飞机，利用射出机起飞。大多数这种舰只，通常只带两架飞机，有时格纳库即设于上层甲板，并有防护恶劣气候的设备。此种飞机为浮标的飞机或为飞船。海军航空队所用的飞船为超海式"瓦尔维斯型"，属于两栖类，即在水陆均可着落。

巡洋舰因有巡逻飞机之协助，使其所巡逻警戒的面积大为扩大。例如，在良好的视度情况之下，设敌舰距巡洋舰十五浬以内时，均可观测之，意即该巡洋舰可巡逻监视远达三十浬的正面宽。若仅用水面舰艇担任此同等的正面监视时，至少须有五艘横排之，亦能达到任务。

空中侦察，观测及轰炸均为海军航空兵队正常作业，即用一般的飞机，在航空母舰上出发完成之。侦察工作对于海上的舰队，极关重要，自飞机之使用普遍后，此种勤务已大增其警戒距离，与担任巡逻时所增加的距离一样。飞机并可侦测潜水艇的活动，甚至潜沉之舰亦可发现。若遭遇敌舰或舰队时，则侦察机可追踪之，并将其所变的航线报告，虽距其航空母舰视界之下，亦无妨碍。

海军航空队必要时亦须担任商船队的护航任务，在英国通常护航的空防工作，应由皇家空军海岸空军管区担任，但有时例如巡洋舰上的飞机亦须与其合作。

舰队飞机担任观测任务者，亦与陆空协同所用之观测弹着点的勤务相类，弹着观测飞机监视每次弹着点，设与目标相差过远，则报告应有的修正距离。因为海军的长射程巨炮，已使在水平视界下的敌舰，仍能发射命中，此时舰上的测距仪已无用处，而观测机的报告则极为重要。

海军航空队所担任的防御勤务，仅为其工作的一面。在攻击方面，亦参加作业，其所用的兵器，计有三种：即炸弹、鱼雷和机关枪。关于炸弹者即轰炸攻击，有两种方式可以实施：即一为高空投弹轰炸，一为俯冲投弹轰炸。高空轰炸由一般飞机担任之，但俯冲轰炸则须用特种设计的俯冲轰炸机行之。至于由空中用鱼雷攻击，亦须用特种鱼雷机实施之。所用鱼雷与潜水艇及水面舰艇所用者相同，但稍较小。当投掷鱼雷时，其飞机必须水平，因此必须在低空的目标飞行，故在此短期间为最危险，难免为敌舰炮火所伤。但这种攻击的方式极为有效，因同时可利用多数的飞机由数方向对目标集中攻击，致令敌舰失去机动逃避的企图，"威尔斯亲王"号及"利巴尔斯"号即受这种攻击方式而致沉没。

海军航空队所用的战斗机也很多，然其目的则为防御性质的，以阻止任何进击的敌机，如轰炸机、鱼雷机、观测机及侦察机欲接近舰队，执行其任务的有效程度时，均可驱逐之。

七、英皇家空军对海军之协助

在欧战初期，敌我双方并未作剧烈的轰炸攻击，除海上飞机及海军要港与航海中的船只为攻击的目标外，余均安然无恙，在此种工作开始时，海岸空军管区所处的地位则极为优越。其协助海军的重要任务，则为警戒不列颠的海岸，侦察敌岸的根据地，并与海军密切协同保卫海面及商船的往来。

其所用飞机的型式颇多，陆上机水上机均有之。水上机有一种飞船，如装置三座发动机的萧特型桑德兰式。但这种飞船并非属于海军航空队者，这种飞船每架值八万五千镑，重约二十五吨，乘员十人。该船每日经常工作所消耗的汽油量，足供普通汽车的半年需要。由直布罗陀到冰岛，由德国到斯堪的那维亚各沿岸，遭遇大西洋的飓风漩涡数百浬之内，都有其踪迹，保持毫不间断的警戒，这都是海岸空军管区的任务。此外对于海上救护，临检船舶和海上护航也是它重要的任务。

英皇家空军对于海军的协助，非仅限于以上所述，当敌强有力的空中活动对付与彼之基地接近的海军进攻时，则皇家空军，应采取有效的反攻活动，凡属可能，定与敌空军接火。因海舰军航空队，每不能专对敌有力的空军，故这种工作，尚须由皇家空军担任之。

中国国防政策与海军建设[1]

(1944 年 10 月)

一、中国国防政策

我们研究国父国防计划大纲[2]，首先的是"国防方针"。我们知道，国防方针是产生于国防思想，各国各有其国防思想，及因其环境的不同，而各有其国防方针。英国与美国不同，美国与苏联不同，推而至于德日各国亦各相异。三民主义为我国防思想的根源，国防方针，自须以此思想为依据，所以它是自卫的，不是侵略的。第一步应以"抵御各国侵略"（大纲第四十四项）及"收回一切丧失疆土及租借地、租界、割让地"（大纲第四十二项），使国家完全得到自由独立。

"国防政策"为实现国防方针的手段与方案，它是随时代环境而变更的，故大纲第二项定有"国防之方针与国防政策"。国防政策包括政治政策、经济政策、文化政策和军事政策。因为军事为国防上最重要的一环，所以政治、经济、文化诸部门均要和军事配合而并进。更就国防趋势看，军事在国防上，不论平时战时，皆居首位，即所谓"军事第一"。因为国防建设，是为准备战争，而军事力量又为综合战争的支柱，没有军事力量的撑持，则政治、经济、文化等亦将无从展布。

国父的国防计划，原拟假以十年的期间来完成其重要建设的，故大纲中定有"完成十年国防重要建设计划一览表"的第四十六一项，不过以科学落后、国防基础薄弱的我国，欲使其变为世界一等强国，则非十年所可奏效，于十年之后，还须继续努力建设。因为

---

〔1〕 此文发表于《海军杂志》。

〔2〕 据黄光学编《孙中山先生外编》（江西省文化运动委员会，一九四二年十月初版）所收《与廖仲恺论国防计划——民国十年七月八日》，应为《十年国防计划》。

世界各国的国防建设，有进无止，倘若我国国防建设自甘落后，那就无从保障国家的安全了。所以国父在大纲的第五项中又定有"制定永远国防政策"。

抗战建国纲领中已经指示"我国国防政策，基于民族主义，以达到巩固的国防，以维护中国的独立与世界和平为目的，绝不带丝毫侵略色彩，人不犯我，我不犯人，抵抗一切对我的侵略，以维护国家生存，并收回一切丧失疆土，以维护国家的权利"。这个纲领所规定的我国国防政策，是遵照国父的国防计划书纲目而规定的，我们必须有明确的认识。我们因为过去国防力量的薄弱，所以在这次抗战之初，未能迎头击破敌人，弄至整个海岸为敌封锁，半壁河山沦于夷狄。尤以我们国家的环境强邻逼处，海疆辽阔，更非积极从事于高度国防的建设不可。于此我要提出一说的，就是我国今后的国防建设，应以发展陆军或海军或空军为主体呢？过去有人主张取"陆主海从"政策，也有人主张采取"海主陆从"政策，也有人主张"救国只要空军"。我以为这些主张，都是各执一见，不能适合我国的情势。我的主张，今后中国的国防，应采取"海陆空并重"政策。因为中国有一千一百十七万三千五百五十八方公里的土地，必须建设有庞大的陆军，准备击破敌人于国境之外；又有八千五百海里的海岸线（岛屿在内），亦须以列强海岸为标准，建设强有力的海岸，准备击破敌舰队于领海之外；空军为最新锐的兵种，又为海陆军不可少的助手，亦须建设优势的空军，准备击灭敌机队于领空之外。我国具有一个海陆天然形势的国家，要想达到健全国防的地位，海陆空军三种军备，没有一种可以漠视，或是可以落后的。我们今后的国策应永远以国防准备充实建设为要件。总裁说过："没有国防，即没有国家"，又说："建国必须达到国防绝对安全"，这就是指示给我们以建国必须制定永远国防政策，以国防准备充实建设为立国的政策。今后我们应确认"国防第一"，"国防至上"，一面秉承总裁的昭示，发扬国父的国防计划，一面发挥海陆空三军一体的力量来实行它。而建设高度的国防，战胜当前的敌人，预防将来的敌人，使中国成为一世界至进步至庄严至富强至康乐的国家。

二、中国国防对象

我国先哲有一句话说："无敌国外患者国恒亡！"这句话的意思，不仅在昭示国人要朝夕惕励，而在军事的目光看来，就是说一个国家，必须看准对象，就是要确认其假想敌，而使其国防建设有所依据。因为，每个国家的国策与其国防政策，没有不根据利益相冲突且各不相容的假想敌而来的。海军政策是根据国防政策而生的，因为国防政策是根据假想敌而来，海军政策自然亦是针对着假想敌的海军政策了。海军一切建设，无不根据对方的，换句话说，就是设法建立超过对方海军的力量，至少要与对方的海军力量相等。

与我国关系最密切的是日本，它是一个岛国，自明治维新以后，已走上了资本主义的途径，中国一向是它的侵略对象，四十余年前中日战争它从中国掠夺朝鲜、台湾、澎湖群岛，取得了它的大陆政策的海陆两方的踏脚石，终于一九三七年企图以武力来灭亡中国。它又是大海军主义的国家，战前它之宣布废除华府条约，就是要想独霸太平洋上的明确表现。它的南进政策是以海洋为目标，利用海军的力量，向中国及南洋等地扩张，而以闽、粤、海南岛、越南、泰国、斐律宾、荷印、海峡殖民地、印度、澳洲等地为侵略对象，因而也叫做海洋政策，就是它的海军政策。

日本的侵略，是以海军为前导的。如果没有海军，它的陆军空军岂能飞渡？所以我们必须针对着日本这一点，在国防上要建设自卫的海军。我们海军的政策，至少要力足以抵抗敌人的力量于领海之外的，海上的敌人势力被阻，领海得以完整，那末领土和领空便容易保全了。

我们确信这次大战，日本必至失败。太平洋战争结束之后，为根绝未来战祸起见，当然要解除日本侵略国的武装。我们在战后除因自卫与维持本国治安必须保持一定力量的军备外，还须建立国际武力，以供国际安全机构作为制裁侵略，祛除战争，维护国际的安宁与秩序之用。因此，我们在国防上应有两种对象：一为中国的对象，一为国际共同的对象。国际共同的对象，就是有碍和破坏世界和平的侵略者。单说中国的对象，就是由海上向我侵入的敌人，这种敌人向我侵略的可能性为最大。展开太平洋形势地图一看，我国立国于太平洋之上，敌人进侵中国海岸的可能路向有三：一由南洋方面进入南海，二由太平洋正面进入东海，三由日本海方面进入黄海。可是敌人进侵的来路虽只如此，以现在舰队的活动力而论，中国的海岸线并不算长，因此敌人即使来自某一方面，而中国沿海全线，实随处有被袭的可能，所以战后中国国防的建设必须注重海防。总裁已经昭示我们："南洋是我国防生命线，是我一千万侨胞的第二祖国。我国防的安全，不仅需要充分军备足以保障我国境，并且还要足以维护整个太平洋的安全，太平洋一日不安，我国防也一日不安。"因此，我们必须预防敌人由太平洋向我侵略，我国国策应以太平洋政策为我国防的政策，应以把握黄海、东海、南海及南洋的制海权为我国海军的政策。

这种政策的实施，第一要使我们的领海达到绝对的安全，以防任何敌人再利用太平洋以侵略我国，以封锁我国际通路及进出海洋的自由。第二必须建立海军，以树立太平洋的永久和平，同时维护我国际的运输贸易与保障海外侨胞的安全。

三、建设海军与国防

有一些人常在诅咒着说："海洋时代已经过去……海洋竞争是时代的落伍者。"又有一些人不了解海军的性能而更武断的说："海军无用"，"在现代空军发展之下，海军已等于零。"这种说法，实等于自暴自弃，欲自外于海洋竞争，其流毒所至，实足以消灭中华民族制海的雄心，而继续蟷屈于为海所制的可怜的地位。

中国这一次民族战争，谁也知道是为了要建立二民主义的独立、平等、自由的中国。这个国家的将来必定要在太平洋上发展，空前的文明而不是远远的去回避大洋，这是显而易见的。几千年来，我们的祖宗从崑仑山移殖到东南，从高原发展到滨海。而我们的敌人偏要从海上遮断我们的出路，要独霸太平洋西岸而自为主人翁，要把我们逼回内地去重过农业经济时代的生活。我们呢？为要反抗敌人想要给我们安排的运命而斗争，为要争取工业文明的前途和海洋的出路而作战。如果我们早就准备放弃海洋，那末这一次轰轰烈烈的民族抗战，自始就大可不拼。我们如果甘以内陆国自居，岂不是敌人求之不得的事么？

二十年前的世界，没有优空的国家，只有优陆和优海。今天因空军的发达，于是使海陆军的构成和使用，都起了质的变化，我们承认空军之能改变世界强国的面目，其意义仅止于此。而患近视眼光者，以为空军为决定强弱的中心力量，这种思想起源于杜黑[1]，而受其害的为意大利，正如马其诺[2]设防思想之害了法国一样。然而意大利和法国的失败，我们原不能归咎于杜黑与马其诺，而应归咎于接受杜黑与马其诺思想的过度强调与夸张其一偏之见，而忽略国防问题的全面。

---

〔1〕杜黑（1869—1930），意大利军事理论家、制空权理论的倡导者，少将军衔。先后毕业于都灵炮兵工程学校和陆军大学，曾任意大利第一个航空兵营营长。他系统提出空军建设和作战理论，主张建立独立的空军，主要力量是轰炸机部队。主要著作有《制空权》《未来战争的可能面貌》《扼要的重述》等。

〔2〕马奇诺（1877—1932），法国陆军部长。1910 年当选众议员。1913 年任陆军副部长。参加过第一次世界大战。战后历任殖民、抚恤、陆军部长等职。力主沿法国东部边界修建一条由永备工事构成的防线，抵御德国的进攻。防线于 1929 年动工修建，1938 年基本完成，以他的姓氏命名，称"马奇诺防线"。

正确的战争思想，我们还应推重鲁登道夫[1]，他说战争者是国力的竞赛。因为战争为国力的竞赛，所以国防建设问题不在优空优陆或优海，而在如何去培养平时的国力，使卫和养的问题能减少其矛盾至最低限度而造成统一发展的倾向。从历史上看，优海的国家能以保持霸权于五百年而不堕者，就是英国，至于优陆的国家如俄如法如德，没有保持优势过五十年的。观这次欧战的法国，曾举世推为第一个空军国，然给新兴的德国空军屈服了，而德国强大的空军反为英美的空军屈服了，一个国家一时有了千万架飞机便落伍了，用之无效，弃之可惜，这是空军国家的弱点。若论一般军舰可以用二三十年，故在陆海空军中，海军寿命最长，陆军次之，空军又次之。所以我们可以说，以海军立国的，其强可以维持长久。中国有很长的海岸线，有优美的岛屿和港湾，而且近一百年来的外力都是从海上侵入的，那末，今后应求发展海军，以培养国力，并御外侮，这才算是百年大计的国防观。

海军的价值，不仅在效力的长久，同时在平日和战时，海军也有其独特的性能与特殊的任务，非陆军空军所能胜任的。海军平日的任务，为保护渔业和航业，协助海外贸易的发展，保护侨民，控制领海。海军战时的任务，在攻击与防守封锁洋面，协同陆空军作战，凡此特殊的任务，不问其在平时或战时，都只有海军才能担负，而非陆空军所能代替。尤其是我国现在已是列在世界四强之一，我们负有维持世界和平与安定太平洋的责任，同时还要加重维持本国领海及国内水上治安的责任，因此，我们可以明白了海军的任务所在，我们也就明白了海军在中国国防上所处的地位是怎样了。

国父在世，盱衡世界危局，引为中国隐忧，在民族主义第五讲，对于列强海军战斗力比较，反复申论，深以我国国防力不足为虑。所著国防十年计划书纲目中，发展海陆空军各项计划，分立平列，一破前此陆主海从的错误观点。其中对于海军各项建设，均列入国防要务，早已明示我们以海军建设的重要。总裁于民国八年曾手订建设新海军六十万吨的数目，约当那时日本海军三分之二的实力，预定十五年内完成。但因国家多故，是项计划，终未实现。倘若这个新海军计划能够早日完成，或竟成一半，那么这次对日

---

〔1〕鲁登道夫（1865—1937），德国陆军将领，"总体战"理论的创立者。他毕业于士官学校，1908 年任陆军总参谋部处长，对修改施里芬计划曾起到重要作用。1913 年调任步兵团团长。1914 年第一次世界大战爆发后，调往东线任第八集团军参谋长，从此成为兴登堡将军的得力助手，参加了多次战役。1916 年出任军需总监，动员大后方全部力量实施总体战。1917 年他批准对英国进行无限制潜艇战。德国十一月革命时避居瑞典，1919 年 2 月返回德国，曾先后参与 1920 年卡普暴动和 1923 年希特勒的未遂政变。1924 年至 1928 年为国家社会党的国会议员。1935 年著《总体战》。

抗战一开始的时候，我敢说战局的发展必完全改观。进一步说，中国如果早已建设有庞大的海军，那么太平洋最后的胜利，就不要等着英美的大海军来办了。总裁又曾指示给我们以建设新的中国必须建设新的海军的意旨，所以今后如果建军的话，海军也应该和陆军空军及其他各部门的国防建设同时并进，由建军而建国，由建国而复兴我们的民族，进而保持世界永久的和平。

论太平洋空前大海战[1]

（1944 年 12 月）

一、太平洋对日进攻步骤

太平洋战争爆发的时候，我盟邦美国是处于守势地位，不过，当美国竭力作战时，它已从事一切准备，以尽可能及时夺取主动地位，并发动攻势作战。为了这个目的，美国舰队，支持遍及太平洋上的盟国部队作战，以保持关键地位，并阻遏日寇的进一步侵入。同时在中国方面，我们对日的战略，则采取消耗战、持久战，使敌泥足深陷，乘机反攻，打破它欲求解决中国事件的企图，而分散其力量，使它在大陆上和在太平洋上均无法进展。

珊瑚海及中途岛之后，大大夺去敌人的主动地位，并延宕其进一步前进，太平洋首次真正进攻作战，乃是一九四二年八月瓜达康纳尔之克复，这一战役以后，继之以普遍的攻势。这个攻势，由于普遍增强两栖部队及海军部队，而成为可能。这一点，在这个太平洋战线上继续获得动力。一九四四年二月底，日寇已从阿留申肃清，已自所罗门驱出，已由吉尔贝特群岛逐走，其后在各地被攻，而不得不采取守势的延宕战略。同时，美国在太平洋上的地位，业也大大增强了。

日寇海军在太平洋海面，在过去十一个月内，受美国海军的打击，从吉尔贝特到摩罗泰，以后退三千五百浬。美军的前进步骤，最先的于去年十一月二十日吉尔贝特群岛中塔拉瓦和梅金岛的登陆战，日海军没有抵抗。本年一月卅一日马绍尔美岛的登陆战，这一仗日海军也没有抵抗；四月廿二日美军的攻克荷兰蒂亚，日海军仍旧没有抵抗。五

月廿七日拜阿克岛的登陆战，新几内亚的作战，至此告一结束，盟机也开始从这里轰炸荷印各地，日海军这时仍旧没有抵抗。六月十四日，塞班岛的进攻战，到八月九日美军先后攻克塞班、狄宁和关岛，马里亚纳南部各岛之战宣告结束。九月十四日美军登陆帕琉群岛，于是美军离菲律宾群岛只有六百浬，同日美军登陆摩鹿加群岛的摩罗泰岛。十月十七——二十日，美军在菲律宾的雷伊泰岛登陆，进攻部队在麦克阿瑟将军的指挥下，有太平洋上空前未有的庞大海军协助。雷伊泰离台湾七百浬，离中国则为八百五十浬。美军在菲岛得到立足点后，就可以切断日本通到南洋的生命线，并使中国沿海进入我们从东西发动钳形空袭的范围。美军既已登陆菲律宾，它在菲律宾的前进目标，必然向吕宋迁展，它必需掌握台湾和吕宋之间的制空和制海权，而后才能由吕宋向中国南海前进，而达到最后向中国登陆的目标，把中美盟军由海陆打成一片，以击溃日本。

二、台湾、琉球与菲律宾的战略形势

日本的基本海防线，在战前是北自千岛群岛、日本本岛、琉球群岛以至台湾；战后则将此线延长，由菲律宾、婆罗洲以至新加坡，连香港、海南岛，中国南海各群岛都包括在内。日本的基本海军区，在战前有三个海军区，第一海军区管辖本州东南海面即北海道库页岛，以横须贺大凑为本区海军根据地；第二海军区管辖日本海内海及四国以南海面，以吴港、舞鹤为本区海军根据地；第三海军区管辖九州以西，南至台湾及朝鲜全部，以佐世保竹敷镇海及马公为本区海军根据地。战后它的海军区则扩张至南中国海，以香港、马尼拉、榆林港、西贡、新加坡为本区海军根据地。我们现在只将台湾、琉球与菲律宾周围海区的战略形势分述于下，以作为研究美军登陆菲岛后所发生之太平洋首次大海战的参考。

（一）台湾　台湾是我国东南海间的第一大岛，当日寇进行攻势时，它是日本的前进基地或联络站，一旦台湾被我们围攻，它又是日寇基本海区的卫星或救应站。台湾在福建之东，相距约一百四十四浬，其间的海面便是台湾海峡；但这中间还有澎湖群岛，因此，东海和南洋的交通就被它严密的控制着了。日本本部在台湾之东北，以与九洲之距离为最近，基隆与佐世保之距离为六百二十八浬，中间则有一连串的琉球群岛为之啣接。台湾的南方，就是菲律宾群岛，中间隔着巴士海峡，其西南则为香港，相去则为三百八十浬，而由香港东南去马尼拉亦仅六百四十浬。故在太平洋战争未发生之前，南中国海的东北一隅之地，为英美日三国势力接触的地方，而此鼎足之形，英美占其二，是相当占有优势的。台湾是日寇着意经发的地方，若依此为防卫的核心言之，其外围防线有港粤浙江菲律宾及九洲的军略地点都在三百二十五浬至七百七十浬之间；内国防线在二百浬左右者有琉球群岛的先岛群岛、福州、厦门及汕头。以台湾本岛的防卫言之：台湾有两个军事中心，即是台北与高雄，台北的外围有基隆、淡水及苏澳，基隆是一个军港而兼商港，离淡水只有九浬，至苏澳是五十浬。苏澳三面环陆，港内深广，可泊巨舰，为船舶避风的极好去处，澳外多暗礁，是天然的防御线，陆上有铁路可通达基隆，苏澳南方还有台东和花莲港。从基隆到高雄是有纵贯南北的铁路，高雄的外围有桓春（车城港）及安平，自高雄至桓春四十一浬，至安平只有二十六浬，高雄因为适合于日寇南进的需要，故海军镇守府就由马公转移到高雄，以配合军事工业的发展，但日寇舰队根据地依然是在马公，因为马公是一个军港，用以护卫南北的两军事中心，自马公至高雄是七十九浬，至于基隆则为一百九十五浬。

在台湾日寇海空军基地建设甚为完备，计有：基隆、淡水（水上）、松山、新竹（北部基地）、台中、鹿港（水上）、嘉义（航空兵团基地）、台南、高雄（水上及陆上各一）、屏东（第八航空队基地）、冈山、台东、花莲港、宜兰及马公十八飞机场，而新竹嘉义及屏东是空军的三大基地，新竹机场以保卫北部台湾，嘉义及屏东用以保卫南部台湾。并且将台南经旗山至桓春以南地带划为军事区，建筑海岸堡垒，到处新设兵营，过路军队随时可以休息，以待转运南洋各战场，该区驻扎转运的兵力，曾数达五师团，由此可知敌方设备规模之大。在海军方面除以马公为最大根据地外，则有社寮岛、苏澳、花莲港及小琉球都有潜艇根据地。凤山及桓春有海军无线电台做它的军事神经。至于日寇为防备台湾人的抗日计划，在全岛上建立了一千五百余座小堡垒，每个堡垒间的距离，以跑步的速度，可于一个小时内取得联络，于此，可见日寇对于台湾的军事设备是非常严密。

（二）琉球群岛　琉球群岛是日本本部的九洲和台湾之间的连锁，也是东海和到太平洋的边界。这一连串的岛屿成一个弧形，由东北趋向西南，对我江苏南部和浙江福建两省的海岸作包围的形势，中间的距离，北部较宽约五百浬，渐南渐近，福建海岸与琉球之间的距离约三百浬，浙江舟山群岛突出于东海之中，与琉球中部的距离亦在四百浬之内。南部与台湾东北部之海岸相去约七八十浬。全部岛屿绵延达六百浬，分为四组，北部叫土噶喇群岛，其南叫奄美群岛，再南为冲绳群岛，最南为先岛群岛。这先岛群岛，西南接近台湾，东方则与小笠原岛相望，其间相去约一千浬，关岛在其东南，相去则有一千五百浬，以横须贺为顶点，以小笠原与琉球为左右翼的三角形洋面，本来是日寇向南洋侵略的安全的航路和补给的捷径。自从美军相继占领塞班关岛帛琉与摩罗泰之后，由本州出发的舰船，再不能安然的经过小笠原以西的海面，开往菲律宾和荷印，而余下来比较安全的交通线，只有经由琉球群岛或琉球以西的东海，因此，在塞班、关岛、帛琉与摩罗泰岛既入美军之手以后，琉球群岛在日寇与南洋的交通上的价值顿然增加。

（三）菲律宾　菲律宾原是美国在太平洋上最西的根据地，北段与台湾相隔三百浬，西南以苏禄海与北婆罗洲相望，而以巴拉旺岛为两者之间的桥梁，相隔约一百浬；东南则有岷答那峨岛，以荷属台洛尔群岛、摩罗泰岛及哈尔马克拉为桥梁，与荷属新几内亚相望，相距则约六百浬；西方则隔南海与越南相望，相距约七百浬，马尼拉与西贡的距离亦不过九百浬，马尼拉至新加坡的距离则为一千三百四十浬；西北与我广东省相望，距香港为六百四十浬，至厦门为六百七十五浬，若自吕宋北端之拉瓦格至广东之汕头，则仅为四百浬；在东方，马尼拉与关岛相距为一千四百九十九浬，雷伊泰与关岛相去则约一千三百余浬，帛琉与马尼拉相距九百八十浬，帛琉离雷伊泰约为六百余浬，而雷伊泰与马尼拉相去则约四百浬。

现在美军已在菲岛登陆，它为什么要在菲岛登陆呢？因为占领菲岛后，对于今后太平洋的攻势有四个大优点：第一，可以向北威胁或进攻台湾及琉球群岛；第二，美国海空军可以深入南海，与印度洋上的英国远东舰队及空军配合，以夹攻南海的日寇海军和封锁东南亚的敌军与其基地；第三，可以断绝日本本部与南洋的交通；第四，可以菲岛为打通中国海岸的前进基地。以上四点，在太平洋战局的进展，实有莫大的影响。

三、太平洋空前大海战

在美军没有登陆雷伊泰之前，从十月十日到十七日，是日寇在太平洋上经历了火烧的一周，那就是美军攻击的前奏落在北面的琉球和南面的吕宋身上。在攻击开始的第一日（十月十日）其目的显然是利用最大空间内的同时攻击，使敌人不知道，主要的攻击究竟落在何方。接着，真面目的进攻来了，十一日开始，目标在台湾西南部的敌军空军基地（高雄、冈山、屏东、台南）担当进攻任务的是海尔赛将军统帅下的美国第三舰队的航舰飞机。这进攻持续了整整三天，十一、十二、十三，十二日夜起敌人用基地飞机还击，展开空战，这一天是美军全攻击过程中战斗达到最高峰的一天。十四日上午，美航舰飞机实际上已完成袭击台湾的任务，但犹作最后一次的告别轰炸，始行他去。航队飞机的任务完成了，基地空军的任务开始，十四日下午超级空中堡垒从中国西部基地飞到，继续轰炸。从航舰飞机和基地空军的配合作战上看，这成就在太平洋战场上是空前的。

从十日到十四日整整五天连续不断轰炸中，据东京广播：十五日，"隐忍待机的日本海军终于出动了"，日本海军究竟出动了没有呢？可能是一部分海军在台湾香港的内海之间巡逻了一番，看看美国海军并未靠的过近，也就算了，这是日本海军的无能，不过美国海军并未走到内海来打，所以当时海上没有发生海战。

十四日后，轰炸台湾的任务移交给超级空中堡垒，超级空中堡垒于十六日十七日连续作了第二第三次的轰炸，而美第三舰队的主攻方向却转移到吕宋方面来了。在这里，十三、十四、十五、十七日，它作了连续四日轰炸。另一方面，于十五日，从中国西南基地起飞的美第十四空（航）空队亦在广州和香港截击了它的一部分舰队，这显示了不仅是长距离的基地空军可以和航舰飞机合作，而且短距离的基地空军同样可以完成这一合作，只是由于空军基地的丧失，使这一海空联合作战的效果，不能充分发挥，这更可证明中国基地为对日作战的重要性。所以日寇在退出它的海防外线之后，即致力于保守其内防线与中国大陆之进攻。

当十七日超级空中堡垒在台湾，第三舰队航舰飞机在马尼拉的最后一颗炸弹响了之后，茫茫的太平洋上，北起琉球，南迄吕宋，忽又觉着一片静寂。美军经过了十七、十八、十九日的炮火准备，终于二十日在吕宋和民答那峨之间的雷伊泰岛登陆。二十二日，解放了雷岛首府答柯罗板，二十四日解放了从东面屏障着雷岛的苏鲁安，霍蒙达和丁那加特三个小岛，于是日寇所谓难攻不破的内防线开始倾圮了。

这时此地，日寇的战略实已遭遇到一个严重的危机，从整个太平洋战争上来看，这是盟军攻势的新阶段，也是盟军向中国登陆的前奏，其对于日寇则是所谓"全国兴废，在此一举"，故小矶[1]决定出动海军。但是日寇之决定出动海军不是突然的，那是经过了慎重的考虑来的。它认为陆上基地空军对海上航舰飞机占着优势；其次美军外线作战，力量分散，而且日本则是内线作战力量集中；美军补给线长，而日本的供应线短。日寇

[1] 小矶国昭，日本第41代内阁总理大臣，陆军大将。曾参加日俄战争，是"九一八事变"的积极推动者。1944年7月任内阁总理大臣。战后被远东国际军事法庭判处无期徒刑。

海军的出动与其整个作战的部署，完全是根据和利用这三大有利的条件。而我盟邦美国海军的部署：掩护美军在雷伊泰岛登陆的是金开德将军统帅下的第七舰队。二十二、二十三日左右，第七舰队分成两批，分别停泊在雷伊泰湾内和萨马岛东部海上。雷岛湾内的一批，包括战斗舰五艘，巡洋舰八艘，警卫着湾内七艘左右的运输舰，由德兰道夫将军指挥，这一部分舰队可名为警卫舰队。萨马岛海外的一批，包括十五艘护航航空母舰，由斯普拉格将军指挥，这一部分舰队可名为护航舰队。日寇海军出动的目的，就在毁灭或冲散护航舰队，然后集中力量，消灭警卫舰队。

日寇知道美军在西南太平洋活动中，除第七舰队外，还有第三舰队，假如第三舰队来增援第七舰队呢？因此在贯彻毁灭或冲散第七舰队的护航舰队和消灭警卫舰队的战役目的当中，它是不能不同时顾到不分散自己的力量，而又同时能隔离第三舰队的战略任务。如所周知，日寇海军是从两个基地——新加坡和本土，分三路向菲律宾海面出发，南路从新加坡开出，进巴拉巴克海峡，经苏禄海到苏利高海峡，这一路的实力很小，计战斗舰二艘，巡洋舰一艘，驱逐舰四艘，其任务显然是和雷岛湾内的警卫舰队作为前哨战，其任务之完成非等到它和中路敌军会合了以后不可。中路从新加坡开出，进明多罗海峡，经西布颜海到圣柏那狄诺海峡，这一路的兵力很大，计有战斗舰四艘，巡洋舰十艘，驱逐舰十二艘，其任务显然在和萨马岛海外的护航舰队作主力战，它的目的是要毁灭或冲散护航舰队，南下和南路敌军会合，造成绝对优势，企图消灭雷岛湾内警卫舰队。我们看敌方这两路舰队，值得注意的，敌人在这两路的兵力配备上，都没有航空母舰参加，这一方面是因为它所经过的一路上都有基地空军的掩护，另一方面则是因为日寇硬要在这两路的作战上，使陆上基地空军发挥其压倒的优势。中路敌军能否完成这一任务，一方面固然要靠着基地空军能否发挥绝对的优势，另一方面，更要看它能否阻止美国第三舰队的来援。北路的敌军是从本土方面出发，其实力计有战斗舰四艘，航空母舰四艘，巡洋舰九艘，驱逐舰十二艘。中路强，北路更强，这一支敌方最强舰队的任务，显然是有两种目的，一方面是要阻止第三舰队增援第七舰队，另一方当它自己北路的舰队能够来增援中路的敌军。以上所述是敌我双方的实力，和日寇战略的企图。

二十四日太平洋首次大海战开始，主要的是敌方基地空军对美航舰空军的战斗。二十四日侵晨，中南两路的敌方海军达到了目的地，美第七舰队在全作战过程中的危机，在二十五日上午到达了最高峰；萨马岛海外的护航舰队，在中路敌人的优势海军和陆上空军的打击之下，坚忍的支持了一个上午。下午形势陡然好转，第三舰队的四十艘航空母舰开到了，不是敌军的北路增援了中路，而是美军的第三舰队增援了第七舰队，被隔离开来的不是美军的第三舰队和第七舰队，而是敌军的北路和中路。于是铜山倒而洛钟应，中路敌军在圣伯狄那海峡负伤而逃，南路敌军在苏利高海峡几至全军覆没，其两艘主力舰之沉没即在这一路；北路敌军在台湾和吕宋之间的茫茫海上已不知其去向，这是二十六日的情况。

菲岛海战的结束，日寇遭受了重大的损失，据十月三十日尼米兹将军总部发表结果："自各方面向菲律宾集中的日舰队三支，共有主力舰九艘，巡洋舰十八艘，航空母舰四艘，驱逐舰二十七艘"，"三日海空作战，日舰沉伤共五十八艘，其中沉者二十四艘，十三艘重创或已沉没，另有二十一艘受创，沉没的日舰中，有主力舰二艘（"山城"与"扶桑"），航空母舰四艘，重巡洋舰六艘，驱逐舰十二艘，日方并损失飞机一百七十一架"。三十日公报又说："菲岛战争进行以来，已至少击沉和击伤日舰六十二艘甚或六十四艘"，这样重大的损失，日寇自己是不肯公开承认的。它只承认损失主力舰二艘，航空母舰二艘，巡洋舰一艘，驱逐舰二艘。另一方面，它却夸张自己的战果，说是击沉和击伤美舰共一百三十五艘，这当然是瞎吹。它所以这样瞎吹，是为了，一方面振作日本民气，使支持自己的侵略战争，他方面可以解决日本国内叫嚣已久的海军出动问题。但这种瞎吹，在铁的事实之前，是会被粉碎的，任何人都会了解。不管美国军舰究竟有多少损失，而这次战争的结果，是美国胜利了。

纵使美国军舰真遭受不少的损失罢，但决不至削弱美国在太平洋上的实力。据罗斯福总统十月廿七日在费城发表竞选演说时，说："一九四〇年我海军有作战舰艇三百六十九艘，人员八万九千人，今天我们的作战舰只达一千五百艘以上，另有登陆艇及其他船只五万艘，海军人员有三百五十万人以上，就中妇女十万人以上。"美海军部次长巴特在美国海军日宴会席上的演说，则谓："美海军现有作战舰只一千一百五十五艘以上，登陆艇四万五千艘以上，飞机三万四千架。在美舰队中有主力舰二十三艘和'爱塞克斯'级的航空母舰十四艘。"而在二十三艘主力舰中，据十月廿六日华盛顿合众社电说：美海军部宣布，至少有十七艘在太平洋上。这样雄厚的海军实力，纵使损失一百余艘军舰，也如九牛拔一毛，算不了什么，何况，实际的损失，据十月二十七日美海军部宣布，仅不过六艘呢？我们只要一看经过数小时的激烈战斗后，日寇舰队曳尾而逃，美海军向菲岛继续进攻这一事实，便可知美国在太平洋上的实力在这一海战并没有削弱。

四、结　论

这一次的海战，日寇既不能阻止和击退美军向菲岛继续增援和进攻，便是严重的失败。菲岛日寇认为是它的基本海区很重要的一个堡垒，菲岛失，则日寇联络南洋的交通线便被截断，它便不能掠夺南洋的丰富物资，役使南洋的庞大人力，而美军更可能向中国海岸登陆，甚至日本本土也更受着被美军进袭的威胁。正因为是这样，所以日寇不能坐视美军登陆菲岛，而出动了它那一向避战的海军，向进攻菲岛的美海军第七舰队突袭，企图一举而把这舰队毁灭，它认为这是自己的海军重演一次对马海峡海战的拿手好戏的时候了。敌酋末次信正曾说："太平洋战争将是一个长期的战争，日美海军主力将不容易接触，而只是进行不断的空战，直到成熟的时机到来，日本海军始出而予敌人以致命的打击。"日寇认为这正是它给予美海军以致命打击的时候了，于是它集中力量，突然出击，自信是有必胜的把握的。的确，在战斗的开始，它曾把美第七舰队冲散，但是它没有估计到美海军第三舰队很迅速赶来援助，扭转战争的局势。最后的结果，不是美军被消灭，而是日寇被击败退。现在美军不断在增援，不断在进攻，菲岛迟早必被美军全部攻克，敌这一海战的结束，对于日寇的厄运实已被注定了。

那末，日寇将怎样挽救他的失败和冲破它的厄运呢？它今后必在岛上顽强抵抗，在海上相机出击，它必不肯轻易放弃这个堡垒，但在必要时它可能放弃菲岛，退保台湾及本土。日寇海军虽已受重创，但它的舰队并没有完全消灭，因而在它认为有利的条件，它仍可能相机出击，以为岛上守军的声援。固然，日寇为了保卫它自己的本土，必将力谋保存残余的海军力量，不肯轻易孤注一掷地消耗在菲岛的争夺战上。但是如果它估计可能获得胜利，再来一次出击，并不是绝对不可能的。美海长福尔斯特尔说："日舰队主力舰三分之二已经被覆没或受伤，日舰队在新主力舰造成和受伤的主力舰修理完成前，处境必然困难。日方的航空母舰巡洋舰和驱逐舰，也曾遭受重大损失，但是它的残破的舰队可能再来出战"，这看来是对的。我们不能说日寇的海军已经一蹶不振，再不敢在海上作任何活动，菲岛美军登陆与进攻已决没有后顾之忧。那就错了。

战后中国应为海权国家[1]

（1945 年 1 月）

（一）海洋与中国的命运

地球的面积，仅仅三分是陆地，而七成皆是海洋，海洋是一个最平阔而四通八达的交通之路，因有海洋交通，促使了世界文明的从速进步。盖世界文明恒以大洋为重心，而人类的真正舞台乃在辽阔的海洋之上。

我中华民族，建国迄今，已历五千余年，雄据东亚，为世界上唯一有悠久光荣的历史，和独立自主的国家，将来有极伟大的命运。中国的命运，不但关系亚洲，并且关系全世界的安宁。盖中国几占有全球四分之一的人口，仅聚于十一分之一的土地；过去中国因不曾争取海洋而受帝国主义的宰割，致亚洲缺少了一伟大的安定力。

中华民族发展的方向，数千年是以黄河、长江、珠江为向导而繁衍于沿海一带，后来在南方则越海而繁殖于太平洋上各大岛屿，而近五十年来山东一带沿海居民则逾海而开发东三省。所以，由大陆，而沿海，而海洋，可以代表中国民族生活方向的三大时期，而后期则尚属幼年时代。这一次战争的结果能够改变民族活动的方向吗？不可能的，绝对不可能的。固然在战争期间我们开发了西北和西南，但开发西北和西南的结果，还是繁荣了东南沿海，为什么呢？因为内陆没有大市场，尤没有国际市场，所以一切富源非以沿海大都市为集散地不可。这是经济发展规律内在的支配着，没有法子改变它。换句话说：中国的命运，是海洋的命运，中国的将来在海上，中国非变为现在的海权国不可，否则便不足在这生存竞争的世界中占有优胜地位。

"海上自由，是指过去的世界。空中自由，才是属于未来的世界。"这是美国人的新

---

〔1〕此文发表于《海军杂志》。

口号。惭愧得很！吾人尚未，或从未走上海上自由的时代。这不是海上没有吾人的自由，却是吾人将海上自由，予以放弃。战后世界，因运输工具进步之故，距离愈加缩短，吾人不能窒息的陆地之上，因此之故，吾人之在今日，既须抢进空中自由时代，并须追上海上自由时代。因为海洋并不因空中自由时代之来临，而丧失其作用。空中有吾人的自由，同时海上亦须有吾人的自由。吾人要为海洋国家，海洋之上，必须有吾人的地位。

从整个世界史来分期，最初为大陆时代，进为海的时代，近世始为大洋时代。大洋时代的一大特色，只有海洋国家能够做世界上的主要国家，其势力能无孔不入的伸进于世界的每个角落。反之，大陆国家，纵其国力雄厚，只能偏安于一隅，因为它和海洋不能发生密切的关系，更谈不到支配海洋。今后我们建国，当然要以踏进海洋国家的圈内为主体。

大西洋时代成了过去，太平洋时代已经到来。太平洋为世界最人的海洋，面积近七千万方英里。几当全海洋面积之半，中国立国于太平洋西岸，正当太平洋的重要地位。今后中国要在国际上取得独立自由平等的地位，毫无疑义的都得以具有海洋的资格为其条件。换言之，真正的独立，是指中国在太平洋上独立；真正的自由，是进出太平洋的自由；而真正的平等，是共享太平洋利益的平等。

"海洋与空气，同为人类所共有。"（罗马法），凡备有船舶，欲用海洋为与各国交通之孔道者，皆得自由利用海洋。中国在战后应享有海上自由之权；战后全世界人类和平相处，占人类全数四分之一的中华民族，不能窒息于大陆之内。

不平等条约废除，所谓沿海贸易，内河航行，以及海关代管的航业行政专权，（包括港口设施，船舶丈量等）归还我国。日本失败，台湾、澎湖及其他失地、均可收复，战后一切设施，在在与海洋发生关系。我想，战后海上霸权，将转移于美国的手中，中国为四强之一，与之隔岸结邻，应与配合，以维持太平洋上的和平。凡此诸事，又为中国应为海洋国家的理由。

总而言之，海洋是我们的命运的象征，我们的生命线和国防线的所在，为了全民族的生存和安全计，为了维持太平洋上的永久和平计，我们应努力争取海洋，就是要建立我们的海权。

（二）中国需要海权

海洋运输，海外殖民和海上威权，为构成海洋国家的三种要素，这三种要素对于海洋国家之形成，在时间上虽有先后的不同，然而它们所起的作用，则相互依辅，而不可分。

（一）海运国　有多量的商船行驶于各大洋为本国及外国的海上运输服务。

（二）海外殖民国　有多数的人民飘洋过海到本国的或外国的海外殖民地去移殖，建设第二祖国。

（三）海权国　有强大的海军支配海洋上的军略要地与保护海运路线。

因有海运，而有海外殖民。因有海外殖民，而建树海上威权。历史证明海运在先，殖民继之，海权殿后。海权所以保护侨民，人民乃愈向海外移殖，海运乃愈发达。如果海运没有海权做后盾，那末平时固可维持国计于不坠，战时则海运毁于俄倾，整个国民生计也就濒于危境。例如挪威海运占世界的第四位，但于欧战北移之后，不崇朝而商航权全部改观，因为一切商船之在英国势力范围内者尽被扣留，而在德国范围内者亦遭捕获。如果海外殖民没有海权来保护，非仅平时受人欺侮压迫，战时则殖民地必沦于敌手。例如荷兰，它的海运占世界第九位，海外殖民地大于本国六十余倍。然而在一个星期本国就沦陷于敌，剩下荷印也全被日本占领，这是一个很明显的例证。由此看来，所谓海洋国家的三种要素，应以海权为主，其余为从，有海权则其余二者得量其力发达；没有海权，那末，其余二者差不多是无皮之毛了。今后我们建国，要成为一个完的海洋国家，首先必须从速建立中国的海权，以保障海外的侨民，以发展中国的海运业。否则，中国将不能在这大海洋时代，获得历史主角的地位。

（三）中国具备海权国条件

中国需要海权，既如以上所述。然则具有何种条件，始有进为海权国家的资格？中国是否具备了发展为海权国家的种种条件呢？现在一般地学权威认为可能成为海权国家的地理与人民的条件如左：

（一）海洋上优越的地位。

（二）适于航运和海军的优良海岸。

（三）这种海岸与腹地之间又有相当密切的联系。

（四）有广大的腹地，又有丰富的建造船舰资源。

（五）优越之介乎其间的交通地位。

（六）到达对岸国家的便利。

（七）聚居于沿海地方的人口。

（八）习于海上生涯的民族性。

这些条件，我们完全合格。先从地理的条件来说：我国沿海均在中纬与低纬附近，没有沍寒与冰期的限制。我们海岸所控制的太平洋恰为世界最大的海洋，而太平洋沿边的平原，又以我国为最广。依翁文灏[1]先生的估计，我国全境，其适于人生的平原以及比较容易发展的盆地和丘陵地，共约占全国面积三分之一，而此三分之一的地位，差不多完全分布于沿海地带，北起松辽平原，经华北平原、黄河三角洲、长江三角洲，以至珠江三角洲等，率皆地势平坦，水流和缓，土壤肥沃、河川舒畅，比起南北美洲滨太平洋部份的高山西峙，以及澳洲沿岸的山脉纵横，我们沿海位置可以说是得天独厚了。

我国与世界交通极称便利，即如沿岸中央部份的上海，向东至北美，向西至欧洲，距离差不多相等，向南至南洋及澳洲则更近了。上海为远东最大的都会，其他各港埠，尚不胜计数。至于海岸沿线，更具有优良港口的天然形势。

其次从人口的条件来说：据胡焕庸[2]先生的计算，中国全境如自瑷珲至云南的腾冲间作一直线，分全国远离海洋的西北与近海的东南二部，西北半壁的面积，计有七百万方公里，人口仅有一千八百万，约当全国总人口百分之四。东南半壁的面积，计仅四百万（方）公里，而人口则有四万四千万之多，占全国总人口百分之九十六。据马罕[3]的意见，则一国海岸的延伸对于国力之有造与否，恒视其人口的多少以为衡。其警卫力必须和正面成为正比例的（即海岸长度和人口密度成正比例）。关于这一点，中国的海权发展的潜力可以说是胜任愉快了。至于我国的民族性，实具有冒险与拓殖的精神，而习于海上生活的性能。由中国历史上说，已经发展到海洋时代，而闽粤浙诸省人民又非常适应于海性。马罕研究人口对于海权发展的影响时，指出：决定一国海权的人的因素，主要的在支持海权的后备军力……首先是有组织的后备军，其次是习于海军的人口

---

〔1〕翁文灏（1889—1971），字咏霓，浙江鄞县人，是中国早期著名的地质学家和学者，对中国地质学教育、矿产开探、地震研究等多方面有杰出贡献。

〔2〕胡焕庸（1901—1998），字肖堂，江苏宜兴人，著名地理学家，中国现代人文地理学和自然地理学的奠基人。他引进西方近代地理学理论和方法，从人地关系的角度研究我国人口问题和农业问题，提出中国人口的地域分布以瑷珲—腾冲一线（胡焕庸线）为界划分为东南与西北两大基本差异区，并首次提出中国农业区划方案。在培养地理人才、创建研究机构、学术团体、学术刊物等方面都做出了重要贡献。

〔3〕即马汉（1840—1914），美国海军理论家、历史学家。1959年毕业于安纳波利斯海军学院，南北战争期间在联邦海军中服役。曾任罗德艾兰新港海军军事学院院长、"芝加哥"号巡洋舰舰长。1898年美西战争期间在海军作战局供职。1902年当选为美国历史学会主席。1906年晋升为非现役海军少将。力图阐明海洋对历史发展的决定性作用，分析海权对军事、民族、领土和商业各方面的影响，被西方公认为研讨海军战略问题的权威。著有《海权对历史的影响（1660—1783）》《海权对法国大革命和帝国的影响（1793—1812）》《海权与1812年战争的关系》等。

的后备力量，再次是习于机械技巧的蕴存性能，最后才是财富的储存力（以上所引的见于马罕所著海权对于历史的影响一书的绪论）。我国沿海诸省人口多于英伦三岛者十倍。怎么说我们不能变成一等海权国呢?

从历史说，中华民族的活动是从内陆走向海洋的活动；从地理说，自然曾经不折不扣的赋予我们以海权国的种种条件；从经济说，海岸是我们生存的基础；从军事说，海防是我们大门的所在；从外交说，我们最好的与国是要海上了能和我们联系起来。这些证据，很可以充分说明战后我国要建设成为一个海权国家，而战后的国防理论的重心就要应该注意到中国海权的建设。

日本与美英海军实力研究[1]

（1945 年 1 月）

把各国的海军力用数字排列起来，通常是一件很容易的事；这只把一年前的确定数目加上新完成的，去掉已注销的就得。战后事情却不如此容易了。一九三九年夏天的各国舰队实力众所周知，但是后来的增减在各方面都无法保证。在现时战争的状况下，主要海军国并不愿将其建造程序的详情公诸世界。

战斗舰和航空母舰的数目，在一九四二年以前比较少有变动，因为这些舰只的建造时间较长，所以不可能有突然的和大量的变动，因之对于它们的估计，比起较小的舰种也便有更多的把握。讲到战斗舰时，我们无须乎再事划分战斗舰和战斗巡洋舰间的界限；在这些日子，要把速率三十浬的战斗巡洋舰另列一类？实在是没有意义的。

自从战争以来，交战国双方的战舰比率，曾经有了显著的变迁。故任何一种光用数字来表示各海军国的实力的企图，都可能引出似是而非的结论。今从下面所获的有根据的报导，似尚去事实不远，较为可靠，纵使我们把未建造的船只不算在内，英美海军的联合，却总超过于日本海军的实力甚多。但有一点，若将计划中未建造的与在建造中未完成的舰只，来估计现在敌我双方的海军实力，或分散在各战场目前未能在太平洋方面作战的舰只，也来混作计算敌我在太平洋的实力，则必发生很大的错误。

日本的海军力

我现在先说日本的海军力。当前次世界大战的时候，日本的海军力是站在世界第五

---

〔1〕此文发表于《民主政治》。

位。华盛顿会议，规定英美日的海军比率为五、五、三，将它的主力舰航空母舰的实力加以限制，等于英美百分之六十，它的海军力就占世界的第三位了。但暴日从未忠实履行其条约上的义务，在海军条约成立后之数年间，它所建造的辅助舰，竟超过世界各国。一九三〇年伦敦条约，复将其巡洋舰驱逐舰的势力加以限制，等于英美百分之七十，但潜水艇的势力则与英美相等。暴日因不满这次会议，即努力完成当时条约限制内的第一次补充计划。一九三四年它又正式废弃华府条约，因是，国际条约所规定之军备限制原则消失无遗。除受财力的限制外，已为自由的造舰。其后它更进行第二次的补充计划，定期四年完成。到了一九三六年伦敦海军会议[1]，日本因要求与英美海军均等不遂，退出会议，更进而实施第三次的补充计划；惟因暴日严守秘密，无从探知详情。据大美晚报，日本所拟海军第三次补充计划，定十年完成，自昭和十二年（一九三七年）起至二十一年止，每年必须建造主力舰和其他的替换舰、共五万三千三百六十六吨。第三次补充计划尚未完成，而一九三九年的第四次补充计划又继续进行。据伦敦每日捷报：日本六年建舰计划，包括主力舰五艘，巡洋舰廿四艘，航空母舰二艘，驱逐舰卅二艘，及潜水艇十二艘，依照每吨五千日元计算，可造新舰二十四万一千吨的舰艇。据一九四〇年一月一日美海军部所公布日本海军的实力如左：

舰种	已建造者		建造中者		总计	
	艘数	吨数	艘数	吨数	艘数	吨数
战斗舰	九	二七三，〇七〇	四	一〇六，〇〇〇	一三	四三八，〇七〇
航空母舰	六	八八，四七〇	二	二五，〇〇〇	八	一一三，四七〇
重巡洋舰	一二	一〇七，八〇〇	〇	——	一二	一〇七，八〇〇
轻巡洋舰	一五	九七，五五五	六	五一，〇〇〇	二一	一四八，五五五
驱逐舰	八四	一一三，四七六	一五	一六，六六〇	九九	一三〇，一三六
潜水艇	三五	五二，四三三	五	一〇，〇〇〇	四〇	六二，四三三
共计	一六一	七三一，八〇三	三二	二六八，六六〇	一九三	一，〇〇〇，四六三

---

　　[1] 1922 年签订的华盛顿海军条约和 1930 年签订的伦敦海军条约的有效期都止于 1936 年 12 月 31 日。华盛顿海军条约的缔约国美国、英国、日本、法国、意大利于 1935 年 12 月 9 日在伦敦再次召开海军裁军会议，史称第二次伦敦海军军备会议。1936 年 1 月日本宣布退出裁军会议。1936 年 3 月 25 日，美国、英国、法国等国签署了新的《限制海军军备条约》，条约有效期到 1942 年 12 月 31 日。意大利未在该条约上签字。

据英海军专家白里安坦斯塔尔论日本海军的实力说：日本海军实力，由于严守秘密，难以断定。即在平时对于新舰的建造亦少通报，它的造船所亦不准外人进入，在战时它更隐秘它的损失，关于军舰设计的结果与工业的情况之有关于战术成效的，亦造出令人迷惑的通报。当战争开始时，日本有战斗舰十艘，其中"金刚"号，"比睿"号，"雾岛"号及"榛名"号，如战斗巡洋舰。于一九三五年至一九三七年间，"金刚"号与"雾岛"号完全重新建造。"比睿"号于一九三九年改造，"榛名"号于一九三四年完全改造，后为美国轰炸机击沉。其次为"扶桑"号与"山城"号均经重行装备，另一对战斗舰"伊势"号与"日向"号均于一九三六年改造，故比于美舰"马利兰"号与两艘"泰内亚"级的力量或为较强。最后一对"长门"号与"陆奥"号，均于一九三六年间经彻底的改造，使它变成为不可侮的战斗舰，若比于三艘美国"马利兰"号的战斗力实绰有余裕。

日本最近造舰的状况，可得而知的很少。"日进"号与"高松"号两艘战斗舰，于一九三九年十一月及一九四〇年四月先后下水，现时两舰必已完成。日本建造此舰，必使它与"英皇乔治五世"号及"北卡罗来那"号相埒。尚有三艘与此同级的战斗舰在一九三八年余一九三九年间，着手建造，其中一艘"纪侬"号已于一九四〇年十一月下水。此新造的战斗舰，日本有已宣告服役者，或已将近完成者。尚有三艘或四艘装甲舰，其中第一艘定名"秩父"号，此等军舰的内容实际不得而知，必系改良的袖珍战斗舰，比于现时英美所有最强大的巡洋舰尚较为优越。美国为应对日本袖珍战斗舰的建造，故亦设计建造"新阿拉斯加"级战斗舰。

日本拥有强力的航空母舰，直至被美国击沉五艘之后，其势即衰弱下来。它好用中型及小型母舰，此等母舰知之甚少。

日本参加这次世界大战时，拥有十二艘重巡洋舰，分做三级，每级四艘。最旧的为"加古"级四艘，均于一九三八年至一九三九年间改造。其次四艘为"那智"级，它的巡航距离能达到一万四千浬，除"彭萨科拉"号及"盐湖城"号外，比于依条约所规定的巡洋舰有较强的力量。最后四艘为"爱宕"级，可视为极有力的重巡洋舰。日本在大战开始的时候，则拥有二十三艘轻巡洋舰。

关于日本的驱逐舰，知道的很少，若以舰龄分级，日本可用的驱逐舰计有六十六艘，新造的有四十艘，或有更多之数，若以体积分类，计有小型的九艘，中型的六十艘，及巨型的卅七艘，或有比此更大的，此外尚有鱼雷艇十二艘。

日本的潜水艇可分为四种型式，计布雷潜艇[1]四艘，沿岸潜艇十七艘，航海潜艇卅三艘，或不只此数；航洋潜艇二十艘。于此当注意的，在七十四艘潜水艇中，仅有二十一艘的排水量不满一千吨。就大体观之，日本的巨型潜水艇可说占极多数，其中有许多艘的巡航距离，可信能达一万浬。无论如何，日本于一九四一年开战时，至少拥有各种型式的潜水艇一百艘。

在日本辅助舰中，数量占最多而最著名的，计有三种，即水上机母舰，布雷舰及给油船。日本亦为世界空军先进国之一，在开始战争的时候，日本的海军飞机至少有一千五百架。

据一九四二年十月美方海军消息，当时日本的海军实力如左：

战斗舰　　　　　　十二艘　　　　三七六，四〇〇吨

航空母舰　　　　　四艘　　　　　六二，四七〇吨

改造航空母舰　　　四艘　　　　　九八，四〇〇吨

水上机母舰　　　　六艘　　　　　六七，〇五〇吨

改造水上机母舰　　十五艘　　　　约一一〇，〇〇〇吨

（被击沉没者："加贺""龙骧""苍龙""飞龙""凤翔""瑞穗"六艘。）

重巡洋舰　　　　　十五艘　　　　约一三七，〇〇〇吨

（沉没者四艘，约三四，〇〇〇吨。）

轻巡洋舰　　　　　十四艘　　　　约七〇，〇〇〇吨

（沉没者八艘，四〇，〇〇〇吨。）

旧巡洋舰　　　　　三艘　　　　　二七，三七〇吨

驱逐舰　　　　　　八十九艘　　　约一二〇，〇〇〇吨

（沉没者三十五艘约五一，〇〇〇吨；废弃或更换改造者二十二艘，一七，八三三吨。）

潜水艇　　　　　　八十五艘　　　约一三〇，〇〇〇吨

（沉没者十八艘，约二五，〇〇〇吨。）

---

〔1〕布雷潜艇是专门担任布雷任务的潜艇，水雷可通过首舱或尾舱专用的水雷管或舷外的水雷筒布放，用于封锁海上交通线及基地、港口、海峡、航道。布雷活动隐蔽，不易被敌发现，易使敌舰船遭到突然打击。第二次世界大战期间的布雷潜艇，一般水下排水量为 700—2000 吨，携带水雷 20—60 枚。战后，布雷任务主要由鱼雷潜艇承担，不再建造专门的布雷潜艇。

潜艇母舰　　　　　　四艘　　　　二一，四四五吨

改造潜艇母舰　　　　十艘　　　　约八五，〇〇〇吨

我们再据一九四三年英国布拉西海军年鉴 Brassey's Navai Annual 所载暴日现有与在建造中的主要舰艇分列如左：

舰种	已成者	未成者	共计
战斗舰	十二艘	三艘	十五艘
航空母舰	十艘	——	十艘
巡洋舰	三十六艘	七艘	四十三艘
驱逐舰	——	——	一百十六艘
潜水艇	——	——	八十七艘

本年二月十日英使馆新闻处伦敦电：此间对日本海军实力作精确之估计：日本现有主力舰十艘，另一艘或可完成；其中两艘装有十六时口径大炮，为战事开始以来所完成。日本有航空母舰七艘或八艘，巡洋舰三十至三十五艘，驱逐舰七十五艘，潜水艇约八十艘，以及鱼雷艇若干艘。据纽约时报，亦有发表同样的数字；但有说明除一切损失及新造者外，均如英方数字。该报发表：在十艘战斗舰中，包括战争爆发时完成的十六时炮新舰两艘，其舰名或为"大和"及"武藏"。有些人因为日本巡洋舰被击沉者很多，而认为敌国缺乏巡洋舰最为严重，其实日本最感缺乏的乃是驱逐舰，若与美国日益增长的航空母舰比拟，它的航舰问题亦极严重；日本若干巡洋舰，或许尚有若干新战舰，正在改装为航空母舰。

各国关于日本巡洋舰的评论，常述及其舰上的倾斜烟囱，极其笨厚的炮塔，以及低下的船舷。但德国海军专家则称赞这些巡洋舰，认为是最好的海上武器，美国亦非常注意这些设计，日本有这类新型的巡洋舰四十六艘，而美国则仅有卅七艘。

当战争初起之时，美国海军部估计日本有驱逐舰一三五艘，尤其可注意的，这些舰只完全是新的。此数几乎等于英国的驱逐舰，而超过美国所有的约二十艘之多。其中四十艘较美国所有的为小，但在另一方面，其中十六艘一千四百吨的，是惟一携带二十四吋的鱼雷发射管，驱逐舰有这样大的鱼雷发射管，的确是属例外，也是日本造舰设计之另一特点。

美海军航空局长蓝谟塞少将曾对报界称：日本的第一线航空母舰虽几与吾人相等，日本舰队仍避免与美国舰队作战，盖彼等不愿遭受极猛烈的打击。余深信吾人已低估日

本之飞机生产力，彼等所表现之补充能力，颇令吾人震骇。其每月生产量至少当有七百五十架。蓝谟塞又称：日本在北太平洋必有航空母舰之作战舰队，自中途岛一役以来，日方至少在数量方面已改善其航空母舰之地位，彼等会将其他船舰数艘改装为航空母舰。

向来外人对于日本机械方面的发明能力总不太看得起，但它却很有新发明，登陆汽艇母舰之于菲律宾，两人潜艇之于珍珠港，已可证明日人创造力之大。

描写日本所建大型战斗舰的文章，曾在若干国家报纸发表过，包括轴心的德意二国报纸，希望引起日本的评论，藉以对照所猜测的情形与事实，究竟尚差多远。但狡猾的日本，始终不出一言，致使各国无法可知。在日美开战前，日本很少把新舰或已经改装的军舰开往中国海面。在英国所造舰龄已达四十年的"出云"号，一直为驻在中国舰队的旗舰。日本只在中国内河使用较差的军舰，如一九一四年从德国掠去的三个炮舰，新舰则留守本土。

汽油是日本海军的原动力，据一般人推测，以为日本缺乏汽油，不能持久作战，但据美国油商估计，日本舰队在开战时，有足以维持海空军两年用的汽油。九龙一港失守时，日军已将英美油池完全占领，上海及中国沿海十数处，均有同样之事发生，马尼拉亦有大量汽油为日所得。它占领北婆罗洲及萨拉瓦克后，已自能产油。荷印被日本占领时，那里的油井并未毁，其影响所及，正不出美国油商所料。总之，日本到了退守其内防线时，必尽量维持其内线的交通，使其海空军所需要的原动力的汽油得源源不绝，所以今日日本在汽油方面，所抢得的可以补充它的大量消耗。

至于太平洋战争以来暴日舰船损失的统计，据本年八月卅日美国战时情报局所发表："麦克阿瑟将军及海军公报所报敌舰船的损失，自一九四一年十二月七日至一九四四年八月二十六日，计军舰被击沉者四百十七艘，或被击沉者一百八十八艘，伤者三百九十二艘。非战斗船只沉者一千零一艘，可能击沉者二百八十八艘，伤者一千零三十九艘，总计被击沉之船只一千四百一十八艘，可能击沉者四百七十六艘，伤者一千四百卅一艘。"

美国的海军力

美国海军在二十世纪初年的力量，本不足道；到了第一次世界大战以后，始努力进行建设。自一九二二年华盛顿海军条约和一九三〇年伦敦海军条约相继成立，乃得一跃而与英国海军并驾齐驱，遂使美国成为世界一等海军国，在西半球上得独自称霸了。

当一九三二年罗斯福首次当选总统，即高唱建立两洋海军的口号，埋头推行其大海军政策，以备将来同时可以应付太平洋与大西洋的事变；所以美国的大规模的造舰计划，是由一九三三年起始。一九三四年三月，海军委员会主席文生的造舰法案，获得国会通过。该案的内容，就是将伦敦海军条约所允许美国各种战舰的最高限度，在最短期间内完成。一九三四——三五年度的海军计划，是文生法案所规定的造舰计划的第一部份；一九三五——三六年度的造舰计划，是文生法案所规定的造舰计划的第二部份；一九三七——四二年度的造舰计划，是文生法案的第三次所规定的造舰计划。以上二法案，规定建造舰数为二〇五艘，计九十五万吨。第二次文生法案的造舰计划，为期五年。可是一九四〇年七月十九日美国会又通过一种两洋舰队案，较原有的和计划的舰队增加百分之七十。建造程序之完成期原预定为一九四七年，但据推测其中大部份均可于本年完工。兹据一九四一年英国出版之世界海军年鉴，其中有美国海军上校丙干蒙（D. C.Bingham）所述一九四〇年底之美国海军力如左：

舰种	未及龄	逾龄	建造中	合计
战斗舰	一二	三	一七	三二
航空母舰	六	〇	一二	一八
巡洋舰	三五	二	五四	九一
驱逐舰	八五	七四	一六六	三二五
潜水艇	三六	六八	八一	一八五
总计	一七四	一四七	三三〇	六五一

注：五十艘售与英国之逾龄驱逐舰与四十五艘由驱逐舰改造之特种舰，均不在内。

再据一九四三年英国布拉西海军年鉴所载美国海军力如左：

舰别	完成者	未成者	共计
战斗舰	一六	二一	三七
航空母舰	四	二〇	二四
巡洋舰	三九	三五	七四
驱逐舰	一八九	一九一	三八〇
潜水艇	一〇九	六四	一七三

据本年二月十日英使馆新闻处消息：纽约时报亦有同样记载，美国全部海军实力最保守的估计如左：

战斗舰：二十一艘，包括十六吋炮新舰八艘。

航空母舰：十二至十五艘，另有护随及辅助航舰及飞机运输舰数十艘。

巡洋舰：重型及轻型巡洋舰五十至六十艘。

驱逐舰：包括鱼雷艇，共有二百至三百二十艘。

潜水艇：一百六十五至一百九十五艘。

这一枝尚未达到最高峰的美国海军，当然是分布在各大海洋之中。然而我们可以说美国海军主力，尤其是航空母舰及战斗舰多在太平洋。这些并未将被毁舰只包括在内的数字，我们知道美国海军的是月有增加，还在不断的进步继续建造，这便是美国海军能够在欧战结束之前对日主力进攻的理由。

在今年四月间，据全美舰队总司令兼海军作战部长金氏向前海长诺克斯报告美海军之扩充时称：二年以前，认为海军不能满足两洋制之要求，今则已切实把握主动，并在推行普遍之进攻。全部人员已从四二〇，五二二人，增至二，七六五，七四四人，其中计海军二，二五二，六〇六人，海军陆战队三九一，六二〇人，海防队一七一，五一八人。海军之造船力已大形增加，航空母舰之建造实代表吾海军这般计划最可观之一面。一九四一年十二月七日，美国计有第一线航空母舰七艘，护航舰一艘，商船改装之航舰一艘；但至一九四三年底，除已在服役中各式航舰五十余艘外，尚有大批已转让于英国之护航舰。最重要之成就为登陆艇之建造，吾人参战时，所有之登陆艇约有二十五万吨，一九四三年上半年又增至三十三万吨有奇。

本年五月间美海军航政局长科克尔少将发表演说称：美国海军刻有军舰一千三百艘，各种辅助船只四万三千艘以上，而德军进侵荷比时，吾人仅有军舰三百八十艘，辅助船只六百八十艘。过去十八个月来，我国舰队获得各型航空母舰几近百艘，其中自小型护航母舰至"爱克塞斯"级之巨型母舰无不有之。一九四四年最初四个月内，交付舰队之军舰至少有一百八十五艘，辅助船只一万五千艘以上，总吨数近一百五十万吨。本年内吾人预定完成新舰船四万一千艘以上，共三百五十万吨。吾人并藉航务委员会之助，计划以商船改装为海军舰船，总数约六百六十艘，总吨数在二百五十万吨以上。

美海军部公布：自一九四〇年七月国防计划实施以来，庞大无比之造舰计划，已使美舰队扩至十倍以上，来年我舰队更将从事更大规模之战争。八月十八日美护航驱逐舰

"格拉第"号完成时，美海军将握有军舰一千一百四十九艘，较四年前多三倍。四载以来，海军飞机激增二十倍，明年七月，更将较今日之总数增加百分之二十五。就造舰计划所示，则至一九四五年六月三十日，全部舰队将较现在约可再增百分之一百。

此外，美国参加欧洲战事之海军特种部队共有舰船一千三百艘，其中战斗舰"内华达"号，"阿肯色"号，及"得克萨斯"号三艘，巡洋舰"奥格斯塔"号，"塔斯加鲁萨"号及"昆西兰"号三艘以及驱逐舰三十余艘，其余为运输船，驱逐舰供应船及各式登陆艇。

英国的海军力

英国自一五八八年战胜腓力普第二的西班牙无敌舰队，海军基础因以确立。一八〇五年战败拿破仑的法西联合舰队于特拉法加，遂独占了海上的霸权。一九一四年大战的前夜，英国海军力是世界第一的，战后因财政困难，及美国之锐意扩充海军，在华盛顿限制军备条约中，二强政策亦不能不取消，降而与美国处于平等的地位，这种现象一直维持到一九三六年底华府海约及伦敦海缩条约失效为止。自从希特勒在慕尼黑所演之一幕剧后，使英国受到很大的刺激，因之对于一切海军计划，不得不极力加强，军备竞争之最后一刻间，英国曾努力以谋改良其地位。一九三九年之初，英国在建造中的战斗舰、巡洋舰、航空母舰及驱逐舰，比任何欧洲国家或日本为多。一九四〇年一月一日，美海军部曾公布一列强海军实力比较表，兹将其所计英国海军的实力，揭示如左：

舰别	已建造者		建造中者		总计	
	舰数	吨数	舰数	吨数	舰数	吨数
战斗舰	一四	四四五，五五〇	九	三三五，〇〇〇	二三	七八〇，五〇〇
航空母舰	六	一〇五，二〇〇	七	一五二，七五〇	一三	二五七，九五〇
重巡洋舰	一五	一四五，六二〇	〇	〇	一五	一四五，六二〇
轻巡洋舰	一六	二〇五，九四五	二三	一五八，〇〇〇	四九	三六四，四四五
驱逐舰	一一一	一六一，八一四	三九	七〇，〇二五	一四五	二三〇，八二九
潜水艇	四六	五四，三八五	一四	一三，八二〇	六〇	六八，二〇五
共计	二一七	一，一一七，五〇四	九二	七三〇，〇九五	三九〇	一，八四七，五九九

据英国布拉西海军年鉴所载一九四〇年的英国海军力，当属正确。兹将当时完成者与未完成者的各种舰艇分列如左：

舰别	完成者	未成者	共计
战斗舰	一四	九	二三
航空母舰	八	六	一四
巡洋舰	六三	九	七二
驱逐舰	一五〇	三二	一八二
潜水艇	五八	七	六五

一九三四年以至一九三五年，是英国海军力达到最低潮的时期，脆弱的大舰队（Grand Fleet）半已窳旧，它的海军配备又很脆弱，而海军根据地也未充分发展，所以当一九三五年至一九三六年，意大利公然向英国海上生命线采取攻势时，英国只好规避它的挑战。但英国的十五万万镑的五年军备扩充计划中，海军的扩张充实，是企图使英国海军在质量两方面，凌驾世界各国的海军，以保护英国的海上交通线。依照英国每日电闻报的海军通讯员白华脱所说，在英国的造舰计划完成之后，英国海军将拥有主力舰二十五艘，巡洋舰七十艘，航空母舰九艘，新式驱逐舰一百五十艘，和六十艘至七十艘新式潜水艇。当时英国造舰计划显然是企图超越那三个假想敌，即日德意的整个造舰计划的。英国海军力的复活，将使它在欧洲和非洲的海上，占着绝对的优势。所以在意大利海军未投降以前，和德国海军控制法国海岸之时，英国的海军主力是分配在本国，大西洋岸及地中海一带，所以在印度洋及远东方面，英国惟有采取防御的战略而已。所以英国除非与美国海军联合，决不会与日本作单独角力。英国海军的扩充，固可大大增强它在欧洲的地位，增加它对德进攻的力量！但在德国未临溃败以前，它很难将大部分的舰队转移到印度和远东方面。

查英国加入战争的舰队，有战斗舰十五艘，巡洋舰五十二艘，航空母舰八艘，及驱逐舰一百六十三艘，尚有其他驱逐舰三十六艘在建造中。据去年英国海军年鉴所载英国海军实力如左：

舰别	完成者	未成者	共计
战斗舰	一五	四	一九
航空母舰	七	三	一〇

（续表）

舰别	完成者	未成者	共计
巡洋舰	三四	一一	四五
驱逐舰	一八九	四八	二三七
潜水艇	三六	九	四五

一九四三年九月八日，每日先锋报海军记者称：自四年前开战以来，英国已损失军舰四百零二艘，平均每星期的损失军舰二艘，但此损失均已由新造之舰补充，且超过甚多。英国在历史上最剧烈海战之损失如下：主力舰五艘，航空母舰七艘，巡洋舰二十五艘，武装商轮之巡洋舰十四艘，驱逐舰一百零二艘，潜水艇五十八艘，巡洋炮舰二十艘，渔船一百七十一艘，合计四百零二艘。一九三九年九月三日吾人有驱逐舰一白八十五艘，今日虽损失一百零二艘，但估计吾人现有驱逐舰三百余艘，而在开战时所未有之巡洋舰二百余艘尚未在内。

据本年八月纽约论坛报指陈：当德国在西方被击败时，英国即将用其全力以对付日本。该报并认为英国海军上将福拉塞调任东方舰队总司令一事，实为对日战争中之一重大事体。日本之海军，今后即将遭受英国下列各主力舰之攻击：计有"瓦斯派特"号、"依利莎伯皇后"号、"勇敢"号、"马来亚"号，排水量各三万一千吨；"乔治第五"号、"约克公爵"号、"安逊"号、"豪伊"号，排水量各三万五千吨；"纳尔逊"号、"罗得尼"号，排水量各三万三千九百吨；"显赫"号三万二千吨；"至尊"号、"雷末利"号、"决心"号、"复仇"号，二万九千吨；"雄狮"号四万二千吨，此外复有四艘尚未命名之四万二千吨主力舰。统计英国舰队最少有主力舰十九艘，巡洋舰驱逐舰等当在三百艘左右。

敌我海军力损失比较

以上所述是日本与英美两国海军力的概况，但我们若不知道敌我海军力的损失情形，则亦无从比较其实力。据本年八月间所得英方确实消息，（为各报杂志所未发表）指出英美与日本自开战以来海军的损失真相如左：

舰别	美国	英国	日本
战斗舰及战斗巡洋舰	亚利桑那号（一艘）	皇家橡树号 胡特号 巴汉号 威尔斯亲王号 却敌号（五艘）	金刚级（二艘）
航空母舰及水上机母舰	勒克星敦号 约克坦号 黄蜂号 大黄蜂号 里斯康湾号（五艘）	光荣号 勇敢号 皇柜号 赫麦斯号 鹰号 大胆号 复仇号（七艘）	龙鹤号 凤翔号 加贺号 赤城号 苍龙号 飞龙号 矢刿丸号 日田丸号 田沙子丸号 山田丸级一艘 瑞穗号级二艘 未证实者一艘 （十三艘）
重巡洋舰	豪斯吞号 琴稷号 焚森兹号 阿期托利亚号 诺坦普吞号 芝加哥号（六艘）	约克号 厄克塞忒号 多塞特号 康瓦尔号 康伯纳号（五艘）	三隈号 最上号 衣笠号 未证实者八艘 （十一艘）
轻巡洋舰	三艘	二三艘	未证实者一七艘
驱逐舰	四三艘	一一七艘	已证实者九〇艘
潜水艇	二〇艘	六五艘	已证实者四三艘
特务舰及辅助舰	七八艘	三一六艘	一〇四艘
总损失	一五六艘	五三八艘	三一六艘

又据美国陆海军公报而编辑的统计：美方自珍珠港事件发生以来，截至本年八月止，美军已击毁日本作战舰只三百二十七艘，即战斗舰三艘，航空母舰七艘，巡洋舰六十艘，驱逐舰一百五十艘，潜水艇十五艘，及各种作战舰只九十二艘。此外并击毁非作战船只一千六百七十七艘，自大型货轮及运输轮至海岸船只不等，而击毁之驳船二千余艘与内河小艇舢板等千百艘尚未计及。日本因航空母舰巡洋舰与驱逐舰损失惨重，使其舰队失去均衡，日舰队在过去所以避匿不敢出而应战者，或为是故，因此等舰只为战斗舰队之主要屏蔽。自太平洋战争以来，美海空军至少击毁敌舰轮二千零二艘，为有史以来予敌封锁战中最大之打击，由此可以窥见日本帝国及日本海军已面临一种严重的局势。彼等并指出美国海军同时正在激增，美国现有作战舰只逾一千二百艘，只在太平洋而言，即有各型航空母舰一百艘。

据英国海军界富有权威最新出版之"真氏世界战舰年鉴",指出盟方海军因新建进攻舰只,而在继续增强时,日德舰队则正日趋减少。德方主力舰"特里比兹"号与"格奈塞瑙"号被击毁后,已无可以作战的主力舰。日除新近完成之四万五千吨主力舰武藏号及大和号外,别无可以称道者,惟共损失舰只之名单,日益增长而已。该书更明白指示:一旦欧战结束之后,同盟国家究有多少海军可以对日作战?据称:美国服役之航空母舰有一百艘,英国有四十艘。美国本年有四万五千吨级之新战斗舰两艘可以下水,届时美战斗舰之数目,即可增为二十四艘。同盟国有登陆艇八万艘以上,仅美海军在本年一月间即有四一六七艘。此外尚有法、意、荷、挪、南、希等国海军之舰□。法战斗舰吕希留号及约翰巴特号正在美国装修,尚有法舰数艘在英美建造,以充实法国之新海军。日本刻已完成四万五千吨至战斗舰两艘。

敌我海军力的对比

至于美日两国的现有海军实力,据美方的估计,在这里可以做一个大概的比较:

舰别	美国	日本
主力舰	二二	一一——一二
航空母舰(第一线)	一九	七——八
改装或护航的航空母舰	三〇——四〇	五——五〇(?)
巡洋舰	五二——六二	三〇——四〇(?)
驱逐舰	三一五——三三五	七〇——九〇
潜水艇	一七二——二六五	八〇——一〇〇

上列数字只指在服役中的舰只,受伤或刚下水或在建造中的都不包括在内。至于表中的第一线航空母舰,美国方面包括巡洋舰改装的母舰,日本方面包括大型商船或军舰改装的母舰在内,至于护航驱逐舰,鱼雷艇,小型潜水艇都未列入。

比上列实力比较更足令人兴奋的,是美国的舰队和空军实力增长得很快,日本望尘莫及。美国每月的飞机生产量在九千架以上,日本也许只有一千五百架,我方的现有优势可望大见增长。

据纽约时报评论美日海军之实力称:中途岛之役以后,日海军实力大减,其损失之大甚于吾人，其补充之速则不及吾人。敌方之损失，多为航空母舰、驱逐舰、巡洋舰与精练之船员。日海军员兵之死亡额应有十万人，美方则仅四万一千人。迄今日为止，敌海军员兵已为战初之三倍，美方则为十五倍。美舰之实力，亦三倍于往昔。美国之各型军舰，不但优于日舰，且其优胜之条件，仍有增无减。日人之拒不出战，自非无因。敌人自将秘密尽量扩张实力，但亦不能长此以往，盖吾人之海军今正向其强大基地前进。吾人之攻击力量，已可及菲律宾，敌人对台湾之安全亦感焦虑。日本之商轮，今日亦不断衰减中，目前所有，约为战前三分之二。

作者自大战发生以来，对于各国海军力，天天在不断的研究而所收集的世界海军资料确亦相当可观。据我所知，将敌我的海军实力来做一个比较。一九四一年初，美国主力舰、航空母舰、巡洋舰、驱逐舰及潜水艇等总吨数，等于一百三十万吨，日本为一百万吨；如包括其他船只，美国则有一百九十万吨而日本有一百四十万吨。一九四一年美国在已成的军舰之中，有主力舰两艘，航空母舰一艘，大潜水艇一队；但日本海军在一九四二年初，也补充不少大小单位，其中主力舰的排水量在四万吨以上。一九四一年一般的说，可谓日寇的造舰年，它造好了大量的新舰只，这一年完成了一九三六——一九三七年奠基的主力舰。一九四一年日本海军增至二十二万吨，美国海军只增十八万吨。因美国海军有一部分须置于大西洋，一九四二年初，海军力量相互关系，其相对的优势，依然操在日本的手里。

但在最近五年内（一九四一——一九四五年），美国军舰的建造，每年平均最低限度，可达六十万吨，而日本充其量只能达十三万至十四万吨。一九四二年末，日本海军对英美相对的优势，已改变得于日本不利，并将继续加深。据美方确实估计：日本有主力舰十艘，航空母舰七艘或八艘，巡洋舰三十至三十五艘，驱逐舰七十五艘，潜水艇八十艘。据东京估计：现在美国拥有主力舰二十艘，航空母舰六十五艘，巡洋舰五十至六十艘，驱逐舰三百艘，潜水艇一百六十五艘。依此计算，美日两国海军力的比较，主力舰为二与一之比，航空母舰为八与一之比，巡洋舰约为二与一之比，驱逐舰为四与一之比，潜水艇也为二与一之比。计全部舰只，美国为六百一十艘，日本为二百零八艘，则美国与日本海军力之比，是为三与一之比，美国实超日本两倍的实力。

至于英国的海军力，据英国海军年鉴所载，自属正确，计主力舰十五艘，航空母舰七艘，巡洋舰三十四艘，驱逐舰一百八十九艘，潜水艇三十六艘。若合计英美两国的海军力，则主力舰为三十五艘，航空母舰为七十二艘，巡洋舰为八十四艘，驱逐舰为四百八十九艘，潜水艇为二百零一艘。计全部舰只，英美为八百八十一艘，日本为二百零八艘，则英美两国与日本海军力之比率为四与一之比。

结　论

但我不可过于低估日寇海军的力量，而疏忽它的战略与其主力的所在，而致减少我们进攻部署的力量。目前日寇由于"陆主海从"与"决不滥用舰队"的战略指导下，它是把它的国宝——主力舰队隐藏起来，它忍受着美国海军挑战骂阵的凌辱，挂起免战牌。马绍尔避战于前，土鲁克复隐退后，马利亚纳与菲律宾间的海战，即星夜逃窜于台湾吕宋之间的海峡，上月初美舰在小笠原以东海面歼灭了敌方的护航舰队，却始终搜捕不着日海军主力。其后在帛琉岛与摩罗泰岛登陆战中，日舰亦避不出战；最近在台湾以东吕宋之北的海战，日舰队一遇了美特种混合舰队竟亦掉头逃遁，这并不是它已无决战能力。不，实际上，日寇海军仍保有相当强大的主力，它在过去与现在之屡次避战，实为保存其实力，以作未来之决战。它的避战，在空间与时间上均有限度，不是坐而待毙，企图在有利的时机，有利的地带，和有利的其他条件之下，作孤注一掷，以求侥幸于万一。

中国乃远东战场的主力，也是最后击败日本的场所，所以应如何增强中国战场，作为反攻的基础，乃当前的急务，日本海军力之不如英美，既如上所述，而它之得以抵抗盟国，亦只剩此法宝。所以盟国欲以充分的力量援助中国，以为击败日本之用，必须加紧进攻日本基本防线与它的基本海区，打开中国沦陷区的前门，夺回中国沿海的重要港口，欲完成这一任务，一部分力量必须由英美远东舰队由印度洋出动，攻取新加坡取道南中国海前进。但是最便捷之路，更有赖于美国海军加速进攻日本基本海区与其基地，收复菲律宾，进攻台湾，作为登陆中国的基地。

再看最近美国所以能在太平洋获得惊人的进展，而进攻琉球、台湾、在菲岛登陆，完全由于在海空军方面占优势，目前美国在太平洋与的战略，也完全以此为关键。因为在能够打开中国东部的一处港口，打开中国或通日本本土的门户之前，太平洋的战争仍旧是一种两栖战争，在美国能以大量军队和供应品开入中国东部或进入日本本土之前，海战决不能成为陆战，日本目前虽注重中国大陆的侵略战，而求打通大陆与其本土的交通线，但它的内心实尤注意海上的战争，所以它由开战到了现在，仍不肯轻易牺牲它的海军实力。

总而言之："战争是武力的对比"，现在英国远东舰队已在印度洋发动攻势，而美国强大无比的舰队已击中日本的要害台湾，且在菲律宾登陆，中国大陆实已在望。在此情况之下，日寇必不甘坐而待毙而亟求一逞，今后的日本海军为保卫其海上基本防线与在台湾、菲岛及中国间的基本海区，在不久的将来，或可能倾其残余的力量，作孤注一掷。若它的海军再深匿内圈，长期潜伏，待盟国的海军实力日渐强大，再转移攻德的海军力于远东，会师于中国海，进攻其本土，则日寇所处的形势当愈趋恶劣，势必进将不能再战，退亦无法自保。是以西太平洋上的海战，正方兴未艾，而英美海军的首要任务，就应趁此时机，用尽方法，消灭日本的海军，日本海军一旦毁灭，则它的溃败至于投降之期当不远了。

（十月二十一日）

编者案：郭先生此文成于菲律宾大海战之前夕。十月廿五至廿六日第二次菲律宾大海战发生，（第一次指六月间塞班登陆前吕宋塞班海面之战），美国获得决定性胜利。

十月廿六日官方统计：台湾海战中日本损失航空母舰二，轻巡洋舰二。可能击沉航空母舰一，主力舰二，击伤者，主力舰二，巡洋舰三。

圣比那狄诺海峡海战中，击沉日本重巡洋舰一，普通巡洋舰二，驱逐舰一，击伤主力舰四。

苏禄海战中，击沉日本主力舰一，重巡洋舰一，轻巡洋舰一，驱逐舰四。

据十月廿九日美太平洋舰队总部正式公布第二次菲律宾海战[1]初步结果：

敌舰被击沉者：战斗舰三，航空母舰四，重巡洋舰六，轻巡洋舰三，小巡洋舰或巨驱逐舰三，驱逐舰六。

---

〔1〕即莱特湾海战，是太平洋战争后期美、日海军在莱特湾附近海域进行的战役规模的海战，包括锡布延海战、苏里高海峡之战、萨马岛海战和恩格诺角海战。日军共出动攻击型航空母舰1艘、轻型航空母舰3艘、战列舰9艘、重巡洋舰13艘、轻巡洋舰6艘、驱逐舰35艘、潜艇14艘、飞机700余架，兵力4.3万人；美军共出动攻击型航空母舰8艘、轻型航空母舰和护航航空母舰26艘、战列舰12艘、重巡洋舰10艘、轻巡洋舰14艘、驱逐舰111艘、潜艇29艘、舰载机约1400架，兵力14万人。海战从1944年10月23日至26日共进行四天，双方损失：日军沉航空母舰4艘、战列舰3艘、巡洋舰10艘、驱逐舰9艘、潜艇7艘，损失舰载机100架，死亡约1万人；美军沉航空母舰3艘、驱逐舰3艘，损失舰载机150架，死亡1500人。此战使日本海军丧失了进行大规模海战的能力。

被重创及可能击沉者：战斗舰一，重巡洋舰三，轻巡洋舰二，驱逐舰七。

受创逃逸者：战斗舰六，重巡洋舰四，轻巡洋舰一，驱逐舰十。

美国损失：轻航空母舰"普林斯顿"一，护航母舰二，驱逐舰二，驱逐护航舰一。

十月二十七日美海长演说建舰成绩称：一九四四年增加四万五千吨主力舰二艘，二万七千吨航舰七艘，护航航空母舰四十艘，巡洋舰十五艘，驱逐舰八十五艘，护航驱逐舰二百余艘及潜水艇多艘。

世界海洋交通与这次大战[1]

（1945 年 2 月）

一、绪 论

在今日世界大战中，谁能握着世界海洋上的交通，谁就能占着优势的战略地位，哪一个国家倘被长期封锁，而无出海之路，它就拥有强大的陆军空军，也不容易翻身。哪一个民族如果不能习于航海，这个民族就会趋于文弱。所以，海洋对于战争，对于国家，对于民族，都有很大的关系。我们中华民国拥有广大的土地兼有深长的海岸，且位于太平洋的西岸，能不注意海洋么？今特介绍世界海上的交通与其重要性于下：

海洋的重要不在它的渺茫无际部份而在它的弯口部份，有几处要点，只要控制得住，便可以控制大部份的远程海洋交通。英国海权的基础便在它能由苏格兰堵塞波罗的海，能由英格兰控制北海全部海岸，在直布罗陀和苏彝士控制地中海。巴西突出部份和非洲突出部份中间的南大西洋，只要有一千五百浬的有效海上巡逻，便可以加以封锁。绕好望角的通路虽然非常容易通过，绕道麦哲伦海峡合恩角的通路却很危险，可能时总予避免，这便是巴拿马运河的价值所在。由印度洋到中国海只有三条路通：常经的路线便是取道麻六甲海峡，经新加坡入中国海；取道澳洲和荷印之间的托列斯海峡；以及澳洲以南的宽敞海洋。有些人怀疑美洲以北是不是有一条可靠的北方航线存在；至于欧亚两洲以北的北方航路则每年约有四个月可以通航。

南极洲北岸附近环绕全球的一条优良不冻航路差不多等于无用，尤其是巴拿马和苏彝士两条运河通航以后为然，因为这条航路所经过的地方是人迹所罕到的。

---

[1] 此文发表于《海军杂志》。

许多海洋国家的势力都曾经远超过他们的国力的比例。腓尼基人、迦太基人、古希腊人、阿剌伯人、葡萄牙人、北欧人、西班牙人、热那亚人、威尼斯人、荷兰人、英国人和日本人都是例子。这些海洋国家都没有广土众民，只是建设一些根据地，以作港口及供应站，由此而活动，对于大陆腹地倒是不大注意的。

十九世纪是海权达到最高点的时代，航路在技术和设备方面都进步到极点。由航路造成了自由贸易，自由贸易造成了繁荣，在这种情形之下，最大航海帝国首都的伦敦，便成全世界金融机构的中心，即著名的海洋国家的首都大埠非在沿海一带，也要设在近海交通便利的地方。

美国海军大将马罕（Alfred Thayer Mahan）对于这件事深有所感，所以他便响应刺里爵士（Sir Walter Raleigh）的话说，"世界强国是以海权和商务为基础"。

在战斗舰和远洋船只可以不容易被潜艇和飞机击沉或能运载本身所需赖以保护的足量飞机之前，或以陆地为根据地的战斗机航程可以和现在的轰炸机相比拟，俾得经常保护船舰之前，或孤立的海空军根据地，其设防程度和供应能力，可以支持无限制的陆空军袭击，经数月之久以前，所谓的海权能否确保实勘研究，这种情况是马罕将军所没有预料到的。

有些专家预料未来将由庞大的空中货船运载全世界的货物；另有一些专家则认为飞机可以补充船只的功用却永远不能完全代替船只的。但我们可以承认除非海军，尤其是航空母舰和供应船，能多量扩充，则一个纯粹的海权国家要扼守航海险要地点，是极端困难的。

二、从北冰洋到太平洋

联络北冰洋和太平洋的是白令海峡，这个海峡最狭处只有五十浬。所以与其说它是一条障碍线，毋宁说它是一条桥梁。美洲印第安人的祖先在不算很久以前由亚洲移到美洲便是取道这条路线，就是过去俄国探险家占领阿拉斯加渡过白令海峡时，并没有什么困难。

白令海峡只有冬季结冰，夏季的积冰界线是在北部及东部很远之处。在夏季期间，由这里远至苏联堪察加的尖端还可以发现浮冰，这便是说不仅阿拉斯加的一切港口在理论上可以通航，而且加拿大的北冰洋港口如阿克拉维克等也有几个月可以通航，由这里到格陵兰也想像得到有航路可进。这完全是日本的暖流有一支经过海峡的中部向北流去的缘故。

白令海峡的交通虽常受浮冰的阻碍，但是苏联的船只却于夏季的几个月中，在破冰船护送之下，利用这条海道，在海参崴和摩尔曼斯克、亚尔干日尔之间来回通航。倘若北冰洋一带能够建立许多设备完全的航空站之后，则在西伯利亚东部的城市也许宁求近便阿拉斯加的诺姆、科的亚克，甚至西特卡各处的接济。白令海峡的主要战略价值在于它是货船的通道，在空中运输机能够完全替代货船以前，北冰洋沿岸的航空根据地的给养是需要货船来供应的。

白令海峡的南部，几乎完全被包围起来的海面，南方以美国的阿留申群岛为界，这一条群岛一直横过太平洋以迄距离苏联的科曼多尔群岛三百浬以内的地方，距堪察加的彼得罗巴夫罗斯克不到六百浬。彼得罗巴夫罗斯克距离千岛群岛的幌延岛上最接近的日方根据地只有两百浬。阿留申群岛中最远的阿图岛是不适于居民的，最远的美国前哨站是吉斯卡岛，距东京仅二千浬，欲把阿留申群岛构成进攻日本本土的最大攻势阵地，在攻守两方面都须有良好的设备。如果苏联参加美方作战，从科曼多尔和吉斯卡出动的海军，美苏空军也可以从这些根据地出动，进攻日本本土。但是在这北方从事军事活动的最大障碍，便是恶劣的气候；这一带风很猛烈，寒暖流会合时所造成的雾，几乎终年笼罩，空中活动自然份外困难，现代美国海空军已积极从事打破这种障碍，以求配合整个太平洋对日的攻势。

三、从北冰洋到大西洋

大西洋的面积在北方有一处被紧缩，然后再与北冰洋相接，这里有一条终年不冻的活水道。在靠近冰岛洋面，有时会碰着冰山，由这里离开千浬外的纽芬兰近海，是一样的情形。但是挪威附近海面，靠着湾流之助，比较不大冻结，这一带不冻海面向南几乎一直可以延长到斯披兹贝尔根群岛。在冬季期间，格陵兰常藉着一片坚厚的积冰，和斯披兹贝尔根联接起来。但是格陵兰的南端和西岸一直到哥德哈布，沿岸都不大冻结，冬季的温度不会比美国北部的法尔哥和丢庐斯更低。在夏季期间，如果雾不大的话，美国与苏联之间海洋和空中两方面完全可以通航。

格陵兰东岸大部份都冻结，积冰伸出海面，但有两处可能登陆，即安格马萨利克和斯科尔斯皮桑德。运输机如果能由斯科尔斯皮桑德起飞，到挪威的纳维克不过千浬，和冰岛与纳维克中间的距离差不多。如果有紧急需要的话，一切物资也可以由斯科尔斯皮桑德很快的用飞机运到英国去。

而在另一方面，德国如果占领了英国或占领冰岛，它便可以建设安格马萨利克和斯科尔斯皮桑德为供应站，作为进攻北美的踏脚石。但是德国因为没有强大的海军，只有蹂躏欧陆，无法向海洋进展。

斯科尔斯皮桑德以东三百浬的小火山岛沾梅原，常为捕鲸者加以利用，船舶也可利用它稍得荫蔽。如果用作水上机的中间根据地，那么到挪威海岸还不及六百浬之远。在夏季期间，美国供应船可经过格陵兰和冰岛到苏联北部的摩尔曼斯克去。

现在战争几为制海权和制空权的伟大争夺战，每一方面都在争夺这种在海陆两方面获得进展的先决条件，所以在大西洋上的格陵兰、冰岛、设德兰群岛和法罗群岛都是极端重要的战略据点。观这一次战争中双方为争夺北冰洋和大西洋间通路的控制权，曾发生过几次重要的海空战。如果在欧战初期，轴心国家能控制这一条通路，则英国早已危殆，而美国亦必受重大的打击，所幸这条通路始终为联合国家所控制，美国物资得源源输入英俄，接济盟国，得以封锁轴心国家，开辟欧陆战场，围困而击败轴心的国家。

四、北冰洋

地球上除南美洲外，适于居民的陆地之大半以及全世界人民的大部份都在北半球。北半球的中心便是北冰洋。北冰洋是一个多岛海，像地中海一样，有两个出口，一个在挪威和格陵兰之间通至大西洋，长九百浬，另一个出口通太平洋，只长三十六浬，便是白令海峡。

北冰洋有好些部份都在大部份期间冻结，差不多全部洋面都有一部份期间冻结。例外的还有沿挪威海岸迄摩尔曼斯克一带，因为湾流的最后一支可以冲流到这里。事实上，自从近代人们注意热带开发以来，人类似乎总在尽量避开北冰洋和它的沿岸地带，这不仅为了气温太低，而且半年白昼半年黑夜的情况也实使人难以适应，但是现在的情势都在变动了。

从来不怕寒冷的俄国人，逐渐发现在破冰船护送之下，每年大概有四个月他们可能经过沿岸北部海岸由亚尔干日尔到鸟厄伦，彼得罗巴夫罗夫斯克和海参崴去，他们果然试验成功。然后他们又设法在北极圈以北很远的河口和海湾内开辟城市，引诱人民自动迁到那里去居住。

北极情况的变迁可说是飞机促成的，因为目前轰炸机所能飞行以及新式运输机所能飞行的三万六千呎高度，在北极上空，不比在赤道上空冷多少。未来运到苏联和挪威的供应品，也许可以用比现在还大的飞机飞过平静冻结的区域运过去。如果连通北极，由洛杉矶到莫斯科比到里约热内卢还近些。由底特律到纳维克比到佛吉尼亚州的诺福克近些，比到西雅图也只远了一点。由纽约或波斯顿到马尼拉的最短航空线是取道北冰洋、西伯利亚、中国东北四省和中国海，轰炸机和巨型运输机迟早总会取道这样路线，中间大概只要降落两次便够了。

轴心的军舰和战斗机屡次企图阻截联合国家经由摩尔曼斯克对于苏联的援助，但都失败，尤其是由德国主力舰丧失殆尽的情况之下，这一条路线已完全为英美和苏联所控制了。

五、麻六甲海峡

由太平洋对印度洋的水道中，要算马来半岛和苏门答腊间的麻六甲海峡以及英国的华侨城市新加坡为最著名和最重要了。平时到印度或欧洲去的大部份航运，大都是取道麻六甲海峡，因为这一条水路比其他水路安全些也更实用些。就战略而论，它只怕空军掩护下的海陆两路进攻。一百多年以前，伟大的莱佛士[1]主张把爪哇等地交换马来半岛顶点的弹丸小岛时，许多人都以为不智，可是以后却证明他是对的。

新加坡适当对中国海和荷印的要冲，麻六甲海峡之东可以经过无数小岛通中国，它的西面则为舰队的良好隐蔽所在。日本以闪电战占领新加坡，不仅是对于传统海权理论的致命打击，而且使日本确能经过麻六甲海峡进入印度洋。但是日本以海军力有限，又没有优势的空军保护，所以它的舰队无法占领孟加拉湾而进攻印度洋上的筦钥锡兰岛。

---

〔1〕莱佛士（1781—1826）英国殖民者。1795年任英国东印度公司职员，1805年被派往槟榔屿，任公司助理秘书。英国占领印度尼西亚后，于1811年至1815年任英国驻爪哇副总督，推行有利于英国工业资本的政策。1818年至1823年任英国驻苏门答腊明古鲁的副总督。1819年1月代表东印度公司与柔佛苏丹侯赛因·东古·隆和天猛公签约，以每年八千西班牙银元的代价取得在新加坡的居留权，并竭力使新加坡成为英国在东南亚的主要商港。

空权的发展已使水陆区域作战的性质发生重大的变革，不过在军队，供应品和必要作战装备仍须由船只运输的期间，麻六甲海峡仍旧是一条主要的交通线。如果盟军能收复这条海峡，则英国和荷兰的失地当亦不难收复，日本在中国海西岸的占领区域也是岌岌可危而不能长期保持的，而且它的失败之期必不在远。

太平洋战争初期，英国、荷兰和美国失去它们的东印度属地，一部份由于缺乏准备；但更重要的是由于准备错误，没有认识这一区域对于海陆空三方面良好配合作战会遭受多大压力。今日要收复缅甸，配合菲岛作战，夺回已失去在中国海的主动地位，则收复麻六甲海峡和新加坡乃是最切要的步骤之一。

麻六甲海峡以东，在澳洲的约克角和新几内亚之间的是托列斯海峡，它的宽度虽有一百一十五浬，但在海峡中间因为有珊瑚礁、浅滩、沙洲和小岛密布，航海保险公司往往拒绝经过这条海峡的船只保险。查在战前，由巴达维亚到布里斯班实有一条定期航线经过托列斯海峡的威尔士亲王水道来往着，无论如何这条海峡总是险途，东面有大堡礁为航海者的畏物，西面通亚拉佛拉海的入口处大半被珊瑚礁拦阻着。

六、巴拿马运河

巴拿马运河是美国在世界交通上的大动脉，尤其是美国在这次战争的主要贡献。没有这条运河，则美国远洋舰队不能迅速集中。一般人都认为苏彝士运河是一种和平的设施，而巴拿马运河则主要是一种军事设施，目的在使美国海军能够在两洋作战，实力得以加增，使它在战略上先占着优势的地位。

一八八〇年，美总统海斯曾声言巴拿马是美国海岸线的一部份，但在两年以后首先开发这条运河的是法国人，因为法人主张海平运河的计划，而不依照一种水闸运河的见解，所以没有成功，可是在法国失败二十年以后，美国即成就这有史以来的世界最伟大的交通工程，而美国战略家所渴望的巴拿马运河得以开通了。

巴拿马运河包括通海的水道在内，约有五十浬长，其中有一大部份是沿用原有的加敦湖，筑有极大的东水堤叫做加敦堤，马拿马地峡刚好在这个扭曲的地方。查每年通过这条运河的船只吨数比通过苏彝士运河的少些，但世界最大的船只是不能通过这条运河，也许在战后美国会把它放宽。

这条运河的开通使全世界商务机构为之改观，尤其是与这次世界大战有莫大的影响。

由纽西兰和海参崴到利物浦，取道巴拿马运河比取道苏彝士运河近些；由南非的好望角到旧金山的海程比纽约的远不了多少；南美的西海岸距纽约比距旧金山还要近些，使美国海军加以保卫也见容易得多，现在除作战必要时，绕道南美南端长而难走的航线机会没有船只走了。

美国有了这条运河，使它的国防问题也发生了重大的变改。问题的一部份只在控制巴拿马运河本身以防攻击或破坏。在大西洋方面，运河已因巴西的突出部份和加勒比海群岛与此次欧战发动后以五十艘驱逐舰交换英国属岛，而得到严密的防卫。但在太平洋方面，它显然暴露于陆路或由南美太平洋岸各根据地出动的飞机攻击之下，尤其是在太平洋战争初期，美国对于这方面的防卫是特别考虑的。美国因为防止敌方军队在中美或南美的西岸任何地点登陆，使它的海军任何特别加重，幸亏有巴拿马运河，使这些任务得以完成。在珍珠港事件发生时，美国觉得必须以陆上为基地的飞机防止敌方航空母舰上的战斗机或小型轰炸机偷袭加敦湖区的水闸，使它无法施行大规模或准确的轰炸，但自美国在太平洋上取攻势之后，和它的强大无比的海空军迅速进展之中，尤其是它的舰队进逼日本内线的今日，巴拿马运河的地位益见巩固了。

七、印度洋上的交通线

印度洋不是大洋，它是对着南冰洋的一片大海湾；而所谓南冰洋也不是大洋，仅是给予其他大洋邻接南极洲部份的名称。所谓印度洋仅是好望角和澳洲的留文角（Gape of Leeuwen）之间的一片海面。从好望角到澳洲的佛利曼特勒尔有四七一一浬，从两角间的交通线到这大湾的顶端，例如印度的喀喇蚩也超过四千浬。

印度洋西边是以非洲和阿剌伯的哈达拉毛的海岸为界，东边是以缅甸、泰国、马来半岛、荷属东印度和澳洲的海岸为界，顶端分做两部份，即阿剌伯海和孟加拉湾，隔在中间的是印度半岛。

西北还有两个的袋形海湾，就是亚丁湾和阿曼湾。从亚丁湾通到红海，经苏彝士运河而抵欧洲；阿曼湾则通波斯湾，再经伊拉克利用公路可通到黑海，达达尼尔海峡和苏联。从亚丁湾或阿曼湾向西北到北海的交通线，是把欧亚非大陆切为两部，在战略上是居于最短而能控制欧亚非的海上最重要的交通线。

从孟加拉湾的顶端，是通中国陆路的起点。自马来半岛和荷印澳洲往来，有许多通路，其中有三条主要的交通线，通往中国海的是麻六甲海峡，通往珊瑚海的是帝汶海——阿拉佛拉海——托列斯海峡，另一条是澳洲和塔斯马尼亚间的巴斯海峡，在此以南便是南冰洋。

印度洋乃是天方夜谭中航海家辛巴德的活动园地，它是世界海上交通的中心，所以它在全球性战争中是具有重大战略的意义。当这次世界大战开始的时候，印度洋上的一切战略据点和许多分散的岛屿，如非洲南端的开普敦，控制红海入口处的柏塔拉和亚丁，波斯湾的西南边，控制印度的根据地孟买、锡兰的可伦坡和亭可马里、新加坡和澳洲，都在英国人手里。其余的战略据点，不是荷兰的，便是法国的。荷属东印度控制着通太平洋的小水道，法属吉布的也能控制红海通道；法属马达加斯加和它的第亚哥苏勒士海军军港乃是威胁一切绕道好望角交通的要冲所在。如果在开战初期，日寇侵入印度洋占领了印度洋东部的大部岛屿之后，更进而占领西部的根据地，或者更坏一点，占领了锡兰，那么印度洋必然变为英日双方空军和海军的战场，从印度洋各根据地出动的敌方优势舰队可以把不列颠联合国分裂，幸亏日寇海空军的实力有限，而美国能迅速反攻，牵制了日本海军不能向印度洋进展。

因为敌人没有占领这些根据地，所以他们必须由陆上回应英国在印度洋的地位，所经过的是东北角的国家，而以印度为目的地。如果德国的海军力是超过英国的话，则当纳粹势力侵入地中海的时候，它很容易配合意国海空军，经红海深入印度洋而控制了阿剌伯海，和日本海军会师于孟加拉湾，那末印度洋的情势就要大变了，南非和澳洲间的交通，或南大西洋和南太平洋间的交通，也许会移到南冰洋方面或者根本断绝。但是开战初期德国的海军力是比日寇更弱，屡受英国的打击，更因意大利海军的无用，所以要和日寇会师于印度（洋）的计划不能实现，现在意大利海军已握在盟军手里，德国海军且将丧尽，英国非仅有印度洋的舰队，而且新增有太平洋的舰队，所以英国在印度洋的地位已甚巩固了。

八、由太平洋到印度洋的门户

由太平洋到印度洋的许多门户中，最居南部的三道都在澳洲近海。

最南端的门户也许是最好的，而且不完全是一道门户，它是纽西兰群岛和法属南极洲一部阿德黎地之间宽广一千浬以上的一条开敞通路。这里只要你在浮冰界以北航行，是相当安全的。

当离开澳洲的东部海港布别斯班和雪梨，经珊瑚海和堵斯曼海后，航船可以很自由地向南美或北美驶去。

但是所走的路线是环绕澳洲的话，必须在两条很坏的水道中之一条觅取通路。托列斯海峡以及帝汶和澳洲达尔文港间的帝汶海峡乃是航海家于可能范围内尽量设法避免的路线。

由澳洲的海军根据地雪梨到欧非两洲的船只来往必经澳洲和塔斯马尼亚之间的巴斯海峡，这在航海者看来，也不是安畅的。这条海峡大约有一百三十八浬宽，潮水高十呎至十二呎，海流速度每小时三四浬，还有珊瑚礁和讨厌的小岛。

澳洲有价值地区大部分都在托列斯海峡和巴斯海峡之间，所以我们可以说大自然使澳洲得到很好的保护，以抵抗从西部来的海上攻击。从雪梨出动的军舰和以陆上为根据地的飞机应该完全可以封锁巴斯海峡。

它们的最艰巨工作也许是保护数百浬外的纽西兰群岛。当日寇海上攻击最凶猛的时候，它在海陆空三方面作战几完全避免托列斯海峡，由新几内亚向东，利用所罗门群岛前进。当时它的攻势是要欲占领斯赫布里底群岛、斐济群岛和新喀里多尼亚群岛，作为进攻纽西兰的踏脚石，企图在进攻澳洲之前把澳洲和南北美洲隔绝。观日寇在珊瑚海的首次攻击似乎是采取这项战略，但在吉尔贝勒特群岛失败之后，这个计划乃完全失败了。

九、世界最易航的海道

世界最后开发的一个大陆是非洲，而它的周围海路却是世界上最宽敞易于航行的海道。

合恩角是航海者所害怕的，但是他们都喜欢好望角，它不像合恩角那样一直向南极洲伸展，它不冻结或受狂风侵袭以致通行不易。

开普敦的地位很适中，从那里到巴西的里约热内卢和纳塔尔，到非洲西岸的佛利敦和巴得斯特，到亚丁和红海，到喀喇和波斯湾，到锡兰的可伦坡，到澳洲的佛里曼特勒尔和阿尔巴尼，都不到四千五百浬，而这个距离正是最新式轰炸机或运输机的航程。

开普敦的门户很开敞，敌方伸（神）出鬼没的潜水艇很难得到荫蔽在那里活动。附近也没有岛屿可供来自海上或空中的侵袭者染指，以为施行空袭的根据地。

从自一四八八年最先由里斯本到达好望角的狄亚兹[1]，以及在一四九七年绕过好望角入印度洋的代斯伽达加马[2]，到在这次世界大战期间经常由纽约和费城运输作战物资到红海根据地的美国人和航海者，永远觉得，在航程相等的一切海程中，到好望角的海程乃是平时最愉快和战时最安全的海程。怪不得以前美人坚决要从荷兰人手中把它夺过来，使它成为不列颠联合国的一部分。因为在战争期间，即使苏彝士运河闭塞，还以由这一条海道通达印度洋和远东各处。

十、地中海

伟大的地中海水道，乃是世界上最重要的大路。在希腊罗马时代，人们可以乘船由尼罗河上潮，再经波斯王达利亚斯所开的一条运河到红海去，一千年来这条运河业已淤塞而且被人遗忘了。

在中世纪时代，意大利的航海家又重新使地中海成为东方和西方的主要联系，比萨人、热那亚人和威尼斯人的大划船不断来往于埃及和意大利，黑海各港口和伦敦之间，以欧洲的物产交换东方的物产。

在这些期间内，地中海乃是一条海上贸易的链锁，但也是一条战略上的障碍，后来英人渐控制了许多战略据点并在那些地方设立根据地。直布罗陀、马耳他和亚历山大港，只要有海军力量，都可以保持。它们在对拿破仑和前次世界大战中，都没有被人占夺过。自从苏彝士运河开之后，地中海的内陆水路更延长一六〇八浬，伸展到亚丁湾和印度洋。这全部通路都在英国或若干国家手里，尤其是与英国对其远东的属地有特别的关系。

到了十九世纪，西班牙、法国和意大利都取得它们在北非的海外领土，建立在地中海上维持他们的海外领土的交通线，去切断英国横贯地中海的交通线。地中海之长度约五倍它的宽度，更被意大利半岛、西西里和马耳他分为两部份。从直布罗陀到马耳他约有一千浬。最广的横断部份，即从马赛或土伦到阿兰或阿尔及尔或比塞大，恰好超过上述距离之半。从法国的阿兰到西班牙的喀他基拿仅一一五浬，而阿兰乃是等候进出地中海船只的最适当地点。所以在平时状态之下，维持南北向的较短航线比维持东西向的较

---

〔1〕迪亚兹，葡萄牙人，是最早到达南非南端的欧洲人。1488 年他将好望角命名为 Cobo das Tormentas（风暴角）。回国后，葡萄牙国王将其改为 Cabo da Boa Esperanca（好望角）。

〔2〕葡萄牙航海家、探险家瓦斯科·达·伽马（Vasco da Gama）

长航线容易得多。在战时如有两个地中海国家企图切断地中海东西的交通，则对英国控制这条路线变成问题。这一点也可以说明英国为什么要在一九四〇年七月忙着攻击阿兰港与法国舰队成为敌对的理由。

空军力量的发展，使地中海的交通益见危险，若欲破坏或阻塞这一条水道的航行，非在海空军方面占着绝对优势不可。德国和意大利曾以不断的炸弹使马耳他失过作用，而把它的护航队很安全的偷驶到利比亚去，亚历山大港也曾受过威胁，大兰多的意舰队也是如此。简单言之，在德意占据着西西里、克里特和利比亚的期间，的确使盟军在地中海的交通受过很大的威胁。后来因联合国空军的力量加强，意大利海军受着英国重大的打击，便在这内陆水路中肃清敌方船只，得选定适当的时间和地点，进袭轴心控制下的脆弱的南欧。这一条水道即对于埃及、苏彝士和敌人垂涎的中东也具有保护的作用，如果这些地方若在战争初期被敌人占领，那么对于盟国在小亚细亚，非洲和远东的印度洋就陷于极危险的地位，幸好盟国始终能控制地中海和这些地方，所以才能把敌人会师中东和印度的计划打破了。这样看来地中海在这次大战中是一条极端重要的海上交通线。

十一、直布罗陀海峡

在希腊罗马时代，直布罗陀海峡是世界的尽头，过了这里便是那时船舶罕到的大西洋了。其实，坚苦冒险的腓尼基的航海者至少早在纪元前六百年便已乘着划船越过这条海峡到威尔士的锡矿产地去，而且还有证据可以证明他们约在同时也到过好望角。直布罗陀海峡南面是摩洛哥山地，北部是西班牙南部内华达山脉和直布罗陀岩崖；后者拔海约一千四百呎，而在空军力量和超级炸弹发展以前，乃是世界上最坚强的要塞之一。就是到了今天，它的曲折的隧道也无法加以炸毁，但是它的设备完善的港湾却可能被破坏，以至于不能停泊船只的程度。如果没有军舰和飞机的协助，则这块岩崖仍将成为在一条宽仅九哩的海峡之旁的设防点，很难阻止或控制这海峡的交通。然而，到了现在还是世界上的重要战略据点。

直布罗陀海峡深度超过一千三百呎，有一条缓慢的海流由这里流入地中海，非洲方面的突出据点哥达，没有直布罗陀那样伟大，但是因为它的地位很低，目标小，也有荫蔽，所以在现代战争中有极大的便利。

在地中海以内，沿非洲海岸，有三个优良的法国海空军根据地：阿兰、阿尔及尔和比塞大。比塞大和马耳他正好处于对立的地位，为一个良好的要塞，把地中海在最狭处隔为两部分。

十二、苏彝士运河

苏彝士运河是法人雷赛布经过了十五年的开凿，完成于一八六九年之前，它在法律上属于一个国际性的公司，但是却受英国的控制，它连出口处在内，约有一百零九哩长。

它是欧亚非三洲水路交通的链锁，联络地中海、大西洋和红海、印度洋，直到太平洋，所以它的战略的地位是重大无比的。

从利物浦经苏彝士运河到孟买的海程，显然比绕道好望角近得多，约近四，四五七涅。到横滨近三，三二三涅，到黑尔钵近八七二涅。查于一九三七年时，向这河公司缴纳通过税的船只，计有六，六三五艘，载客六九七，八〇〇人，货物在三千四百万吨以上。

这条运河事实上是联络欧亚非三洲的一道长沟，它是大部份都在松软的河地中挖掘而成，所以需要不断的疏浚，才能免于淤塞。它没有水闸，所以不怕弹炸，沙土的壅塞可以很快和很容易地移去。运河之东，有一条铁路通巴勒斯坦，由那里可以到欧洲或到波斯湾上的巴士拉。飞机和铁路可以替运河分载一部旅客，因飞机，火车和卡车运载高价的货物可以快些，便宜些。油管可以输运美索不达米亚和伊朗的石油。但是从军运和载重的运输而论，这条运河还是世界上一条重要的交通线。

但是它的使用，必须决于地中海、运河本身和红海的能够保持通航。纵令英国能够保持直布罗陀、马耳他、亚历山大港、苏彝士、塞得港和亚丁，假定地中海上有一个大国附敌或被敌人占领的话，则商船或运输舰要通过这条水路，除海军的控制权之外，这要有优势空军为之掩护。如果没有优势的空军力量，则这条经通过这欧亚非三洲的内陆水路将不成其为通路，只是交战双方前进的障碍而已。

一三、红海和亚丁湾

红海是一条有一千五百涅长的海，海水温热而不很深，在它边上的麦加外港吉达，每年有万千的回教徒在那里登陆进香，沙特阿拉伯是靠进香的收入以维持国用。在红海上最重要的城市是意属里特里那的马苏阿，在这次大战中为盟军占领。一九四一年美国开始扩张一个根据地，接济以苏彝士运河为中心作战的盟军也是在马苏阿。

法属吉布的和英属亚丁控制着巴布厄尔曼得海峡和亚丁湾。英国西拉和亚柏培拉，前意属的阿卢拉是三等海港。

巴布厄尔曼得海峡是世界海上交通必经的路线，它是红海的门户。但是如果地中海交通断绝，红海和亚丁湾将成为在中东战区作战国家的巨大外港，如果苏彝士被占领，这里将成为印度洋的第一道防线。

一四、美洲的地中海

当一四九二年哥伦布航海到圣萨尔瓦多岛的时候，他已把西班牙的血统传到美洲，从那时起有一个长时期，虽然有英国和法国的海盗在阻挠，西班牙的实力却伸入了佛罗里达和墨西哥、中美以及除巴西意外的南美一带。

法国也设法占领了瓜他鹿岛、马尔的尼加岛、圭亚那一部和马利加隆特。至于英国在十七世纪开始就称霸于美洲，但后来却欢迎美洲欧人殖民地的解放，并鼓励美国宣布门罗主义，这是盎格鲁撒克逊民族的联合以对付欧洲其他国家的开始，而且因为英国的强大舰队经常驻在这些领海，故这种政策在最初曾收到效果。但到了后来，它却不愿意看着美国扩展或在美洲地峡上开发一条运河，可是阻碍美国扩展的企图是失败了，因为开发巴拿马运河是大大缩短大西洋与太平洋的交通，非仅与美国国防上有很大的关系，而且是于人类有益的。在英国看来，加勒比安海是一个遥远的内海，在美国看来，却等于它的领海，和本身的安全息息相关，尤其是盎格鲁撒克逊民族的联合在两国终属必要的。

当英国在欧洲所受压力渐增时，它也只好承认美国在美洲海面的海上霸权。当马罕将军最后为美国外交政策拟定四大行动原则时，其中□主张控制加勒比安海和与英国合作，自一九〇一年英国舰队开回本国之后，它便没有再注意那里的根据地了。计英国在美洲所保有的领土与根据地，在大陆上有英领的宏都拉斯和英属圭亚那、巴哈马群岛、利华德群岛、温德华群岛和牙买加岛。到了一九一四年美国的势力又加入太平洋和大西洋方面，这时美国终成为一个大海军国；当一九四〇年夏间。英国把巴哈马群岛的马雅瓜那、牙买加的京斯敦，以及安的瓜、圣罗西亚、特里尼达，和英领圭亚那的两处据点租给美国作为海空军根据地时，于是加勒比安海完全为美国所控制。

加勒比安海和墨西哥湾，乃是一片的海面。从佛罗里达到南美的俄利诺科河口□近二千浬的海面上，西印度群岛构成一条弯曲的界线，以抵抗大西洋怒涛的侵袭。古巴和海地为最大两个的海岛；其次的为牙罗加、波多黎各、特里尼达、巴哈马群岛的安特罗斯和亚巴加等岛；其余小岛更是星罗棋布。这一片岛屿的外面是大西洋，而通内海的入口处很少，最北端的是佛罗里达海峡，是墨西哥湾流的外流通路，有连亘六百浬的珊瑚质，巴哈马群岛以为屏障。古巴和海地之间的温德华水道则有牙买加岛适当其冲，其次便是摩那水道，计宽六浬，水也很深。从波多黎各一直到英属格林那达岛之间有很多狭小水道，很容易加以控制，只有特立尼达以北的小道才宽畅容易通过，所以这个海面是很容易防御敌舰和敌机的袭击。

美国现在已经拥有海空军根据地所构成的完善链锁，控制着加勒比安海的一切重要水道。在牙买加岛上有一个极大的中心空军根据地。美国海军和空军可以随时由这些根据地出动，谁要侵入加勒比安海是无异于自投罗网，所以这个海面可称为"美洲的地中海"。

哥伦比亚、委内瑞拉、圭亚那、亚马孙丛林以北的巴西，在地理上还是南美的一部份，一大部份都向东南开展，但是在地形上却向北面对着加勒比安海，所以这些地方形成美国必须当作本身防务的一部。

南美突出的部分和美国的距离及欧洲的距离差不多，在欧战中纳粹德国很想由西非洲渡过一千五百浬的南大西洋巴西突出部份的勒栖菲和纳塔尔，自加勒比安海进展。从勒西菲岛加勒比安海南方门户的特里尼达岛的西班牙港还有两千浬，沿海岸越过几条横阻的山脉和大河前进一千浬，也只能使侵略者进达亚马孙河南岸的巴拉。因为亚马孙河本身便是一条坚强的障碍线，由巴拉到西班牙港的航空线长达一，二二六浬，中间经过的都是丛莽区域，我们可以说加勒比安海的门户只有由陆上进攻才能可以占领。除非侵略者能够先行消灭美国的空军，他们才可以无须由陆路进攻。他们在空中取得控制权之后，自然也可以控制海面，沿海岸一带以战斗机逐步建立空军根据地，最后才能到达特里尼达岛，打开海上门户，进入加勒比安海。简言之，在美国的战略计划中，至多只能让敌人在南美方面进到巴拉，绝对不能让他们再进一步。如果敌方的潜艇能够在沿巴拉、西班牙港和纽约之间路线上的任何沿海港口或岛屿添装燃料，也将成为一种重大的骚扰，所以美国之获得租借英国在加勒比安海的海空根据地，就可以预防侵略者向这方面的侵犯。

一五、世界最劣的海道

南美和南极洲的格拉汉地的中间，相距六百浬，便是德拉克海峡。在这条海峡发现以前，大家都认为由大西洋到太平洋的惟一通路，便是分隔巴他峨拿荒地和济地岛间狭小麦哲伦海峡。所以英国人对于德拉克海峡的发现严守秘密，到了荷兰人勒梅尔发现南美极南端的合恩角，这个秘密终被发觉。

在航海者看来，合恩角因为在荒凉的岩石，冰冻的气候，汹涌的海水，怒号的狂风等关系，乃是世界最恶劣的地方。火地岛本身由阿根廷和智利分领，但是麦哲伦海峡所经过的却完全是智利的领土，由西部风浪最大的比勒角到大西洋上的一万一千处□角，两洋之间的实际路程只三百浬左右。

贝格尔水道上的乌舒阿伊亚是一种渔村的市集。这一片土地在大西洋方面相当平坦，宜于畜牧；在智利这一边，岛屿乃是下沉山脉的山顶，形成许多类似挪威方面的沿海峡湾，在地球上任何其他地方都找不出来这样复杂的群岛，相当数目的舰队可以在一百处以上的地方隐匿，除非由空中侦察，否则你决不会怀疑有舰队在这里，在这里区域以北刚好便是智利的德国移民部份。

在巴拿马运河开通以前，这些巴他峨拿荒地的海峡的确是很重要的，而且到了现在还是两洋之间惟一可靠的海上通路。如果巴拿马运河阻塞或被破坏，这些海峡将仍为美国所必需，而为美国两岸海军根据地之间一万三千浬海程的中心点。南美方面因为只有两条横断铁道，所以水道在防务上还是很重要的。巴拿马运河通航后，由合恩角到纽约去，取道太平洋比取道大西洋近得多。如果不取道巴拿马运河的话，由这些海峡到美国和到法国的航程差不多，到非洲西海岸却近得多。

在大西洋方面，这些海峡是在英领福克兰群岛和南极洲的格拉汉地的控制之下。在这次战争以前，这些属地的军事价值几乎等于零。不过现有能在一千二百至一千五百浬半径之内施行侦察的飞机。如果由英国根据地出动的话，在晴天可以经常侦察麦哲伦海峡，贝格尔海峡和德拉克海峡的三条水道，而且轰炸机可以在敌方船只运兵登陆以前把它整沉。在另一方面，如果智利和阿根廷被侵略者侵入，那么南美的南端可能成为一个军事上的稜堡和空军根据地的中心，英国的属地便处于很危险的地位。其船舰只有在最晴和的天气中才能通过。总而言之，这一处两洋之间的通路，其战略意义是含有重大的潜在性。

太平洋战争之透视[1]

——由登陆亚洲大陆至进攻日本本土

（1945 年 2 月）

　　要进攻日本本土，先要登陆亚洲大陆，能够登陆亚洲大陆，才能进攻日本本土，而击败日本。这是由中外战略家所共认的。不论是海军、空军或是陆军，愈接近亚洲大陆和日本本土，其所遭遇的情况愈见困难。这是什么道理呢？说来千头万绪，一言以蔽之，这是因为日本据有大陆基地，而盟军却只有海上基地。

　　自从去年十月廿日美军登陆菲律宾以来，太平洋战争第一个重大的教训，就是：拿千百万盟军鲜红的血证明了亚洲大陆基地的重要。菲岛战事愈艰苦，盟军愈痛感大陆基地的重要，从而也就愈加要不惜一切力量来保持大陆战线。这是一方面。另一方面日寇也就得出一个教训，它要不惜一切力量扩张它的大陆基地，假如有可能的话，甚而至于消灭大陆战线。

　　太平洋战场太广，马尼拉到香港、厦门、台湾、澎湖、海南岛和金兰湾，均约六百五十浬左右，香港到上海八百五十三浬，马尼拉到东京则有一千七百余浬。因此，盟军的战术可分为三步：第一步海军活动，以占领临近日本的空军基地；第二步战略轰炸日本；第三步海陆空军会同大进攻乘机登陆，吕宋之登陆战实已表现这个战术的伟大成就。美军能够收复了吕宋，则在距亚洲大陆相当靠近的地点，获得了一个足以作为前进大陆和进攻日本的持久根据地。

　　美军能够控制了吕宋，也就能够控制该地北岸和中国海岸四百浬间的孔道。日本对缅甸、泰国、马来及荷属东印度各地日军的交通和运输，都要经过该地，因此吕宋之战

---

　　[1] 此文发表于《民主政治》。

是关系登陆中国和进攻日本本土的最重要的决定性战役之一，也就是美军的越岛进攻接近大陆作战的最后阶段。

观目前的战局，美军已迫近马尼拉，收复吕宋在最短期间当不成问题。现在我们所欲研究的，就是在菲岛战事告一段落或结束之后，美军会不会在亚洲大陆登陆，或是先进攻日本本土。倘要在亚洲大陆登陆，它的目标是向那里？什么时候登陆？什么地方登陆？倘要进攻日本的本土，它的进攻目标是在那里？什么时候进攻？什么地方进攻？这些都值得我们注意。

我们知道日本是个海军国，又是个陆军国，当它在太平洋上取了攻势，它的军事主力是在海洋上，而不是在大陆上。因此美军只有加强中太平洋和南太平洋上的战斗，才能阻止它的前进而把它击退守于内防线。后来，美军更打进了日寇的内防线，而接近大陆作战，日寇的海军乃亦退缩至台湾以内的海面。从此，日寇遂加紧亚洲大陆纵贯线的打通，朝鲜双轨铁路的敷设，重工业的内移东三省，粤汉路的打通，浙闽粤沿海的攻势和加强东南海沿岸的防务，这些可以证明日寇的军事主力是海上而转移至于亚洲大陆，因此，盟军只有加强大陆的战斗，才能制日寇的死命。

日寇在南洋的占领区，虽然使它控制了橡皮、奎宁和世界大部份的锡产以及它所需要的液体燃料，然而若从战略的观点来看，南洋地带只是它的外线防御。其实它的经济心脏地带和最后防守堡垒，乃是日本本土、琉球、台湾、朝鲜、东三省和一部份的华北。日本百分之八十的铁矿，百分之百的铣铁[1] 和钢，百分之九十以上的煤和焦炭，和百分之九十以上的制造品，都出产这一地带。倘日寇能够确保这个要害的区域，巩固了在中国的基地，建立了它在亚洲大陆经济供应的制度，则南洋占领区的丧失，对于日本并不足构成任何重大的危机，必须等到盟国的军队到了中国，才能算是日寇的失败。为了达成这个目的，美军便需要在比菲岛更接近中国海岸的地带登陆。

尼米兹将军论太平洋战争，他说："随着欧洲战局的好转，他希望太平洋战场从欧洲得到增援，特别是空军，同时他宣布他认为向东方推进须赖增大的海军建造程序和切断日本供应线的亚洲大陆攻势的发展"。又说："纵使我们击毁了日本舰队，我们仍然不能在海上打败日寇。我们必须在中国有基地以切断他到满洲的交通线。我想上海以北有广大的区域，远程轰炸机能从那里给日寇许多苦头吃，我们认为日本将从中国基地被

---

〔1〕即生铁。

击败"。可见美方认识不但须在亚洲大陆登陆，而且须在中国登陆。因此，在吕宋的马尼拉收复之后，菲岛战事当可告一段落，美军再进一步的行动，是如何把日本和南洋之海上交通切断了，并如何在中国海岸登陆，以直捣日本的心脏，这是太平洋新攻势所要急待解决的问题。

大体说来，美军必在供应线相当巩固和供应大陆作战各项题得了解决之后，尤其是能完全取得南中国海的制海权和制空权，使供应交通不受敌方的阻碍，并看我国对反攻和配合盟军作战所准备的程度如何，才能决定什么时候在大陆登陆。据美国战时情报局的估计："进攻中国可与进攻北非相比拟，是役使用之船只达五百艘。此等船只由美英许多港口出发，航行一千五百浬至四千零五十浬之距离。进攻时，必须将每一登陆士兵所需五吨至十吨之货物、装备、供应品等搬运上岸。此等供应品包括七十万种不同之物品，自纽扣、针线以至战车、飞机与火车头不等。二十五万人进攻部队所需维持三十日之供应品，共约一百八十八万九千吨。单就初步登陆而言，即需兵器与军火二十万吨，作战车辆三十二万五千吨、普通使用之车辆五十二万五千吨，机械装备二十万吨，医药设备十万吨。装运供应品至澳洲的船只，往返一次需时九十日至一百五十日，意谓如在澳洲每月供应一船所载之量，需有船只四艘至六艘。供应船一艘驶往中国、缅甸、印度各口，往返一次需时五个月"。依这估计，可知要在中国登陆不是像寻常所理想的那样容易的事，而供应运输实为登陆先决的条件。

其次，登陆的地点可能在海南岛、越南、台湾和中国南海岸一带。惟台湾日寇视为日本本土的前卫，一旦有失非仅危及它在中国的基地，而且危及它本土的安全，所以日寇在台湾的军事设备是非常坚固而严密，实为一最不易攻的敌方海上堡垒。盟军如能进取台湾，则登陆中国与进攻日本当较易进行。观目前日寇由朝鲜到新加坡间的大陆纵贯线已大致实现，中国战场几为它截为两部。今若先攻台湾而求登陆中国，实难与中国内地军配合，即供应亦成问题，且进攻台湾徒费时日必受重大牺牲，实非上策。我的预测，除非美国已将台湾及其附近的陆上空军基地大部毁灭，或它的残余海军无力抵抗，则以海陆空三军进攻台湾较为得策，否则，美军必先进取海南岛与登陆越南。如是，便可控制东京湾、广州湾和雷州半岛，非仅完全断绝了日寇在海上与南洋占领区的交通线，且可以海南岛作登陆亚洲大陆最后的桥梁，向香港、汕头、北海、钦州及南海一带登陆，尤其是向越南之南定、海防登陆，可进攻河内，再由河内分兵，一路向越桂湘路线，一路向滇越路线，与我国军会师，大举反攻。如果能达到这种境地，则日寇在亚洲大陆的交通纵贯线必为我切断。此时非仅依赖中印缅路之打通而得大陆的国际路线，而打开海上敌人的封锁，则更能增加援华的军需物资和其它供应品。

再进一步，如果中美大军在中国战区采取大规模的军事行动，把日军逐出沿海，则以沿海各省为基地，重轰炸机便可直接轰炸日本本土，而予以毁灭性的打击。但是在中国把日军逐出沿海，获得轰炸日本本土更接近的基地，我们若大谈对日军事已告结束的话，那便是荒唐无稽。因为在中国战场的胜利，便可以容易直捣日本的心脏地带，也就是盟军由亚洲大陆进攻日本本土的开始。

观美国海军已在两年之间，使日方由强有力的攻势转采危迫的守势，吕宋之收复，可使美方获得所需之海陆两面进攻之根据地，由此以海空军控制菲岛与中国海岛间三百五十哩宽的海面，切断日本与其南洋占领区间的联络；另一方面也可以控制菲岛与台湾以东琉球群岛广大的海面，打击日本在其内线的海上交通。盟军封锁日本之内防线区域，尚嫌不足，必须继续向日本本土进击，且为达到此一目的起见，盟方须有能控制一切之海空军，这就是英国派遣舰队至太平洋与美方共同从事主要作战的原因。现在美国的海空军对日已处绝对的优势，再加上足以单独对日作战的英国太平洋舰队，用此可以控制太平洋及南中国海，用此可以进攻日本内防线及日本本土。所谓日寇的海上残余武力，更非英美联合舰队的敌手。这一种景象或许促成了日本海军将领于吕宋的争夺战中便放弃了菲律宾海战，就是说日寇的海军已离了南中国海而躲入台湾以内及本土附近，而不敢出头来再作第二次的大海战，如果它再敢冒险出来的话，其必遭美英联合的海空军的歼灭可无疑。如是，盟军可选择所欲登陆中国的地点，而不只限于华南海岸，可在上海登陆，也可以在华北、朝鲜登陆；可在日本本土长崎登陆，也可以在日本本土附近的岛屿登陆，这样，我们就有希望可以更快的结束对日的战争了。

话虽如此说，但要在华东、华北、朝鲜各处登陆和进行进攻日本本土的军事行动，比在海南岛、越南、华南海岸登陆而进攻中国大陆实更为不易，且须看盟军在中国战场军事进展的范围到那里，和美英海军进入东中国海能否控制中国与日本间的海面以为断。首先我们要知道的，当美军收复了吕宋而在华南越南登陆成功之后，则日本海军作战的防线，将由南中国海退守台湾闽厦以北，琉球群岛以西的东中国海之内，即由千岛群岛经函馆、大凑、横须贺、广岛、门司、佐世保、对马、长崎而至西南的琉球、台湾、澎湖群岛，连同福建厦门。在这条干线内，它又分做三道防线：第一道防线，是由横须贺、佐世保、琉球群岛经东海而至台湾、闽厦；第二道防线，是由佐世保、对马海峡、朝鲜南部经黄海而至旅顺、威海卫、青岛、连云港南抵于上海；第三道防线，是由舞鹤经日本海至于朝鲜之罗津、清津。这三道内海防线，可以说是今后日寇保持亚洲大陆基地和日本本土的联系与其生存的基本防线。

其次我们要知道的，盟军与日寇最后的陆上决战必然在中国，可能先在越南、华南，由华中、华东而华北，最后决战的场所必在东北四省及朝鲜半岛，它可能放弃菲律宾、东南亚。退出华南、华中、华东，甚而至退出琉球、台湾，而求保有华北、东北四省及朝鲜半岛，作为最后死守及将来扩张的基地。最近日首相小矶对议会的演说中，检讨现阶段的战局说："太平洋战区的军事发展，不容乐观。然敌人在一切战场的供应线过于延长，暴露在我方攻击之下，所以我深信我们可在这一事实中找到一黄金机会，以争取胜利。且中国大陆我军自去年夏季以来，所从事的作战，已消灭敌在华中、华南的重要阵地和根据地。"小矶继称："政府为使海上货物运输转为陆上运输的工作更为有效起见，已决定加强本土和朝鲜各重要干线的设备，以扩大日满华间的陆上运输能力，尤其是以准备应付紧急意外"。因此，我们可以断定日寇能在中国拖延我们的陆上进展，当能苟延其防守基本防线的地位。它最后的一着，只有退守集中其残余的海空军力量，坚守其基本防线，才能拖延盟国海军和登陆部队对于中国海岸及本土的攻击。

我们既已认识日寇在其退守基本防线的战略形势与其在亚洲大陆上的战略行动，则盟军于大陆击败日军之后，或在敌军在大陆上尚未崩溃之前，对于进攻日本本土当怎样进行呢？我的看法，在盟军在中国得到了根据地之前，我们就不能说对日本土的进攻业已开始，因为最足为我们进攻日本的障碍是很长的距离。据上月廿八日尼米兹将军在他新的总部第一次发表告其部下书称："为便利进行太平洋上的战争，已将总部移到珍珠港以西一千浬的某岛上，逼近了日本本土和菲律宾"。这是说明欲进攻日本本土，则夏威夷和澳洲都不能算是有效的根据地，将来美军对日作战的总指挥部，可能推移至于菲律宾。但菲岛尚非直接进攻日本本土的基地，即让登陆华南得到较近些的基地，还不能处于有利进攻日本的地位。因为马尼拉，距长崎一千三百三十浬，距东京一千七百六十八浬；香港距长崎一千零七十六浬，距东京一千五百八十浬。我们若能够占领台湾、琉球群岛，则更近日本本土，台湾距长崎七百三十浬，琉球群岛中最大的冲绳岛距长崎三百七十八浬，大岛则更近些，只有二百零八浬。长崎及佐世保所在地的九洲居于日本的南部，东京位于其北四百五十浬。如此，轰炸日本，台湾已处在日本基本防线以南航程的尽端。惟是台湾、琉球只能作海上的基地，且非最靠近最有利于进攻日本的地位。盟军所需要的，要有大陆的基地，而且这个基地还要比较菲律宾、香港和台湾更近于日本，这个基地我们可以说在中日隔海之间只有"上海区域"。上海位于我国东海岸中心，它当长江吐纳之口，其东南复有舟山群岛的要害，实居中外南北交通的要冲，东距长崎只四百六十六浬，距东京一千零三十浬，距朝鲜只五百浬，盟军若欲有效进攻日本本土，便必须在上海区域建立一个根据地。因此，盟军必先占领台湾或琉球，而后才能深入东中国海在上海登陆。在上海区域建立基地之后，往东便可进攻日本本部和朝鲜，往北便可进攻华北和东三省。在华北区域若能再建立了一个根据地，便可直捣日寇的心脏地带，并可配合华北华军对日进行决战，同时空军可从华北对日本帝国的心脏地带进行战略轰炸，而加强盟军在海上对日本本土的攻势。

盟军无论要进占台湾、琉球，要在上海区域或华北区域某地登陆，最后要进攻东三省、朝鲜以至日本本部，均不能离开海上的攻势。如盟军不能歼灭日寇退守基本防线的残余海军，和在陆上基地的空军部队，则欲求达到上述的军事目标，均属非易。因为中国与日本隔离，但是在日本心脏地带基地的飞机和困守日本本部港湾，尤其是在对马海峡一带的舰队，能够保护它的航轮驶过日本海。尤其是在朝鲜方面距离仅有一百五十浬，朝鲜及东三省各有铁路线与整个华北联络。其次日寇之战时经济大半以横渡日本海通于华北、朝鲜、东北大陆为基础；日本海各海峡宽自一百五十浬至五百浬不等，此为陆地包围之海，到处皆为日本陆上飞机巡逻所能及。且最近据美国战时情报局的报告，日本在上述各处所储藏战略材料已逾两年，估计足供长期作战之用。如果日本、朝鲜、东三省以及中国东海间的海上交通被切断，日本便再也不能保持它在太平洋残余的岛屿以及亚洲大陆所侵占的领土，甚至最后连本土也难以自保。因此，日本在菲律宾海战中失败所残余的舰队，必不轻易出来决战，必退而死守它的心脏一带。目前日寇虽将其挣扎的主力放在亚洲大陆上来，而其在海上挣扎是死守最后的防线，争取时间，故日寇寄其一切希望于残余海军者，亦仅希望以海军保卫其本土。

在现阶段太平洋战争中，日本海军当不敢出来决战，而美国伟大的海军，战舰的数目和作战能力均几倍于日本，再加上英国新增的太平洋舰队，使盟军在海上的实力更加雄厚，可能随意行动，差不多可以直达日本本部海岸。这个海军现已握有同时在日本本土和中国海岸有效的航行半径以内的作战基地，我们相信美国舰队将来可能，除掉正面以外，从日本的四面八方巡逻海面。除朝鲜、东北和东北以西以外，日本所有的海上交通将被完全切断，等到盟军在中国或朝鲜海岸等处建立了强大的进攻力量的时候，则对日本土的进攻必达到最高潮，而日本的残余海军必遭歼灭于对马海峡附近及日本海之内。

由于亚洲大陆盟军的胜利，由于美英海军在中国海的胜利，被日寇认为它的内防线堡垒的满洲国，更变得易于接近了。从朝鲜，中美联军一定会与日本决战，一直深入东三省，在那个局面，苏联的帮助是非常重要的，如果中美联军从南面攻入时，苏联能够从北方攻入北满，则对日战争最后的胜利便可完全实现了。

一九四五年二月二日

进攻日本之一路径[1]

——原著顿拿尔考尾 Donald Cowie

（1945 年 4 月）

现在已到了美国用起全力进攻日本的时候了，此时来论美方战略的可能动向，地理的形势，和远在阿留地安群岛，堪察加半岛及千岛群岛的太平洋海战的活动状态，是很有趣味的。在历史上罕见有一个国家从事这样伟大的进攻计划，即利用美国阿留地按群岛根据地，苏联堪察加根据地和其它的根据地，以配合太平洋别方面的攻势。

我可以预测对日进攻，非仅一巨大的钳形攻势，从南北方逐岛进攻，直至两方面同时侵入日本，且可从多方面进攻，完成对日的大包围。可自北方，苏联，中国，东南亚，接连菲律宾及在拉德伦群岛（马利亚纳群岛）北面的岛屿，和在中太平洋的岛屿，围攻日本。

阿留地安群岛包含有一连串的十五个以至二十个的岛屿，还有许多更小的岛屿；这些岛屿没有超过五十哩长与二十哩宽的面积，所以它几乎连接起来。北自北美阿拉斯加之南端起，迄于亚洲堪察加半岛之外围，这个长有九百浬的链型岛屿，正形成一个半弧向南凸出。在阿留地安群岛之南，在过去为从横滨到美国的大圈航行所经过的海道，可比任何航线为短，并受着日本 Kuro Siwo 海流的帮助，这一条航线为日本首先开辟的，这一路海运业，在过去，实际上成为日本定期航轮，运输船及渔船的专利。

为什么在过去的其他海洋国均远避而没有注意这个区域呢？阿留地安群岛的纬度几与英伦三岛相似，为什么商业开拓者和殖民者都没有注意到这里呢？这个答案，就是说：在阿留地安群岛之北，我们所知道的，第一是白令海，其次的是可畏的白令海峡，通过这个海峡就是地势造成的北极海，满布着南流的浮冰。又以日本向北暖流的关系，使阿

---

[1] 此文发表于《海军杂志》。

留地安群岛得保持相当的高温度，因此有热气流由南向北，冷气流与冷流则由北而南，造成了那个区域的特殊的气候。

因上述的结果，阿留地安群岛只能生长矮小的草木，在全部岛屿中所获得的木材就是一群的树林。在这些岛屿中，当它还没有结冰的时候，是笼罩着比纽芬兰还浓厚的烟雾。

这个区域的洋面之雾，情形特殊，且在海图上没有标记，所以愈加其危险性；就是这里的潮流，也没有一定的规律，而且来势很凶猛。有的，在这个地方的海底突然下降五浬之深，而在别个地方的海底则隆起达于海洋中的最高峰，离水面之下只有几浬。因此，有一个区域在昨夜间发现了一个新的岛屿，忽在一最短时期而覆没不见，一刹那间又重现出来；其中有潜没的火山，在海上喷出水沫，可接连不断达于很远的地方。

阿留地安群岛，以乌那拉斯喀（Unalaska）为起点，它是一个尖形海岛，实际上它是接许于阿拉斯加大陆，而向西南延伸。在其次的为乌木纳克岛（Nnmak Island）没有什么重要；四山群岛（Islands of the Four Mountains）似乎没有什么作用；再接下去为一群小岛，直至于阿特加岛（Atka），那里是美国救难船所称原始的避难港；阿达克（Adak）岛为群岛中的第二大岛，在战前完全没有开发，好像连续下去的各岛；如卡那加（Kanager）坦那加（Tanaga）塞密索波朝伊（Semisopochnoi）阿木赤特加（Amchitka）鼠岛（Rat）的情况一样。至于吉斯卡（Kiska）则为最优良的海港；过了吉斯卡有一个缺口，再继续下去就到了阿加图（Agattu）及阿图岛（Attu）。这里距离堪察加之苏联大根据地彼得罗波罗斯克（Petropavlovsk）只有五百八十浬。有人说明过这个半岛可比一把巨大的挂刀，指向日本本土的头上，只有六百浬的距离。

或且有人认为讨论苏联面对着日本的地势与其对日的战略优点乃是没有见识；但是，最精明的观察家则信念"此日终得到来"；其最没有见识者，则以堪察加应完全置于这个战略区域之外。在不久以前，美国总统罗斯福曾经说明过："在阿留地安群岛之西是个最有价值的地方"，这个地方是在西伯利亚边区，气候很冷，惟在其东边的气候则相当温暖，那里就是苏联海空军根据地彼得罗波罗斯克的所在地。这个半岛为一巨大山脉分隔为两部分，并有一个最高峰，它的高度几达一万七千呎。在晴天时候，巨大的冰川呈现着白色，向山侧往下急流；在海面有似链型的十二座死火山和二十六座活火山，令人望之生畏！尤其是当在堪察加河口闪避漩涡的时候。

这个半岛与阿留地安群岛情况不同，在那里有许多堪察加的土人，混杂种的人民，和苏联的服务人员及技术人员。这里也出产佳种的马铃薯，甘蓝菜和胡罗葡。在短暂的夏天，那里也有很多的蚊虫。

千岛群岛，北从距离堪察加南端几浬之占守岛（Shimushu）为起点，其次则为幌筵岛（Paramushir），占守岛内有军队驻防区之 Kashawabara 和海军小根据地在于 Kataoka，而幌筵岛则可看作北太平洋中的土鲁克。向南的连接的主要岛屿为温涅古丹岛（Onnekaton）新知岛（Sumusir）得抚岛（Urup）择捉岛（Jterup）与国后岛（Kunashiri）再前进则为北海道及日本本州，这是另一链型的岛屿，日人称呼这些群岛为"千岛"，它和阿留地安群岛及堪察加半岛有许多共同的状况。我们称呼千岛群岛为"烟雾"，这是因为它笼罩着浓厚的云雾和一群的火山。在这三十二个大岛屿之间航行，比在一群的海草中前进，更为危险。在这里矮小的丛林中，常发现灰色的熊和银色的狐。据人种学专家说：这里是日本人种的发源地。

在几年前，许多人犹以为在这北太平洋笼罩着云霾和不毛的区域，它所具战略的性能是受着自然力的限制。但在不久的以前，因美国的努力开发，已获得不少的成就，并已显示利用新工具和新方法已能补偿地理上的不利。阿留地安群岛的西部曾为日本远征队占领过，并在那里建立了基地；但不久就为美军克复，更进而对于千岛群岛的最北部，时常加以轰炸，查于去年二月间，美海军部队，乘光明的月夜，在离幌筵岛五浬处，炮击日方根据地，约有二十分钟之久，并没有遭遇着敌方重大的抵抗。当时美国所用的新式工具和新方法，竟使阿留地群岛变为固定的航空母舰和舰船接济的中继站……说来，由幌筵岛至日本本部，不过六百浬的距离。

日寇海上战略之失败何在 [1]

(1945 年 5 月)

日本海军的战略目标，在明治年间曾以进攻东洋的舰队为假想敌，大正以后，不曾想到有联合的敌人，只准备防御　↑强国来攻，且不曾准备越过大洋进攻他国，更无应付两大强敌之力。即在战前它的外交政策亦铸成大错，既不能解决中国事件，复硬迫英美联合与它作战，把超出准备以上的责任，叫海军负担，这是它国策基本的错误。

当国军退出首都南京的时候，它妄想当时即可解决中国事件，而展缓其攻势，使我国得争取了时间和空间，以从容布置长期的抗战，巩固我后方反攻的基础，促成中美英苏的联合战线。但它在中国事件并未能解决时，而又妄想南进，这是它发动侵略战争后海上战略之铸成大错，已立定了失败的基础。

日寇之南进，在战前是它既定的国策，它于占领菲律宾、新加坡、缅甸之后，如果能乘英美无暇东顾和英美实力尚未增强的时候，急沿印度洋北岸，继续西进，夺取英国东方宝库的印度和它在印度洋上心脏的锡兰。如是早已断绝中国在大陆上的国际路线，史迪威路 [2] 亦何从建筑成功，非仅断绝美国援苏资源之由伊朗输入，复可救应它的伙伴德意在东南欧和北非之军事行动。它的海军不此之图，而竟注全力与时间于东印度群岛，使英国远东舰队得及时到达印度，巩固了印度洋的控制权，中美英盟军得会师于缅印，恢复了中国大陆的国际路线，这是它对盟军战略的又一失败。

---

〔1〕此文发表于《海杂志军》。

〔2〕即史迪威公路，是 1944 年中国军队在滇西和缅北大反攻胜利后修通的自印度东北部雷多至中国云南昆明的公路，它从印度东北部边境小镇雷多出发至缅甸密支那后分成南北两线，南线经缅甸八莫、南坎至中国畹町；北线经过缅甸甘拜地，通过中国猴桥口岸，经腾冲至龙陵，两线最终都与滇缅公路相接。该路修成后，以驻中、缅、印地区美军司令、美驻华军事代表史迪威的名字命名。

倘使日寇于袭击珍珠港时，能以精锐海空军的力量，向夏威夷作乾坤一掷的毁灭性攻击，并以大量陆军与空中运输兵团占领之，而后再由委任统治群岛，分兵进攻夏威夷与澳洲间的重要岛屿，则使美国除沿西岸外的整个太平洋控制权完全为其掌握。然以日寇未能彻底施行其计划，使夏威夷终为美国海陆空军反攻的根据地，使美澳交通不断，联防完成，而美军得向中太平洋及南太平洋作钳形的反攻，这是它对美国战略的失败。

一九四二年五月的珊瑚海战役，以及同年六月的中途岛战役，日本海上的攻势开始受挫，但在美国却并非反攻，只不过守势作战而已。当时美国海军实力尚未雄厚，还不能对日作远洋的进攻；至于英国海军则忙于追逐德国海上袭击舰于北大西洋之上和地中海的战事，更没有余力参加太平洋的海上争斗。此时日本海军仅以一部分的舰队来进攻中途岛，妄想再侵略夏威夷群岛，企图获得一个据点，以便控制太平洋，但它不愿以全力作战，致招第一次决定性的挫败。

到了去年六月十四日，美军直接攻入马里亚纳群岛，离日本本土不过一千二百五十浬，于是日舰队终于被迫以飞机应战，与美海军交换长距离之空袭。在两日之追击战中，日本遭受败绩，航舰两艘沉没，四艘受创，战斗舰一艘，巡洋舰两艘受创，乘夜逃逸。此外于一日之间有飞机四百零二架被击落。塞班于七月八日陷落，狄宁于八月一日失守，关岛于八月九日为美军收复，帛琉岛又于九月十四日美军登陆，日寇因马里亚纳群岛基地的丧失，使美国军舰与飞机得利用上述基地以进攻小笠原与硫磺群岛，旋对菲律宾群岛作致命的打击。

此时日寇海军若善自为计，为了保全它的本土和其内防线的南方堡垒的菲律宾，应该使用全力立即反攻马里亚纳，它的海军不此之图，竟采退避政策，妄想诱敌深入其内防线，迫逼美方舰队远离基地作战时候，才冒险从事大规模海战，致令马里亚纳群岛不得保全，美军得深入其内防线而危及本土。

马里亚纳群岛与帛琉群岛既在美军控制之下，于是中太平洋与西南太平洋美军会师之势已成，其目标即在菲律宾群岛，日本海上战略之失败，至此已无法挽救。

日本海军第二次决定性的挫败便是在菲律宾的大海战中，这次日寇要想打败美军登陆的企图，它最有效的战略，不应对美国舰队求战于菲律宾近海，应利用菲岛陆上空军基地对美舰及登陆部队施行全力轰炸，而它的舰队应由本土出动进攻马里亚纳群岛——

反攻塞班和关岛，以大部分舰队迎战美方海尔赛舰队[1]；同时由新加坡出动的舰队，可从爪哇，婆罗洲和民答那峨出击帛琉，而策应马里亚纳的进攻。如果这个战略能达到成功，则进攻菲岛之美国海陆空军的后路断绝，接济不易，它的内防线可以保持相当的时期，而作其保持南中国海和南洋的交通的卫星，与作其本土前卫的硫磺岛，亦不至落入美军之手。

日寇发动太平洋战争，是因为它相信自己的空军能制霸远东，它的海军可以控制西太平洋。当它侵占了东北，华北和华东，并且在这些地方建设许多飞机场，把中国和越南的港口都并入日本的体系里，这些港口后来都作了空军基地和分配中心，即从日本本土，中国大陆区域到印缅边境造成了一道日本机场的连锁，大队飞机可以经过最少次数的降落添油而迅速飞到任何一个机场。日寇计划这次战争是很巧妙很妥善的，但是在战争中有料想不到的事情，它在珊瑚海，中途岛和所罗门群岛，均已经历这种料想不到的事情，后来在新几内亚发现他们在热带丛林中开辟的数目有限的飞机场，不能集中足能对抗美国的品质优势的空中力量。代管岛屿面积很小，也不能修建大而多的机场，这些区域反成了日寇的难题，美国不断攻击他们的战略要点，对于日寇空防计划的遏制，是日寇严重的挫折，日寇海军不能阻止包括航舰的美国海军进攻，和不能保护自己的海路，而且，它反被这种武力所消灭或驱逐。

美国水陆两栖部队攻占塞班、关岛、帛琉、吕宋，以至最近进占硫磺岛，是对于日寇不断的严重的攻击，打击了日本本土的外围岛屿与防御的中心，从台湾，菲律宾，小笠原群岛和日本本土按理能够派出连续不断的飞机，可以从后方许多的优良的飞机场得到补助。和它对抗的美国飞机完全用航舰载运，在离基地很远的地方作战。美国飞机的战斗航程，在理论上只有全部续航力的一半，因为美机必须节留汽油回到自己的母舰上，而日寇的母舰飞机是在母舰与海岸之间的活动的，日寇惟一希望是寄托在使用陆上基地飞机，以摧毁美国航舰飞机的进攻，但它这种海上空中攻势和一切的空中活动，反被美国多量的航舰飞机，适当的装备的效率和精敏的战术打败了。我们可以说日寇海军过分重视陆上基地飞机之效能，而不知多多建造航舰的成就。它又过分重视不沉之航空母舰的岛屿，认为可占优势，而不知航舰活动能力与其范围的广大，这也是它海上战略之重

---

〔1〕即美国第三舰队，威廉·弗雷德里克·哈尔西（William Frederick Halsey 亦译作海尔赛）是舰队指挥官。

大失败的主因之一。

　　作者论日寇海上战略之失败何在，并非为日寇惋惜，盖以说明日寇海军的战略，自始至终是着着失败，实足以显示美国海上战略之步步成功。我可以说日本海军不能保全马里亚纳群岛，这是日本失败的开始，尤其是它在菲律宾海战中的失败是决定性的，美国在这一次的胜利，使它能够控制整个的太平洋，仅除日本海，东中国海在外，新近赢得控制太平洋的胜利，将影响对日战争的每一方面。

日寇海军的末路[1]

（1945 年 6 月）

日本帝国现已岌岌可危，恰像英国一九四〇年中所受德国入侵威胁的同样困境，所不同的，就是进攻英国的德军并无强大舰队可资利用，而今日进攻日本的盟军，却拥有强大无比的海上武力。我以为日寇现在正准备作最后决定性的战斗，它的残余海军固不足与盟国海军现在它的基本防线之外的海面决战，但它得保留在基本防线之内，可以得到本土附近的海面作战的便利。今后最难看到的，就是日寇防御本土的海上实力是用在那里？

由于菲律宾第二次的海战，菲岛与硫磺岛的占领，大琉球岛的登陆，日寇基本防线的大门已经被摧毁了，日寇的海军舰队已陷于一蹶不振的地步了，整个太平洋战争开始由海洋决战将进到大陆决战的阶段。在日寇舰队龟缩到它本土周围和亚洲近海的中间，敌人开始标榜着"陆主海附，分区作战"的战略，这样随着英美两国海陆空军主力已迫近亚洲大陆和日本本土。但太平洋之战的发展如此，何地何时才能实现全美舰队总司令金上将所谓："日本可自海上被盟军进攻，击败及占领"呢？

今后太平洋上的主要作战中心，是在向中国海岸登陆，尤其是必须先在中国东海岸登陆，而后才能进攻日本的心脏地带。惟在登陆中国东海岸之前必先占领琉球群岛和台湾，占领了琉球和台湾，则登陆中国东海岸或进攻日本本土均属可能。因为琉球和台湾都很重要，它是对中国海岸和日本本土发动两种作战的理想海空军根据地和供应根据地，尤其是为缩小封锁日本和围困日寇海军的最后封锁线。

据美国新闻，现在已有肯定的象征，苏联正在准备参加英美对日作战，等到欧洲战

---

[1] 此文发表于《海军杂志》。

争结束时。史达林元帅在过去已公开把日本算为侵略国家；美国战时动员局局长贝尔纳斯，是白宫数一数二的人物，也已公开承认苏联加入对日作战的可能性了；尤其是最近苏联宣布废除苏日协定与史达林公开指明日寇是纳粹德国的侵略伙伴，更引人注意今后苏日的关系。如果苏联参加对日战争的话，远东战争的性质必会完全改变，而对日战略形势亦必改观，对日空战一下子就可以带近日本主要中心，对日海战也将大大加强，封锁日本的英美舰队必将受到一百艘或一百艘以上在海参崴活动的苏联潜水艇的协助，这就会增加切断日本本岛与东三省朝鲜重工业区与粮食资源的直接海上的联络。

日本是个主要陆军国，今后日寇的军事主力是在大陆上，而不是在海洋上，它之保留残余海军的力量，实用以维持大陆上的战斗，向大陆上拼命的挣扎，才能苟延其残余海军的寿命。其次日本最后的心脏地带是日本三岛、朝鲜、东三省以及一部分的华北，我们可以断言美军迟早将在亚洲大陆登陆作战，而进攻日本心脏地带。但欲在大陆击败日本和进攻日本本土，必先毁灭其用以维持大陆与日本的联系的残余海军。所以，今天海上的控制，仍为登陆中国和进攻日本本土的先决条件。

盟军要想打败日本，首先，必须孤立日本岛与（屿），使日本和它的占领区断绝联络；其次，必须断绝日本和亚洲大陆的交通，特别是的东三省与朝鲜的交通；再次，必须给予中国以适当的军事协助；最后才是进攻并占领日本本土。因此，我们可以知道日寇海军退守的所在了，它必分布在台湾琉球以北、中国沿海，尤其是保持长江口、上海以至长崎间的海面的交通，阻止盟军进向中国东海岸登陆，而置其主力于本土内海，其最后躲藏的地点，必在朝鲜和本土间之日本海及对马海峡一带，并利用其水电层会封锁和潜艇游击战的政策，来对抗盟国海军的进攻，并以防守其最后的心脏地带。

美国舰队将来可能占领小笠原群岛、琉球群岛、台湾、千岛群岛和登陆中国东海岸，从日本的四面八方搜索日本舰队，随时随地均可施行对日海上歼灭战。而对日战争的最后阶段，美苏双方将发动一连串的攻势，这便是盟军最后击溃日本的目标，也就是盟国海军消灭日寇海军的时候了。

我们可以预测盟军在海上围攻的形势，苏联潜水艇将在西边收拾日本的舰只，同时美英舰队和其他盟国的战舰则将从南边、东边和北边进攻，缩小海上对日海军歼灭战的范围，如果日寇舰队分散躲避各处，则盟国海军可分途搜索将其歼灭，它若负隅一处更可一举而歼灭之。可能在其心脏地带与最后的交通枢纽的对马海峡一带被完全击溃或毁灭。

英国太平洋舰队总司令福拉塞上将，曾发表意见称：凡有最强大海军的国家，必能获致胜利。吾人即有最强大的海军。蒙哥马利将军语余：德人之在二十至二十五岁间者皆属无可救药，惟一对付方法，即将其歼灭耳。对于日本舰队当具同样观念，其惟一对付方法，即将其击沉而已。尼米兹元帅于新年第一次记者招待会席上称：渠之希望为在今年消灭日本残余之海军。我以为单以美国现在的海军力已足以消灭日本海军而有余，今日复增加英国的大舰队，使日寇残余的海军更龟缩不敢出头露面，若再加上苏联的潜艇大队的协助，必将加速并且注定日本海军的命运了。

论甲午中日之海战[1]

(1946 年 4 月 20 日)

一、引 言

一八九四年爆发的中日甲午之战，到现在，已经五十二年了。在当时中日之战，中国一开始就是失败，以后也是失败，最后还是失败，终于以对日投降结束了。一八九五年四月十七日，李鸿章在日本签了《马关条约》，《马关条约》中，最丧权辱国的有五款：一、中国承认朝鲜为完全独立自主国；二、割让辽东半岛、台湾、澎湖群岛；三、赔款二万万元；四、开放苏州、杭州、沙市、重庆为商埠；五、允许日军驻扎威海卫，后来虽由俄德法三国之共同干涉，日本放弃了辽东半岛，但台湾、澎湖群岛就划入日本的领土，一直到了这一次战争胜利之后才收回来。

甲午之战，已经成了过去，假如我们不是这一次与日本帝国主义作战，谁也不会再想到一八九五年是中国历史上的紧急时代。可是我们偏偏在五十年后，又在与五十年前的敌人作战，幸而我们因艰苦卓绝的努力奋斗，与美、英、苏联盟邦的联合作战，得到最后的胜利，因为这两次对日战争，实关系中华民族的兴衰存亡。便不觉抚今追昔，想起中日甲午之战。

当甲午战事结束以后，泰晤士报曾有评论："中国若仍抱残守缺，不求进步，一二世后，将为日本的印度"。甚至敌相伊藤博文也说："中国若不力求进步，采行西法，而空谈复仇，于日本何害。"但中国革命，在甲午中日战争中即已诞生，而中国革命党的复仇雪耻的运动即于那时开始，到了这次对日抗战以至日本投降，乃完全表现中华民族的精神，在

---

[1] 此文发表于《新海军》。

这两次的中日战争，在中国现代史上实占着非常重要的地位。

日本接受波茨坦公告向盟邦投降，真是天大的喜事。残酷的世界大战结束了，从此以后，整个的世界是进入了另一个大的时代了。

从甲午年起，中国被日本压迫了五十二年，日本的暴戾猖狂，且敢于向世界挑衅，其野心无厌，也正是从甲午年起，今天日本向盟国投降，盟国是胜利了，中国是胜利了，这胜利是中国几千万人的血泪汗换来的，我想在这胜利之日，痛定思痛，在万分欢欣之余，必有一种沉痛的回忆，尤其是来研究五十二年前的甲午战争，不仅有很大的历史意义，而且给我们很大的教训。我们凛于过去血的教训，对于今后的建国建军工作，应如何努力，以保持我们既得的胜利，而保国家永久的安全。

作者论甲午之战，特注意于中日海战之经过与其前因后果，而以客观的检讨，加以严格的述评。因为在这五十二年来，一般不明了海军的人，往往以甲午战争，而抹杀了当日海军的勇敢抗战的精神，不知中国海军在过去社会影响非常重大，甲午之前中国海军有着许多可泣可歌的光荣史迹。"海军太不行了"，这不过是甲午以后无常识之人的表面感叹罢，同时为了很少有人下过志愿来研究甲午战前中国的海军，只在上述一句话完全否定了。这不仅是中国海军的不幸，实为整个中华民族的损失。关于中国海军史的问题，我当另论，在这里我仅告诉大家，秦汉隋元明武功最盛的朝代，海军是尽过它的任务的，同时在南宋季明，海军也曾建过保卫的奇功。以甲午论之，如果认为是海军的失败，不如说是整个陆海军的失败；如果认为军事不利，不如说是政治的崩溃。在海军当然不能不自提出反省。但厚责海军的人，可曾明了当时海军处境的困难，可曾认识当时一般作战的忠勇，可曾证实过甲午战争的史料？这些一切，我想凡是中国人都应该提出忠实的反省，因为中国的海军是大家的海军，不是海军的海军！

二、甲午战争的原因[1]

（略）

---

〔1〕见《"九·二三"与甲午之战》一文的论述。

三、甲午战前的我国政治与外交[1]

（略）

四、甲午战争的性质

我们既已知道甲午战争的原因与当时我国政治与外交的状况，我们再来研究这次战争的性质。

就甲午战争的性质来说：在日本方面是进行了掠夺性的强占殖民地和争取中国海权的侵略战争，它在战前已并吞了琉球，后来又企图征服台湾和朝鲜。到了甲午战争，它作战的目的，不仅要把朝鲜变成了自己的殖民地，并且，把台湾和辽东半岛变成了日本的殖民地，变作进攻东北华北和华南的军事根据地。因此，当我国海陆军已退出朝鲜领土和领海以后，它还不停止战争，而继续向我旅顺和威海卫进攻。根据以上事实，因此，我们可以断定在甲午战争中，日本是进行了掠夺性的强占殖民地和争取中国海权的侵略战争。

在中国方面：中国不是资本主义的国家，不是同日本为重新分配殖民地而进行战争，而是由中国经济的落后，满清政府的腐败不堪，海陆国防上没有准备，引起了日本争夺我国黄海渤海的控制权与渡洋向大陆发展的野心，引起了日本把朝鲜作进攻中国的桥梁。当时中国作战的目的，不是要保持朝鲜的存在，以威胁日本的独立和生存，中国主张是不干涉朝鲜内政和双方撤兵以保朝鲜为中日的缓冲区域。根据以上事实，我们认为：不能说中国也像日本进行了掠夺性的侵略战争。不过当时满清专制政府它的对外政策是出卖民族和国家利益，对内政策是排挤其他民族和压迫一切进步的民主力量，因此，当时中国还没有，也不能发动和展开像这次所进行的真正革命的民族解放战争，使日本最后投降中国。

五、甲午战争敌我的军力

日本自明治维新后，即致力于近代的海陆军的建设。由一八七三年就已开始征兵制，

---

[1] 见《"九·二三"与甲午之战》一文的论述。

在战前已有数万常备军。至于海军在战前共有军舰五十五艘，约共六万一千吨，但可参加作战的仅有二十一艘，总吨数约五万七千余吨。而参加黄海主力战之敌舰，计十二艘，共三万九千四百八十七吨，即敌酋伊东统率的主力舰队："松岛"（旗舰）"严岛""桥立""千代田""比睿""扶桑""赤城"；敌酋坪井指挥的第一游击队："吉野"（旗舰）"浪速""高千穗""秋津洲"；敌酋桦山所乘的"西京丸"；其第二游击队："武藏""葛城""天龙""高雄""大和"以下诸舰，则不与此战。

在甲午战争前，我国陆军约有八十万人，内分旗营、绿营、湘军和淮军四部分；训练、装备等在当时很落后，谈不上近代国防军的标准。至于海军在战前比于三次对外战争时不同，已建立起近代的海军。合计新旧大小各舰有八十艘，总吨数达十余万吨。（所列比较表略）[1]

敌军攻威海卫时，"赤城"与"西京丸"已代以"大和"与"八重山"。"大和"排水量一，七七八吨，速力一五浬，装六吋快炮四门，四吋七快炮几门，建于光绪一四年。"八重山"排水量一，六〇五吨，速力二〇浬，装四吋七快炮三门，机关炮六门，雷管二门，于光绪十五年建造。

依照上述中日海军力的比较在数量来说：在甲午战前我国海军与日本海军相差不远；就质量来说：则中国海军实落后于日本，如我方速力最高的为一五浬，最低的为六浬；敌方速力最高的为二三浬，最低的为一二浬，即敌方速力两倍于我，故得任意选择射程，控制我方舰队。我以速力低小，不易转变战阵，对敌争取优势。其次论攻击力方面，我方炮械均属旧式，而敌方则多新式快炮；至炮备的比量：我方计五八门，敌方则有二一九门，相差一六一门。一般不明甲午战争真相，总以为我方射击技术恶劣，弹多虚发；若根据敌方文献，我射击命中率，实远超于敌方。至于我方的防御力，亦很薄弱，只有钢甲舰四艘，其余的均系木质，或有铁质没有护甲，且多逾龄之舰，质尤不佳，故中弹即易着火。敌方多系钢质新舰，故防御力较强。

六、甲午战争的发展过程[2]

（略）

---

〔1〕见《"九·二三"与甲午之战》一文所列比较表。
〔2〕见《"九·二三"与甲午之战》一文的论述。

七、甲午失败的原因与其影响

（前略）[1] 我们检讨甲午战役所得的经验与教训，我们认为还有几点值得重视而希望能促进的。

（一）海军为国家整个的海军，决不宜有封建形式之割裂及骈枝之组织，此种分立之现象，乃各国所绝无者，今后为加强国防力量与作战效能计，吾人亦应绝对不容或有，务使一切计划、编制、训练、指挥均统一于中央。以免事权分歧，力量消长，致影响国家海军整个的建设。

（二）在甲午战前，关于建设海军，献策者固不乏人，然以前清的昏庸，官僚阶级的作祟，朝议夕更，使一切计划，置诸高阁，而无法实现。民国成立，复因军阀误国，频年内战，民穷财尽，更谈不到海军建设。鼎革以来，又以时间短促，一切计划尚未从容完成而对日战争即已爆发，言念及此，至可痛心。因此，我们今后对于一切建军之阻力，应先克服，然后建军计划始克顺利的顺序完成。

（三）无可讳言的，在甲午战争中海陆军未能联系与发挥其协同作战的威力。关于此点，今后我们全国海陆空军应有共同认识与努力。

（四）由于科学的落后，蕴藏的质源尚未尽量的开发与利用，我们的重工业还没有建立起来，国防工业亦无基础，因此，不独造舰制炮必需仰给他人，即军火的补充亦困难万分，其影响于作战的能力实至重大，以故发展国防工业已成为普遍的呼声，全国上下尤应以全力促成。

（五）我国人过去忽略了时代的推进，仍抱闭关自守的观念，重视领土，而轻弃海权，因之漠视海防的重要，及维护海防的军力——海军建设的重要。假使在甲午及这次对日抗战之前，我们对于海防有充分的准备，保持优势的海上军力，则敌人决不易深入国土以内。这次抗战，我国虽已获得最后的胜利，但我们凛于过去血的教训，对于今后的国防，似应极端避免轻海的覆辙，迅速筑成水上万里长城，使国土获有强固的屏障，而保国家永久的安全，与美英苏联共同维持世界的和平。

---

〔1〕见《"九·二三"与甲午之战》一文的论述。

彻底防制日本再起侵略[1]

（1946 年 8 月 20 月）

　　孙副主席科[2]于六月二十三日发表谈话称："中国应准备早日与日本议和，以保证日本永远不再成为侵略国，而使其能够促进东方永久和平与稳定。……但对目前日本改革之动态，亦不应过于信任。世人应知日本军国主义之蛮横有悠久之史实，故必需缜密加以防范，彻底加以铲除。"

　　日本自投降到今天，还没有满二年，而且尚在盟国军事占领之下，和约犹未签订，却已忘却自己是一个战败的国家，渐渐地要想恢复战前的地位，并透露出向外扩展的野心。自去秋涩谷事件[3]以来，日本再图侵凌中国之心，已由意志而变为行动，而最近更变本加厉。最先是吉田茂首相，向麦克阿瑟元帅，提出一件文书，所谓"日本对于和约的观点与希望"，竟想要求与美国共管琉球群岛，要求台湾特别移民权，主张以公民投票决定琉球、台湾、满洲的从属。当片山内阁成立，芦田均外相亦公然声称：日本国境问题，如琉球、千岛群岛，照波茨坦宣言，尚未加以确定。日本北海道县参议会，已要求占领当局将苏联占领下的千岛列岛之得抚、择捉与国后之岛归还日本。他们提出这种声明，论其作用，不啻向世界各国披露其领土野心未戢，关于此事，实已耸动了国际的视听。

　　〔1〕此文发表于《中国海军月刊》。
　　〔2〕孙科（1891—1973），字连生，号哲生，广东香山县人，孙中山长子。曾任国民政府行政院院长、立法院长、国民政府副主席等职。
　　〔3〕1946 年 7 月 19 日，日本东京警察在涩谷区对台湾平民开枪，造成 5 人死亡，18 人受伤，36人遭拘禁的严重后果。事件发生后，美军国际法庭做出了将台湾平民驱逐出境的草率判决。此事件史称"涩谷事件"。

在麦帅[1]扶植日本的政策之下，日本工业设备已决定保留一九三〇—三四年的水准之上。日本对外私人贸易已决定在八月十五日开放。按美国鲍来赔偿计划[2]中所规定，只许日本大体上保留一九三〇年时的生产能力，但该计划迄未被采用。事实上一九三〇年的生成能力，亦即日本侵略我东北前的生产能力，现竟以一九三〇年至一九三四年为生产目标而再建日本经济，无异于"九一八"事变后的生产能力为再建目标，此举对我国的影响极为重大，我们当特别注意。不料日本人的妄想，竟愈出愈奇，有前上海科学研究会会员小宫吉高，倡言美国将援助日本经济复兴，日本则将援助中国的经济复兴。这种论调，简直像战前的军阀口气，要以日本来领导中国，以达其经济再侵略中国的目的。

美国最近决定恢复日本的对外贸易，显然对于中国及南洋各国是一种重大的威胁，至于日本渔业，麦帅亦以全力来支持。他准许日本南极二次捕鲸，及指定中国沿海十分之四为日本渔业区等，这只是他复兴日本政策的一部份。可是我们要请国人注意。这里有一段日渔业专家桑田透一对捕鲸事业看法的供状："捕鲸工船之勃兴，于战时即可改为轮油船，大运输舰及海上修理母舰……故军事价值颇大"据此，我们可以认识，支持日本渔业的发展，实给予日本重整海军的机会，对于未来世界的和平，乃是一个严重的威胁。所以，澳驻华公使柯伯兰教授表示反对，并谓："予看到中国人似已感到日本现在之发展，已造成对中国之威胁。对于此点，澳洲亦有同感。"

合众社东京七月廿六日电称：九一八事变后一连串恐怖事件之许多领袖目前仍极为活跃，并从事于各项新方式之右翼运动。此辈日人于战事结束之后，已经销声匿迹，但最近又卷土重来，似已与右翼分子之领袖恢复联络。一九三一年九一八事变为日本侵略亚洲大陆之嚆矢，此次太平洋战争的发生，其源即在于此。此辈日人在当时与少壮军人之间关系极为密切，幕后策动一切日本帝国主义侵略行为之每一步骤。彼等目前又勾结成群，所组成之秘密团体在百数以上，即使日人亦不知此等组织之真相。查日本境内现在到处还有飞机场和军事建筑物存在，日本官员更向麦帅建议，招募新陆军和空军，"用自己力量维护国家安全"，这一切都直接间接地予中国以严重的威胁。

---

〔1〕麦克阿瑟（1880—1964），美国五星上将。毕业于西点军校，曾参加第一次世界大战，在第二次世界大战中先后任远东美军司令。1945年任太平洋美军总司令。战后出任驻日盟军总司令，采取扶持日本的政策。

〔2〕日本战败后，美国总统特使兼美驻日大使鲍莱提出了一份拆迁赔偿方案，要将日本的陆海军工厂、飞机制造厂、轻金属厂的全部设备和钢铁、造船、火力发电、机械制造的一半设备用于受害国家的赔偿。仅让日本保持250万吨钢铁的生产能力。史称"鲍莱计划"或"鲍莱赔偿计划"。

麦帅于接见法国新闻记者时声称："日本永不能准备新的战争，即在百年之内亦不可能。日本在心理上已彻底解除武装，以视任何一国为深。"但是，我们若根据以上所举的事实，即可见日本在心理上并未彻底解除武装，何况日本财阀的支配势力即无多大改变，黩武的军人也还存在。这样具有军事的封建的特征的日本帝国主义，可说并没有什么改变。我们单从历史上的观察：在黑船事件后之美日关系，表面上为美国压迫日本，而实则美国对日本极尽提携的能事。日本的所以有维新之一幕，美国培植孕育之功实不可没，然而日本报美之道为何？既结英日同盟以拒美，复与我合作以排除美国势力于北满。直到九一八事变，日本对美之明攻暗袭，多至不胜枚举，而最后归结于珍珠港之一击。中日历史关系最深，日本受赐于中国者最厚，而中国则丝毫无胁迫日本生存之任何因素存在。但日本竟欲置中国于万劫不复的境地。日本军国主义的存在和发展，有六七十年的长久历史，可以说是根深蒂固。今日要想彻底解除日本军国主义的武装，由精神以至物质，决不是在短时期内所能实现的。要说日本在百年之内不能准备新的战争，这是任何人都难于置信的。

我们并不主张狭隘的报复政策，但是日本在近六十年历史中表现出来的一切行动，尤其是中国所身受的种种，不能不教我们加倍的警惕。再就战后日本所表现的前述事实，不容吾人视若无睹，听其自然发展。为着民族的前途，国家的发展，远东和世界的和平，所以我们主张对日本必须有一个长期的管制，必须彻底改变旧日本帝国的一切制度和观念。

战争结束了二年，而和约犹未签订，这是有史以来历次国际战争所未有的现象；但是大多数的国家，均盼早日对日缔结和约，尤其是美国最感迫切，于上月十六日发出通知，邀请远东有关十一国在八月十九日在华盛顿举行外次会议，商讨对日和约。英方覆文主张于八月二十六日在澳洲举行之联邦会议闭幕后，再讨论日本和约问题。英外交部发言人表示日本和约问题，应由外长会议讨论，而不应由外次会议讨论。英方主张参加对日作战之十一国，均应参加起草日本和约工作。苏联则坚持起草日本和约工作，应由中美英苏四国担任。中国对日和约预备会议在旧金山或华盛顿举行一节，已表示赞同，同时中国驻美大使顾维钧氏公开表示："召开对日和会，应在中国境内举行。"开会时间，地点和程序，终有一个协议的办法。但对日和约之事，我们认为并非简单而容易解决的问题。中国是决定远东命运的国家之一，为了远东永久和平，中国的地位应该是调和各方，中国的努力应该是促成国际的协调。而基本的前提，中国尤需以自己的利益为出发点。

中国国势不同于美、英、苏任何一国，在对日和约问题上，中国的利害，固不尽同于苏联，也不尽同于美国。中国有它自己的利害，因而中国必有它自己的坚定立场。尤其是要考虑到实际利害。对日和约，在任何他国，都影响权力消长，而对中国，真是生死攸关。日本军国主义如果再起，任何他国，可以合纵连横，相机运用，而中国则难免再受侵略。故中国在对日和约中，除了根据联合国宪章以及开罗波茨坦两宣言的精神，对日本的领土、主权、政治及经济教育的范畴加以明确的规定—废除日本天皇制度，日本领土问题、赔偿问题、工业水准保留问题、战犯处置问题、肃清财阀于改革土地制度问题、日本国民再教育问题，乃至和约缔结后继续管制日本问题、中日通商问题、四国对日军事协定问题等—以外，我们以为尤其主要的是实现远东委员会对日政策的声明，该声明曾特别指明："国际之安全与稳定，端赖彻底破坏过去数十年日本用以实行侵略之军事机构，奠立如此之政治与经济情形，务使日本之黩武主义无法死灰复燃，及使日本人明了彼等失败之原因，由于彼等好战之意志，征服他人之计划及用以完成或此种计划之方法。"如何实践这个声明，使和约中所规定的获得实效，是当前必需预为安排的大事。

众所周知，第一次世界大战后的对德和约，不可谓不严，然终以当时各大国间互相猜疑，未能注意和约之实效。曾几何时，希特勒之徒即乘隙而起，皇皇条文，成为废纸，卒至造成此后廿年来的世界灾祸。殷鉴不远，足资警惕！这次对日和约欲求实效，则在和约签订之后之执行监督问题，必须在和约中明确规定，并须经常在日本国内设立一联合国共同监察机关，以严密督促和约之执行。我国应继续参加相当时期的军事占领，政治监督以使日本彻底民主化，不致再有独占资本的财阀，军国主义的军阀出现，再度发生侵略的危险。

（八月廿日）

收回东北与中国及世界的安全^[1]

（1946 年 8 月）

东北问题，近百年来，如崩石下转，愈转愈急，其后半期应从日本向中国侵略说起，日本大陆政策使东三省脱离中国，利用东北作为进取大陆的前进根据地，乃有"九·一八"、"七·七"，一串恶结局。溯其前因，则俄皇大彼得之东方拓展计划，已种下日俄冲突之根。大彼得以后，俄国历代皇帝，皆以向外侵略为务，西边想通过黑海，去窥伺地中海，东边早想占取海参崴及沿海洲来争取太平洋上霸权。这一个侵略大计划，即为十九世纪以来世界大纠纷的主因之一。由于帝俄着着进展，乃引起英国之不安，乃产生英日同盟的新形势；由于英日同盟乃诱导日本军阀的向外侵略的野心，乃产生日俄战争的后果；接着乃使日本军阀以安全为藉口，进占朝鲜东三省，造成日苏冲突的新局面；接着又成为第二次世界大战的导火线。日本军阀种下恶果，已自食其报，殷鉴不远，为着尊重中国的领土主权完整，为着民主国家的团结合作，为着确保世界的真正和平着想，任何国家，不该再作侵略的打算，更不该霸占东三省以激起远东的新纠纷。

帝俄于一五八八年越过乌拉尔门户之后，三百多年间的东进，对中国北方言，可算是延翼进展，帝俄势力线进到赤塔之后，分为两支，一支东行，经阿穆尔铁路和乌苏里铁路以达海参崴；一支向东南经中东铁路以达海参崴。前者在俄境，但弧形的绕道相当远，而所经之地，经济不甚发达，后者经过中国境，距离可减少四分之一，所经之地又为大农区和森林区，经济价值很高；而且从哈尔滨和长春向南有支线，即南满铁路直达旅顺和大连。这就是帝俄的东方门户政策，即两线两港政策。

旅顺大连控制了渤海黄海，势力直下东海，天然的腹地又很广大，国际贸易上和世

---

〔1〕此文发表于《新海军》。

界交通上均较海参崴为重要，因为海参崴所滨临的日本海比较是偏僻而冷落，俄国若进出太平洋，须经过宗谷海峡，津经海峡，朝鲜海峡，和对马海峡，这些海峡都是受着日本的控制。

日本是海洋国家，资源有限，为了建设海洋帝国，扩展海外势力，要在大陆上奠立基础，这个基础即奠立在我东北。这是东北的空间价值和地位价值所决定的。日本所谓大陆政策，就是侵略我东北的政策，而早先侵占朝鲜，只有工具价值而非最后目的，因朝鲜在中日之间占桥梁地位，而资源之富远不及我东北。

日本侵略东北后，则进窥华北方有可能，"九·一八"是"七·七"的前奏曲。由此可见日本人所谓"欲征服世界必先征服中国，必先征服满洲。"表明出东北在侵略地位上的价值具有世界史的意义。

日本从海上侵占东北也是采用两线两港政策，旅顺大连和南满路以控制所谓"南满"，清津港和吉会路以窥伺所谓"北满"。加上朝鲜和安沈铁路形成海陆三路并进之势。

帝俄从大陆到海洋，日本从海洋到大陆，均须经过我东北，因而决定了东北成为远东国际纠纷最复杂的地区，远东国际战争最重要的舞台。今日东北情势，颇似"九·一八"前夜，更与"俄日战争"前后相似，我们不妨看一看旧账。

一八八七年：朝鲜大院君作乱，日使三浦参与其事。韩王乘机逃入俄使馆诏杀亲日大臣，日俄共同干涉朝鲜内政。

一八九五——六年：甲午战后日占辽东半岛，旋被迫退出。中俄密约成立。

一八九八——一九〇四年：俄筑中东路及其支线南满路，强租旅大；一九〇〇年义和团时期占有全部东北；同年俄韩密约成立，对日互相承认在韩利益。

一九〇一年：俄据满洲，迫中国签约。

一九〇二年：日英缔结同盟条约。

一九〇四——一九〇七年：日俄战争爆发，战后两国平分南北满以长春为界。

一九一八——二〇年：日本占有全部东北，日军警遍布中东路并进兵北亚（西伯利亚），曾与俄军在庙街冲突。

一九二一——三一年：日俄平分秋色，一九二四年苏联放弃帝俄时代在中国所获一切权利。

一九三一——四五年：日复占全部东北。

一九四五年二月十一日：美英苏签订雅尔达秘密协定[1]：保留外蒙古人民共和国，苏联应恢复以前俄罗斯帝国之权利。其中有关东北部分：辟大连港为国际港，苏联保有优越权利，旅顺由苏联租用为海军基地。中东铁路南满铁路，中苏共管苏联保有优越权利，中国对满洲应保持全部主权。

关于雅尔达秘密协定，直接涉及中国的领土主权，在签订之前，并未求中国同意，这可见中国是处于受支配被处分的地位，这是我们第一引为感慨的。这秘密协定还规定"苏联应恢复以前俄罗斯帝国之权利"，这些权利就是旅顺大连两港，中东南满两路。但苏联曾经发表过神圣的宣言，声明废弃帝俄与中国缔结的一切不平等条约。租借旅顺大连两港，建筑中东南满两路，是一八九六年李鸿章在莫斯科与帝俄政府签订的不平等条约[2]。那个条约及由那个条约所获得的权利，早经苏联宣布废弃了，苏联今日重新需要旅大两港中东南满两路的权利，而且公言"恢复以前俄罗斯帝国之权利"，这是我们更引为感慨的。所谓中国对满洲应保持全部主权，当作怎样解释呢？

一九四五年八月九日苏联对日宣战，八月十四日本投降。同日中苏在莫斯科签订友好同盟条约，兹述其内容要点如下：

（一）中苏友好同盟条约：此约签订目的，在求中苏共同对日作战至完全胜利为止，并求防制日本再度侵略。约中规定，如他日任何一方再被日本攻击，他方即予军事援助。至于缔约国在联合国宪章下所有之权利义务，则不受本约之影响，本约有效期间为卅年。

（二）苏联对华三项声明：第一，苏联声明：给予中国以道义的军需的及其他物质上的援助，此项援助当完全给予中国中央政府，即国民政府。第二，苏联重申尊重中国在东三省之完全主权及领土行政之完整。第三，苏联声明：关于新疆问题，苏方无干涉中国内政之意。

（三）外蒙问题：中国政府声明：日本战败后，外蒙如依公民投票证实其独立愿望，中国当承认外蒙之独立。苏联声明：苏方将尊重外蒙之政治独立与领土完整。

（四）关于中东路及南满路问题：中东及南满路之干线（合称为中国长春铁路）由中

---

〔1〕即《雅尔塔协定》，全称《三国关于远东问题的协定》。1945 年 2 月 11 日，苏、美、英三国政府首脑在雅尔塔会议上签订的秘密协定。主要内容是欧洲战争结束后两个月或三个月内，苏联将参加对日作战。

〔2〕即《御敌互相援助条约》，亦称《中俄密约》，由清政府派往俄国特使李鸿章与俄方代表于 1896 年 6 月 3 日签订。

苏共有共管，以三十年为期，期满无偿归还中国。

（五）大连：中国政府宣布大连为自由港，对各国贸易航运一律开放。大连一切行政权属于中国，惟港务长派由苏联人员担任，开放期定为卅年。

（六）旅顺：在中苏旅顺协定有效期间三十年内，以旅顺口为中苏共同使用之海军根据地。该地区民政归中国管辖。在该区内并设中苏军事委员会，以处理有关共同使用等问题。

（七）苏联军队撤退问题：史达林[1]统率声明：在日本投降后三星期内开始撤兵最多三个月内苏军全部自东三省撤退。

关于中苏友好同盟条约中的（四）（五）（六）三项，是我们对苏联的给与。从收回东北的观点上说，不能说是完满无缺。历史真是开不得头。甲午战后李鸿章与帝俄签了一个中俄密约，由此俄人在我们东北修筑了中东南满两条铁路，大连旅顺亦为其所经营。越十年，日俄战争结束，这两路两港又落于日本之手，以迄于今。到今天，日本战败了，我们应该收回东北了，且已确定收回东北了，但在中东南满两路大连旅顺两港上又留了一道痕迹。这道痕迹，就是我们对苏联建立盟好关系的一种代价，也是我们奠定东亚大势以从事努力建国的一种代价。我们明知订立这个条约，"两路共管"、"两港共管"，有损我们权利，但是我们为了换取国际间的友谊，来奠定远东和平的基础。所以不惜付此重大代价。

最后我们把东北站在中国的国防地位来说：东北的交通地位极为重要。横贯欧亚大陆的交通与横渡太平洋的海洋交通，在东北相联络，以大连为主要的联络点。反观蒙古新疆西藏是交通阻塞区域，今后若干年内不能有多大改变，根本距海太远，不会在海陆交通联络上有作用。将来国际航空发达，东北又是东亚、北美、北亚的空中交通的会合点。在地理地位上，东北对于中国是边缘地位，与新疆相同，但海陆交通联络便利，毫无隔绝作用，与新疆仅赖河西走廊一线以通中原者不同。其次东北对于蒙古为侧翼地位，在帝俄入侵时代蒙古全部为中国所有，东北虽然被其控制，祸害限于一区。现在我们已承认外蒙独立，北方形势已大变动，将来对华北及东北的设防问题更当特别注意。

东三省在国防上为我东北的锁钥，华北的外卫，尤以其南端的旅顺大连，扼渤海的门户，北有南满铁道直通沈阳，西距塘沽水程不过二百浬，南部自辽东半岛最南端的老

---

〔1〕即斯大林。

铁山至山东半岛最北端的蓬莱阁，其间相距仅九十公里，故就水陆交通的地位言，旅顺港实为渤海海防区域中最适宜的地点，就防御的形势言，旅顺位辽东半岛最南端，东南有山东半岛为其外线屏障，敌舰侵入，洵非易事。当甲午战后，日寇要求占领旅大，而发生三国联合干涉还辽之事，当时德政府电致驻英俄法三公使训令有云："旅顺口如果变成北洋的直布罗陀，则将使中国至少将中国北部与其京师，成为日本的保护地方。"日寇之所以能包围朝鲜，一举而占领东北，控制华北，莫不以旅顺大连为其出发点。次就与商港的联系言：华北在战前的商港，以天津、大连为首要，天津为河港，泥沙淤积，海船不能直入，故未来必须建立北方大港。北方大港在滦河口距旅顺只一百六十浬，为渤海西岸距旅顺最近的港口，大连距旅顺只五十公里，铁道直达，为我国"九·一八"以前最大的出超港，故就与商港的联系而论，未来北方大港及大连的繁荣，东北华北经济事业的发展，旅顺军港实具绝大的保护功能。但大连今已辟为自由港，而旅顺军港又与苏联共用，今后为欲巩固东北的安全，则当兴筑连山湾上的葫芦岛军港与在鸭绿江口外新兴的大东港。以适应我国防的需要。

我们确认东北为中国领土不可分之一部分，中国对日抗战以收复东北的领土主权为最主要目的之一，一切友邦须承认并尊重中国在东北的领土主权的完整，凡一切有关中国问题的协议，如未经中国的同意，中国绝不受其约束。根据开罗宣言、波茨坦宣言、联合国宪章，以及中苏友好同盟条约，中国应即收回东北，固有如天经地义，而中国十四年来之空前血战以及全世界各联合国，为争取国际正义，民族平等所付出之无限代价，亦绝不容许白费，况复东北经济资源，乃中国现代化之基础所在，东北地理形势，乃中国亚洲以至全世界之安全所系，故如何维护东北主权，已成为中国人民之当前急务。东北是否由中国真正收回，东北主权是否能保持完整，以至东北是否成为"远东的巴尔干"第三次世界大战的爆炸弹，关键就在于中国自己是否能自力更生的建立强大的民主统一的国家，和建立绝对安全的国防。

美国为什么要助我建立海军？ [1]

（1946 年 8 月）

远东种种问题的爆炸性，并不亚于欧洲问题。事实上，因为东方的多数的民族仍然还未完成自治政体，并且刚刚迈进工业化与土地改革的门墙，亚洲或许面对着一个甚至比欧洲更纷乱不安的时代。国际间冲突的可能性，内部战争与反抗外人统治的民族革命，在从印度向东伸出新月形的广大的一片土地上，是非常真实的情形。美国单独不能采取任何政策，足以保证亚洲十万万有奇的民族有一个美满的进化，可是，今后美国对亚洲的决策，对于远东的安全和世界的和平有很大的影响。

珍珠港的偷袭，绝不是日本的怪物所作的自杀性的攻击，这是数十年来美国在东亚采取干涉政策的自然的结果。甚至早在美海军上将皮列 [2] 率舰于一八五三年打开日本的门户以前，美国的外交家商人传教士及海军们，就早已卷入干涉东亚的漩涡中了。

在那些年里美国形成了一种政策，那政策可以称之为"门户开放"或者"领土完整"的政策。这次大战美国对日作战的目的，是在反对侵略，维护一切国家的领土完整，和权利平等。实际上由于它拥护这个原则，就已使得，它站在一个比任何国家都要大的国家方面，那就是中国。因为中国的领土完整已经最受威胁，它们的政策主要的是要使经过这次战争之后，出现一个自由强大近代化的中国，在东方成为美国第一号的朋友。

从"七·七"卢沟桥抗战起，美国便一直同情着我们，从故大总统罗斯福新大总统杜鲁门以迄全国人民，没有一个人不是主持正义公理，尤其是八年来美国对我们的援助太多了，千端万绪，不知从何处说起，今单就美国对我海军建设的帮助来说。

---

〔1〕此文发表于《新海军》。
〔2〕即佩里。

美国人士之提高帮助中国建设海军者，当以一九四四年额露尔上将的旧日参谋詹布立斯中校，在美国海军学会所发表的言论和在美国海军前进杂志所发表帮助中国建设海军的建议为最早，他认为战后维护中国之沿海与内核的治安，并建立中央稳固政府，须即刻建设适当之海军，盛谊友情，甚属可感！惟他所拟议的适当之海军，只包括三队，或四队护航驱逐舰，一打之大型驱潜舰，大队之鱼雷快艇，两艘修理舰与若干拖船及相当数量的内河炮舰，这对于战后中国复兴海军的初步计划，诚不无助益，但是若以此为巩固中国国防的海军，并资以与太平洋上的友邦共同负起责任以维护永久的和平则相差很远。

继詹布立斯中校的建设而要求制定法案，正式帮助中国建设海军者，当以去年十二月十七日美海军部长福莱斯特尔的提议，为第一次，该法案是授权总统，将美国海军剩余舰船让与中国，俾助中国建立海军以维持太平洋和平。其条件为赠为售为交换或为移交，可由总统决定之。该法案并当规定授权总统，派遣军官及士兵襄助中国训练海军及处理其他海军有关各项事情，即白宫方面亦对海军部有此指示：盖为美国利益计，为吾人之良心计，美国理应援助中国保持其海军，而中国海军已在对日作战中毁灭，现无制造设备与技术经验以重建海军，势须美国加以援助。这是美国海长要求政府援助中国重新建设海军的创举。

海长福尔斯特发起帮助中国建设海军之后，到了今年二月五日美众院海军委员会始一致通过，政府所提以军舰及海军顾问团供给中国之议案，该委员会并于两项修正中，准许总统由国会授权，得以任何剩余之战舰，航空母舰、巡洋舰及驱逐舰（护卫驱逐舰不在内）或潜水艇供给中国。该委员会并授权总统将运用并保养上述舰艇，以及训练舰只上人员所需之物资，移交中国，其中包括弹药、零件、修理厂中之机器，及保养并运用此项舰只所必需之一切物件在内，海军委员会主席文生望该委员会之最后建议获众院之迅速批准，此建议内之舰只计分三种：

（一）战舰及须得国会授权许可移交之其他舰只。

（二）海军小型舰艇浮坞等，无须国会授权许可移交之舰只。

（三）保养各种舰只必需之物资。

该建议之第二部门，即派遣"海军顾问团"将在我国居留五年。美国在初期内，依据契约者有海军军官一百人，士兵二百人。

时间经过了一个月〇八天，美众院于三月十二日以三百十三对三十二票通过法案一件，授权杜鲁门总统将小型军舰二百七十艘移让中国，此案已提付参院讨论。根据此项法案，总统得将与护航驱逐舰同样大小或较小之军舰出售，租借或赠予中国，俾作为建设中国新海军之核心。又据美国新闻处华盛顿十二日电：中国海军人员在古巴关塔那摩受训将告竣事，各员受训驾驶海军轻型舰艇巡逻舰及水雷艇等八艘。预定四月一日左右取道巴拿马运河返国。上述船艇为安全计及为随时获取协助起见，于开赴西太平洋途中，将由美修理及供应舰摩米号随行。各舰艇系于日本投降之前根据租借法案移交中国者。总统已授权根据租借法案，继续维持各舰现状，至一九四六年六月卅日止，预料届时各舰则作保护中国沿海航运之用。

自从美海长福尔斯特尔发起协助我国建立海军之后，在不及四十天的期间，竟使这个重大协助中国的法案，得美众院通过，这是中国人民所极端欢迎而认为难能可贵的。或问美国之竭力助我建设新海军，是否利用中国海军作为预备下次大战时抗苏的阵地呢？抑或利用我国海军以达到其任何其他目的呢？我们对此切勿疑惧而作误解。我们只看尼米兹元帅之惟一代表贾德勒海军少将出席海军委员会所作的郑重宣言，即可了解一切。渠称：此次舰只及顾问团援助中国一举，全与杜鲁门所作美对华政策声明相符合，盖总统于该声明中曾有"中国向和平团结之道迈进之际，美国准备加以协助，建立其军事体制能以克尽中国对本国及对国际所负维持和平秩序之责任"之语。贾氏称：训练中国海军人员并予以登陆舰艇一举，将使中国能协助将日本人撤出亚洲大陆。我们认为这是友邦帮助我建立海军之又一种原因。

不久以前美前任副总统华莱士，在他写成了"战后美国在太平洋的新任务"的见解，他说："太平洋上的和平，需要国际合作才能维持。以中国对抗苏联或以日本对抗中国或苏联的策略，绝对无法不引起另一次战争。"又说："美国以其自然的力量，它的技术的力量，和它的地理位置，能够不断的提高生活标准而贡献于和平……不但对它本身有道德上的益处，而且事实上只有促使别人繁荣，才能保全和增进我们自己的繁荣！"所以美国之助我建设海军，乃需要我国合作增进我国繁荣，才能共同维持太平洋上的和平，才能保全和增进它自己的繁荣。

西方的侵略者已经消灭了，东方的军国主义的日本也相继倒了下去，全世界已再没有火药的气味了。可是最近的国际安全似乎又呈现了动摇，美苏之间有许多问题必须调协。美国务院的远东司司长范宣德氏说："中国之地位为远东吾国与苏联之缓冲或桥梁。"我国的王外长也声明"愿意尽到桥梁的责任。"那么美国之助我建设海军，实足以加强我们所欲建立桥梁的基础。使我们有力量来作美苏的缓冲。

一个自由的强盛的中国，可以充当太平洋区一个极其有力的安全因素。今后中国不仅是一个自由的国家，而且对于东南方面的还未得到自由的邻居是一个自由的象征，中国今后向政治民主方面跨进任何步骤，都会对亚洲其他国家的政治趋向发生重大的影响。所以有一个强盛的中国，乃所有民主国家之福，现在还有些人醉心强权政治的粗劣理论，以为中国有了强大的海军使中国会变得过分强大，从而成为亚洲安全的一种威胁。关于这一层，我们愿顺为指出，在帮助中国发展一个强大海军，我们的邻邦可无庸疑惧。盖从有美英之全力合作与协助，中国至少亦须有数十年之不断的努力始能完成一个相当强大的海军，所以若说中国会变得过分强大足为亚洲安全的威胁，那是不可想象的事。蒋主席在他一九四二年十一月致《纽约先锋论坛报》的论文中曾经说过："中国对于它的亚洲邻人只有责任，没有权利；中国无意以一种东方帝国主义或孤立政策来代替西方帝国主义。"所以，中国要建设强大的海军，实欲履行我们对亚洲邻人应尽的责任。

我们的结论，便是太平洋上的和平，需要国际的合作才能维持，如果没有一个国际武力支持下的国际计划存在，强大国家将无法保障亚洲的弱小国家，使其免受侵略。而太平洋今后之和平，有赖于中美之合作，我们若有充分海军，即不能希望执行对他国的义务，是以友邦之协助重建中国海军，我们殊竭诚欢迎！

中国国防应采的政策与怎样建设新海军^[1]

（1946 年 8 月）

一、今后国防应采的政策

在现在的时代，要保障国家的安全独立，和民族的生存发展，必须充实国防；要增强国家的国际地位，和维持世界的永久和平，尤须充实国防，这已成为不可磨灭的至论。我国这次抗战的目的，对内则求国家民族的自由独立，对外则谋太平洋和世界的永久和平。经过这一次大战的经验和教训，我国朝野人士，想已莫不感觉到国防为何等的重要。但要建设国防，首须确定"国防政策"。

我们研究国父国防计划大纲，首先的是"国防方针"。我们知道：国防方针是产生于国防思想，各国各有其国防思想，又因其环境的不同，而各有其国防方针，英国与美国不同，美国与苏联不同，推而至于其它各国亦各相异。"三民主义"为我国防思想的根源，国防方针自须以这思想为依据，所以它是自卫的而不是侵略的。第一步应以"抵御各国侵略"（大纲第四十四项）和"收回一切丧失疆土及租借地、租界、割让地"（大纲第四十二项），使中国完全得到自由独立。

"国防政策"为实现国防方针的手段与方案，它是随时代环境而变更的，故大纲第二项定有"国防之方针与国防政策"。国防政策，包括政治政策、经济政策、文化政策和军事政策，因为军事为国防上最重要的一环，所谓政治、经济、文化诸部门都要和军事配合而并进。更就国防趋势看，军事在国防上，不论平时战时皆居首位。所谓政治、经济、文化等倘若没有军事力量的支持则均将无从展布。

---

〔1〕此文发表于《新海军》。

国父的国防计划，原拟假以十年的期间来完成其重要建设的，故大纲中定有"完成十年国防重要建设计划一览表"的第四十六一项，不过以科学落后和国防基础薄弱的我国，欲使其变为世界一等强国，则非十年所可奏效，于十年之后，还须继续努力建设，因为世界各国的国防建设是有进无止，倘若我国国防建设自甘落后，那就无从保障国家的安全了。所以，国父在大纲的第五项中又定有"制定永远国防政策"。

在抗战建国纲领中已经指示"我国国防政策，其于民族主义，以达到巩固的国防，以维护中国的独立与世界和平为目的，绝不带丝毫侵略色彩，人不犯我，我不犯人，抵抗一切对我的侵略，以维护国家生存并收回一切丧失疆土，以维护国家的权利。"这个纲领所规定的我国国防政策，是遵照国父的国防计划书纲目而规定的，我们必须有明确的认识，我们因为过去国防力量的薄弱，所以在这次抗战之初，未能迎头击破敌人于海外，弄至整个海岸为敌封锁，半壁河山沦于夷狄，若非艰苦卓绝的奋斗，和盟邦的协助，哪有最后胜利的获得。今后我们国家的环境，虽削弱了日本，还有强邻逼处，又因旅顺、大连、台湾、澎湖的收复，海疆益见辽阔，更非积极从事于高度国防的建设不可。

唯是我国今后的国防建设，应以发展陆军或海军或空军为主体呢？过去有人主张采取"陆主海从"政策，也有人主张采取"海主陆从"政策，也有人主张"优空主义"。我以为这些主张，都是由于一时的现象和片面的观察所驱使，不能适合我国的情势。我们的主张，今后中国的国防，应采取"海陆空并重"政策，因为中国有一千一百十七万三千五百五十八方公里的土地，必须建设有庞大的陆军，准备击破侵略者于国境之外。又有八千五百海里的海岸线（台湾澎湖未计在内），亦须以列强海军为标准，建设强有力的海军，准备击破侵略者的舰队于领海之外。空军为最新锐的兵种，又为海陆军不可少的助手，亦须建设优势的空军，准备击灭侵略者的机队于领空之外。我国具有一个海陆天然形势的国家，要想达到健全国防的地位，海陆空军三种军备，没有一种可以漠视，或是可以落后的，我们今后的国策应永远以国防准备充实建设为要件。

蒋主席说过："我们必须正视世界森严的现实，并接受抗战中的痛苦教训，以建设绝对安全之国防为第一目标"。这就是指示给我们以建国必须制定永远国防政策以国防准备充实建设为立国的政策。今后我们应观察我国的新环境和侵略者的野心，而确定我们的国防政策。一面秉承蒋主席的昭示，发扬国父的国防计划；一面发挥海陆空三军一体的力量来实行它，而建设高度的国防，保卫我们的国家，谨防将来的侵略者，使中国成为一世界至进步、至庄严、至富强、至康乐的民主国家。

二、中国是不是需要海军

在没有谈到建设新海军的主题以前，我们应先研究一下我们中国是不是需要海军？我们把中国地图打开一看，就晓得中国的形势，一半是靠着海，这个海疆的长度，从安东起，一直到越南交界止，一共二千五百海里，所有沿岸岛屿有三千三百三十八个，它的海岸线有六千海里，折合二万华里，台湾和澎湖还未计算在内，统共算起来，有八千五百海里，就是二万八千华里，这样漫长的海岸线，统统是中国的海上藩篱，但在过去，我们并没有把这藩篱建立起来。我们还有横贯各省长江大河，单就长江来说，由吴淞至汉口，五百八十海里，汉口至宜昌三百六十海里，宜昌至重庆三百六十海里，重庆以上且不要说，只说这一段可以通航中号舰船的水路，已经是一千三百海里，珠江虽然没有长江那么长，但是河汊支流很多，如北江、东江、西江的通航的路线也很长。我们中国百年来受不平等条约的束缚，外国军舰可以任意在我们内河航驶，我们丧失了许多主权，现在这种的锁链虽已脱掉，但是整个的江防还没有建立起来。

我们明白了我国海疆和长江的形势，一定会联想到，照着这样长的海岸，这样多的岛屿，这样长的长江、珠江，要谋一个保卫防守的方法，是要靠着什么力量呢？这非常明显的告诉我们，除了用强大的海军力量以配合陆军、空军，是没有别的方法可以巩固的，我们在这里，就得到一个答案，就是说我们要巩固我们的海防江防，非建设新海军不可。

我们再就海军的任务来说：在战时，当然要把握住制海权，这种制海权能够操在我们手里，可以使侵略者没有法子施展海军力量来向我们领海内和领土上侵犯，此外移转军队，运输军用品等等也都是战时的要务。再进一步说：截击敌人运输交通，封锁敌人港口，毁除敌人舰队，毁除敌国领土领海以内的许多海军设施，肃清海上敌人潜艇的力量，掩护陆军登陆，检查中立国的船只，更是战时海军的重要任务。还有保护海上交通，使商业工业发达，资源不至阻滞，这也都靠着海军的力量。至于平时，维持沿海沿江的水上治安，剿除盗匪，保护渔业航业，保护各岛屿的居民，宣慰各地方的侨民。宣慰侨民，是使侨民对于祖国发生深刻的观念，保护侨民，可以使侨居国外的许多侨胞不至给他们居留地的政府人民的欺侮，这都是海军的应有的任务。还有测量全国江海水道航线，使全国交通利便。就国际礼仪方面说，代表国家访问或是回访外国，以及国际间一切礼节的执行，没有一种不是海军的事情，说起海军的任务是相当的重大，我们要达到上述的任务更非建设新海军不可。

我国经过了几十年的革命奋斗，八年下来的反侵略战争，解除了不平等条约的束缚，获得了最后的光荣胜利，我们国际的地位愈是提高，处理国际上的事情也随着增多，我们负有维持世界永久和平的责任，这种重大的责任，加在我们的肩膀上，我们应该要怎样去担起这个责任。我们既然是四强之一，那么国际上的许多责任，我们也应该负担着四分之一，我们要想担负这四分之一的责任，我们一定要有四分之一的国际全海军力量来使用，才能负起这四分之一的责任。

蒋主席顾问拉铁摩尔氏在纽约演说云："中国今日已排除万难，一跃而为列强之一员，亦即为四强之一，过去各国原视中国为半殖民地，而今日则中国不仅为四强之一，抑且为太平洋上之领导国家。"最近美总统杜鲁门所作美国对华政策声明中曾有"中国向和平团结之道路迈进之际，美国准备加以协助，建立其军事体制能以克尽中国对本国及对国际所负维持和平秩序之责任。"美海军部长福莱斯特尔致书众议院议长雷朋称："根据国家利益与良知而考虑，美国实应帮助中国维持一支海军，而该项海军，可能对维持太平洋上和平有巨大贡献。"由此看来，中国为自卫，和安民计是需要海军，进一步说为维护世界永久和平计，更需要中国有强盛的海军。没有强大的海军，就不能成为一等强国，如何而能与列强并肩，如何而能成为太平洋上的安定力。所以，我们要实现海军的责任，要完成绝对安全的国防，要想中国获得真正的平等自由，做一个独立自存的国家，则非遵照上述国防政策与国父国防十年计划逐步进展，与陆空军同时完成国家三大实力不可。

三、我们需要怎样的一个海军

我们就国防政策上着想，中国必须建设新海军，再就中国海疆的形势和长江珠江流域的情况。战时平时海军的任务和今后维持太平洋和平的责任，都认为中国必须建设新海军，但我们需要怎样的一个海军，很值得研究。论者或谓我国既非岛国又没有侵略野心，有了小海军或飞机潜艇等即可。这种不关痛痒和不求实际的观念，岂能适用于今日我国所需要的海上的防务和海军所应负的责任。我国自一八九四至一八九五年的中日战争以后，海军的发展，几已完全停顿。民国成立以后，添造了少数舰只，但皆系小型巡洋舰和炮舰之类，对于中国海军力量并未增加许多。所以按具体的说，在这次中日战争爆发以前，中国和世界大海军国相较，可谓等于没有海军。

过去八年抗战所遭遇的事件，已十足证明在对日作战中，中国之缺乏强大的海军，乃处于最为重大不利的地位。当战事爆发之际，我们感觉到，无须说对敌在海上采取攻势作战，即对于八千五百海里的海岸线，要想加以防御，亦绝对不能。因此，我们不能阻止日军从海岸线登陆，而容其对我国大陆作有效的海岸封锁。我们在这次战争中所得的苦痛教训，很明白的指示我们，关于建设一个强大海军，实最为当务之急，今后须以万分的热诚努力迈进。

或谓：日本既已降服，日本的海军已不能存在，和平会议所订条约，绝不能再许其武装以危害东亚和平。其他列强，中国的盟邦，可有理由推测其不至向中国侵略，这当然是中国所希望的而极为欢迎的。不过因此遂认为中国可无须且不必建立强有力的海军，则于事实上所需求的恐尚未能适合。古语云："兵可百年不用，不可一日不备。"一个爱好和平的自由独立之国家，最低的限度，自卫的力量是必须有的。中国是东亚的大国，不但是海岸线绵长，港湾纷布，而且大陆以外之属岛繁多，内部又有广远之江湖流域，加以失去五十年的旅大台湾与澎湖群岛，又回到祖国的怀抱，若只限于建设一支小规模的海军，则这种力量，欲用以保障全部安全，恐不免要捉襟见肘。况且中国又是太平洋上的主要国家之一，还须要保有能够贡献国际的武力，与各爱好和平国家合作，才能维护将来太平洋上的永久安宁与秩序，以推而至于世界的永久和平。美国要拥有七洋的海军，英国要于看到它的国旗的地方，都用海军去保护，美英为极欲维持世界永久和平的国家，故皆拥有庞大的海军，可见凡讲自卫以至共卫，由互助以求共存，皆未可缺乏强有力的海军。

或谓中国建设强大的海军，将与美国和英国作海军的竞争，而虑其有统治东亚或全球的野心，成为侵略的国家，那是不可想象的事。因为中国纵有美英之全力合作与协助，至少亦须有数十年之不断努力，始能完成一个相当强大的海军，而且中国数千年来传统的和哲学的思想，皆是反对侵略主义，是则中国之能建设强大海军，是于世界绝对无害，而实是有益的。我国人民实是爱好和平的民族，绝不会想用我们的海军去作侵略的企图，我们所需要的是，须有一个强有力的海军足以防卫我们很长的海岸线，以抗御外来的侵略。解除轴心国之武装，虽可予太平洋之和平提供保障，但是外来侵略的威胁，除非世界大同断不能永远的根绝。我们所需要的海军之大小，将视民主国家能保持轴心国家不复为害之效力和视察我们国家之环境情形而定。无论如何，我国之需要强大海军是十分明显的，因为我国是太平洋主要国家之一，我们必须有一种力量不但希望能以自卫，且须尽我们的责任与邻邦共同维护远东以至世界的和平。

四、如何建设新海军

我们已经知道要建设绝对安全的国防，必须建设新海军，但在建设新海军的准备工作上必首先须注意，以下的几种条件：

第一，新海军建设必须有一个建设的中心力量和一个健全的组织基础，而后对于全国海军行政及军令事宜。有专责分司其事，才能展布新海军建设的计划和增强新海军建设的效率。

第二，新海军建设必须先有一个详密的建设计划，每年建设的进程须有一定的步骤，一定的预算。

第三，新海军建设必有一定充足的经费，这笔经费应由国家确定之。新海军建设预算，则由海军的建设当局召集专家议定，至于经费怎样筹拨，这是国家财政当局的责任。

上述的几种条件具备之后，其次就要注意到怎样建设新海军，我们现在把建设新海军的主要事项分述如左：

第一，划分海防区，中国沿海，照笔者的意见大概可以分做四个海防区，第一区由安东起，沿岸向西顺推，经过辽宁河北，一直到了山东半岛东北角的成山头；第二区由成山头一直向南部沿岸延伸，以至江苏的长江口为止；第三区，从长江口以南，一直到汕头为止，包括台湾、澎湖列岛；第四区由汕头以南，一直到了越南边界，包括海南岛、东沙、西沙、南沙和团沙群岛。海防区划分之后，则对于设港、造舰，和新海军的组织编制，均可按步进展。

第二是训练人才，因为海军的任务特殊，所以海军的学识也是特殊，军舰构造，航海术科、枪炮、鱼雷、水雷、新兵器等，都是高深特殊专门科学，所以培育官兵很不容易，普通学科，大概可以分做航海、枪炮、鱼雷、水雷、轮机、通信、电务、造舰、造械、海军航空，至于军需、军医等部门，尚未计在内。至于作战指挥部门，那就要有大学训练。战术、战略、军法等等的研究也是很重要的。如能将青年员兵学生多派往美英受训或聘用客卿，帮助我们训练必要的海军人员，以备分配于海军各机关和新舰艇，则对于新海军的建设，当可以事半功倍之效。今后我国海军的任务，非仅担任本国沿海沿江的治安，还负有维持太平洋和平的责任，为了履行这个责任，我们需要相当多的舰艇，我们更需要大量的员兵，所以要建设新海军，首先要训练新海军的人才。

第三是水上建设，就是舰队建设，有的主张，建设中国新海军，只须设备几队护航驱逐舰，若干大型驱潜舰，大队鱼雷快艇，几艘修理舰和若干拖船，及相当数量的内河炮舰，这于中国沿海及内河执行我海军的任务固不无小补，但是若以此为建设中国新海军的初步计划，则似觉不敷尚巨，若以之为巩固中国国防的海军，自然相差更远。若以之作为贡献国际的武力和与各爱好和平国家来维护太平洋以至于世界的和平，则更不足道。要知道海军军备，是整个的，自最大的主力舰[1]、航空母舰、巡洋舰以至最小的潜艇和鱼雷快艇，有互相联系的作用，有互相支持的效力，没有一种可以偏废的。主力舰在这次世界大战中仍为负有决定性作用的武器，驱逐舰则为主力舰的屏蔽，巡洋舰则为舰队的耳目。珍珠港一役，敌人的目的，即在消灭美国的主力舰队。中途岛一役，美国倘有优势的主力舰参加作战，则日本的舰队必已全军覆没。尤其是在这次大战中，护航队运输接济，为持久作战的命脉，护航队必须巡洋舰与驱逐舰为之保护，更赖主力舰与航空母舰为之遥为声援，故谓主力舰可以作废，这是一个问题。我们建设新海军的重要部分，当然是舰队，舰队的实力，在质和量方面都要并重的，但建设新海军究以哪一种性质为适宜，值得予以特别的研究。以主力舰为主呢？以航空母舰为主呢？抑以巡洋舰、驱逐舰、潜水艇的混合舰队为主呢？我们不能不有所决定。唯海军的进步日新月异，决定之时须慎为选择，且须使它有极大的伸缩性方可。我国重建海军应以卫国为主要对象，它应是防御性的，而决不是侵略性的，故我国建设舰队的重心，不是在主力舰，而是在航空母舰、巡洋舰、驱逐舰乃至潜水艇。我国海军的任务，不是在控制远洋，而是在保卫近海，在太平洋彼岸的我国盟邦美国，已负有使太平洋永远和平的任务，我们海军的任务，就在太平洋西岸协助这个任务。为履行这个任务，和配备在沿海四个海防区所需要舰队，我们至少约需一百万吨以至一百五十万吨的舰艇，还有长江珠江黑龙江三个流域，也应该各设一个舰队，这种舰队因为是在内江工作，构造和海舰不同，譬如川江过滩，速率须十五海里，才能够上进，并且一定要配三个舵，才没有危险；又因为江面窄和水道浅的缘故，所以船身一定要短小些，吃水还要浅，才能合用。此外还要设置练习舰队和测量舰队也需要很多的舰艇。

---

〔1〕指战列舰。

　　第四是岸上建设，岸上建设的主要部分，就是开辟军港，军港一定要港道深浅适宜，当然冬天还要不结冰就是不冻的港。港面还要宽广，前面可以建筑要塞，后面陆上交通便利，如天然河汊、运河、铁路、电台、造船场船坞、码头、碇位、浮椿、贮油库、给水、给碳等等设备。因为军港司令，负有镇守防区、制械、造船、供给军火、粮食，以及筹备出师备战一切供应的责任，需要大量的人员和相当的设备。此外还有水陆机场、防空防潜设备，都是要举办的。还有要港，就是次等的军港，以补助军港的效用。潜艇根据地、航空站、学校练营、兵器库、粮秣装备厂库等等，都应该以次举办。

　　或谓建设新海军经费浩大，一时似非国家财力所能应付，然这到可以不必过虑的，分期建设，循序渐进，何患不能企及成功的境地。我国既系战胜的国家，又系地大物博，得天独厚，有无尽的生产力和经济力，又何可妄自菲薄。况且前文所说的护渔、慰侨、护航以发展海上贸易等要政，皆系财利的源泉，这就是表示海军之在平时，不是纯粹消耗性的工具，对于建设所需的费用，不愁无所补偿。至于列强的造舰造械，要皆以能够自造为原则，比较的自觉轻而易举。所以谈到新海军建设，同时尤须极力提倡科学，注重重工业、炼钢、造舰、造炮，以及制造飞机等等，务须皆以能够自造为依归，绝不是单靠他国的赠售即为已足。总之，我们必须遵照国父的国防计划，对于海军建设各项，应求其一一见诸实施，以有副蒋主席建国必须达到国防绝对安全的期望。

　　最后我们还要认识今天已经到了海军建设抬头的时代，因为这个时代具有以下诸特征的：第一是民族统一与自觉心的强健，第二是国防第一观念的普遍发达。其次，我们认为现在也已有了建设海军的适当环境，而这种环境实具有以下诸特征：第一，所有一切不平等条约皆已取消；第二，失去五十年的台湾、澎湖群岛又回到祖国的怀抱，海上各领域的收回；第三，从前我们要建设强有力的海军，敌人不能容许，现在我们正在解除日本海军的武装，这层障碍已根本的予以扫除；第四，是海外侨胞年来所表现的对于抗战的热忱和助力，使国人了然于护侨问题的逼切；第五，美国政府海军当局，正在积极援助我国建设新海军以维持太平洋的和平。这些条件眼前都已水到渠成，看来似不稀罕，然而按诸近代本国历史，却显见前无其俦。这便是建设中国新海军的绝好机会，再不容任其错过。所以今后之建设国防，海军也应该和陆军空军及其他各部门的国防建设同时并进，由建军而建国，由建国而复兴我们的民族，进而保持世界永久的和平。

新海军建设计划的研讨[1]

（1946 年 9 月）

中国真正从事海军的建设，只能算在清末那一次，这头一次的海军建设，其实只想仿效，只想做些表面上的工夫。清廷皇室当权的人根本就是一班昏庸，一些大臣中虽有懂得海军的，但是权力有限，而又受阻于极顽固的封建势力。有的人认为海军洋船机器这一类东西，就是用"夷变夏"，都是异端，这是当时一般士大夫对海军的观念。至于民众，不知不识，更不发生什么作用了。

自中英、中法几次战争之后，把中国的纸老虎戳穿，觉得外国的强盛全恃海军，故而就亦建设海军，可惜当时建设海军，根本没有什么具体的研究和详细的计划，因此甲午一战，把所有小规模的海军都毁灭，此后就再谈不到建设了。

海军建设不是一件轻易的工作，它需长久安定的时间，详密的计划，确定的政策，巨大的经费，又需要一个中心的力量，更需要国民对于海军的认识。这些条件，在前清和民国以来都不具备，因此海军建设，便于失败了。

在抗战以前，我国海军仅有四万余吨的舰艇，且大部分已超过舰龄，早应废弃，若与世界大海军国相较，可谓等于没有海军。过去八年抗战所遭遇的事件，已十足证明在对日作战中，中国之缺乏强大海军乃处于最为重大不利的地位。我们在这次战争中所得的苦痛教训，很明白地指示我们，关于建设一个强大海军，实最为当务之急。今就新海军建设计划作详细的研讨分述如下：

---

〔1〕此文发表于《新海军》。

一、海军政策之厘订

我国具有一个海陆天然形势的国家，要想达到健全国防的地位，海陆空三种军备俱应并重，我们今后的国策，应"永远以国防准备充实建设为要件"。但我国国防的安全，不仅需要充分军备足以保障我国境，并且还要足以维护整个太平洋的安全，太平洋一日不安，我国国防也一日不安。因此，我们必须预防敌人由太平洋向我侵略，我国国策应以"太平洋政策为我国防的政策"，应以"把握黄海、东海、南海的制海权为我海军的政策"，这种政策的实施：第一，要使我们的领海达到绝对的安全，以防任何敌人再利用太平洋以侵略我国，以封锁我国际通路及进出海洋的自由。第二，必须建立新海军，以树立太平洋的永久和平，同时维护我国际的运输贸易与保障海外侨胞的安全。

我们海军的政策，固然要依据以上所定，但以战后远东的形势，我国的环境，我国的国情，我国的财力，我国的国防重工业基础，均不能立即建设强大的海军，而目前海军的政策："当先致力于沿海沿江的水上治安，剿除盗匪，保护渔业航业，宣慰各地侨民，还有测量全国江海水道航线，使全国交通便利"，而战后所获得日本的小舰艇和美国英国所让与我国的舰艇，亦只能供作上述的任务，至于要达到我们领海绝对的安全，维持太平洋永久的和平，维护我国际的运输贸易与保障我海外侨胞的安全，即须依照国策，拟具详细计划，分期进行大海军的建设，以求实现我海军的整个政策。

二、海军军制问题

陆海空军的增强，其意义不特是各个部门的发展，而是整个国防力的增强，从运用方面看，各军的性能要求适如其量的发展，抑此扬彼或优此弃彼，都是不了解"统一性国防"的内容，因为陆海空是国防的三种范畴，正如立体里面的三个向度一般，去"长"或"阔"或"高"则不成其为立体，同样去"海"或"空"或"陆"则不成其为国防。所以我们相信在更生的形势下的陆海空的统一前途是非常光明而伟大的，海军不但不应被缩小，而且要立刻建设起来。因为它是建军程序中鼎力的部门之一，又是"统一性国防"内容不可或缺的因素。

中国陆海空统一性的基础，在精神上是以国父创造的三民主义为其最高的指导原则，操典第一条开宗明义"国民革命军以实现三民主义，求得我中国之自由平等为目的，凡有侵略我领土与主权及妨碍我主权之推行者，须全力防制而歼灭之，以完成我军人惟一的使命"。这样伟大的历史任务的规定，在古今中外的兵律中构成一种特色。其次在技术上，我们是以中华民族的固有能力为基础而直接应用世界最进步的科学成果。但最基本的而且最重要的乃是将中国的陆海空军统属于一个最高的军事机构的"国防部"。把陆海空军平衡的组织起来，把整个军事体系，由精神到物质，彻头彻尾，表里如一的给以新生命，这才算得三军一体，一律健全的"统一的军事力量"，这才能建立健全的国防。海军的任务在国防上本来最繁重，海军的一切章则制度，也有其特殊的风格，而与陆空军不同。但"海军的军制应与陆空的军制处于并立的地位"，然后中国新海军的建设才容易成功。

三、军区划分与军港要港之选建

我们检讨过去帝国主义和日本侵占我们海疆的事实，惩前毖后，我们对于海军建设所决定的海军政策和思患预防，要先计划我们的"海权中心区域"。

今后理想的海权中心区域，应为军事、政治、经济、文化、交通等中心区域的总汇，方使之得有安全的保障。依过去海上敌人进侵的路向，而对于沿海各地的防御，尤需得有平衡的分配，就此观点而论，我国海防，显可分做四大海军区：

（一）华北海军区。北自朝鲜交界，南至山东以至江苏北部之海岸，包括辽东半岛、山东半岛及渤海、黄海的全部，吉黑江防在内。这一军区的建立，使我广大富裕的东北及华北，得其天然的屏障。

（二）华中海军区。北自江苏南部，南至闽浙交界之海岸，东至琉球群岛，包括崇明岛、舟山群岛、长江江防在内，为我首都南京、华东、华中及长江流域的外卫。

（三）闽台海军区。北自福建北部，南至闽粤交界之海岸，包括台湾、澎湖群岛，控制东南海面及台湾海峡，保卫我国进出太平洋的要区。

（四）华南海军区。自广东东部海岸，西至越南交界之东京湾，珠江江防在内，并包括海南岛及南海的东沙、西沙、南沙和团沙诸群岛，为珠江流域及华南的屏障。

各海军区内，必须建立主要的军港，以供舰队驻防，并易于统率与指挥。考察世界各国重要军港地点的选择，不外四大条件：一、港阔水深之不冻港；二、对内对外交通之便利；三、形势不太暴露，亦不太隐蔽；四、与商港易于联系。根据这四大条件，我们可于四大海军区中，选择其军港和要港如左：

（一）华北海军区。应以青岛、葫芦岛为重要军港，威海卫、大东港、连云港及同江为要港。

（二）华中海军区。应以淞沪或象山为首要军港，定海、三门湾、台州湾、温州湾、南京、汉口、重庆为要港。

（三）闽台海军区。应以厦门、高雄为首要军港，马尾、三都澳、澎湖、基隆为要港。

（四）华南海军区。在香港未收回以前，应以广州之黄埔及榆林、三亚港为首要军港，汕头、广州湾、海口、北海为要港。

国父在建国方略的物质建设中，将中国沿海的海港，详细规划，哪里为军港，哪里为商港，哪里为渔业港，其着眼点完全在国防，我们今日建设海军，必须参照国父遗教，将沿海重要港湾建设起来。

四、造舰计划与舰队之编成

关于造舰计划，当依照海军政策，选造各种舰艇，规定先后程序，分期建造，在中国重工业设备未臻完善之前，有的军舰可向外国定造，应派技术员工前往监造实习，每种舰艇造成之后，则在本国海军或民营造船所，照样自行建造，以求达到完全国产为目的。

依上述海军政策，当先成立足以维持我江海治安的舰队，则造舰的初步计划，当先选造轻型的舰种。至于成立外海大舰队，则须选造重型的舰种，按各海军区需要的缓急，而定造舰的程序与各海军区舰队之编成。

五、教育与训练

建设新海军在在需用人才，过去我国海军人才，实在觉得太少，目前全国海军官兵，合计不过三万余人，若照现有人员，分配于美英让与我国的小型舰艇，已不敷应用。将来施行新军制，划分海军区，成立各舰队，建巩军港、要港、要塞和其他各种建设，更觉缺乏人才。所以培育海军人才，实为建设新海军的先决问题。而自这次世界大战之后，海军战略战术武器日新月异，培育人才非旦夕所能成功，故海军各种专门学校，均须及时设立，并遴派优秀员生分赴欧美各国肄业专科养成高深学术。训练士兵之练营，且当从事扩充，以便将来购造舰艇成立大舰队时，有干练官兵可用，其应进行的计划如下：

（一）积极训练海军官兵，就原有海军学校及海军练营予以扩充。应于首都和近海的适当地点，作为校址及练兵所，且应集中训练，以求统一精练。

（二）当筹设海军大学，聘请国外海军将官来华造就海军参谋人才、高级技术人才，且宜积极培养，以应扩充海军之需。

（三）海军学校校长，应请最高军事长官或最高海军长官兼任，并由海军中遴选才学兼优、品行端正、富有教育经验之高级官员专任教育长，负责管理校务及训育。海军学校教官宜尽量充实，除聘请外国海军专家教授外，应调任曾在国外留学而有教授天才之海军军官为各术科教官，并请国内有名之教授，担任数理、国文、史地等教育，提高待遇，才能容纳干才。

（四）招考海军学生，每次招生，应向全国各教育中心区及海外华侨教育区，考选品学体格优秀之初中、高中毕业生或有同等学历之青年，施以严格的海军教育，即可于短时间内，养成海军干才，以应新海军的急需。

（五）应规定海军征兵募兵制度，由各海军区，征集壮丁或招募壮丁，先入海军练营训练，再经过练习舰队实习，而后始可分派于各舰艇服务。

（六）参照英美海军陆战队之训练与配备，将原有海军陆战队加以整训，并就各军区，增编陆战队，加以严格训练，方足分配应用。

（七）选派海军学员留学美英，以求深造。

（八）在美英让与我国各舰种中，先抽选若干艘成立练习舰队，以应员兵学生实地训练之用。

（九）建设海军，不可徒具形式，必须注重军人精神教育，有了独特精神，才能造不世的功绩。中国海军须惨淡经营，从艰难困苦中长成，必须养成智、仁、勇、信、严的武德，以及精神重于物质的信心，蔚为中国新海军的特殊风格，尤须尽量灌输三民主义，使海军变成民主政治的有力部队。

（十）设立海军编译委员会，编辑海军教科书及其他应用图书等，以应海军教育训练之用。

（十一）设立海军研究院，专事研究海军学术，尤其对于海军各种兵器之发明与改造。

凡与海军有关之各种文化工业机关或研究所，更应随时与其联络，共同研讨，俾收事半功倍之效。

六、人事及兵役之确立

过去海军对于人事方面多沿旧习，未尝讲究，不知人事不讲，即跟着腐化。尤以军衡、铨叙之权在过去亦为少数人所把持，致许多优秀者无法升进，狡猾者则谄媚求荣，损人利已，以求幸进；忠实者则守分度日敷衍从事，这种恶习惯影响全军军风纪与海军之进步。至于兵役之规定，虽有法规，但亦为能确立，其害匪浅。现在新海军建设伊始，对于人事及兵役应重新调整加以规定。

（一）整理人事，首重海军军人资格的规定，以避免因人事的纠纷而影响新海军的基础，其规定的大要如下：1. 学历完全，自入学至现在均在海军服务，其年龄与职级相称者，列为海军正规军人，年轻力富堪以造就者得准补修。2. 学历虽属完全，而年龄与阶级不相称者，或脱离军籍已久者，列为海军后备役。3. 志愿投效海军受某特种技能之训练者为海军志愿队。上列三类的海军军人，同为海军人员中的主要份子，仅有服务场合的限制与晋级办法的不同，其他机会均属均等。英美现在海军中的员兵即有百分之九十为后备队。

（二）按照资历、学历将员兵编组为正规与后备二类，其审查资历、学历办法：1. 调铨叙应前海总部及其他机关已有存案之海军军官佐履历予以审查。2. 临时投效的海军军官佐应由现在服务机关的最高长官证明其资历、学历并须由在役海军军人与其同期或同事者二人以上代其证明。3. 士兵出身及服务经过由各保送的部队机关长官负责审查。

（三）重行核定官阶，所有员兵晋级应按海军法规办理，似宜以公平合理之办法予以审查，其有特殊技能或功绩者例外。其次脱离军籍的军官佐及潜逃或开革的士兵自亦拟予收录，但不能照原来阶级任用，其有特殊技能与学识者另订办法。

（四）各级员兵应支配以年龄，倘逾规定年龄，尚无升转的机会，则当加以津贴以奋发其精神。升转方法可用考核，察其历来劳绩，如其年龄已大，仍无法升转，则调入陆上机关服务，彼对于行政自有相当的认识，且军界行政非政界可比，似有军事学识者对于舰队及军事机关的交接尤易溶合。倘其才学低劣不堪升转与调任，则加一级退伍，并允其领赡养金之外可另谋生计。

又员兵年龄已届退伍期限者给予赡养金外亦可许其另谋他就，不然，则退伍者为生活关系常不引退，细揣其故，缘海军员兵每月所得薪饷仅足维持生活，家无余积，且一生为国勤劳，奔走于惊涛骇浪之中，青年时期对于家庭幸福完全牺牲，故对于退伍员兵应从优体恤。这样，则舰队员兵，皆年富力强，全军有蓬勃之气。

（五）应划分权限与专任职守，要海军组织的健全与避免人事的纠纷，贵有权限分明，有权限则有秩序，有秩序则纪律不乱，理事者方能行其职守；倘权限不分，则一人的脑力精神有限，总揽全权难免有顾此失彼之弊，诚非所宜，故用人者必专其责，使展其权与能，苟有不能尽职者则科以相当的处分，俾有所顾虑。这样，则办事迅速，工作效率增加，人人有所遵守，全军无废弛之病。

（六）关于国民兵制，必须运用于海军方面。我国兵役法早已颁布，国民兵役制度已实行，那么凡及龄壮丁，视其气质，或听其兴趣，令其一部分入伍海军，造就伟大的海军人力基础。必须使中国青年，容易入海军之门，并且养成崇拜海军的心理，然后中国新海军的建设才容易成功。

七、供应修造问题

在新海军军制成立，各海军区划定，与各军舰成立之后，对于军港、要港供给站之设备，乃是一个极复杂而需要高度行政配合以及注意到极细微事情的问题。食料、服装、燃料、军火、积存备用的部分、用具以及各种特殊设备，均须足量。在平时对于舰队及各机关之供应当统筹计划，使足敷用；在于战时，要在适宜时间内保持舰队的战斗效率。今欲解决军港要港供给站之设备，应按照我国海军建设情况，采取美英海军供给站之设备，以资借镜。

其次，造舰场工厂之制度设备，先就海军江南造船所、青岛造船所、闽台造船所、黄埔造船所、大沽造船所，采取英美海军造船及其海军工厂之制度与设备，以求改良，并求充实其内容。至于另辟新地，设立新造船厂，亦大有考虑之必要。

再次关于造兵场之制度设备之研究，亦属重要。因为一国民族，适逢今日科学武器竞争的时代至为可怖！在列强各国固早知欲谋民族的生存，非有充分的自卫武力不可，于是于前次大战后聚全国专家的心思脑力，用尽科学的结晶，从事于军备的扩张，武器的改善，彼有发明，此又有抵御发明的发明，新陈迭出，循环不已。时至今日已趋于原子能时代，一切武器均将起革命。以论我国过去鲜知民族生存之理，不求武力自卫之方，是以科学落后，日言国防，日言抗敌，乃以多数肉体和精锐的武器相持，可以侥幸取胜于一隅一时，实不足以作大规模的持久战，根本之计，宜积极发达科学工业，以求兵器的进化和新武器的发明。

目前应求设立海军兵工厂，聘请外国技师监制舰炮、高射炮、机关枪、炮弹、水雷、鱼雷、深水炸弹以及舰上应用的各种仪器，循序而进，务于最短期间能完成强有力的海军战备。

八、军需问题

我国海军缔造以来，初则清廷挪动海军专款，以供娱乐建筑颐和园，继则民初军阀专政，闼识大计，任海军方面之若何建议，充耳不闻。一误再误，致无伟大建设，胜利迄今仍无一定的预算和建设费，以这样最低微的经费怎样能谈到新海军建设，今日欲求海军建设，必有一定充足的经费，这笔经费应由国家确定之。因为海军重新建设，非仅扩充一部分设备，自须有较巨的军费。欲使海军舰队完整，力量充足，断非一般所想象之易，亦非急时方图救，事过即善忘。进行建设之际，必先有缜密的计划，预定的时间，确指的经费。依照步骤，限期奏功，第一，政府须抱决心，第二，民众须尽力赞助，且不止有决心与赞助，宜把海军建设经费，定为法案。就是说先由海军的建设当局，召集专家议定造成预算，提请政府审核，而定为不移之法案，以求系统的政策，有一定的程序，持以毅力，一贯进行，所有建设方案，先后衔接，期在必成。

或谓海军建设，需款较巨，非若陆空军之轻而易举，始则袭陈旧的腔套，而曰陆主海从，继又效管蠡的窥测而曰优空弃海，此种见解，实未曾就我国的地理形势上，及国际情形上全盘着想，无异自甘放弃海权，引狼入室。要知道国防建设，是为国家树立长治久安之计的，在现代的立体战争中，海陆空军之为国家支柱，能够使其屹立不摇，正如此鼎足而三，缺一不可。且海军舰艇的寿命最长，一艘战斗舰，至少可用二三十年；一艘潜水艇，至少可用十余年之久；若飞机的寿命，则只可拿能用多少时计算；就是陆军的精锐部队，其效用亦只可保十余年。故海军建设，表面上虽似最贵，而实际上乃最经济，再则海防设备，系绝对的为维持国家的生命线的武器，断不能因经费支绌而弃置不顾或视为缓举。美国史汀生氏在参议院外交委员会曾披露意见，谓"国家即使贫困，亦不能不力加振作，起而造舰"。斯言洵可为藉口国家财力不足缓办海军建设者的药石。因为建设海军，虽然用钱很多，但是这一笔的款，国家是省不了，因为到了国家被侵略，民族受压迫来打仗的时候，用钱更大，并且还要损失。我国幅员辽阔，地无尽藏，今后地尽其力，物尽其用，工业发达，航业扩充，农林水利，凡百俱举，又何患不能企及美国的繁荣。海军军费，分期建设，又何患不能筹措。而况海军保护航运，保护渔业，宣慰侨胞，皆是属于生产的，绝非单纯消耗的。至于建设海军经费怎样筹拨，是属于国家财政当局的责任，我们不妨举出几个筹款的办法如左：

（一）由缩编陆军节省经费移一部分为海军建设费。

（二）发行海军建设公债，由海内外同胞认购。

（三）渔业税项下划分百分之几，作为海军建设费，因为护渔是海军的责任，海军能够建设起来，即所以增加护渔的力量，其直接受利益的是在渔民身上，渔业发达，鱼量增加，一般社会均受其益。

（四）航商营业税项下划分百分之几作为海军建设费，因为护航也是海军的责任，海军能够建设起来，即所以增加护航的力量，其直接受利益的是在航商本身，航业发达，交通便利，贸易兴盛，非仅增加国家经济力，民众亦均受其利益。

（五）由政府创办海军建设储金或民众发起新海军建设献金。

（六）向海外侨胞募捐。

（七）有关江海税收项下或其他关系税收项下划分百分之几作为海军建设费。

九、海事之管理

海事之管理，包括商航、护渔、水道测量、海洋气象引水等。

战争离不开交通，越是现代化的战争，越要依赖交通，水上交通在现代战争中是占着非常重要的地位，所以水上主要交通工具的船舶，在平时要有合理的管理，到了战时才易于统制，以便利军事运输，以增强海军力量，以争取战争胜利。美国管理商航，于一九二八年早已制定商船队法，规定船舶局所造的船只，应供本国之用；其造船厂计划，以能改装辅助巡洋舰为基准，实行"寓兵舰于商船"的政策，以便战时改归军用，扩大海军。这次大战，美国海军尤得力于商船改为航空母舰、运输舰以击败日本。英国实行水上交通工具统制，早在第一次世界大战，当时英国被征作军事用及军需品运输用的船只，达到全国总数的百分之五十六。德国的潜艇战，大逞凶焰，把协商国的军舰击沉了八十万〇三千吨，商船的损失达一千三百万吨之多，但英国的海上交通，自始至终，依然健全，当时英国的首相路易乔治在议会中大放厥词，他说："战胜的道路，战胜的保障，战胜的绝对保证，第一是'船舶'！第二是'船舶'！第三是'船舶'！"这话是很有道理的。

就拿这次世界大战而论，一九四〇年五六月间，有名的敦刻尔克大退却，英国动员了全部的船只，在大队敌机袭击之下，费了十昼夜的工夫，居然把被德国军队困在海峡一带的百万大军抢救出险。这种成绩，就是英国政府平时对于水上交通动员筹划周到，实施敏捷，统制船舶得宜的明证。

海军武力的构成，除舰队、基地、航空兵之外，即为商船。商船在战时不但担任舰队舰队的补给，且可配备武装用为奇袭舰。我国在战前对于商船的建造，商航的管理向无严密管制，抗战之后，所有商船或改换国籍，或自行沉没，或停避长江上游，或被敌利用，形成没有组织动员的状态。今后航业重建，凡吨数在二百吨以上的商船，必须经国防部海军机构指定建造材料，审定船图，预留战时装置雷炮、飞机和其他武装的地位。至其型式的划一，舱位的设计，吃水的深浅，皆须预为计算，以备战时改为补助航空母舰、运输舰等之用。各种船只营业之航线地区，亦须由国防部予以原则上的指示，平时详细登记调查，以便战时动员利用及转移航线并集中护航之用。但在平时商船与民航事业属于全国性的，不能由海军完全统制，而必须由海军最高机构与有关部门会同管理，以求推进。

其次，就是护渔问题。百年来中国沿海的渔权，政府无力争取与保持，中国的广大渔民，政府无力保护与协助，于是渔民无力谋生，相率流为海盗，一面毁坏了民族的重要产业，一面扰乱了沿海的安全秩序。对于国防民生损害之巨是难以数字估计的。这个责任，全在政府，无法推卸的。事实上，不仅渔权的保障与渔民的保护两件大事，必须也只有政府来做，即如渔港的建设，渔业区的划分与渔场的范围，对于渔民的组织渔业的整理与沿海盗氛的清除，应由海军与渔业部门协同计划推行，否则各自为政支离零碎，步调既不一致，原则又相矛盾，或相抵消，或相重复，力量既多浪费，效率自然减少。根据这个观点，我们主张，海军对于海军巡防业务不须集中处理，而应由各海军区分别负责，以该区中的舰艇配赋海军陆战队以肃清沿海盗氛，而不必另设海岸巡防机构处理。渔业方面则由各海军区与各渔业区管理渔政的机构作有计划的渔民调查与渔业开辟，兹拟沿海分为五大渔业区与四海军区相配合，每渔业区分为若干大渔场，依照国父建国方略建设渔业港如左：

华北渔业区：分为辽东、辽西、津海、烟龙、劳城、连云港六大渔场，设立安东、海洋岛、秦皇岛、龙口、石岛湾、新洋港六大渔业港。

江浙渔业区：分为东海、舟山、温台三大渔场，设立吕四、长涂、石浦三大渔业港。

闽台渔业区：分为闽海、台湾、漳澳三大渔场，设立霞浦、湄州港、汕尾、基隆、台中、高雄六渔业港。

广海渔业区：分为粤海、钦雷、南海三大渔场，设立西江口、海安、榆林港三大渔业港。

华北区中以烟台为管理的中心，江浙区中以上海为管理的中心，闽台区中以厦门为管理的中心，广海区中以广州为管理的中心，而由各海军区协同组织管理，平时推造发展，筹措外洋渔业的开辟，战时动员统制，以作警哨补助舰艇之用。

海道测量亦为新海军建设计划中极重要之一门，前清道咸间，订立五口通商条约，当时沿海水路从未测过，外国船舶来华，均视为畏途，惟英国首先派遣军舰，在我所开放各口，沿海岸线，测量绘图，嗣后各国相继效尤，藉口我国没有技术人才，佥认此测绘水道图，事关航路安全，不特不许我政府干涉，甚且各国舰艇，在各港口工作时，照会我各地方大员，须加意保护，并许其一切的便利，这是过去丧失海权的陈迹。到了民国十年，由海军部设立海道测量局，并依据国际领水公约，圈划沿海领水界线图，呈经海军部，提交当时国会审定在案。依国际公法的规定，以海岸潮落时，自身向外推出三英里为领海，凡孤悬海外的岛屿，则以环岛三英里为界，这种划定海界，乃援照万国公约领水条例所规定，由各国自行圈定。至于勘量之法，则依照地形的凹凸，以三英里的量度环之，遇有突出的地方，有两处对峙，则于两地的极点，划一线以接连之，由此平行推出三英里。至于海臂海湾和相类似的地方，一律依这办法勘划，认为领海；其大陆与岛相隔，或岛与岛各距三英里之外有澳泊者，亦圈而推出之。海界既划定，海权有所归。但对于领海境域内，应负航行安全的责任，如绘制水道图，设浮标、灯塔、灯船等。至于国防的建设，商埠各港的建筑，江河港口的疏浚，无一非从测量着手。所以，水路测量，事关建国建军，至深且巨，今后新海军建设，对于海道测量的规划：

第一，应疏浚测量各军港、要港和重要商港；

第二，应疏浚测量各次要商港、渔业港和海岸要塞的滩岸水道；

第三，应测量领海和岛屿礁沙区的航道；

第四，应测量所有内河内湖能通汽船的航道；

第五，应疏浚内河内湖航道，破除滩险。

以上规划应于最短期间求其完成，以应建国建军的需要。

海洋气象对于海军平时战时均有密切的关系，我国战前对于海洋气象观测设备，仅有东沙岛观象台一所，而无全国性的计划，将来必须组设气象委员会，与有关部门协同设立沿海气象观测网，随时发布气象情报以利平时海空之航行，至战时则担任沿海对空的监视并供给海军、空军和本国作战所需的一切气象预报。

十、海军航空问题

由这次世界大战中，可以看出影响海军战术和造舰计划的主要因子，为空军的成长。在这次战争中决定各个战争以及最后胜利的途径的影响上，空军的力量是很大的，空军力量的成长造成了一件事情：空军给世界产生了所需要的在三种作战因素——海军、陆军与空军——中间的最大限度的合作。因为空军现在是衔接海军与陆军的连锁。在未来战争将要继续从海、陆、空三方面来战斗着，在理论以外的实际可能性就是：将来的战争将要沿着同路线而作战，没有任何一种武备是能独立获得战果的。

不论空军怎样地超过了海军的无上的威力，它无法冲破封锁的压力——海军的一个有效办法——并且也无法禁止运输给养到有海军势力的国度里去。这次战争的许多事件即是以作证，潜水艇也仍然继续在受敌人空军控制的海里以相当大的力量活跃着。

但是主要的是这个事实，即在空军未成长以前，我们就认识出空军对海军是一个主要的臂助，空军是海军舰队不可缺少的部分，须永远与海军合作。空军并未将海军的崇高地位换掉，飞机却是把海军的工作增繁了，同时也简单化了。今日海军舰只作战，除了应付海上的攻击并且还要对付空中的爆炸，所以它的工作是繁难多了。海军原为保护本土与海上交通的安全，以免被敌人攻击，但其本身又须避免炸弹、炮弹和鱼雷的攻击。在另一方面海军的监视区域，因为有飞机的侦察，面积增加得极大，所以海军的工作又简单化了。

海军飞机的性能和陆军飞机不同，如一九四〇年英国飞机袭击意大利大兰多军港，重创意国主力舰、巡洋舰，完全由海军飞机袭击，此非陆军飞机所能为力。美国之向日本进攻取得最后胜利，尤得力于海军的航空母舰与海军航空队，故英美海军航空，均划归海部管辖，以便指挥作战。查美国海军部没有航空设计处、航空人事处、航空训练处和航空管理处等，英国之海军航空队，完全由海军部管理，于一九三九年五月廿日起即独立存在，将所有属于航空母舰或其他军舰上面的飞机管理权，一律归其掌握。

我国建军方针中，蒋主席已有训示："空军根本不能脱离陆海军而独立，无论海主陆从或陆主海从，空军是要配合于陆海军之中的"。故今后新海军建设必须包含强大的航空队，已属毫无疑义。惟新海军初期建设，未能即时建造航空母舰，可不必为其它舰上搭载之数架飞机而另增海军一个兵种，可利用一部陆上基地的飞机和人员交由海军训练指挥较为合理，同时派海军人员赴美英或现有空军中受飞行和技术训练，先奠立海军航空基础，不断继续充实飞机数量，培育海军航空和机械人才，于设立外海大舰队开始建造航空母舰时，再成立强大的海军航空队成为海军兵种之一，非仅以掩护舰队护卫、护航和护渔，且足以充实民主国家维持远东和平的力量。

十一、如何提高国民对海军之认识

我们立国于大陆而一面濒海，计有八千五百海里的海岸线，到了中日战事爆发的时候，海水竟变成了中国的敌人。我们对于浩浩海水不能利用，而敌人却把倾国之师蹂躏我国土，竟达八年之久，这是何等的不幸！

在甲午战前，中国是世界第三四等的海军国家，然因腐败的满清政府完全抹杀了海军的进步性，十年不置新舰，其结果在质的和战斗力方面，不免落后，于是甲午初试，即败于日本，全师瓦解。自甲午以后，五十余年来，在外人经济压迫的重累中，内部割据纷争的局势下，更无一些复兴的朕兆：中国成为一个没有海军的国家了！在这时期中，政府不注意海军，人民也不注意海军，即连海军里面的人士，也都不乏有人怀疑着自己的责任。我们旅行在海外的人们，走遍世界各国，也难得发现我们战舰的踪迹。相反的，倒是在我们自己国度的内海里随处都可看到侵略者的魔手。在骄奢淫逸，耀武扬威的外舰附近，偶尔看到我们自己的超过舰龄旧式小型的舰艇，真令人怒忿填膺，伤心万状。在这样情景下，谁还能相信，我们还有所谓海防。我们的门户，几十年来，一直都是大开着，任着人家铁蹄的侵入，毋怪外人一向对于我国海军，便有"池子里的玩具"之讥。我们的敌人——倭寇，在战前是看不起英美的海军，更是从不把我们的海军放在眼里，当为一个对手。当然，这些原因，也决非一朝一夕所造成，我们全国人民对于海军，一向不了解，忽视、漠视。在这次抗日战争中，我们海军的大部都牺牲掉了，但那一段孤苦支撑着，以寡敌众，以弱敌强，光荣的成绩，的确无愧于国人所给与的崇高的敬意与荣誉。但在一般国民的思想里，随着抗战结束，对于海军更是遗忘了，更是轻视了，甚至还有少份人，以为我国不需要侵略别人，所以我国也就不需要海军，这的确不能不认为是建国前途的一个严重的现象。我们必须指出，过分忽视海军，这是部一个极谬误而幼稚的思想，而且我们更要相信，新兴的中国，必需而且一定会建立一支强大的海军，为着不要再走上我们的前人走过的错误的路，我们每一个国民都有深切认识海军的必要。

打开世界近代史看，可以发现就是一部海军势力兴替史，从葡萄牙、荷兰、西班牙、不列颠、日本一直到这次大战的美洲合众国，更使我们明白海军的重要性。固然，廿世纪以来，由于航空术的发明与迅速的发展，似乎是给战争史上来一个革新，"无空防即无国防"，几年来各地喊得镇天价响，各国的扩充空军，也拼命着不遗余力，但即使在这样的情况下，海军也依然不减少其重要性，不仅一直到现在，还没有能夺去它的地位。将来，我们仍可相信，还不失为是国防上的一个不可或缺的势力。因为海、陆、空军，在无论什么条件下，只有互相辅助，才能发挥出最大的效用。单独的使用，总是各有所短，各有所长的，并不是可以互相代替。有了陆军和空军，便不需要海军了？所以今后世界上的国家，无论是一个岛国或是一个大陆国家，均须恃其海军为生存的保障。而且在科学日益昌盛的时代中，随着新式武器的发明，原子能的运用，速度、破坏和防御力量的增大，我们知道海军还有着光明而长远的前途的，海军在国防上更是会永远站在很重要的地位的。

为着我们祖国前途的百年大计，建设中国新海军，不仅是必要的，而且也是刻不容缓的工作。倘若有人说："将来中国，也永不会变成侵略的国家，似乎我们也便不需要强大的海军，来做侵略的工具。"这种说法，似是而非，还只是不成熟的思想。当然，我们是永久爱好和平的国家，决不会去侵略世界上弱小的民族，我们会是世界上和平的保障者，但这种保障，是需要实力为后盾的。百年来，历史的教训告诉我们，"和平不是没有武备的国家所能企求的"，唯其我们酷爱和平，更不能不加强我们自己保障和平的实力，为着来日我们自己国家的领土和主权的完整，更当迎头赶上建设我国的新海军。

以上所述的事实，可见我们大家以后更不要太看轻海军的价值。即进一步而言，我们大家都要有海军建设的认识，更进而促成建设运动的实行。在中国的财政状况看来，欲一举告成，废百业而专务一事，当然是绝对不可能的。但中国如不建设一个强有力的庞大海军，就非时常受外人侵略的不可。今后以中国的土地富源，人民的物力来建造一个庞大的海军，照比例的看法，一定是可能的。战后一切新的力量在蕴藏中发挥出来，以前视为绝不可能的事，后将为极易举的事，以全国的人才物力一致以赴，这一定有一个光辉伟大的前途。无论如何，中国人民是要贡献所有的力量，逐渐的以恒久不变的决心，去建造国家生命线的海军。

我们对于国防的海军应有的认识既如以上述，但在新海军建设中，将如何提高国人对于海军的认识，当施行左列计划：

（一）发行有关海军各种刊物，确立并普及建设新海军必要的理论，介绍世界海军发展的理论与实际，讨论本国海防的过去、现在与将来；研究海军实用的学术，促进海内外同胞对于海外事业的合作，报导革命新海军的动态，和发扬三民主义的新海军精神。

（二）应仿照英美等国，每年举行一"海军周"，将军舰分别停泊各港口，供市民公开参观，引起一般青年对海军发生兴趣。

（三）请教育部将全国公民教育的课本，增加海军常识，使青年学生均能认识海军。

（四）在各省市县乡村开海军巡回展览会，使全国民众认识海军。

（五）尽量利用并联络有关全国性的报纸杂志和华侨现有出版物为新海军建设鼓吹，然后再以之徐徐灌输海军新知识，和中国国防必需建设新海军的重要。

（六）利用并联络有关全国性的各省市广播电台，代为广播海军新闻并宣传新海军建设的重要。

（七）我国海军与海员航业团体，并渔民和渔业团体，尚无何种联系，必需利用海军建设促进会或联欢会的种种组织，与其结合，以加强宣传力量，并树立海军与海运与沿海渔民合作的基础，促进新海军的建设。

（八）考列强各国国防机关及海军当局在争取建军预算案时，每次必先在国会中事先有所布置，甚至还有所谓海军委员会的特殊组织，其故无他，盖深知这种直接抉择国事的国会，对于海军建军则具有莫大的决定作用，所以在国民大会将行召开的今日，也应该朝这方面及早加紧努力，以求全国民众重视并襄助新海军的建设。

香港应交还中国[1]

（1946 年 10 月）

提起香港归还中国问题，我们要预先说明的，是香港区域的范围，过去失地的历史和它在中国国防的地位。今日所称的香港，实包括香港岛、九龙、新界，自北纬二十二度九分至十七分，东经一一四度五分至十八分，合计三九一平方哩。这些地方，原来是我国领土，自鸦片战争失败，一八四二年（清道光廿七年）签订《南京条约》，将香港岛割让与英国。一八六〇年（清咸丰十年），因英法联军压迫中国的结果，清廷又被迫签订《北京条约》，将九龙半岛尖端和附近的湾竹洲割与英国。一八九八年（光绪廿四年），英国又藉口为香港殖民地适当的防御和保护起见，在北京签订"关于香港地域扩张条约"[2]，以九十九年为期，租借了包括九龙半岛、南大墺岛、南了岛和其他附属岛屿。这三次被强占和强租的地域，都是过去英帝国主义要利用香港作为远东军事根据地，以推行殖民地政策，并藉此作为它镇压东方民族独立运动的一个前哨。

其次，香港在中国国防的地位。我们知道广东为守卫华南的中心，而在珠江入海之处的广东湾则为南海上最重要的门户。广东湾的形势，以香港、澳门为第一道门户，中山、宝安为第二道门户，虎门为第三道门户，黄埔为第四道门户。香港为珠江口外的小岛，在宝安县之南，东西约卅里，南北宽约十余里，其东为鲤鱼门，与九龙东南官富山相对，中通水道仅里许。九龙背山面海，与香港势成犄角。其初，英既得香港，以一岛孤悬，难以为守，故要求续割九龙之地，增筑炮台，驻扎军舰，以为后卫。最后又举九龙半岛全部和附近各岛屿均归其统辖，在英人以为从此香港的防务，以臻巩固，并仅可以控制

---

〔1〕此文发表于《新海军》。

〔2〕1898 年 6 月 9 日清总理衙门大臣李鸿章与英驻华公使窦纳乐在北京签订的《展拓香港界址专条》。

华南，且可永保其在远东的地位，孰料一九四一年十二月廿五日，竟演出香港陷落的一幕。当时香港战事未及两星期，而英军无法抵抗，束手投降，官兵被俘者一万一千人，在英国近代史上是最不光荣的一页。据军事专家研究英军的不能久守香港的原因，最主要的，是由于英军未能坚守九龙，以待中国军队开到，共同拱卫香港。这一段历史的回忆，大有助于英国了解香港的地位。英国对于远在千万里以外的香港，鞭长莫及，一旦有事，无论如何是无法保全的。战前是如此，今后亦复如此。何况战后的太平洋形势，早已发生绝大的变化，不论从任何一只角度去观察，英国实无保持香港作为海军基地的必要。反之，香港若归还中国，非仅保全华南的安全，当可增加中国维持远东和平的力量。

香港的收复问题，远在华府会议时，我国就提议收回租借地，而英国则谓九龙与香港有特殊形势，不愿归还。当罗邱蒋三巨头在开罗会议时，香港之应归还中国，已在原则上同意。自从蒋主席在《中国的命运》一书中，提出收回九龙、香港以后，英政府也曾声明愿与中政府用合法手续解决这一问题。但英前太平洋舰队司令福拉塞上将，于本年五月十日，在东京招待记者，某记者曾询英国是否将以香港归还中国，他称：余与中国有声望之人交谈，彼等皆以收回香港为最后之要求，盖英国驻守香港，具有稳定之效力故也。当他在上海时也曾向报界表示香港仍将为英国海军基地。据福拉塞上将的词令看来，英国尚无意交还香港。六月一日英殖民大臣哈尔，在下院以书面答覆工党议员所提香港问题，内称："英国政府，正考虑殖民地居民对于自治多负责任之方式。其可能办法之一，系政府移交某种内政工作，由民众的市参议会办理，香港总督已奉命审查整个问题。"翌日，英国有名的《曼哲斯特导报》即批评哈尔所提出文告，无远大的意义。他说："香港还没有恢复安定状态，这是事实。但香港前途，是否可以单独处理？还是疑问。英国迟早会考虑香港与中国的关系，考虑英国保持所有权至何时为止。英国不应幻想以成立市参议会为解决香港问题的办法。"笔者以为，英殖民地大臣哈尔的主意，是想把香港的王领殖民制度，改变为自治殖民地制度，所谓设立市参议会，不过用来敷衍我中国的庞大居留民，这样手段，实在不适应于战后的中国了，而《曼哲斯特导报》的评论真是英政府应该顺从的箴言。

最近苏联报纸亦曾表示，英国占据香港，损害中国主权，香港应交还中国。美众议员开斯也说："渠对英国坚欲保持当属于中国之香港，深表遗憾！"前驻英大使顾维钧向《新民报》记者称："中国人莫不希望收回香港，此乃一种政治行动，至相当时间，自能成功。"我外部为收回香港起见，曾照会英政府，希望早日获得解决。英方覆照亦表示对香港交还问题，甚为重视，俟时机成熟，拟与中国开始谈判。英新大使史蒂文生近复宣称："蒋主席与英政府将在适当时间讨论香港未来的地位。蒋主席已表示将讨论香港归还中国问题。"并称："这也是英国政府的态度。"使我们深感欣慰，相信英国工党政府，必能本其一贯的开明作风，为远大的将来着想，毅然将香港归还中国。

现在的世界，是民族觉醒时代，非复如前一百年，是帝国主义扩张时代了！现在的中国，是革命的国民政府时代，非复如一百年前丧权辱国的满清政府可比了！经过这次世界大战，使远东形势根本改变，而中国已经列为四强之一，其国际地位远非昔日可比。论及中英关系，已经因一九四四年中英新约签订而入于新时代了，香港问题的存在，实在是非常的不调和。替英国想，保持香港，徒徒在中国人民里留下一个对过去不平等条约的记忆；反之，交还香港，她立刻以博得中国深刻的友情。今后中英两国若真为远东的利益和安全计，尤须加强友好关系，惟欲加强友好关系，英国绝不应只注意外交词令，要请实践诺言，交还香港，这才算英国政府真正的态度。英国须知收回香港，是中国人民一致的民族愿望，谁也不能拂逆的。惟有交还香港，才能使中英双方更能真诚相与无间，不再有丝毫的缺憾。惟有早日交还香港，才能提高英国在远东信誉，使中英贸易关系，获得确定的协调和进展，以增加两国的繁荣和幸福，而其成功尤系于史蒂文生大使今后之加意促进，英工党当局之开明措置和我国朝野之努力奋斗。

新舰队的诞生[1]

（1946 年 10 月）

从中国历史上看，这次抗战，可说是甲午战争（一八九四年）的延续。甲午以前，北洋大臣李鸿章，本已看清中国的大患是日本，需要以海军来防备。然直至光绪初年，始设北洋水师，立海军衙门，十四年（一八八八年）始定军制。当时中日双方互为假想敌，两方海军实力，在世界海军比率中，中国占第八位，日本则占第十一位。但以清廷腐败，一般居在要位的士大夫阶级，不明列强的形势和日本的野心，对于海军建设，屡加阻挠。如将各省帮助海军建设的协款改作别用，南洋调集数百万之款亦为江督提办朱家山河工，尤其是把原有建立海军的国防费用二千万两之多，被佞臣献媚，移作慈禧太后建筑颐和园。所以自一八八八年起海军未曾新购一只军舰，而日本则竭力经营，计颐工完成之日，日方已有新式军舰多艘建成编队了。到了甲午战争，中国海军实力只有三万一千三百四十五吨，而日本海军实力则有三万九千四百八十七吨，使中国在吨位上已不如日本。再就质量来说，当时中国海军更不如日本，如中国舰只的速力，最高的为一五浬，最低的为六浬；敌舰速力最高的为二十三浬，最低的为十二浬。其次论攻击力方面，我方炮械均属旧式，而敌方则多新式快炮；至炮备的比量，我方计五八门，敌方则有二一九门，相差一六一门。且当时中国的军舰除购自外洋的铁舰"定远"、"镇远"数艘外，其余都是自制的旧式木舰，若与维新的日本新型舰队一比，熟为优劣不必待海上对垒，胜败之数早已判定了。我们可以说，甲午之败，实败于满清政府的腐败黑暗，和一般士大夫疆吏的无知无识，不知海军建设。对于国防、国运和国家兴衰有密切的关系。

甲午战争，当北洋舰队将近末日的时候，日联合舰队司令官伊东佑亨给丁提督汝昌

---

[1] 此文发表于《新海军》。

的劝降书中也曾批评到中国军事失败之故，他说："……贵国海陆两军连战连败之真因所在，凡虚心平气之观察者不难洞知，以阁下之英明岂有不能熟察之理？贵国之所以至今日原非君臣一二人之罪，实从来墨守旧制度之弊有以致之也。……卅年前我日本帝国（伊东称）曾阅历何等辛酸之境遇，逃脱何等危殆之灾祸，亦既为阁下所深知。当时敝国实以除旧弊布新政为完成其独立之惟一要件。今日贵国亦当以此为图存之道。贵国遵此道则存，否则早晚难免灭亡，盖势理所必至。虽其祸以此次战争而发现，否塞之运殆前定已久……"

敌将的这一不客气的批评，也就是说中国海陆军的失败实由于当时中国整个政治社会的失败，而讽劝我们从全面的改造去救亡图存，否则早晚难免灭亡。可惜四十多年来这一血腥的警号还不曾获得我全国国民深刻而普遍的注意。所以甲午战后，中国已成为"无海军无海防"的国家。更由于政治的黑暗，军阀的割据，几乎连玩具式的舰队都难于维持。这次日阀发动侵略战，它的第三舰队封锁我国沿海各口岸，自崇明岛以迄海南岛，有如铁圈，其后南伸至越南、缅甸，当滇缅路被封锁时，我国与国际间的交通，几完全断绝。德军事观察家谓："在中日战争中，日本海军消耗最少，而所收的战果最多。"一个没有海军的国家，处境多么困难。廿八年，日阀于我国境中，建立伪政权，即胁迫汪逆订立割让浙闽粤沿海岛屿之约，其意盖预防我国于战后重建海防，先占军事性的岛屿，消灭我方的潜艇根据地。而且敌方海军南以海南岛为基地，北以舟山群岛为巢穴，翼护台湾，加强其内防线，使中国海军永无复兴的希望。我们早已看出这一重大的危机，唤起国人的注意，而局势已经如此，几乎难于挽救了。所幸强敌崩溃，东方海盗的舰队终于毁灭，我们政府不仅得有机会重整海防，而且得美英友邦的帮助，建立新的海军的基础。

本年二月四日，美国众议院海军委员会主席文生氏提出法案，主张授权杜鲁门总统，以美国一部分军舰让予中国。据文生氏称，提出此项法案的目的，在协助中国建设海军。该法案经众议院通过以后，送达参议院，参议院于上月下旬又经议决，准以贷款出售或赠送的方式，将剩余之海军舰船二百七十一艘，交与中国，并派遣海军代表团赴华，协助中国海军之建设。倘依照法案，有多余之战舰、巡洋舰、驱逐舰或潜水艇交与中国使用，均须个别的获得机会同意。此项经过上下两院通过之法案，据七月十六日美国新闻处华盛顿电讯，杜鲁门总统已经签署，该议案授权总统，最多以美舰二百七十一艘供给中国，另加水上船坞及其他必要之器材。该舰船之付款及条件，总统有一切取舍权。又该议案规定，为各舰队训练船员，经中国请求时，得派美海军军官百名与士兵三百名赴华。美海军部宣称：此批二百七十一艘舰艇，现在远东一带，包括流动船坞二艘、修理船二艘、驱逐巡逻舰二艘、扫雷舰二十四艘、驱潜舰二十八艘、登陆艇一百九十三艘、油船三艘、调查艇三艘、摩托炮艇六艘、浮筒及轻型渡船六艘。

查美国首批赠与中国的军舰，是根据租借法案拨给中国的，其中有护航驱逐舰二艘，扫雷舰四艘和驱潜舰二艘，共计八艘。这八艘军舰的名称为："太康""太平"（护航驱逐舰）"永胜""永顺""永定""永宁"（扫雷舰）"永泰""永兴"（驱潜舰）。按此八舰，是于去年八月，在美编队，即中外人士所称的"中国新舰队"。这个新舰队是由我国驻美武官刘田甫及该舰队之指挥官林遵接收的。全队计有官员七十余人，士兵九百余人，他们于卅四年一月廿四日出国，先由战时首都的重庆到印度。三月十六日搭美轮 General Mann 离孟买，经过印度洋、南太平洋，于四月十五日抵旧金山，乘火车横断美国大陆，于四月廿一日到美亚米 Miami 军港美国安那波立斯海军研究院受训。其中军官均系国内海军学校毕业，士兵百分之三十为原在海军服务，百分之五十为公务员，而有大中学程度者及大中学之从军学生，百分之二十为小学程度之从军青年，或其他部队前来者，官兵在美受训约一年，在古巴受训三个（月）后，即行返国。

今天，看见我们的驻美八舰回来，青天腾彩，白日生辉，从此以后，我们中国又开始重建我们的海军，每一个中华民国的国民，无不感到"兴奋"与"快慰"！这一支中国舰队员兵为中国人，舰只则为美国所赠，我们除应深深感谢友邦的厚意援助外，还应该痛感我国海军基础的薄弱，为着本身的强固，为着远东以至世界和平的确保，中国均须迅速建立强大的海军。但这一重任，须得我们自己努力，不能只依赖外援。因为这次美国之援助我建立海军，赠给军舰，派遣技术人员，这是只可认为替我国海军树立地面基础，至于在这基础上，将来如何建造高楼大厦的工作，须由我们自己规划，自己负担。这不□□□□□□我建军盛意之应有举动，并且为创造现代化国家之不容□□□□□，所以这次返国的青年海军官兵与舰队，可认为我国创立新海军的□□。

国人应该知道海军对于国防与维护和平的重要性，也应该知道，我国有很长的海岸线，有很多侨胞散处于南洋各岛，我国对于监视日本有很大的责任。所以为国防，为护侨，为防止日本再度侵略，我们必须有海军，并必须有强大的海军。再为保持一等强国的地位，分担维护世界和平的责任，我们更必须有强大的新海军了。现在既有美国的援助，这项建造工作当然容易进展，这是千载一时的机会，我们不容交臂失之！所以我们一面欢迎我八舰之返国，一面希望政府要切实注重整建海军，勿蹈甲午覆辙。从今天起，我政府与人民，尤其我海军将士，更应该体念责任的重大，大家一德一心，为中国新海军，写下光荣的一页，以洗雪五十年前海军不振的耻辱。不但对物质上配备上是新的，即精神上纪律上也是新的，才足以负起未来的□□！才不负国民的期望！不负盟邦的美意！

未来中国海防着重点在哪里？[1]

（1946 年 10 月）

一、战前中国有海防吗？

中国是太平洋上最具有光荣历史的国家，占有全世界四分之一的人口，广阔物博的土地，其原有的海疆是从库页岛、沿海州、朝鲜半岛、对马岛和济州岛、琉球群岛、台湾和澎湖群岛、东沙、西沙、南沙、团沙诸群岛和海南岛、苏禄群岛、新加坡以至安达曼群岛。而日本海和对马海峡，是与日本共有。渤海、黄海、东海和南海无异我们的内湖，斐律宾群岛、东印度群岛西部、中南半岛和缅甸、新加坡麻六甲海峡以至印度洋的孟加拉湾均为我国的势力范围。

清代同治光绪以前，在黄海、东海之外为藩属朝鲜与琉球，在南海之西为藩属越南，我们中国是居住于中央的精华区域，建设成为一个庞大的帝国。那时候朝鲜半岛、济州岛、琉球群岛、台湾、澎湖群岛、东沙、西沙、南沙、团沙、海南岛和印度支那半岛，仍可作为我国的海防外卫；而渤海、黄海、东海和南海仍完全为我们所控制。这样我们的海防形势，可比水上一座长成，做我领土和沿海的保障。但自从日本占领了琉球、朝鲜、台湾、澎湖群岛，和法国占领了越南之后，我国海防形势为之剧变，而这一座水上的长成完全被毁。即沿海仅存的重要港湾、岛屿先后为列强租借或割让，甚至长江内河航行权亦为人侵占，连我国海防内线亦危险万状。到了中日战争，日本复占据海南岛、香港，更进占越南，南北沿海一带均沦于敌手，完全为它封锁，长江流域大部被占，可以说中国在战前，海权已完全丧失，实无海防可言。

---

[1] 此文发表于《新海军》。

二、战后太平洋形势的转变

一九四一年十二月八日，太平洋战争爆发，使远东的中日战争和欧洲的战争化为一个世界大战场。从那一天起至次年五月初日军占领缅甸，为日本采取攻势的时期。在此期内，日本侵占范围，主要包括香港、斐律宾、关岛、威克岛、马来亚、新加坡、荷印，南达新几内亚北部海岸及所罗门群岛，西迄缅甸及印度洋上的安达曼群岛。自一九四二年五月五日至八日，日军在珊瑚海大海战中，遭遇挫败，经六月五日中途岛之战，日军再遭挫折，至八月七日美军反攻所罗门群岛，为日本攻势受到阻遏并遭遇猛烈打击的时期。在这一时期，日本惟一的扩展，在六月八日占领了北太平洋阿留申群岛中的阿图岛和吉斯卡岛，美军费了一年多的时间，才将它收复回来。美军攻势的新阶段，开始于一九四三年十一月向中太平洋吉尔贝特群岛的进攻。随后对马绍尔群岛（一九四四年二月）、马里亚纳群岛、关岛（六月至八月）、帛琉群岛（九月），以至斐律宾群岛（十月）的一连串的登陆进攻。一九四五年三月，进攻日本本岛更近的硫磺列岛。四月一日，美军又攻登硫磺群岛，不啻冲进了日本的大门。

一九四五年五月，纳粹德国宣告崩溃，欧洲战事顺利地结束，同盟国就把欧洲的军力都调到太平洋方面来，以全力打击日本。七月廿六日的波茨坦宣言是给予日本的一个最后通牒，就是日本除了接受无条件投降之外，只有彻底毁灭的一途了。接着，美军对日使用原子弹，苏联亦参加太平洋战争，分兵进攻东北、朝鲜、千岛群岛和库页岛。至此，日本军阀知道顽抗下去已无可能，除了无条件投降之外，实在没有第二条路可走。于是日本天皇裕仁便向盟国要求投降。盟国方面，美军首先登陆日本本土，并同意授权道格拉斯·麦克阿瑟将军代表盟国实行占领，以管制日本。至此，太平洋战争因盟国获得胜利而光荣地结束了！

太平洋战争虽告结束，而太平洋的形势却比战前大大的转变，根据开罗会议的宣言，日本的领土是回复到它在一八八四年的状态，亦即日本本部范围，包括本州、北海道、九州、四国，和盟国所决定其可以领有的小岛。约合三十八万四千平方公里，并剥夺日本制造战争的战略基地，和国联委任统治地，总计被剥夺的日本土地，在八百万平方公里以上。被剥夺的日本侵占土地中，除了原属中、美、英、荷、法、葡所统治的土地外，还有以前的独立国家，以及位于太平洋区的无数海空战略基地。

此外，史达林于日本正式投降日（一九四五年九月二日）宣布："日本今已承认其溃败，并签字于降书者，即表示南库页岛及千岛群岛将成为苏联的领土。即日起不再使苏联与太平洋隔绝，亦不再为日军侵略，苏联远东部分之基地，将用为苏联对海外之直接交通联系及防止日军侵略之基地。"美国对此问题并不反对，因雅尔塔会议中曾经承认。

按千岛群岛位于北太平洋的西北角，从日本北海道的东北尖端起，再走向东北，像踏脚石样一块一块铺着，与苏属堪察加半岛的南尖端相对。这一连串如连锁般的千岛群岛，给鄂霍次克海和北太平洋作了天然的界线。在千岛群岛中部，横过鄂霍次克海，到达西南岸的边缘海中，和苏领沿海省以东，隔着鞑靼海峡的对面，就是库页岛。库页岛的南部和千岛，在过去四十年或七十年中都是日本的领土，现经史达林宣布兼并，从此，鄂霍次克海变成苏联远东海军的内湖，和堪察加沿海省渔民的里海了。

关于战后的朝鲜，成了一个大问题，一九四三年十二月一日，开罗会议之际，列国曾允许朝鲜独立。杜鲁门总统于一九四五年八月间，重申此令。可是朝鲜，现分为两个紧密封锁的区域，在北纬卅八度以北由苏联控制，以南则由美国控制，因美苏未能成立协议，致朝鲜的临时政府还未经任何国家的承认。

就地理而言，朝鲜在远东实占据一个重要的地位，因为这个缘故，日本人谓："朝鲜好像是指向日本心脏的一把刀"。可是日本人过去的行为，是拿朝鲜当进入亚洲大陆的踏脚石。有了朝鲜，日本便能统制满洲，侵略中国，控制日本海和北中国海，也才有力量侵入太平洋的西南。

至于美国，战前在太平洋上，东半部全是美国的军事势力范围，这一带以夏威夷群岛中的珍珠港为最有力的根据地，北与阿留申群岛的荷兰港，东与巴拿马运河区，成为美国在太平洋上的三角形防御地带。在西太平洋的关岛和斐律宾两重要根据地，则在日本的势力范围之内，日本靠着千岛群岛到台湾的一串岛屿的连锁，差不多可以完全控制亚洲沿岸和西太平洋的海面，使美国的势力无法向亚洲发展。

日本投降之后，美国海军也要求保有各重要基地，据美海军助理次长塞尔于一九四五年九月五日称："美海军期望在太平洋保有重要基地九处：（一）阿留申群岛阿达克岛之科的亚克，（二）夏威夷，（三）运河区之巴尔包，（四）关岛，（五）塞班岛、狄宁岛，（六）小笠原群岛及硫磺列岛，（七）琉球群岛，（八）海军群岛之玛那斯岛，（九）斐律宾群岛，以对付可能的侵略行为。"联合社华盛顿七月二日电："美海军正在完成战后庞大的基地系统，以巩固美国及西半球防务。此项基地遍及太平洋、大西洋与赤道南北，包括潜艇及海空设备，此后如遇战争，即可无需采用越岛战术，以免多损兵力。"如果，美国的世界基地网能够完成，则美国在太平洋上的势力，当比战前的日本势力还要强大，这是战后太平洋形势的一大转变。

当太平洋战争结束时，东南亚、荷印和澳洲方面的日军占领区，均由英澳分别受降接收，但经此一战，英国在远东的势力已渐没落，三千万五千万人民之印度本为不列颠帝国系统的棱堡，今后恐不能再如此，无怪乎本年六月廿五日，新加坡英军司令考克斯少将宣称："新加坡将代替印度作为英国在东南亚全部之防御基地。"英国为欲保持它在远东殖民地的势力，最近乃在伦敦召集自治领会议，拟定大英帝国的联防计划，采取分区管理，英国为此项区域防御制中主要之一环，由各自治领分别控制其势力范围，西欧及中东，归英国负责，东南亚与南太平洋，由澳洲及纽西兰负责。战后英国之帮助法、荷等国在远东恢复其对殖民地的统治，主要的，还是为了掩护它本身在远东体制的维持。但最近，一方面它的东方政策已经改变，同时，全世界的舆论，也一致地予以非难。所以在这形势下，英军最近已大部撤出了荷印。总之，英帝国在太平洋的势力，确是在一天一天减退，这是有目共睹。

最后说到我们的中国，胜利之后，所有日本在中国窃取的领土，如东四省、台湾、澎湖列岛，应归还中国，这是开罗会议所承认的，这是一国际正义的光芒，给我们一个很大的慰藉。而今日我八年抗战已摧毁日本，欣获胜利，这一笔血债终于索还，我国数十年聚结未舒的国耻，也因东北和台、澎的收回而渰雪了。

按东北的白山巍巍，黑水荡荡，它是中国的生命线，以土地面积论，计有一百卅万八千一百卅平方公里，占全国面积百分之一一.五，旧辽宁一省铁的储量即占全国储量百分之七十九；旧黑龙江省是遍地黄金著名的，北满砂金产量是达全国百分之五十；旧辽宁抚顺石油储量约有一千九百兆桶，占全国储量百分之五十二强。其他如煤一项，东北四省产量占全国三分之一。诚如翁文灏所说："东北是天然的新农区。"

关于台湾，它虽是孤悬海外的一个岛，但在军事价值上却占着重要地位。它东临太平洋，东北由琉球群岛与日本本岛相接，南以巴士海峡与斐律宾群岛相隔，全岛面积有三万五千〇二十八平方公里，澎湖群岛计一百三十六平方公里，总计台、澎土地占福建省面积三分之一。东绕高山，西薄大海，平原六百余里，土地肥沃，出产以米、茶、糖、甘蔗、芭蕉等为大宗，矿产蕴藏丰富，数量极为可观，这丰饶的土地资源，对中国经济建设上，是有莫大助力的。

东北光复后，政府将辽宁、吉林、黑龙江三省区重行划分为辽宁、安东、辽北、吉林、松江、合江、黑龙江、嫩江、兴安等九省。台湾、澎湖光复后，政府设置台湾行政长官公署。至此，这中国生命线的东北，和海防屏障的台湾与澎湖，重返祖国了。

正当日本向盟国请降的那几天，中苏签订了三十年友好同盟条约，内容要点：（一）防制日本再度侵略。（二）重申尊重中国在东三省的完全主权及领土行政的完整。（三）中国政府承认外蒙独立，苏联声明苏方将尊重外蒙的政治独立与领土完整。（四）中东及南满两路干线（合称中国长春铁路）由中苏共有共营，以卅年为期，期满无价归还中国。（五）中国宣布大连为自由港，开放期定为卅年。（六）在中苏旅顺协定有效期间卅年内，以旅顺口为中苏共同使用的海军根据地。关于旅顺、大连、中东及南满铁路等问题，在中、日、苏三国历史上有着错综的关系的，在战前是中日的问题，今后又成为中苏的问题了。

在这里，我们又要回溯到民国卅一年双十节的一件光荣记录，就是美国与英国自动的声明放弃他们在华不平等条约的特权，而于次年一月十一日在重庆与华盛顿签订了平等互惠的新约，其他各国亦先后宣告废弃，百年桎梏，从此解除。我们抗战最重大的目的：第一，要恢复东北的领土主权及行政之完整；第二，要收复我们台湾、澎湖和其他的失地；第三，要废除不平等条约。现在这几个目标和工作，都已完全实现了，这是我中华民族经五十年的革命流血，八年又卅三天的抗战牺牲所换来的。

日本既已降服，日本的海陆空军已不能存在，和平会议所订条约，绝不能再许其武装以危害中国和东亚和平。但这当然是中国所希望的而极为欢迎的，但以战后太平洋形势的转变，同盟国家间尚未能精诚合作，世界各处尚在动荡不安，列强间还在努力于扩张势力范围，制造新武器，压迫弱小民族解放的运动，我们在国际上的地位，尚未臻于巩固，不要自认满意，对于世界的局势亦不可过抱乐观，今后切要提高我们的警觉性，来预防第三次更惨烈的世界战争。

三、第三次世界大战的蠡测与挽救之道

西方的侵略者已经消灭了，东方的军国主义的日本也相继倒了下去，世界各国虽竭望着永久和平，却很少想到可能的未来战争。列强究竟相信联合国安全机构是一个以和平方法解决国际争端方法呢？还是像过去一般完全依仗自己的军力呢？如果联合国机构旨在解除纠纷的话，那末各国即应废除庞大的陆海空军，还要根本禁止原子武器。

第一次世界大战以后，协约国都信奉消灭武器就是防止战争方法的理论，和约不仅严密限制失败国家的军队，并规定各国普减军备的步骤。一九二二年华府海军军缩会议的结果，曾使英美日分别毁弃若干战舰。一九三〇年在伦敦会议又发展了辅助舰的协议。以后在国联推动之下，也作过地面军备限制的努力，但会议苦商条约，稽时一年，最后延至一九三三年，其时希特勒业已退出国联。一九三六年国联曾再度集会，讨论改订海军军缩条约，后因日本退出国联，故毫无结果。这两次会议的失败，把所有以军缩来维持和平的希望完全打消，终于成了导致另一次大战的扩军竞赛的信号。

第二次世界大战之后，用军缩来维持和平的老论调，已代以用武力以维持和平的新理论。但是这种理论也只部分实施，即联合国计划中有世界警备部队的规定，可是它的实力小，只足以对付小国。实际上在战后，每一个强国都依仗着自己的武力，用来推行自己的国策。苏联是在整军经武以防万一，英国生活境遇虽差，也不惜一切牺牲，维持它需要的军备。美国不仅维持着庞大的陆海空军，而且正在计划成立一支较战前大一倍的国民自卫队，并空前地谈到了普遍军训的计划，拟定在全世界建立伟大的防御网，并从事武装，拉了美洲与美加联防。此外美国还拨给中国与其他许多国家以巨额贷款，令它们建立军备。

美国希望维持大军两百万，比战前大过六倍，其中当包括海军五十五万八千，陆战队十万〇八千，空军四十万人，地面部队与复勤人员九十万人。战后海军将拥有战舰一〇八二艘，包括留作后备的在内，这舰队已比诸其他列强舰队的总和巨大。至于国防经费，估计至少需六十万万元，多至七十五万万元，或等于前几年联邦预算总数的款项。此外美国现在已经开始，而且正希望增加雇用十万人员来制造并保藏原子弹，其经费当达五万万元一年。美国今后这一年陆海军的经费至少需三百万万元，势将打破历年和平时期开支的记录了，这一年的兵员人数当在八百万名以上。

苏联是美国以外今日世界上名副其实的强国，它也维持着远较战前为巨的军事配备。苏联自己关于这些一字未提。但消息灵通方面估计，它至少拥有五百万人，比一九三八年多两倍。此外据说苏联在国境以外还有二百万部队担任占领任务。普通军训计划和使另外二百五十万人服着军役，同时空军、海军以及国内常备军方面也还留有其他兵员。苏联今日虽然急需人力与经费、物资从事重建，但它战后的预算在军事方面的拨款势将比战前的预算大百分之二十。

英国希望至少维持七十五万大军，其中当包括陆军卅七万五千，空军二十五万，海军十二万五千，军费当在二十万万元之谱，军备的耗费与规模比战前数字大一倍。

法国的军队将较战前的规模小，陆军四十五万人，海军四万五千人，空军七万人，军费当在十二万五千万元左右。

因此，这些在战时为盟友的列强，在今天平时都打算维持一支巨大的陆海空军，这些列强今后除了继续支付前次大战的耗费以外，还得每年支付大约二百万万元，这种情形引起了他们究竟防备谁的问题，德意日已被击败，若干年内当不致再成为军事强国。以英美来说，可以与它们颉颃的只有苏联，而在苏联看来，可以与它对抗的也只有英美二强。此刻这些国家却都是保卫世界和平的联合国安全理事会的核心。但美苏英三国，在平时备战的积极，实无过于今日，我们未敢断定第三次世界大战在何时发生，惟据目前列强备战情形的趋势，可预言第三次世界大战恐不能免！

我们另从整个国际政局发展的趋势来诊察一下，今日世界已成两大壁垒的对峙，就是英美同苏联的对立，双方均在争取势力范围。据丘吉尔说："苏维埃前线是自波罗的海的斯德丁到亚得里亚海的里雅特近郊，并且还要一直向南。就在这一条线上，苏联张起了铁幕。幕后一片广大的土地上，有东欧各国首都与许多古代国家民族，差不多占全欧人口三分之一，统统被同一个克列姆林中的（能人委员会）统制而管理着。"这就是指着苏联在其西部边境势力圈的布置。但最近苏联的势力，却前后伸进了近东的伊朗、远东的中国东九省、朝鲜、外蒙，一直到中国的新疆。

因为英国战时领袖丘吉尔把苏联近来到处扩张"势力圈"的举动，喻之为拉下了"铁幕"，于是苏联《真理报》上，就有伊柴可夫的论文，把英国在中东及太平洋的举动，喻之为拉下了"绒幕"。他指出：（一）印度尼西亚的战争，在英国支持之下迄今一年之久尚未停止；（二）印度的独立虽早经英国许可，但始终无诚意，既不欲撤退英国驻军，且利用民族间之不和，以为统治手段；（三）巴勒斯坦亦在英国此种手段之下近于军事作战状态；（四）希腊方面英军迟迟不撤，并制造伪选举伪公民投票，企图保持帝制。近更酝酿内战；（五）德国境内英军占领区尚有德军十四万七千人未复原，第三帝国之实际统治者尚多逍遥法外。不管双方各自的解释如何，我们首先得问："铁幕"与"绒幕"是否存在？我想生活在现今世界的人们，谁也不能抹杀那一连串的事实而否认其存在。那么，这种"幕"的存在，无异造成未来战争的壁垒，种下第三次世界大战的祸根。

美国为了制霸这个战后新世界，已首先把整个西半球团结在它的羁绊之中，现在为了确保这个既得的霸权，它便不能不用很大的力量去组织欧洲。而在欧洲具有稳定力而又急切需要救助的便是大英帝国。大英帝国的突然崩解，将引起整个世界的大震动，这一点罗斯福及其后继者都非常清楚。殖民地之凶猛的独立运动和英国工党之被迫而采取银行和某些重工业的国有化政策，表示大灾难已迫近了。没有美国大借款的加油，英国工党的统治将遭逢绝大的历史危机。美国固然已立心吞并大英帝国的市场并以它的遗产的当然继承人自居，但它必须小心地嘴嚼这种战果。换言之，它必须延缓大英帝国解体的过程，否则它有全部失去这份遗产的危险。我们从英美大借款谈判的经过中，和英美在欧洲对苏联的对立关系中，可以知道美国是如何支持这个垂死的老大帝国，以建立它在欧洲的地位。

美国在这一次战争中重要的收获之一是争取了中国做它的同盟者，它显然把中国的经济上和战略上的价值估计得非常之高，这就可以解释它何以那样热情于中国政治的稳定和军事机构的改造。美国有一位将军已明白的声明：美国从中国经朝鲜到东京已完成了一道坚强的军事圈，这无意中给了我们一个锁匙，去解释美国在这一个地带的政策。现在欧亚政局正在转变之中，但无论如何转变英美和苏联对垒之局便难避免，他们的利益自然冲突，倘不能以和平方法解决，而欲求永久和平相处恐怕是很难的。

在这次大战期间，不错，他们是比肩前进的战友，因为他们有一个共同的敌人威胁他们的生存。纳粹主义的勃兴，不仅是军国主义的故事，如我们东邻的日本，志在劫掠邻邦的土地，独霸于太平洋；希特勒的国家社会主义还怀着野心要政府邻邦的政治思想，改变他们的社会制度。他反对共产主义，也攻击资本主义，他的幻梦是德意志控制下之国家社会主义的欧洲。共产主义的苏联与资本主义的英美国为这第三者的挑战，所以能携手奋斗打击共同的敌人。一旦这第三者打倒了，共产主义与资本主义国家的矛盾与冲突便一再呈现于国际舞台，更因战后欧洲一切不安定，一切在变，所以那些矛盾与冲突较前更为显明。

其次苏联与英美之间，在思想上，是社会主义与个人主义的不同，在制度上是公有财产制与私有财产制的区别，两者背道而驰，各走一端，如何能有根本妥协的可能。他们因为思想与制度的不同，所以他们的理想世界也完全相反。一个是个人自由主义与私有财产制的世界，一个是集体主义与公有财产制的天下。这两个世界，在过渡时期可以暂时共存，但为长久计，是不能相容的。共产主义者要一个共产主义的世界，才能达到他的最高理想；个人主义者要一个容许个人主义的天下，才能尽享自由。所以苏联今年纪念"五一"的口号没有忘记世界劳动阶级，丘吉尔们也念念不忘英美联盟。苏联与英美的世界观既不相同，在战后世界的转变中，自尽力寻求或制造与国，俾进可以扩张他们的世界，退可以保守他们所信奉的主义与制度，国际今日的两大壁垒便由此形成，未来的恐怖战争也由此酝酿。

最近美国《幸福》杂志举行民意测验，受测验者百分之四十九相信在廿五年至卅年内避免另一次大战，但百分之四十一相信大战将在此时期内发生。印度工会与共产党领袖丹直，出席国际工会会议后，由莫斯科返抵孟买时称："第三次世界大战，将为民主集团与反民主集团之战争，仅为时间问题。苏联人民感觉，彼等虽已战胜法西斯国家，将被逼迫再度作战，与反民主及帝国主义集团作战。"本年六月廿五日，田耕莘主教接见合众社记者，认为第三次世界大战如能提早发生，可挽救较多生命及避免较大之破坏。他称：他曾旅行欧洲及西半球十个国家，所得印象认为新世界战争绝对不能避免。笔者综观列强扩充军备的趋势，国际政局的演进，英美与苏联的对立，共产主义与资本主义国家的矛盾与冲突，恐怕第三次世界战争的爆发且于第二次与第一次大战所距离的时间还要早呢？

我的预测，第三次世界大战绝不能避免，人类如果要自救的话，那末，就要赶紧设法，加以挽救，而挽救世界和平的第一个条件，就是真正相信和平的价值。而第二个条件，就是在发展自己时，也让一切异己的国家与制度，共存共荣。第三个条件，则在英美与苏联的需要谅解，他们必须趁机赶紧谋得彼此谅解，为了他们本身福利，也为了世界和平。

四、中国国土不要做别国的战场

中国是一个广大的国家，但是人口稠密的部分——通常称为中国本部——只是北平、张家口以南，兰州、成都和昆明以东的地方，还有从鸭绿江口起一直到越南交界止，中间有良好港湾二十余处。从朝鲜有一条铁路通入中国，在东北有铁路可以通入北平，也可以通到苏联境内。在华南另有一条铁路由越南的河内通到昆明。由香港对岸九龙也有一条铁路直贯中国南北。这些地方，在平常时期是很容易被人侵入的。

从中国历史上来看，侵扰中国的势力在一千余年的期间内都是从东北方面来的，例如契丹、鞑靼、满族的势力都是来自东北方面。这几族的势力已先后融合在中国文化里，形成一个中华民族。因此，这几族侵扰中国的行动已成过去的陈迹。在中国东北方面的海洋里，接着满族而起的新兴势力就是日本。这个新兴势力在近五十年来确是相当的强大。最近十余年来日本相继侵占东北各省及沿海一带各省，引起我们这次的神圣抗战。现在日寇既已失败投降，将来可能侵略中国的敌人是在哪一方面是哪一国家？我敢断言，将来再侵略中国的敌人还是来自东北方面，不是日本，就是在东北新兴势力的国家。我的断言是有充分理由的，在对日本签订和约后，联合国对日本的管制，如不能采用铲除祸根的断然手段，则日本一旦恢复原有的势力后，必然要再打破东亚的旧秩序，实行冒险进取或投机侵占的政策。那末，日本首先再要冒险侵占的地带当然还是东北和沿海各省，因为东北和沿海各省是最靠近日本的区域，所以首当其中的就是中国的海疆，因此，我们要明白，日本过去是我们的敌人，将来可能再做我们的敌人。

依太平洋新形势来推断，在中国国境四周的国家，无论其势力强大与否，在战后短期间内都是要欲维持现状，不会有冒险进取的行动。换句话说，中国四周的任何国家在短期内不会向中国发动军事的侵略。但我们要认识的，中国在短时期内纵不受外国军事的侵略，而中国的东北和朝鲜则有苏联和美国的势力在那里滋长暗斗，将来在中国东北方面的海洋里仍难免不产生一个新的可怖的势力来争取我们的海权，这个海权的争夺，可能由渤海、黄海、朝鲜近海、日本海、鄂霍次克海远至北太平洋顶端的白令海。

情形是极明白，战后远东局势的演变，使得美苏两大势力在这远东区的对立，一天比一天鲜明，甚至也一天比一天严重。自然谁也不信，第三次大战短期内就可到来，但处在两强的夹缝当中，身为远东大国的我们，应如何及早自图，提高警惕，和以处人，善以自处，顺应这个局势，以求自立，并利用双方的友谊以求自强。要有自卫的武力，才有严守中立的力量，不要把我们国土被人利用做战场。观前次日俄之战岂不是在我东北和黄渤两海做过战场么？我们身居第三者的地位竟受重大的损害。假使当时中国在远东是一个强大的国家，我们的东北和朝鲜，谁敢染指，而日俄的舰队，决不会在我东北的海洋上决斗，所谓旅顺、大连也不至为两强争夺战的战利品。现在我们为了免得自己成为第三次战争下的牺牲品，我们应及早筑起我们的海上长城，我们应加强我们自卫的力量，使自己成为国际间的均衡力量，不仅使自己国家，走上光荣幸福的道路，并且造福于世界人类。

五、未来我国海防着重点在哪里？

我在上文已经说过，战前中国是没有海防，战后太平洋的形势已经转变，国际上英美和苏联成对立的形势，第三次世界大战恐不能避免，但大战将于何时何地爆发，当视未来国际局势的演变以为断。我们处在列强的中间，而我们所处的地位又非常重要，我们可以成为美苏冲突的火药线，也可以成为美苏合作的桥梁。现在玩火者正向前狂奔，我们为了免得做国际战争下的牺牲品，我们便应该趁早讲求自卫的政策，要自己决定国际形势，不要等国际形势来决定我们的命运。

我们翻开太平洋地图，便知道亚洲大陆的整个海岸正包围在太平洋许多岛屿所构成的自然长链之内，从千岛群岛、库页岛，经日本群岛、琉球群岛、台湾，再经巴士与巴布央群岛，而接南洋群岛，成为一条布幔着大陆的整个海岸，谁能控制这条长链，谁便能控制远东，这不仅在海权上如此，即是在空权方面也是一样。所以这条长链对于中国兴衰存亡关系至巨，在历史上，中国武功最盛的朝代如隋唐元明，无不能控制这条长链（期间自有量上的不同），而晚近衰落的主因，若单从地势来说也无非为了控制权消失的缘故，设想将来我们的海岸线防务是巩固了，但我们的力量尚未能达到这条长链，在国家的安全上和国民经济的发展上还有什么补助呢？

考这次太平洋战争的远因，即为中国失去朝鲜、琉球群岛、台湾、澎湖、旅顺、大连和东北的主权的必然结果，设以上各地不为日本所夺，即令日本有并吞中国和征服世界的野心，安从实施其技。故今后为维护远东永久和平和保护中国领土主权计，必须建立台湾、澎湖、海南岛和华中、华南的海防，解决琉球的主权问题，并须援助朝鲜独立，建设东北海防。而援助朝鲜独立与建设东北海防，实为我国战后建立我国海权与自己决定国际地位的先决条件。否则，日本虽已失败，仍有死灰复燃之势，旧的势力虽已倒了下去，而新兴势力又取而代之，前门驱虎，后门进狼，中国胜利收获在哪里？我们可以说：战后中国仍未安全，战祸仍未根绝，和平实未确立，即我东北和沿海一带，仍有随时被人侵略的可能。

我们根据三民主义战后必须联合弱小民族，援助其独立而共同筑成坚固的防侵略阵线，在防侵略阵线一段，自东北、朝鲜，经琉球群岛、台湾、海南岛及南海各岛（包括东沙、西沙、南沙、团沙诸群岛）成一弧形，即上述西太平洋许多岛屿所构成长链的主要部分，可将我国沿海内防线围住，可称为战后中国海防第二线（按：国防第一线应在敌国的海岸）。在台湾之西南，有高雄、马公二军港，山岳拱抱并有空军根据地，台北有基隆、淡水二港，加以出产丰富可以自给，故台湾实为我国海军发展的生命线，若东与琉球群岛，西与闽浙粤联防起来，任何外来军舰若不得驻守台湾海军的许可，决莫开进上海、长江与华东、华北的海面。若将台湾与本国中心点连成一线而向东南方延伸，恰指向太平洋的中心，且在朝鲜与海南岛的中央，也在我国海岸线的中央，其地位之重要是不言而喻了。

在朝鲜东北有罗津、清津二港，在朝鲜东南有镇海、釜山要港，其地形好像地中海的意大利突出海中，是华北的大屏障，也是东北的前卫。任何外来船只未经朝鲜许可，它不得通过朝鲜海峡或对马海峡，若与山东半岛联防，也不得经过黄海入渤海。换言之，即不能于东北或华北登陆。于北部中国海防而言，若朝鲜被占，则东北、华北均有唇亡齿寒之感；于朝鲜而言，若东北、华北被占，则朝鲜亦不能独存。换言之，我们必须援助朝鲜独立以保共存。故由朝鲜、琉球、台湾、海南岛以至南海各岛的海防联络线之必要，乃是天经地义者。

在广东以香港为最重要，在海南岛以榆林港为最险要，它是华南的屏障，且有南海各群岛为它的外卫，足以控制南中国海，同样外国海军若未得香港、海南岛的守卫海军的许可，也莫想开进闽粤一带，故又为华南的前卫。因此以台湾为中心，朝鲜、海南岛为左右翼的第二海防线，不论其地形、位置与攻守形势都是独一无二的。

这次世界大战，实开始于"九·一八"之变，这殆为世界人士的一致见解。而这次大战的最后结束，乃在于中国之收复东北，亦为各国观察家所认识。是东北九省，在世界政治舞台上，已居极重要的地位。更就我整个国家以为观察，东北各省的地位好似中国东北方面的门户，能够看守住门户，始能保障内室的平安。东北各省的地形，在国界上有黑龙江、乌苏里江和鸭绿江，形成天然的深堑，好像一条护城河，可以把它叫作护国河。在国界上又有大小兴安岭、老爷岭、长白山和千山山脉形成天然的防线，好像一道马蹄形的铜墙铁壁，可以把它叫作护国山。热河的丘陵地带又形成天然的二层堡垒，好像一道内地的高墙。这几层的深堑高垒就战略上看来，都是保卫全国各省的惟一国防物。

假定琉球群岛从属问题未能解决，或朝鲜尚未能独立，仍在美俄控制之中，那末，我们的第二海防线，应北起山东半岛，经舟山群岛、台湾、澎湖，以至海南岛及南海各群岛。我们应针对着敌人的海上可能的前进侵略路向，利用我们海外岛屿的优良形势，将台湾、山东半岛和海南岛为顶点，构成我们海防第二线的三角形阵势。

台湾是面对着敌人由太平洋正面进攻的路线，左有山东半岛，右有海南岛，成为中国第二海防线三角形的中锋，像一头伟猛的鹰隼，昂昂然展开它的铁翼，掩护了全部的中国海岸。在对大陆的距离上，较海南岛为远，约一百五十公里左右，又有澎湖群岛做它的中介，自然减少了它的孤立性。假如台湾海峡的海空权还在我们所控制下，这百多公里是不算远，不特不致发生联络上的困难，反而使庞大的舰队发挥它极顶的活动力。

海南岛是我们第二海防线的右翼，离开大陆不过二十几公里，更有雷州半岛向它伸出一条大臂，使它对大陆的距离更加缩短，对于大陆的联络和接济没有什么困难，它刚刚站在由南洋到远东的大路上，握住南海交通的咽喉，屏障了南方的海疆，特别现出它在第二海防线上战略据点的重要性，而南洋各属华侨保护者将非它莫属了。

山东半岛虽不是一个大岛，但它是伸出黄海之中，可以做第二海防线的左翼，可以显出台湾和海南岛在海防第二线上的同样的作用。至于舟山群岛，是在山东半岛与台湾的中央，又散布在黄海与东海的交界处，非仅是山东半岛与台湾的中介，而且是长江口的外卫，尤其是可作为轻巡洋舰队、潜艇队及空军的根据地。在海南岛的东南方海上的东沙、西沙、南沙及团沙群岛，均为海上战略要点，警备着华南和海南岛，做了它的前哨。

我以为中国的第二海防线，为事势所必然，它是而且应该是我国海军主力的所在，也就是我国海防着重点的所在。至于第三海防线——沿海防线，只是一种补助的作用。假如第三海防线有某一环给敌人占领了，则中国海防便立即被突破，被割裂而失了很大的作用。这些严重的局面，内海防线是很难补偿的。因此，要使第二海防线——外海防线——成为坚而不拔的铁壁，自然在人力物力的供给上，应以力之所能来筹划，断非小小的若干港湾所能胜任。要把山东、舟山群岛、台湾和海南岛这四个地方划为海军区，以为建设海防的要着。

假如以北方的山西太原和南方的广西桂林做两焦点，来作一个椭圆，这椭圆有一段弧线，差不多贯联了旅顺、威海卫、象山港、三都澳、香港和北海这些重要海港，也可以说使沿海七省的险要港湾、海口和岛屿都包括在这一条的弧线内，构成了我们的内海防线，就是上述的我国的海防第三线。

在这条弧形海防内线内的各险要地方，若依各省的海岸分开来说，在辽宁的有安东、大东沟、大孤山、貔子窝、大连湾、旅顺、营口、葫芦岛；在河北省的有秦皇岛、滦河口、天津、北塘口、大沽口、祁口；在山东省的有羊角沟、虎头崖、龙口、登州、长山岛（即庙岛）、烟台、威海卫、荣成湾、石岛、海阳、崂山湾、胶州湾、日照；在江苏省的有连云港、新洋港、启东、崇明岛、吴淞口、南汇、金山卫；在浙江省的有乍浦、海盐、宁海、镇海、定海、象山港、三门港、台州湾、温州湾；在福建省的有沙埕港、三都澳、圳江口、马尾港、海坛岛、莆田、平海、泉州、厦门港、东山岛；在广东省的有南澳岛、汕头港、海门湾、碣石湾、汕尾湾、大亚湾、大鹏湾、深圳湾、珠江口、唐家湾、九龙、香港、虎门、澳门、中山、电白、广州湾、海安、海口、围州岛、北海港、钦州湾。在这内海防线间，当分别建立要塞、要港和军港，利用潜艇政策又藉陆空军的联防，而保卫我国海岸的安全，使敌不能登陆或深入我内地。

当敌人偷进或冲破了我们的第二海防线，我们的内防线便担起了直接应战的作用；当第二防线和敌人周旋时，我们的内防线也起了补助和接济的作用。所谓第二防线与第三防线的划分，只是战略上的一种前后作用，而战术上的活动上是整□的不可分的，前后相依，犄角成势，是非常重要的。

展开太平洋形势图一看，它就很明显地指出，敌人进侵中国海岸的可能路向有三：（一）由日本海方面进入黄海；（二）由太平洋正面进入东海；（三）由南洋方面进入南海。可是敌人进侵的来路虽只如此，以现在舰队的活动力而论，中国的海岸线并不算长，因此敌人即使来自某一方面，而中国沿海全线，实随处有被袭可能，所以中国海防的建设，不应有轻重之分，以至发生顾此失彼的毛病。但可观察国际的形势和我国的环境，而分先后的建设，详为策划，沉着进行，务使海防达到安全的地步。

我们检讨过去帝国主义和日本侵占我海疆的事实，预测未来国际形势的转变，再对我们的国策、我们的海防形势和敌人由海上进侵的路向作过详细的讨论后，我们可以进而决定我们今后的海防着重点在哪里。就是要先计划我们的"海权中心区域"在哪里。

我们战后理想中的海权中心区域，应为军事、政治、经济、文化、交通等中心区域的总汇，方便之得有安全的保障。依海上敌人进侵的路向，而对于沿海各地的防御，尤需得有平衡的分配，就此观点而论，我国今后海防的着重点，显可分做三大区域：

（一）北部海防区：包括辽东半岛、山东半岛及渤海、黄海的全部，这一区域的建立，使我广大富裕的东北及华北，得以天然的屏障。但这一海防区，须与朝鲜联防，方臻绝对的安全。

（二）东部海防区：北自江苏北部，南至台湾海峡，并包括琉球、台湾、澎湖各岛，为首都南京、长江及淮河流域的外卫。

（三）南部海防区：自台湾海峡，至越南的东京湾，并包括海南岛及南海的东沙、西沙、南沙及团沙各群岛，为珠江流域的屏障。

就我国深长的海疆，平衡分割为北、东、南三大海防区域，再以台湾、海南二大岛为对内对外的媒介，东与东海琉球群岛，南以南海诸群岛的三角形防御地带，备与山东半岛及朝鲜半岛互相配合，在军略上，实在确保我渤海、黄海、东海、及南海的安全，而构成我国坚强的海防线。

今天，胜利已经获得，失地已经收复，我们应该小心地把握住一切，不要让这些国防重地，又轻轻地在我们手中溜跑了。

历史告诉我们，海岸一日不固，侵略将会一日不止，要保卫国家必先巩固海防。

对日和约与对日管制[1]

（1946 年 11 月）

从去年五月德国投降到现在，已经十六个月；从去年九月日本投降到现在，正是整整的一年。和约迄未签订，而且还未起草，外长会议，接二连三的不欢而散。美英与苏联两大政治集团，壁垒日益鲜明，矛盾日益尖锐。第三次大战的准备与宣传，威胁着整个人类。一年前全世界人类的狂欢，已经消散得毫无一点踪影。因美英苏在战时互相信赖充分合作的精神，随着胜利之来临，而冲淡，而逆转，于是对于从前公敌之德日法西斯的管制上，也发生了歧见，松懈了许多。使他们卷土重来，死灰复燃的可能性，大为增长！

德国与我们距离尚远，至日本与我们仅隔一衣带水，五十年来之血海深仇，赖八年艰苦抗战与友邦协力，幸将日阀打到。倘不幸对日和约竟因管制政策之稍有疏忽，使得乘隙重整军备，则首蒙其害的必为我国。

中国出席巴黎和会代表团团长王世杰外长，当其临离巴黎接见美法两国记者，发表谈话，谓："日本问题比德国为容易，且中美两国虽为最有权利，可以要索巨大赔偿之国，然两国将不提出过分要求，故日本和约较易订结。中国虽每一大城市几皆大受损害，然究应索赔几何，尚未确定。中国亦在研究日本工业究应解除几何，以阻止其重行武装。现在列强在远东方面所遭遇之惟一重要问题，厥为远东和平定立以后，如何统制日本一事。"

据关心太平洋和平的美国高级官场消息，美国务院与麦克阿瑟元帅正在积极准备召开和会，其时间无论或早或迟，美国均将以小心准备之广大计划参加会议，以此作为日

---

〔1〕此文发表于《新海军》。

本及太平洋区和平之基本条件。据美权威方面消息，按照未来计划，美国之军事占领将历时三年至五年，然后继以民政管理，受盟军监督廿五年。届时日本人民与政府，当已充分革新，依照盟国在波茨坦宣言中所举之目标与宗旨，使日本成为国际间之一员，接受及拥护稳健的民主原则。但美国政府现虽正在努力筹备起草太平洋和约之国际会议，惟于何时召集，及由何国参加，大部分尚未决定。为日本起草者为何种和约，亦尚不得而知，至于和约条件果将由谁拟订，此时尚未决定。在日本及东方有重大利益的国家，在和约中必须与以调整，以免彼此冲突，是一个问题。盟国于陆海空军问题或不易获致同意。此外未加入远东委员会的国家是否可参加和会，亦为一未决之点。还有成问题的，第一，日本人民尚未完全觉悟，到现在还不承认战败，心中犹以为五年或廿年后，将卷土重来，东山再起，在国际舞台上露面。第二，美国务院虽已在搜索材料，准备起草对日和约，但是展望世界的前途，远东和会不知要到何日始能开幕。第三，美苏两国的对日政策是背道而驰，中英两国虽一致称道美国管制日本的成绩，但是苏联始终表示不满，且常常攻击麦帅纵容日本，助长日本侵略势力的抬头。第四，朝鲜问题，依照莫斯科三国外长的宣言，朝鲜已分裂为二，北部受苏联的管制，南部受美国的管制，将来如何在经济上、政治上获得统一，确是一个最感棘手的问题。第五，在现行国际关系之下，欧洲的僵局如果打不开，远东问题就不能单独解决。换言之，这次巴黎和会如果不能签订对意、罗、匈、保、芬五国的和约，则对日和约也无从起草。对日和约在理论上虽较对德和约简单，但在列强间的关系，尤其是美英与苏联的关系，如果不能改善，则也不容易解决。

在对日和约中，使我们最感到迫切的问题，乃系对日和约签字后如何管制日本的问题。因为我们如欲保持远东和平，就该随时防范日本的重整军备，随时注意日本侵略势力的抬头，这在起草和约之前，对于日本管制的问题，是要特别加以考虑的。我们感觉，日本地处要冲，已成民主国家的前线，它今后所处的地位，如不能为和平的堡垒，即可变为战争的跳板。就是说，今后对日管制如不能彻底，则日本帝国可成为冲突思想的枪尖或竟为未来世界大战的爆发点。

盟国管制日本，在形式上可分为两个时期：从日本投降到去年莫斯科会议为前期；莫斯科三国外长会议以后为后期。前期由美国独占管制，引起中、英、苏、澳等国不满，故在莫斯科三国外长会议中，检讨了五个月的管制工作，议决设立"远东委员会"于华盛顿，对管制日本的最高原则及日本的重大事变，必须咨询该会讨论同意后，方可执行。

另在东经设立中英美苏四国"管制日本委员会"，以为远东委员会及麦帅的协助。那用意在企图结束美国的独占管制而成为四国联合管制。然而，这个正确的决议，显然麦克阿瑟始终没有执行这个决议，他仍然继续他的独占管制。所以，前后两期，在形式上虽有不同，在实质上却始终一贯。

我们认为美国在对日战争中出力很大，由美国来领导管制日本，是可以为各国所承认的。然而要记得，中国是抵抗日本最久，受日本侵略之祸最深的国家，苏英则跟日本关系也深，在最后击败日本的阶段中，苏联又曾有相当的决定作用，所以我们觉得美中苏英要共同管制日本，今后应在管制日本上取得更密切的合作。

盟国对日管制机构，虽说是在华盛顿有最高决策机关之远东委员会，在东经设有盟国对日管制委员会，但是直到现在，盟国间远未能提出对日管制的一个共同承认的方案。我们所得而知的，就是美国以鲍莱为领袖的赔偿委员会对日本的赔偿计划，和六月廿一日美国务院所发表的解除日本武装条约。

依照鲍莱对日赔偿的计划，允许日本得保留一九三三年的生产能力，仅将一九三三年以后大事扩充的战争用品生产力予以消灭，这样将使日本人民的生活水准远超过亚洲人的平均水准。我国作战，最为艰苦，损失亦最重大，目前饥荒遍及全国，数年以内一般人民的生活水准，尚难追及日本。即亚洲各国，到现在为止，工业还很幼稚，鲍莱的计划真要付诸实施是不啻仍替日本保留了在亚洲工业方面的领导地位，而给它以死灰复燃，再事侵略的机会。

细察鲍莱的计划，日本可能保留的工业的年产量，计钢铁三百五十万吨，硫酸三百五十万吨，氯七万五千吨，烧碱六十三万吨，工作机二万七千架，辗钢机一万五千架，火力发电二百十万千瓦，造船十五万吨，修船五百万吨。在这限制之外的工业设备和国外财产，都要充作赔偿之用的。我国要日本赔偿的数字，到现在还未提出。据最近法国新闻社的华盛顿消息，依照鲍莱估计，苏联自东九省搬出之工业设备，价值达二十亿美元，在此情形之下，盟国决定对于日本国内资产作个别交涉，将苏联剔出于享受分配国之外。美国与加拿大对于日本的赔偿，鲜加关切。日本国内资产之主要接收国，为荷属东印度、斐律宾、英国各自治领及法属越南，中国将接收其境内之日本旧有资产。惟这许多资产，早经我政府分别派员接收，其中有一部分工业设备，政府为了弥补财政上的庞大赤字，正在依照日本移交清册的原价，加三千倍售给老百姓。如果依照鲍莱的处理方法，真是要使胜利后的中国人，再替日本当牛马，分担毫无意义的债务呢！

这次美国务院发表的解除日本武装条约，共计五款，兹摘录其要点如下：第一款，规定解除日本一切武装，内含项目甚多，其大旨各订约国必须采取共同步骤，以保证完全撤销日本的军事机构、军事配备及制造军火的工具。此外组织平民警察分队，配以输入的小型军器，以维持治安所必需的种类与数量为限。第二款，规定设立四国防□制度，此项制度，应由订约国根据四国平等基础设立之管制委员会执行之。第三款，规定订约国同意于盟国占领日本期间，支持严格执行第一款所规定的解除武装与废止武备等。第四款，规定条约有效期间为二十五年，期满前得根据日本实际情形，加以修改或继续。第五款，规定本条约须经各订约国按照其本国宪法程序，加以批准。该约发表之后，苏联《消息报》即公开批评这个条约是"向后倒退"，谓其只知解除军备与停止军需生产，而不知联合国的真正目标，在依照波茨坦宣言，使日本民主化，并彻底毁灭其帝国制度。

我们检讨美国建议四强解除日本武装条约草案全文的意义，完全为防止日本侵略势力的再起，以便保证未来世界的和平与安全，并没有像《消息报》所说（向后倒退）的意义在内。而《消息报》的主张，也无非是想制止日本侵略主义的抬头，倘使日本一切武装解除以后，国内黩武分子仍旧存在，侵略思想仍旧潜伏，目前虽无力再起，然而将来仍有死灰复燃的可能。况且日本在麦帅的占领下，黩武分子暗中活跃的消息，仍旧不断传出。日本特殊阶级的官僚、军阀和财阀，还是大半存在做反动政治的支柱，而天皇制度仍屹然存在。而现任首相吉田，曾任田中内阁的外务省次官，参与侵华机密。日本政府因农民常常暴动为了转移目标，竟指出中国及朝鲜是日本人向外发展的生命线，这样一来，日本将来一定还会走旧道路，向中国侵略。可见彻底毁灭其帝国制度的工作，亦应由四强继续推行。不过四强如欲彻底毁灭日本的帝国制度，应以彻底解除其一切武装为前提，解除武装是手段，而毁灭帝国制度，促使民主化，则是最终的目标。我们认为《消息报》的主张与解除日本武装条约是应该并行的。中国过去是遭受日本侵略最厉害的国家，凭我们过去的经验，认为解除日本武装及促使民主化都有重要的价值。

我们的意见，管制日本之最基本的目标，是要彻底根绝日本侵略主义复活之源，毁灭其所有法西斯的毒素，在军事上，政治上，经济上，民主自由的新日本健全建立，思想上予以全面的管制，直到真正和平为止。

狡诈的日阀最会利用间隙，利用国外的间隙遂行侵略，利用国内的间隙桎压人民。日本极权主义的兴起和日本帝国主义的发展，过去就是依靠其善于利用国内国外的间隙而成功。在今后，它必然仍将运用这个特殊技能来保藏实力，从各种间隙中进行翻身。

日本人的忍耐力也是惊人的，他们在无可奈何的现实状态之下，即使是最凶恶的分子也会装扮出最和善的姿态。所以如果有人幻想他们真会永远不再操拿屠刀，或甚至有想给他们保养一些力量，备作别用，那是最愚蠢、最罪恶的事情。

因此，在今天，站在我国的立场，应该急起呼吁，要求友邦美国政府，重行考虑并立即改变其过去对日管制的政策。同时并要求盟国根据莫斯科三国外长会议的决议，管制日本，彻底实行波茨坦公告，以杜绝远东的后患。并希望我政府及人民，为国家百年大计打算，对于管制日本，多积极的提出我们的意见。还有，如因共同管制问题而引起国际间的不调和，显将予日阀以可乘的间隙，这是要不得的事。我们期求大家的互信互谅，联合国曾在击败日本中作紧密的合作，仍应在管制日本上取得更密切的合作。

从北极战略地理形势看未来世界大战[1]

（1946 年 11 月）

一、大战的警报

战争对于人类是何等的残酷！谁也不会想到，第二次世界大战结束才满了一个年头，在世界各处已经被战争的阴云笼罩，好像第三次世界大战已迫在眉睫。不，并不，苏联和美英二国，不过正在进行着剧烈的外交战争，还不会立刻走上武装冲突的道路。这因为：首先，美苏两国固然是各自代表两个完全不同的政治经济体系，但美国目前并不想开罪苏联而挑动战争。就是苏联方面，也因战争而受的创伤还没有复原，经济建设亟待复兴，自然不敢轻易掀起战争。说到英国，保守和劳动两大政党，都在焦虑着帝国的海上交通线，重要基地，和地中海、印度、东印度、缅甸、巴勒斯坦、埃及和希腊的控制权。还要增强它的强大海军，一面还在继续热烈的研究原子弹和战争科学，也不欲挑动战争，而使帝国解体。其次，德意日三个法西斯国家固然已经击溃了，然而法西斯余孽并没有完全肃清，自然在这三强国间不会贸然发生冲突挑起战争，给予法西斯余孽以抬头的机会，这是显而易见的事实。据我们的观察，苏联与英美间在今后几年内都不致于再打一次仗，因为苏联现在并不想作战。从美国的舆论中也可以看出，除非又来一次珍珠港事件，美国人民决不希望再有战争。而苏联当然不会尝试去造成珍珠港事件。

可是冲突毕竟是有的，在和会和安全理事会讨论一切重要问题时，美英与苏联间终是合不拢来，政治的压力愈来愈高，互相的猜忌又日见其深，如果这种不健全的空气继续存在，没有一件事能够解决，在三强间，由于意见冲突所造成的鸿沟，由于彼此的对

---

〔1〕此文发表于《新海军》。

立和疑惧，可能趋向于战争的途径前进，作最后的总解决。

最近美国有两个最著名的政论家，一个是大西洋城的希尔曼，一个是纽约市的李普曼，两人的政见大相径庭，各有归依。但对一件可怕的事实，却意见不谋而合，这便是第三次世界大战非但可能发生，简直是难免爆发。两人都已发出这种警报。希尔曼在欧洲广泛的游历，回到美国还只几星期，在他演说有一节说："战争已经是严重而可能事实了"，因为"三强国因战争而发生的团结已有裂痕开始显现"。李普曼也在欧洲游历一个月后回国，曾经察访西欧各国，和许多负责官员谈话。"我必须报告的最重要结论"，他说，"是无从争辩的，这结论便是欧洲各国政府，一切党派，和一切主要人员的行动，都好像料定再有一次世界大战似地。有些人畏惧战争，有些人却诉求战争……但是从他的一举一动看来似乎是另一次世界大战，行将到来，竟没有一个例外的"。这话也是说，他们都在各尽所能，准备着应付这战争。

另一次战争的危险，并不来自战败国，我们的前敌国还不能从战败的坟墓里翻身起来，危险的是从三强国关系的迅速决裂而来的。最重要的事实，还是三强国从前团结一体，现在却不再团结一体了，它们至少已分裂在两起或许分裂在三起，互相深深地疑惧着，各自不断地努力树立本国的安全，这是从旧金山到巴黎的历次国际政治性会议中已经证明的。我们所认为在这几年内，第三次世界战争当不至立即发生，可以说战争是在酝酿，也许只是战争和战争之间的"片刻休战"而已。

二、北冰洋的战略地位

我认为胜利的地球已经走完自己的公转的轨道，胜利的世界已经完全变了样子，参加第二次世界大战的政治、军事首领已经忘记了战争的教训了，战争对于人类是怎样的残酷！为什么往日提倡和平主义者又向战争之途迈进呢？

第三次世界大战恐不能避免，往日的战场在大西洋、地中海、印度洋以至太平洋，未来的战场恐怕要扩展到南北两极呢！

第三次世界大战真的是无法避免么？我们观察未来的世界大战的主角，必是位居北半球的美苏两个大国，在这里对美苏的政治的斗争，暂且不提，我们所要研究的，专从北极范围对美苏军事形势的检讨。

北半球的中心便是北冰洋，以北极为其中心。北冰洋其实是一种多岛海，它像地中海一样，也是两个出口，一个在挪威和格陵兰之间通至大西洋，长九百浬；另一个出口通太平洋，只长三十六浬，便是白令海峡。

先从北冰洋看大西洋，大西洋的面积有一处被紧缩，然后再和北冰洋相接，这里有一条终年不冻的活水道。在靠近冰岛的洋面，也许会碰着冰山，由这里一直到千哩外的纽芬兰近海，情形还是一样。但是挪威附近海面，靠着湾流之助，比较不大冻结，这一带不冻海面向北几乎一直可以延长到斯披兹贝尔根群岛（Spitzbergen）。在冬季期间，格陵兰（Greenland）常常藉着一大片坚厚的积冰，和斯披兹贝尔根联接起来。但是格陵兰的南端和西岸一直到哥特哈布（Godthab）沿岸都不冻结，冬季的温度不会比法尔哥（Fargo）和丢虑斯（Duluth）（均在美国北部）更低。在夏季期间，如果雾不大的话，美国与苏联之间的空中和海洋两方面完全可以通航。

格陵兰东岸大部分都冻结，积冰一直伸出海面，但是也有两次可能登陆的地点，安格马萨利克（Angmagssalik）和斯科尔斯皮桑德（Scoresby Sund）。运输机如果能由斯科尔斯皮桑德起飞的话，到挪威的纳维克（Narvik）不过千哩，和冰岛与纳维克中间的距离差不多。如果有紧急需要的话，物资也可以由斯科尔斯皮桑德很快的用飞机运到英国去。

而在另一方面，谁如果占领了英国或经过经过英国旁边而占领冰岛，它便可以建设安格马萨利克和斯科尔斯皮桑德为供应站，作为进攻对方的踏脚石。

在夏季期间，苏联船只可以由苏联北部满曼斯克，经冰岛和格陵兰到美国。

斯科尔斯皮桑德以东三百浬的小火山岛沾梅原（Jan Mayen），常为捕鲸者加以利用，船舶也可以利用它稍得荫蔽。如果用作水上飞机的中间根据地，那么到挪威海岸远不及六百浬之遥。

未来战争逐渐发展为制空权的伟大争夺战，每一方面都在争夺这种在海陆两方面获得进展的先决条件，所以在北极圈附近的格陵兰、冰岛、设德兰群岛（Shetlands）和法罗群岛（Faroes）都是极端重要的战略据点。

一个对于军事完全外行的人甚至也会猜测未来美苏如果发生战争，双方为争夺北冰洋和北大西洋间通路的控制权起见，会发生多次决定性的海空战。这条公路如果为美方控制，他们便能用以进攻欧陆的苏联；如果被苏联控制，便可以进击美洲的加拿大和美国。

再从北冰洋看太平洋，联络北冰洋和太平洋的是白令海峡，这条海峡虽然狭窄，但是只有冬季结冰，夏季的积冰界线是在北部及东部很远之处。在夏季期间，白令海到远至苏联堪察加的尖端还可以发现浮冰。这便是说不仅阿拉斯加的一切港口理论上可以通航，而且加拿大的北冰洋港口如阿克拉维克（Aklavik）等也有几个月可以通航，由这里到格陵兰也相像得到有航路可通，这完全是日本的暖流有一支经过海峡的中部流向北去的缘故。

浮冰也许常常限制经过白令海峡的海道交通，但是少数苏联船只却在极短的夏季几个月中，在破冰船护送之下，利用这条海道，在海参崴和满曼斯克、亚尔干日尔之间来回通航。如果美苏和加拿大在北冰洋一带建立起许多设备充分的航空、航海的根据地之后，则美苏和加拿大间的交通、经济和军事形势当大大改变了。

白令海峡的主要战略价值在于它是船只的通道，在空中运输机能够完全替代船只以前，北冰洋岸的航海、航空根据地的给养还是需要船只来供给的。

白令海的南部几乎完全是被包围起来的海面，南方以美属的阿留申群岛为界，这一条列岛一直横过太平洋以迄距离苏联的科曼多尔群岛三百浬以内之地，距堪察加的彼得罗巴夫斯克不到六百浬，彼得罗巴夫斯克距离千岛群岛的最近的幌筵岛仅两百浬，阿留申群岛中最远的阿图岛是不适于居民的。一九四二年初，最远的美国前哨站是吉斯卡岛。美国在对日本作战时，如果没有苏联参加的话，也许会看着日本暗中派出一支舰队，由苏联近海北上，占领圣罗稜士岛和诺姆，从后路攻袭阿拉斯加南岸。反之，未来如果美苏发生战争时，阿拉斯加和阿留申群岛则为美国海空军进攻苏联远东的绝好根据地。

北极圈，这一片多岛海所以没有像地中海那样，成为文明的中心，一个很好的理由便是北冰洋有好些部分都在大部分期间冻结，差不多全部洋面都有一部分期间冻结。例外的只有沿挪威、苏联海岸迄满曼斯克一带，因为湾流的最后一支可以冲流到这里。事实上，自从近代人们注意热带开发以来，人类似乎总在尽量避开北冰洋和它的沿岸地带，这不仅为了气温太低，而且半年白昼半年黑夜的情况也实使人难于适应。

这一切现在都变了。在海洋方面，似乎从来不畏寒冷的俄国人，逐渐发现在破冰船护送之下，每年大概有四个月他们可能经过沿北部海岸，由亚尔干日尔到乌厄伦、彼得罗巴夫罗夫斯克和海参崴去，他们果然成功，且又设法在北极圈以北很远的河口和海湾内开辟城市，引诱人民自动迁到那里去居住。

可是真正的北极变迁确实飞机促成的，因为第二次世界大战的轰炸机所能飞行，以及新式运输机所能飞行的三万六千呎高度，在北极上并不比在赤道上空冷多少。未来美国可能用比现在更大的飞机飞过平静冻结的区域，运送货物到苏联和挪威等处。美机如果取道北极，由洛杉矶到莫斯科比到里约热内卢还近些，由底特律到纳维克比到弗吉尼亚州的诺福克近些，比到西雅图也只远一点。由纽约或波士敦到马尼剌的最短航空线是取道北冰洋、西伯利亚、中国东北四省和中国海，轰炸机和巨型运输机迟早总会取道这条路线，中间大概只要降落两次便够了。

历史已进入了原子时代，科学的成果：原子能、雷达等等，在没有被应用于提高生产力的水准以前，倒先被应用作剧烈性的杀人武器，引起了新型杜黑主义者的幻想。于是配合了其他各种科学知识、技术、工具，再隔若干时候，"极带飞行"、"极洋航行"，都变为很容易了。这种特别是在北极的科学活动，一种是说明了企图征服自然，另一种是说明了企图征服自然，缩小世界，争取战略捷径以至于驾驭世界。

三、加拿大是北极的一强

在北极圈的四周，加拿大、美国、苏联、北极的斯干地那维亚半岛三国（挪威、瑞典、芬兰）和英伦三岛都成了紧邻，第二次世界大战使得欧亚两洲的地图变了色，而战后的北极地图，更以新鲜的姿态，呈现在世界人类的眼前。除掉美国、苏联以外，加拿大可算是北极的一强了。

打开北极冰山和雪原之谜是战争，战争提前了它的开发。在过去六年中，加拿大的北部已有了长足的发展。在战时，美国政府曾经获得加拿大的同意，在上弗罗比休湾（Frobisher Bay）和巴芬岛上的肯布兰（Cumbarland）海滩上设立了气象台，并且在苏联桑浦顿岛的珊瑚港和巴芬岛的戴维角（Capedyer）设立了空军根据地，在战事中，这些基地是很有贡献的。

跟着这次大战中空军的发展，加拿大的战略地位是日形重要了。从纽约到日本，最短的航空线须经过哈德孙湾，其他从纽约到中国，从旧金山到柏林的最短航线也须绕过北极圈。这些航线的安全，并不下于一般的航线，平时的气候，也是十分良好。最近加拿大在境内所辟的南北航空线已经作扇形的展开。往西北的第一条航线是用厄德梦吞做起点，沿着育空河谷到阿拉斯加。第二条是由同一起点，沿着马更些河到波福海的亚克拉维克（Aklavik）。往东北的航线是从温尼伯越过哈德孙湾去格陵兰和冰岛；另一线是经由拉布拉多和魁北克的北部去同上的目的地。这几条航空线的开辟，大大的改进了加拿大的战略地位。

在航空以外，加拿大公路的开辟，也有了惊人的发展。通阿拉斯加的西北公路，长有一千五百哩，这一条公路和雷多公路一样，是披荆斩棘打开的，这公路把西北的各飞机场沟通了。

加拿大许多将领都一致认为第三次世界大战如果在五十年内发生，将以北美为战场，加海军参谋总长琼司上将，在他过世不久前发表的意见很可以代表一般将领，他说："第二次世界大战同盟国之所以获得胜利，是靠着美国工业非常的生产数量和速度。否则欧洲登陆，驱德军出俄境都是不可能的事。"所以，再有大战，侵略国一定先向美工业中心，如正资堡、底特律等等下手。而敌人多半是采用空袭的方式，在这个场合下，加拿大的处境可以不言而喻了。

据加拿大将领的意见，以为要在这原子时代，防卫北美洲，就非得创立崭新的国防观念和技能不可。这是谁的事？不是加拿大，也不是美国单独的事。要防卫北美洲，不单是美加的国防政策要配合，两国的兵力、军器、物资、布防等等都要有一种全部的配合。据《纽约时报》一文称：美国与加拿大正在讨论北美联防计划，尤以北极区为最。此项建议中之联防协定，指示若干可能性。如联合军事训练及组织以及在大陆北极地带联合设立及维持军事根据地与气象台等。该报称此项计划乃美加联防永久管理处所提意见之结果。已往之试验证明美国与加拿大对于在零下温度作战之方法尚不熟悉，故必须作更进一步之联合试验。

加拿大的海陆空总参谋对于今后国防问题都已看得很清楚，他们知道传统下来的旧办法是不够应付新需要的。同时，加拿大军队也尽力适合美国的标准，静待美加两政府有进一步的认识，有一个确定的政策。

目前，加海军已经有和美国海军联合操演的计划，双方的空军也准备联合演习，两国还交换指导人员，希望可以因此互相多学习些。总之，在未来的世界大战，美加联防是很明显的，他们要统盘计划保卫北美洲，加拿大对美国的需要，和美国对加拿大的需要是一而二，二而一，绝对分不开的。

四、美国在研究极地战术

美国地理学家葛德石所作《亚洲的地缘战略》中，有一节说："假使地球之上，真有世界堡垒或中心地的存在，这块地方应当在北美而不在亚洲，从廿世纪二次大战当中，我们获得一项证明，就是没有一个战争能够避免而不引起世界大战，更没有一次世界大战不靠美国的助力而获得胜利。新大陆有适当的空间，完整的形状，气候适宜，精力充沛。美国国民应该了解今日的世界，我们的确居住在圆形的地球之上。从纽约到重庆的最短距离是飞越北极的航线。美国隔海最近的邻邦乃是苏联。"美国陆军参谋总长艾森豪威及海军军令部长尼米兹最近在众议院外交委员会致词，谓两半球各国陆海军有合作必要。艾森豪威且坦白的说："任何人展望地球，均可察见自欧洲或亚洲至美国之空路捷径，厥为取道北极。"我们只看这些的言论，就可以明白美国对于北极在战略地位上的注意，而他的假想敌除了苏联，究为谁耶?

从美国大西洋岸朝北看，在大英帝国的加拿大自治领土有两个美军据点，筑港工程伸展到格陵兰和冰岛上，在拉不拉多和格陵兰之间，美国航空母舰"中途岛"号和三艘驱逐舰曾经进行两个星期的试验，他们想研究出适宜于温带和热带气候的航空母舰，是否能够在寒冷的北部使飞机一样的起飞降落。他们也将研究各种飞机在这天气之下的功能有无变化。这一小队的军舰和飞机仅仅是明年大规模实验的前奏，因为明年的实验，将要包括各种型式的大小军舰。此外陆军航空队并计划在阿拉斯加进行广泛的各种战术试验，而地面上的演习无疑地将包括在内。

美国有些人士曾抨击这些演习，认为在北部地区进行演习不啻是威吓苏联，但是军界人士则仅仅发表了一些平常的言论，前陆军航空队司令安诺德元帅在去年十一月预料说，万一再有一次的战争发生，必将有越过极地的武器出现。陆军航空队副司令伊克将军亦曾预料一九五〇年将有五千里为范围的火箭出现。这两位军官正和美军中的许多专家一样，他们只注视地球北极的投影，来发现火箭红光发射的地点。

再从美国太平洋岸朝北看，经过了加拿大而到了美国领土的西北角阿拉斯加，这里有最著名的铀矿产地。它隔开了白令海峡和苏联的西伯利亚相对。从此正面朝南，便是一连串美军新建基地，它们一度威胁过日本帝国。加上从珍珠港向西一系（列）的北太平洋岛屿，星棋罗列直伸展到琉球和马尼拉，山姆妹妹的雄风，真正独步移山。

朝鲜南部和日本全部的军事占领，加强了对苏联东方各港外围的军略形势。

我们的看法，现在美国政府方面，除继续所谓和平攻势及坚定不让的外交政策而外，便如上述对苏国防的整备，美加的联防，阿拉斯加的开发，北冰洋的测探与操演，北极的测探与开发，要求冰岛基地长期的租借，继续并扩充格陵兰的基地，建议泛美军事的合作……诸如此类，惟一的目的在于防御外来的攻击，特别是防御苏联的攻击。

五、苏联开发北冰洋与打开太平洋之路

我们所得而知的，苏联在北冰洋及北极方面亦在十分注意之中。苏联在北部有北冰洋诸海与苏联各领土联结起来。即：巴伦支海、白海、卡拉海、拉普吉夫斯海、东西伯利亚海和鄂霍次克海。

鄂霍次克海位于堪察加（一九四五年五月苏联对该地二十万平方公里的地形测量工作业已完成）与大陆之间，它对船只航行至为便利。日本海只有北面的小部分属于苏联。它以狭窄的水量极少的鞑靼海峡和鄂霍次克海联结起来。

北冰洋与太平洋则由狭窄的白令海峡联结起来。至于与大西洋的联系，则经过巴伦支海、挪威海以及经过白海、波罗的海、斯达林运河而实现。

苏联在北冰洋，在白海的重要海港是亚尔干日尔，该港的通航期间，通常是从五月末至十月的第一周，其余的期间都是冻结的。亚尔干日尔全长卅二公里，由五部分构成，海船多停泊该港的梅马尔斯。苏联在巴伦支海上的重要海港是满曼斯克，它位于北极海面柯拉半岛之北部，当满曼斯克铁道之终点，濒柯拉河注入柯拉湾头之右岸，终年不冻，建有船坞及船港，北极海之破冰船及渔船均聚集于此。对外贸易逐年增加，军事意义亦极重要。该港艨艟巨舰可以自由进出，全年畅通，冰雪无阻。克姆（Kem）小港离满曼斯克铁道约十公里，可通小船。亚尔干日尔及满曼斯克，在这次大战中，不仅是苏联接受英美物资接济的转运站，而且也是联合国在北方的重要要塞和交通中心。此外，还有梭罗卡（Sozoka）、美津（Mezen）、蕴巴（Umba）、奥涅加（Onega）、克列特（Keret）、柯维亚（Kovia）等小港，通航时间每年五月底起至十月底止。

苏联在卡拉海上，在叶尼塞河旁边，有一个海港叫做伊贾尔卡（Igarka），全年的通航时间甚短，只有两个月是不冻的，是近海船舶的往返港口。提克什（Tiksa）是勒拿河上的新港，逊克逊岛（Diekson Island）是新开辟的石炭基地。

苏联在太平洋最重要的海港是海参崴，它位于西伯利亚的东部，濒日本海，为西伯利亚铁道的终点。苏联对东部西伯利亚、日本、满洲和蒙古的水上交通多赖此港。作为通商口岸看待的海参崴，船坞、货站、仓库、起重机、油库、浮船坞等设备都是现代化的；作为海军要塞看待的海参崴，那里的军事设备也是强固的。它当太平洋的门户，因此苏联以此为太平洋舰队的根据地。

　　苏联在黑龙江上有两个港口，一个是尼古拉埃夫斯克，或称庙街，它位于西伯利亚的东部；一个是马高（Mago），两港每年以六月至十月为适于通航的期间。

　　在这一次战役之前，由于南库页岛、千岛群岛，都掌握在日本手上，苏联在海上的情势十分恶劣，这些岛的面积虽小，但军事价值极大，现在它们已属于苏联。

　　在以前苏联驻留海参崴的海军，不论实力如何，都是瓮中之鳖，它要向南冲破日本设防极固的对马与朝鲜两海峡，异常困难；它要向东突破津轻与宗谷两海峡也不可能，必要时惟一可能的出路是向北经分隔大陆与库页岛的鞑靼海峡逃去。但在北纬五十度时，已进入日本炮火圈内，而逃出以后也还是绝少生路。因为鞑靼海峡所通的鄂霍次克海只有四五个月的时间通航，其余的时间冻结。因此，留驻海参崴的苏联海军实际上进退无路，陷于面积极小的包围之中。在这种情况之下，苏联要在远东发展一支大海军实不必要。它派出的海军只供作滨海省南部局部防卫之用。现在苏联战胜日本之后，初次获得了远东苏联历史上容许它考虑统一从海参崴到白令海峡全部海岸的机会。

　　此刻南库页岛与千岛群岛既归属苏联，苏联在北太平洋上的情势就有了极大的变化。由堪察加北部经千岛群岛到朝鲜北部，有了一大片可供航行的海洋，有几个天然良港，另有若干个可以加工改善。苏联到太平洋之路业已打开，这是六七十年来破题儿的第一遭。由于今后若干年日本不会强大，苏联在海洋上的障碍可以认为已经去掉，但是美国取日本而代的地位，它今后在北太平洋的势力，是比日本强大得多，这是给予苏联一新的大威胁。

　　苏联新得旅顺港基地的价值问题已引起广泛的讨论，以前由于旅顺港形势的孤立，那儿的苏联军队除了点缀国势外没有什么价值可言，然而跟着日方对马海峡和朝鲜湾军事设备的撤废，该地的军队也将和北方主力联成一气，不再陷于孤立了，因而旅顺以下的海洋也将保持开放，这对苏联在东方的海面将称便不少。

　　苏联在北冰洋和北极地带的发展，对于苏联的军事、经济呈现了一个极其重要的问题。北方的航线是连结苏联西部和远东的最短的海路。满曼斯克和海参崴之间沿着北方的海岸线是五，六七一浬，而且船只在整个海岸沿线的往来都是在苏联领海范围之内的。列宁格勒经由苏伊士运河到海参崴的航路共计长一二，六二八浬，而且还要通过外国的海。

　　最近苏联政府宣布大规模计划，正式开办北冰洋航海线。计划中规定开办定期航线数条，行驶北方海道。北冰洋沿岸各处将设立灯塔五十四处及无线电测量站十六处。水路测量家五百四十人，将自目前起至一九五〇年止，从事苏联北方海面之测量工作，测量费在九百万卢布以上。

苏联的北方地区军事、经济和文化的发展，需要在苏联的北极海上建立永久交通的工作，这在沙皇时代似乎是不可能解决的问题，却给苏联认为是最迫切最重要的了。现在北极海上安全航线的问题可说是解决了，这北极航行工作的成功保证了苏联在北极军事力量的增强。

苏联除积极向北极方面移民并开发北冰洋之航路，及继续从事北方开发与测探、操演之工作外，同时并准备建设强大的海军，常驻太平洋、北冰洋及波罗的海。据美国之调查，苏联现已有二百只以上之优势潜艇，可以破坏美国海上之交通。最近从德国苏军占领区内发出来的火箭弹成群的飞过瑞典上空，许多人都以为这是苏联对美国在比基尼岛举行原子弹试验的一个答覆。现在美苏双方之军事视线，均集中于北方一带。语云"英雄所见略同"，其此之谓欤？

六、未来世界大战地点

万一第三次大战爆发，它的地点如何？我们可以说，大战所波及的，将不外三种地带：一是北极圈附近，二是主要交战国的心脏部，三是按照地理政治学的观念。一切重要的地区，从第一种地带来说，美苏两国许久以来沿着北极圈附近地带布防，本已是公开的秘密，因为万一美苏发生战争的话，他们之间可以发生直接接触的，也惟有沿着这地带。那末，北极圈附近当是两方的最前线，毫无疑问。其次，在今天原子弹与火箭弹的时代，我们不难想象，战争一开始，彼此恐怕都要企图以致命的一击加诸对方。所以，构成两方面工业、政治、经济与军事等中心地带的各大都市，一定要首先受到战争的光顾，像纽约、华盛顿、旧金山、西雅图、莫斯科、列宁格勒、海参崴、利物浦、伦敦等等。最后按照所谓地理政治学的观念，战争一开始，两方面恐怕都企图控制欧亚两洲的大陆，这样，再进而争取世界的霸权。所以东边用太平洋沿岸的朝鲜起，西边一直到大西洋的英吉利海峡，北由北海起，包括斯干地那半岛、冰岛、格陵兰，南边一直到地中海、印度北部，及中国的北部大平原。这一大地区于战争开始后都将可能受到波及。

战争已向世界大踏步走来了，这时惟一的问题，就是美苏关系要求好转，美苏两国要各自退让。因为，美苏是战后世界上两大国家，他们能够团结合作，则世界和平就可以获得保障；反之，如果不幸美苏两国由猜疑而对立，由对立而冲突，那么，世界和平就无法维持于永久，而第三次世界大战也就可能随之爆发，这决不是人类之福。

制止日本侵渔与确保领海渔权[1]

（1946 年）

自日本渔船复进入我渔区捕渔，侵犯我领海渔权以来，各方极为重视，我们素以"保障海权"与"维护渔业"为最大使命，今特为此事再提出检讨，使社会人士认清这个问题的症结所在，而求制止日本侵渔的有效办法与确保我国的领海渔权。

我国濒临太平洋西岸，有着漫长的海岸线，自古号称渔盐之利，素为国家财富之源。近百年来，因缺少海上武力，侵略频仍，作为主要民族产业的渔业，逐日渐萎愈，而领海渔权任人侵占，尤其受了日本横行肆掠以后，渔业在民族产业中的地位已少受国人注意，作为海防后备的广大渔村劳苦的渔民的生活更被忽视。国人每侈谈复兴农村，发展工业，而对于渔业、渔民与海渔权却很少谈及，宁非憾事！

我国渔业衰退主因，为日本侵渔。战前沿海岛屿的旧式定置张网渔业，和板椿曳网，受日轮蹂躏渔场，无法作业，新式渔轮亦无基础可言。战时因海权丧失，渔区沦陷，饱受敌伪摧残，渔船损失一万五千艘，渔获量每年减少二百万至四百万担。全国渔民七百余万，经济濒于破产，中国的渔业陷于全部崩溃的境地。战后政府当局与渔业界，正谋极力建设，以甦民困之际，麦克阿瑟总部竟代日人向我国要求，允许日本渔轮在中国近海渔场捕鱼。查麦帅总部对于管制日本渔业，原以日本本土为主体，就日本渔业情形划定区域，不准日本渔轮在此范围以外捕鱼，即限制日本渔船在该国卅海里内准予捕鱼。嗣以救济日本民食起见，拟放宽限制，准在其区域以外捕鱼，亦即在接近中国的沿海渔场捕鱼。这放宽的渔区是越出麦帅占领区的范围之外，明明是侵犯中国的渔权，而且威胁了中国的海权。

---

〔1〕此文发表于《中国海军》。

关于准许日本渔轮在中国朝鲜琉球外公海捕鱼办法于去年二月廿七日给我外交农林两部公布后，中国政府鉴于现时亚洲食物之缺乏，同意盟军最高统帅部之建议，准许日本渔轮约四十艘，在盟军最高统帅部严密监督之下，在中国朝鲜琉球群岛以外之公海上捕鱼，为期一年，并约定期满后不得援以为例。关于上项渔轮，不准在中国沿海十二英里以内，及沿中国海岸北纬廿九度以北，卅二度以南，东经一百卅三度以西之范围内捕鱼。但自此项办法公布后，日渔轮仍时常越界捕鱼，虽经中国当局请盟总采取有效措施，防止日本渔船侵入中国领海，竟无效果。当局为保护渔权，同时为有效制止日本渔轮再度侵我渔区，经下令沿海海军如再发现日本渔轮侵入我渔区时，即行拿捕。但日方野心未戢，依然胆大妄为，自由自在的时入中国领海捕鱼。于五月廿九日，被我中建军舰击沉一艘，俘获一艘。被打沉的渔轮是第廿一号"云仙丸"，船员十四人中两人已被击毙，十二人则用救生艇救起，连同第廿二号之十三名船员，一起被俘，共廿五名，由该舰押回上海。据林舰长等称：日渔船之发现处，已入我领海内约一百五十海里，另尚发现十多艘渔船，以相距较远，未予追缉。

这廿五名日本船员是：下村和十（第廿一号云仙丸船长）、中野龟司（第廿二号云仙丸船长）、松尾末吉、小田孝、川崎芳久、荒木弘幸、中村藤男、松尾、中野实、西岛广作、大隅英敏、熊浦敏久、山口宇卫次、岸本弥一（以上十二人是第廿二号云仙丸船员）、中村竹康、饭田茂、小川满男、冈本晴夫、新道铁土助、兼种一、山下广喜、川口忠勇、石谷、增吉、胜尾、樱井（以上十二人是第廿一号云仙丸船员）。经过详密的审讯，综合各俘口供，已可断定日本渔船侵犯我国渔权，并非偶然事件，而为一有计划的行动：（一）被击沉之云仙丸第廿一号船长下村和十供："本来北方鱼多，可是那里危险，经常有苏联船只在北韩卅八度以北巡逻，所以到南方来"。（二）小川满男与石谷增吉诸俘均供认，在彼等被俘之处（即我领海内）捕鱼已非一次，且位置差不多。（三）出动之渔船数字颇为可观，据熊浦敏久供："公司一起有十组，（每组两条船），先开出八组，我们是第九组开出"。（四）熊浦敏久并供："云仙丸第廿二号船长中野龟司在自长崎出发曾说：现在我们的船要到中国内海去"。而查日渔船各项航海设备均甚完备，其来我国领海捕鱼，决不致系受潮流的影响，故足证彼等在开船时已决定来中国。

关于我海军缉获日渔船的地点，各日俘亦均承认系在我国领海之内（包括渔权区域）。据饭田茂所供经纬度如下："北纬第一位是三（即卅度），第二位是一，或二，或三，记不清，分是十分到廿分，东经一二二至一二三度之间"。另据川口忠勇供海水颜色："起初水是绿的，后来变成黄褐色，心想恐怕到了中国的长江口外"查日本渔船侵犯我国渔权的类似事件，年来迭有发现，我国政府于本年一月间曾向盟军总部提出抗议，惟麦帅以缺乏证据未作若何处置，这次人赃并获，足证日方侵犯渔权的不法行为，系铁的事实；同时亦证明我国海军具有保护渔权的力量，至足与奋！

日本侵渔，事态极度严重。今日欲求有效制止日本侵渔的办法，绝非只请麦帅总部，监督日本和管制日本的不法侵渔，只要我们认清：中国政府是有权能制定保护国家海权的法令，有权能惩治任何国家破坏我国家法令的人和物，对于日本侵渔的渔船和人员，我海军负有保护领海渔权的责任，是可以加以捕拿的。在中国领海内逮捕的侵渔渔船，理应依照中国法律而由中国政府加以严办的。因为在中国领海渔区内制止日本侵渔的主体是中国政府，而不是麦帅总部。

我政府有权为维护国家渔业而划定中国沿海渔区，公告世界。同时要制定护渔法案，护渔办法和侵渔的严处法规。划定了渔区，有保护渔区的法令，则海军有所依据，可组织"渔巡队"，经常巡弋各渔场，及各渔区口岸，此不但可保渔民安全，且可巩固海防。

至于两国渔区的划分，以天然环境为根据，例如苏日渔区划分的纠纷原因，颇可为我国借镜；盖两国相争不决者，天然形势使然耳，今中日的渔区问题亦然。自朝鲜琉球群岛解放后，其与吾国海域发生关系的部份，非常的狭隘，仅自长崎口外鹿儿岛至大岛间向西的部份，（即长江口杭州湾附近向东的部分），以纬度计，约自北纬廿八度至卅三度间海面而已，其他南北海面，日本已丧失任何谈判划分的资格。

回顾日本渔船战前到中国来，自由自在的进入中国海港，以中国海港为它的根据地。但是向美国阿拉斯加捕鱼，就用母船方式，在三海里之外，以母船作根据地。但是美国渔业就受到极大的影响，因此战后美国宣布渔区，把领海扩出若干海里，作为渔区，别国的渔船不得在渔区内捕鱼。至于三海里外为公海的标准，虽为英语国家及德日两国所接受，而实际上并非国际法的原则，仅系缺乏拘束力的政策而已。此项标准，并非对任何环境均可适用；且有若干国家，并未承认此项标准。依一般规定：在一国领水三海里内不得侵越，除经国旗国之特许外，外国船舶不得在沿海停泊。敌国船只自然更不能例外。

即使盟国船舶，依照公法的解释，主权国有绝对权利干涉他国船舶的行动。如捕拿私自悬挂其国旗的船舶，并于交有法院审判之后，而没收之。又如在领水内，犯法而逃驶的船舶，可以将其追捕审讯。此等追捕，名曰急追，意即该船逃驶之后。亦需继续不停的追捕。依照美国的规约，美国在其领水内外相当距离内得检查他国船舶的权利，必要时可交付美国法院审讯处置。如一八八二年之北海渔业条约，约定得搜检渔船，行使它的主权。今日战败国的日本渔轮竟屡向我侵渔，我国何尝不可如此来处置它。以上所举，实足为今日讨论日本侵渔问题的参考，也就是讲求制止日本侵渔的有效办法。

任何人皆能知道，这不仅是维护渔业和渔权的问题，也是保障我领海的主权问题。在日本的侵略史中，日本渔船队，往往就是日本向外侵略的先遣队，同时它与日本海军的发迹又是不可分割的，现在日本以饥馑藉口，欲博得盟国的同情，准许其扩大捕鱼范围，实际上日人却当作是新的侵略机会的开始了。

我们可以说：百年来中国沿海的渔权，政府无力争取与保持，中国广大渔民，政府无力保护与协助，于是渔民无力谋生，或辗转困厄而终，或相率流为海盗，既毁坏了民族的重要产业，又搅乱了沿海的安全秩序，对于国防民生损害之巨是难以数字估计的。这个责任全在于过去政府与人民没有注意建设海军作为护渔与保护领海主权的后盾。我们的意见：今后欲作有效制止日本的侵渔，要维护主要民族产业的渔业，与确保我国领海的渔权，是必须积极推动政府与民众协同努力来建设护渔的海军，使海军能加强实力。以尽护渔的责任。

"护航" "护渔" 与 "护侨"^{〔1〕}

(1947 年 3 月)

我们在发刊词中已经标示过:"我们应促进海内外同胞对于海上事业的注意和合作"。惟海上事业应该注意的很多,在目前我们认为最重要的,实无过于"保护航业"、"保护渔业"和"保护华侨"。

我们要保护航业,先要维护航权。航权是国家的命脉,航业是立国的基础,一个国家如果失去了航权,就好像一个人失去了灵魂,如果航业不能发展,就好像一个人血脉不能流通。战前中国航权操纵在英国人和日本人手里,英日两国在华船只合计五十余万吨,而中国船的总数也不过五十万吨,形成喧宾夺主的怪现象,到处只看见外国旗帜的飞扬,凡有血气的,谁不气愤呢!

幸而抗战胜利,日本在海上的威力已被摧毁,我于一九四二年一月和英美订立平等新约,我国航权才收回了。依理说,这是我国复兴与发展航业的千载一时的机会,没有多大雄厚的资力与外力抗衡。所以现在要发展航业,应该且必须由国家出全力来干,维护航权须藉国家的力量,航业也只有国家才能有相当雄厚的资力。自然中国是贫穷国家,政府本身未必有多大资力,可是国家可以利用外资,作全盘计划的办理,同时定出种种办法,来鼓励来帮助民营航业的发展,他如训练技术人才,造船与海港设备等等都须重新做起,至于外人在我国内经营造船厂亦当根据平等新约收回,这非仅为发展民族企业计,即就建设国防的观点和就增强海防的观点,全国上下都应该来维护航权,来发展航业。

其次说到"保护渔业"。保护渔业,并非是少数渔业企业家,渔业专家或仅沿海广大渔村人民的事。我们应该认为振兴渔业是建国大业中的重要部门。因为渔业的发展,

---

〔1〕 此文发表于《中国海军》。

关系到沿海广大人民的生活，关系到海岸的安全，关系到民食与工业原料广大来源，所以与国防和民生都息息相关。就凭这个关系，我们对于"渔业问题"，便不应该轻轻放过。

如所周知，我国的渔业，战前在日本侵凌之下，本来毫无基础，可是仅这些残破不堪的渔业，八年中受了日本的侵占，更摧毁到不可想象的地步。我们可以说：百年来中国沿海的渔权，政府无力争取与保持，中国广大渔民，政府无力保护与协助，于是渔民无力谋生，相率流为海盗，既毁坏了民族的重要产业，又扰乱了沿海的安全秩序，对于国防民生损害之巨是难以数字估计的。这个责任全在于过去政府与人民没有注意建设海军作为护渔的后盾。我们的意见：今后要保障渔权与保护渔民，必须积极建设中国海军，保护渔权和维持海上治安。他如渔业港的建设，人才的培植，技术的研究，宣传的推广，金融的配合等等，都必须在国家政策的原则指导之下，有全盘计划的推行。目前的各家渔业企业组织也应该在互相配合联系的原则协同努力，一面推动政府建设护渔的海军，在海军方面也应当尽力保护渔民的安全，能够这样，我们相信，中国的渔业，一定有其广大光明的前途的。

最后谈到"护侨问题"，这是一个亟待解决的问题。查中国人之向海外开拓，追溯渊源，远在秦汉之间。至于大规模的海外殖民事业的发展，则实以唐代黄巢乱时为最早，当时南洋三佛齐已有许多避乱华人在岛中从事垦殖。后来因为航海事业发达，自宋代有中国船航行南洋以来，元代更为兴盛。因而元末明初，中国人乘元代航海事业的发展之盛，于是有的远航南洋以谋生活，有的占据南洋岛屿称雄一时，这实在是华侨拓殖南洋最先的基础。

翻开中国商业史，知道中国数千年以来传统的闭关主义的商业政策，和过去始终抱定了贱商主义的经济政策，又加以历代政府严禁国人出海，所以对于海外贸易是没有人去注意的，并且也不知道海外殖民事业的重要。自郑和下西洋以后，中国人私往海外经营事业的日益加多，在明末还有永历帝窜身缅甸，郑成功建国台湾，华侨在南洋的势力乃益发扬滋长。惟当时华侨之在海外经营事业的，并没有政府保护，往往受异族的压迫欺侮，幸有会党的势力做他们的后盾，得能保持他们的地位，这也是中华民族精神团结的表现。

这种会党的组织，自来就和中国的政治革命事业互有关系。他们因感于国际间的政治地位之不平等，热望祖国由政治革命以臻于强大，于是捐资输财，以扶住国内政治革命事业的发展。国父之奔走革命，建立共和，曾得海外侨胞的绝大的助力。厥后国民革命的进展，北伐完成，亦在在依赖华侨的拥护与赞助。至于这次神圣的抗战得到最后的胜利，更有赖于海外侨胞的援助。我们知道华侨在海外缔造事业那样的艰难，侨胞对祖国革命抗战的贡献这样的伟大。可是祖国对华侨的赐与是怎样呢？说到这里，我们必然地要想到"保护华侨"的问题。

我们真感觉到而且屡见过，无论哪一个国家要保护它在海外的侨民，都是由它的海军来担负这个责任，尤其在战前沦为半殖民地的我国沿海沿江一带，看得这种情形最为明显。非仅各重要港湾让列强海军常用驻泊，而且无论是大小口岸，各处商埠，只要与外人发生了什么事件，它的军舰就会立即开来，向我们示威，做他们后盾。它的侨民就在它的海军保护之下，在我国享受着特别待遇和权利。因为军舰不但它本身是一种力量，同时它更代表了整个的国家。它所能到达的地方，就是表示国家能力所及的地方。观各国海军时常派舰慰问他们的侨民，表示政府关怀他们，这就是对所在国的政府，暗示着你们不能虐待我们的侨民，如果他们侨民有被歧视的时候，海军就可以代表国家提出抗议，并做侨民的后援。反观我国，从前满清政府，不理会侨胞，那么不用说了，就是光复以后，政府对于侨胞，也不曾实际地来帮助他发展。其实政府并不是不护助侨胞，不想扩张国家经济力，都为的没有充分完备的海军，无法可尽保护的责任。而华侨所在地的政府，偏乘着我们海军未强，外交无力的关头，种种凌虐我侨胞。一切苛捐杂税像人头税、人口税、居留税、旅行税……还有对于侨胞所置的商船，勒令注册入籍，挂他国旗，尽量压迫，无所不至。有时候还要惨杀驱逐华侨，来施展他的淫威。我侨胞呻吟于铁蹄之下，政府又无力为严重的交涉，又没有军舰可以派往保护，所以每况愈下，浸成今日侨胞悲惨的地位。所以随便一个国家，要是没有完备的海军，外交便没有后盾，侨民便陷于孤苦无告的状态，这是极堪注意的。我们的呼声："政府若要保护华侨，必须依赖海军的力量。"

南洋侨胞在这次反侵略战争中，所受的牺牲损失，比当地任何国家的人民还要惨重，也可以说比国内战区同胞，也有有过之无不及之处。我侨胞有史以来，可说没有经过这样大劫，今后能否恢复元气，甚至退而只求能再立足，似乎也都成了疑问。据最近合众社香港电：远东经济评论称：中国侨民在海外纠纷最激烈之地区，现集中于暹罗境内，生命及财产损失不赀。新加坡及英属马来亚之华侨与当地人民亦屡有冲突。越南华侨与越南政府人民间之关系亦趋恶化。斐律宾政府，迟早亦将禁止华侨在斐岛之发展。在印尼政府统治下各区，华侨已受待遇上之歧视，且曾发生流血事件。观最近各报所载，几无日没有不记载我侨胞被压迫排挤和残害的情事。这一面固归咎于我外交之无力，另一面则由于我国没有强大海军做外交的后盾，没有实际力量来保护华侨的结果，所以今后如果我们再不注意"护侨问题"，恐怕海外将不复有我侨胞立足之地了！

为什么护侨需要我们注意呢？如果我们不妄自菲薄，则应自尊。中国既为强大国家之一，保护华侨的责任是加重了。往昔政府对华侨鞭长莫及，且有不平等条约的束缚，现今不平等条约既告废除，对于护侨问题不应再稽延观望。强国国民不应受人欺侮与歧视。国体有关，我们应该自觉、自尊，负起责任，此其一。过去华侨爱国热忱，有目共睹，国父曾誉"华侨为革命之母"，今祖国跻于强大之列，以德报德，自是常情，难道我们可以看今日华侨像往昔一样，受人辱待，或丢国家的脸吗？不能，此其二。但反之，我们必须坦白声明：华侨侨居人国，应受该国的管辖，遵守其法律，顺从其习惯，这是中华民族的美德。我们无意，也不可能提倡血统主义，像纳粹鼓吹大日耳曼主义，对别国存野心，怀异志。过去华侨的善良和合法举动，自当继承其传统，彻底表现我们民族的仁义和平精神不变。主管侨务和侨领，对这一点应予光扬。当地政府也应祛猜忌，释疑心，一切藉口都是不聪明的，不必要的。

我们研究国父《国防计划书》中，将"保护海外各地华侨之意见书"列于计划大纲第十九条，可知国父的救国计划，已甚注意于"护侨问题"。又该计划的大纲第二十二条为"发展海军建设计划"，这是国父于注意护侨问题之外，同时又计划到"中国海军的建设"。因为要护侨即须建设海军，要建设海军，才能解决护侨问题。

为了今后中国的经济与国防，为了海外千余万侨胞的衣食住行与生存，保护华侨的问题，实不容许我们再忽视了。因为保护华侨的职责只有海军才能担负起来，所以我们对于新中国海军的建设问题也当时时刻刻放在心头！

吾侨胞应观察世界各国保护侨民，无不赖强大海军，今我祖国没有强大海军足以保护华侨，政府在战后还没有巨量财力以资建设大海军，所以我千余万侨胞，欲谋自决、自救，必当以自己的财力与自卫的决心，促进祖国海军的建设。这种办法，为今日护侨的惟一政策，实无迟疑的余地，必当积极促其进行。如能努力经营，必功可操券。且在胜利建国期间，陆续建设海军基础，复势有可能。我们希望在最短期间成立一个护侨舰队前往海外慰问华侨，保护华侨。这是政府与人民应该努力的目标！

我国南海前哨中的西沙群岛[1]

——我海军已在那里守卫

（1947 年 3 月）

我国南海中有三个前哨，第一个是东沙群岛，第二个是西沙群岛，第三个是南沙群岛（原名团沙群岛）。现在法国的海军居然在我南海前哨中的西沙群岛登陆，真是不解。

西沙群岛全貌

西沙群岛，英文称为普拉塞尔群岛（Paracel Islands）位于北纬十五度四十六分至十七度五分，东经一百十度十三分至一百十二度四十五分，"自北端之北砂岛（North Reef I.）至南端之南极岛（Triton I.），自东侧之东岛（Lincoin I.）至西侧之金银岛（Money I.）"，正在于越南和斐律宾之间，共有大小岛屿二十余个，面积约为二百余平方里，都是珊瑚礁所结成的，最大的岛面积约数十平方里，最小的面积还不及一平方里的十分之一。它距海南岛之榆林、三亚两港约一百五十浬，海口二百四十浬，香港三百九十浬，台湾七百二十浬，越南一百六十五浬。由榆林港前去的轮船一日可达，帆船则需十日。这一群散在海中的珊瑚礁，高出海面约二十英尺，随着潮水的起落而时隐时现，在航海上，认为这是一危险的区域，所以在一九〇八年我国海关曾建议在此建立灯塔。一九三〇年，国际气象会议席上亦有人提议，由中国政府在西沙群岛设立气象台，以利航海上航行。

西沙群岛本是荒凉的一群珊瑚礁岛，过去很少人注意，自然也很少人弄得清楚，我

---

〔1〕此文发表于《中国海军》。

们为使海内外同胞更易明了此岛的实在状况，实有详细说明的必要。

西沙群岛之主要岛屿有二：一是西沙东侧群岛即为菲土莱特群岛（Amphitrite Group），一是西沙西侧群岛即克鲁斯桑特群岛（Crescent Group），有无数帆船往来此间。

当天气晴朗时，一望可见岛上的树木，由突出水面之若干礁块，因可认出礁脉所在，再由水纹及波浪可识别险礁，故航行群岛间无甚困难，但遇天气不佳，则仍以停泊群岛外为宜。

帆船可常年航行于此间。海流受通例风左右，对信风季影响不多，但在信风交代期，诸礁间海流不绝，流向时有转变，流速有时走二浬。

南方诸礁：南极岛（特里顿岛 Tsriton Island）在西沙群岛西南方之顶端，乃一珊瑚礁上高约三米之一草沙堆。该礁距岛东北方约一浬，距其他方向则约五链，礁上水深恒不超出一.八米（六呎），礁之四周颇深。南极岛为海鸟产卵之地。

巴徐崎（Pasu Keah）在南极岛东北东方约三十六浬，亦为草沙堆，自此向东，礁长约四浬，靠近岛之西端。礁之四周水流极深。

探出礁（Discovery Reef）在巴徐崎北方约八浬之处，群礁环抱而成，该礁四周有露岩，但水流极深，礁上水深仅三.七米（二啰）。南北侧之礁湖中可驶小艇，并有出口。但北侧较南侧为狭，礁上所发生之湍潮，势甚汹涌。

南礁（乌拉多礁 Vuladdore Reef）在探出礁北东方约十浬处，礁上有二、三凸出岩，其间波浪甚大。

孟买礁（Bombay Reef）在群岛东南方之顶端，东距巴徐崎约三十九浬，其中诸岩甚低，有则隐露于水面。礁之四周水极深，波浪亦大。

使者滩（Herald Bank）在孟买礁西南端之西南方约二十三浬，水深二三五米。

勃利门滩（Bremen Bank）在孟买礁北方约十三浬之处，西南端最浅之水深为一二.八米。

约翰滩（Jehangire Bank）在勃利门滩东北东方约五浬之处，水深不甚规则：西南方二十七米，北方十四.六米，东南方最浅处十二.八米。

海神滩（Neptuna Bank）在勃利门滩之北，由两个珊瑚点堆形成，其东北方之点堆在锥形岩（Pyramid Rock）西南方六.五浬处，水深最浅处十一米，西南方点堆距其处约六.五浬，水深最浅处约为十一米，尚未经精测。此等点堆虽难以目力辨认，但其西北方至近处水深为一八二米。

克鲁斯桑特群岛（新月形群岛）乃若干低洼岛屿及无数之礁所形成，列成新月形阵势之群岛，在南极岛之东北方约四十五浬。

金银岛（Money Island）在礁之西端，与新月形群岛之西南端有一水之隔，地高六米，岛上树木茂盛，在同礁金银岛以东尚有草堆数个，潮流缘礁而流，有时流速达二.五浬。

羚羊礁（Antelope Reef）在新月形群岛之西南端，低潮时有一部分露出水面。在羚羊礁之东南端亦有草堆。

甘泉岛（Robert Island）位于羚羊礁北方约五链之处，地高八米，岛上多礁且满布丛林。一九二五年岛上有建筑物数幢，东南方并有栈桥可见。自该岛东北向约五链九，一米以下，水势较深。

珊瑚岛（Pattle Island）在甘泉岛东北方约二浬处，地势高约九米，岛上灌木丛生，并有椰子树三株，其中一株竟高达十二米。岛上之礁多布于西南方。东北方以外约一、二浬处有露岩。珊瑚岛所有之礁之两旁有一无障碍之水道。岛上南侧，低潮时可行小艇。

天文岛（Observation Bank）在新月形群岛北端，珊瑚岛东北方约六浬之处。岛上灌木丛生，并有草堆。沿布于草堆四周之礁石各向东南及西北方延伸约一浬之长。

自天文岛及珊瑚岛向东北之礁间，有一分立之礁及小型之分立礁。分立礁南端，有一高五米之分立点堆。

分立礁与天文岛以西，有水深七.七米（四又四分之一噚）之点堆。

伏波岛（都岛又名林门岛 Drummond Island）在天文岛南东方约七.五浬之处，岛上灌木丛生。岛与堆间之海面多险恶地带。沿布于伏波岛之礁，延伸于南者较短，延伸于东北者约四浬，延伸于西北方者屈曲前进亦约四浬。在天文岛与伏波岛之间之礁有高约〇.九—三米之草堆。

琛航岛（登岛又名登近岛 Duncan Island）为新月形群岛东南端之两个岛屿，隔伏波岛及可航水道，在西南方约一.五浬之处。琛航岛之两个岛屿乃珊瑚所形成，相互间连接，两岛均多灌木，北方较少。南方满布礁石，延伸约五链长。此礁东方岛之东南方附近水深为一.八米，除此处较浅外，其余水势均深。东方岛高约四米，岛上有树木数株，岛之南侧有两株显著之棕榈树，树旁有一石井，西方岛上灌木高约三米，岛之中心地带有高过六米之灌木。

琛航岛与羚羊礁间之水道内，在前者以西二浬半处有水深九.一米之点堆。新月形群岛内部水深不规则，处处可见珊瑚头。

珊瑚岛上有灯塔，漆黑白色，高十六米。

东岛（又名玲洲岛、林康岛 Lincoln Island）为西沙群岛中偏在东方之岛，在勃利门滩及约翰滩北北东方延伸二十浬至二十五浬之处。该海滨水深自七十三米（四十噚）以至不规则之浅度。东岛高四——五米（树顶高十六米），东北侧多崖岸，岛上灌木茂盛，该岛四周之珊瑚礁延伸至西南侧者较少，延伸至东北侧者约三链。岛西北方水深十八米，以后渐深，有延至一浬者。东岛东南方及南方满布珊瑚礁脉，延伸至十一浬之长。该处水道未经测验，横断航行极为危险。

锥形岩（Pyramid Rock）乃一八四四年英舰"Dido"所"发现"，因是得名，系一沙堆，在东岛东北方约十二浬之处，水深二十三米，四周水均甚深。

莺非士莱特群岛（Amphitrite Group）由一阔约四浬之水道相隔分为二群。北方群岛又隔阔约五链之 Zappe Pass 分成二个礁，各礁上有数岛屿及草堆。南方群岛则在一个礁上，所谓二岛即林岛（Woody Island）与石岛（Rocky Island）。

树岛之礁由岛向东延伸一．五浬，向西延伸约四．五浬，礁之西端有所谓西沙（West Sand）草沙堆。

北岛（North Island）隔 Zappe Pass 在树岛东南东方约二浬之处。该处有礁自北岛以西延伸约五链，东南方延伸约四浬。

中岛（Middle Island）及南岛（South Island）在礁上南部与北岛相隔一浬之处。以上三岛均树木丛生。礁之东南端亦有草木茂盛之草沙堆三个，最南向之草沙堆称为南沙（South Sand）以上诸岛草沙堆之间有几处可上陆。

Zappe Pass 之中央水道最小水深为四．六米，仅容二小船航行，若遇暴风则波浪横生。

林岛（Woody Island）在树岛南南东方约九浬之处，岛上有树，四周有沙滩。岛之下侧，有登陆道，岛之西南侧有栈桥，延伸三六．六米，外端水深一．八米（六呎），近栈桥内端有茅屋数椽。

石岛（Rocky Island）在林岛东北方外约七．五链处之凸出礁外缘近傍，高十五米。该礁以北水深十八米，浅水部延伸约四链。

自林岛及石岛东南向，有水深不甚规则之浅港，长约三浬，在林岛东面约一．二浬处，水深五米（二又四分之三噚），东南方约二．七浬处水深八．六米（四又四分之三噚）。林岛礁缘西南方水深四十九米至五十四米（廿七至卅噚），且甚规则，该地带延续五浬之长。

亦尔剔斯滩（Iltis Bank）在林岛西南方约七浬处，水深十四．六米至十八米（八至十噚）。

林岛南方约四浬处有水深廿一米（十二噚）之堆。

北礁（North Reef）在树岛西北方约四十一浬处，由东至西广六浬，内抱礁湖，礁缘四周有露出水面之岩。礁上时受波浪冲击，声响远处可闻。礁之西南侧有通礁湖可航小艇之水道。北礁南方有破船可见（一九二三年）。礁之东北缘亦有破船（一九二七年）。

西沙群岛诸锚地：西沙群岛诸锚地不似其他岛屿之敞开锚地，不甚向风。珊瑚底处有好锚地。

信风季中来此停泊之小船多在树岛之西南侧水深四米处抛锚。南侧有通锚地之水道，宽约二链。

北岛及中岛间水深二十米至二十九米，沙底处有锚地。

南风季节中林岛礁之北方约五链水深廿三米，沙底处有好锚地。

东北风季节中栈桥外端西南方约二．五链处水深卅二米至卅六米，沙底处亦有好锚地。

新月形群岛最好之锚地在琛航岛北侧礁之近傍，水深十七米至廿七米，该处有广大多沙之点堆。

伏波岛西侧礁连接处有锚地。

凡航行伏波岛与琛航岛间水道之船舶应注意切勿航行于琛航岛东北方二．五链与五链之间。

St.Esprit Shl 自中国海岸向东南行，水深二百米处靠近陆棚，即为此地，往返于香港间的船舶常经过此地。

群岛的史实

西沙群岛是我国的领土，这是没有疑问。依据推测，最先发现这些岛屿的，不是朝廷的官吏，而是滨海的渔民，岛上尚有海南岛渔民建立的孤魂庙。但有关于历史的记载，据《海国闻见录》云"七洋洲凡往来南洋者必经之，其东北有长沙，石塘等礁，舟行宜慎。"所谓七洋洲者，就是西沙群岛，可知在明末清初时，我国已有关于西沙群岛的记载，但在汉代马伏波将军早已到过这里。一八八七年中法天津条约的附图，更指明西沙群岛应列入我国版图。我国海洋学家马廷英博士于一九三七年曾发表《Data on the Time Reguired for the Building of Coral Reefs》一文中，说明在西沙群岛珊瑚礁下五英尺处，曾发现大量的"永乐通宝"铜钱。若照马氏的推算，一英尺珊瑚礁的构成需要一百年，那末我国占有西沙群岛，已经是五百年前的事了，这是一个很好的明证。

西沙群岛在什么时候发现，我国历史无从稽考，昔日的舆图[1]也未见绘入，而外国的航海图则早有详列。有一航海图为德国人所绘，德政府于一八八三年派人测量制成该图，及一九二五年经鲁达司测量舰艇长修正。在一九〇七年清廷还派了吴敬荣前往查勘，计划开发。宣统元年，粤督张人骏复派吴敬荣等率队分乘"伏波"、"琛航"、"广金"三兵轮前往复勘。水师提督李准亦率军队进驻该岛，悬旗鸣炮，证实为中国的领土，这事远在法人占领团沙群岛之前十五年。自一九三二年法国拟占领团沙群岛起，我国始终声明西沙群岛是我国领土的一部分，而法国一九三三年占领团沙群岛，一九三八年占领西沙群岛，均未予承认，并向法政府提出抗议。

民国六年，广东商人何承恩请求承办西沙群岛磷矿，及后又有商人四人请求，广东省长公署皆未批准。民国十年，香山县商人何瑞年等获内政部批准，设立"西沙群岛实业公司"，取得磷矿、渔业的开采权。但终于遭人告发，受日人利用，原案旋被注销。十二年三月，何瑞年再请求承办，而至十六年又被注销开发权。十七年，戴季陶氏发起组织"粤省西沙群岛考察团"，中山大学农学院长丁颖充任团长，率团员技师等多人，乘"海绥"舰（一说"海瑞"舰）由广州出发，经海南岛，到达西沙群岛，先后登陆林岛、树岛、石岛和登近岛，共留十日，才回广州。他们出发前，只有一点不详细的关于该岛的资料，后从香港总督府借到"全中国海图"，才知一些海风和气候情形。他们到林岛时，日本人都已走了，也无其他居民，只有三艘我国渔船，渔民中没有女性，如果所带的食粮吃完了，就捕海龟吃，血作饮料，肉作菜肴。海龟上岸生蛋，夜间很容易捉到。他们所见日人的遗物中，有机帆船二艘，大小舨船各二艘，皆被风浪毁坏，不堪使用。贮藏所及宿舍中，有锄数十柄，搬运车数十辆，铁筛数十个，水泥约一百包，炭化加里燃料数罐，铁匠工具及厨房用具，均尚完整。考察团回粤后，曾拟关于"移民"、"兴业"和"领海的计划"，但均未实现。

民国廿五年，政府拨款廿万元在岛上设立观测台、无线电台、灯塔等。无线电台远

---

[1] 指古代的疆域地图。

及日本、新加坡辽宁等地皆可通报，并经常与海防、吕宋、厦门等地电台相联络，经常指示海上航行船舶。灯塔立于东南最高岛上，灯光远及十二浬至十八浬，后因损坏失修，射程减至六七浬。其余移民开发事业在战前并未兴办。

被日占领与重归版图

一九三三年，中、日、法三国在争团沙群岛主权的时候，日人硬说它不是中国领土，更不是法国的领土了。但日政府虽一再宣传日人已在西沙群岛开发多少年，却从未说过西沙群岛是日人发现的，日人只在实际的占领之下，从事开发工作。而日人占领该岛，则又曾先经过与华人合作采掘磷矿的过渡阶段。

据日方的记载，日人自民国十八年停止采掘工作后，直至廿六年十月才去再采磷矿。这个时候，中日战争已爆发了。廿八年二月，日军占领海南岛后即同时据有各群岛。这几年来，日人在岛上究有何建设，我们尚未得到详细的情报。只知日军于进攻南洋各地时，其在军略上曾发生重大的作用，而在这时期内的开采工作，是由"开洋磷矿公司"经营，此公司现由台湾肥料公司接收。民国卅三年，日人又设立了西沙岛观候所，观察气象，规模很大。

卅四年十月廿五日，我国光复台湾，西沙群岛也算失土重归版图了。十二月八日，台省气象局派员乘机帆船"成田"号，自高雄出发，十一日到林康岛，停船修理机器，十二日下午五时三十分到达林岛登陆，竖立祖国国旗，十三日调查岛上情形，摄取照片，在测候所风力塔南五公尺处，植一木牌，正面写"台湾省行政长官公署气象局接收完了"，北面写"民国三十四年十二月十二日"，嗣又至他岛调查。三十五年一月三日，再登林岛，廿日返抵高雄。延至去年七月，行政院电令该岛改归粤省管辖。查战时岛上曾被盟机轰炸，日军撤退以后，岛上设备则闻多被渔民拆散盗走，如依然是一片荒凉，至最近则已由国防部、海军总司令部与粤省府前往接管。

经济的利益

莫小视了这孤立海外随着潮汐沉浮的一群小岛，在经济上是一个很大的利源。岛上地质，是砂石和鸟粪，由鸟粪化石结成的磷酸矿，是岛上著名的物产。日本磷矿公司曾在此设局采掘，迄民国十八年受世界经济不景气影响而终止。鸟粪之分布，以林岛为最富，石岛次之，他如登近岛、堂岛、金银岛、珊瑚岛、树岛等只有少量。林岛所占面积约一，二九一，六〇〇平方公尺，储藏量约有三二二，九〇〇立方公尺，合计二十五万吨。石岛所占面积共有八，六九二坪，鸟粪藏量约九一九吨，磷矿藏量约六，九二三吨。南美的智利、秘鲁以产鸟粪驰名世界，而国人对这南洋中的肥料大富源竟鲜有所闻。兹将各岛名称，荒地面积和矿区面积列下：

岛名	土名	荒地面积（亩）	矿区面积（亩）
东岛	玲洲岛	四四五	一九五六
林岛	多树岛	三〇九	一三六八
中岛		一一一	一四九
南岛		八五	九四
北岛		一〇二	二〇四
树岛		八六	六四
珊瑚岛	笔岛	一二七	一六二
甘泉岛	吕岛	一一五	一六七
琛航岛	登岛	一一六	九七
伏波岛	都岛	一〇二	七〇
石岛			
金银岛	钱岛		
广金岛	堂岛		
天文岛			
南极岛	特里屯岛		

各岛情况不一，有些长满青草，有些荆棘丛生，有些长棕树及椰子树，有些大树参天成林，有的却草木全无，平原一片，类皆可种椰子、草麻、甘蔗、落花生、芝麻等。环绕岛屿四周的浅海中，还有很多的水产品，像海参、蚌蛤、墨鱼、巢蟹、珊瑚、玳瑁、海藻、海菜、海绵等。海南岛人前往捕鱼的很多，每年两次，春初去则夏初返，秋末去则冬末返，春季多捕海龟，秋冬均捉蚌蛤，惜运输不便，且无法干制，故产量不多。

军事的价值

西沙群岛在国防上的地位极为重要，因为该岛据南海之中，东南向斐律宾，北与榆林港对峙，西北临东京湾，而望安南。交通方面，北通香港，南达新加坡，如建筑海空基地，即可与榆林港成犄角之势，以扼东西两洋的要冲。这样，西南国防巩固，可无外顾之忧。反之，则海南岛势必陷于孤立，闽粤西南各省亦岌岌可危。

当一九三八年日本占领西沙群岛的企图，当时日本曾于三二六号《东亚情报》（一九三九年四月廿五日）上发表，谓："尤其我国海军当局，对已在西贡、广州湾保有舰队根据地的法国，若再领有此飞行根据地及潜艇寄泊所，其结果将使南中国海上列强的海军势力，展开新形势，由于国防上的见地，自然十分重视这一件事。"从此看来，西沙群岛在军事上实有重视的价值。

西沙群岛面积不大，在经济上可获得不少的利源，但是在军事意义上，作为我国南海的前哨站，都是中国重要的屏藩，中国人民决不能让法国非法侵占，重新创造不平等条约割让土地、损失主权的恶例。

西沙群岛是我们中国的

西沙群岛是我们中国的！它的应该永远属于我们中国，有着法理和事实的根据：第一，从公法说，"占领"原可构成土地所有权，然而要得占领有效，必具有以下的两项先决条件：1. 在占领前该地未构成其他主权国的土地；2. 占领后应有居留的人民。若是，西沙群岛既早在我国广东管辖之下，我国的渔户每年必从海南岛到西沙群岛去捕鱼，并作居留。故远在法国发现以前，该群岛已构成我国的版图，并有我国人民居住，远非十九世纪的垦荒的非洲，以及现在辽远的南北极的地带可以比拟的。第二，从条约看，中越边界由历次条约划定，尤以一八八七年六月二十六日的中法界务专条，最为重要。该约第三条，关于广东与越南界务规定："海中各岛照两国勘界大臣所画红线。……该线以东，海中各岛屿归中国；该线以西，各小岛归越南。"而目前法国认为应属越南的西沙群岛，确在红线以东，所以依据条约，西沙群岛应属于我国。第三，从国际人士的观点说，我国海关在一九〇八年，为船只航行安全起见，曾提议在西沙群岛建立灯塔；

一九三〇年国际气象会议在香港举行时，曾建议由我国政府在西沙群岛设立气象台，便利海上航行，由此可见国际人士，已公认西沙群岛为中国的领土。第四，从开发该岛的事实来说，在一九〇七年清廷早已派遣副将吴敬荣前往查勘，计划开发。宣统元年，粤督张人骏复派吴敬荣等率队分乘"伏波"、"琛航"、"广金"三兵轮前往复勘，水师提督李准亦率队进驻该岛，悬旗鸣炮，证实为中国的领土。第五，中法两国外交当局，在一九三二年到一九三八年间，不知交换过多少件照会，我国政府在迭次致法国外交部的照会中，从没有表示放弃对于西沙群岛的主权，同时对于法国在一九三八年以安南国王的名义占领西沙群岛，也从未承认。第六，法国在一九三三年七月廿五日突然占领我国团沙群岛时，我国驻法大使顾维钧，曾向法政府提出抗议，声明该群岛，不特在地理上是形成我国领土的西沙群岛的一部分，而且岛上所有住民，也以我国渔民占多数，所以主权属于我国，法国应将此群岛归还我国。这一个照会，实在是一个最有力的证据。

总之，西沙群岛的宗主权是属于中国的，中国政府应该据理力争，务使野心的帝国主义不能对该岛垂涎觊觎。

法军应立刻撤退

由一九三七年至一九四五年，中日战争酿成为太平洋战争，在最初期间，英法荷各国在太平洋土地，均被日军侵占，西沙群岛自不能例外。日人占领西沙群岛后，将它们改隶于台湾高雄市。胜利以后，台湾已归祖国，西沙群岛当然仍应由我国收回，毫无疑义。不料法国第四共和国在西欧刚爬起来，一面在越南大显威风，一面又向中国的脖颈上爬，居然宣言代表越南争夺我的西沙群岛，而且派舰强行登陆，企图以武力造成强占。这是中国人民绝对不能忍受的。

法国第四共和国的当局应当明白，战后中国是一个独立自由的国家，是联合国五强之一，她不是任何国家的殖民地。中国人民愿意同世界各国建立友善关系，但是并不怕惧任何武力的压迫。在过去日本军阀以优越的海陆空军武器，以压倒的优势来临中国，中国人民并没有屈服。法国今日的国力，比之当时的日本相去几何，而且世界上所有的国家，那厌倦战争，希望和平、正义的力量，正随着联合国机构的力量同时发展。法国第四共和国当局不应当再迷信武力，侵略中国的土地。

　　法国在第二次大战中，横遭侵略者蹂躏，终以由国人努力，盟邦协助，振废起衰，复为强国，它应以己度人，重视他国主权的完整，本新兴时代的精神，坦白承认我国在西沙群岛的主权。世人经过第二次大战，对侵略战争已深恶痛绝，而法国新宪法中，亦明白规定"不从事侵略的战争，主以组织和平，维护和平"，并决"放弃从前压迫殖民地的政策"。因此，法国不应再以旧时代的殖民政策，以武力占领不属于本国的土地。我们希望法国第四共和国政府的当局，立刻撤退军舰和登陆军队，尊重中国在西沙群岛的主权，恢复中法两大民族的友谊。我们相信中华民族对法兰西民族友谊的价值是远过于西沙群岛的。

国际裁军的检讨与期望[1]

(1947年4月)

华莱士[2]说："国际裁军的价值是联合国成功的最重要步骤之一。在俄国有五百余万人武装的时候，在美国继续制造原子弹的时候，在不列颠军队散布全世界各地的时候，我们当知道军备竞赛是在继续进行，而整军费用将首先打击各国平民的生活水平，最后则摧毁了文化。"我以为联合国对于普遍裁军若没有彻底解决的办法，则国际间军备的竞赛必愈加剧烈，永无止境，其结果必有比原子弹更具有毁灭性的新武器出现，来毁灭一国或数国或一半世界，甚至整个地球，最后势必将有毁灭人类之一日。我更可以预言，今日谁要企图利用新武器以危害别人者，他日必为此武器所累，因为武力终有穷困的一日，且必自招致灭亡之祸。为了这，国际间必须有彻底解除军备的一个恒久而完善的计划。

大家知道，军备的竞争已成为增长各国猜忌与威胁世界和平的一重要因素，如果不能停止竞争，实行普遍裁军，则新的战争危机将难以消弭。但国际裁军并非人类的新课题，在上次大战后，国际裁军谈判已有过好多次。从华盛顿会议起到一九三三年国际裁军大会失败时为止，裁军计划，讨论复讨论，争执复争执，终未能有效的制止各国军备扩张的竞争，结果只是成了和平的虚伪装饰。

我们要求今后国际普遍裁军有彻底解决的办法，首先要检讨过去国际裁军失败的主因所在，归纳起来，计有三点如左：

（一）在第一次大战以后，列强始终就没有把国际裁军视为维持世界和平的一个步骤，当时不过把它当作均势和扩张政策的手段而已。如一九二二年的华盛顿五强海军协定，

---

〔1〕此文发表于《中国海军》。

〔2〕亨利·阿加德·华莱士（1888—1965），美国政治家，第33任美国副总统。曾任美国农业部部长、副总统、商务部部长，1944年6月曾受派来华。

谁都知道，这是美国以其优越经济实力和强大造舰程序压倒了英日两大劲敌后的胜利成果。在该项协定中，美国不仅迫使英国接受了与美国海军实力五与五的平等比率，和放弃了对日同盟关系，而且迫使日本屈居等于英美海军实力百分之六十的地位，至于法意两国对英美的比率则更小。其后一九三〇年和一九三六年的两次海军协定，主要也是在英美保持最强大制海权，企图压制其他强国的政策下签订的，但日本和意大利已逐渐背弃了协定的约束，它们仅签了一九三〇年的协定的一部分，对一九三六年的协定根本就未予参加，并且声言废止过去成立的协定，使得所谓海军裁减限制条约成为一纸具文。

（二）国际联盟曾首先倡导举行军缩会议，但筹备数年，几经会商，终因国际并非真正世界和平合作的机构，而为少数强国所操纵用以制霸世界的工具，故此项会议亦不能获致任何结果。至于列强所签订的海军条约，虽然暂时维持了各国海军实力的均势，但未能制止列强广泛的军备扩张。一则因为该项条约仅限于海军中主力舰的限制和裁减，而未能及于辅助舰和潜水艇方面；同时对各国军事预算、军需工业和海军以外军备的扩充，更丝毫未能过问。于是列强间军备的竞赛乃肆无忌惮的进行。可以说，这种的裁军是不彻底，是片面的而不是全面的。

（三）过去列强间因欲争夺国外市场和世界霸权，企图重分世界殖民地，便疯狂的从事军备扩张。同时，列强独占资本集团也逐渐的视军备扩张为消纳过剩生产力和保持高额利润的主要出路，而谁都不愿意使裁军发生实效，因此列强军备的扩张遂无法加以遏止。

由于国际裁军的失败，国际就产生一连串的不详事件：德国退出国际联盟，宣布恢复武装；日本、意大利和德国结为伙伴，组成侵略阵线，发动侵略事件，以捣乱世界和平秩序，最后造成这一次世界浩劫。所以追本求源，过去国际裁军的失败是第二次世界大战的祸源。倘使战后普遍裁军这一问题在联合国中不得解决，则一切和平机构都是等于虚设。

联合国是缔造世界和平的联盟，为人类的安全着想，应该从早解决国际裁军的问题。在去年十月廿九日，苏联外长莫洛托夫在联合国大会中，发表演说，主张解除世界军备和禁止原子战争。他提出四项原则：

（一）联合国应开始裁减军备。

（二）原子能战争，应予禁止。

（三）大会应建议安全理事会，觅取普遍解决军备的方法。

（四）联合国政府应合作解除军备。

这项建议是战后强国初次提出解除军备的计划，也是这次裁军问题讨论的起点。在这一项演说中，他又重新提出：苏方要求各国披露其驻在非敌性国内之军队，并谓苏联亦将予以披露。同时，他又拥护联合国安理会中之五强的否决权。这两项问题——报告非敌性国内驻军与否决权问题——和裁军问题，有密切的关系，实为这次裁军案中的争辩点。

当苏联代表团提出普遍裁军建议时，英美代表大大的受了震动，但他们又没有反对的理由，结果是获得了所有联合国会员的拥护，这个提案顺利的通过了。可是，这个提案虽被通过，但英美与苏联间却有许多分歧的意见。首先关于国际监察制度，美国主张裁军必须建立一种监察制度，使各国不得秘密扩充军备，声言不能再蹈上次大战后单独裁军的覆辙。苏联对于这监察制度原是反对的，去年十一月廿八日联大政治委员会中，忽然同意施行国际管理及监察制度。但是莫洛托夫又建议关于设立裁军监察制度，应同时使之施行于禁止原子弹方面，而英美则反对将否决权适应于原子能。

国际监察制度固足以消除疑虑，但对于各方的安全感，尚未能予以满足，所以对于集体安全制的讨论，亦发生强烈争论。苏代表维辛斯基辩护苏方建议称："裁减军备，实为保障世界安全最有效的因素，吾人倘需要安全，则必须开始裁减军备。倘若吾人头上仍受原子弹的威胁，则安全如何能存在？"其意若谓：销毁原子弹，裁减军备，则安全可得。美代表康纳利发表意见称："倘使没有和联合国宪章精神相符合的有效安全制度，广泛裁军，必无实施的可能，同时亦无安全可言。"其大意是：裁减军备，必须普遍，而集体安全制度，亦应予设立。所谓集体安全制，就是联合国宪章第四十三条所规定缔结一种特殊武装协定，以国际的军力，维持和平安全。由此看来，苏联的见解是：先裁军并销毁原子弹，就可得到安全；而美国的见解是：先有安全办法，而后裁军可实行。至于争辩国外驻军报告问题时，又牵涉到裁军问题，英美坚主国外驻军报告，须包括各国国内外军队之报告，以为裁军的参考，苏联不加反对，但认为裁军问题须另作商讨，不可混在一起。

倘使上述异点不能归于妥协，而得到折中办法，则这次裁军的会议必归于失败。其后经过一月余的辩论，由于苏联的让步，大部分得到协议，于去年十二月十四日联合国大会在欢迎声中通过"裁军大宪章"，敦促各国限制并普遍裁减其所保持的军备。裁军大宪章可分九项如次：

（一）联大承认尽速实行普遍军缩的必要。

（二）促进安理会根据工作的缓急，采纳一切实际与必要的措置，藉以达成此项目的。

（三）促进原子能委员会通过管制原子能的办法，使其用途限于和平方面。

（四）联大应敦促安理会尽速审查原子能委员会之报告，俾使该委会的工作得以顺利进行。

（五）联大应请安理会尽速起草有关监察工作的各项措置，并提供确实有效的保证。

（六）应即成立一国际机关，藉以实施为缩减与管制军备的各项办法。

（七）联大应敦促安理会使接收各国武装部队之时日，迅速到临，并促进会员国将其驻于前敌国与联合国会员国领土上的军队，逐渐撤退。

（八）现行决定中所包括的各项规定，不得变更联大于一九四六年一月廿一日成立原子能委员会时通过的决议。

（九）联大应吁请联合国各会员国，以一切可能的援助，给与安理会及原子能委员会，俾树立及维持国际和平与安全。

联合国大会的缩军决议案及原子能委员会报告书二者交到安全理事会后，美苏两国立刻陷于各不相让的争执中。美国代表奥斯丁主张先讨论原子能问题，苏联代表葛罗米柯主张先讨论缩军问题。他认为原子能问题可以连带解决。二月初，奥斯丁退让一步，主张两个问题同时分别讨论。在二月的第二个星期中，安全理事会四度开会。二月十一日，讨论集中于美国提案中"原子能委员会所辖各问题，应不在一般军备委员会处理权力之内。"美国说不能再行退让，苏联说不能接受。二月十二日，安全理事会以九对零通过本节，苏联及波兰弃权。二月十三日，安全理事会以十对零通过整个提案，由一般军备委员会于成立后三个月内草拟缩军计划，苏联对此案弃权。二月十四日，原子能问题又引起争辩。苏联代表葛罗米柯主张（一）美国计划是单方面的，其目的为保障一个国家的原子能生产独占权；（二）利用不受限制的原子弹生产作政治压力的工具；（三）在设立广泛管制制度前应立即禁止原子武器；（四）取消否决权之提议，其目的为破坏联合国之基础，对大国猜疑，应加拒绝。美国的立场是逐渐宣布原子能秘密，在联合国能够有效防止各国制造原子弹时，美国可以放弃其原子弹。在国际管制、视察及制裁中，不应有否决权。由这两个国家的立场看来，可见其根本困难在美苏两国不能互信。苏联是充满着神秘的国家，有许多东西不能让人看，所以必须坚持其否决权。同时这否决权也可以使其在国际上缺乏与国的情况下，有所保障。美国以原子弹为其"王牌"，自然不肯放弃。两者都怕对方没有诚信，所以这个问题很难解决。

二月十八日，苏联提出一个彻底的关于原子能的建议。这建议主张完全销毁现有的原子弹，从现在起禁止制造及使用原子弹，利用国与国的多边协定，设立国际管制与检察制度，并使国际管制便利于原子能在工业上的应用，管制应由安理会执行（而安理会则保有原来的否决权）。接着的一天，苏联代表又勇敢的宣称：苏联允许国际管制机构管制它的原子能工厂。这一套彻底的方案，便把美国弄得不知所措。英国代表贾德干二十日在安全理事会发言，重申英国支援美国，要求将来惩罚违反原子管制国家时，不得应用否决权。贾氏称："吾人相信此乃原子能国际管制方面所绝对必要之条件，原子与其他武器之管制不得以否决权为遁辞，在普遍军备方面亦然。"苏联坚持安理会之否决权务必保持不变，原子能管制应在安理会机构内树立。廿五日再讨论原子能问题时，苏联表示让步，美代表奥斯丁提议，将该问题发述原子能委员会研讨各项细节，苏代表葛罗米柯立即赞同。盖广泛原则如得协议，则其他细节可迎刃而解。到了三月五日，安理会讨论原子能委员会报告时，苏代表坚主禁用原子武器，反对美管制计划，他宣称：（一）苏联不允许他国人员在苏境内自由行动调查原子能情形；（二）苏联不允许任何国际机构管理苏联之原子能研究与生产；（三）苏联不放弃否决权；（四）在美国毁除已有之原子弹以前，苏联不同意任何管制机构。观上述历次会议，美苏对于原子能问题的意见之不一致，至目前为止还未能成立协议，我们希望这个问题能够得到彻底的解决。因为原子能管制为维持世界和平工作中之最重要的，故世人皆知对此非加以解决不可，否则世界裁军之推进必归于失败。

战后世界和平的中心问题，是国际普遍裁军问题。普遍裁军建议是苏联代表团在联合国大会上提出的。但是自这问题提出以来，在联合国机构中的历次讨论已煞费心计，到了现在还没有结果。我们以为如果裁军问题只是偏重理想，不求实际，是始终不会达到解决。联合国安全理事会及联合国军事代表会议，并不是徒有虚名的一种组织，而是策划世界的裁军。联合国大会只是规定裁军的原则，安全理事会规定裁军的计划，军事代表会为安全理事会咨询的机关，如要彻底解决世界安全的问题，则须先设立裁军的机构，因为这是世界和平的基础。

战后引起世界安全问题，便是原子能和世界基地。原子兵器是战后惟一惊人的武器，所以世界裁军应该由原子能武器着手，而联合国对于如何管制原子能问题，一直到现在尚未有一个决定，而且因为各有立场，不能对原子能管制有所解决。我们以为世界裁军问题，只要原子能管制达到目的以后，其他一切裁军，都可援原子能管制的例，很迅速的迎刃而解，而且世界杀人武器都可归于摧毁，世界安全当可有保障了，所以裁军问题的症结在于原子能的管制。

我现在把中外人士对于普遍裁军的见解和主张作一个综合而切要的建议，以为达到世界普遍裁军的目的，至少必须做到以下的几点：

（一）在安全理事会及原子管理委员会中，对于原子弹管制，应迅速成立协定。

（二）联合国必须把裁军机构健全起来，由这个机构中，可管制世界各国的兵力，可在各国视察，倘有不愿裁军者，当群起合作加以制裁，以求充分达到裁军的目的。

（三）裁军须定标准和限度。各国须按照联合国机构所定限制军力数目，凡战时的兵力和平时警卫的兵力，战时的武器和平时的武器，都要明显的区别清楚。所谓减少兵力，应该就海陆空三军分别规定，如果陆军减少，海军增多，仍旧没有达到裁军的目的，世界仍旧有着战争的危险。平时的兵力缩减的程度，应该重在平时国防上，其目的在使谋国内的安全秩序，应该以一国的土地、人口、财富为缩减兵力的标准。

（四）各国应自动放弃自私的心理，为世界着想，为人类着想，不再以军力去压服别人，使世界白色、黄色、棕色人种联合一致，永奠世界和平的基础。

（五）各国须充分利用本国的富源，使国内复兴建设，实现真正民主，使人民皆得安居乐业，把战时不必要的军力自动消除。如果各国都能为建设本国着想，放弃了和别国竞争的主张，那么国内外人民均享安乐的日子，世界上会永久地消弭战祸了。

总而言之，国际普遍裁军并不是一朝一夕所能了事，联合国必须仔细地、有耐心地把裁军的方案实施无遗。倘若专务理论，而不讲求实际裁军，仍然是毫无用处。我以为裁减军备与安全和平两者有不可分离的关系，裁军的失败，就是和平的危险；反之，裁军的完成，就是和平的保证。我们有真正理由相信，联合国有了决心和合作的精神，大家以诚相见，则国际普遍裁军是可以完成的，联合国本身就能成为一个维持国际和平的有力国际机构，且使成为世界和平的有力保障。

（于一九四六年莫斯科四国外长会议开幕后次夜二时写完）

"伏波"舰惨案观感[1]

(1947 年 5 月)

前英赠舰"伏波"号，于三月十八日下午二时半离开福州马尾，奉命开赴澎湖途次，与招商局商轮"海闽"号相撞，不幸沉没，全体官兵，仅轮机官焦德孝上尉一人遇救。肇事后海军总司令部异常重视，曾于出事后立即分电厦门、台湾两地司令部，分派舰只赴出事地点搜索及调查，俾判明肇事的责任问题，并营救幸免于难的劫余残生诸官兵，惟并无结果。嗣后海总部除派处长阮成章，科长梁同怡先后来沪调查全案经过和慰问死难家属外，复特派副参谋长高如峰来沪复查这次的惨案。

按"伏波"号是英国赠送我国的第一艘驱潜舰，吃水十七呎半，有二千五百匹马力，其最高速度为十四海里。舰上设备：有四吋口径大炮一门、电达室、无线电室等。对攻击潜艇的武器计有：防潜仪、深水炸弹、刺胃弹，都是运用电力操纵的引擎。对空中防卫的武器计有：高射炮一门、高射机枪四挺，威力颇大。在船尾两旁安置有扫雷器，在船底设有防止磁性水雷的装置。

舰上组织：主要分舱面与轮机两部，轮机士兵专负责管理机舱内部的责任，舱面又分为前中后三段和电信、文书、给养、医药等特务；三段中是由枪炮、帆缆、鱼雷、雷达和防潜兵组成，航行时须轮流担任掌舵、瞭望和有关舱面清洁的各种任务。电信兵只负对外联络通讯的责任。

这条军舰，在一九四一年曾参加过大西洋、地中海和法国登陆诸役，航程经有十五万余英里，战功辉煌。它原在英国皇家海军轻型舰队中颇著名声，其特殊性能，是专作追击潜艇和担任重要护航的巡防工作。去年一月十二日，在英伦曾举行极隆重的赠

---

〔1〕此文发表于《中国海军》。

舰典礼，将"伏波"号正式移交中国，当离英的前夕，该舰在普利茅斯（Plymouth）时，被当地市长和市民热烈招待送行。在归航中，因沿途拜访各地，并顺道慰问华侨，所以曾停靠的港埠很多，而至消磨了四个多月的时间，始于去年十二月十四日安抵了首都。在航途中曾停泊的港口计有：直布罗陀、马耳他、塞得港、苏丹港、亚丁、哥伦坡、槟榔屿、新加坡、香港、上海、镇江等处，航程逾一万一千余里。当经过槟榔屿及新加坡时，曾被当地侨胞热烈地争相欢迎，其热情感人至深！

查"伏波"舰遇难的官兵确实数目，计有舰长姜瑜以下官员十四人，士兵九十四人，见习生十八人，和海军总司令部第五署供应处派赴台湾工作的官员四名，合计一百三十人，其中除轮机官焦德孝一人遇救外，全数罹难，可谓惨矣！

这一次惨案的经过情形，经沪地检察处侦查终结后，对于"海闽"轮船船长戴儒林已提起公诉，兹将其起诉书要点摘录如下："被告戴儒林为国营招商局'海闽'轮船长，该轮自厦门开往上海，于本年三月十九日零点十五分，驶抵距离龟屿岛约五六华里海面，因未尽避让之能事，致与海军部派往台湾澎湖岛之'伏波'舰相撞，全舰自舰长姜瑜以下官兵一百三十人，除轮机官焦德孝一名于相隔碰撞后四小时许始被'海闽'轮水手马富根救起外，其余漂浮海面，久不得救，迄今无一生还。被告于发生碰撞时，未即停车救助，违反义务，经海军总司令部移送侦讯到案，质讯被告戴儒林，对于船舶被撞过失部分不肯承认，碰撞后未即时救助部分，诿称舰身沉没过速，遇难者漂浮海面呼救未有所闻见。查被告对于船舶碰撞，虽责任轻重，尚待公断，然其未能及时避让，致生死亡之结果，则照片面所陈，亦难完全解脱刑法第二百七十六条第二项之责任。又'海闽'轮受伤程度，不致沉没或发生危险，业经专家予以检定，并经实地详察，携有图照，可资参证，当出事时更不能谓为已确知继续救助为无益，依海商法第一百二十八条第一项、第二项原有停留处实施救助之义务，乃竟遂行驶离灾难处所，致舰上员兵大部死亡，及焦德孝之濒于死亡，则除犯海商法第一百二十八条第四项之罪外，依刑法第十五条，应认为兼犯该法第二百七十一条第一项、第二项之罪，并依刑法第五十五条从重处断，合依刑事诉讼法第二百三十条第一项提起公诉，此致本院刑事庭，检察官曹鸿。"

据以上所述，活活的让一艘英国好意送给我们海军的军舰带着一百三十个生命含冤埋沉海底，这实使人太伤心。为着哀悼无辜牺牲的同志们，为着中国国防前途，为着海军建设前途，为着航海事业前途，为着不要并产生第二次、三次的舰轮的互撞事件，我们实在忍不住满怀悲愤，要向社会人士作正义的呼声！

"海闽"轮船长戴儒林被地检处依刑法杀人罪，提起公诉，据检察官的论断，说是"见死不救"。全体员兵，死得只剩一个，总是事实。至于这些死者，是否不可救，或者可救而不救？案情既已起诉，当然仍有待于法律的审判。依我的观察，"海闽"、"伏波"相撞，关于碰撞责任问题，如凭"海闽"船长一面之词，尚不足采信，"伏波"轮机官焦德孝系在轮机间工作，对于碰撞情形，自难明了。但这次检察官侦察是案，是着重于"碰撞后救护责任问题"，据焦德孝称，相撞一小时后海面犹有呼救声数十人之多，何以"海闽"轮找不到救护目标。且照常理而言，"海闽"轮碰撞后，如无沉没危险，似不宜鼓轮远离。又"海闽"轮前进之时，可能将"伏波"舰浮于海面呼救的官兵撞毙，当时如能停驶，提早救护，决不止仅救起焦轮机官一人，我认为"海闽"轮负责人实未尽其救护的责任。

可以说，这次惨案实为我国航海史上所罕见，即在我国海军史上亦未曾见过。现在"伏波"是撞沉了，官兵是殉难了，惟一的希望是责任的调查和追究，以便恤死抚生，并作为将来海上航行的一个惨痛教训。现在碰撞的责任问题，当由海军总司令部、交通部会同派请专家组织公断委员会，秉公裁断，慎重处理。而善后问题，除由国防部海军总司令部专责办理外，招商局更应拨出相当的抚恤费，以抚恤被难的家属，这不仅法理上应该如此，尤其是道义上更当如此。

"这次'伏波'舰的不幸牺牲，我们不但要深自反省，还要加以检讨：（一）这次惨案，仅据'海闽'提供资料，绝不足以为证明，盖两船相撞，均有其疏忽所致。查'海闽'由南向北航驶，左舷红灯在'伏波'之右，'伏波'由西向东行驶，右舷绿灯在'海闽'之左，于未碰撞前，二船均依方向线进行，应各细心观测来船之航向如何，依据航海章程航驶。查国际航海路章第十九条：二轮船纵横相遇定论，'伏波'应转舵向右，示以红灯，对'海闽'红灯而过；亦可依第二十四条：凡船赶过他船定论，'海闽'为赶驶船，应让被赶船'伏波'之路；'伏波'为赶驶船，应让被赶船'海闽'之路。此二船中，赶驶船为'海闽'轮，抑或'伏波'舰，当以各船之速率快者定之。今即就'海闽'轮单方面的报告，依据航行规则，'伏波'虽应让'海闽'航路，但'伏波'或因舵机失灵，或因其他原因不能退让，'海闽'轮既已发现'伏波'灯光，距被撞时间甚近，已是危险近距离，例应急开倒车，或转向让避，岂可因让船责任属于他人，而仍照原定线路前进？即说发现来船距离尚远，亦应迅速看测方位，以视是否有撞或太接近的危险。倘有危险，所让船责任属于对方，若视其无退让之意，亦应及早鸣汽笛促其注意，决定如何避让。反过来说，'伏波'舰若非有意外不能避让的原因，也应该这样注意，两方决不至迫近相撞。所以说，这次惨案的发生，显见双方均有疏忽之处。"而"海闽"轮曲解航海规章，仍向前撞去，到了两船相近，将有冲突之处时，又不能临机应变，以至碰撞。归根结语：在航海上，无论船主、船长以至值更人员，时时刻刻不容疏忽怠意，否则即让技术精明，经验丰富，也会闯祸。（一）查当时"伏波"舰将沉没的顷刻间，曾发出紧急呼救电报，而邻近竟无一处所闻，这是由于我沿海一带欠缺电台网和救护海难站的设备，以至失却联络，没有救生工具，及时援救。（二）假若我国有海军飞机救护队，或海难飞机救护队的设备，只要一接到呼救电讯后，而必能及时飞到出事地点，将遇难的人尽量设法营救。至少亦能投掷救生工具，使其能把握着，漂浮海面待救。

"伏波"舰沉没了！它给社会人士的印象太深了，一方面是培养海上人才多么不容易，另一方面却是牺牲一百多个海军人才竟这么容易！目前海军还在草创时代，经过这一次抗战炮火的洗礼，国人多已认识海防的重要，但我们应记取"伏波"的教训，深切自省，诚心替海军建一番事业，使中国海军有个出头的日子！至于中国航业，在战前几为日本等国所独占，现在航权既已收回，首先注意于航海人才的培植深造，更进于努力航业的进展与航权的保持，对于这次撞沉"伏波"的事件，也要深自警惕，为中国航业前途争光！我尤希望今后凡致力于海洋事业的人们，应该联合团结一致，力求自身改善，为中国国防建设、交通建设、经济建设奠下远大的基础。

这次"伏波"舰遭难而死者，几及全数，这样浩劫，实为航海界所深悲悼惜！而对于我国海军人才，更属惋惜！又在这次惨案中，"海闽"轮上竟有一不善游泳之水手"马富根"，能于黑夜巨浪之中，以绳系身，纵身入海，救起"伏波"舰轮机官焦德孝，实充分表现我中华海员伟大革命的精神，和中国固有智仁勇的美德，殊深敬佩，我们特向马勇士致无限敬佩之意！

附：

"伏波"死难官兵姓名表

一、官佐

姜瑜（少校舰长），王安人（上尉副舰长），朱崇信（上尉轮机长），何世恩（上尉航海官），陈桂山（上尉通信官），孙达滨（上尉鱼雷官），金文孙（准佐电信员），张国润（二等佐电讯员），赵玉瑛（军委二阶书记），萧云鲲（军委四阶司书），游全官（准尉轮机军士长），徐林奎（准尉帆缆军士长），张松青（准尉枪炮军士长），张严（准尉电机军士长）。

二、士兵

马长逵，赵菊林，刘良库，犹启源，张镇华（以上为上士兵）；陈家璋，林善春，李贵春，林天苍，苏青川，谭联章，邵炳利，蒲长芝，林永藩（以上为中士兵）；吴增元，陈金海，张胜利，魏法根，董承长（以上为下士兵）；王长钦，陈锦贵，郑济香，任双旺，林学溪，赵永林，赵家清，汪道隆，王禔芳，李志超，刘云涛，陈卫镜，孙益顺，洪履恒，周正钧，王洋，沈杭生，陈振声，林必福，游叔仁，赵昇明，郑依兆，林志明，叶国茂，郑秋如，黄可智，李知恩，李义真，郭长荣，郑文峰（以上为一等兵）；俞见贤，吴清波，沈鸥，姚豪良，尹志雄，卢明义，江松有，黄启兴，舒焕敏，丁正贵，章奎南，戴承森，李楚卿，杨际春，杨诗海，陈岚峰，管康，张祖德，刘春华，骆子飞，陈宝成，郑文龙（以上为二等兵）；李维陞，吕德森，吴培华，徐百川，王子祥，吴庆银，王自修，胡福林，陈越新（以上为三等兵）；姚章林，杨增华，刘沈同，陈凯，赵伟凤，杨德保，杨清（以上为炊事兵）；沈德华，魏云芳，董承倚，陈金山，申文彬（以上为工役）；朱光义（洗衣兵），余子屏（理发兵）。

三、海军学校

渝校第十四届航海学生派赴"伏波"舰见习生：董成流，王建国，田海中，郑云天，林今，王沛森，王聪徽，李华容，胡腾骐，王维庆，李鸿桢，赵世华，徐礼安，周猷范，朱绪沛，乔德骐，邓昌琳，涂怀舒。

四、海军总部

海军总部第五署供应处搭"伏波"号派赴台湾工作人员：陈泽民，高国义，覃遵栋，钟遂运。

悼念曾万里同志[1]

（1947 年 5 月）

印度孟买逢难曾万里联络官行述

一九四五年（民国三十三年）四月十四日，印度孟买船坞爆炸案，我驻东南亚盟军总部海军联络官曾万里上校，不幸殉职，上自统帅，下及朋辈，均甚震悼！查曾上校殉职时年四十二岁。民国十三年在烟台海军学校求学期间，即加入国民党，私密参加革命工作，并组织"新海军社"，领导海军革命青年，从事建军及革命运动。北伐成功后，奉命赴英入皇家海军大学深造，回国历任海军舰队教练官，故海军后起青年，多出其门，并受其学术及革命思想所熏陶。抗战军兴，曾君为"宁海"军舰枪炮总指挥官，在江阴封锁线与敌激战四十余天，直至舰沉，只身获救，其沉着英勇之精神，至可称道。待伤愈调后方服务，旋以父病乞假故里。君天性纯孝，侍奉汤药，每废寝而忘餐。父病卒不起，哀葬既毕，即自请再调军前效力，上嘉其志，派为田壁工程处参谋，于阻塞大江保卫大武汉之工程贡献甚多。擘画四江封锁工事，湘北三次大捷，论者谓甚得力于海军之水上封锁，君之赞襄设计，贵终有功焉。民廿八，调湖南常德水雷制造所运输课课长，复会同曾所长国晟等组织"海军建设促进会"，发行《海军建设月刊》，倡导建军运动，不遗余力。三十一年国防研究院成立，蒋委员长特电召其参加研究，在院对于陆海空军联合战术，贡献甚多。嗣奉承为海军联络官，□与东南亚盟军当局研讨反攻策略，不意赴任未久，即遭不幸，诚国家及海军之损失！曾君身后萧条，家有老母贤妻，子一（国骐现已毕业海校）女三。今距曾君殉职已届三年，余于悼念之余，兼论新海军运动之经过，

---

〔1〕此文发表于《中国海军》。

以告国人之□君才而怜君遇者，未足以表彰其万一云。

一、求学时代

民国五年，北京海军部向各省招生，我得入烟台海军学校[1]，当时学校在军阀政府支持之下，严禁阅书看报，我们与社会完全隔绝八年，同学因请求改革海军教育问题，不能如愿，于是全体离校赴沪求见国父，请求训导援助，因得灌输革命思想与本党主义。而北京政府，对于此次学潮，极为重视，即明令开除黄秉衡、聂开一、齐镇午、查夷平同学等十一人，其余则迫令回校。九年，曾万里同志由福建马尾海军学校，转学来烟。曾君品学兼优，慷慨有大志，与我意气相投，于是风雨同窗，过从最密，痛谈国事，研究往史，均感觉中国的衰弱实由于鸦片战争与甲午战争失败的结果，帝国主义者向我国的侵略，及不平等条约的订立，都是因为没有海军做外交的后盾，于是共誓复兴海军以救中国。先在校中密组"读书会"，暗置书报，研究三民主义，与讨论海军兴革的问题，新海军运动即于此时开始。

二、发行新海军月刊

新海军运动从何着手，这是一个难题，当时同学均以为应从舰队做起，但构成舰队的重要分子，是军官和士兵，军官是由海军学校出身的，士兵是由海军练营训练出来的，因此曾同志与我均极力主张新海军运动应先以学校和练营等为对象，舰队居其次。

我们有了对象，怎样能使他们参加我们的运动，这是无疑的要用宣传的方法，乃节省个人用费，并各向各人的家中，索寄零星钱款，创办《新海军月刊》赠送全国海军各机关，以求吸收新海军同志。

《新海军月刊》的宗旨：

（一）讨论海军兴革的问题，研究海军实用的学术。

（二）提高海军的教育，增加海军军人的知识。

---

[1] 烟台海军学堂位于山东烟台金沟寨村，成立于1903年，后改为烟台海军学校，郭寿生是该校第十六届毕业生，曾万里是第十七届毕业生。

（三）改正海军的思想，促进海军军人的觉悟。

（四）改善海军的生活，解除海军士兵的痛苦。

（五）打破畛域的观念，力求海军的统一。

（六）建设足以自卫的新海军，防御帝国主义者的侵略。

《新海军月刊》发行之后，烟台海军学校、马尾海军学校、飞潜学校、烟台海军练营、南京海军鱼雷营、舰队及其他海军部队均发生了影响，同志认识的愈多。然以讨论海军兴革问题，致惹起北京政府及海军当局的疑忌，于是迫令停刊，并下令列入违禁品，同时因印刷费困难，且同志均在求学时代，不能移地编辑发行，不得已将这刊物，就办结束了。

三、创立新海军社

《新海军月刊》被迫停刊，各方同志，均大失望，因为没有这种刊物，非仅新海军运动，失了喉舌，而且失了南针。我们在军阀政府压迫之下，这种刊物的寿命之不能保持长久，早在意料之中，然我们的新海军运动不能因受此挫折而停止进行，由各同志讨论的结果，乃变换方针，由宣传进而从事组织，树立新海军运动的基础。由我与曾同志、梁同志序昭三人，在校中创立"新海军社"，仍遵照《新海军月刊》的宗旨进行，开始秘密宣传与扩大组织工作，其后加入同志愈多，凡学校、练营、舰队、造船所均有同志参加。我们恐怕组织上的不严密，又预防各社不能一致，乃规定新海军社章程，以求组织的统一和各处同志的团结，设立总社于烟台，设立支社于上海、南京、马尾各处，而海军各舰队、各机关则设立分社，惟须受最近地方支社的指导。因为舰队是活动的性质，没有一定的驻所，故复规定任何舰艇开到某地时，负责同志即须向其最近地方的支社报到而听其指导，以上是设立新海军社的经过状况，而促成新海军社的组织与领导新海军的运动，曾同志实居首功。

四、参加革命经过

十三年曾万里、梁序昭、韩廷杰连我四人，因学校的毕业，都分派在舰上练习，烟台海军党务及新海军社另举叶守桢等之各同志负责。我们到了舰队之后，积极活动，宣传本党主义，扩大新海军组织，增加革命的力量。民国十五年，蒋主席率革命军北伐，革命势力向北进展的时候，我们益觉到时会难逢，亟应达成两种重大的使命：一种是求海军自身的改革，一种应积极参加革命的工作，为欲达到此两个使命，和指挥上便利起见，乃将新海军社总社由烟台移到上海，烟台支社仍继续存在，并在上海发行《灯塔月刊》，继续以前《新海军月刊》的宣传工作。

蒋主席率革命军到达武汉之后，北方舰队节节随军阀的军队向长江下游败退，由武汉而九江，由九江而南京，集中于宁沪一带，这时海军革命势力已满布各舰队，在"建威"、"建康"、"永绩"、"海容"、"海筹"、"应瑞"、"楚有"、"拱辰"各舰，及南京鱼雷营、上海海军江南造船所均先后成立分社。当时新海军运动的方针注重于下层工作，结合富有革命思想的下级军官、学生、士兵，注意于个别的宣传，使其明了本党主义及革命海军军人应尽的任务。

当革命军迫近杭州，和海军舰队集中宁沪的时候，我与"建威"航海大副郭友亨、"建康"副长倪华銮、"永绩"枪炮正王致光及陈嘉谟同志会商联合各舰队，参加革命的军事行动，打倒负隅宁沪的孙传芳、李宝章部队，响应我国民革命军，建立革命的新海军。这种秘密工作正在进行的时候，忽得报告，说是海军总司令部有将我和陈嘉谟软禁南京的消息，我乃决计离开"建威"军舰，秘密在沪主持一切革命工作，利用舰队集中宁沪的机会，在本党先进黄展云先生的寓所即戴委员愧生前在上海设立的汇源转运公司内开全军代表大会（辣斐德路永裕里六十六号），通过修改新海军社章程，决定参加国民革命军事行动，并训令各社应绝对服从总社的命令，分发各种宣传品由各代表秘密带回，以备军事发动时，分别散发海军各机关和一切舰艇，并派定沪队由郭友亨、倪华銮负责指挥，宁队由曾万里、王致光负责指挥。

当时本党在上海军事负责者的革命先辈钮永键先生约我率海军同志参加革命行动，我就表示新海军社随时可听指挥，于是年二月廿二日下午六时，"建威"、"建康"首先举义，向敌方之龙华司令部及高昌庙兵工厂开炮。继而曾万里、王致光两同志在"永绩"军舰即拟开炮拦击南下的奉军于浦口，以响应沪队，乃以杨总司令树庄于"建威"开炮之翌日，即率"海筹"等舰前往宁波宣布海军参加革命，改换本党旗帜，曾同志以大局已定，并闻在沪同志均获安全，开炮事乃中止。

革命军克复上海之后，新海军同志均回军服务，惟在烟台海军学校之高如峰等各同志被张宗昌发觉有革命行为，皆被拘押于济南，铁索琅珰与铁窗风味，无不备尝。正欲谋害之日，恰好革命军到达济南，始得脱险，随军南下继续革命工作，一直到国府定都南京，全国统一，海军部成立之后，新海军社始自行解散，各同志除在各服务机关以三民主义五权宪法各书，教导所属，俾对于本党有真实的认识，有正确的思想外，则转而从事海军建设的运动。

五、参加抗战

二十年前后，旧日同志多奉派留学欧美，曾同志则入英皇家海军大学深造，历经航海、鱼雷、枪炮各专门学校毕业，并服务英国舰队一年。历充"应瑞"、"宁海"各舰航海官，"自强"军舰副舰长，海军练习舰队教练官职务。曾同志对于练习生的术科殚精讲援外，尤注重于精神的教育及建设新海军的理论，故海军青年多受其熏陶感召，能于抗战中发挥表现其忠党爱国的精神。"八·一三"事变曾同志为"宁海"军舰总枪炮官，保卫江阴封锁线。时敌人舰队因江阴封锁严密，并有军舰扼守，舰队无法冲入，乃采用飞机轰炸战术，并专对于我们的仅有的主力舰之"宁海"、"平海"各舰，极力轰炸，故"宁"、"平"各舰无日不在十余架至数十架敌机轰炸之中，亦无日不在用高射炮抗御敌机之中。舰中员兵，伤亡枕藉，无不前仆后继，准备发射。海空大战前后历四十余天，时江阴江面从无一员一兵托故请假登岸者，亦无一兵一卒登岸出差，不如期回舰销假者，阵容的整齐，与员兵拼死的决心，实为始料不到，而为海军抗战最光荣之历史的一页。最终于"九·二三"敌人以六十余架的重轰炸机，围攻"宁海"舰，二副林人骥及员兵多人均于是役殉难，曾同志左腿为弹片所伤，血流满地，犹指挥至最后一弹。旋又负痛下舰指挥，援救伤兵登陆，直至舰沉之一秒钟以前，始离舰登岸，转送入医院，其沉着杀敌的精神，至今犹为全军袍泽所称道。廿七年伤愈派充武汉卫戍总部田壁工程处参谋，旋调海军水雷制造所运输课课长。二十八年又派兼第九战区湘资沅澧四江封锁委员会设计股股长，对于长沙会战历次大捷，及海军布置游击战等，实有很大的功绩。

六、海军建设运动

我们感觉到我国甲午战争的失败，虽由于敌我的海军力量的悬殊，以致演成海战败绩的结果，但此役的最大影响，不仅是辱国丧师，而是对于海防思想的破灭，社会观感由于"海不能防"退化到"海不必防"的自堕民族雄心的境地。这一点，不仅我们在海言海的悲哀，而实关系于国运的消长，与国家的兴亡，正大且巨。此次抗战海军人士以仅有的质量，而焦头烂额，封锁布雷尽了最大之责任，受了最大的牺牲，毕竟不能阻敌人海上的长驱直入，就是一个最大的教训。

曾同志和新海军诸同志，为要彻底改造社会心理，使人人充分认识海军建设的必要和建设的可能，乃创立"海军建设促进会"，并请蔡同志鸿干同我三人主办《海军建设月刊》，搜集一切世界的海军材料，灌输国民的海军常识，一方面并供应当局注意海军建设途径之采纳，研究我国海防的过去、现在与将来并陆海空三门，要有均势的发展的原理，前后二卷凡廿四期。曾君除公务以外便埋头执笔，以干此事，寒暑之天，从不休息，真是苦心孤诣，竭虑殚精。刊物一出各界争购，供不应求，所以提醒国人促进新海军的建设的思想收效甚大。

七、殉职经过

三十一年，曾同志奉召充任国防部研究院研究委员，对于研究海军学理贡献当局，尤异常振奋努力，夙夜靡懈，故于三十二年春积劳吐血，一病几危。稍愈以后，又研究陆海空联合作战的战略，上诸长官表示嘉纳。结业后派任东南亚盟国总部联络参谋，英总司令蒙巴顿与谈军务，亦深嘉许，盖其胸中经济蕴蓄甚富，偶有所言辄中肯要，理所宜然。乃不幸于卅三年四月十四日因参观孟买船坞，被难殉职。卒后我最高统帅并联军总司令蒙巴顿均有电致其家属，并追赠海军少将。

八、结　论

综观以上各节，曾同志在求学时代是海军的领导，在本党工作期间是忠实的党员，在国民革命军是革命的海军先锋，在抗战中是海军的抗日健将，在新海军运动中是领导者，在国防研究院工作中是陆海空联合作战的战略家，在东南亚盟军总部中是中英两国的重要参谋，他以往的一切的确是值得人们钦佩，垂之后世而不朽。假使这次没有发生这种不幸的事，则曾同志运筹帷幄，赞助盟军必定有极大的贡献。胜利以后，以他的抱负和经验，来建设新海军，也一定有伟大的成就。所以曾同志的死，不仅是建设新海军的损失，乃是中国国防的损失，也就是中国国家和联合国的损失，诗云"哲人云亡，邦过殄瘁"，我们由悼念曾同志兼论新海军运动，由新海军运动纪念到曾同志，实感觉着空虚、抱恨与无量的悲哀！

华侨需要祖国实际援助^[1]

（1949 年 2 月 28 日）

　　我国同胞向海外拓殖，已有千百年的历史，他们无论在任何国家，任何社会里，都保持着祖国的生活习惯，时代继承着光荣的爱国传统。他们为了祖国的自由，强大，进步，繁荣，不避一切的牺牲，来帮助祖国的革命，创立中华民国。民国成立后，他们对祖国的援助更为积极。抗战军兴，他们更尽力给祖国以精神上和物质上的声援。他们千百年来，冒险奋斗，忍辱含垢，受尽种种灾难压迫，唯一的希望是祖国的强盛，做一个强国的国民。

　　八十年前，满清政府因他们反对异族统治，认他们为□民，不但不加保护，反而利用外力，加以摧残。民国以来，政府无力保护华侨，各地排华风潮□□，更牺牲了无数的生命财产。到了抗战时期，太平洋战争爆发，漫天烽火的时代中，侨胞的家破人亡更不知多少。胜利之日，侨胞莫不欢欣鼓舞，期望解放自由的祖国，如痴如狂，然而无条件投降的日本，胜利之初，即制造涩谷事件，继而日警对我在日侨胞不报告盟总而任意拘捕。接着印度尼西亚的解放斗争运动中，荷兰说华侨帮助独立运动，印尼指华侨暗通荷兰，两大相争，侨胞遭受双方的袭击，于是惨杀，强奸，掠夺，无所不用其极。去年年终，印尼烽火再起，华侨再度遭殃，遭遇着比战时更重大的浩劫。在越南，侨胞庆祝祖国伟大的胜利，当局不准华侨张挂国旗，他们激于义愤，曾展开伟大的斗争。但是经过统治者不择手段，无情的惨杀，策动排华运动，焚杀抢掠，可怜侨胞脆弱的力量，又没有祖国有力的后盾，遂含恨的屈服了。继之，西贡戒严令解除之后，因检验身份证，华侨被捕的约七百人，可见越南亦在展开排华运动。菲律宾独立后，又制定种种限制华

---

　　〔1〕此文发表于《中国海军》。

侨的法律，移民局鲍瑞斯达曾下令逮捕华侨。前年南非罗棱斯马克的华侨，被殖民地当局限制不准与白人杂居，不准华侨入境，不准商业转让，华侨也陷入绝境。马来联邦政府成立，限制侨汇，侨胞的地位收到严重的打击。前年香港政府，藉口建筑机场，竟强拆九龙我侨胞的房屋，这个案件，至今杳无下文。

战前及抗战时期，鉴披汶的泰国一贯的帮助日本，排斥中国，虐待华侨，竟视华侨为东方的犹太人。战后暹罗的排华运动，又变本加厉，中国学校被封闭的达二百七十所，使中国儿童青年失学，教师失业，我政府一再同暹罗政府交涉，都没有获得具体结果。继复大捕华侨，更悲惨万状，去年八月九日，缅甸溪湄□变，死了华侨三百，那更是凄惨。最近缅境骚乱日渐扩大，我侨胞饱受战乱之余，复受缅甸当局种种压制，对华侨所经营之工矿运输，木材米□等项职业，已陆续收归，复借外汇名义，禁止华侨汇款回国，致使侨胞在国眷属，无法赡养。

说起日本暹罗排华问题，日本以战败国向我投降，竟敢欺侮我们华侨，暹罗也是战败国，它全忘了中暹过去亲密的历史关系，接近的地域，交流的血统，互助的经济，而不断的欺侮华侨。我们是战胜国，日暹是战败国，对日对暹交涉，中国应居绝对优势地位，可是，我们对日暹实际却无可奈何！

近望东南亚一片烽火，马来亚与缅甸情势纷乱，越南的越盟与法军对抗，印尼光复以来，战事虽一度停止，但旋即复发，而暹罗独裁者鉴披汶仍在大举排华。如今在这些地带是笼罩了浓厚的杀气，而在这一片杀气下面，无处没有我们的侨胞，他们的处境，更是危险万伏，这情势，是比犹太战败国的人民尤为凄惨！

我们一提起，华侨被排斥问题，伤心无已！以一个胜利大国，如此受战败国欺侮，怒也无用，言也无用。海外侨胞都是孤儿，垂头丧气，他们在呼唤："祖国，你在那里？"祖国的回声却遥远微弱。抗战期间，侨胞都知道祖国遭遇着空前的浩劫，本身的一切自然也要置之度外。胜利以后，展望祖国前途充满着希望，他们不禁忘却创痛，等着光明，然而到今天祖国又给过他们什么呢？

回忆过去，每逢侨胞发生骇人的不幸事件，政府照例派遣大员宣慰，并没有拿出实际的办法来解决护侨问题。因此时过境迁，我们侨胞被摧残压迫者如故。今日在这纷乱的世界，尤以在东南亚的一片烽火中，祖国应该特别注意到华侨的安全问题。这决非仅派遣大员宣慰，或由外交的抗议交涉，可以解决护侨问题。我们的主张：当以战后的中国海军来慰问华侨，来保护华侨，要派舰来救济难民。我们放眼前瞻，各处排华运动，尚无止境，侨胞尚在忧患中，侨胞不愿再看见政府的宣慰大员，不愿再看见杳无音信的抗议，他们所希望的是要祖国能给予"实际的援助"，我们认为实际的援助，惟有我强大的新海军来负担这个重大的责任，来作我们政府外交的后盾，彻底来解决护侨的问题。

后　记

　　文献的搜集与整理，是海军史研究的基础性工作。作为海军航空工程学院海军史研究团队，在三十多年的教学与科研实践中，我们始终高度重视这一工作，从 2014 年开始，在学院首长以及政治部、科研部、训练部的关心和支持下，已经陆续出版了《民国时期中国海军论集》《民国时期外国海军论集》《清末报刊载海军史料汇编》等三种史料集，均被列入"十三五"国家重点图书出版规划项目"中国近代海军史研究丛书"系列中，在学界乃至社会上都产生了较大影响。《郭寿生海军研究文集》是继上述史料集之后的又一成果，它汇集了郭寿生在各个历史时期研究海军的主要文章，集中反映了郭寿生海军建设思想及民国时期海军发展状况，是我们海军史研究团队三十多年来积累、挖掘和整理史料工作的又一次展示。

　　挖掘和整理文献史料，既是一项艰苦细致的工作，更是一项利在当下，功在千秋的事业，需要具有持之以恒的治学精神和严谨务实的科学态度，来不得半点马虎和粗心。该文集的出版，凝结着许多人的心血，除了编者夜以继日的工作以外，海军航空工程学院的晋玉强处长、侯尚超参谋贡献颇多；山东画报出版社的怀志霄编辑也付出了艰辛努力，在此我们表示衷心感谢！

　　由于我们编辑水平有限，错漏在所难免，敬请读者朋友批评指正。

编　者

丁酉年春于山东烟台

图书在版编目（CIP）数据

郭寿生海军研究文集 / 马骏杰，张伟，陈美慧编. —
济南：山东画报出版社，2017.9

ISBN 978-7-5474-2447-6

Ⅰ.①郭… Ⅱ.①马… ②张… ③陈… Ⅲ.①海军－中国－
文集 Ⅳ.①E273-53

中国版本图书馆CIP数据核字（2017）第126799号

责任编辑 怀志霄
装帧设计 王　芳
主管部门 山东出版传媒股份有限公司
出版发行 山东画报出版社
　　　　社　　址 济南市经九路胜利大街39号　邮编 250001
　　　　电　　话 总编室（0531）82098470
　　　　　　　　市场部（0531）82098479　82098476（传真）
　　　　网　　址 http://www.hbcbs.com.cn
　　　　电子信箱 hbcb@sdpress.com.cn
印　　刷 东港股份有限公司
规　　格 170毫米×228毫米
　　　　38.5印张　725千字
版　　次 2017年9月第1版
印　　次 2017年9月第1次印刷
定　　价 98.00元
　　　　如有印装质量问题，请与出版社总编室联系调换。